ଆମ ଚଳଣି, ଆମ ଚମକ

ଆମ ଚଳଣି, ଆମ ଚମକ

ସଂପାଦନା

ଇନ୍ଦ୍ରମଣି ଜେନା

ବ୍ଲାକ୍ ଇଗଲ୍ ବୁକ୍ସ
ଭୁବନେଶ୍ୱର, ଓଡ଼ିଶା

BLACK EAGLE BOOKS
Dublin, USA

ଆମ ଚଳଣି, ଆମ ଚମକ / ସଂପାଦନା - **ଇନ୍ଦ୍ରମଣି ଜେନା**

ବ୍ଲାକ୍ ଇଗଲ୍ ବୁକ୍ସ : ଭୁବନେଶ୍ୱର, ଓଡ଼ିଶା • ଡବ୍ଲିନ୍, ଯୁକ୍ତରାଷ୍ଟ୍ର ଆମେରିକା

BLACK EAGLE BOOKS

USA address:
7464 Wisdom Lane
Dublin, OH 43016

India address:
E/312, Trident Galaxy, Kalinga Nagar,
Bhubaneswar-751003, Odisha, India

E-mail: info@blackeaglebooks.org
Website: www.blackeaglebooks.org

First International Edition Published by
BLACK EAGLE BOOKS, 2023

AAMA CHALANI, AAMA CHAMAKA
Edited by **Indramani Jena**

Cover & Interior Design: Ezy's Publication

ISBN- 978-1-64560-479-2 (Paperback)

Printed in the United Sates of America

ଓଡ଼ିଆ ଚଳଣି ଏବଂ ଚମକ ପ୍ରସଙ୍ଗରେ ଓଡ଼ିଆ ହୃଦୟରେ ପୁଲକ ସୃଷ୍ଟି କରି ପାରୁଥିବା ପ୍ରବନ୍ଧଦାତାମାନଙ୍କୁ ଏହି ସଂକଳନଟି ଉତ୍ସର୍ଗୀକୃତ ।

– ସମ୍ପାଦକ

ଉପକ୍ରମ

କୌଣସି ଦେଶ, ଅଞ୍ଚଳ ବା ଜାତି ସମାଜ, ସଂସ୍କୃତି ଏବଂ ସ୍ୱାଭିମାନର ଆଧାରରେ ବଞ୍ଚିରହେ। ଭୌଗୋଳିକ କାରଣରୁ ସ୍ଥାନ ଓ କାଳ ବିଶେଷରେ ପ୍ରତିଟି ଜାତିର ସ୍ୱାତନ୍ତ୍ର୍ୟ ରହିଛି। ସେହି ଜାତିର ସମାଜଗଠନ ଓ ସାମାଜିକତା ଇତିହାସ ପୃଷ୍ଠାରେ ପୃଥକ୍ ଢଙ୍ଗରେ ସମ୍ପାଦିତ ହେବାର ଲକ୍ଷ୍ୟ କରାଯାଏ। କୌଣସି ଦୁଇଟି ଜାତି ବା ସମ୍ପ୍ରଦାୟର ସମାଜ ଏକ ସମୟରେ ଏକା ପ୍ରକାରରେ ଗଢ଼ି ଉଠିବାର ଦେଖାଯାଇନି। ଇତିହାସର କରାଳ କବଳରେ କେତେ କେତେ ସଭ୍ୟତା ବିଲୁପ୍ତ ହୋଇଯାଇଛି।

ମାତ୍ର ଆମର ସଦ୍ୟତମ ଓଡ଼ିଆ ଜାତିର ସାମାଜିକତା, ସଂସ୍କୃତି ଏବଂ ସ୍ୱାଭିମାନର ପରିସର ଆଜିର ଓଡ଼ିଶା ମଧ୍ୟରେ ସୀମିତ ହୋଇନାହିଁ। ଶତାବ୍ଦୀର ପଲଟଣ ତାଳରେ ଏହି ଓଡ଼ିଶା କେବେ କଳିଙ୍ଗ, କେବେ ତ୍ରିକଳିଙ୍ଗ, ଓଡ୍ର, ଉତ୍କଳ, କୋଶଳ ଅବା ଓଡ଼ିଶା ନାମରେ ଭାରତବର୍ଷର ଗୋଟିଏ ରାଜ୍ୟ ଭାବରେ ଅବତୀର୍ଣ୍ଣ ହୋଇଛି। ଏହାର ଐତିହାସିକ ବିସ୍ତୃତି ପ୍ରାକ୍-ଐତିହାସିକ ଯୁଗରୁ ପ୍ରମାଣସିଦ୍ଧ ହେଲେ ହେଁ, ବାସ୍ତବ ପୌରାଣିକ ଏବଂ ପ୍ରତ୍ନତାତ୍ତ୍ୱିକ ତଥ୍ୟ ବୈଦିକ, ରାମାୟଣ, ମହାଭାରତ ଯୁଗରୁ ଶବ୍ଦାୟମାନ।

ପ୍ରତିଟି ଧର୍ମଗ୍ରନ୍ଥରେ କଳିଙ୍ଗ ଏକ ବୀରପ୍ରସୂ ଉତ୍ସର୍ଗୀତ ଜାତି। ସେମାନଙ୍କ ରାଜ୍ୟ ବାରମ୍ବାର ଶତ୍ରୁ ଦ୍ୱାରା କବଳିତ, ଲୁଣ୍ଠିତ, ଏମିତିକି କେବେ ନିକ୍ଷେତ୍ରୀ ହୋଇଯାଇଛି। କିନ୍ତୁ ସମୟକ୍ରମେ ସେହି ମାଟି ପାଉଁଶରୁ ଜନ୍ମ ନେଇଛନ୍ତି ବୀର ପୁରୁଷ ଯିଏ ଖୁବ୍ ଦମ୍‌ଦାର ହୋଇ ମାଟି ଆଉ ମାଆର ସମ୍ମାନାର୍ଥେ ହୃତ ଗୌରବର ପୁନରୁଦ୍ଧାର କରିପାରିଛନ୍ତି। ରାଜ୍ୟକୁ ପ୍ରସାରିତ କରିଛନ୍ତି।

ଉତ୍କଳୀୟ ସମାଜ ସମଗ୍ର ଭାରତବର୍ଷରେ ଅନେକ ସ୍ୱାତନ୍ତ୍ର୍ୟ ବହନକରେ। ଏହି ମହୋଦଧି କୂଳର ରାଜ୍ୟଟି ପ୍ରକୃତିର ଅସୁମାରି ଉପାଦାନରେ ଶୋଭାପାଏ। ତାହାର ଘନ ସବୁଜିମା ଭରା ଅରଣ୍ୟାନୀ ଏବଂ ଜଳପ୍ରପାତ ଗୁଡିକର ଶବ୍ଦତରଙ୍ଗ ସହିତ ବିହଙ୍ଗମାନଙ୍କର ପ୍ରକୃଷ୍ଟ ଲକ୍ଷ୍ୟସ୍ଥଳ ଯେମିତି କାକୁଳିରେ ଶବ୍ଦାୟିତ, ଉତ୍କଳୀୟ ମନପ୍ରାଣରେ ପ୍ରକୃତି ରଚେ ସିହରଣ। ମନ ଟାଣେ ପ୍ରକୃତି ସହିତ ତାଳମିଳାଇ ଚାଲିବାକୁ। ସେହି ତାଳରେ ମନ୍ଥର ବେଗରେ ଉତ୍କଳୀୟ କନ୍ୟାର ରୂପଲାବଣ୍ୟ ସହିତ ଓଡ଼ିଶୀନାଚ, ସେହି ଦୃଶ୍ୟ ପଟରେ ଅଳସକନ୍ୟାର ମନଲୋଭା ଚାହାଣି ଆଉ ସେହି ଆନନ୍ଦମୟ ଦେବଦବୀମାନଙ୍କର ବରଦା ହସ୍ତ ମନକୁ ପୁଲକରେ ଭରିଦିଏ।

ସରଳ ନିଷ୍କପଟ ଓଡ଼ିଆ ଚରିତ୍ର ସ୍ୱଭାବବନ୍ତ। ମାଟିର ବଳରେ ଆଉ ପାଣିର ଶକ୍ତିରେ ତାର ବେଉସା, ଜଙ୍ଗଲଜାତ ଉପକରଣରେ ତାର ସମୃଦ୍ଧି। ଇତିହାସ ପୃଷ୍ଠାରେ ଅଦୃଷ୍ଟ ହୋଇ ରହିଥିଲା ଓଡ଼ିଶା ମାଟିତଳର ରତ୍ନଗର୍ଭ। ଉତ୍କଳୀୟ ସରଳ ପରିଧାନର ଅନ୍ତରାଳରେ ଛପି ରହିଥିଲା ତାର ଆତ୍ମସମ୍ମାନ ଆଉ ସମର୍ପଣର ମନୋଭାବ। ଯୁଗ ଯୁଗଧରି ପୃଥକ୍ ସମୟରେ ସିଏ ରାଷ୍ଟ୍ରଦେବତାଙ୍କର ଆଶିଷରେ ମଥାଟେକି ଗତି କରିଛି। ସମଗ୍ର ବିଶ୍ୱରେ ଚକାନୟନ ଯୁଗଳର ଅନନ୍ତ ଆବିଳତା ପ୍ରସାର କରିଛି।

ସେହି ଓଡ଼ିଆ ପରମ ସ୍ୱାଭିମାନୀ। ନିଜର ଆତ୍ମମର୍ଯ୍ୟାଦା ତିଳେମାତ୍ର କ୍ଷୁଣ୍ଣ ହେବାକୁ ସୁଯୋଗ ଦିଏନାହିଁ। ଦିନେ କୋଣ୍ଡାଭିଡୁ ଦୁର୍ଗ ପାଇକମାନଙ୍କ ହାତରୁ ଛଡାଇନେଇ ନିଜେ କୃଷ୍ଣଦେବରାୟ କହିଥିଲେ, ଓଡ଼ିଆ ଜାତି ଭୋକରେ ମରିପାରେ, ହାତ ପତାଏ ନାହିଁ। ଏହିପରି ଆଉ ଥରେ ଆବେଗପୂର୍ଣ୍ଣ ଘଟଣା ଘଟିଛି ନଅଙ୍କ ଦୁର୍ଭିକ୍ଷରେ। ଜୀବନ ଯାଇଛି ପଛେ ଦାନଛତ୍ରରୁ ଦାନାଟିଏ ନେବାକୁ ଆତ୍ମସମ୍ମାନ ନଷ୍ଟ ହୋଇଯିବାର ଦ୍ୱନ୍ଦ୍ୱ ନେଇ ମୃତ୍ୟୁବରଣ କରିଛି ପଛେ ହାତ ପତାଇ ନାହିଁ।

ସେଇ ଓଡ଼ିଆ ଜାତିର ଚଳଣି ଏବଂ ଚମକ ଆଧାରିତ 'ବିଜୟିନୀ' ପତ୍ରିକାର ୨୦୧୪ ରୁ ୨୦୨୨ ପର୍ଯ୍ୟନ୍ତ କିଛି ପ୍ରବନ୍ଧ ଆଧାରରେ ଏହି ସଂକଳନଟି ରଚିତ।

ଡାକ୍ତର ଇନ୍ଦ୍ରମଣି ଜେନା

ମୋ-୯୪୩୮୦୦୭୫୦୯

ସୂଚିପତ୍ର

ଆମ ଚଳଣି

ଗଜପତି କପିଲେନ୍ଦ୍ର ଦେବ

କଳିଙ୍ଗାଃ ସାହସିକାଃ

ଡ. ଉଦ୍ଧବ ଚରଣ ନାୟକ

କଳିଙ୍ଗ ବା ଉତ୍କଳ ଭାରତର ଏକ ପ୍ରାଚୀନ ଦେଶ। ଆର୍ଯ୍ୟର ଆଦିମ ଗ୍ରନ୍ଥ ଋକ୍‌ବେଦରେ କଳିଙ୍ଗ ଦେଶର ନାମ ଉଲ୍ଲେଖ ଅଛି। ରାମାୟଣରେ କଳିଙ୍ଗ ଓ ଉତ୍କଳ ଦେଶର ନାମ ଉଲ୍ଲେଖ ଅଛି। ରାମଚନ୍ଦ୍ର ବନବାସ ଯିବା ସମୟରେ ଉତ୍କଳ ଦେଶର ପଥ ଦେଇ ଗୋଦାବରୀ ତୀର ପଞ୍ଚବଟୀକୁ ଯାତ୍ରା କରିଥିଲେ। ମହାରାଜା ରଘୁ ଦିଗ୍‌ବିଜୟ କାଳରେ ଉତ୍କଳ ଓ କଳିଙ୍ଗ ଦେଇ ଦାକ୍ଷିଣାତ୍ୟ ଆଡକୁ ଯାତ୍ରା କରିଥିଲେ। ମହାଭାରତରେ କଳିଙ୍ଗ, ଉତ୍କଳ ଓ ଉଡ୍ର ଏହି ତିନି ଦେଶର ନାମ ଦେଖିବାକୁ ମିଳେ। ପଣ୍ଡିତମାନଙ୍କ ମତରେ ଋକ୍‌ବେଦ ଚାରି ହଜାର ବର୍ଷ ପୂର୍ବେ ରଚନା କରାଯାଇଥିଲା। ସୁତରାଂ କଳିଙ୍ଗ ଆଜକୁ ଛ'ହଜାର ବର୍ଷ ପୂର୍ବରୁ ଭାରତରେ ତାର ସ୍ୱାତନ୍ତ୍ର୍ୟ ବଜାୟ ରଖିଥିଲା।

କଳିଙ୍ଗ ଦେଶର ଲୋକଙ୍କୁ କଳିଙ୍ଗା, କଳିଙ୍ଗ ବା କାଳିଙ୍ଗକ ବୋଲି କୁହାଯାଉଥିଲା। କଳିଙ୍ଗମାନଙ୍କର ସଂଖ୍ୟା ଥିଲା ବହୁତ ବେଶି ବୋଲି ମହାଭାରତର ଭୀଷ୍ମ ପର୍ବ (୧୭ - ୬୬୮ ଓ ୬୭ - ୩୧୩୨)ରେ ଉଲ୍ଲେଖ ଅଛି। କଳିଙ୍ଗ ଏକ ପ୍ରାଚୀନ ଦେଶ ଥିଲା ଏବଂ ଏହି ଦେଶର ତିନିଜଣ ପ୍ରଧାନ ରାଜାମାନଙ୍କର ନାମ ଦେଖିବାକୁ ମିଳେ। ସେମାନେ ହେଲେ ଅଗ୍ରତୀର୍ଥ, କୁହର ଓ ସିମ୍। ସେମାନଙ୍କର କନ୍ୟାମାନେ ଚନ୍ଦ୍ରବଂଶୀୟ ରାଜକୁମାରମାନଙ୍କର ପାଣିଗ୍ରହଣ କରିଥିବାର ଜଣାଯାଏ। କଳିଙ୍ଗର ରାଜକନ୍ୟାଙ୍କ ସ୍ୱୟମ୍ବରକୁ ଦୁର୍ଯ୍ୟୋଧନ ଆସିଥିଲେ ଓ କନ୍ୟା ଚିତ୍ରାଙ୍ଗଦାକୁ ବଳପୂର୍ବକ ନେଇ ଯାଇଥିବାର ମହାଭାରତର ଶାନ୍ତି ପର୍ବରେ ଉଲ୍ଲେଖ ଅଛି । ଶ୍ରୀକୃଷ୍ଣ କଳିଙ୍ଗ ରାଜାମାନଙ୍କୁ ଦନ୍ତକୁଶ ଠାରେ ପରାସ୍ତ କରିଥିବା କଥା ମହାଭାରତର ଉଦ୍ୟୋଗ

ପର୍ବରେ ଉଲ୍ଲେଖ ଅଛି। ମହାଭାରତର କୁରୁ-ପାଣ୍ଡବ ଯୁଦ୍ଧରେ କଳିଙ୍ଗ ରାଜା ଶ୍ରୁତାୟୁ ୬୦ ହଜାର ରଥ ଓ ୧୦ ହଜାର ପର୍ବତ ସମାନ ହାତୀ ନେଇ କୌରବମାନଙ୍କ ସପକ୍ଷରେ ଯୁଦ୍ଧ କରିଥିଲେ। ତାଙ୍କ ଆକ୍ରମଣରେ ମହାଯୋଦ୍ଧା ଭୀମ ମଧ୍ୟ କାତର ହୋଇପଡିଥିଲେ ବୋଲି ଜଣାଯାଏ।

ବୀରଜାତି ଭାବରେ ଓଡ଼ିଆମାନଙ୍କର ଭାରତବ୍ୟାପୀ ପ୍ରତିଷ୍ଠା ଥିଲା। ତେଣୁ 'କଳିଙ୍ଗାଃ ସାହସିକାଃ' ଏ ପ୍ରବାଦ ବାକ୍ୟ ସର୍ବତ୍ର ଗୃହୀତ ହୋଇଥିଲା। କଳିଙ୍ଗ ରାଜାଙ୍କ ଅଗଣିତ ସୈନ୍ୟମାନଙ୍କ ଅପ୍ରତିହତ ଗତି ଦେଖିଲେ, ସ୍ୱୟଂ ମହେନ୍ଦ୍ର ପର୍ବତ ଆଗେ ଆଗେ ଯାଉଥିବାର ମନେହୁଏ। କଳିଙ୍ଗ ନାମ ଅବିଦିତ ନୁହେଁ; ଅଙ୍ଗ, ବଙ୍ଗ, କଳିଙ୍ଗ ନାମ ଅତି ପ୍ରାଚୀନ ନାମ। ଉତ୍କଳ ଦେଶ କେତେବେଳେ କଳିଙ୍ଗ ଦେଶର ଅନ୍ତର୍ଭୁକ୍ତ ଥିଲା ତ କେତେବେଳେ ସ୍ୱତନ୍ତ୍ର ଥିଲା। କଳିଙ୍ଗ ନାମକରଣ ସମ୍ପର୍କରେ ଜଣାଯାଏ ବଳିରାଜାଙ୍କ ଭାର୍ଯ୍ୟା ସୁଦେଷ୍ଣାଙ୍କ ଗର୍ଭର ଅଙ୍ଗ, ବଙ୍ଗ, କଳିଙ୍ଗ, ପୁଣ୍ଡ୍ର ଓ ସୁହ୍ମ ନାମରେ ପାଞ୍ଚପୁତ୍ର ଜନ୍ମ ନେଇଥିଲେ। ଏହି ପୁତ୍ରମାନେ ଶାସନ କରୁଥିବା ପ୍ରଦେଶଗୁଡିକ ସେମାନଙ୍କ ନାମରେ ନାମିତ। ଦୁର୍ଯ୍ୟୋଧନ କଳିଙ୍ଗକନ୍ୟା ଚିତ୍ରାଙ୍ଗଦାଙ୍କୁ ବିବାହ କରିଥିବା ସମୟରେ ତାଙ୍କ ରାଜଧାନୀ ଥିଲା ରାଜପୁର। ରାଜପୁରର ନାମ ଏବେ ରାଜମହେନ୍ଦ୍ରୀ ହୋଇଛି।

ଉତ୍କଳ ବା କଳିଙ୍ଗ ରାଜ୍ୟ ଉତ୍ତରରେ ଗଙ୍ଗାନଦୀ ଓ ଗୟାଠାରୁ ଦକ୍ଷିଣରେ ଗୋଦାବରୀ ନଦୀ ପର୍ଯ୍ୟନ୍ତ ବିସ୍ତାର ଲାଭ କରିଥିଲା। ଏହାର ପୂର୍ବରେ ବଙ୍ଗୋପସାଗର, ପଶ୍ଚିମରେ ମରାଠା ଭାଷୀ ପ୍ରଦେଶ, ମେଖଳ ପର୍ବତ ଶ୍ରେଣୀ ଓ ଅମରକଣ୍ଟକ ପର୍ବତ, ଗଣ୍ଡୱାନା ରାଜ୍ୟ ମଧ୍ୟ ପ୍ରଦେଶ, ସିଂହଭୂମି, ବାଙ୍କୁଡା ଓ ମେଦିନୀପୁର ଜିଲ୍ଲା ଆଦି ପ୍ରାଚୀନ ତାମ୍ରଲିପ୍ତ ରାଜ୍ୟ ସହିତ କଳିଙ୍ଗ ବା ଉତ୍କଳ ଦେଶ ମଧ୍ୟରେ ଅନ୍ତର୍ଭୁକ୍ତ ଥିଲା।

ଅତି ପ୍ରାଚୀନ କାଳରେ ମହାଭାରତ ଯୁଦ୍ଧ ପୂର୍ବରୁ ଉତ୍ତରରେ ଦାମୋଦର ନଦୀଠାରୁ ଦକ୍ଷିଣରେ ଗୋଦାବରୀ ନଦୀ ପର୍ଯ୍ୟନ୍ତ ଏବଂ ପୂର୍ବରେ ମହୋଦଧିଠାରୁ ପଶ୍ଚିମରେ ରାୟଗଡ ପର୍ଯ୍ୟନ୍ତ କେତୋଟି ଅଞ୍ଚଳ ଭିନ୍ନ ଭିନ୍ନ ନାମରେ ବିଭକ୍ତ ହୋଇଥିଲା। ଏହାର ଦକ୍ଷିଣ ଉପକୂଳକୁ 'ଦକ୍ଷିଣ କଳିଙ୍ଗ'; ଉତ୍ତର ଉପକୂଳ ଅଞ୍ଚଳକୁ ଅର୍ଥାତ୍ ଆଧୁନିକ ସିଂହଭୂମି, ମୟୂରଭଞ୍ଜ, ମେଦିନୀପୁର ଏବଂ କଟକ ଜିଲ୍ଲା ଉତ୍ତରାଞ୍ଚଳକୁ ନେଇ 'ଉତ୍ତର କଳିଙ୍ଗ' ଏବଂ ମଧ୍ୟ ଅଂଶକୁ କଳିଙ୍ଗ ନାମକରଣ କରାଯାଇଥିଲା। ପଶ୍ଚିମରେ ପାଟଣା, ସୋନପୁର, ସମ୍ବଲପୁର ଆଦିକୁ ନେଇ କୋଶଳ ରାଜ୍ୟ, କଳାହାଣ୍ଡି, ବସ୍ତର ଓ ଜୟପୁର ଆଦିକୁ ନେଇ ମୂଷିକ ରାଜ୍ୟ ଏବଂ ବୌଦ୍ଧ ଆଦି ଗଡ଼ଜାତ ରାଜ୍ୟ ଓ ଖୋର୍ଦ୍ଧାର କେତେକ ଅଂଶକୁ ନେଇ ତୋଷଳରାଜ୍ୟ ଅବା ଓଡ୍ର ରାଜ୍ୟ ଗଠିତ ହୋଇଥିଲା।

କାଳକ୍ରମେ ଉତ୍ତର କଳିଙ୍ଗ ଉତ୍‌କଳିଙ୍ଗରେ ପରିଣତ ହୋଇ ଶେଷକୁ ଉତ୍କଳ ନାମ ଧାରଣ କଲା ଓ ତା'ସହିତ କଳିଙ୍ଗ ମଧ୍ୟ ମିଶିଗଲା। ମିତ୍ର ରାଜତ୍ୱ ପରେ ଉଡ୍ର ରାଜ୍ୟ ମଧ୍ୟ ଉତ୍କଳର ଅନ୍ତର୍ଭୁକ୍ତ ହୋଇଥିଲା। ପ୍ରତାପରୁଦ୍ରଙ୍କ ରାଜତ୍ୱ ସମୟ ବେଳକୁ ପୂର୍ବୋକ୍ତ ସମସ୍ତ ଅଞ୍ଚଳ ଗଜପତି ରାଜ୍ୟଭୁକ୍ତ ହୋଇ ଉତ୍କଳ ସମ୍ରାଜ୍ୟ ନାମରେ ଅଭିହିତ ହେଲା।

କଳିଙ୍ଗ, ଉତ୍କଳ, ଓଡ୍ର ରାଜ୍ୟର ଅଧିବାସୀ ଓଡ଼ିଆମାନେ କାଳେ କାଳେ ନିଜ ବୀରତ୍ୱ ଓ ଶକ୍ତିମତ୍ତାର ପରିଚୟ ପ୍ରଦାନ କରି ପାରିଛନ୍ତି ଭାରତର ସ୍ୱାଧୀନତା ସଂଗ୍ରାମ ପର୍ଯ୍ୟନ୍ତ।

ଗଙ୍ଗାଠାରୁ କାବେରୀ ପର୍ଯ୍ୟନ୍ତ ଉତ୍କଳ ସମ୍ରାଜ୍ୟ ଥିଲା ବିସ୍ତୃତ। ତେଣୁ ଦୃଢ଼ କଣ୍ଠରେ କୁହାଯାଇ ପାରେ ଯେ, ଆମ ଗଜପତି ରାଜାଙ୍କ ନାମ ପୂର୍ବରୁ ପ୍ରଦାନ କରାଯାଇଥିବା 'ବୀରାଧିବୀରବର ନବକୋଟି କର୍ଣ୍ଣାଟକଳବର୍ଗେଶ୍ୱର' ଉପାଧି ଅଭିମାନ ସୂଚକ ବା ନିରର୍ଥକ ଉପାଧି ନୁହେଁ। ଏହା ନିରାଟ ସତ୍ୟ। କାରଣ, ସିଂହଳ, ଜାଭା, ବାଲି, ବୋର୍ଣ୍ଣିଓ ପ୍ରଭୃତି ଦ୍ୱୀପମାନ ପ୍ରତାପଶାଳୀ ଉତ୍କଳର ସମ୍ରାଟମାନଙ୍କ କ୍ଷମତା ଓ ଶାସନ ପରିସରଭୁକ୍ତ ଥିଲା। ସୁଦୂରପ୍ରସାରୀ ବୀରତ୍ୱ ଯୋଗୁ ଖାରବେଳ, ଅନଙ୍ଗଭୀମଦେବ, ନରସିଂହ ଦେବ, କପିଳେନ୍ଦ୍ରଦେବ ଓ ପୁରୁଷୋତ୍ତମଦେବ ଭାରତୀୟ ଇତିହାସ ପୃଷ୍ଠାରେ ଅବିସ୍ମରଣୀୟ।

ଏହି ଓଡ଼ିଆ ଜାତି ମାତୃଭୂମିର ସ୍ୱାଧୀନତା ରକ୍ଷାକରିବା ଲାଗି ଅକାତରେ ପ୍ରାଣବଳି ଦେଇଥିଲେ। ବିଶ୍ୱ ଇତିହାସରେ ଏପରି ଆଦର୍ଶ ବିରଳ। ତାହା ହେଲା କଳିଙ୍ଗ ଯୁଦ୍ଧରେ ଲକ୍ଷ ଲକ୍ଷ କଳିଙ୍ଗବାସୀ ମୃତ୍ୟୁବରଣ କରିବା ସହ କ୍ଷତ ବିକ୍ଷତ ହୋଇ ବନ୍ଦୀ ହୋଇଥିଲେ। ଏହି ବୀର ମାନଙ୍କର ଶବ ଉପରେ ଯାତ୍ରାକରି ଅଶୋକ ବର୍ଦ୍ଧନ ମୌର୍ଯ୍ୟ କଳିଙ୍ଗର ଅଧୀଶ୍ୱର ହୋଇଥିଲେ। ହେଲେ ସେ ବୀର କଳିଙ୍ଗ ପୁଏ ଚଣ୍ଡାଶୋକକୁ ଧର୍ମାଶୋକରେ ପରିଣତ କରି ଦେଇଥିଲେ। ନରହନ୍ତା ରକ୍ତପିପାସୁ ସମ୍ରାଟ ଅଶୋକ ହେଲେ – 'ଦେବାନାଂ ପ୍ରିୟ ପ୍ରିୟଦର୍ଶୀ' ଆଉ ପ୍ରଜାମାନେ ହୋଇଗଲେ ତାଙ୍କର ପୁତ୍ର। ଭୁବନେଶ୍ୱର ନିକଟବର୍ତ୍ତୀ ଦୟାନଦୀ କୂଳରେ ଅଶୋକଙ୍କ ସୈନ୍ୟବାହିନୀ ସହ କଳିଙ୍ଗ ସୈନ୍ୟମାନଙ୍କର ଭୟଙ୍କର ଯୁଦ୍ଧ ହୋଇଥିଲା। କଳିଙ୍ଗ ଯୁଦ୍ଧ ତଦାନୀନ୍ତନ ବିଶ୍ୱର ସବୁଠାରୁ ଭୟାନକ ଯୁଦ୍ଧ ଭାବରେ ପରିଗଣିତ। କଳିଙ୍ଗବୀରମାନେ ସେତେବେଳେ ବୀରଜାତି ଭାବରେ ସମଗ୍ର ଭାରତବର୍ଷରେ ଥିଲେ ପରିଚିତ। ଏହି ଯୁଦ୍ଧରେ କଳିଙ୍ଗବାସୀଙ୍କର ଉଷ୍ମ ବୀର ରକ୍ତରେ ଦୟାନଦୀର ଜଳ ରକ୍ତରଞ୍ଜିତ ହୋଇ ଉଠିଥିଲା। ପୃଥିବୀରେ ଏପରି ଯୁଦ୍ଧ ଦେଖିବାକୁ ବିରଳ। ସେତେବେଳେ ଉତ୍କଳର ଶାସକ ଥିଲେ ଐର ରାଜା। ସେ ଯୁଦ୍ଧରେ ପରାଜୟ ଲାଭକରି ବଶ୍ୟତା ସ୍ୱୀକାର

ନକରି କୋଶଳ ଦେଶକୁ ଚାଲି ଯାଇଥିଲେ। ବିନ୍ଧ୍ୟ ପର୍ବତ ଓ ଉତ୍କଳ ରାଜ୍ୟ ମଧ୍ୟରେ କୋଶଳ ରାଜ୍ୟ ଥିଲା ଅବସ୍ଥିତ।

ଅଶୋକଙ୍କର ପରଲୋକ ଗମନର ଷୋଳବର୍ଷ ପରେ ଅର୍ଥାତ୍ ଖ୍ରୀଷ୍ଟ ପୂର୍ବ ୨୨୦ରେ ଐରମାନେ ପ୍ରତ୍ୟାବର୍ତ୍ତନ କରି ନିଜ ପିତୃରାଜ୍ୟକୁ ଅଧିକାର କରିନେଲେ। ଏଥର ଯେଉଁ ଐର ରାଜା କଳିଙ୍ଗ ସିଂହାସନରେ ଅଧିଷ୍ଠିତ ହୋଇଥିଲେ ତାଙ୍କ ନାମ ଚୈତ୍ର ଐର। ଫଳରେ ଏହି ବଂଶର ନାମ ଐର ବଂଶରୁ ଚୈତ୍ର ବା ଚେତି ବଂଶ ଭାବରେ ପ୍ରସିଦ୍ଧି ଲାଭକଲା। ଏମାନେ ନିଜକୁ ସୂର୍ଯ୍ୟବଂଶୀ ଭାବରେ ପରିଚୟ ଦେଇଥିଲେ। ଏହି ବଂଶରେ ନଅ ଜଣ ରାଜା ରାଜତ୍ୱ କରିଥିଲେ। ଏମାନେ ଧର୍ମରେ ରାଜ୍ୟ ଶାସନ କରୁଥିବା ହେତୁ ଏହି ରାଜାମାନଙ୍କୁ ରାଜର୍ଷି ବୋଲି କୁହାଯାଏ। ଏହି ରାଜାମାନଙ୍କର ଉପାଧି ହେଉଛି 'ମେଘବାହନ', ରାଜା ଚୈତ୍ର ହେଉଛନ୍ତି ଖାରବେଳଙ୍କର ପିତା। ଚୈତ୍ରଙ୍କ ୨୩ ବର୍ଷ ରାଜତ୍ୱ ପରେ ଖ୍ରୀଷ୍ଟପୂର୍ବ ୧୯୭ ଅବ୍ଦରେ ଖାରବେଳ ଜନ୍ମଲାଭ କରିଥିଲେ। ଖାରବେଳ ଖ୍ରୀଷ୍ଟପୂର୍ବ ୧୮୨ରେ ୧୫ ବର୍ଷ ବୟସରେ ଯୁବରାଜ ପଦରେ ଅଧିଷ୍ଠିତ ହୋଇଥିଲେ। ଖାରବେଳ ଥିଲେ ବୀର - ମହାବୀର। ତାଙ୍କୁ ୨୪ ବର୍ଷ ବୟସ ହୋଇଥିବା କାଳରେ ପିତା ତାଙ୍କର ସ୍ୱର୍ଗାରୋହଣ କଲେ। ଦେଶ ଜୟ କରିବାର ଅଭିଳାଷ ତାଙ୍କର ବାଲ୍ୟକାଳରୁ ଥିଲା।

ଏହି ବୀର ଖାରବେଳ ବୀର ଓଡ଼ିଆ ସୈନ୍ୟମାନଙ୍କ ସହାୟତାରେ ପ୍ରଥମେ ମୂଷିକ ରାଜ୍ୟ ଜୟକଲେ। ଯୁଦ୍ଧରେ ଆନ୍ଧ୍ରରାଜା ସାତକର୍ଣ୍ଣୀଙ୍କୁ ପରାସ୍ତ କରି ଖ୍ରୀଷ୍ଟପୂର୍ବ ୧୭୧ରେ ମୂଷିକ ରାଜ୍ୟ ଉତ୍କଳ ସମ୍ରାଜ୍ୟ ଅନ୍ତର୍ଭୁକ୍ତ ହେଲା। ଏହାପରେ ସେ ମହାରାଷ୍ଟ୍ର ଓ ବେରାର ରାଜ୍ୟ ଜୟକଲେ। ତା ପରେ ମଗଧ ସମ୍ରାଜ୍ୟ ଆକ୍ରମଣ କରି ମଗଧ ଓ ପଞ୍ଜାବ ରାଜ୍ୟ ଜୟକଲେ। ଦକ୍ଷିଣ ଭାରତର କୁମାରିକା ଅନ୍ତରୀକ୍ଷକୁ ଲାଗି ପାଣ୍ଡ୍ୟ ନାମରେ ଥିଲା ଏକ ବିରାଟ ରାଜ୍ୟ। ମଗଧ ପରେ ସେ ଏହି ପାଣ୍ଡ୍ୟରାଜ୍ୟ ଜୟ କଲେ। ସର୍ବ ଶେଷରେ ଖାରବେଳ ଗ୍ରୀକ୍ ରାଜା ବିରୁଦ୍ଧରେ ଯୁଦ୍ଧ ଯାତ୍ରା କରି ବିଜୟୀ ହୋଇଥିବାର ଜଣାଯାଏ।

ଗ୍ରୀକ୍‌ବୀର ଆଲେକ୍‌ଜାଣ୍ଡାର ଭାରତ ଜୟ ନିମନ୍ତେ ଅଗ୍ରସର ହୋଇଥିବା ସମୟରେ ଆଫଗାନିସ୍ଥାନ ଭାରତବର୍ଷ ଅନ୍ତର୍ଭୁକ୍ତ ଥିଲା। ସେ ମଧ୍ୟ ସେହି ରାଜ୍ୟକୁ ଜୟ କରିଥିଲେ। ତାଙ୍କ ମୃତ୍ୟୁପରେ ତାଙ୍କର ଜଣେ ସେନାପତି ଓ ସୈନ୍ୟମାନେ ଆଫଗାନିସ୍ଥାନ ଓ ପାରସ୍ୟର କେତେକ ଅଂଶକୁ ମିଶାଇ ବକଟ୍ରିୟା ନାମରେ ଏକ ନୂତନ ରାଜ୍ୟ ଗଠନ କରିଥିଲେ। ଏହି ବକଟ୍ରିୟା ରାଜ୍ୟର ରାଜା ଡିମେଟ୍ରିୟସ୍ ଆମ ଦେଶର ବୋଇତିଆଳ ବା ବେପାରୀ ମାନଙ୍କୁ ଯାତ୍ରାପଥରେ ଅପମାନିତ କରୁଥିଲେ।

ଡିମେଟ୍ରିୟସ୍ ଆଖପାଖର ରାଜ୍ୟମାନଙ୍କୁ ଜୟକରି ନିଜ ରାଜ୍ୟରେ ମିଶାଇ ଦେଉଥିଲେ। ରାଜା ଡିମେଟ୍ରିୟସ୍‌ଙ୍କ ବିରୁଦ୍ଧରେ ଯୁଦ୍ଧ ଘୋଷଣା କରିଥିଲେ ଖାରବେଳ। ଏହାଥିଲା ତାଙ୍କ ଜୀବନର ଶେଷ ଯୁଦ୍ଧ ବୋଲି ଜଣାଯାଏ। ସେ ଯୁଦ୍ଧରେ ବିଜୟୀ ହୋଇ ସେହି ରାଜ୍ୟର ରାଜଜେମା ଧୂଷିଙ୍କର ପାଣିଗ୍ରହଣ କରିଥିଲେ।

ଉତ୍କଳର ଅନ୍ୟ ଜଣେ ବୀର ଗଜପତି ଭାବରେ ଉତ୍କଳ ସାମ୍ରାଜ୍ୟର ଉତ୍ତରାଧିକାରୀ ହୋଇଥିଲେ। ତାଙ୍କ ନାମ କପିଳେନ୍ଦ୍ର ଦେବ। ସେ ଥିଲେ ଜଣେ ଉତ୍ତମ ଶାସକ, ବିଚକ୍ଷଣ ରାଜନୀତିଜ୍ଞ ତଥା ବୀର। ତାଙ୍କର ରାଜତ୍ୱକାଳ ୧୪୩୫ - ୧୪୬୫ ମସିହା। ଓଡ଼ିଶାର ଗଙ୍ଗବଂଶର ଶେଷ ରାଜା ଚତୁର୍ଥ ନରସିଂହଦେବ ନିଃସନ୍ତାନ ଥାଇ ପ୍ରାଣତ୍ୟାଗ କରିବାରୁ ତାଙ୍କର ପାତ୍ରମନ୍ତ୍ରୀଙ୍କ ସମ୍ମତିକ୍ରମେ ୧୪୩୫ ମସିହାରେ କପିଳେନ୍ଦ୍ରଦେବ ରାଜା ହେଲେ। କପିଳେନ୍ଦ୍ରଦେବ ସୂର୍ଯ୍ୟବଂଶୀ କ୍ଷତ୍ରିୟ ଥିବାରୁ ତାଙ୍କ ପ୍ରତିଷ୍ଠିତ ରାଜବଂଶକୁ 'ସୂର୍ଯ୍ୟବଂଶ' ବୋଲି କୁହାଯାଏ। କପିଳେନ୍ଦ୍ରଦେବଙ୍କ ରାଜ୍ୟଜୟର ସ୍ମାରକୀ ରୂପେ ସେ ଏକ ଦୀର୍ଘ ଉପାଧି ଗ୍ରହଣ କରିଥିଲେ - "ବୀର ଶ୍ରୀ ଗଜପତି ଗୌଡ଼େଶ୍ୱର ନବକୋଟୀ କର୍ଣ୍ଣାଟ କଳବର୍ଗେଶ୍ୱର ପ୍ରତାପୀ କପିଳେନ୍ଦ୍ର ଦେବ ମହାରାଜା"। କପିଳେନ୍ଦ୍ରଦେବଙ୍କର ଅଭିଷେକ ୧୪୩୫ ମସିହା ଜୁନ୍ ୨୯ ତାରିଖ ବୁଧବାର ଦିନ ଭୁବନେଶ୍ୱର ଠାରେ ଅନୁଷ୍ଠିତ ହୋଇଥିଲା।

ଗଙ୍ଗବଂଶ ରାଜତ୍ୱର ଶେଷ ଭାଗରେ ଓଡ଼ିଶାର ରାଜନୈତିକ ଅବସ୍ଥା ଥିଲା ଜଟିଳ। ଫଳରେ କପିଳେନ୍ଦ୍ର ଦେବ ସିଂହାସନ ଆରୋହଣର ଅବ୍ୟବହିତ ପରେ ବଙ୍ଗ ଓ ମାଳବର ମୁସଲମାନ ଶାସକ ମାନଙ୍କ ବିରୁଦ୍ଧରେ ସଂଗ୍ରାମ କରି ବିଜୟ ଲାଭ କରିଥିଲେ। ଏହା ଫଳରେ ସେ 'ଗୌଡ଼େଶ୍ୱର' ନାମରେ ଅଭିହିତ। ଉତ୍ତର ସୀମାରେଖା ଦାୟିତ୍ୱ ଗୋପୀନାଥ ମହାପାତ୍ରଙ୍କ ହସ୍ତରେ ପ୍ରଦାନକରି ଦାକ୍ଷିଣାତ୍ୟ ଅଭିଯାନ ଆରମ୍ଭ କଲେ। ୧୪୪୭ ମସିହାରେ କର୍ଣ୍ଣାଟ ରାଜ୍ୟ ବିଜୟ ନଗର ଅବରୋଧ କରି ୧୪୪୮-୧୪୫୦ ମଧ୍ୟରେ ଉଡ୍‌ବାଜି, ପତନୁର ଆଦି ଜୟକଲେ। ଏହି ସବୁ ଦୁର୍ଗରେ ରେଡ୍ଡି-ବଂଶୀ ରାଜାମାନେ ଶାସନ କରୁଥିଲେ। ରାଜମହେନ୍ଦ୍ରୀ ଅଧିକାର କରି ସେନାପତି ରଘୁଦେବ ନରେନ୍ଦ୍ର ମହାପାତ୍ରଙ୍କୁ ଓ କୋଣ୍ଡାଭିଡୁ ଦୁର୍ଗ ଜୟ କରି ଗଣଦେବଙ୍କୁ ସେଠାକାର ଶାସନ ଦାୟିତ୍ୱ ଅର୍ପଣ କଲେ। ଏହିପରି ଭାବରେ କପିଳେନ୍ଦ୍ରଦେବ ବଲ୍ଲମ କୋଣ୍ଡା, ବିନୁ କୋଣ୍ଡା, କୋଣ୍ଡାବିଡୁ, ନାଗାର୍ଜ୍ଜୁନ କୋଣ୍ଡା, ରାଜମହେନ୍ଦ୍ରୀ, ପେଡ୍‌ପୁରମ, କଲୁବଲ୍ଲିପାଲ୍ଲୀ, ଇଡ୍‌ବାଡ଼ି ଓ ପତନୁର ନାମକ ୯ଗୋଟି ଦୁର୍ଗର ଅଧିକାରୀ ହୋଇଥିଲେ। ତେଲୁଗୁ ଭାଷାରେ କୋଟ ବା କୋଟୀ ଶବ୍ଦର ଅର୍ଥ ଦୁର୍ଗ। ତେଣୁ କପିଳେନ୍ଦ୍ର ଦେବଙ୍କ ଉପାଧିରେ ବର୍ଣ୍ଣିତ ନବକୋଟୀ ଶବ୍ଦ ତାଙ୍କର ଏହି ଦୁର୍ଗ ବିଜୟର ସଙ୍କେତ।

୧୪୫୭ ମସିହାରେ ପୁତ୍ର କୁମାର ହମ୍ବିର କର୍ଣ୍ଣାଟକ ରାଜ୍ୟ ଜୟ କରୁଥିବା ବେଳେ ନିଜେ କପିଳେନ୍ଦ୍ର ଦେବ ସୈନ୍ୟବାହିନୀ ପରିଚାଳନା କରି ଶ୍ରୀଶୈଳମ ବା ମଲ୍ଲିକାର୍ଜ୍ଜୁନ କୋଣ୍ଡାକୁ ଅଧିକାର କରିଥିଲେ । ଏହି ସମୟରେ କପିଳେନ୍ଦ୍ର ଦେବ ବାହାମନି ସମ୍ରାଜ୍ୟ ଆକ୍ରମଣ କରି ସାମ୍ରାଜ୍ୟର ରାଜଧାନୀ ବିଦର ପର୍ଯ୍ୟନ୍ତ ବିଜୟ ବାହିନୀକୁ ନେଇଯାଇଥିଲେ । ବାହାମନି ରାଜ୍ୟର ପୁରାତନ ନାମ 'ଗୁଲବର୍ଗ' । ଏହାକୁ ଜୟକରି କପିଳେନ୍ଦ୍ରଦେବ 'କଲବର୍ଗେଶ୍ୱର' ଉପାଧି ଲାଭ କରିଥିଲେ । ସେ ପ୍ରତ୍ୟେକ ଯୁଦ୍ଧରେ ସୈନ୍ୟ ପରିଚାଳନା କରୁଥିଲେ । ଦକ୍ଷିଣ ଭାରତର ଶାସନ ପରିଦର୍ଶନ ନିମନ୍ତେ ଭ୍ରମଣ କରୁଥିବା କାଳରେ ୧୪୬୬ ମସିହା ନଭେମ୍ବର ୨୫ ତାରିଖରେ କୃଷ୍ଣାନଦୀ ତୀରରେ ଦେହତ୍ୟାଗ କରିଥିଲେ । ଖାରବେଳଙ୍କ ପରେ କପିଳେନ୍ଦ୍ରଦେବଙ୍କ ବ୍ୟତୀତ କୌଣସି ରାଜା ଏତେ ବଡ଼ ସାମ୍ରାଜ୍ୟ ପ୍ରତିଷ୍ଠା କରି ପାରି ନଥିବା ଜଣାଯାଏ ।

କପିଳେନ୍ଦ୍ରଦେବଙ୍କ ପୁତ୍ର ପୁରୁଷୋତ୍ତମ ଦେବ ଥିଲେ ଅନନ୍ୟ ବୀର । ପିତାଙ୍କ ଅନ୍ତେ ପୁରୁଷୋତ୍ତମ ୧୪୬୬ ମସିହାରେ ସିଂହାସନ ଆରୋହଣ କରି ମହାନଦୀ ବେଷ୍ଟିତ କଟକ ନଗରୀରେ ନିଜର ରାଜଧାନୀ ପ୍ରତିଷ୍ଠା କରିଥିଲେ । ବିଜୟନଗର ସାଲ୍ୱ ନରସିଂହ ନାମରେ ଜଣେ ସାମନ୍ତରାଜା ସେ ସମୟରେ ଥିଲେ କାଞ୍ଚିର ରାଜା । ସାଲ୍ୱ ନରସିଂହ ୧୪୫୭ ମସିହାରେ ରାଜା ହେବା ପରେ ନିଜ ରାଜ୍ୟ ବିସ୍ତାର ପାଇଁ ପ୍ରବଳ ଉଦ୍ୟମ କରିଥିଲେ । କିନ୍ତୁ ତାଙ୍କର ଏହି ସାମ୍ରାଜ୍ୟ ପ୍ରତିଷ୍ଠା କ୍ଷେତ୍ରରେ କପିଳେନ୍ଦ୍ର ଦେବ ଥିଲେ ପ୍ରଧାନ ଅନ୍ତରାୟ । କପିଳେନ୍ଦ୍ର ଦେବଙ୍କ ମୃତ୍ୟୁ ପରେ ସାଲ୍ୱ-ନରସିଂହ ୧୪୬୮ ମସିହାରେ ଅଭିଯାନ ଆରମ୍ଭ କରି ଚନ୍ଦ୍ରଗିରି ଓ ଉଦୟଗିରି ମଧ୍ୟରେ ଥିବା ସମସ୍ତ ଓଡ଼ିଆ ଦୁର୍ଗ ଅଧିକାର କରିନେଲେ । ଉଦୟଗିରି ଅଧିକାର କରିବା ପୂର୍ବରୁ ତାଙ୍କ ସୈନ୍ୟବାହିନୀ ସହ ଓଡ଼ିଆ ସୈନ୍ୟବାହିନୀର ତୁମୁଳ ଯୁଦ୍ଧ ହୋଇଥିଲା । ଏହି ଯୁଦ୍ଧରେ ବହୁ ଓଡ଼ିଆ ସୈନ୍ୟଙ୍କ ସମେତ ସେନାପତି ନିହତ ହେଲେ । ଏହି ସମୟରେ ପୁରୁଷୋତ୍ତମ ଦେବ ବିଶାଳ ସେନାବାହିନୀ ଧରି ଅତର୍କିତ ଭାବରେ ସାଲ୍ୱ ନରସିଂହଙ୍କ ଉପରେ ଆକ୍ରମଣ କଲେ । ସାଲ୍ୱ ବାହିନୀ ଯୁଦ୍ଧରେ ପରାସ୍ତ ହେଲେ ଓ ସାଲ୍ୱ ନରସିଂହ ବନ୍ଦୀ ହେଲେ । କ୍ଷମା ପ୍ରାର୍ଥନା ପୂର୍ବକ ସନ୍ଧି ସୂତ୍ରରେ ଆବଦ୍ଧ ହୋଇ ପୁରୁଷୋତ୍ତମ ଦେବଙ୍କୁ ଉଦୟଗିରି ରାଜ୍ୟ ଛାଡ଼ିଦେଲେ । ଏହା କାଞ୍ଚି-କାବେରୀ ଯୁଦ୍ଧ ନାମରେ ଇତିହାସରେ ଲିପିବଦ୍ଧ । କପିଳେନ୍ଦ୍ର ଦକ୍ଷିଣ ରାଜ୍ୟ ମାନଙ୍କରେ ଯୁଦ୍ଧ କରୁଥିବା ସମୟରେ ପୁରୁଷୋତ୍ତମ ଦେବ ତାଙ୍କ ସହିତ ଥିଲେ । ଏହି ସମୟରେ କାଞ୍ଚିରାଜକନ୍ୟା ପଦ୍ମାବତୀଙ୍କ ସହ ସେ ପ୍ରଣୟ ସୂତ୍ରରେ ଆବଦ୍ଧ ହୋଇଥିଲେ ।

ବିବାହ ପ୍ରସଙ୍ଗ ଉଠିବାରୁ କାଞ୍ଚିରାଜା କହିଲେ, "ଓଡ଼ିଶାର ରାଜାମାନେ ଶ୍ରୀ

ଜଗନ୍ନାଥଙ୍କ ସାମନାରେ ଚଣ୍ଡାଳ ଭଳି କାମ କରୁଛନ୍ତି, ଏଣୁ ଏ ବିବାହ ହୋଇ ପାରିବ ନାହିଁ"। ଏହାର ପ୍ରତିଶୋଧ ନେବା ପାଇଁ ବିଶାଳ ସୈନ୍ୟବାହିନୀ ସହିତ କାଞ୍ଚି ବିରୁଦ୍ଧରେ ଅଭିଯାନ ଆରମ୍ଭ କଲେ ପୁରୁଷୋତ୍ତମ। ଚିଲିକା କୂଳରେ ମାଣିକ ଗଉଡୁଣୀ ଠାରୁ ରତ୍ନ ମୁଦି ପାଇ ବୁଝିଲେ ଯେ ସ୍ୱୟଂ ଜଗନ୍ନାଥ ବଳଭଦ୍ର ତାଙ୍କୁ ସାହାଯ୍ୟ କରିବା ଉଦ୍ଦେଶ୍ୟରେ ଆଗରେ ସୈନ୍ୟ ବେଶରେ ଯାଉଛନ୍ତି। ପୁରୁଷୋତ୍ତମ ଦେବ କାଞ୍ଚି ବିଜୟ କରି ଜଣେ ପ୍ରକୃତ ଚଣ୍ଡାଳ ସହ ପଦ୍ମାବତୀଙ୍କର ବିବାହ କରାଇ ଦେବାର ମନସ୍ଥ କଲେ। ସେ ରଥଯାତ୍ରା ସମୟରେ ଛେରା ପହଁରା କରୁଥିବା ସମୟରେ ତାଙ୍କ ମନ୍ତ୍ରୀ ତାଙ୍କୁ ଶ୍ରେଷ୍ଠ ଚଣ୍ଡାଳ ବୋଲି ସମ୍ବୋଧନ କରି ପଦ୍ମାବତୀଙ୍କୁ ପତ୍ନୀ ଭାବରେ ଗ୍ରହଣ କରିବାକୁ ବାଧ୍ୟକଲେ। ପଦ୍ମାବତୀଙ୍କ ପ୍ରକୃତ ନାମ ରୁପାମ୍ବିକା। ସେହି ସମୟେ ସେ ବିଜୟନଗରରୁ ସାକ୍ଷୀଗୋପାଳ ମୂର୍ତ୍ତି, ଗୋଟିଏ ରତ୍ନ ସିଂହାସନ ଓ ଗୋଟିଏ ଗଣେଶ ମର୍ତ୍ତି ଘେନି ଆସିଥିବାର ଦେଖାଯାଏ।

ଯୁଦ୍ଧକ୍ଷେତ୍ରରେ ବିଶେଷ କୃତିତ୍ୱ ଅର୍ଜନ କରିଥିବା ବୀର ରାଜାମାନଙ୍କ ନାମାନୁସାରେ ଗ୍ରାମ ମାନଙ୍କ ନାମ ପୂର୍ବରୁ ବୀର ଶବ୍ଦ ଯୁକ୍ତ ହୋଇଥିବାର ଜଣାଯାଏ - ବୀର ରାମଚନ୍ଦ୍ରପୁର, ବୀର ପୁରୁଷୋତ୍ତମପୁର, ବୀର ନରସିଂହପୁର, ବୀର ପ୍ରତାପ ପୁର ଓ ବୀର ତୁଙ୍ଗ ଇତ୍ୟାଦି। ଆବୁଲ୍ ଫାଜଲ ଙ୍କ ବିବରଣୀ ଅନୁସାରେ, "ଓଡ଼ିଶାର ସ୍ଥାୟୀ ସୈନ୍ୟ ସଂଖ୍ୟା ଥିଲା ଲକ୍ଷେରୁ ଅଧିକ। ଏହାର ଗଜାରୋହୀ ବାହିନୀ ରଣକ୍ଷେତ୍ରରେ ଥିଲା ଦୁର୍ଦ୍ଧର୍ଷ। ଦରକାର ବେଳେ ଶୃଙ୍ଖଳିତ ଯୁଦ୍ଧ ବିଶାରଦ ଓଡ଼ିଆମାନେ ରଣକ୍ଷେତ୍ରକୁ ଲମ୍ଫ ପ୍ରଦାନ କରୁଥିଲେ"। ବାସ୍ତବରେ ମାତୃଭୂମିର ସୁରକ୍ଷାପାଇଁ ତଥା ସ୍ୱାଧୀନତା ରକ୍ଷା ନିମନ୍ତେ ଅକାତରରେ ଓଡ଼ିଆମାନେ ପ୍ରାଣବଳି ଦେଇ ଯାଇଛନ୍ତି।

ବର୍ତ୍ତମାନ ସୁଦ୍ଧା ଅତୀତର ଗୌରବମୟ ଅସ୍ତିତ୍ୱ ଲୋପ ପାଇ ନାହିଁ। ଓଡ଼ିଆ ବୀର ମାନଙ୍କର ସେହି ଦୀର୍ଘକାୟ ବପୁ, ବାଘୁଆ ନିଶ, ସିଂହ ଠାଣି ଓ ଭୀମରଡ଼ି ଗ୍ରାମାଞ୍ଚଳ ପାଇକ ମାନଙ୍କ ଠାରେ ଦେଖିବାକୁ ମିଳେ। କପାଳରେ ସିନ୍ଦୂର କଲି ମାରି ଏବେ ବି ବୀର ଓଡ଼ିଆ ପାଇକ କୁହାଟ ମାରି ଆମ ଉଜ୍ଜ୍ୱଳ ଅତୀତକୁ ମନେ ପକାଇ ଦିଏ। ଏହି ବୀର ଓଡ଼ିଆ କ୍ଷତ୍ରିୟର ସନ୍ତକ ହେଉଛି 'ଖଣ୍ଡା' ବା 'କଟାରୀ'। ତାର ଆଖେଡ଼ାଘରର ଇଷ୍ଟ ଦେବତା ହେଉଛନ୍ତି ମହାବୀର ହନୁମାନ। ପାଇକାଳିଆ ଗ୍ରାମରେ ଗୋଟିଏ ପାଖରେ ଭାଗବତ ଟୁଙ୍ଗି ଅନ୍ୟ ପଟରେ ଆଖେଡାଘର; ଏସବୁ ସୂଚାଇ ଦିଏ ଏକ ଦିଗରେ ଶାନ୍ତି ଓ ଅନ୍ୟ ଦିଗରେ ଶକ୍ତିର ସାଧନା। ଏହା ସହିତ ବଂଶ ପରମ୍ପରା କ୍ରମେ ଚାଲିଆସିଛି ବୀରତ୍ୱ ନିଶାଣର ସାମରିକ ସମାଧି। ସେଗୁଡ଼ିକ ହେଲା - ରାଉତରାୟ, ବାଘସିଂହ, ପାଲଟାସିଂହ, ଝପଟ୍ ସିଂହ, ପାହାଡ଼ସିଂହ, ରଣସିଂ, ଭୁଜବଳ,

ପାଇକରାୟ, ମହାରଥୀ, ପଶ୍ଚିମକବାଟ, ଉତ୍ତରକବାଟ, ଦକ୍ଷିଣକବାଟ, ବାହିନୀପତି, ଚମ୍ପତିରାୟ, ମାନସିଂହ, ରାଏସିଂହ, ଶତ୍ରୁଶଲ୍ୟ, ମାନଧାତା, ଗଡ଼ନାୟକ, ପଦାତିକରାୟ, ସାହାଣୀ, ଡିଆଁବାଘ, ଗୁମାନସିଂହ ଆଦି।

ଓଡ଼ିଶାରେ ମରହଟ୍ଟା ଶାସନକାଳରେ (୧୭୫୧ - ୧୮୦୩) ବର୍ଗୀମାନଙ୍କର ଅତ୍ୟାଚାର ଭୀଷଣ ଭାବରେ ବୃଦ୍ଧି ପାଇଥିଲା। ମରହଟ୍ଟା ଶାସକ ଓଡ଼ିଶାର ରାଜା ଜମିଦାରଙ୍କ ଉପରେ ଅଧିକ ପେସ୍‌କସ୍ ବା କର ବସାଇବାରେ ଲାଗିଲେ। ଏହାକୁ ଢେଙ୍କାନାଳର ତତ୍‌କାଳୀନ ରାଜା ତ୍ରିଲୋଚନ ସିଂହ ଭ୍ରମରରାୟଙ୍କ ସମେତ ଅନ୍ୟାନ୍ୟ ଗଡ଼ଜାତ ରାଜାମାନେ ମଧ୍ୟ ପ୍ରତିବାଦ କରିବାରେ ଲାଗିଲେ। କାରଣ ଓଡ଼ିଶାର ମରହଟ୍ଟା ଗଭର୍ଣ୍ଣର ରାଜାରାମ ପଣ୍ଡିତ (୧୭୭୮ - ୯୩) ଢେଙ୍କାନାଳ ରାଜ୍ୟ ଉପରେ ବାର୍ଷିକ ୬୦, ୦୦୦ କାହାଣ କଉଡ଼ି ପେସ୍‌କସ୍ ବସାଇଥିଲେ। ତ୍ରିଲୋଚନ ସିଂହ ଏହି ପେସକସ୍ ଦେବାକୁ ମନା କରି ଦେବାରୁ ମରହଟ୍ଟାମାନେ ୧୭୮୦ ମସିହାରେ ଢେଙ୍କାନାଳ ଆକ୍ରମଣ କଲେ। ରାଜାରାମଙ୍କ ହାତରେ ଥିଲେ ୩୦, ୦୦୦ ରୁ ୪୦, ୦୦୦ ସୈନ୍ୟ। ଢେଙ୍କାନାଳ ରାଜା ତ୍ରିଲୋଚନ ସିଂହ ଭ୍ରମରବରଙ୍କ ହାତରେ ଥିଲେ ୧୦,୦୦୦ ସ୍ଥାନୀୟ ପାଇକ ସୈନ୍ୟ, ୧୮୦୦ ତେଲୁଗୁ ଓ ୫୦୦ ନାଗା ସୈନ୍ୟ। ଏହି ଯୁଦ୍ଧ ୧୭୮୦ ମସିହା ମେ ମାସରେ ଅନୁଷ୍ଠିତ ହୋଇଥିଲା। ଢେଙ୍କାନାଳ ସୈନ୍ୟବାହିନୀରେ ଯୋଗଦେଇଥିବା ପାଇକମାନେ ହେଲେ ପରଜଙ୍ଗ, ମେରାମୁଣ୍ଡଳୀ, ନିହାଲପ୍ରସାଦ, ଭାପୁର, ବଲରାମପୁର ଓ ଛ ଦେଶ ଅଞ୍ଚଳ ତଥା ଢେଙ୍କାନାଳ ରାଜ୍ୟର। ଏହି ସୈନ୍ୟବାହିନୀ ସ୍ଥାନୀୟ କାରିଗରମାନଙ୍କ ଦ୍ୱାରା ପ୍ରସ୍ତୁତ ୩୦ ପ୍ରକାର ଅସ୍ତ୍ର-ଶସ୍ତ୍ର ଧାରଣ କରି ବିପୁଳ ମରହଟ୍ଟା ବାହିନୀ ସହିତ ଯୁଦ୍ଧ କରିଥିଲେ। ଢେଙ୍କାନାଳ ସୈନ୍ୟବାହିନୀଙ୍କ ବ୍ୟବହୃତ ଅସ୍ତ୍ର-ଶସ୍ତ୍ର ଗୁଡିକର ନାମ ହେଲା - ଗୁପ୍ତି, ଫାରଶା, ଟାଙ୍ଗି, କଟାରୀ, ଚକ୍ର, ଛେରା, ବାଡି ବନ୍ଧୁକ, ଭାଲା, ବଲମ, ବର୍ଚ୍ଛା, ଚଢକ ନଳୀ, କରବାର, ପଟା (Gauntlet), ଧୂପ (One-edged sword), ଖଡଗ (Double-edged sword), ଜଲାଲ, ଘସା ଓ ଢାଲ ଇତ୍ୟାଦି ସମେତ ଡମ୍ଫ ନାଗର, ନାଗରା, ମହୁରି ଓ ଢୋଲ ଆଦି ରଣବାଦ୍ୟ। ଢେଙ୍କାନାଳ ରାଜାଙ୍କର ମରହଟ୍ଟା ସୈନ୍ୟ ମାନଙ୍କ ସହ ୧୮ଦିନ ଯୁଦ୍ଧ ଅନୁଷ୍ଠିତ ହୋଇଥିଲା। ଶେଷରେ ମରହଟ୍ଟା ମାନଙ୍କର ହଜାର ହଜାର ସୈନ୍ୟଙ୍କୁ ନିପାତକରି ଢେଙ୍କାନାଳ ରାଜା ତ୍ରିଲୋଚନ ସିଂହ ବିଜୟ ଲାଭ କରି ପୁରୀ ଗଜପତିଙ୍କ ଠାରୁ 'ମହେନ୍ଦ୍ର ବାହାଦୁର' ଉପାଧି ପ୍ରାପ୍ତ ହୋଇଥିଲେ। ଢେଙ୍କାନାଳ ମରହଟ୍ଟା ଯୁଦ୍ଧପରେ ଚିରଦିନ ପାଇଁ ମରହଟ୍ଟାମାନେ ଓଡ଼ିଶାରୁ ବିଦାୟ ନେଇଥିଲେ।

ଏହାପରେ ୧୮୦୩ ମସିହାରେ ଇଂରେଜମାନେ ଓଡ଼ିଶାର ଶାସନ ଦାୟିତ୍ୱ ମରହଟ୍ଟା ମାନଙ୍କଠାରୁ ଗ୍ରହଣ କଲେ। ଓଡ଼ିଶାର ସ୍ୱାଧୀନତା ରକ୍ଷା କରିବା ଉଦ୍ଦେଶ୍ୟରେ ବ୍ରିଟିଶ୍ ସରକାର ବିରୁଦ୍ଧରେ ପ୍ରଥମ ସଂଗ୍ରାମ ଦେଖାଦେଲା। ୧୮୦୪ ମସିହାରେ ଜୟୀ ରାଜଗୁରୁ ହେଲେ ବ୍ରିଟିଶ୍ ସରକାରଙ୍କ ବିରୁଦ୍ଧରେ ପ୍ରଥମ ବିଦ୍ରୋହୀ। ବ୍ରିଟିଶ୍ ସରକାର ତାଙ୍କ ଉପରେ ନିର୍ମମ ଅତ୍ୟାଚାର କରି ତାଙ୍କୁ ଚରିତ୍ରହୀନ ଓ ଦେଶଦ୍ରୋହୀ ଭାବରେ ଚିତ୍ରଣ କରି ୧୮୦୫ ମସିହାର ପ୍ରଥମ ଭାଗରେ ମେଦିନୀପୁରର ଏକ ପ୍ରକାଶ୍ୟ ସ୍ଥାନରେ ଗୋଟିଏ ବରଗଛ ଡାଳରେ ଅତ୍ୟନ୍ତ ନିର୍ମମ ଭାବରେ ପ୍ରାଣଦଣ୍ଡ ଦେଇଥିଲା। ହେଲେ ଆଜୀବନ ବ୍ରହ୍ମଚାରୀ, ଜାତୀୟ ଜୀବନର ପଥ ପ୍ରଦର୍ଶକ ପଣ୍ଡିତ ପ୍ରବର ଜୟକୃଷ୍ଣ ରାଜଗୁରୁ ମହାପାତ୍ର ଓଡ଼ିଆ ଜାତି ନିମନ୍ତେ ନିଜର ପ୍ରତି ରକ୍ତବିନ୍ଦୁ ଦାନ କରି ଆମ ପାଇଁ ରଖି ଯାଇଛନ୍ତି କେବଳ ଆଦର୍ଶ। ତାଙ୍କର ବୀରତ୍ୱ, ସ୍ୱାଭିମାନ ଓଡ଼ିଆ ଜାତିର ଗର୍ବ, ଗୌରବ ରୂପେ ପରିଗଣିତ।

୧୮୦୪-୧୮୨୫ ପର୍ଯ୍ୟନ୍ତ ଉଷ୍ମରକ୍ତା ଓଡ଼ିଆ ପାଇକମାନେ ବ୍ରିଟିଶ୍ ସରକାର ବିରୁଦ୍ଧରେ ବିଦ୍ରୋହ କରିଥିଲେ। ଏହାକୁ କୁହାଯାଏ ପାଇକ ବିଦ୍ରୋହ। ଖୋର୍ଦ୍ଧା ପାଇକ ବିଦ୍ରୋହ ଦୁଇ ଭାଗରେ ବିଭକ୍ତ। (୧) ୧୮୦୪ର ବିଦ୍ରୋହ ଏବଂ (୨) ୧୮୧୭ର ବିଦ୍ରୋହ। ୧୮୦୪ରେ ଜୟୀ ରାଜଗୁରୁଙ୍କ ନେତୃତ୍ୱରେ ଏବଂ ୧୮୧୭ରେ ବକ୍ସି ଜଗବନ୍ଧୁ ଓ ଦେୱାନ କୃଷ୍ଣଚନ୍ଦ୍ର ମହାପାତ୍ରଙ୍କ ନେତୃତ୍ୱରେ ହୋଇଥିଲା ଖୋର୍ଦ୍ଧା ପାଇକ ବିଦ୍ରୋହ ଇଂରେଜ ଶାସକ ମାନଙ୍କ ଆଖି ଖୋଲି ଦେଇଥିଲା। ଫଳରେ ସେମାନେ ରଣକୁଶଳୀ ଓଡ଼ିଆ ପାଇକମାନଙ୍କର ବୃତ୍ତିକୁ ସମୂଳେ ଧ୍ୱଂସ କରିଦେବା ପାଇଁ ଚେଷ୍ଟା କରିବାରେ ଲାଗିଲେ। 'ପାଇକ ବିଦ୍ରୋହ' ପରେ ଇଂରେଜ ସରକାର ଆଦେଶ ଜାରିକଲେ ଯେ, ଓଡ଼ିଆ ମାନଙ୍କୁ ସୈନ୍ୟ ବିଭାଗରେ ଗ୍ରହଣ କରାଯିବ ନାହିଁ। ବିଦ୍ରୋହ ଶାନ୍ତ ହେବା ପରେ ବିଦ୍ରୋହୀ ମାନଙ୍କର ବିଚାର ନିଜାମତ୍ ଅଦାଲତରେ ହୋଇଥିଲା। ଏହି ବିଚାରରେ ସାତଜଣଙ୍କୁ ମୃତ୍ୟୁଦଣ୍ଡ, ବାମଦେବ ପାଟଯୋଶୀ ଓ ନାରାୟଣ ପରମଗୁରୁଙ୍କୁ ଆଲିପୁର ଜେଲ୍‌ରେ ଯାବଜ୍ଜୀବନ ସଶ୍ରମ କାରାଦଣ୍ଡ, ନଅ ଜଣ ବିଦ୍ରୋହୀଙ୍କୁ ୧୪ ବର୍ଷ ଲେଖାଏଁ ଓ ୨୫ ଜଣଙ୍କୁ ଅନିର୍ଦ୍ଦିଷ୍ଟ କାଳ ପାଇଁ ସ୍ଥାନାନ୍ତର କାରାବାସ, ୩୦ ଜଣଙ୍କୁ ଯାବଜ୍ଜୀବନ କାରାବାସ ଓ ୧୦୩ ଜଣଙ୍କୁ ଦ୍ୱୀପାନ୍ତରରେ ଯାବଜ୍ଜୀବନ କାରାବାସ ଦଣ୍ଡ ପ୍ରଦାନ କରାଯାଇଥିଲା। ଏହି ବିଚାର ୧୮୧୭ ରୁ ୧୮୧୯ ପର୍ଯ୍ୟନ୍ତ ଚାଲିଥିଲା। ଓଡ଼ିଆ ବୀର ପାଇକମାନେ ଦେତେ ଦୁର୍ଦ୍ଧର୍ଷ ଓ ସ୍ୱାଭିମାନୀ ଥିଲେ ବ୍ରିଟିଶ୍ ସରକାର ହୃଦେ ହୃଦେ ଅନୁଭବ କରିଥିଲା।

ବକ୍ସି ଜଗବନ୍ଧୁ ଥିଲେ ପାଇକ ବିଦ୍ରୋହର ନେତା। ଖୋରଧା ଗଜପତି

ରାଜାଙ୍କ ପ୍ରଧାନ ସେନାପତିଙ୍କ ଉପାଧି ହେଉଛି ବକ୍‌ସି । ପୁରୀ ଜିଲ୍ଲା ରୋଡ଼ଙ୍ଗ କିଲ୍ଲା ତାଙ୍କୁ ଜାଗିରି ସ୍ୱରୂପ ମିଳିଥିଲା । ତାଙ୍କର ଏହି ଜାଗିରି ନିଲାମ ହୋଇଯିବାରୁ ସେ ବ୍ରିଟିଶ୍ କମିଶନରଙ୍କ ପାଖରେ ଆପତ୍ତି ଜଣାଇଲେ । ହେଲେ ଇଂରେଜ ସାହେବ ତାଙ୍କୁ ମକଦମା କରିବାକୁ ଉପଦେଶ ଦେଲେ । ଫଳରେ ନିଃସମ୍ବଳ ବକ୍‌ସି ଜଗବନ୍ଧୁ ଇଂରେଜ ସରକାର ବିରୁଦ୍ଧରେ ବିଦ୍ରୋହ ଆରମ୍ଭ କରିଦେଲେ । ଦୀର୍ଘ ଦିନ ଧରି ଇଂରେଜ ସରକାର ସହ ଛକା ପଞ୍ଝା ଖେଳି ଶେଷରେ ସମ୍ମାନଜନକ ସର୍ତ୍ତରେ ଧରାପଡ଼ିଲେ । ତାଙ୍କୁ କଟକରେ ମାସିକ ୧୫୦ ଟଙ୍କା ଭତ୍ତା ଦେଇ ରଖାଗଲା । ୧୯୨୯ ମସିହାରେ ସେ କଟକ ସହରରେ ପ୍ରାଣ ତ୍ୟାଗ କଲେ । କଟକରେ ଯେଉଁ ସ୍ଥାନରେ ସେ ରହୁଥିଲେ, ତାହା ଆଜି ବକ୍‌ସି ବଜାର ନାମରେ ନାମିତ । ସେ ମୃତ୍ୟୁ ମୁଖରେ ପଡ଼ିଲେ ମଧ୍ୟ ଇଂରେଜ ସରକାର ପାଖରେ ମୁଣ୍ଡ ନୁଆଇଁ ନଥିଲେ । ସେ ଥିଲେ ସ୍ୱାଭିମାନୀ ବୀର ଓଡ଼ିଆ ।

ଏହାପରେ ଆମ ଆଖିରେ ନାଚି ଉଠେ ଓଡ଼ିଶାର ଗଡ଼ଜାତ ଆନ୍ଦୋଳନର କଥା । ଦେଶୀୟ ରାଜାମାନେ ବ୍ରିଟିଶ୍ ସରକାର ଛତ୍ରଛାୟା ତଳେ ଚଳାଉଥିଲେ ପ୍ରଜାମାନଙ୍କ ଉପରେ ଅକଥନୀୟ ଅତ୍ୟାଚାର । ବେଠି, ବେଗାରୀ, ଭେଟି, ରସଦ, ମାଗଣ ଆଦିର ଶିକାର ହେଉଥିଲେ ପ୍ରଜାକୁଳ । ରାଜା ମହାରାଜାମାନଙ୍କୁ ସାହାଯ୍ୟ କରୁଥିଲେ ବ୍ରିଟିଶ୍ ସରକାର । ବେଠି ଥିଲା ବିଭିନ୍ନ ପ୍ରକାରର - ରଥ ବେଠି, ଦଶହରା ବେଠି ଓ ଭେଟି, ସଡକ ବେଠି, ପହରାପାଳି ବେଠି, ଘର ଛପର ବେଠି, ଶିକାର ଆଦି ଅନେକ ରକମର ବେଠି । ଫଳରେ ଲୋକ ବିଦ୍ରୋହୀ ହୋଇ ଉଠିଲେ । ଗଠିତ ହେଲା 'ପ୍ରଜା ମଣ୍ଡଳ' । ପ୍ରଜା ମଣ୍ଡଳର ନେତାମାନେ ରାଜତନ୍ତ୍ର ବିରୁଦ୍ଧରେ ସଂଗ୍ରାମ ଚଳାଇଲେ । ୧୯୩୮ ମସିହା ସେପ୍ଟେମ୍ବର ୧୧ ତାରିଖ ଦିନ ଢେଙ୍କାନାଳ ପ୍ରଜାମଣ୍ଡଳ କର୍ମକର୍ତ୍ତାଙ୍କୁ ଢେଙ୍କାନାଳ ରାଜା ଶଙ୍କର ପ୍ରତାପ ଗିରଫ କରିନେଲେ । ଫଳରେ ରାଜ୍ୟର ହଜାର ହଜାର ଲୋକ ମାଡ଼ି ଆସିଲେ ଢେଙ୍କାନାଳ ଗଡ଼ର ରାଜାର ଉଆସକୁ ଟିକି ଟିକି କରି ଭାଙ୍ଗି ଚୂରମାର କରିଦେବା ପାଇଁ । 'ମହାତ୍ମା ଗାନ୍ଧୀ କି ଜୟ', 'ପ୍ରଜା ମଣ୍ଡଳର ଜୟ' ଧ୍ୱନିରେ ଢେଙ୍କାନାଳ ଗଡ଼ କମ୍ପୁଥାଏ । ଢେଙ୍କାନାଳ ଗଣ ଆନ୍ଦୋଳନ ଏପରି ରୂପ ନେଲା ଯେ, ରାଜା ସାଲିସର ବାଟ ଖୋଜିଲେ । ପ୍ରଜା ମଣ୍ଡଳର ସର୍ତ୍ତ ଅନୁଯାୟୀ କର୍ମକର୍ତ୍ତାମାନେ ବିନା ସର୍ତ୍ତରେ ଖଲାସ ହେଲେ ସେପ୍ଟେମ୍ବର ୧୨ ତାରିଖ ଦିନ । ହେଲେ ରାଜା ଶଙ୍କର ପ୍ରତାପ ପଲିଟିକାଲ ଏଜେଣ୍ଟ ମେଜର ବେଜେଲ୍‌ଗେଟ୍‌କୁ ଅନୁରୋଧ କଲେ ଆସି ପ୍ରଜାମଣ୍ଡଳ ଦାବି ଉପରେ ଆଲୋଚନା କରିବା ପାଇଁ । ହେଲେ ଏହା ଥିଲା ଏକ ବାହାନା । ଅସଲରେ

ବେଜେଲ୍‌ଗେଟ୍ ଆସିଥିଲେ ଆନ୍ଦୋଳନକୁ ଦବାଇ ପ୍ରଜାମାନଙ୍କୁ ଜବତ କରିବା ପାଇଁ। ସେହି ମାସ ୨୦ ତାରିଖରେ ଢେଙ୍କାନାଳରେ ଆସି ପହଞ୍ଚିଲେ ଗୋରା ପଲଟଣ, ଡୋଗ୍ରା, ପଞ୍ଜାବୀ, ହାଇଦରାବାଦୀ ପଲଟଣ। ଏମାନଙ୍କ ସହ ମିଶିଲେ ଢେଙ୍କାନାଳର ପୋଲିସ୍ ବାହିନୀ। ଦମନଲୀଳା ଚାଲିଲା ପ୍ରଜାମାନଙ୍କ ଉପରେ। ପ୍ରଜା ଆନ୍ଦୋଳନ ଉଗ୍ର ରୂପ ଧାରଣ କଲା। ଲୋକେ କପିଳାସ ଠେଙ୍ଗା, ଧନୁତୀର, ବର୍ଛା, ଖଣ୍ଡା ଧରିଲେ। ନାରୀମାନେ ଧରିଲେ ପନିକି, ପିଠା ପାତିଆ ଆଦି ଅସ୍ତ୍ର। ଘୋର ସଂଗ୍ରାମ ହେଲା ବ୍ରିଟିଶ୍ ଫଉଜ - ଢେଙ୍କାନାଳ ବୀର ପ୍ରଜାମାନଙ୍କ ମଧ୍ୟରେ। ଅକ୍ଟୋବର ୧୦ ତାରିଖ ରାତ୍ରିରେ ଫଉଜମାନଙ୍କୁ ବିରୋଧ କରି ବାର ବରଷର ବାଳକ ବୀର ବାଜି ରାଉତ ବ୍ରିଟିଶ୍ ଫଉଜ-ଢେଙ୍କାନାଳ ରାଜା ପୋଲିସ୍ ଦ୍ୱାରା ଗୁଳିକାଣ୍ଡରେ ସବୁଦିନ ପାଇଁ ବିଦାୟ ନେଇ ଢେଙ୍କାନାଳରେ ବୀରତ୍ୱ ବଜାୟ ରଖିଲା। ତା' ସହିତ ସେହିଦିନ ବ୍ରାହ୍ମଣୀ ନଦୀଘାଟ ନୀଳକଣ୍ଠପୁର ଠାରେ ଅନ୍ୟ ଛ'ଜଣ ବୀର ପ୍ରଜା ଗୁଳିକାଣ୍ଡରେ ମୃତ୍ୟୁବରଣ କରିଥିଲେ।

ଏତିକିରେ ଢେଙ୍କାନାଳ ଗୁଳିକାଣ୍ଡ ପ୍ରଶମିତ ହେଲାନାହିଁ। ବୀର ବୈଷ୍ଣବ ପଟ୍ଟନାୟକଙ୍କର ନେତୃତ୍ୱରେ ଆଠ ହଜାର ବିପ୍ଳବୀ ୩୦ଟି ବନ୍ଧୁକ, ୧୫ଟି ରାଇଫଲ୍, ବହୁ ପରିମାଣର ଖଣ୍ଡା, ଶାବଳ ଓ କପିଳାସ ଠେଙ୍ଗା ଧରି ପଟୁଆରରେ ବାହାରି ପଡିଲେ। ଗୋରା ଫଉଜ-ରାଜା ପୋଲିସ୍ ସହ ଦିନ ଦିନ ଧରି ଆକ୍ରମଣ ଓ ପ୍ରତି ଆକ୍ରମଣ। ବହୁ ସଂଖ୍ୟାରେ ବିପ୍ଳବୀ ଆତ୍ମବଳିଦାନ କଲେ। ତଥାପି ବିଦ୍ରୋହ ଚାଲିଥାଏ। ଶେଷରେ ଢେଙ୍କାନାଳ ରାଜା ଘୋଷଣା କଲେ ବୈଷ୍ଣବ ପଟ୍ଟନାୟକ ଶବ ଆଣି ଦେଲେ ମିଳିବ ପାଞ୍ଚ ହଜାର ଟଙ୍କା ପୁରସ୍କାର !

ବ୍ରିଟିଶ୍ ସରକାରର ସେବକ ନୃଶଂସ ବେଜଲଗେଟ୍ ରଣପୁର ରାଜ୍ୟର ପ୍ରଜାମେଳି ଓ ବିଦ୍ରୋହକୁ ଦମନ କରିବା ପାଇଁ ୧୯୩୯ ମସିହା ଜାନୁଆରୀ ମାସରେ ଆସି ପହଞ୍ଚିଲେ ରଣପୁର ଗଡ଼ଜାତ ରାଜ୍ୟରେ। ସେହିଦିନ ରଣପୁର ବଡ଼ଦାଣ୍ଡରେ ହଜାର ହଜାର ପ୍ରଜା ଉପସ୍ଥିତ ହୋଇ ଥାଆନ୍ତି ରାଜାର ଅତ୍ୟାଚାର ବିରୁଦ୍ଧରେ ବିଦ୍ରୋହ କରିବା ପାଇଁ। ରଣପୁର ପ୍ରଜାମଣ୍ଡଳ ସମ୍ପାଦକ ରଘୁନାଥ ମହାନ୍ତି ଓ ସଂଗଠନ ସମ୍ପାଦକ ବିଦ୍ରୋହୀ ଦିବାକର ପରିଡ଼ା ରାଜବାଟୀ ସମ୍ମୁଖରେ ପ୍ରଜାଙ୍କ ମେଳରେ ଦେବାନ୍ ଚଣ୍ଡେଶ୍ୱର ମିଶ୍ରଙ୍କ ସହ ବିଭିନ୍ନ ସମସ୍ୟା ସମ୍ପର୍କରେ ଥିଲେ ଆଲୋଚନାରତ। ହଠାତ୍ ଉତ୍ୟକ୍ତ ଜନତାଙ୍କ ମଧ୍ୟରେ ଏକ ଆନ୍ଦୋଳନ ସୃଷ୍ଟି ହେଲା। ପ୍ରଜାମାନେ ଦେଖିଲେ ଗୋଟିଏ ଶଗଡ଼ରେ କେତୋଟି ରକ୍ତାକ୍ତ ଶରୀର ଲଦାହୋଇଛି ଏବଂ କେତେଜଣ ବ୍ୟକ୍ତି ସେହି ଶଗଡ଼ଟିକୁ ଟାଣି ଟାଣି ଆଣୁଛନ୍ତି। ପ୍ରଜାମାନେ

ଜାଣିଲେ ଉତ୍ୟକ୍ତ ଲୋକଙ୍କ ଉପରେ ବେଜେଲଗେଟ୍ ଲୋଧୁଆ ଠାରେ ଭୋବନି ପୃଷ୍ଟି ଓ କାଶୀ ରାଉତଙ୍କ ଉପରକୁ ଗୁଳିକରି ଅବସ୍ଥା ସଙ୍କଟାପନ୍ନ କରିଦେଇଛନ୍ତି। ପ୍ରଜାମାନେ ଏହି ଶଗଡ଼ଟିକୁ ଧରି ଟାଙ୍ଗୀ ଆଡ଼କୁ ଚାଲିଲେ ଗୁଳିବିଦ୍ଧ ପ୍ରଜାମାନଙ୍କ ଚିକିତ୍ସା ନିମନ୍ତେ। ଶଗଡ଼ ଚାଲିଛି। ବେଜେଲଗେଟ୍ ଶଗଡ଼ ଆଗରେ ଠିଆ ହୋଇ ଶଗଡ଼କୁ ଆଗକୁ ଯିବା ନିମନ୍ତେ ମନାକଲେ। ହେଲେ ପ୍ରଜାମାନଙ୍କର ଏକା ଜିଦ୍ - ଶଗଡ଼ ଯିବ ହିଁ ଯିବ - ବେଜେଲଗେଟ୍‌ଙ୍କର "ନାହିଁ", "ନାହିଁ"। ବେଜେଲଗେଟ୍ ଭୟରେ ଛାନିଆ ହୋଇ ଆତ୍ମରକ୍ଷା ପାଇଁ ନିଜ ରିଭଲଭରରୁ ଗୁଳି ଚଳାଇଲେ। ଗୁଳିମାଡ଼ରେ ମୟୂରଝାଲିଆର ଯୁବକ ଅର୍ଜୁନ ରାଉତ ସେଇଠି ଟଳି ପଡିଲା। ଲୋକେ ରାଗରେ ପାଚିଗଲେ। ସାହେବ ଉପରକୁ ଟେକା ପଥର ମାଡ଼ କଲେ। ବିଚରା ବେଜେଲଗେଟ୍ ପ୍ରାଣ ଭୟରେ ଗୋଟିଏ ଘରର ବାରଣ୍ଡା ଉପରକୁ ଉଠିଲେ। ସେଇ ପିଣ୍ଡାରେ ଡେରା ହୋଇଥିଲା ଶଗଡ଼ ଚକ। ତା'ର ଆର ପାଖରେ ଲୁଚି ରହିଥିଲେ ବେଜେଲଗେଟ୍ ଆତ୍ମରକ୍ଷା ଉଦ୍ଦେଶ୍ୟରେ। ବେଜେଲଗେଟ୍ ଆର ପାଖକୁ ଯାଇ ନପାରି ଦୁଇ ଅର ମଝିରେ ଥିବାଫାଙ୍କ ସ୍ଥାନରେ ନିଜ ମୁଣ୍ଡଟିକୁ ଭର୍ତ୍ତିକରିଦେଲେ, ଏହି ସମୟରେ ପ୍ରଜାମାନେ ଚାଳରୁ ରୁଅ ଟାଣି ଆଣି ବେଜେଲଗେଟ୍‌କୁ ନିସ୍ଥୁକ ପ୍ରହାର କଲେ। ଛେଚିଲେ ଅଦା ଛେଚିବା ପରି। ଶେଷରେ ବେଜେଲଗେଟ୍ ଗଁ ଗଁ ଶବ୍ଦ କରି ଛଟପଟ ହୋଇ ନିସ୍ତେଜ ହୋଇ ପଡିଗଲେ। ସେଇଠି ମୃତ୍ୟୁ ହୋଇଗଲା ବେଜେଲଗେଟ୍‌ଙ୍କର। ଏହା ଥିଲା ବୀର ଓଡ଼ିଆମାନଙ୍କର ପରାକ୍ରମ। ଏହି ବେଜଲଗେଟ୍ ଯୋଗୁ ଢେଙ୍କାନାଳର ବାରବର୍ଷର ବାଜି ରାଉତ ସମେତ ଅନ୍ୟ ଛଅ ଜଣ ବ୍ରାହ୍ମଣୀ ନଦୀ କୂଳରେ ଗୁଳିମାଡ଼ରେ ସହିଦ ହୋଇଥିଲେ।

କଳିଙ୍ଗବୀର ବିଜୁ ପଟ୍ଟନାୟକଙ୍କ ବୀରତ୍ୱ, ସାହସିକତା ଓ ଉଦାରପଣ କଳିଙ୍ଗବାସୀଙ୍କୁ ଚିରଦିନ ଧନ୍ୟ ଧନ୍ୟ କରି ରଖିବ, ଏଥିରେ ସନ୍ଦେହ ନାହିଁ। ୧୯୩୪ ମସିହାରେ ରେଭେନ୍ସା କଲେଜରେ ବି.ଏସ୍.ସି. ଅଧ୍ୟୟନ କରୁଥିବା ବେଳେ ବିଜୁ ପଟ୍ଟନାୟକ ପାଠପଢ଼ା ଛାଡ଼ି ରୟାଲ୍ ଇଣ୍ଡିଆନ୍ ଏୟାର ଫୋର୍ସରେ ଚାକିରି କଲେ। ତା'ପରେ ଭାରତୀୟ ଜାତୀୟ ବିମାନ ସଂଚାଳନ ସଂସ୍ଥାରେ ଯୋଗଦାନ କଲେ। ସେ ଗୋରା ସରକାର ଅଧୀନରେ ଚାକିରି କରୁଥିଲେ ହେଁ ଗୋରା ସରକାର ବିରୁଦ୍ଧରେ ଲଢ଼ିବାକୁ ଚାହୁଁଥିଲେ। ସେ ଥିଲେ ଜଣେ ଦକ୍ଷ ପାଇଲଟ୍। ସେହି ସମୟରେ ଜୟପ୍ରକାଶ ନାରାୟଣ ଥାଆନ୍ତି ବଡ଼ ବିପ୍ଳବୀ। ତାଙ୍କ ନାମରେ ବ୍ରିଟିଶ୍ ସରକାର ହୁଲିଆ ଜାରି କରିଥାଏ। ସେ ବିଜୁ ପଟ୍ଟନାୟକଙ୍କୁ ଭେଟି ସାହାଯ୍ୟପ୍ରାର୍ଥୀ ହେଲେ। ଜୟ ପ୍ରକାଶଙ୍କ ଠାରୁ ସମସ୍ତ ବିଷୟ ଶୁଣି ବିଜୁବାବୁ ନିଜକୁ ଧିକ୍କାର କରି ଚାକିରି ଛାଡ଼ି ଦେବାପାଇଁ

ଠିକ୍ କଲେ। ହେଲେ ଜୟ ପ୍ରକାଶ ତାଙ୍କୁ ବାରଣ କରି କହିଲେ, ଚାକିରିରେ ଥାଇ ସ୍ୱାଧୀନତା ସଂଗ୍ରାମୀମାନଙ୍କୁ ସାହାଯ୍ୟ କର।

ବିଜୁବାବୁ ଛଦ୍ମବେଶ ଓ ଛଦ୍ମନାମ ଧାରଣକରି ନିଜ ବିମାନରେ ସ୍ୱାଧୀନତା ସଂଗ୍ରାମୀମାନଙ୍କୁ ନେବା ଆଣିବା କଲେ। ଏହା ଫଳରେ ସ୍ୱାଧୀନତା ସଂଗ୍ରାମୀମାନେ ବିଶେଷ ଉପକୃତ ହେଲେ। ଭାରତୀୟ ଜାତୀୟ କଂଗ୍ରେସ ସ୍ୱାଧୀନତା ସଂଗ୍ରାମ ପାଇଁ ପ୍ରକାଶ କରିଥିବା ପ୍ରଚାର ପତ୍ରକୁ ନିଜ ବିମାନରେ ନେଇ ତଳକୁ ପକାଇଥିଲେ। ତାଙ୍କର ଏହି କଥା ଲୁଚି ରହିଲା ନାହିଁ। ୧୯୪୩ ମସିହା ଜାନୁଆରୀ ୧୩ ତାରିଖରେ ସେ ଧରାପଡ଼ି ଦିଲ୍ଲୀରେ ଗିରଫ ହେଲେ। ହାତରେ କଡ଼ି, ଗୋଡ଼ରେ ବେଡ଼ି ଦେଇ ତାଙ୍କୁ ଚଲାଇ ଚଲାଇ ଦିଲ୍ଲୀ ରାଜପଥରେ ନିଆଗଲା। ଲୋକେ ତାଙ୍କର ପରିଚୟ ପାଇଲେ। ପ୍ରଥମେ ତାଙ୍କୁ ଦିଲ୍ଲୀର ଲାଲକିଲା ଦୁର୍ଗ ଜେଲରେ ଓ ପରେ ଫିରୋଜପୁର ଜେଲ୍‌କୁ ନିଆଗଲା। ସେଠାରେ କିଛି ଦିନ ରହିବା ପରେ ତାଙ୍କୁ କଟକ ଜେଲ୍‌କୁ ଅଣାଗଲା। ୧୯୪୫ ମସିହାରେ ସେ ଏହି କଟକ ଜେଲ୍‌ରୁ ଖଲାସ୍ ହେଲେ। ୧୯୪୬ ସମିହାରେ ବିଧାନ ସଭା ନିର୍ବାଚନରେ ସେ ପ୍ରାର୍ଥୀ ହୋଇ କଂଗ୍ରେସ ଦଳର ବିଧାୟକ ହେଲେ ଚୌଦ୍ୱାର ନିର୍ବାଚନ ମଣ୍ଡଳୀରୁ।

୧୯୪୭ ମସିହା ଭାରତ ସ୍ୱାଧୀନ ହୋଇ ନଥାଏ। ନୂଆ ଦିଲ୍ଲୀଠାରେ ବସିଥାଏ ଗୋଟିଏ ସଭା। ଏହି ସଭାରେ ଦକ୍ଷିଣ ଏସିଆ ଓ ଆଫ୍ରିକାର ବହୁ ପ୍ରତିନିଧି ଯୋଗ ଦେଇଥିଲେ। ଆଜିର ନେତା ଆସନ୍ତାକାଲି ସରକାର ଗଢ଼ିବେ, ଏହି ବିଷୟରେ ଆଲୋଚନା ହେଉଥାଏ। ଜବାହାରଲାଲ ପ୍ରତିନିଧିମାନଙ୍କୁ ଭଲମନ୍ଦ କଥା ପଚାରୁ ଥାଆନ୍ତି। ତାଙ୍କ ପଛରେ ଥାଆନ୍ତି ବିଜୁ ପଟ୍ଟନାୟକ। ଇଣ୍ଡୋନେସିଆ ପ୍ରତିନିଧିଙ୍କ ପାଖରେ ନେହେରୁ ଟିକିଏ ରହିଗଲେ। ସେହି ପ୍ରତିନିଧି ନେହେରୁଙ୍କୁ ପଚାରିଲେ, "ଡଚ୍ କବଳରୁ ତାଙ୍କ ନେତା ସୁଲତାନ ସାରିଅର କେମିତି ରକ୍ଷା ପାଇବେ? ଏଥିପାଇଁ ଆପଣ ସାହାଯ୍ୟ କରନ୍ତୁ।" ଏ କଥା ଶୁଣି ନେହେରୁ କିଛି ନକହି ପଛ ଆଡ଼କୁ ବୁଲିପଡି ବିଜୁବାବୁଙ୍କ ଆଡ଼କୁ ଚାହିଁଦେଲେ। ସଙ୍ଗେସଙ୍ଗେ ନେହେରୁ ଇଣ୍ଡୋନେସିଆ ପ୍ରତିନଧିଙ୍କୁ କହିଲେ, "ଏଇଠି ଜଣେ ପାଇଲଟ୍ ଅଛନ୍ତି, ତାଙ୍କୁ ପଚାରନ୍ତୁ, ସେ ଯଦି ପାରିବେ!" ତାଙ୍କୁ ଏତିକି କହିସାରି ବିଜୁବାବୁଙ୍କୁ କହିଲେ, "ତାଙ୍କୁ ଟିକିଏ ସାହାଯ୍ୟ କର।"

ଏହା ପରେ ବିଜୁବାବୁ ଓ ନେହେରୁଙ୍କ ମଧ୍ୟରେ କଥାବାର୍ତ୍ତା ଓ ଆଲୋଚନା ହେଲା। ନେହେରୁ କହିଲେ, "ବିଜୁ! ମୁଁ ଶୁଣିଛି ଇଣ୍ଡୋନେସିଆର ନେତା ସୁକର୍ଣ୍ଣ ଜଣେ ଜାପାନ ଦଲାଲ। ଏହା ସତ କି ମିଛ ମୋତେ ବୁଝିକରି କହିବ" । ବୀର

ସାହାସୀ ବିଜୁବାବୁ ଗୋଟିଏ ଡାକୋଟା ବିମାନ ନେଇ ଇଣ୍ଡୋନେସିଆ ବାହାରି ପଡ଼ିଲେ। ସାଙ୍ଗରେ ପତ୍ନୀ ଜ୍ଞାନ ପଟ୍ଟନାୟକ। ସେତେବେଳେ ଇଣ୍ଡୋନେସିଆ ସହିତ ଭାରତର ସୁସମ୍ପର୍କ ଥିଲା। ବିଜୁବାବୁ ଯାଇ ଇଣ୍ଡୋନେସିଆ ବିମାନବାହିନୀର ମୁଖ୍ୟ ମାର୍ଶାଲ ଶୁଦ୍ଧ ବର୍ମାଙ୍କୁ ଭେଟିଲେ। ୧୯୪୭ ମସିହା ଜୁଲାଇ ୨୨ ତାରିଖ। ପ୍ରବଳ ବର୍ଷା। ବିଜୁବାବୁ ସେଦିନ ସୁମାତ୍ରାର ଗୋଟିଏ ଘାଟିରେ ସୁକର୍ଣ୍ଣଙ୍କୁ ଭେଟିଲେ। ସେତେବେଳକୁ ସୁକର୍ଣ୍ଣଙ୍କ ପତ୍ନୀ ଗର୍ଭଯନ୍ତ୍ରଣା ଭୋଗୁଥାଆନ୍ତି। ତାପରେ ତାଙ୍କର କନ୍ୟାଟିଏ ଜନ୍ମ ହେଲା। ସୁକର୍ଣ୍ଣ ବିଜୁବାବୁଙ୍କୁ କହିଲେ, ମୋ ଝିଅର ଗୋଟିଏ ଭଲ ନାଁ ଭାରତୀୟ ସଂସ୍କୃତିଆ ଭାଷାରେ ଦିଅ। ସେମାନେ ମୁସଲମାନ ହେଲେ ବି ସଂସ୍କୃତ ଭାଷାରେ ନାମକରଣ କରିଥାଆନ୍ତି। ବିଜୁବାବୁ ସୁକର୍ଣ୍ଣଙ୍କ ଅନୁରୋଧ ରକ୍ଷାକରି ଝିଅଟିର ନାମକରଣ କଲେ - ମେଘାବତୀ ସୁକର୍ଣ୍ଣା ପୁତ୍ରୀ।

ବିଜୁବାବୁ ସୁକର୍ଣ୍ଣଙ୍କର ଭାଷଣ ଶୁଣିଲେ। ସଭାରେ ଉପସ୍ଥିତ ଅନେକ ଲୋକ। ତାଙ୍କ ଭାଷଣ ଶୁଣିବାକୁ ସେଠାକାର ଲୋକଙ୍କର ବଡ଼ ଶ୍ରଦ୍ଧା। ବିଜୁବାବୁ ସୁକର୍ଣ୍ଣଙ୍କୁ ସାହାଯ୍ୟ କଲେ। ନିଜ ବିମାନରେ ତାଙ୍କୁ ଭାରତକୁ ଧରି ଚାଲିଆସିଲେ। ପରେ ସେହି ଦେଶ ବିଜୁବାବୁଙ୍କୁ ଭୂମିପୁତ୍ର ଉପାଧି ପ୍ରଦାନ କଲା। ଏହି ଭୂମିପୁତ୍ର ସମ୍ମାନ ହେଉଛି ଇଣ୍ଡୋନେସିଆର ସବୁଠାରୁ ବଡ଼ ସମ୍ମାନ। ଏହି ସମ୍ମାନ ପ୍ରଦାନ ସହ ବିଜୁବାବୁଙ୍କୁ ସେମାନେ ଗୋଟିଏ ବଡ଼ କୋଠା, ଗୋଟିଏ ତେଲ ଖଣି, କିଛି ଜଙ୍ଗଲ ସମେତ ଗୋଟିଏ ବନ୍ଦର ଉପହାର ହେଲେ, ଯାହାର ମୂଲ୍ୟ ହେବ ୧୦,୦୦୦ କୋଟି ଟଙ୍କା। ହେଲେ ବିଜୁବାବୁ ସେ ସବୁକୁ ନମ୍ରତାର ସହିତ ଇଣ୍ଡୋନେସିଆ ବାସୀଙ୍କୁ ଫେରାଇ ଦେଇ କହିଲେ, "କଳିଙ୍ଗର ରାଜା କୌଣସି ଉପହାର ନିଅନ୍ତି ନାହିଁ। ମୁ ସେହି କଳିଙ୍ଗ ମାଟିର ସନ୍ତାନ। ଏ ସବୁକୁ ଗ୍ରହଣ କରିବି କେମିତି ?"

ଏହାପରେ କଳିଙ୍ଗବୀର ବିଜୁ ପଟ୍ଟନାୟକ ସାହସିକତାର ସହ ଆଉ ଗୋଟିଏ କାମ କରିଥିଲେ। ୧୯୪୮ ମସିହାରେ ପ୍ରଥମଥର ପାଇଁ ଭାରତ ପାକିସ୍ଥାନ ଯୁଦ୍ଧ ହେଲା। ସେ ଭାରତୀୟ ସୈନ୍ୟମାନଙ୍କୁ ଧରି ପ୍ରଥମ ବିମାନଟି ଚଳାଇଥିଲେ। ବିମାନଟିକୁ ସେ ସାହସର ସହିତ କାଶ୍ମୀର ଠାରେ ଅବତରଣ କରି ସୈନ୍ୟମାନଙ୍କୁ ସେଠାରେ ଛାଡ଼ି ଦେଇଥିଲେ। ଇଣ୍ଡୋନେସିଆ ଓ କାଶ୍ମୀର ଘଟଣା ପାଇଁ ତତ୍‌କାଳୀନ ଭାରତର ପ୍ରଧାନମନ୍ତ୍ରୀ ଜବାହରଲାଲ ନେହେରୁ ବିଜୁବାବୁଙ୍କୁ ଖୁବ୍ ଭଲ ପାଉଥିଲେ।

ପୁରାଣ ଯୁଗରୁ ଏବଂ ଖାରବେଳଙ୍କଠାରୁ ଆରମ୍ଭ କରି ବିଜୁ ପଟ୍ଟନାୟକଙ୍କ ପର୍ଯ୍ୟନ୍ତ କଳିଙ୍ଗମାଟିର ସନ୍ତାନମନେ ନିର୍ଭୀକତା, ସାହସିକତା ଆଉ ବୀରତ୍ୱର ପରାକାଷ୍ଠା ପ୍ରଦର୍ଶନ କରି ଯାଇଛନ୍ତି। ତେଣୁ କଳିଙ୍ଗାଃ ସାହସିକାଃ, ଏଥିରେ କେହି

ଦ୍ୱିମତ ହେବେନାହିଁ, ବିଶ୍ୱବାସୀ ଏକଥା ଭଲ ଭାବରେ ଜାଣନ୍ତି । ଆଜିର ସ୍ୱଚ୍ଛ ଗଣତାନ୍ତ୍ରିକ ପରିବେଶରେ ସାହସିକତା ବିବର୍ଜିତ ହୋଇଯାଇଛି ସମାଜର ସବୁ ସ୍ତରରେ ସତତ ଅଂଶଗ୍ରହଣ ପରି ପ୍ରକ୍ରିୟାକୁ । ଏଥି ନିମିତ୍ତ ପ୍ରାଣମୂର୍ଚ୍ଛା ଉଦ୍ୟମ, ନିର୍ଭୀକତା ଆଉ ସ୍ପଷ୍ଟବାଦିତାର ଯଥେଷ୍ଟ ଆବଶ୍ୟକତା ରହିଛି । ଆଜିର ଶିକ୍ଷିତ ଓଡ଼ିଆ ସମାଜ ନିଜର ଦାବି ଓ ମତାମତ ଉପସ୍ଥାପନ କରିବାରେ ସାହସିକତା ପ୍ରଦର୍ଶନ କରିବା ବାଞ୍ଛନୀୟ ।

ସାଇ ଦିଗ୍‌ବଳୟ, ଇ-୧୯୨,
ବରମୁଣ୍ଡା ହାଉସିଂବୋର୍ଡ କଲୋନି, ଭୁବନେଶ୍ୱର-୭୫୧୦୦୩
ମୋ - ୯୪୩୮୨୯୯୧୭୪

କଳିଙ୍ଗ ମାତାର କେତେ ସ୍ୱାଭିମାନୀ ଖାରବେଳ ସନ୍ତାନ

ଇନ୍ଦ୍ରମଣି ଜେନା

ମାଆର ମମତାରେ ସମସ୍ତେ ବଢ଼ନ୍ତି, କିନ୍ତୁ କେତେଜଣ ମାଆ ପାଇଁ ପଣ କରିଥାଆନ୍ତି ? ମାଆର ଯତ୍ନ ନେଇ ସୁନାପିଲା ହୁଅନ୍ତି । ଅଳ୍ପ କେତେଜଣ ମର୍ଯ୍ୟାଦା ସମ୍ପନ୍ନ ଦୃଢ଼ମନା ମା' ପରି ଦେଖନ୍ତି ମାତୃଭୂମିକୁ, ନିଜ ଦେଶମାତୃକାକୁ । ଆଜିର ଓଡ଼ିଶା ଦିନେ କଳିଙ୍ଗ ଭାବରେ ବିଶ୍ୱ ଇତିହାସରେ ସୁନାମ ନେଇଥିଲା । ଇତିହାସର ସେଇ ପ୍ରାତଃକାଳରୁ କଳିଙ୍ଗ ସନ୍ତାନମାନେ ଦେଶମାତୃକାର ବନ୍ଦନା କରିଛନ୍ତି । ଯୁଗଯୁଗ ଧରି କୋଟି କୋଟି ସନ୍ତାନ କଳିଙ୍ଗ ତଥା ଓଡ଼ିଶା ମାତାର ବକ୍ଷରେ ଜୀବନ ବିତାଇଛନ୍ତି । ଅନେକ ନିଜର ଜୀବନକୁ ଧନ୍ୟ ମନେ କରନ୍ତି, ଦେଶମାଆ ଓ ମାଟି ପାଇଁ ଗର୍ବରେ ଆତ୍ମହରା । ମାତୃ ସମ୍ପଦରେ ତୃପ୍ତ । ମାଆର ଉନ୍ନତି କଳ୍ପେ ନିଜର ଜୀବନକୁ ବାଜି ଲଗାଇ ଦିଅନ୍ତି । ମାଆର ଯଶପାଇଁ ଦେଶର ଅଭ୍ୟନ୍ତରକୁ ସଜାଇ ସୀମା ବାହାରକୁ ଯାଇ କୀର୍ତ୍ତିର ସୌଧ ନିର୍ମାଣ କରି ତୋଳନ୍ତି ।

ସର୍ବ ପ୍ରାଚୀନ ଭାରତୀୟ ସଭ୍ୟତାରେ କଳିଙ୍ଗ ଗୋଟିଏ ସ୍ୱୟଂ ସମର୍ଥ ସାହାସିକ ରାଜ୍ୟର ଖ୍ୟାତି ନେଇ ପରିଚିତ । ସେଥିପାଇଁ ତାକୁ ମୂଲ ଦେବାକୁ ପଡ଼ିଛି ସମ୍ରାଜ୍ୟବାଦୀ ମଗଧ ରାଜ୍ୟକୁ । କଳିଙ୍ଗର ଆବାଳବୃଦ୍ଧବନିତା ନିଜ ଶରୀରର ସମସ୍ତ ଶକ୍ତି ପ୍ରୟୋଗ କରିଛନ୍ତି ବୀରଭୂମି କଳିଙ୍ଗରେ ନିଜ ରାଜ୍ୟର ପ୍ରତିରକ୍ଷା ପାଇଁ । ଶେଷ ରକ୍ତବିନ୍ଦୁ ଆହୁରି ରକ୍ତବର୍ଣ୍ଣ କରିଦେଇଛି ସୌରଭଗିରି କୂଳ ଦୟାନଦୀ ଜଳସ୍ରୋତକୁ । ସରିଯାଇନାହିଁ ରୁଧିର କଳିଙ୍ଗ ବକ୍ଷରୁ । ଏଇମାଟିରେ ପୁନର୍ବାର ନୂତନ ପ୍ରାଣର ସଞ୍ଚାର ଘଟିଛି । କଳିଙ୍ଗାଧିପତି ଶୌର୍ଯ୍ୟଶାଳୀ ହୋଇ ଭାରତବର୍ଷ ଜୟ କରିଛନ୍ତି । ମଗଧ ନୃପତି ପ୍ରାଣରକ୍ଷା

ପାଇଁ ପଦଲେହନ କରିଛନ୍ତି ତାଙ୍କର। ଖ୍ରୀଷ୍ଟଯୁଗ ଆରମ୍ଭର ତିରିଶ ବର୍ଷ ଆଗର ଏ ଘଟଣା।

ସହସ୍ରାବ୍ଦ ପରେ ଇତିହାସରେ ଦେଦୀପ୍ୟମାନ କଳିଙ୍ଗ ପୁଣି ଜଣେ ସ୍ୱାଭିମାନୀ ନୃପତିଙ୍କୁ ଜନ୍ମଦିଏ। ଭାଷା, ଭକ୍ତି ଓ ପରାକ୍ରମରେ ନିଜ ପରିସୀମା ଗଙ୍ଗା-ଗୋଦାବରୀରୁ ଉଛୁଳି ପଡ଼ିଛନ୍ତି ଗୌଡ଼ ଓ କର୍ଣ୍ଣାଟ ଧାରକୁ। ଓଡ଼ିଆ ମୋହରେ ଆଚ୍ଛନ୍ନ ହୋଇପଡିଛନ୍ତି। କଳିଙ୍ଗ ହୋଇଛି ଓଡ଼ିଶା ରାଷ୍ଟ୍ର, ପୁରୁଷୋତ୍ତମ ହୋଇଯାଇଛନ୍ତି ଜଗନ୍ନାଥ। ସେଇ ନବକୋଟି କର୍ଣ୍ଣାଟ କଳବର୍ଗେଶ୍ୱର କପିଳେନ୍ଦ୍ରଦେବ ଓଡ଼ିଶା ମାଆର ଗର୍ବିତ ସନ୍ତାନ। ଦ୍ୱିତୀୟ ଖାରବେଳ ଭାବରେ ଖ୍ୟାତି ତାଙ୍କର।

ଏକଦା ବିସ୍ତୃତ ଓଡ଼ିଶା ଇତିହାସରେ ଅବକ୍ଷୟ ସ୍ରୋତରେ ଧ୍ୱଂସାଭିମୁଖୀ। ସୀମା ଯାଇ ଭାଷା ଗଲାଣି ରସାତଳକୁ। ପୋଡ଼ିଯାଇଥିବା ଜଗନ୍ନାଥଙ୍କୁ ରକ୍ଷା କରିପାରୁନି ଓଡ଼ିଶା। ବିଦେଶୀ ଶାସନରେ ଜର୍ଜରିତ କିୟଦଂଶ ଓଡ଼ିଶା। ଭାଷା ଲୁପ୍ତପ୍ରାୟ। ସଂକଟର ଏହି ଘଡ଼ିସନ୍ଧିରେ ଜନ୍ମ ନିଅନ୍ତି ଜଣେ ନୁହେଁ ଅନେକ ଯୋଗଜନ୍ମା ଓଡ଼ିଆ। ଶପଥ ନିଅନ୍ତି ଭାଷା ଓ ଜାତିର ଏକତ୍ରୀକରଣ। କେତେଜଣ ଭୀଷ୍ମପ୍ରତିଜ୍ଞ କଳିଙ୍ଗ ସନ୍ତାନମାନଙ୍କର ଉତ୍ସର୍ଗିତ ପ୍ରଚେଷ୍ଟାର ଫଳରେ ପୁନର୍ଜନ୍ମ ନିଏ ସ୍ୱତନ୍ତ୍ର ଓଡ଼ିଶା। ସ୍ଥିର ହୁଅନ୍ତି ଓଡ଼ିଶାର ପ୍ରାଣକେନ୍ଦ୍ର ଶ୍ରୀ ଜଗନ୍ନାଥ। ଓଡ଼ିଆ ହୃଦୟର ସ୍ପନ୍ଦନ ଫେରିଆସେ। ପରିବର୍ତ୍ତିତ ସମାଜରେ ନେତୃତ୍ୱ ନିଅନ୍ତି ପୁଣି ଜଣେ ଖାରବେଳ ଧର୍ମୀ ଓଡ଼ିଆପୁଅ। ରାଜ୍ୟରେ କଳିଙ୍ଗ ପ୍ରେମର ଜ୍ୱଳନ୍ତ ଉଦାହରଣ ଗଢ଼ି ତୋଳନ୍ତି। କେତେ ଚେଷ୍ଟା କରନ୍ତି ଅତୀତର କଳିଙ୍ଗର ପୁନଃପ୍ରତିଷ୍ଠା କରିବା ପାଇଁ। ବନ୍ଦରଟିଏ ଗଢ଼ନ୍ତି କିମ୍ବଦନ୍ତୀର ନୌବାଣିଜ୍ୟ ପାଇଁ। ଇଂରେଜମାନେ ଉପନିବେଶ ପାଇଁ ସମର୍ଥ ହେବାର ଦୁଇହଜାର ବର୍ଷ ଆଗରୁ ଏଇ କଳିଙ୍ଗ ପୂର୍ବପ୍ରାଚ୍ୟର ସୁବର୍ଣ୍ଣ ଭୂମିରେ ନିଜର ସାମ୍ରାଜ୍ୟ ବିସ୍ତାର କରିଥିଲା ବସତିପାଇଁ, କଳା ସଂସ୍କୃତି ସହ ମାନବିକତାର ଧର୍ମପ୍ରବାହ ପାଇଁ। ନିଜ ସାହସିକ କୃତକର୍ମ ବଳରେ ସିଏ ହୁଅନ୍ତି ଇଣ୍ଡୋନେସିଆର ଭୂମିପୁତ୍ର। ତାଙ୍କର ମନପ୍ରାଣ ଅଥୟ ହୋଇଉଠେ ହଜାର ବର୍ଷ ତଳର ବାଲି ଦ୍ୱୀପର ପ୍ରାଚୀନ ଉତ୍କଳୀୟମାନଙ୍କ ପାଇଁ। ବିଶ୍ୱ ଦରବାରରେ କଳିଙ୍ଗର ନାମ ପ୍ରତିଷ୍ଠା କରିବାକୁ ଯାଇ ୟୁନେସ୍କୋ ଅନୁଷ୍ଠାନରେ ପ୍ରବର୍ତ୍ତନ କରନ୍ତି କଳିଙ୍ଗ ପୁରସ୍କାର। ସେ କଅଣ ନୂତନ ଯୁଗର ଖାରବେଳ ତୁଲ୍ୟ ନୁହଁନ୍ତି ? କେତେ ଓଡ଼ିଆ ତାଙ୍କୁ ମନେ କରନ୍ତି ତୃତୀୟ ଖାରବେଳ !

ଏହି ତିନି ଖାରବେଳଙ୍କର ଜନ୍ମ ସମୟରେ ସହସ୍ରାବ୍ଦର ଅନ୍ତର ଥାଇପାରେ, ସମସାମୟିକ ସଭ୍ୟତା ଓ ସଂସ୍କୃତି ମଧ୍ୟରେ ଅନେକ ତାରତମ୍ୟ ଥାଇପାରେ, କିନ୍ତୁ ତିନି ଜଣଙ୍କର ଦେଶ ମାତୃପ୍ରେମ ଅସୀମ। ନିଜର ଜୀବନ କଳିଙ୍ଗର ସର୍ବାଙ୍ଗୀନ ବିକାଶ

ପାଇଁ ଉତ୍ସର୍ଗୀକୃତ । କଳିଙ୍ଗର ଅପରୂପ ସୌନ୍ଦର୍ଯ୍ୟରେ ଏହି ବରପୁତ୍ରମାନେ ବିମୋହିତ, ଏପରି ଦେଶମାତୃକାର ସନ୍ତାନ ଭାବରେ ଗର୍ବିତ । ନିଜର ବୁଦ୍ଧି ଓ ବଳର ସଦୁପଯୋଗ କରି କଳିଙ୍ଗର ଶୌର୍ଯ୍ୟ-ବୀର୍ଯ୍ୟର ଉଦାହରଣ ଦେଖାଇଛନ୍ତି ଯାହାକି କେବଳ ଭାରତବର୍ଷ ମଧ୍ୟରେ ସୀମିତ ହୋଇ ରହିନି, ସମଗ୍ର ବିଶ୍ୱ ଚାହିଁ ଖୋଜି ବସିଛି, କେଉଁଠି ରହଛି ଏଇ କଳିଙ୍ଗ ରାଜ୍ୟ !

ଇତିହାସର ସମୟ ସ୍ରୋତରେ କଳିଙ୍ଗ ଶବ୍ଦଟି ଦିନେ ବିସ୍ମୃତି ଗର୍ଭରେ ଲୀନ ହୋଇଯାଇଛି । ଊନବିଂଶ ଶତାବ୍ଦୀର ଅୟମାରମ୍ଭ । ବିଗତ ଦୁଇ ଶତାବ୍ଦୀର ଆଫଗାନ, ମୋଗଲ, ମରାଠା ଅଧ୍ୟୁସିତ ବିଖଣ୍ଡିତ ଚିରା-ଦଦରା ମୋଗଲବନ୍ଦୀ ଓଡ଼ିଶା ସ୍ମୃତିହରା ରାଜ୍ୟ । ସେତିକି ବେଳକୁ ଇଂରେଜମାନଙ୍କର ପ୍ରତ୍ନତାତ୍ତ୍ୱିକ ଗବେଷଣା ଚାଲିଥାଏ ଭାରତର ଅବଲୁପ୍ତ ଇତିହାସର ପୃଷ୍ଠା ଖୋଲିବାକୁ । ଭାରତୀୟମାନେ ଭଲ ଦାର୍ଶନିକ, କବି, ଲେଖକ । କିନ୍ତୁ ଭଲ ଐତିହାସିକ ନୁହନ୍ତି । ମେଗାସ୍ଥିନିସ୍‌ଙ୍କ ତଥ୍ୟରୁ ଚନ୍ଦ୍ରୋସ୍ (ଚନ୍ଦ୍ରଗୁପ୍ତ ମୌର୍ଯ୍ୟ) ଓ ପର ରଚନାଗୁଡିକରୁ ପ୍ରିୟଦର୍ଶୀ (ଦେବାନାଂ ପ୍ରିୟଦର୍ଶୀ ଅଶୋକ) ଓ ବୌଦ୍ଧ-ଗତିପଥ ବିଷୟରେ ଅନେକ ତଥ୍ୟ ମିଳିପାରିଲା । ଏଥିରୁ ଅଶୋକ କଳିଙ୍ଗରେ ବିରାଟ ନରସଂହାର ରଚାଇବା ପରେ ବୌଦ୍ଧ ଧର୍ମରେ ଆଶ୍ରିତ ହେବାର କାନ୍ଦାହାର ଶିଳାଲିପିକୁ ଅନୂଦିତ କରି ଜାଣିବାକୁ ପାଇଲେ ।

କେଉଁଠି ଏ କଳିଙ୍ଗ ? କେତେ ଦୂର ବ୍ୟାପ୍ତ ଏହାର ପରିସୀମା ? ଏହି ପ୍ରତ୍ନତାତ୍ତ୍ୱିକ ପ୍ରଶ୍ନର ଉତ୍ତର ଖୋଜି ଖୋଜି ଉତ୍ତର ମିଳିଲା ବାହାରୁ, କଳିଙ୍ଗର ଯଥେଷ୍ଟ ପରିଚୟ । ଊନବିଂଶ ଶତାବ୍ଦୀରେ ସୀମା ହଜାଇଥିବା ଓଡ଼ିଶାର ପୂର୍ବ ଇତିହାସ । ସିଂହଳରୁ ଧରି ଇଣ୍ଡୋନେସିଆ, ଚୀନ ସବୁଆଡେ କଳିଙ୍ଗର ବଳିଷ୍ଠ ଆଭିଲେଖ୍ୟ । ଧଉଳି ଓ ହାତୀଗୁମ୍ଫାରୁ ଅନୂଦିତ ଶିଳାଲିପି ଆଣିଦିଏ କଳିଙ୍ଗର ଗୌରବୋଜ୍ଜ୍ୱଳ ଇତିହାସ । ତା ପରଠାରୁ ଦେଶରେ ଖଣ୍ଡବିଖଣ୍ଡିତ ଓଡ଼ିଶା, ନଅଙ୍କ ପ୍ରପୀଡ଼ିତ ଓଡ଼ିଶା, ବନ୍ୟା ବାତ୍ୟା ଓ ବାର୍ଷିକ ପ୍ରାକୃତିକ ଦୁର୍ବିପାକର ଶିକାର ଓଡ଼ିଶା ପ୍ରତ୍ନତତ୍ତ୍ୱ ତଥ୍ୟ ବଳରେ ବୋଲାଇଲା କଳିଙ୍ଗାଃ ସାହସିକାଃ । ଏହାର ଶକ୍ତି ଥିଲା ଖ୍ରୀଷ୍ଟାବ୍ଦ ଏକଶହ ମସିହାରେ ଦୁଇ ହଜାର ଲୋକ ପଠାଇ ଜାଭାରେ ବସତି ସ୍ଥାପନ ପାଇଁ । ମନେହୁଏ, କଳିଙ୍ଗାଧିବାସୀ ସାଗର ଯାତ୍ରାପ୍ରିୟ ଜାତି ହୋଇଥିଲେ, ଜୀବନ ବିନିମୟରେ ପର୍ଯ୍ୟଟନ କରିବାକୁ ଆଗଭର ଥିଲେ । ତା ସହିତ ଥିଲା ଦେଶର ରାଜପ୍ରୋତ୍ସାହନ । ପ୍ରତ୍ନତତ୍ତ୍ୱବିତ୍‌ମାନେ ଅସୀମ ତଥ୍ୟ ଆଣି ଦେଇଛନ୍ତି କଳିଙ୍ଗ ବୀରତ୍ୱ ବିଷୟରେ । ସେତିକି ହିଁ ଆମର ସମ୍ବଳ ! ଦେଖିବା ଶୁଣିବା ଭିତରେ ଆକାଶ ପାତାଳ ପ୍ରଭେଦ !

କଳିଙ୍ଗର ଆଭ୍ୟନ୍ତରୀଣ ଏକତା ଭାବରେ ୧୮ଟି ବିଦ୍ୟାଧର ରାଜ୍ୟ (ଗଡଜାତ)

ସମ୍ମିଳିତ କରି ଖାରବେଳ ତଦାନୀନ୍ତନ ଭାରତବର୍ଷରେ ଚତୁରଙ୍ଗ ଦୁଃସାହସୀ ଅନାହତ (ଅପ୍ରତିହତ) କଳିଙ୍ଗ ସେନାବଳ ଗଠନ କରିପାରିଥିଲେ। ଏଇଟା ମଗଧ କବଳରୁ ମୁକ୍ତ ହେବାର ମାତ୍ର ତିନି ପୁରୁଷ ପରେ। ସବୁ ବିଦ୍ୟାରେ ପାରଙ୍ଗମ ନଅ ବର୍ଷର ଯୁବରାଜ ସେ କାଳରେ ଦେଶର ଶକ୍ତି, ରାଜନୀତି, ସମର, କୂଟନୀତି ଉପରେ ଆଖି ବୁଲାଇ ଆଣି ତେର ବର୍ଷର ଶାସନ ଖସଡା ମନରେ ଗଢି ତୋଳିଥିଲେ। ରାଜ୍ୟକୁ ଉତ୍ସବମୁଖର କରି ଭାଷା, ନାଚ, ଗୀତର ସର୍ବୋଚ୍ଚ ସୋପାନ ଆରୋହଣ କରାଇପାରିଥିବା ପ୍ରତୀୟମାନ ହୁଏ। ବର୍ଷ ପରେ ବର୍ଷ ତେର ବର୍ଷ ଶାସନକାଳରେ ପଶ୍ଚିମ, ଉତ୍ତର, ଦକ୍ଷିଣ ହୋଇ ସାରା ଭାରତରେ ଅନ୍ୟୂନ ପାଞ୍ଚଥର ନିଜର ପରାକ୍ରମର ଦୃଷ୍ଟାନ୍ତ ସୃଷ୍ଟି କରିଥିଲେ ଦିଗ୍‌ବିଜୟ ଯାତ୍ରାରେ।

ଭାରତ ମାନଚିତ୍ରରେ ବିଶାଳ କଳିଙ୍ଗ। ତତ୍କାଳୀନ ଜୈନ, ବୁଦ୍ଧ ଓ ବ୍ରାହ୍ମଣ ଧର୍ମର ସମନ୍ୱୟରେ ବହୁଧର୍ମୀ କଳିଙ୍ଗ, ଅହିଂସା ଓ ସଦାଚାରରେ ଭୂଷିତ ରାଜଧର୍ମରେ ରଞ୍ଜିତ କଳିଙ୍ଗ। ସେଇ ଧର୍ମଧାରା, ମାନସିକତା ଓ ହିଂସା-ପରିପନ୍ଥୀ ସମାଜ ମହାମେଘବାହନ ଆଚାରର ବିବର୍ତ୍ତନରେ ଆଜିର କଳିଙ୍ଗରୁ ଉଦ୍ଭବ ଓଡ଼ିଶା।

ଖାରବେଳଙ୍କ ଇତିହାସର ଦେଢ ସହସ୍ରାବ୍ଦ ପରର ଓଡ଼ିଶା ରାଷ୍ଟ୍ର। ଗଙ୍ଗାରୁ ଗୋଦାବରୀ ଠାରୁ ଆହୁରି ବହକି ପଡ଼େ ଭାରତ ମାନଚିତ୍ରରେ। ବିଶାଳ ଓଡ଼ିଶା ରାଷ୍ଟ୍ର। ଓଡ଼ିଶାର ଗଜସେନା ସେ ସମୟରେ ଦେଶର ସର୍ବ ଶକ୍ତିମାନ ସାମରିକ ଉତ୍ସ। ଗଜପତି କପିଳେନ୍ଦ୍ର ଓଡ଼ିଶାର ଦ୍ୱିତୀୟ ଖାରବେଳ ମାନସିକତା ନିଅନ୍ତି। ଜଗନ୍ନାଥ ସଂସ୍କୃତିର ପୁନରୁତ୍ଥାନ ହୁଏ, ପୁରୁଷୋତ୍ତମ ଧୀରେ ଧୀରେ ହୋଇଯାଆନ୍ତି ଜଗନ୍ନାଥ। ଓଡ଼ିଆ ଭାଷାର ଅତ୍ୟୁଚ୍ଚ ପର୍ବତ ଗଢ଼ି ତୋଳନ୍ତି ଆଦିକବି ସାରଳା ଦାସ, ଓଡ଼ିଶା ଗୁଞ୍ଜରିତ ହୁଏ ଓଡ଼ିଆ ମହାଭାରତରେ। ଗଜପତି ଗଢ଼ନ୍ତି ସମ୍ମୋହିତ ଓଡ଼ିଶା। ତାଙ୍କର ସିଂହାସନ ଆରୋହଣ କାଳରୁ ସାମନ୍ତରାଜା ମାନଙ୍କର ବିଚ୍ଛିନ୍ନତା ମନୋଭାବ, 'କପିଳା ଯଦି ଗଜପତି, ଆମେ ସାମନ୍ତରାଜାମାନେ କେଉଁ ଗୁଣରେ କମ୍?' ସିଏ ପରିଚାଳନା କରନ୍ତି ବିଶାଳ ଓଡ଼ିଆ ଗଜ ବାହିନୀ। ଦୁର୍ଦମ୍ୟ ସମୃଦ୍ଧ ଅପରାଜୟୀ ପାଇକ ସମର ଗୋଷ୍ଠୀ। ଉତ୍ତର-ଦକ୍ଷିଣ ସବୁଆଡ଼କୁ ସମ୍ପ୍ରସାରଣଶୀଳ ଓଡ଼ିଶା ରାଷ୍ଟ୍ର। କପିଳେନ୍ଦ୍ର କେବଳ ଓଡ଼ିଶାର ନୁହନ୍ତି, ସିଏ ବି ଗୌଡ଼େଶ୍ୱର, ବିଶାଳ ଦାକ୍ଷିଣାତ୍ୟ ବିଜୟୀ ନବକୋଟି କର୍ଣ୍ଣାଟ କଳବର୍ଗେଶ୍ୱର। ବୀରତ୍ୱର ଉଦାହରଣ, ଦକ୍ଷିଣ ସୀମାରେ କ୍ରିଷ୍ଣା ନଦୀ ତୀରରେ ପ୍ରାପ୍ତ ବୟସରେ ଶେଷନିଶ୍ୱାସ ତ୍ୟାଗ କରିଥିଲେ। ସେଇ ଦ୍ୱିତୀୟ ଖାରବେଳଙ୍କୁ ମନେ ପକାଇଲେ, କେବଳ ତାଙ୍କର ବିଶାଳ ଓଡ଼ିଆ ଚେତନା ଆସେ ତାଙ୍କଦ୍ୱାରା ନାମିତ ଓଡ଼ିଶା ରାଷ୍ଟ୍ର, ସଗର୍ବେ ପ୍ରଚଳନ କରିଥିବା ସ୍ୱର୍ଣ୍ଣମୁଦ୍ରା।

ଗତ ହୋଇଯାଏ ଅର୍ଦ୍ଧ ସହସ୍ରାବ୍ଦ ଦ୍ୱିତୀୟ ଖାରବେଳଙ୍କ ପରେ। ଇତିହାସ ଓ ଭୂଗୋଳ ପୃଷ୍ଠାରେ ଛିନ୍ନ ବିଛିନ୍ନ ପୁନର୍ଗଠନ ସୃଷ୍ଟିଚକ୍ରରେ ନିଶ୍ଚିହ୍ନ ହେବାରୁ ଓଡ଼ିଆ ଭାଷା କର୍ତ୍ତୃକ ବଞ୍ଚିରହେ ନବରୂପର ଓଡ଼ିଶା। ପୂର୍ଣ୍ଣ ଅବୟବରୁ ରହିତ ସ୍ୱାଧୀନ ଭାରତର ସୀମିତ, ଅବହେଳିତ ଓଡ଼ିଶା। ଅଣଦେଖା, ନିଷ୍ପେସିତ ନିର୍ଯାତିତ ରାଜ୍ୟ। ଶିକ୍ଷା, ଶିଳ୍ପ, ଗମନାଗମନରେ ସମସାମୟିକ ରାଜ୍ୟମାନଙ୍କ ତୁଳନାରେ ପଛକୁ ଫେରି ଚାହୁଁଥିବା ଓଡ଼ିଶା। ସ୍ୱାଧୀନ ଭାରତରେ ଆଉ ସେନାବଳ କି ସୀମା ସୁରକ୍ଷା ମନ୍ତ୍ରର ଆବଶ୍ୟକତା ନାହିଁ, ଓଡ଼ିଆ ଜାତିର ବିକାଶ ଓ ସୁନାମ ହିଁ କାମ୍ୟ। ଏହି ସମୟରେ ଆବିର୍ଭାବ ହୁଏ ଖାରବେଳ ମାନସିକତାର ତୃତୀୟ ଖାରବେଳ। ପ୍ରବାଦ ପୁରୁଷ। କଳିଙ୍ଗ ନାମର ଯଶଗାନ କରି ଓଡ଼ିଶା ମାତାକୁ ନିଜ ବୀରତ୍ୱର ଉପହାର ଦିଅନ୍ତି। ଓଡ଼ିଶାର ପୁତ୍ର, ପ୍ରାଚୀନ କଳିଙ୍ଗ ଉପନିବେଶ ଇଣ୍ଡୋନେସିଆର ଭୂମିପୁତ୍ର। ଓଡ଼ିଆ ସାହାସିକତାର ପ୍ରବାଦ ପୁରୁଷ। ଓଡ଼ିଶାରେ କଳିଙ୍ଗ ନାମରେ ଗଢ଼ି ତୋଳନ୍ତି ବହୁ ଶିକ୍ଷାନୁଷ୍ଠାନ। ଗଭୀର ଅଭିମାନୀ। କଳିଙ୍ଗ ହରାଇଛି ଅତୀତର ନୌବାଣିଜ୍ୟ। ଦେଶର ପ୍ରଥାକୁ ଦୃଷ୍ଟି ନ ଦେଇ ଗଢ଼ି ତୋଳନ୍ତି ପାରାଦୀପ ବନ୍ଦର। ଦେଶ ସିନା ଜାଣିଲା ଏ ସ୍ୱାଭିମାନୀ କଳିଙ୍ଗ ପୁଅକୁ, ବିଶ୍ୱ ଜାଣିବା ପାଇଁ କୀର୍ତ୍ତି ରଖିଦେଇଛି କଳିଙ୍ଗର, ବିଜ୍ଞାନଭିତ୍ତିକ ବିଶ୍ୱ ସ୍ତରୀୟ କଳିଙ୍ଗ ପୁରସ୍କାର ।

କିପାଁ ଏମାନଙ୍କୁ ଆମେ ଖାରବେଳ ବୋଲି ମନେ ନକରିବା ? ଆହୁରି ଅନେକ ବ୍ୟକ୍ତିତ୍ୱ ରହିଛି, ଯିଏ ଓଡ଼ିଶା, ଓଡ଼ିଶା ହୋଇ ମୃତ୍ୟୁଶଯ୍ୟାରେ ପ୍ରଳାପ କରିଛନ୍ତି। କିଏ କ୍ରୁର ଇଂରେଜ ଦାରୋଗାର ବନ୍ଧୁକ ମୂନକୁ ହେୟ ମନେକରି ଓଡ଼ିଶା ପାଇଁ ପ୍ରାଣ ବଳିଦାନ କରିଛି। କିଏ ଜୀବନଟା କାଗଜ କଲମରେ ଲୋଟାଇ ଦେଇଛି ଓଡ଼ିଆ ଭାଷାର ଉତ୍କର୍ଷ ପାଇଁ, ଦେଶମାତୃକାକୁ ପ୍ରଶାସନିକ ଜୀବନଦାନ ପାଇଁ। କେତେକଙ୍କୁ ନେଇ ଜୀବନ୍ତ କରିପାରିଛନ୍ତି ଉତ୍କଳ ସମ୍ମିଳନୀ ପରି ଜୀବନ୍ତ ଓଡ଼ିଆ ଅସ୍ମିତାର ରକ୍ତ ସଞ୍ଚାଳିତ ହୃତ୍‌ପିଣ୍ଡ। ଏମାନେ କଅଣ ଓଡ଼ିଶା ମାଆର କୃତୀ ସନ୍ତାନ ନୁହନ୍ତି ? ଏମାନଙ୍କୁ କାହିଁକି ଖାରବେଳ ନ କହିବା ? ଖାରବେଳ ଗୋଟିଏ ମାପକ ନୁହଁନ୍ତି, ମାତ୍ର ଆଦର୍ଶ, ରାଜ୍ୟର ଏକଦା ଶାସକ, ଏକଦା ରାଷ୍ଟ୍ର ନାୟକ। ନିଜର ଦୃଢ଼ ସଂକଳ୍ପ ବଳରେ ରାଜ୍ୟକୁ ବିଶ୍ୱ ଦୃଷ୍ଟିକୁ ଆଣି ପାରିଥିବା ଦୁର୍ବାର ମାନସିକତା !

ନିଶ୍ଚିତ ଭାବରେ ପ୍ରତି ଓଡ଼ିଆ ପ୍ରେମୀ ଖାରବେଳଙ୍କର ଚଉଷଠି କଳାରୁ କେତେ କଳା ଧାରଣ କରିଥିବା ସମ୍ଭବ। ସମୟ, କାଳ, ପାତ୍ର ଅବଶେଷରେ ଯିଏ ଦେଶ ଶାସନଗାଦି ଲାଭ କରି କଳିଙ୍ଗ ତଥା ଓଡ଼ିଶାକୁ ଗୋଟିଏ ଘଡ଼ିସନ୍ଧି ମୁହୂର୍ତ୍ତରେ ନିର୍ଣ୍ଣାୟକ ଭାବରେ ନିଜକୁ ଉତ୍ସର୍ଗ କରିପାରିଥିବେ, ସେ ହିଁ ଖାରବେଳ ପଦବାଚ୍ୟ। ଏହି

ଖାରବେଳଙ୍କ ଠାରୁ ଅଧିକ କଷ୍ଟ ସହି ଦେଶମାତୃକା ପାଇଁ ପ୍ରାଣବଳି ଦେଇଥିବା ଅନେକ ରାଜନ୍ୟବର୍ଗ, ଅମାତ୍ୟ, ରାଜକର୍ମଚାରୀ ଅବା ସାଧାରଣ ଓଡ଼ିଆ ଥାଇପାରନ୍ତି। କିନ୍ତୁ ଇତିହାସର ପୃଷ୍ଠାରେ ଖାରବେଳ ଆସନ୍ତି ରାଜ୍ୟର ଏକ ନିର୍ଣ୍ଣାୟକ ମୁହୂର୍ତ୍ତରେ, ଯେତେବେଳେ ଦେଶ ତାଙ୍କର ନେତୃତ୍ୱରେ ବଳୀୟାନ। ସିଏ ଦିଗବିଜୟ ହେଉ, ଭାଷା ହେଉ, ଶିଳ୍ପ ହେଉ, ବିଦେଶରେ ଓଡ଼ିଆକୃତୀର ପ୍ରସାର ହେଉ ସବୁମନ୍ତେ ଓଡ଼ିଆ ଅସ୍ମିତାକୁ ଶିଖରରେ ପହଞ୍ଚାଇ ଦିଅନ୍ତି।

ଏହି ଖାରବେଳମାନଙ୍କର ସ୍ୱକୀୟ ଅହମିକା ଦେଖିବାକୁ ମିଳେନା। ସିଏ ରାଜ୍ୟପାଇଁ ଗର୍ବିତ, ସମର୍ପିତ ଓ କଳିଙ୍ଗ ବା ଓଡ଼ିଶା କହିଲେ ପ୍ରାଣ ବଳି ଦେଇଦେବେ। ଗୋଟିଏ ଅସମ୍ଭବ କାର୍ଯ୍ୟକୁ ଅସମ୍ଭବ ଭାବି ଏମାନେ ନିଶ୍ଚେଷ୍ଟ ହୋଇ ପଛଘୁଞ୍ଚା ଦେବେନି। ପ୍ରତିରୋଧର ଦିଗୁଣ ଶ୍ରମ ଖଟାଇ କୃତକାର୍ଯ୍ୟ ହେବାର ସ୍ୱପ୍ନକୁ ସାର୍ଥକ କରିବେ। ଏମାନଙ୍କର ମନୋବଳ ଇସ୍ପାତଠାରୁ ଶକ୍ତ, କାମ କରିବାର ଧାରା ଧୀରପାଣି ପଥର କାଟିବା ପରି ସ୍ଥିର ମାତ୍ର ନିଜେ କେବେ ବି ଗର୍ବିତ ନୁହନ୍ତି ବାହାଦୁର ବୋଲି ନିଜକୁ ମଣିବାକୁ। ଏମିତି ଅନେକ ଲକ୍ଷ୍ୟ ନିମନ୍ତେ ତାଙ୍କୁ ପାଖ ପଡ଼ୋଶୀ, ଦୂରଦୂରାନ୍ତ ଲୋକ ତାଙ୍କ ଦେହରେ ବୋହୁଥିବା ରକ୍ତର ଉଷ୍ମତା ଓ କଳିଙ୍ଗ ବୋଧ ଉପଲବ୍ଧି କରନ୍ତି।

ଏମାନେ କେବେ ନିଜ ଲାଭକ୍ଷତିରେ ନଥାନ୍ତି। ସାମଗ୍ରିକ ଉନ୍ନତି କଳିଙ୍ଗର, ଉତ୍କଳର, ଓଡ଼ିଶାର, ଏଇ ଜନ୍ମଭୂମିର। ନିଜର ଜୀବନ ବିପନ୍ନ ହେଉ ପଛେ, ପଛଘୁଞ୍ଚା ଦିଅନ୍ତି ନାହିଁ ନିଜର ଲାଭ, କ୍ଷତି, ଜୀବନ ବିପନ୍ନ ଅବା ହାରି ଯିବାର ଭୟରେ। ଦୃଷ୍ଟିରେ ନ ଥାଉ ବ୍ୟକ୍ତିଗତ ଲୋଭ ଅବା ସୁବିଧା। କଳିଙ୍ଗ ସୁତ ଏମାନେ। ନିଜ ମାତାର ସମ୍ମାନ ଏମାନଙ୍କର ଧେୟ। ଖାରବେଳ ବୋଧ ପ୍ରାଚୀନତମ କଳିଙ୍ଗ ଅସ୍ମିତା। ଖାରବେଳ ଇତିହାସ ବିଷୟରେ ସମ୍ପୂର୍ଣ୍ଣ ପରିଚିତ ଥିଲେ। ସିଏ ତ ହାତୀଗୁମ୍ଫାର ମଥାରେ ଲିପିବଦ୍ଧ କରିଛନ୍ତି 'ବର୍ଷ ତିଶତି ଶତ'ରେ ନନ୍ଦରାଜଙ୍କ କଳିଙ୍ଗ ନଗର ଗଡ଼ଖାଇ ଖୋଦନ। ସିଏ କଳିଙ୍ଗବାସୀଙ୍କ ପାଇଁ ଶାସନର ସବୁ ଉଦାରତା ସହିତ କଳିଙ୍ଗର ସନ୍ତକ ଉଦ୍ଧାର କରିଛନ୍ତି, କଳିଙ୍ଗକୁ କିଏ କାଳେ ଅତୀତର ନନ୍ଦରାଜଙ୍କ କ୍ଷତ୍ରିୟ ନାଶନରେ ନିକ୍ଷତ୍ରୀ ହୋଇଗଲା ଭାବିବେ ଅବା ଅଶୋକ ବର୍ଦ୍ଧନ ମୌର୍ଯ୍ୟଙ୍କର କଳିଙ୍ଗର ଅମାନୁଷିକ ଗଣହତ୍ୟା ପରର ନିଶ୍ଚିହ୍ନ ହୋଇଗଲା ବୋଲି ମନେ କରିବେ, ତାହାର ଉତ୍ତର ଦେଇଛନ୍ତି ସାରା ଭାରତକୁ। କଳିଙ୍ଗ ବଞ୍ଚିଛି। କଳିଙ୍ଗ ରକ୍ତରେ ଉଷ୍ମତା ଭରି ରହିଛି। ଭାରତର ଦୁର୍ଦ୍ଦିନରେ ଯଦି ଯବନମାନେ ଦେଶର ସମ୍ମାନ ନିଅନ୍ତି, ଖାରବେଳ ପଛଘୁଞ୍ଚା ଦେବନି। ସେଇ ସମ୍ମାନିତ ବୀରଙ୍କୁ ଜନ୍ମ ଦେଇଥିବାରୁ

କଳିଙ୍ଗମାତା ନିଜକୁ ଓଜୋସ୍ୱିନୀ ମନେକରୁଥିଲା । ନିଜର କୃତୀ ପୁତ୍ର ବୋହି ଆଣିଥିଲା ଧନରତ୍ନ, ପଶ୍ଚିମ ଭାରତରୁ, ଦକ୍ଷିଣ ଭାରତରୁ, ଉତ୍ତର ଭାରତରୁ ପୁଣି ସାରା ଭାରତରୁ । ସେଇ ଧନରତ୍ନରେ ସଜାଇ ହୋଇଥିଲା କଳିଙ୍ଗ । କଳିଙ୍ଗ ନଗରର ବିଜୟସ୍ତମ୍ଭ, କୁମାରୀଗିରିର ଅପରୂପ ଭୂଷଣ, ଆଦିଜିନାଙ୍କର ପ୍ରତିଷ୍ଠା ସବୁ କେତେ ରଙ୍ଗ ବୋଳି ଦେଇଥିବ ଏଠାରେ, ଦୁଇ ହଜାର ବର୍ଷର କାଳ ତାକୁ ଏବେ ବି ଲିଭାଇ ପାରିନି ।

ସେହିପରି ମନୋଭାବର କପିଳେନ୍ଦ୍ର । କଳିଙ୍ଗ ହେଉ ପଛକେ ଓଡ଼ିଶା ରାଷ୍ଟ୍ର, ଦିଗ୍‌ବିଜୟ ଲବ୍ଧ ସୁନା ଆସିଗଲା ଶ୍ରୀମନ୍ଦିରର ତିନି ଠାକୁରଙ୍କ ସୁନାବେଶ ପାଇଁ ।

ଏହି ମାନସିକତା ଉତ୍କଳ ଜନନୀ ପାଇଁ ବିରଳ । ତାକୁ ଆମେ ନାମକରଣ କରିପାରିବା ଖାରବେଳବୋଧ । ଓଡ଼ିଆ ଅସ୍ମିତାର ପ୍ରାଚୀନତମ ସ୍ୱର । ମାତୃଭୂମିର ନାଁ ଯାହା ଥାଉ, ନିଜତ୍ୱକୁ ମାତୃଭୁମିର ସମସ୍ତ ଉନ୍ନତିକଳ୍ପେ ଖଟାଇଦେଇ ନିଜର ଉତ୍ସର୍ଗକୁ ଚରମ ସୀମାରେ ପହଞ୍ଚାଇବା- ଶୟନେ ସ୍ୱପନେ ଜାଗରଣେ କଳିଙ୍ଗ, ଉତ୍କଳ, ଓଡ଼ିଶା ।

ସମାରୋହ,
୧୨୮, ଡୁମୁଡୁମା (କ), ଖଣ୍ଡଗିରି, ଭୁବନେଶ୍ୱର- ୫୧୦୩୦
ମୋ -୯୪୩୮୦୦୭୫୦୯

ଚାଖି ଖୁଣ୍ଟିଆ

(ସିପାହୀ ବିଦ୍ରୋହର ସିପାହୀ ପଣ୍ଡା)

ଡ. ଭବାନୀ ଶଙ୍କର ଦାଶ

ଭାରତୀୟ ମୁକ୍ତି ସଂଗ୍ରାମର ଇତିହାସରେ ଓଡ଼ିଆଙ୍କର ବୀରତ୍ୱର ଗାଥା ସ୍ୱର୍ଣ୍ଣାକ୍ଷରରେ ଲିପିବଦ୍ଧ ହୋଇ ରହିଯାଇଛି। ୧୬୦୦ ମସିହାରେ ଇଷ୍ଟ ଇଣ୍ଡିଆ କମ୍ପାନୀ ଗଠନ ପରଠାରୁ ୧୮୦୩ ମସିହାରେ ଇଂରେଜଙ୍କ ଓଡ଼ିଶା ଦଖଲ ପର୍ଯ୍ୟାୟ ଅଲୋଚନା କଲେ ଜଣାଯାଏ ଯେ ଇଂରେଜ ସମ୍ରାଜ୍ୟବାଦର ସମ୍ପ୍ରସାରଣ କାଳରେ ଓଡ଼ିଶା ଥିଲା ଇଂରେଜମାନଙ୍କ ଆକାଂକ୍ଷିତ କଲିକତା ମାଡ୍ରାସ ପଥରେ ରହିଥିବା ପ୍ରତିବନ୍ଧକ ରାଜ୍ୟ, କିନ୍ତୁ ତାହାର ଭୂଗୋଳ ଓ ଇତିହାସ, ଧର୍ମ ଓ ସଂସ୍କୃତି ଏତେ ସରଳ ନଥିଲା ଇଂରେଜମାନଙ୍କୁ ଆକର୍ଷିତ କରିବାରେ। ସେଇ ଭୂଖଣ୍ଡ ଇଂରେଜଙ୍କ ଭାରତ ଆଗମନ ପୂର୍ବରୁ ଦୀର୍ଘକାଳ ଦେଶର ବିଜାତୀୟମାନଙ୍କୁ ପ୍ରତିରୋଧ କରି ହିନ୍ଦୁରାଷ୍ଟ୍ର ଭାବରେ ତିଷ୍ଠି ରହିଥିଲା। ଓଡ଼ିଶା ରାଷ୍ଟ୍ରରେ ଥିଲା ଅଦମ୍ୟ ପାଇକମାନଙ୍କର ରଣହୁଙ୍କାର ଓ ଓଡ଼ିଶାର ବଣିଜ ଥିଲା ସାଗର ବକ୍ଷରେ ପୂର୍ବଭାରତୀୟ ଦ୍ୱୀପପୁଞ୍ଜ ତଥା ସୁବର୍ଣ୍ଣ ଦ୍ୱୀପରେ।

୧୮୦୩ ମସିହାରେ ଇଂରେଜମାନେ ଓଡ଼ିଶା ଦଖଲ କରିବାର କଳ କୌଶଳ ପ୍ରୟୋଗ କରି ମରହଟ୍ଟା ଶକ୍ତିକୁ ହରାଇ ଥିଲେ, ଓଡ଼ିଶାବାସୀ ଇଂରେଜମାନଙ୍କୁ ପ୍ରତ୍ୟାଖ୍ୟାନ କରିବାର ଭାଷା ହୋଇଥିଲା ପାଇକ ବିଦ୍ରୋହ, ଓଡ଼ିଶା ହାସଲ କରିବାର ମାତ୍ର ୧୪ ବର୍ଷ ପରେ ପାଇକ ବିଦ୍ରୋହ ଭାବରେ ରୂପ ନେଇଥିଲା। ପାଇକମାନେ ଇଂରେଜ ଦପ୍ତର ଭାଙ୍ଗିଦେଇ କର୍ମଚାରୀମାନଙ୍କୁ ଦପ୍ତରରୁ ବାହାର କରିଦେଇଥିଲେ ବାଣପୁର, ଖୋର୍ଦ୍ଧା ଆଉ ପୁରୀରୁ। ଏହା କେବଳ ବକ୍ସି ଜଗବନ୍ଧୁ ନିଜ ଦାବି ପାଇଁ

ଉପସ୍ଥାପନ କରି ନଥିଲେ, ଏହା ଥିଲା ସାରା ଓଡ଼ିଶାକୁ ଶୋଷକ ଇଂରେଜ ଶକ୍ତି ବିରୁଦ୍ଧରେ ଏକ ଆହ୍ୱାନ।

ଓଡ଼ିଶାର ଦୂର ଦୂରାନ୍ତରେ ଶାସକମାନେ ନିଜର ସହମତି ଦେବା ସହିତ ବ୍ୟାପକ ସହଯୋଗ ଥିଲା ଅନୁନ୍ନତ ଆଦିବାସୀମାନଙ୍କ ସହ। ଏହା ନିଶ୍ଚିତ ଭାରତରେ ଇଂରେଜ ଶକ୍ତି ବିରୁଦ୍ଧରେ ପ୍ରଥମ ସଂଗ୍ରାମ, ନିଜ ଦେଶକୁ ନିଜର ମଣି ଇଂରେଜଙ୍କୁ ବହିଷ୍କାର କରିବାର ମାନସିକତା। ଏହି ପାଇକ ବିଦ୍ରୋହରେ ଦୋହଲିଯାଇଥିଲା ଇଂରେଜମାନଙ୍କ ସମ୍ରାଜ୍ୟବାଦୀ ଚେର। ରାଜ୍ୟ ପରେ ରାଜ୍ୟ ଜୟ କରି ରବର୍ଟ କ୍ଲାଇଭ୍ କେବେ ସ୍ୱପ୍ନରେ ସୁଦ୍ଧା ଭାବି ନ ଥିବେ କଲମ ଛାଡ଼ି ସେ ଖଣ୍ଡା ଧରି ଯେଉଁ ରାଜ୍ୟ ଜୟ କରୁଛନ୍ତି, ସେଠାରେ ଜନତା ତାଙ୍କୁ ଏହି ମର୍ମରେ ଗ୍ରହଣ କରିବେ। ବିଦେଶୀ ବିରୁଦ୍ଧରେ ଚିନ୍ତା କରିବା ଓ ଯୁଦ୍ଧ କରିବାର ଉଦାହରଣ ସୃଷ୍ଟି କରିଥିଲେ ଓଡ଼ିଶାର ପାଇକମାନେ। ସେମାନଙ୍କର ସଫଳତା ଏମିତି ଧାରଣା ଆଣି ଦେଇଥିଲା ଯେ ଇଂରେଜ ଶକ୍ତି ଦୁର୍ଲଙ୍ଘ୍ୟ ନୁହେଁ। ଓଡ଼ିଶାରେ ରାଜନୈତିକ ଅସ୍ଥିରତା ସୃଷ୍ଟି କରି କେତେକ କୁଚକ୍ରୀ ଦେଶଦ୍ରୋହୀ ନିମକହାରାମ ପାଇକ ସଂଗ୍ରାମର ଅନ୍ତରାୟ ସାଜିଥିଲେ। ତଥାପି ଇଂରେଜ କେତେ ବର୍ଷର ଗରିଲା ଯୁଦ୍ଧ ପ୍ରଣାଳୀରେ ଆତଙ୍କିତ ହୋଇପଡ଼ିଥିଲେ। ଭାରତ ସ୍ୱାଧୀନତା ସଂଗ୍ରାମ ଇତିହାସରେ ପାଇକ ବିଦ୍ରୋହ ଏକ ସମୁଜ୍ଜ୍ୱଳ ଅଧ୍ୟାୟ।

ଏହି ବିଦ୍ରୋହ ଗଢ଼ିତୋଳିଥିଲା କେତେ ଦୃଢ଼ ପ୍ରତିଜ୍ଞ ଦେଶପ୍ରେମୀମାନଙ୍କୁ। ବିଦ୍ରୋହର ଫଳସ୍ୱରୂପ ଓଡ଼ିଶାରୁ ଉଭବ ହୋଇଥିଲା ଅନେକାନେକ ମହାପ୍ରଭାବଶାଳୀ ଦେଶଭକ୍ତ। ଯେଉଁମାନେ ଦେଶ ସୁରକ୍ଷାପାଇଁ ନିଜ ପରିବାର ପରିଜନ ସମେତ ନିଜ ଅମୂଲ୍ୟ ଜୀବନ ଜଳାଞ୍ଜଳି ଦେଇଥିଲେ। ସେମାନଙ୍କ ମଧ୍ୟରେ ଏହି ସ୍ୱର୍ଦ୍ଧିତ ଉଚ୍ଚାରଣ ହେଉଛି ଚାଖି ଖୁଣ୍ଟିଆ।

ଚାଖି ଖୁଣ୍ଟିଆ ଥିଲେ ମହାପ୍ରଭୁ ଶ୍ରୀଜଗନ୍ନାଥଙ୍କର ନୀତିନିଷ୍ଠ ସେବକ। ଅସାଧାରଣ ବଳବିକ୍ରମର ଅଧିକାରୀ ଚାଖିଙ୍କଠାରେ ନିହିତ ଥିଲା ଅଦ୍ଭୁତ କବିତ୍ୱ। ଯୋଦ୍ଧା ଭାବେ, ମହାପ୍ରଭୁଙ୍କ ଏକନିଷ୍ଠ ସେବକ ଭାବେ, କବି ଭାବେ, ଭକ୍ତ ଭାବେ ଓ ଦେଶମାତୃକାର ଦାୟାଦ ଭାବେ ସିଏ ଥିଲେ ଅଦ୍ୱିତୀୟ। ତାଙ୍କୁ ନେଇ ଅନେକ କଥା ଓ ଅଗଣନ ବ୍ୟଥା ଏବେ ବି ଓଡ଼ିଶାରେ ପ୍ରଚଳିତ। ସିଏ ଥିଲେ ସିପାହୀ ବିଦ୍ରୋହର ସଫଳ ସେନାପତି ବିପ୍ଳବୀ ବୀର ଚାଖି ଖୁଣ୍ଟିଆ। ଅନ୍ୟନାମ ଚନ୍ଦନ ହଜୁରୀ।

ଏକଦା ବଡ଼ଦାଣ୍ଡରେ ଦୁଇଟି ବୃହଦାକାୟ ରଥଚକକୁ ଏକାକୀ ଟାଣି ନେବାର ଅସମ୍ଭବ ଦୃଶ୍ୟ ସନ୍ଦର୍ଶନ କରି ତତ୍କାଳୀନ ରାଣୀ ସୂର୍ଯ୍ୟମଣି ପାଟମହାଦେଈ ତାଙ୍କୁ ସନନ୍ଦ ପ୍ରଦାନ କରିଥିଲେ। ସିଂହଭଳି ଅସାଧାରଣ ବଳବିକ୍ରମ ଓ ବିଚକ୍ଷଣ ବୁଦ୍ଧି ତାଙ୍କ

ବ୍ୟକ୍ତିତ୍ୱକୁ ବହୁଗୁଣିତ କରିଥିଲା। ସବୁଥିରେ ସେ ଥିଲେ ଅସାଧାରଣ। ସାରାଜୀବନ ପୋଲିସ୍ ରୋଷର ଶିକାର ହୋଇଥିଲେ ସେ। ୧୮୫୭ର ସିପାହୀ ବିଦ୍ରୋହର ତୁଙ୍ଗନେତା ନାନାସାହେବ ଓ ରାଣୀ ଲକ୍ଷ୍ମୀବାଇଙ୍କ ସହ ତାଙ୍କର ସମ୍ପୃକ୍ତି ହେତୁ ବାରମ୍ବାର ଇଂରେଜ ସରକାର ଦ୍ୱାରା ନିର୍ଯାତିତ ହେଉଥିଲେ।

୧୮୧୭ ମସିହାରେ ପୁରୀର ଏକ ରକ୍ଷଣଶୀଳ ପରିବାରରେ ତାଙ୍କର ଜନ୍ମ। ପିତାଙ୍କର ନାମ ଥିଲା ରଘୁନାଥ (ଭୀମସେନ) ଖୁଣ୍ଟିଆ ଓ ମାତାଙ୍କ ନାମଥିଲା କମଳାଦେବୀ। ଯାତ୍ରୀ ବ୍ୟବସାୟ ଥିଲା ରଘୁନାଥଙ୍କର କୌଳିକ ବୃତ୍ତି। କୌଳିକ ବୃତ୍ତିର ଅନୁରୋଧରେ ଭାରତର ବିଭିନ୍ନ ଅଞ୍ଚଳକୁ ଯିବାକୁ ପଡୁଥିଲା। ପରମ୍ପରା ଅନୁଯାୟୀ ଦେଶର ବିଭିନ୍ନ ପ୍ରାନ୍ତକୁ ଯାଇ ଯାତ୍ରୀମାନଙ୍କୁ ଶ୍ରୀକ୍ଷେତ୍ର ଓ ଶ୍ରୀଜଗନ୍ନାଥଙ୍କ ବିଷୟରେ ଆକର୍ଷିତ କରିବାର ପନ୍ଥା ଗଢ଼ିବା ଥିଲା ପ୍ରଧାନ ଲକ୍ଷ୍ୟ। ଏଥିରେ ସେମାନେ ବେଶ୍ ଲାଭବାନ ହେଉଥିଲେ। ଯାତ୍ରୀ ସଂଖ୍ୟା ବଢ଼ିଲେ, ରୋଜଗାର ବଢ଼ିଯାଏ। ନିର୍ଦ୍ଦିଷ୍ଟ ଅଞ୍ଚଳର ଭକ୍ତମାନଙ୍କ ପାଇଁ ଯାତ୍ରୀପଣ୍ଡା ରହିଥାନ୍ତି। ସେଇ ନ୍ୟାୟରେ ପିତା ରଘୁନାଥଙ୍କର ସେ ସମୟର ପେଶୱାଙ୍କ ସହିତ ଯାତ୍ରୀ ସମ୍ପର୍କ ରହିଥିଲା। ରଘୁନାଥ ଯାତ୍ରୀ ବ୍ୟବସାୟ କ୍ରମରେ ପେଶୱାଙ୍କ ରାଜ୍ୟ ବିଥୁର (ଅଧୁନା ଉତ୍ତର ପ୍ରଦେଶ) ସହିତ ଉତ୍ତମ ବ୍ୟବସାୟିକ ସମ୍ପର୍କ ଗଢ଼ି ଉଠିଥିଲା। ଦାୟାଦ ସୂତ୍ରେ ଚାଖି ଆଦରି ନେଇଥିଲେ ସେଇ ବୃତ୍ତିକୁ। ଏଥିପାଇଁ ଚାଖି ବିଥୁର ତଥା ଉତ୍ତର ଭାରତର ଅନ୍ୟାନ୍ୟ ସ୍ଥାନକୁ ବାରମ୍ବାର ଯାଉଥିଲେ। ବିଶେଷତଃ ବିଥୁର ଲୋକ ଥିଲେ ଜଗନ୍ନାଥଗତ ପ୍ରାଣ। ପେଶୱାଙ୍କର ମଧ୍ୟ ଜଗନ୍ନାଥଙ୍କ ପ୍ରତି ଅଚଳାଚଳ ଭକ୍ତି ରହିଥିଲା। ସେ ସମୟର 'ରାଜାନୁଗତ ଧର୍ମ' ନ୍ୟାୟରେ ରାଜ୍ୟର ସମସ୍ତ ପ୍ରଜା ଜଗନ୍ନାଥପ୍ରିୟ। ଜଗନ୍ନାଥଧାମରୁ ଆସିଥିବା ଯାତ୍ରୀପଣ୍ଡା ଚାଖି, ତେଣୁ ଜଗନ୍ନାଥଙ୍କ ପ୍ରଭାବରେ ପ୍ରଭାବଶାଳୀ ହୋଇଯାଇଥିଲେ ସେଠିକାର ଲୋକଙ୍କ ମଧ୍ୟରେ। ବିଥୁରର ଲୋକେ ଚାଖିଙ୍କୁ ବିଶେଷ ମାନ୍ୟତା ଦେଉଥିଲେ।

ତତ୍କାଳୀନ ପ୍ରଥା ଅନୁସାରେ ଅଳ୍ପ ବୟସରେ ପୁରୀରେ ବୈଦିକ ରୀତିରେ ସୌଦାମିନୀଙ୍କୁ ବିବାହ କରିଥିଲେ। ମାତ୍ର ଦୁର୍ଭାଗ୍ୟର ସହୋଦର ଚାଖି ସଂସାର କରି ମଧ୍ୟ ସଂସାର ସୁଖରୁ ବଞ୍ଚିତ ହୋଇଥିଲେ। ପାରିବାରିକ ସମ୍ପର୍କ ତାଙ୍କର ବ୍ୟାହତ ହୋଇଥିଲା ଦେଶମାତୃକା ଲାଗି। ଶୈଶବରେ ଜାଗାଆଖଡାରେ କୁସ୍ତି କସରତ କରି ସେ ହୋଇଥିଲେ ଅସୀମ ଶକ୍ତିର ଅଧିକାରୀ। ପୌରାଣିକ ଭୀମ ଭଳି ତାଙ୍କର ଅମାପ ଶକ୍ତିଥିଲା ଓ ସେ ଦେଖିବାକୁ ମଧ୍ୟ ଭୀମପରି ଥିଲେ। କେବଳ ବପୁସ୍ମାନ ଓ ଶକ୍ତିଧର ଭାବରେ ନୁହେଁ, ଏହା ସହିତ ସଂସ୍କୃତ, ଓଡ଼ିଆ ତଥା ଅନ୍ୟାନ୍ୟ ଭାରତୀୟ ଭାଷା

ଆୟତ୍ତ କରିଥିଲେ। ଭାରତୀୟ ପୁରାଣ ଶାସ୍ତ୍ରରେ ତାଙ୍କର ଯଥେଷ୍ଟ ପାରଦର୍ଶିତା ଥିଲା। ସେ ପଣ୍ଡିତ ରାମ ଦୟାଲଙ୍କଠାରୁ ହିନ୍ଦି ଶୀକ୍ଷାଲାଭ କରିଥିଲେ। ଏହା ସହିତ ଚାଖି ଥିଲେ ଏକ ଅନନ୍ୟ ଆକର୍ଷଣର ଅଧିକାରୀ। ଅଗ୍ନିବର୍ଷୀ ଭାଷଣ ଦେବା ତାଙ୍କର ଏକ ଅସାଧାରଣ ଦକ୍ଷତା। ସେବାକାର୍ଯ୍ୟକୁ ଜୀବନରେ ବ୍ରତ ଭାବରେ ଗ୍ରହଣ କରିଥିଲେ ଚାଖି।

ଜାତୀୟତାର ମହାମନ୍ତ୍ର ତାଙ୍କ ଭିତରେ ଅହରହ ନିନାଦିତ ହେଉଥିଲା। ୧୭୫୭ ମସିହାରେ ପଲାସୀ ଯୁଦ୍ଧକ୍ଷେତ୍ରରେ ଇଷ୍ଟ ଇଣ୍ଡିଆ କମ୍ପାନୀ ସିରାଜ ଉଦ୍ଦୌଲାଙ୍କୁ ହତ୍ୟାକଲା। ଗୃହଭେଦୀମାନଙ୍କର ଚକ୍ରାନ୍ତର ଶିକାର ବନିଗଲେ ସିରାଜ। ଯୁଦ୍ଧରେ ଇଂରେଜ ଜାତିର ଷଡ଼ଯନ୍ତ୍ର ଓ ଗୃହଭେଦୀଙ୍କର ଚକ୍ରାନ୍ତ ସଫଳ ହେଲା। ଯୁଦ୍ଧରେ ସିଏ ପରାସ୍ତ ଓ ନିହତ ହେଲାପରେ ବ୍ରିଟିଶ ସମ୍ରାଜ୍ୟବାଦ ପ୍ରସାରିତ ହେବା ସଙ୍ଗେସଙ୍ଗେ ଭାରତର ସ୍ୱାଧୀନତା ବିପନ୍ନ ହୋଇପଡ଼ିଲା। ସାମନ୍ତସନ୍ଧି, ରାଜସ୍ୱତ୍ୱଲୋପ ନୀତି ପରି ଅନେକ କୂଟନୀତି ପ୍ରୟୋଗ ଦ୍ୱାରା ଚଞ୍ଚକତା ଓ ବିଶ୍ୱାସଘାତକତା ମାଧ୍ୟମରେ ବ୍ରିଟିଶ କାୟା ବିସ୍ତାର କରିଚାଲିଲା ଭାରତରେ। ବିସ୍ମୟର କଥା, ଭାରତୀୟମାନେ ଦୀର୍ଘ ଏକ ଶତାବ୍ଦୀ ନିର୍ଯାତିତ ହେବା ପରେ ସେମାନଙ୍କର ଚେତନା ଉଦ୍ରେକ ହେଲା। ଏହା ସେମାନଙ୍କର ସ୍ୱଭାବତଃ ସହନଶୀଳତା ବା ଅହିଂସା ମନୋଭାବ କାରଣରୁ ହୋଇପାରେ। ମାତ୍ର ସବୁର ସୀମା ରହିଛି, ସୀମା ଟପିଲେ ପରିସ୍ଥିତି ଉଦ୍‌ବେଗଜନକ ହେବା ସ୍ୱାଭାବିକ। ତାହାହିଁ ଘଟିଲା। ଭାରତୀୟମାନଙ୍କର ସ୍ତୁପୀକୃତ ଅସନ୍ତୋଷ ଏକ ବିସ୍ଫୋରକ ମୋଡ଼ ନେଲା ୧୮୫୭ ସିପାହୀ ବିଦ୍ରୋହ ନାମରେ। ସିପାହୀମାନଙ୍କଠାରୁ ଆରମ୍ଭ ହୋଇଥିଲେ ହେଁ, ଏ ବିଦ୍ରୋହ ସିପାହୀମାନଙ୍କ ମଧ୍ୟରେ ସୀମିତ ନଥିଲା। ବ୍ରିଟିଶ୍ ସମ୍ରାଜ୍ୟବାଦର ମୂଳୋତ୍ପାଟନ ନିମନ୍ତେ ଯେଉଁ ଅଦମ୍ୟ ଆକାଂକ୍ଷା ଭାରତୀୟମାନଙ୍କ ମଧ୍ୟରେ ଜାଗି ଉଠିଥିଲା, ଏ ବିଦ୍ରୋହ ଥିଲା ତାର ପରିଣତି। ସ୍ୱାଭିମାନୀ, ଦେଶଭକ୍ତ ଚାଖି ଏହି ଆନ୍ଦୋଳନରେ ସକ୍ରିୟ ହୋଇପଡ଼ିଥିଲେ। ଇଂରେଜ ଶକ୍ତି ବିରୁଦ୍ଧରେ ୧୮୫୭ ସିପାହୀ ବିଦ୍ରୋହ ବାସ୍ତବରେ ଭାରତୀୟମାନଙ୍କର ପ୍ରଥମ ମୁକ୍ତି ବିଦ୍ରୋହ ନୁହେଁ। ପ୍ରଥମ ବିସ୍ଫୋରଣ ଘଟିଥିଲା ପାଇକ ବିଦ୍ରୋହରେ। ୪୦ ବର୍ଷ ପୂର୍ବରୁ ୧୮୧୭ ମସିହାରେ, ଓଡ଼ିଶା ଭୂଇଁରେ ସଂଗଠିତ ହୋଇଥିଲା ରଣକୌଶଳ ଖଚିତ ଓଡ଼ିଆ ପାଇକର ରଣହୁଙ୍କାରରେ। କାଳ ଅନୁଧ୍ୟାନ କଲେ, ସେଇ ୧୮୧୭ ମସିହା ଚାଖିଙ୍କ ଜନ୍ମ ବର୍ଷ। ଓଡ଼ିଶାରେ ଇଂରେଜ ବିରୋଧାଭାବ ତାଙ୍କ ରକ୍ତର ସମସ୍ତ କଣିକାରେ ଯେମିତି ପ୍ରବାହିତ ହେଉଥିଲା। ପାଇକ ବିଦ୍ରୋହର ସୂତ୍ରଧରମାନେ ଚାଖିଙ୍କ ମନରେ ଉଜ୍ଜୀବିତ କରିରଖିଥିଲେ ବିପ୍ଳବ କୌଶଳ।

ମରାଠା ସେନାବାହିନୀର ପ୍ରଧାନ ସେନାପତି ଗୋରାପନ୍ତ ତାମ୍ବେଙ୍କର ତୀର୍ଥଗୁରୁ ଥିଲେ ଚାଖି ଖୁଣ୍ଟିଆ। ଏହି ଗୋରାପନ୍ତଙ୍କର କନ୍ୟା ହେଉଛନ୍ତି ମନୁବାଇ, ଯିଏ ପରବର୍ତ୍ତୀ କାଳରେ ହୋଇଛନ୍ତି ରାଣୀ ଲକ୍ଷ୍ମୀବାଇ। କ୍ରମେ ଚାଖିଙ୍କର ବୃତ୍ତିଗତ ଓ ଜାତୀୟତା କାରଣରୁ ଗୋରାପନ୍ତ ଓ ଲକ୍ଷ୍ମୀବାଇଙ୍କ ସହିତ ଘନିଷ୍ଠତା ବୃଦ୍ଧିପାଇଛି। ଅବଲୀଳାକ୍ରମେ ବ୍ୟବସାୟ କ୍ଷେତ୍ର ବିଥୁରଠାରେ ପେଶୱା ବାଜିରାଓଙ୍କ ପୋଷ୍ୟପୁଅ ନାନାସାହେବଙ୍କ ସହ ସମ୍ପର୍କ ଓ ନିବଡ଼ତା ବିଦ୍ରୋହର ଗତିକୁ ବହୁଗୁଣିତ କଲା।

ଲକ୍ଷ୍ମୀବାଇ ଚାଖିଙ୍କୁ ଗଭୀର ବିଶ୍ୱାସ କରୁଥିଲେ। ଚାଖିଙ୍କ ଉପରେ ତାଙ୍କର ଯଥେଷ୍ଟ ଭରସାଥିଲା। ଅନେକ ପଦକ୍ଷେପ ନେବାବେଳେ ରାଣୀ ଚାଖିଙ୍କ ପରାମର୍ଶ ଲୋଡୁଥିଲେ। ଅନେକ ମତ ଦିଅନ୍ତି, ଚାଖି ଝାନ୍‌ସୀ ରାଣୀ ଲକ୍ଷ୍ମୀବାଇଙ୍କର କୁଳପୁରୋହିତ ଥିଲେ। ସିପାହୀ ବିଦ୍ରୋହ ପୂର୍ବରୁ ରାଣୀ ଚାଖିଙ୍କର କେତେକ ଦିଗରୁ ମତାମତ ନେଇଥିଲେ। ଅନୁମାନ କରାଯାଏ, ୧୧ ମଇ ୧୮୫୪ ମସିହାରେ ଓ ୧୮ ଜୁନ୍ ୧୮୫୬ ମସିହାରେ ରାଣୀଙ୍କର ଚାଖିଙ୍କ ପାଖକୁ ଦୁଇଟି ପ୍ରେରିତ ପତ୍ର ସିପାହୀ ବିଦ୍ରୋହରେ ଚାଖିଙ୍କ ଭୂମିକା ବିଷୟରେ ଆଭାସ ଦିଏ। ଅବଶ୍ୟ ଅନେକ ଐତିହାସିକ ଏହି ଭୂମିକାକୁ ଅବିଶ୍ୱାସ କରନ୍ତି। କିନ୍ତୁ ଅଧୁନା ଅଭିଲେଖାଗାରରେ ତତ୍କାଳୀନ ଜିଲ୍ଲା ପ୍ରଶାସକ ଓ ଅନ୍ୟ ପଦାଧିକାରୀମାନଙ୍କ ହସ୍ତଲେଖା ନଥିରେ ଚାଖିଙ୍କୁ 'ସିପାହୀ ପଣ୍ଡା' ବୋଲି ଅଭିହିତ କରାଯାଇଛି। ଏଣୁ ଅନୁମାନ କରାଯାଏ, ସିପାହୀ ବିଦ୍ରୋହ ପୂର୍ବରୁ ଏନ୍‌ଫିଲଡ୍ ବନ୍ଧୁକରେ ଗୋରୁଚର୍ବି ଦ୍ୱାରା ପ୍ରସ୍ତୁତ ଟୁଟୁ ବ୍ୟବହାରର ବିରୋଧର ବିଧର୍ମୀ ଭାବନାକୁ ତୀବ୍ର ଓ ଜ୍ୱାଳାମୁଖୀ କରିବା ପାଇଁ ଚାଖିଙ୍କର ଭାଷଣ ଇନ୍ଧନ ହୋଇପାରିଥିଲା।

ଏହି ସମୟରେ ପାଦ୍ରୀମାନେ ହିନ୍ଦୁଧର୍ମକୁ ନ୍ୟୂନଦୃଷ୍ଟିରେ ଦେଖୁଥିଲେ ଓ ଖ୍ରୀଷ୍ଟିଆନ ଧର୍ମପ୍ରସାର ପାଇଁ ଆଗୁସାର ଥିଲେ। ଫଳରେ ଭାରତୀୟ ସମାଜ ଏକ ସଂକଟପୂର୍ଣ୍ଣ ପରିସ୍ଥିତି ଦେଇ ଗତି କରୁଥିଲା। ଜଗନ୍ନାଥ ସଂସ୍କୃତିର ଦାୟାଦ ଭାବେ, ଜଗନ୍ନାଥଙ୍କ ସେବକ ଭାବେ ଚାଖି ସିପାହୀମାନଙ୍କର ଶ୍ରଦ୍ଧା, ସମ୍ମାନ ଓ ବିଶ୍ୱାସଭାଜନ ହୋଇ ପାରିଥିଲେ। ଏଣୁ ପ୍ରାୟତଃ ନିରକ୍ଷର ସିପାହୀମାନଙ୍କୁ ଏନ୍‌ଫିଲଡ୍ ରାଇଫଲ୍ ବିରୁଦ୍ଧରେ ପ୍ରବର୍ତ୍ତାଇବା ଚାଖିଙ୍କ ପକ୍ଷେ ସହଜ ଓ ସମ୍ଭବ ଥିଲା। କାରଣ ବିଦ୍ରୋହର କାରଣ ଥିଲା ଧର୍ମଗତ। ଫଳତଃ ଚାଖି ଖୁବ୍ ଶୀଘ୍ର ଇଂରେଜ ସରକାରଙ୍କ ସନ୍ଦେହର ବିଷବଳୟ ଭିତରକୁ ଚାଲିଆସିଥିଲେ। ପୁଲିସ୍ ଆଖିରେ ଧୂଳିଦେଇ ଚାଖି ଉତ୍ତର ଭାରତର ବିଭିନ୍ନ ଅଞ୍ଚଳରେ ଘୂରିବୁଲିଲେ। ବିଶେଷକରି ରାଣୀ ଲକ୍ଷ୍ମୀବାଇଙ୍କର ମୃତ୍ୟୁ ପରେ ଚାଖି ଆତ୍ମଗୋପନ କରିଥିଲେ। ଶେଷରେ ଲକ୍ଷ୍ନୌଠାରେ ସଂଘଟିତ ବିଦ୍ରୋହର ଅନ୍ୟତମ ନେତାରୂପେ ଅଭିଯୁକ୍ତ କରାଯାଇ ବିହାରଠାରେ ତାଙ୍କୁ ବନ୍ଦୀ କରାଯାଇଥିଲା। ପୁରୀରେ

ଥିବା ତାଙ୍କ ସମ୍ପତ୍ତିକୁ ବାଜ୍ୟାପ୍ତ କରିଦିଆଗଲା। ୧୮୫୮ ମସିହାରେ ତାଙ୍କୁ ରାଜକ୍ଷମା ଦିଆଯାଇ ମୁକ୍ତି ଦିଆଗଲା ସତ, ହେଲେ ତାଙ୍କୁ ବୃତ୍ତିଗତ ଯାତ୍ରୀ ବ୍ୟବସାୟରୁ ଉଚ୍ଛେଦ କରିଦିଆଗଲା। ଦୀର୍ଘଦିନ ଧରି ଓଡ଼ିଶାରୁ ଦୂରରେ ରହିବା ଓ ତାଙ୍କ ସମ୍ବନ୍ଧରେ କିଛି ଖବର ନ ମିଳିବାରୁ, ଓଡ଼ିଶାର ଲୋକେ ଧରିନେଇଥିଲେ ଯେ ଚାଖିଙ୍କର ଦେହାନ୍ତ ହୋଇଯାଇଛି। ଦୀର୍ଘଦିନ ପରେ ଏହା ଜାଣି ତାଙ୍କ ପତ୍ନୀ ଅଗତ୍ୟା ବୈଧବ୍ୟ ଆଦରି ନେଇଥିଲେ। ମାତ୍ର ତାଙ୍କର ଆକସ୍ମିକ ପୁରୀକୁ ପୁନରାଗମନରେ ସାଧାରଣରେ ଏକ ଢଗ ସୃଷ୍ଟିହେଲା -

ନଈରେ ବାଲିଆ ଚହଟିଲା
ଶଙ୍ଖା ସିନ୍ଦୂର ନାଆଲୋ ବଉଳ,
ପୁଣି ଚାଖିଆ ଲେଉଟିଲା।

ଏସବୁ ସତ୍ତ୍ୱେ ବ୍ରିଟିଶ୍ ପୋଲିସ୍‌ର ସତର୍କ ଦୃଷ୍ଟି ସର୍ବଦା ଚାଖିଙ୍କ ଉପରେ ରହିଥିଲା। ପୋଲିସ୍ ଅନୁସନ୍ଧାନ ଅନୁସାରେ ସିପାହୀ ବିଦ୍ରୋହର ଅନ୍ୟତମ ପ୍ରମୁଖ ନେତା ଅଜିମୁଲ୍ଲା ଖାଁ, ଯିଏକି ନାନାସାହେବଙ୍କର ସହକାରୀଥିଲେ, ତାଙ୍କ ସହ ଚାଖିଙ୍କର ସମ୍ପର୍କଥିଲା। ଏଥିପାଇଁ ସରକାରୀ ହୁକୁମନାମା ଅନୁସାରେ ପୁରୀ ହରଚଣ୍ଡୀ ସାହି ନିବାସୀ ଚନ୍ଦନ ହଜୁରୀ ଓରଫ ଚାଖି ଖୁଣ୍ଟିଆଙ୍କୁ ନିୟମିତ ଥାନାରେ ହାଜିରା ଦେବାକୁ ପଡୁଥିଲା। ଏଭଳି ଅବାଞ୍ଛନୀୟ ପରିସ୍ଥିତି ଓ ଭାଗ୍ୟର ବଡ଼ମ୍ବନାରେ ଅତିଷ୍ଠ ହୋଇ ପଡିଥିଲେ ମହାବୀର ଚାଖି। ବାରମ୍ବାର କିଛି କାରଣ ନଥାଇ ତାଙ୍କ ଘର ଖାନତଲାସ କରାଯାଉଥିଲା। ବାଧ ହୋଇ ଚାଖି ପ୍ରତିକାର ସ୍ୱରୂପ ନିଜ ପତ୍ନୀଙ୍କୁ ବିଶ୍ୱନାଥ ମହାସୁଆରଙ୍କ ଘରକୁ ପଠାଇ ଦେଇଥିଲେ ଓ ଚଳିବାପାଇଁ ଦୟା ବେହେରା ନାମକ ବିଶ୍ୱସ୍ତ ଭୃତ୍ୟ ମାଧ୍ୟମରେ କିଛି ଅବଶିଷ୍ଟ ପୈତୃକ ସମ୍ପତ୍ତି ହସ୍ତାନ୍ତର କରିଥିଲେ। ଏହାପରେ ବ୍ୟଥା ବେଦନାରେ ଅତିଷ୍ଠ ହୋଇ ପ୍ରଭୁ ଶ୍ରୀଜଗନ୍ନାଥଙ୍କ ଶରଣରେ ରହିଲେ। ଶ୍ରୀଜଗନ୍ନାଥଙ୍କ ଭଜନ-ଜଣାଣ ରଚନାକରି ଓଡ଼ିଆ ସରସ୍ୱତୀଙ୍କ ସେବାକଲେ। ତାଙ୍କଦ୍ୱାରା ମନୁବାଈ ନାମକ 'ଏକକ' ବି ରଚିତ ହୋଇଥିଲା। ଏହା ସିପାହୀ ବିଦ୍ରୋହ ଓ ରାଣୀ ଲକ୍ଷ୍ମୀବାଈଙ୍କ ବଳିଦାନ ଘଟଣା ଉପରେ ଆଧାରିତ। ଅବଶେଷରେ ୧୮୭୦ ମସିହାରେ ତାଙ୍କ ମହାଜୀବନର ଅବସାନ ଘଟିଥିଲା।

ବାଲିପାଟଣା,
ମୋ - ୯୪୩୭୨୭୯୧୪୨

ପୂର୍ବ ପୁରୁଷ

ତପନ ମହାପାତ୍ର

ବ୍ରିଟିଶ ପର୍ଯ୍ୟଟକ ଆଣ୍ଡିଓ୍ୱକରଙ୍କର ପ୍ରସ୍ତାବ ଆଶ୍ଚର୍ଯ୍ୟ କଲା ପ୍ରଭାତଙ୍କୁ।

କେହି ବିଦେଶୀ ପର୍ଯ୍ୟଟକ ନୟାଗଡ଼ ଆସନ୍ତି ପଠାଣି ସାମନ୍ତଙ୍କ ଜନ୍ମପୀଠ ଖଣ୍ଡପଡ଼ା। ସାତକୋଶିଆ ଗଣ୍ଡ କି ଦାସିଆ ଅଜା ପାଠାଗାର। ନତୁବା ନହାତି ପକ୍ଷେ ଶୈବପୀଠ ଶରଣକୁଳ କି ବୈଷ୍ଣବ ପୀଠ କଣ୍ଟିଲୋ ନୀଳମାଧବ କିମ୍ବା ଅତ୍ରି ମୁନିଙ୍କ ଆଶ୍ରମ ଓ ଓଡ଼ଗାଁ ଯେଉଁଠି ଶ୍ରୀ ରଘୁନାଥ ଜୀଉ ମନ୍ଦିର। କିନ୍ତୁ ଆଣ୍ଡି କହୁଛନ୍ତି ରଣପୁର ଯିବେ !

ପ୍ରଶ୍ନଟା ସିଧା ପଚାରିଲେ ଆଣ୍ଡି ହୁଏତ ଖରାପ ଭାବି ପାରନ୍ତି ଜାଣି ପ୍ରଭାତ ପଚାରିଲେ, "ମୋତେ ତୁମର ଉଦ୍ଦେଶ୍ୟ ସ୍ପଷ୍ଟ କର ଆଣ୍ଡି; ମୁଁ ତୁମକୁ ସଂପୂର୍ଣ୍ଣ ସହଯୋଗ କରିବାପାଇଁ ଚେଷ୍ଟା କରିବି।"

ଇତିହାସ ଗବେଷକ ଆଣ୍ଡି !

ଭାରତୀୟ ମୁକ୍ତି ଆନ୍ଦୋଳନ, ପ୍ରାଚୀନ ରାଜତନ୍ତ୍ର, ଗଣ ବିଦ୍ରୋହ ଏସବୁ ବିଷୟ ଉପରେ ତାଙ୍କର ଗବେଷଣା। ତାଙ୍କର ଏ ଅଭିଯାନ ପଛରେ ଯେଉଁ ସ୍ଥୂଳସୂକ୍ଷ୍ମ ଇଚ୍ଛାଗୁଡ଼ିକ ଅଛି, ସେଥିରେ ନୟାଗଡ଼ ପ୍ରଜାମେଳି, ଗଡଜାତ ଆନ୍ଦୋଳନ, ସ୍ୱାଧୀନତା ସଂଗ୍ରାମୀଙ୍କ ପୀଠ। ବିଶ୍ୱର ବିଶେଷ ଘଟଣା ବି ଏଠାରେ ଘଟିଥିଲା, ଯେଉଁଠି ଜଣେ ପଲିଟିକାଲ୍ ଏଜେଣ୍ଟଙ୍କୁ ପିଟିପିଟି ନିର୍ମମ ଭାବରେ ହତ୍ୟା କରାଯାଇଥିଲା।

ସେଗୁଡ଼ିକ ପରିଦର୍ଶନ କରିବା ସହିତ ଇତିହାସ, କିମ୍ବଦନ୍ତୀ ଭେଦରେ ପ୍ରତ୍ୟକ୍ଷ ବା ପରୋକ୍ଷ ଅନୁଭୂତି ଆହରଣ କରିବା ତାଙ୍କର ଉଦ୍ଦେଶ୍ୟ। ଜିଲାର ମୁଖ୍ୟାଳୟ କିମ୍ବା

ତା' ପରିପାର୍ଶ୍ୱରେ ସହିଦ ସ୍ମାରକୀ ବା ସଂଗ୍ରାମୀମାନଙ୍କ ପ୍ରତିମୂର୍ତ୍ତିର ତଥ୍ୟ ଓ ଫଟୋ ସହିତ ରଣପୁର ଗସ୍ତପାଇଁ ତାଙ୍କର ମାନସିକ ପ୍ରସ୍ତୁତି ବିଷୟରେ ସୂଚନା ଦେଲେ ସେ।

ପ୍ରତି ଜିଲ୍ଲାର ଦର୍ଶନୀୟ ସ୍ଥାନ, କିମ୍ବଦନ୍ତୀ, ଲୋକକଥା ସହିତ ଇତିହାସକୁ ମୁହଁରେ ଧରି ପ୍ରତ୍ୟକ୍ଷ କରିଥିବା ପ୍ରଭାତ କହିଲେ, "ନା, ନା। ଜିଲ୍ଲା କାର୍ଯ୍ୟାଳୟ କି ତା' ପରିସରରେ ତ ସେମିତି କିଛି ସ୍ମୃତି ବା ସ୍ତମ୍ଭ ନାହିଁ। ଗୋଟାଏ ଦି'ଟା ଜାଗାରେ କେବଳ ଗାନ୍ଧୀଙ୍କ ପ୍ରତିମୂର୍ତ୍ତି ଅଛି। ଯଦି ଚାହାନ୍ତି, ନୟାଗଡ଼ରୁ ପଚିଶ କିଲୋମିଟର ଦୂର ଗୋଟେ ଗାଁ ଥୁଆବାରି। ସେଠାକୁ ଗଲେ ଆମେ ଏକ ନବନିର୍ମିତ ସହିଦସ୍ତମ୍ଭ ଦେଖିପାରିବା, ସେହି ଗାଁ'ର ଘରେଘରେ ସ୍ୱାଧୀନତା ସଂଗ୍ରାମୀ।"

ଆଣ୍ଡି ପ୍ରସ୍ତାବ ଦେଲେ, "ତେବେ ଜିଲ୍ଲାପାଳଙ୍କ କାର୍ଯ୍ୟାଳୟ ଭିତର ବାହାର ଫଟୋନେଇ ଚାଲିଯିବା ସେଇ ହୋଲି ପ୍ଲେସ୍ ଯେଉଁଠାରେ ବେଜେଲ୍‌ଗେଟ୍ ସହିଦ ହୋଇଥିଲେ।"

ବେଜେଲଗେଟ୍ ପୁଣି ସହିଦ ! ତା'ର ମୃତ୍ୟୁସ୍ଥଳୀ ପୁଣି ପବିତ୍ର ପୀଠ ! ଜଣେ ନୃଶଂସର ମୃତ୍ୟୁସ୍ଥାନକୁ ଆଣ୍ଡି ପୀଠ ବୋଲି କେମିତି କହୁଛନ୍ତି ? ପଚାରି ଆସୁଥିଲେ ସେ। ମାତ୍ର ନିଜ ବୃତ୍ତି ପ୍ରତି ସଚେତନ ହୋଇ ଚୁପ୍ ହୋଇଗଲେ।

କାର ଭିତରେ ଆଣ୍ଡି ସ୍ମିତ ହସଟିଏ ହସି କହିଲେ, "ଜଣେ ଗାଇଡ୍ ଭାବେ ତୁମର ବହୁ ପ୍ରଶଂସା ମୁଁ ଶୁଣିଛି। ଇଓର ଲାଙ୍ଗୁଏଜ୍ ପିଓର ଆଣ୍ଡ୍ ଇଜି ଟୁ କମ୍ୟୁନିକେଟ୍। ଗୋଟିଏ ଗାଇଡ୍‌ର ଶତଗୁଣ ମୁଁ ତୁମଠାରେ ଦେଖିପାରୁଛି।"

ନିଜ ପ୍ରଶଂସାରେ ପ୍ରଭାତ ବି ହସିଦେଲେ। କହିଲେ, "ଯେତେବେଳେ କେହି ପର୍ଯ୍ୟଟକ ନଥାନ୍ତି, ମୁଁ ନିଜେ ପର୍ଯ୍ୟଟକ ହୋଇ ସେସବୁ ଜାଗାକୁ ଯାଇଥାଏ। ସ୍ଥାନୀୟ ଲୋକମାନଙ୍କର ଚାଲିଚଳନ, ଜନସ୍ମୃତି, ସ୍ୱତନ୍ତ୍ରତା, ଫୁଲ ଫସଲ ଖୋଜେ। ବିଭିନ୍ନ ଆଞ୍ଚଳିକ ଭାଷା ଆୟତ୍ତ କରେ। ଏଥିପାଇଁ ପର୍ଯ୍ୟଟକଙ୍କୁ ମୁଁ ବେଶି ଖୁସି ଦେଇପାରେ।"

"ତୁମେ ଗାଇଡ୍ ନା ଗବେଷକ ?" ହସି ହସି ପଚାରିଲେ ଆଣ୍ଡି।

ପ୍ରଭାତ ତାଳ ଦେଇ କହିଲେ, "ଉଭୟ। ଜଣେ ଗବେଷଣା ନକଲେ ଗାଇଡ୍ କେମିତି ହେବ ?"

"ତେବେ ରଣପୁର ଇତିହାସ ବିଷୟରେ ତୁମେ କଅଣ ଜାଣିଛ ?" ଆଣ୍ଡି ଶୁଣିବାକୁ ଅପେକ୍ଷା କଲେ।

"ରଣପୁର ରାଜା ଥିଲେ ଶ୍ରୀ କୃଷ୍ଣଚନ୍ଦ୍ର ସିଂହଦେଓ ବୀରବର ବଜ୍ରଧର ନରେନ୍ଦ୍ର ମହାପାତ୍ର। ପକ୍ଷାଘାତ ରୋଗୀ ସେ। ତେଣୁ ପରୋକ୍ଷଭାବେ ଶାସନ କରୁଥିଲେ ଦେବାନ ଜଗନ୍ନାଥ ମହାନ୍ତି। ରାଜା ଯାହା ଆଦେଶ ଦିଅନ୍ତି, ଜଗନ୍ନାଥ ମହାନ୍ତିଙ୍କ ପ୍ରରୋଚନାରେ।

ରାଜାଙ୍କର ଏହି ଅକ୍ଷମତାର ସୁଯୋଗ ନେଇ ସେ ଅତ୍ୟାଚାରୀ ହୋଇପଡିଲେ। ରାଜକର୍ମଚାରୀ ମାନେ ବି।

ପ୍ରଜାମାନଙ୍କ ହିତ ଅପେକ୍ଷା ନିଜ ସ୍ୱାର୍ଥ ଓ ରାଜକୋଷ ଭରଣ ଉଦ୍ଦେଶ୍ୟରେ ପ୍ରଜାମାନଙ୍କ ଉପରେ ଲାଗୁ କରିଦେଲେ ସକତବେଢ଼ି। ଘରଛପର, ରଥ ଦଉଡ଼ି, ପହରାପାଳି, ଘର ତିଆରି, ପାରିଧିବେଠି। ତା' ସହିତ ରଥ, ଦଶହରା, ଦ୍ୱିତୀୟା ଓଷା, ଛାଡ଼ଖାଇ ଭେଟି। ରାଜାଙ୍କ ଶୁଭ ଅଶୁଭ କାର୍ଯ୍ୟରେ ମାଗଣ ପ୍ରଥା ଦ୍ୱାରା ଟଙ୍କା ଆଦାୟ। କୌଳିକ ବୃତ୍ତି, ବ୍ୟବସାୟରୁ ଦେୟ। ତା' ସହିତ ଟିକସ, ରସଦ।

ଏମିତିକି ପ୍ରଜାମାନେ ନିଜ ସ୍ଥିତିବାନ ଜମିରେ ଧାନ ଅମଳ କଲେ, ବାଡ଼ି ଗଛରେ ଆମ୍ବ ଫଳିଲେ, ପୋଖରୀରେ ମାଛ ବଢ଼ିଲେ ସବୁ ରାଜାଙ୍କର ବୋଲି ଘୋଷଣା କଲେ। ସେହି ଭୟରେ କେହି ବଡ଼ମାଛ ଖାଇଲେ, ତା'ର କଣ୍ଟା ଓ କାତି ଗାତ କରି ପୋତି ପକାଉଥିଲେ।

କର ଆଦାୟ, ବେଠି କି ରାଜସ୍ୱ, ଆଦେଶ ଖିଲାପ କଲେ ଦି' ହାତରେ ଦି'ଟା ତତଲା ପଥର, ମୁଣ୍ଡରେ ତତଲା ପଥର ଲଦି ତତଲା ବାଲି ଉପରେ ଏକ ଗୋଡ଼ିକିଆ ଠିଆ କରାଇ ଦେଉଥିଲେ। ଗୋଡ଼ ବଦଲାଇଲେ କିମ୍ବା ପଥର ଖସିଲେ, ବାଉଁଶମୂଳିରେ ବାଡ଼େଇ ମାରି ବି ଦେଉଥିଲେ।"

"ଓଃ ! କି ବିଚିତ୍ର ଦଣ୍ଡ ବ୍ୟବସ୍ଥା !"

ପ୍ରଭାତଙ୍କ ବର୍ଣ୍ଣନା ଆଣ୍ଡିଙ୍କୁ ଯେମିତି ତଟସ୍ଥ କରି ପକାଉଥିଲା। ତେବେ ନିଜକୁ ସ୍ଥିର କରି ସେ ପଚାରିଲେ, "ଏ ନିରୀହ ପ୍ରଜାମାନଙ୍କୁ କିଏ ପିଟୁଥିଲା ?"

"ନିଯୁକ୍ତ କର୍ମଚାରୀ।"

"କାହା ନିର୍ଦ୍ଦେଶରେ ?"

"ଦେବାନଙ୍କ ନିର୍ଦ୍ଦେଶରେ।"

"ଦେବାନଙ୍କୁ ଅନୁମତି କିଏ ଦେଇଥିଲା ?"

"ରାଜା।"

"ତେବେ ବେଜେଲଗେଟ୍ କଅଣ କଲେ ? ଏ ତ ରାଜାଙ୍କର ପ୍ରଜାଙ୍କ ଉପରେ ଅତ୍ୟାଚାର।"

ପ୍ରଭାତ ସ୍ପଷ୍ଟ କଲେ, "ବେଜେଲ୍‌ଗେଟ୍ ପୂର୍ବାଞ୍ଚଳ ଦେଶୀୟ ରାଜ୍ୟମାନଙ୍କର ପଲିଟିକାଲ୍ ଏଜେଣ୍ଟ। ପ୍ରଜାମାନଙ୍କ ଉପରେ ହେଉଥିବା ଅତ୍ୟାଚାରର ମୁଖ୍ୟ ଯଦିବା ନଥିଲେ, ଦେବାନ୍ ଜଗନ୍ନାଥ ମହାନ୍ତି କିନ୍ତୁ ସେ'ତ ଜଣେ ବେତନ ଭୋଗୀ ରାଜ କର୍ମଚାରୀ। ରାଜ କିରାଣୀ। ମାତ୍ର ତା'କୁ ସମର୍ଥନ କରୁଥିଲେ ବେଜେଲ୍‌ଗେଟ୍।

ବେଜେଲ୍‌ଗେଟ୍‌ଙ୍କ ପ୍ରିୟପାତ୍ର ହୋଇ ସେ ଦେବାନ୍ ହେଲେ । ଜଣେ ଅତ୍ୟାଚାରୀକୁ ସମର୍ଥନ ଦେବା ଅର୍ଥ ସେ ନିଜେ ଅତ୍ୟାଚାରୀ ନୁହଁନ୍ତି କି ?"

ଆଣ୍ଡି କିଛି ବି ଉତ୍ତର ଦେଲେନି । କେବଳ ଅପେକ୍ଷା କଲେ ପ୍ରଭାତକୁ ।

"ଜାଣିଛ ଆଣ୍ଡି ! ରଣପୁର ଷ୍ଟେଟ୍‌କୁ କୌଣସି ହାକିମହୁକୁମା ବିଶେଷ କରି ଗୋରା ସାହେବମାନେ ଆସିଲେ, ପ୍ରଜାମାନଙ୍କ ଠାରୁ ବିନାମୂଲ୍ୟରେ ଦୁହାଁଳିଆ ଗାଈ, ବୋଦା, ଖାସି, କୁକୁଡ଼ା, ଅଣ୍ଡା, ପରିବା ସବୁ ବାଧ୍ୟତାମୂଳକ ଭାବେ ଆଦାୟ କରା ଯାଉଥିଲା । ଢେଙ୍କାନାଳରେ ବେଜେଲଗେଟ୍ ବି ସୀମା ଲଂଘନ କରିଥିଲା । ଗର୍ଭିଣୀ ସ୍ତ୍ରୀଙ୍କ ଉପରେ ସେ ହାତୀ ଚଳାଉଥାନ୍ତି । ସୁନ୍ଦରୀ ସ୍ତ୍ରୀମାନଙ୍କର ସ୍ତନ କାଟି ଦେଇଥାନ୍ତି ଓ .....।"

ଏସବୁ ଶୁଣି ଆଣ୍ଡି କେମିତି ଅପ୍ରସ୍ତୁତ ଜଣା ପଡୁଥିଲେ । ଠୋ କରି ପ୍ରଶ୍ନ ବି କଲେ, "କିଛି ପ୍ରମାଣ ? ଏନି ଫ୍ୟାକ୍ଟ ଏଣ୍ଡ ଏଭିଡେନ୍ସ ? କହିପାରିବ କେତେଜଣ ଗର୍ଭିଣୀ ସ୍ତ୍ରୀଙ୍କ ଉପରେ ସେ ହାତୀ ଚଳାଇଥିଲେ ? କେତେ ସ୍ତ୍ରୀଙ୍କର ସ୍ତନ କାଟିଥିଲେ ? ବ୍ରିଟିଶ୍ ବିରୋଧି ଚକ୍ରାନ୍ତ ପାଇଁ କିଛି ଯୋଜନାବଦ୍ଧ ଦୁର୍ନାମ ଏସବୁ । ମୋ ପାଖରେ କିଛି ଡାଟା ବି ଅଛି । ଜାଣିଥିବା ଏକ ଘଟଣାରେ ଗୋଟେ ଲୋକକୁ ଚଦର ଘୋଡ଼ାଇ ଶଗଡ଼ରେ ଶୁଆଇ ତା ଉପରେ ଗୁଡ଼ପାଣି ଛିଞ୍ଚିଦେଲେ । ଚଦର ଉପର ଗୁଡ଼ପାଣି ଲାଗି ମାଛି ଭଣଭଣ ହେଲେ । କିନ୍ତୁ ଘୋଷଣା କରାଗଲା - ବେଜେଲ୍‌ଗେଟ୍ ଅତ୍ୟାଚାରର ଶିକାର ହୋଇ ଲୋକଟା ମରିଯାଇଛି ।"

"ଓଃ ! ନାଥଭୋଳ କଥା କହୁଛ ଆଣ୍ଡି ? ଊଣିଶି ଶହ ଅଣଚାଳିଶ ମସିହା ଜାନୁୟାରୀ ମାସ ପାଞ୍ଚ ତାରିଖ ବେଳର ପରିସ୍ଥିତିକୁ ବୁଝ୍ । ସେତେବେଳକୁ ରଣପୁର ରାଜାଙ୍କ ଅତ୍ୟାଚାର ସୀମା ଟପିଯାଇଥିଲା । ପ୍ରଜାମେଳି ସୁଦୃଢ ହୋଇ ସାରିଥିଲା ।

ପ୍ରଜାମଣ୍ଡଳର ଆଦେଶ ଅନୁଯାୟୀ ବେଜେଲ୍‌ଗେଟ୍‌ଙ୍କ ରଣପୁର ଆସିବା ରାସ୍ତା ବନ୍ଦ କରାଯାଇଥିବା ଦେଖି ଉତ୍‌କ୍ଷିପ୍ତ ବେଜେଲ୍‌ଗେଟ୍ ଯେତେବେଳେ ନାଥ ଭୋଳଙ୍କୁ ପଚାରିଲେ - "ଏ ରାସ୍ତାରେ ଗଛ କାଟି କିଏ ପକାଇଛି ?"

"କୁହାଯିବନି । ପ୍ରଜାମଣ୍ଡଳର ନିର୍ଦ୍ଦେଶ ।" ମୁହେଁ ମୁହେଁ ଜବାବ ଦେଲେ ନାଥ ଭୋଳ ।

ଏ ଉତ୍ତରକୁ ସେ ସହ୍ୟ କରିପାରିଲେନି । ନାଥ ଭୋଳଙ୍କ ଉପରକୁ ଚିହିକି ଉଠି ପିସ୍ତଲରେ ପିଟି ପକାଇଲେ । ବୁଟ୍‌ରେ ଗୋଇଠା ମାରି ମୃତାବସ୍ଥା କଲେ । ସେଥିଲାଗି ନାଥ ଭୋଳଙ୍କୁ ଶଗଡରେ ଶୁଆଇ ଲୋଧାଚୁଆ ଠାରୁ ରଣପୁରକୁ ଉତ୍ୟକ୍ତ ଜନତା ନେଇ ଆସିଥିଲେ ।"

ପ୍ରଭାତ ନିଜ କଥାରେ ଟିକେ ବିରତି ନେଲେ। ଅଣ୍ଡିଙ୍କ ପ୍ରଶ୍ନର ଉତ୍ତରକୁ ନିଜେ ତର୍ଜମା କରି ସମର୍ଥନ ଦେବା ସ୍ୱରରେ କହିଲେ, "ଅବଶ୍ୟ ତମ କଥା ମୁଁ ମାନୁଛି ଆଣ୍ଡି, ନାଥ ଭୋଳଙ୍କ ମରିବା କଥା ମିଛରେ ପ୍ରଚାର କରାଗଲା। କିନ୍ତୁ ତାଙ୍କୁ ପିସ୍ତଲରେ ପିଟିବା, ଗୋଇଠା ମାରିବା, ରକ୍ତରେ ଲହୁଲୁହାଣ କରିବା କଣ କମ୍ ନୃଶଂସତା !"

ଆଣ୍ଡି କଅଣ କହି ଆସୁଥିଲେ। ଗାଡ଼ି ଜିଲ୍ଲାପାଳଙ୍କ କାର୍ଯ୍ୟାଳୟ ଆଗରେ ଠିଆ କରାଇ ଦେଲେ ପ୍ରଭାତ।

କାର୍ଯ୍ୟାଳୟ ଭିତର, ବାହାର ଦୃଶ୍ୟ କିଛି ଉତ୍ତୋଳିତ କଲାପରେ ଆରମ୍ଭ ହେଲା ରଣପୁର ଗସ୍ତ।

ମହିଳା ମହାବିଦ୍ୟାଳୟ ଛକରେ ପ୍ରଭାତ ଗାଡ଼ି ଅଟକାଇ ଦେଲେ। "ହେଇ......... ସେଇଠି ପ୍ରଜାମଣ୍ଡଳ କାର୍ଯ୍ୟାଳୟ। ବହୁ ସ୍ୱାଧୀନତା ସଂଗ୍ରାମୀଙ୍କ ବୈଠକ ଗୃହ।"

ଆଣ୍ଡିଙ୍କ ଚାହାଣିରୁ ବୁଝାପଡୁଥିଲା ସିଏ ସେ ସ୍ଥାନକୁ ଯିବାକୁ ଚାହୁଁଛନ୍ତି। ପ୍ରଭାତସୂଚନା ଦେଲେ, "ନା ନା। ଏବେ ସେସବୁ କିଛି ନାହିଁ। ଏବେ ସେଠାରେ ଗଢ଼ି ଉଠିଛି ପ୍ରଜାମଣ୍ଡଳ ମହିଳା ମହାବିଦ୍ୟାଳୟ ସେଇ ସ୍ମୃତିର ସ୍ମାରକୀ ବହନ କରି।"

ନୟାଗଡ଼ର ରାସ୍ତାଘାଟ, ଗଛବୃଛ, ପାହାଡ଼ ପର୍ବତ ଗୁଡ଼ିକ ଦେଖି ବିମୋହିତ ହୋଇ ପଡୁଥିଲେ ଆଣ୍ଡି। ବାଟ ଅଧାରେ ପ୍ରଭାତ କହିଲେ, "ଆଣ୍ଡି ! ଜାଣିଛ ଏ ଗାଁର ନାଁ ? ଲାଠିପଡ଼ା।"

ଲାଠି ଓ ପଡ଼ା ଶବ୍ଦ ସହିତ ପରିଚିତ ହେତୁ କଥାଟା ତାଙ୍କୁ କୌତୂହଳ ବୋଧ ହେଲା। ମୁହଁରେ ହସ ରଖି ସିଏ ଅପେକ୍ଷା କରୁଥିଲେ ପ୍ରଭାତଙ୍କୁ ଅଧିକ କିଛି ଶୁଣିବାପାଇଁ।

"ରଣପୁର ରାଜାଙ୍କ ଉଆସ ଥିଲା ଏଠି। ଗଡ଼ ଓ ରାଜାଙ୍କ ସୁରକ୍ଷା ନିମନ୍ତେ ନିଯୁକ୍ତ ଦୁର୍ଦ୍ଧର୍ଷ ସୈନ୍ୟମାନଙ୍କର ମୁଖ୍ୟ ଅସ୍ତ୍ର ଥିଲା ଲାଠି। ଲାଠିଚାଳନାର କଳା, କୌଶଳ ଏତେ ନିପୁଣ, ନିଖୁଣ ଓ ଭୟାନକ ଥିଲା, ଶତ୍ରୁମାନେ ରାଜ୍ୟର ସୀମା ଛୁଇଁବାକୁ ସାହସ କରୁନଥିଲେ।"

ନିଜ ଗବେଷଣାରେ ଲାଠିର ଗୁରୁତ୍ୱ ହେତୁ ଆଣ୍ଡି ବୁଝିପାରୁଥିଲେ ଲାଠିପଡ଼ାକୁ। ତାଙ୍କର ମନେ ପଡ଼ି ଯାଉଥିଲା ବେଜେଲ୍‌ଗେଟ୍‌ଙ୍କ ହତ୍ୟାପରେ ଶାସକ ଜାଠଦଳଙ୍କୁ ବିରୋଧୀ ଶ୍ରମିକ ଦଳ ପଚାରିଥିବା ପ୍ରଶ୍ନ କେତୋଟି।

"ବାଉଁଶ ଠେଙ୍ଗା କଅଣ ଆମ ଷ୍ଟେନଗନଠାରୁ ଅଧିକ ଶକ୍ତିଶାଳୀ ?"

ଶାସକଦଳ ଉତ୍ତର ଦେଇଥିଲେ, "ଏହାର ଉତ୍ତର ସଂଗ୍ରହ କରାଯାଉଛି।"

ଶ୍ରମିକ ଦଳ ଅଡ଼ି ବସିଥିଲେ, "ପାର୍ଲିଆମେଣ୍ଟରେ ବାମ୍ଫୁଷ୍ଟିକ୍ ପ୍ରଦର୍ଶିତ କର।"

ଫଳସ୍ୱରୂପ ରଣପୁର ଜଙ୍ଗଲରୁ ବାଉଁଶମୂଳୀ ସଂଗ୍ରହ କରାଯାଇ ଜାହାଜରେ ବୋଝେଇ ହୋଇ ବ୍ରିଟିଶ ପାର୍ଲିଆମେଣ୍ଟରେ ପ୍ରଦର୍ଶିତ ହୋଇଥିଲା।

"ଲାଠିପଡ଼ାରେ ସେ ପ୍ୟାଲେସ୍ ଅଛି?" ପଚାରିଲେ ଆଣ୍ଡି।

"ନା, ଉଆସ ନାହିଁ। ଭଙ୍ଗା ପାଚେରୀଟାଏ ଅଛି। ଯିବା?"

ମୁଣ୍ଡ ହଲାଇ ଆଣ୍ଡି ସମ୍ମତି ଦେଲେ।

ମୁଖ୍ୟ ରାସ୍ତା ଉପରୁ ବାଁ ପଟକୁ ଗାଡ଼ି କାଟି ପ୍ରଭାତ ବର୍ଣ୍ଣନା କରୁଥିଲେ ତା'ର ଇତିହାସ।

"ଜନଶ୍ରୁତି କହେ, ରଣପୁର ରାଜା ତାଙ୍କ ପାଚେରିରେ ଗୋଟିଏ କଂସା କବାଟ ଲଗାଇଥିଲେ। ରାତିରେ ଯେତେବେଳେ ସେ କବାଟ ପଡ଼େ ଓ ସକାଳେ ଫିଟେ, ଝାଏଁ କରି ଖୁବ ଜୋର୍‌ରେ ଶବ୍ଦ କରେ। ସେ ଶବ୍ଦର ପଡୋଶୀ ନୟାଗଡ଼ ରାଜା ଚେଇଁଥିଲେ ଚମକନ୍ତି ଓ ଶୋଇଥିଲେ ଉଠି ବସନ୍ତି।

ଏ ଶବ୍ଦ ରହସ୍ୟ ଅବଗତ ହେବା ପରେ ନୟାଗଡ଼ ରାଜା ରଣପୁର ଆକ୍ରମଣ କଲେ। ରଣପୁର ସୈନ୍ୟମାନଙ୍କୁ ବାଡ଼େଇ ବାଡ଼େଇ ଖଣ୍ଡେଦୂର ଯାଏଁ ଘଉଡ଼ାଇ ନେଲେ। ଯେଉଁ ଜାଗାରେ ରଣପୁର ସୈନ୍ୟଙ୍କର ଧକ ବାହାରିଥିଲା, ସେ ଜାଗାକୁ ଲୋକେ ଏବେ ବି 'ଧକମରା' କହୁଛନ୍ତି। ଆଉ କିଛି ସୈନ୍ୟ ପ୍ରାଣ ବିକଳରେ ରଣପୁରର ଆରାଧ୍ୟା ମଣିନାଗ ଓ ଖିଲମୁଣ୍ଡା ଠାକୁରାଣୀଙ୍କୁ ଉଦ୍ଦେଶ୍ୟ କରି 'କି କଲା ଲୋ ମା, କି କଲା ଲୋ ମା' ଡାକ ଦେଇଥିଲେ ଯେଉଁ ଯାଗାରେ ତାକୁ 'କାକଲମା' ନାଁ ରେ ନାମିତ।"

ତା ପରେ? ପ୍ରାଚୀନ ଇତିହାସ ପ୍ରତି ଉତ୍ସାହୀ ହୋଇ ଉଠୁଥିଲେ ଆଣ୍ଡି।

"ରଣପୁର ରାଜା ତାଙ୍କର ସୀମା ଘୁଞ୍ଚାଇଦେଲେ। ଦି ରାଜାଙ୍କ ବୁଝାମଣାରେ ଧାଡ଼ିଏ ତାଳଗଛ ପୋତି ସୀମା ନିର୍ଦ୍ଧାରଣ କଲେ। ନୂଆପୁରୁଣା ହୋଇ ସେ ଗଛ ଧାଡ଼ିକ ଏବେ ବି ଅଛି।"

ଖାଲୁଆ ଦିଶୁଥିବା ଗୋଟେ ଜାଗା ପାଖକୁ ନେଇ ପ୍ରଭାତ ଗାଡ଼ି ରଖିଦେଲେ। ଦି'ଚାରି ପାହୁଣ୍ଡ ପରେ ଆଣ୍ଡିକୁ କହିଲେ, "ଦେଖ, ଦେଖ ଏ ଜାଗାକୁ। ଗଡ଼ଖାଇ।"

ଗାଁ ମୁଣ୍ଡର ଏକ ଲମ୍ବା ଖାଲୁଆ ଜାଗା ଖଣ୍ଡକ ଦେଖି ଆଣ୍ଡି କଅଣ ଭାବୁଥିଲେ। ପ୍ରଭାତ କହିଲେ, "ଏବେ ସିନା ଜାଗାଟା ପୋତି ହୋଇଗଲାଣି, କିନ୍ତୁ ଶୁଣାଯାଏ, ଏ ଗଡ଼ଖାଇରେ ଏତେ ପାଣି ଥାଏ, ଶତ୍ରୁପକ୍ଷ ଆରପଟୁ ଏ ପଟକୁ ଆସିବା ସମ୍ଭବ ହୁଏନି।"

ଆଣ୍ଟି ପ୍ରଭାତକୁ ବୁଝୁଥିଲେ କେବଳ। କାରଣ ଅସ୍ତିତ୍ୱ ହରାଇ ପଡ଼ି ରହିଥିବା ଖାଲୁଆ ଜାଗା ଖଣ୍ଡକ ଯେ ଗଡ଼ଖାଇ, ବିଶ୍ୱାସ କରିହେଉ ନଥିଲା।

ପ୍ରଭାତ କିଛି ବାଟ ପଛକୁ ଫେରାଇ ଦେଖାଇଲେ ପାଚେରୀ ଖଣ୍ଡକୁ।

ଉଆସ ନାହିଁ, ରାଜବାଟୀ ନାହିଁ। ନିଜ ଜ୍ଞାତି ପରିଜନଙ୍କୁ ହରାଇ ଛେଉଣ୍ଡ ଭଳି ଛିଡା ହୋଇଛି କୋଡିଏ ପଚିଶ ଫୁଟ ଉଚ୍ଚ, ପନ୍ଦର ଷୋଳ ହାତ ଲମ୍ବ ପାଚେରୀ ଖଣ୍ଡେ। ଚାରିପଟେ ଜଙ୍ଗଲିଆ ନଟିବୁଦା। ପାଚେରୀ ଉପରେ ନଟି, କୋଚିଲା ଗଛ। ତାର ପ୍ରଲମ୍ବିତ ଚେର ଆଉ କିଛି ବର୍ଷ ପରେ ଭୂଇଁ ଛୁଇଁ ପାଚେରୀର ମାଟି ଖାଇଯିବ। ଲୋପ ପାଇଯିବ ଗୋଟେ ଗାଁର ଜୀବନ୍ତ ଇତିହାସ।

ଏକଥା ବୁଝି ପାରୁଥିଲେ ଉଭୟେ।

ଆଣ୍ଟି ପାଚେରୀର ଦୈର୍ଘ୍ୟ, ପ୍ରସ୍ଥ, ଉଚ୍ଚତା, ଆୟତନ ସବୁ ସବୁକୁ ନଜର କରି କେତୋଟି ଫଟୋ ଉଠାଇନେଲେ। ପ୍ରଶ୍ନ କଲେ, "ଯାର ସୁରକ୍ଷା କାହିଁକି କରାଯାଉନି ?"

"ସୁରକ୍ଷା ? କିଏ କରିବ ? ସରକାର ?"

"ସରକାର ନକରୁ, ଗ୍ରାମବାସୀ ? ଇତିହାସ ଗୌରବମୟ ହେଉ ଅବା ଲଜ୍ଜାଜନକ ହେଉ, ତାକୁ ସାଇତି ରଖିବା କଅଣ ଏମାନଙ୍କର ଦାୟିତ୍ୱ ନୁହେଁ ?"

ଆଣ୍ଟିଙ୍କ ଯୁକ୍ତିକୁ ବୁଝିପାରୁଥିଲେ ପ୍ରଭାତ। ମାତ୍ର କହିବେ କଅଣ ? ବହୁ ବିଦେଶୀ ପର୍ଯ୍ୟଟକଙ୍କ ଟୀକାଟିପ୍ପଣୀ ସେ ସହ୍ୟ କରିଛନ୍ତି ଶିଶୁପାଳଗଡ଼ଠାରେ। ଖୋଦ୍ ଭୁବନେଶ୍ୱର ଭିତରେ ଥାଇ ବାଇଶ ଶହ ବର୍ଷ ତଳର ଖ୍ରୀଷ୍ଟପୂର୍ବ ପ୍ରଥମ ଶତାବ୍ଦୀ କଳିଙ୍ଗର ରାଜଧାନୀ କଳିଙ୍ଗନଗରୀର ପ୍ରାଚୀନ ଗଡ଼ର ସୁରକ୍ଷା କାହିଁ ? କଣ ଉନ୍ନତି ହୋଇଛି ସେଠାରେ ? କିଛି ବୋଲି କିଛି ନାହିଁ, ଗହୀର ଭିତରେ ଛଡ଼ା ହୋଇଥିବା ଷୋଳଖମ୍ବରେ ଗୁଡ଼ାଏ ଅନାବନା ଗଛଲତା। ପାଖକୁ ଯିବାକୁ ରାସ୍ତା ନାହିଁ। ଅଥଚ ଆଣ୍ଟି କହୁଛନ୍ତି ଏ ପାଚେରୀ ଖଣ୍ଡକୁ ସାଇତି ରଖିବାକୁ ଲାଗିପଡ଼। ଗ୍ରାମବାସୀଙ୍କ ଦାୟିତ୍ୱ !

ପ୍ରସଙ୍ଗ ବଦଳାଇ ପ୍ରଭାତ କହିଲେ, "ଜାଣିଛ ଆଣ୍ଟି ! ଏ ପାଚେରୀ ପାଇଁ ହାତୀମାନେ ମାଟି ଚକଟିଥିଲେ। ସ୍ଥାୟୀ ହେବାପାଇଁ ଗୁଡ଼, ବେଲ, କଇଁଥ ଅଠା ବ୍ୟବହାର କରିଥିଲେ।"

"ହଁ, ସିମେଣ୍ଟ ବ୍ୟବହାର ଜଣା ନଥିବାରୁ ଏମିତି ମର୍ଡ ଫୋର୍ଟ ତିଆରି କରାଯାଉଥିଲା।"

"ହଁ...ହଁ...ମର୍ଡ ଫୋର୍ଟ। ମାଟି ଦୁର୍ଗ।

ଦର୍ପନାରାୟଣପୁର ସ୍କୁଲ ହତା। ଗୋଟେ କଣକୁ ଖୋଲା ଆକାଶ ତଳେ ଛଡ଼ା

ହୋଇଛି ସ୍ୱାଧୀନତା ସଂଗ୍ରାମୀ ଶୁକ୍ର ବେହେରାଙ୍କ ପୂର୍ଣ୍ଣାବୟବ ମୂର୍ତ୍ତି। ଖରା, ବର୍ଷା, କାକର ବାଜି ରଙ୍ଗ ଫିକା ଦିଶିଲାଣି। ହାତରେ ଧରିଥିବା ବାଡ଼ିରୁ ସିମେଣ୍ଟ ଛାଡ଼ି ଲୁହାଛଡ଼ ଖଣ୍ଡକ ବି ପଦାକୁ ବାହାରି ଯାଇଥିଲା।

ପ୍ରଭାତ ତାଙ୍କର ସଂଗ୍ରାମୀ ଇତିହାସର ସୂଚନା ଦେବାବେଳେ ଭାବୁଥିଲେ, ଆଣ୍ଡି ଯେମିତି ଆମ ପୂଜ୍ୟପୂଜାକୁ ନେଇ କିଛି ପ୍ରଶ୍ନ ନକରନ୍ତୁ। ବାଙ୍କ ବୁଲାଣି ଗଛ ମୂଳରେ ଦେବୀ ଦେବତାଙ୍କୁ ଥାପି ଦେଲାଭଳି କେହି କେହି ଉଦ୍ଦୀପନାରେ ଏମିତି ଏଠି ସେଠି ଖୋଲାମେଲାରେ ମୂର୍ତ୍ତି ବସାଇ ଦେଇଥାନ୍ତି। କିନ୍ତୁ କିପରିଭାବେ ସ୍ଥାପନ କଲେ ଜଣକ ପ୍ରତି ଉପଯୁକ୍ତ ସମ୍ମାନ ମିଳିବ ଓ ମୂର୍ତ୍ତି ଅକ୍ଷୁଣ୍ଣ ରହିବ, ସେକଥା ଭାବି ନଥାନ୍ତି।

ନା, ଆଣ୍ଡି କିଛି ପଚାରିଲେ ନାହିଁ। କେବଳ ଫଟୋ ନେଲେ। ନିଜ ଡାଏରୀରେ ଟିପିନେଲେ ପ୍ରଭାତଙ୍କ କିଛି କିଛି କଥା।

ଏଇ ରଣପୁର।

ରଣପୁର !

ଆଣ୍ଡିଙ୍କ ସ୍ୱର ଓ ମୁହଁରେ ବିସ୍ମୟ।

ଆଗରେ ରାଜପ୍ରାସାଦ। ଜଗନ୍ନାଥ ମନ୍ଦିର। ପଛରେ ମଣିନାଗ ପାହାଡ଼। ଆକାଶରେ ମେଘ। ପ୍ରକୃତିର ଚମକ।

ଆଣ୍ଡି ବେଶ କେତୋଟି ଫଟୋ ଉଠାଇଲେ। ପଚାରିଲେ, ଏ ପ୍ରଜା ଆନ୍ଦୋଳନ ସଭାଟା କେଉଁ ଜାଗାରେ ହୋଇଥିଲା ?

ଏଇ ଜାଗାରେ। ଏଇ ଥାନା ଆଗରେ। ଯେଉଁଠି ଆମେ ଛିଡ଼ା ହୋଇଛେ। ପ୍ରଜାମଣ୍ଡଳର ହଜାର ହଜାର ବିପ୍ଳବୀ ଏକତ୍ରିତ ହୋଇ ଏଠାରେ ସଭା କରୁଥିଲେ। ସମବେତ ଜନତାଙ୍କୁ ଉଦ୍‌ବୋଧନ ଦେଉଥିଲେ ରଘୁନାଥ ମହାନ୍ତି ଓ ଦିବାକର ପରିଡ଼ା। ତାଙ୍କର ଭାଷଣ, ପ୍ରଜାମଣ୍ଡଳର ସମର୍ଥନ ଶହଶହ ବଂଧୁକଧାରୀ ପୋଲିସ୍‌ଙ୍କୁ ନିରବଦ୍ରଷ୍ଟା ସଜାଇଥିଲା। ସେତିକିବେଳେ ସୁନାଖଳା ଦେଇ ବହୁ କଷ୍ଟରେ ବେଜେଲ୍‌ଗେଟ୍ ଏଠାରେ ପହଞ୍ଚିଲେ। ବିପ୍ଳବୀ ମାନଙ୍କ କଥା ଶୁଣିବା ପୂର୍ବରୁ ଗାଳି ଗୁଲଜ ଆରମ୍ଭ କରିଦେଲେ। ପରାମର୍ଶ ଦେଲେ, ରାଜା ଓ ଦେବାନଙ୍କ ସହ ଆଲୋଚନା କର।

ବିଦ୍ରୋହୀମାନେ ବୁଝିବାକୁ ନାରାଜ। ଠିକ୍ ଏଇ ସମୟକୁ ନାଥ ଭୋଳକୁ ଶଗଡ଼ରେ ଶୁଆଇ ପହଞ୍ଚାଇ ଦେଲେ ଉତ୍ୟକ୍ତ ଜନତା।

ବେଜେଲଗେଟ୍ ଜାଣିଥିଲେ ନାଥ ଭୋଳ ମରି ନାହାନ୍ତି। ସେ ନିଜେ ନାଡ଼ି ଦେଖିବାକୁ ଚାହିଁବାରୁ ଆରମ୍ଭ ହୋଇଗଲା ଠେଲାପେଲା। ବଳଦ ଗାଡ଼ି ଏଇଠୁ ......।

ପ୍ରଭାତ ବାଟ କଢ଼ାଇ ନେଉଥିଲେ ଆଣ୍ଡିଙ୍କୁ।

"ବଳଦଗାଡ଼ି ଏଇ ଭଣ୍ଡାରିସାହି ଛକର ସଂକୀର୍ଣ୍ଣ ରାସ୍ତାକୁ ଚାଲି ଆସିଲା। ସାହେବଙ୍କ ପାଖରୁ ତାଙ୍କ ଦେହରକ୍ଷୀ ବାହିନୀ ବି ଅଲଗା ହୋଇଗଲେ। ଆରମ୍ଭ ହୋଇଗଲା ଧସ୍ତାଧସ୍ତି। ଲୋକମାନେ ତାଙ୍କ ଉପରେ ଆକ୍ରମଣ କରିବା ଆରମ୍ଭ କରିଦେଲେ ଭାବି ବେଜେଲ୍‌ଗେଟ୍ ଗୁଳି ଚଳାଇଦେଲେ। ଅର୍ଜୁନ ରାଉତଙ୍କ ରକ୍ତାକ୍ତ ଶରୀର ଲୋଟି ପଡ଼ିଲା ଏଇଠି।

ସେ ରକ୍ତ ଓ ସାହେବଙ୍କ କ୍ରୋଧ ଲୋକମାନଙ୍କୁ ଅଧିକ ଉତ୍ୟକ୍ତ କଲା। ସେମାନେ ମାଡ଼ି ଆସିଲେ। ବାଡ଼େଇ ଖସେଇଦେଲେ ବନ୍ଧୁକ ସାହେବଙ୍କ ହାତରୁ।

ସାହେବ ବିକଳରେ ପଢ଼ିଆରୀଙ୍କ ଘର ଭିତରକୁ ପଶିଯାଉଥିବା ବେଳେ ତାଙ୍କ ଘର ସ୍ତ୍ରୀଲୋକମାନେ ଦାଣ୍ଡଦୁଆର ବନ୍ଦ କରିଦେଲେ। ଅଣନିଶ୍ୱାସୀ ସାହେବ ଦାଣ୍ଡରେ ଆଉଜା ହୋଇଥିବା ଶଗଡ଼ଚକ ପାଖରେ ଅଟକିଗଲେ ଓ ଆରମ୍ଭ ହୋଇଗଲା ଠେଙ୍ଗା ପାହାର।"

ବେଜେଲଗେଟ ମୃତ୍ୟୁ ବିବରଣୀ ଶୁଣୁଶୁଣୁ ଆଣ୍ଡି ପଚାରିଲେ, "ସେ ଜାଗାଟା କେଉଁଠି ?"

ସଡ଼କ ଉପରୁ ପ୍ରଭାତ ଆଙ୍ଗୁଠି ଦେଖାଇ ଚିହ୍ନାଇଦେଲେ ସ୍ଥାନଟାକୁ, "ଏଇଠି, ଏଇ ଜାଗାରେ।"

ଚାଳଘରଟାଏ, ଘର ଆଗକୁ ଦି ଚାରିହାତ ଖାଲି ଜାଗା ସଡ଼କ ଯାଏଁ। ସଡ଼କ ଉଚ୍ଚା ହୋଇଯିବାରୁ ଘରଟା ବି ଛୋଟ ହୋଇଆସିଲାଣି। ସେ ଘରର ଛୋଟ ଝରକା, ଯେଉଁଠି ଥୁଆ ହୋଇଥିଲା ସେ ଶଗଡ଼ଚକ... ଆଣ୍ଡିକୁ ବୁଝାଇ ସାରିଥିଲେ ପ୍ରଭାତ।

ଆଣ୍ଡି ଚାହିଁ ରହିଥିଲେ ଝରକାଟାକୁ। କିଛି ଲୋକ ବି ଗହଳି ଜମାଇ ସାରିଥିଲେ।

କିଛି ସମୟ ପରେ ଆଣ୍ଡି ପଚାରିଲେ, "ସେ ଶଗଡ଼ ଚକ ? ଏବେ କେଉଁଠି ?"

"ନା, ନାହିଁ। ତାକୁ କିଏ ରଖିବ ? କାହିଁକି ରଖିବ ?"

ପ୍ରଭାତ ସହିତ କୌଣସି ମତ ବିନିମୟ କଲେନି ଆଣ୍ଡି। କେବଳ ସାହାବୀ ଟୋପିଟାକୁ ମୁଣ୍ଡରୁ କାଢ଼ି କାଖରେ ଜାକି ଦେଲେ। ଆଖିବୁଜି ଛିଡ଼ା ହୋଇଗଲେ ମୁହୂର୍ତ୍ତେ।

ପରେ, ସେ ଘର, ଛୋଟ ଝରକା ଓ ଲୋକ ଗହଳିର ଫଟୋ ଉଠାଇ ନେଲେ।

ଫେରିବାବାଟରେ ପ୍ରଭାତକୁ ପଚାରିଲେ, "ଏ ଜାଗାଟା ଏବେ କଅଣ ଜଣଙ୍କର ବ୍ୟକ୍ତିଗତ ମାଲିକାନାରେ ?"

ପ୍ରଭାତ ବୁଝିପାରିଲାନି ଆଣ୍ଡି କ'ଣ କହିବାକୁ ଚାହୁଛନ୍ତି।

ଆଣ୍ଡି ଖୁବ୍ ଗମ୍ଭୀର ଦିଶୁଥିଲେ। ସ୍ୱରଟା ବି। "ସ୍ଥାନଟା ସାର୍ବଜନୀନ ହେବା କଥା। ରଣପୁର ଅଂଚଳର ସଂଗ୍ରାମୀ ମାନଙ୍କର ପ୍ରତିମୂର୍ତ୍ତି ତ ସ୍ଥାପନ କରି ଏଠି ଗବେଷଣାଗାର ପ୍ରତିଷ୍ଠା କରିବା କଥା। ସେପରି ନକଲେ ଉତ୍ତରପୁରୁଷ ଜାଣିବ କ'ଣ? ଦେଖିବ କ'ଣ? ଆଜି ଯୋଉ ଝରକାଟା ତମେ ମୋତେ ଏଇ ଜାଗା...ଏଇ ଜାଗା... କରି ଦେଖାଉଛ, କାଲିକୁ କ'ଣ ସେ ଜାଗା ଥିବ? ନାଁ ଏ ଝରକା?"

ଆଣ୍ଡିଙ୍କ କଥାର ବାସ୍ତବତାକୁ ହୃଦ୍‌ବୋଧ କରୁଥିଲେ ପ୍ରଭାତ।

ବେଜେଲ୍‌ଗେଟ୍ ରଣପୁର ଆସିବା ବାଟ ଦେଖିବାରେ ବି ଆଣ୍ଡି ଏତେଟା ଆଗ୍ରହ ପ୍ରକାଶ କଲେନି। କେବଳ ନିଜ ଗସ୍ତ ଓ ନିବନ୍ଧର ପୂର୍ଣ୍ଣାଙ୍ଗ ରୂପ ଦେବା ନିମନ୍ତେ ରଣପୁର ମହାବିଦ୍ୟାଳୟ ପରିସର ଓ ଦୋଳ ପଡ଼ିଆରେ ଥିବା ରଘୁ ଓ ଦିବାକରଙ୍କ ଫଟୋ ଉଠାଇ ଫେରି ଆସିଲେ।

ହୋଟେଲ୍ ନ୍ୟୁ ମାରିଅନ୍।

ପ୍ରଭାତକୁ ଚା' ପିଆଇ, ପ୍ରାପ୍ୟ ଦେଇ ବିଦାୟ ଦେବାବେଳେ ଆଣ୍ଡି ଧନ୍ୟବାଦ ଦେଲେ। ସ୍ୱୀକାର କଲେ, "ତମ ପରି ଗାଇଡ୍‌ଙ୍କ ଯୋଗୁଁ ମୋର ଏ ଯାତ୍ରା ସଫଳ ହୋଇଛି।"

ପ୍ରତ୍ୟୁତ୍ତରରେ ହସିଦେଲେ ପ୍ରଭାତ।

ତେବେ ସବୁ ବିଦେଶୀ ପର୍ଯ୍ୟଟକଙ୍କ ମନୋଭାବ ବୁଝିନେବାକୁ ନିଜେ ବ୍ୟକ୍ତିଗତ ଭାବେ ପଚାରୁଥିବା ପ୍ରଶ୍ନଟି ପଚାରିଲେ ସେ। "ଆଣ୍ଡି, ମୁଁ ଜାଣେନା ତମର ଏ ଯାତ୍ରା କେତେଦୂର ସଫଳ ହୋଇଛି, ମାତ୍ର ତମେ ପ୍ରସ୍ତୁତ କରୁଥିବା ନିବନ୍ଧରେ ଯେଉଁ ବିଶେଷ କଥା ଲେଖିବ ବୋଲି ଭାବୁଛ, ମୁଁ କିଛି ଶୁଣିପାରେ କି?"

ବିନା ଦ୍ୱିଧାରେ ଆଣ୍ଡି କହିଲେ, "ଓଃ! ନିଶ୍ଚୟ, ଏଠି ସଂଗ୍ରାମୀ ମାନଙ୍କ ପ୍ରତି କାହାରି ତତ୍ପରତା ନାହିଁ। ମୋତେ ଲାଗୁଛି, ବେଜେଲ୍‌ଗେଟ୍‌ଙ୍କ ପ୍ରତି ବ୍ରିଟିଶ ସରକାର ବେଶି ତତ୍ପରତା ପ୍ରକାଶ କରିଥିଲେ।"

"କିପରି? ସେଠାରେ କ'ଣ ବ୍ରିଟିଶ ସରକାର ବେଜେଲ୍‌ଗେଟ୍ ପ୍ରତିମୂର୍ତ୍ତି କି ସ୍ମାରକୀ ତିଆରି କରଛନ୍ତି?" ପଚାରିଲେ ପ୍ରଭାତ।

"ନା ନା, ତା'ର ଆବଶ୍ୟକତା କ'ଣ? ବେଜେଲ୍‌ଗେଟ୍ ବ୍ରିଟିଶ ସରକାରଙ୍କର ଜଣେ ସରକାରୀ କର୍ମଚାରୀ। ଅଥଚ ତାଙ୍କ ମୃତ୍ୟୁର କାରଣ ଖୋଜି ରଣପୁର ଜଙ୍ଗଲରୁ ବାଉଁଶ ଠେଙ୍ଗା ସେଠାକୁ ବୁହା ହୋଇଗଲା। ବିଶ୍ୱବାସୀଙ୍କ ନିମନ୍ତେ ବେଜେଲ୍‌ଗେଟ୍ ଶବ୍ଦକୁ ଶବ୍ଦକୋଷରେ ଭରାଗଲା। କିନ୍ତୁ ଏଠି? ନିଜ ମାଟିର ଗୌରବମୟ ଇତିହାସ

ପ୍ରତି ଲୋକେ ସଚେତନ କି ? ଲେଖିବି ମୋର ଅବସୋସ, ବେଜେଲ୍‌ଗେଟ୍‌ଙ୍କ ମୃତ୍ୟୁସ୍ଥଳୀରେ ମୁଁ ମହମବତୀଟାଏ ଜାଳି ପାରିଲିନି। ଫୁଲଟାଏ ଦେଇପାରିଲିନି।"

ଆଣ୍ଡିଙ୍କ ଅବସୋସ ଆଶ୍ଚର୍ଯ୍ୟ କଲା ପ୍ରଭାତଙ୍କୁ। ପ୍ରଶ୍ନ କଲେ ସେ, "ବେଜେଲଗେଟ୍ ଜଣେ ଅତ୍ୟାଚାରୀ ନୃଶଂସ ପଲିଟିକାଲ୍ ଏଜେଣ୍ଟ। ତା' ପ୍ରତି ତମର ଏତେ ଦରଦ କାହିଁକି ଆଣ୍ଡି ?"

"ବେଜେଲଗେଟ ଅତ୍ୟାଚାରୀ ହୋଇପାରନ୍ତି। ଭାରତ ସ୍ୱାଧୀନତା ଇତିହାସରେ ସେ ହୋଇପାରନ୍ତି ଏକ ଘୃଣ୍ୟ ଚରିତ୍ର। ମାତ୍ର ଜଣେ କର୍ତ୍ତବ୍ୟନିଷ୍ଠ ଓ ନିର୍ଭୀକ ରାଜକର୍ମଚାରୀ ଭାବରେ ତାଙ୍କର ଆତ୍ମବଳିଦାନ ଇତିହାସରେ ଏକ ଦୃଷ୍ଟାନ୍ତମୂଳକ ଅଧ୍ୟାୟ। ଇତିହାସରେ ନିରପେକ୍ଷତା କାଏମ ରହିବା ଉଚିତ୍।"

ଶେଷ ସମ୍ଭାଷଣ ଓ ପରସ୍ପର ବିଦାୟ ବେଳାରେ ଦୁହିଁଙ୍କ ମୁହଁରେ ଭାଷା ନଥିଲା। ଅଥଚ ଉଙ୍କି ମାରୁଥିଲା ଅନେକ ପ୍ରଶ୍ନ। ଯା' ମୂଳରେ ଥିଲା କିଛି ଯୁକ୍ତି। ହୁଏତ ଅବାନ୍ତର, ହୁଏତ ଯଥୋଚିତ।

ରଥଗଡା ସାହି, ପୁରୁଣା ସହର, ନୟାଗଡ
ପିନ୍ - ୭୫୨ ୦୭୦
ମୋ - ୯୪୩୮୦୧୨୨୮୬
tapanmahapatra1969@gmail.com

ଭକ୍ତକବି ମଧୁସୂଦନ ରାଓ

(ଓଡ଼ିଆ ଜୀବନଧାରାରେ ତାଙ୍କ ଦର୍ଶନ ପ୍ରବାହ)

ଡ. ପ୍ରଫୁଲ୍ଲ କୁମାର ମହାପାତ୍ର

[ଉପକ୍ରମଣିକା: ବିଭିନ୍ନ କାଳଖଣ୍ଡରେ ଅନେକ ଓଡ଼ିଆ କବି, କଥାକାର ଏବଂ ଅନ୍ୟାନ୍ୟ ବର୍ଗର ଲେଖକ / ଚିନ୍ତାନାୟକ ଓଡ଼ିଶାର ଜନଜୀବନକୁ ନାନା ଭାବରେ ପ୍ରଭାବିତ କରିଛନ୍ତି। ଜଗନ୍ନାଥ ଦାସଙ୍କର ଭାଗବତ ଓଡ଼ିଆ ପ୍ରାଣକୁ ଧାର୍ମିକ / ଆଧାତ୍ମିକ ଚେତନାରେ ଉଦ୍‌ବୁଦ୍ଧ କରିଛି, ଏବେ ମଧ୍ୟ ଭାଗବତ ଟୁଙ୍ଗି ପରମ୍ପରା ବେଶେଷକରି ଗ୍ରାମୀଣ ଓଡ଼ିଶାର ଜୀବନଧାରା ହୋଇ ରହିଅଛି। ଉପେନ୍ଦ୍ର ଭଞ୍ଜଙ୍କର କବିତା / କାବ୍ୟସମ୍ଭାର ସବୁ ଶ୍ରେଣୀର ଓଡ଼ିଆ ପ୍ରାଣକୁ ରସାପ୍ଳୁତ କରିଚାଲିଛି। "ଗାଏ ତୁମ ଗୀତ ସଭାରେ ପଣ୍ଡିତ ପଥେ ପାନ୍ଥ ହୃଷ୍ଟମନା, ବିଲେ ବୋଲେ ଚଷା ଅନ୍ତଃପୁରେ ଯୋଷା ନୃତ୍ୟ ରଂଗେ ବାରାଙ୍ଗନା"। – ଏଇ ଦୁଇଟି ପଂକ୍ତି ତାଙ୍କ କବିତାର ଅନ୍ତରଙ୍ଗ ଲୋକପ୍ରିୟତାର ସ୍ପଷ୍ଟ ସୂଚନା ଦିଏ। ତତ୍ ସଙ୍ଗେ ସଙ୍ଗେ ଭଞ୍ଜଙ୍କର ଅମର ସୃଷ୍ଟି ବୈଦେହୀଶ ବିଳାସ ଓଡ଼ିଆ ପ୍ରାଣକୁ ରାମରସ ଓ ରାମଙ୍କ ଆଦର୍ଶରେ ଉଦ୍‌ବୁଦ୍ଧ କରିଛି। ଆଦିକବି ସାରଳା ଦାସ ଏବଂ ବ୍ୟାସକବି ଫକୀରମୋହନଙ୍କ ରଚନାବଳୀ ଓଡ଼ିଆଙ୍କ ସାମାଜିକ ଓ ନୈତିକ ଜୀବନରେ ଲକ୍ଷ୍ୟଣୀୟ ସଚେତନତା ସୃଷ୍ଟି କରିଛି। ଏହିଭଳି ବହୁ ବିଚିତ୍ର ସ୍ରଷ୍ଟା ଓଡ଼ିଆ ଜୀବନରେ ଚିନ୍ତା, ଚରିତ୍ର ଓ ଆଚାର ବ୍ୟବହାରକୁ ବହୁଭାବରେ ପ୍ରଭାବିତ କରନ୍ତି। ସେହିପରି ଜଣେ ଅତ୍ୟନ୍ତ ପ୍ରଭାବଶାଳୀ କବି ଥିଲେ ଭକ୍ତକବି ମଧୁସୂଦନ ରାଓ। ତାଙ୍କର ସମସ୍ତ କବିତା ଅଗଣିତ ଓଡ଼ିଆ ପାଠକଙ୍କ ଚିନ୍ତା ଓ ଚେତନାରେ ନୀତିପୂର୍ଣ୍ଣ, ସୁରୁଚିସମ୍ପନ୍ନ ଜୀବନ ଦର୍ଶନର ଦିବ୍ୟ ପ୍ରେରଣା ଭରି ଦେଇଥାଏ।

ସେହି ମହାନ୍ ଦାର୍ଶନିକ କବିଙ୍କ ସୃଷ୍ଟି ସମ୍ଭାରର ବୈଶିଷ୍ଟ୍ୟ ଉପରେ ଆଲୋକପାତ କରିବା ପାଇଁ ଏହି ପ୍ରବନ୍ଧର ଉପସ୍ଥାପନା।

କଦାଚିତ୍ ଉତ୍କଳ ବିଶ୍ୱ ବିଦ୍ୟାଳୟରେ ମୋର ପ୍ରବୀଣା ସହକର୍ମୀ, ବ୍ୟକ୍ତିଗତ ଜୀବନରେ ଅନୁଜା ପ୍ରତିମା ସଦାପ୍ରସନ୍ନ ଆଦରଣୀୟା ବ୍ୟକ୍ତିଟିଏ, ତୀକ୍ଷ୍ଣ ଧୀଶକ୍ତିସଂପନ୍ନା ଏବଂ ସୁସାହିତ୍ୟିକା ବିଜୟିନୀଙ୍କ ପବିତ୍ର ସ୍ମୃତିରେ ପ୍ରବନ୍ଧଟି ସମର୍ପିତ।]

ଦିନ ଥିଲା ଶ୍ରୀପଞ୍ଚମୀ, ୧୮୫୩ ମସିହା ଜାନୁଆରୀ ୨୯ ତାରିଖ। ବାଗ୍‌ଦେବୀ ସରସ୍ୱତୀଙ୍କର ଆରାଧନାରେ ଉତ୍ସବ ମୁଖରିତ ଥିଲା ଓଡ଼ିଶାର ପୁରପଲ୍ଲୀ। ଏହି ପବିତ୍ର ବାସରରେ ଶ୍ରୀଜଗନ୍ନାଥଙ୍କର ପୁଣ୍ୟଧାମ ପୁରୀଠାରେ ପୁରୁଷ ପୁରୁଷ ଧରି ବାସ କରୁଥିବା ଏକ ମରହଟ୍ଟା ପରିବାରରେ ଜନ୍ମ ନେଇଥିଲା ଏକ ଦିବ୍ୟ ଶିଶୁପତ୍ର। ସିଏ ଜନ୍ମ ତିଥିର ଗୁରୁତ୍ୱକୁ ସାର୍ଥକ କରି ପିଲାଟି ଆଗାମୀ ଦିନରେ ବିଦ୍ୟାର୍ଜନ ଓ ପରେ ପରେ ବିଦ୍ୟାଦାନ କରିବାରେ ଅନନ୍ୟ ସାଧାରଣ ପ୍ରତିଭା ପ୍ରଦର୍ଶନ କରିଥିଲା। ଜନ୍ମପୀଠର ପବିତ୍ରତାକୁ ସାର୍ଥକ କରି ସେ ଜଣେ ଅତ୍ୟନ୍ତ ଧର୍ମପ୍ରାଣ ଦାର୍ଶନିକ ଓ ପରମ ନୀତିବାନ ବ୍ୟକ୍ତି ଭାବରେ ଓଡ଼ିଶାର ସାହିତ୍ୟ ଓ ସଂସ୍କୃତି କ୍ଷେତ୍ରରେ ପ୍ରତିଷ୍ଠା ଅର୍ଜନ କରି ପାରିଥିଲା। ପିତା ଭାଗୀରଥି ରାଓ ଓ ମାତା ଅମ୍ବିକା ବାଈଙ୍କର ଜ୍ୟେଷ୍ଠ ସନ୍ତାନ ଏହି ଶିଶୁଟିର ନାଁ ଥିଲା ମଧୁସୂଦନ, ଯିଏ ପରବର୍ତ୍ତୀ ସମୟରେ ଭକ୍ତକବି ମଧୁସୂଦନ ରାଓ ନାମରେ ଉତ୍କଳ ସାରସ୍ୱତ ଜଗତରେ ସାହିତ୍ୟ ସୃଜନଶୀଳତାର କିମ୍ବଦନ୍ତୀ ପୁରୁଷର ଗୌରବ ଅର୍ଜନ କରିଥିଲେ। ଧର୍ମ ଓ ନୈତିକତାର ତେଜୋମୟ ବ୍ୟକ୍ତିତ୍ୱ ସହିତ ସୁନୀତି ଓ ସୁରୁଚିରେ ସମୃଦ୍ଧ ମଧୁସୂଦନ ରାଓଙ୍କର କାବ୍ୟିକ କୃତି-ସମ୍ଭାରକୁ ଓଡ଼ିଆ ସାହିତ୍ୟର ଇତିହାସ ସ୍ୱତନ୍ତ୍ର ସମ୍ମାନରେ ଭୂଷିତ କରେ।

ଭଞ୍ଜଯୁଗର ପରବର୍ତ୍ତୀ କାଳରେ ଓଡ଼ିଆ ସାହିତ୍ୟରେ ମଧୁସୂଦନ ରାଓ ଏବଂ ରାଧାନାଥ ରାୟଙ୍କୁ ଆଧୁନିକ ଓଡ଼ିଆ ସାହିତ୍ୟର ଦୁଇ ପ୍ରମୁଖ ବିନ୍ଧାଣି ବୋଲି କୁହାଯାଏ। ଗଳ୍ପ, ଉପନ୍ୟାସର ଅନନ୍ୟ ସ୍ରଷ୍ଟା ଫକୀର ମୋହନ ସେନାପତିଙ୍କ ସମେତ ଏହି କବିଦ୍ୱୟ ଆଧୁନିକ ଓଡ଼ିଆ ସାହିତ୍ୟର ତିନି ପ୍ରାଣବନ୍ତ ସ୍ରଷ୍ଟା ଥିଲେ।

ସାହିତ୍ୟ କ୍ଷେତ୍ରରେ ଉଚ୍ଚକୋଟୀର ସୃଜନଶୀଳ ପ୍ରତିଭା ସହିତ ମଧୁସୂଦନଙ୍କ ଅଗଣିତ କବିତାଗୁଡ଼ିକରେ ଦାର୍ଶନିକ ଓ ଆଧ୍ୟାତ୍ମିକ ଭାବଧାରାର ସମୁଜ୍ଜ୍ୱଳ ରଶ୍ମିରାଶି ବିଚ୍ଛୁରିତ ହେଉଥିଲା। ତାହା ଥିଲା ଅବିମିଶ୍ର ଐଶ୍ୱରୀୟଭାବ, ସର୍ବେଶ୍ୱରବାଦ ଏବଂ ତହିଁରୁ ସମ୍ଭୂତ ଏକ ବଳିଷ୍ଠ ଆଶୀର୍ବାଦ, ଯାହା 'ଆନନ୍ଦବାଦ' ନାମରେ ସାହିତ୍ୟ ଜଗତରେ ସୁବିଦିତ। ପ୍ରକୃତରେ ଏହା ହିଁ ଥିଲା ମଧୁସୂଦନଙ୍କ କାବ୍ୟକୃତିର ବିଶେଷତ୍ୱ। ସେ ଯାହା ଲେଖୁଥିଲେ, ତାହା ମାନବୀୟ ବ୍ୟାପାର ସମ୍ମୁଖରେ ହେଉ ଅବା ସଚରାଚର

ସୃଷ୍ଟି ସମ୍ବନ୍ଧରେ ହେଉ, ସବୁଥିରେ ଥିଲା ଭଗବତ୍ ପ୍ରଭାବର ଦୁର୍ବାର ବ୍ୟଞ୍ଜନା। ଏହି କାରଣରୁ ସେ ଓଡ଼ିଆ ସାହିତ୍ୟରେ 'ଭକ୍ତକବି'ର ପରିଚିତି ଲାଭ କରିଥିଲେ। ତାଙ୍କ କବିତାରେ ଗଭୀର ଈଶ୍ୱର ବିଶ୍ୱାସ ଓ ପ୍ରଗାଢ ଭଗବତ୍ ପ୍ରୀତି ଭରି ରହିଥିଲା। ଈଶ୍ୱର ସ୍ଥିତି ସପକ୍ଷରେ ଦାର୍ଶନିକମାନଙ୍କ ପ୍ରଦତ୍ତ ଅଭିକଳ୍ପ ଯୁକ୍ତି (Argument from design), ଆଦିକାରଣ ଯୁକ୍ତି (First cause argument) ଏବଂ ପ୍ରତ୍ୟୟସତ୍ତା ଯୁକ୍ତି (Ontological argument) ଆଦିରେ ତାଙ୍କ କାବ୍ୟକୃତି ଅନେକାଂଶରେ ଆଧିଭୌତିକ ତତ୍ତ୍ୱ ଉପରେ ପର୍ଯ୍ୟବେସିତ ହୋଇଥିବାର ଦେଖାଯାଏ। 'ଜୀବନ ଚିନ୍ତା', 'ଋଷିପ୍ରାଣେ ଦେବାବତରଣ', 'ହିମାଚଳେ ଉଦୟ ଉତ୍ସବ' ଭଳି ତାଙ୍କ ପ୍ରମୁଖ କବିତା ଗୁଡ଼ିକରେ ସାହିତ୍ୟ ଓ ଦର୍ଶନର ପାର୍ଥକ୍ୟ ଖୋଜିବା କଷ୍ଟକର ହୋଇଥାଏ। ମଧୁସୂଦନଙ୍କର ଅଧିକାଂଶ ଚରନା ବିଶ୍ୱସ୍ତରୀୟ; କାରଣ ଟଲ୍‌ଷ୍ଟୟ ନିତସେ ଏବଂ ସାର୍ତ୍ରଙ୍କ ଲେଖା ଭଳି ତାଙ୍କ ଲେଖାଗୁଡ଼ିକ "ଦର୍ଶନ ନା ସାହିତ୍ୟ ?" - ଏହି ପ୍ରଶ୍ନର ଉତ୍ତର ହଁ / ନାହିଁରେ ଦେବା ଅସମ୍ଭବ। ଏହି ଦୃଷ୍ଟିରୁ ଶ୍ରୀମଦ୍ ଭଗବତ୍ ଗୀତାକୁ ପୃଥିବୀର ଅନ୍ୟତମ ଶ୍ରେଷ୍ଠ ସାହିତ୍ୟ ଭାବରେ ବିବେଚନା କରାଯାଏ।

ମାତ୍ର ପାଞ୍ଚବର୍ଷର କଅଁଳ ବୟସରେ ଶିଶୁ ମଧୁସୂଦନ ମାତୃହରା ହୋଇଥିଲେ। ପିତା ଭାଗୀରଥି ଗୋପ ଥାନାରେ ଜଣେ ଅଧସ୍ତନ ପୁଲିସ୍ କର୍ମଚାରୀ ଭାବରେ ନିଯୁକ୍ତି ପାଇଲା ପରେ ସେଠାରେ ଗୋଟିଏ ଚାଟଶାଳୀରେ ତାଙ୍କର ଆଦ୍ୟ ଶିକ୍ଷା ଆରମ୍ଭ ହୋଇଥିଲା। ଅନନ୍ୟସାଧରଣ ପ୍ରତିଭାଶାଳୀ ଏହି ଶିଶୁଟି ମାତ୍ର ବର୍ଷକ ମଧ୍ୟରେ ଚାଟଶାଳୀର ସମସ୍ତ ବିଦ୍ୟା ଆୟତ୍ତ କରି ସମସ୍ତଙ୍କୁ ଚମତ୍କୃତ କରିଦେଇଥିଲେ। ପରେ ପିତାଙ୍କର ଭୁବନେଶ୍ୱର ବଦଳି ହେବାରୁ ବାଳକ ମଧୁସୂଦନ ଏଠାକାର ଗୋଟିଏ ସରକାରୀ ସ୍କୁଲରେ ପାଠ ପଢ଼ିଲେ। ତାଙ୍କ ପ୍ରତିଭା ଓ ପାଠପଢ଼ାରେ ଆଗ୍ରହ ସ୍କୁଲ୍ ପରିଦର୍ଶକ ଉଡ୍ରୋ ସାହେବଙ୍କୁ ମୁଗ୍ଧ କରିଥିଲା ଏବଂ ସେ ମହାଶୟ ପୁରୀ ଜିଲ୍ଲା ସ୍କୁଲରେ ଏହି ବାଳକଟିର ମାଗଣା ପାଠପଢ଼ାର ବ୍ୟବସ୍ଥା କରିଦେଇଥିଲେ।

ବହୁଦୃଷ୍ଟିରୁ ମଧୁସୂଦନଙ୍କ ଜୀବନରେ ଏହାଥିଲା ଏକ ଗୁରୁତ୍ୱପୂର୍ଣ୍ଣ ନିର୍ଣ୍ଣାୟକ ଘଟଣା। କାରଣ ପିତାଙ୍କର ଆର୍ଥିକ ସ୍ୱଚ୍ଛଳତା ନଥିବା ସତ୍ତ୍ୱେ ଗୋଟିଏ ଆଦର୍ଶ ବିଦ୍ୟାଳୟରେ ପଢ଼ିବାକୁ ପାଇବା ତାଙ୍କର ଥିଲା ସୌଭାଗ୍ୟ। କହିବାକୁ ଗଲେ ଏହା ବି ଏକ ସୁଯୋଗ ବୋଲି କୁହାଯିବ କାରଣ ମଧୁସୂଦନଙ୍କର ଏହି ସ୍କୁଲ୍ ସହ ସୁସମ୍ପର୍କ ଗଢ଼ି ଉଠିଥିଲା। ତାଙ୍କ ଜୀବନରେ ରାଧାନାଥଙ୍କର ପ୍ରଭୂତ ପ୍ରଭାବ ପଡ଼ିଥିଲା ଏବଂ ଉତ୍ତର ଜୀବନରେ ଏ ଦୁହେଁ ଓଡ଼ିଶା ସାହିତ୍ୟ ଜଗତରେ ପ୍ରମୁଖ ଭୂମିକା ନିଭାଇଥିଲେ। ପୁରୀ ଜିଲ୍ଲା ସ୍କୁଲରେ ପଢ଼ିବା ସମୟରେ ମଧୁସୂଦନ ପଣ୍ଡିତ ହରିହର ଦାସ ନାମକ

ଜଣେ ବିଶିଷ୍ଟ ସଂସ୍କୃତ ଏବଂ ବେଦାନ୍ତ ବିଶାରଦଙ୍କ ସଂସ୍ପର୍ଶରେ ଆସିଥିଲେ। ଇତି ମଧ୍ୟରେ ଜିଲ୍ଲା ସ୍କୁଲ୍‌ରେ ତାଙ୍କର ଶିକ୍ଷକ ହୋଇ ସାରିଥିବା ରାଧାନାଥ ରାୟଙ୍କ ସହିତ ସେ ହରିହରଙ୍କୁ ଭେଟୁଥିଲେ ଏବଂ ତାଙ୍କ ସହିତ ଧର୍ମ, ଦର୍ଶନ, ସାହିତ୍ୟ ଆଲୋଚନା କରୁଥିଲେ। ପଣ୍ଡିତ ହରିହର ଜଣେ ଅସାଧାରଣ ବିଜ୍ଞ ବ୍ୟକ୍ତି ଥିଲେ ଏବଂ ମଧୁସୂଦନ ତାଙ୍କୁ ନିଜର 'ଜ୍ଞାନଦାତା' ଭାବରେ ସମ୍ମାନ କରୁଥିଲେ।

ମାତ୍ର ହରିହରଙ୍କର ଗୋଟିଏ ବିଶେଷ ଗୁଣ ତାଙ୍କୁ ଗଭୀର ଭାବେ ପ୍ରଭାବିତ କରିବା ସଙ୍ଗେ ସଙ୍ଗେ ବିଚଳିତ ମଧ୍ୟ କରୁଥିଲା। ହରିହର ଜଣେ ଯୁକ୍ତିପ୍ରିୟ ହେତୁବାଦୀ ବିଦ୍ୱାନ ଥିଲେ ଏବଂ ତର୍କ ବିଦ୍ୟାରେ ଅତ୍ୟନ୍ତ ପାରଙ୍ଗମ ଥିଲେ, ଯାହା ତାଙ୍କୁ ଜଣେ ଉଗ୍ର ନିରୀଶ୍ୱରବାଦୀରେ ପରିଣତ କରିଥିଲା। ମଧୁସୂଦନଙ୍କ ଈଶ୍ୱରବିଶ୍ୱାସୀ କଅଁଳ ମନ ଏଥିରେ ଏତେ ମାତ୍ରାରେ ବିଚଳିତ ହେଉଥିଲା ଯେ, ଦିନେ ସେ ସ୍ୱପ୍ନରେ ଦେଖିଲେ ହରିହର ଗୋଟିଏ ଜଳନ୍ତା କାଠ କାନ୍ଧରେ ଧରି ବଡ଼ଦାଣ୍ଡରେ ଶ୍ରୀମନ୍ଦିର ଆଡକୁ ଦୌଡ଼ୁଛନ୍ତି ଓ ଲୋକଙ୍କ ଉପରକୁ ଜ୍ୱଳନ୍ତ ଅଗ୍ନିଖଣ୍ଡମାନ ଫିଙ୍ଗି ଚାଲିଛନ୍ତି। ଏହି ଘଟଣାର ଅଳ୍ପଦିନ ପରେ ପଣ୍ଡିତ ହରିହର ଏକ ଦୁଃଖଦ ଦୁର୍ଘଟଣାରେ ଅଗ୍ନିଦଗ୍ଧ ହୋଇ ପ୍ରାଣ ହରାଇଲେ। ଦୃଢ଼ ଭଗବତ୍ ବିଶ୍ୱାସ ଆଗରେ ତର୍କବିଦ୍ୟାର ଅସାରତା ସୂଚାଇ ମଧୁସୂଦନ ଲେଖିଛନ୍ତି :

"ଦୂରେ ଫିଙ୍ଗି ଅଭିମାନ ପ୍ରମାଣ ପ୍ରମାଦ
ପଢ ଆସି ସେ ଅନନ୍ତ ପ୍ରଭୁ ପାଦତଳ।
ହେ ଚତୁର ସୁଧୀ, ଛାଡି ବିଚାର ଚାତୁରୀ
ଭୁଞ୍ଜ ମହାନନ୍ଦେ ମହା ବିଶ୍ୱାସ ମାଧୁରୀ।"

(ମଧୁସୂଦନ ଗ୍ରନ୍ଥାବଳୀ, ପୃ-୨୨୮)

ସମ୍ଭବତଃ ଏ ପଦ୍ୟାଂଶଟି ହରିହରଙ୍କ ପରି ନିରୀଶ୍ୱରବାଦୀ ତର୍କବିତ୍‌ମାନଙ୍କ ଉଦ୍ଦେଶ୍ୟରେ ଲେଖି ଥାଇ ପାରନ୍ତି ମଧୁସୂଦନ। ତେବେ ହରିହରଙ୍କର ବ୍ୟକ୍ତିତ୍ୱର ଏହି ଶକ୍ତିଶାଳୀ ଦିଗଟି ପରୋକ୍ଷରେ ତାଙ୍କ ବିଶ୍ୱାସଧାରାକୁ ରସାଣିତ ଏବଂ ଅଧିକ ଦୃଢୀଭୂତ କରିଥିଲା। ପ୍ରତିପକ୍ଷର ସମାଲୋଚନାକୁ ସାମ୍ନା କରି ପୂର୍ବପକ୍ଷର ମତ ସୁନିୟନ୍ତ୍ରିତ ଓ ପ୍ରମାଣିତ ହୋଇଥାଏ। ଭାରତୀୟ ତର୍କବୋଧର ଏହା ଏକ ବିଶିଷ୍ଟ ବିଭବ। ହରିହରଙ୍କ ନିରୀଶ୍ୱରବାଦୀ ତର୍କର ତୀକ୍ଷ୍ଣତା ମଧୁସୂଦନଙ୍କ ଆସ୍ତିକତା ଓ ଧର୍ମଭାବନାକୁ ଚିରାଚରିତ ଧର୍ମବିଶ୍ୱାସଠାରୁ ବୈପ୍ଳବିକ ରୂପରେ ସ୍ୱତନ୍ତ୍ର ଭାବେ ଗଢି ତୋଳିଲା। ଅନ୍ଧବିଶ୍ୱାସରହିତ ବିଶୁଦ୍ଧ ଈଶ୍ୱର ଭକ୍ତି ଦିଗରେ ପ୍ରତିଷ୍ଠିତ କଲା।

ମଧୁସୂଦନ ଥିଲେ ଜଣେ ଋଷିପ୍ରାଣ କାବ୍ୟସ୍ରଷ୍ଟା ଏବଂ ନୀତିସର୍ବସ୍ୱ ଆଦର୍ଶ ଶିକ୍ଷକ। ସୁତରାଂ ତାଙ୍କର ସମସ୍ତ ରଚନାରେ ଥିଲା ଦୃଢ ଈଶ୍ୱର ବିଶ୍ୱାସ ଏବଂ ଶିକ୍ଷଣୀୟ

ନୈତିକ ବିଚାର। ଈଶ୍ୱର ବିଶ୍ୱାସର ଫଳ ସ୍ୱରୂପ ତାଙ୍କ ଚେତନାରେ ଅପ୍ରମିତ ଆଶାବାଦର ପରିପ୍ରକାଶ ଦୃଷ୍ଟ ହୁଏ। ଈଶ୍ୱର ଏ ସୃଷ୍ଟିର ଆଦ୍ୟ କାରଣ ଏବଂ ସର୍ବମୟ କର୍ତ୍ତା, ସମସ୍ତ ଘଟଣା ପଛରେ ଐଶ୍ୱରୀୟ ନିଶ୍ଚିତ ପ୍ରଭାବ ରହିଥିବା ଦାବି କରିଥିଲେ ଭକ୍ତକବି। ସୁତରାଂ ତାଙ୍କ ମତରେ ମନୁଷ୍ୟ ଜୀବନ ଅବଶ୍ୟ ଆନନ୍ଦମୟ ହେବ, କାରଣ ଈଶ୍ୱର ସୃଷ୍ଟ ଏହି ପୃଥିବୀ ସମସ୍ତ ସମ୍ଭାବ୍ୟ ସୃଷ୍ଟି ମଧ୍ୟରେ ସର୍ବଶ୍ରେଷ୍ଠ। ମଧୁସୂଦନଙ୍କ ଅନ୍ୟତମ କୃତି "କୁସୁମାଞ୍ଜଳି" କବିତାରେ ଏପରି ଆଶୀର୍ବାଦର ଉଚ୍ଛ୍ୱସିତ ଭାବ ପ୍ରକାଶ ଦେଖିବାକୁ ମିଳେ। ତାଙ୍କ ଭାଷାରେ ଏ ସୃଷ୍ଟି ହେଉଛି ମଧୁମୟ, ସୁଧାମୟ ଏବଂ ଅମୃତମୟ:

"ସୁଧାମୟ ସୃଷ୍ଟି, ମଧୁମୟ ସୃଷ୍ଟି
ଏ ସୃଷ୍ଟି ଅମୃତମୟ ହେ..... "(କୁସୁମାଞ୍ଜଳି, ପୃ-୧୬୦)

ବିଶ୍ୱ ସାହିତ୍ୟରେ ଅନେକ ପ୍ରଥିତଯଶା କବି ନିରାଶାବାଦର ବାର୍ତ୍ତା ଦେଇଥିବା ସ୍ଥଳେ ମଧୁସୂଦନ ଆଶାର ଆଲୋକରେ ଉଦ୍‌ଭାସିତ ସନ୍ଦର ସୃଷ୍ଟିର ଚିତ୍ର ପ୍ରଦର୍ଶନ କରୁଥିଲେ। ଶେଲି, ସେକ୍‌ସପିଅର୍, ଏପରିକି ତାଙ୍କ ନିଜ ଗୁରୁ ରାଧାନାଥ ରାୟ ସେମାନଙ୍କ ରଚନାରେ ମଣିଷର ନୈତିକ ଅଧୋଗତି ଦେଖି ହତାଶା ପ୍ରକାଶ କରୁଥିଲେ; ମାତ୍ର ଆଧ୍ୟାତ୍ମିକତା ଓ ନୈତିକତାର ଜୀବନଚର୍ଯ୍ୟାରେ ମଣିଷ ବହୁ ଶୀର୍ଷକୁ ଉଠିପାରିବ, ସେହି ଭବ୍ୟ ସମ୍ଭାବନାର ଔଜଲ୍ୟରେ ମଧୁସୂଦନଙ୍କର ଆଶାବାଦୀ ଭକ୍ତପ୍ରାଣ ଉଲ୍ଲସିତ ହେବାର ଦେଖାଯାଏ ତାଙ୍କର ରଚନାବଳୀରେ। ଉଇଲିୟମ ୱାର୍ଡସ୍‌ୱାର୍ଥଙ୍କ ପରି ମଧୁସୂଦନ ଜୀବନର ସକାରାତ୍ମକ ସମ୍ଭାବନାରେ ହିଁ ତାଙ୍କ କାବ୍ୟକୃତିକୁ ଋଦ୍ଧିମନ୍ତ କରିଥିଲେ। ବିଶିଷ୍ଟ ବାସ୍ତବବାଦୀ ଦାର୍ଶନିକ ଉଇଲିୟମ୍ ଜେମ୍‌ସଙ୍କପରି ପ୍ରଚଣ୍ଡ ଇଚ୍ଛାଶକ୍ତି (will to believe) ତାଙ୍କୁ ଈଶ୍ୱର ବିଶ୍ୱାସରେ ଉଦ୍‌ବୁଦ୍ଧ କରିଥିଲା ଏବଂ ଈଶ୍ୱରଙ୍କ ଇଚ୍ଛାରେ ସବୁ କିଛି ଏ ସୃଷ୍ଟିରେ ମଙ୍ଗଳମୟ ହେବାର ଦୁର୍ବାର ଆଶା ତାଙ୍କ ରଚନାରେ ସ୍ପଷ୍ଟ ଭାବେ ପ୍ରକାଶ ପାଉଥିଲା। ନବ ବସନ୍ତ ଭାବନା କବିତାଟିର ଶୀର୍ଷକ ଏବଂ ବିଶେଷକରି ନିମ୍ନ ପଦଟି ପ୍ରଣିଧାନଯୋଗ୍ୟ:

"ଆଶା ପାରିଜାତ ଫୁଟିବ ହୃଦ ନନ୍ଦନ ବନେ
ଜ୍ଞାନ-ଭକ୍ତି, କର୍ମ ସୌରଭ ବ୍ୟାପିଯିବ ଜୀବନେ।"

ଏଠାରେ ଆଶାବାଦର ଗଭୀର ଦାର୍ଶନିକ ଚେତନା ସୁସ୍ପଷ୍ଟ।

ଭାରତୀୟ ଦର୍ଶନ ନିରାଶାବାଦୀ ବୋଲି ଅନେକ ମତପୋଷଣ କରନ୍ତି। କାରଣ ଜୀବନର ସମସ୍ୟା ବହୁଳତା ଏବଂ ଅସାରତା ପରିହାର କରି ମୁକ୍ତିମାର୍ଗର ସନ୍ଧାନ କରିବା ଉପରେ ଭାରତର ପ୍ରମୁଖ ଦାର୍ଶନିକ ଚିନ୍ତାଧାରା ଗୁରୁତ୍ୱ ଆରୋପ କରିଥାଏ। କିନ୍ତୁ ଏହି ଆପାତ ନିରାଶାବାଦ ହିଁ ବିପରୀତ ହୋଇ ପ୍ରକୃତ ଆଶାବାଦର ପଥ ଉନ୍ମୋଚନ

କରିଥାଏ। କାରଣ ସତ୍‌ଭାବନା ଓ ସତ୍‌କାର୍ଯ୍ୟ ସମ୍ବଳିତ ନୈତିକ ଜୀବନଚର୍ଯ୍ୟା ସକଳ ସମସ୍ୟା ଦୂରକରି ମୁକ୍ତି ମାର୍ଗର ବାଟ ଦେଖାଇଥାଏ। ଜୀବନରେ ଦୁଃଖ ଯଦି ଅଛି, ସେ ଦୁଃଖର କାରଣ ବି ପ୍ରଚ୍ଛନ୍ନ, ସେ କାରଣ (କାମନା)ର ବିନାଶରେ ଦୁଃଖର ବିନାଶ ହୁଏ ବୋଲି ଗୌତମ ବୁଦ୍ଧ ବିଶ୍ୱକୁ ବାର୍ତ୍ତା ଦେଇଯାଇଛନ୍ତି। ଦୁଃଖଠାରୁ ପଳାୟନ କରିବା ପାଇଁ ସେ ଆଦୌ ଶିକ୍ଷା ଦେଇନାହାନ୍ତି। ବୁଦ୍ଧଚରିତରେ ଅନୁପ୍ରାଣିତ ମଧୁସୂଦନ ଜୀବନକୁ ତଦନୁରୂପ ଜିଇବାର ବାର୍ତ୍ତା ଦେଇଛନ୍ତି ନିଜର କବିତା ଗୁଡ଼ିକରେ। ବିଶ୍ୱାସ ଓ ସତ୍‌କର୍ମର ମାର୍ଗ ଆପଣାଇ ସକାରାତ୍ମକ ଜୀବନର ଆନନ୍ଦମୟ ସମ୍ଭାବନାର ସନ୍ଧାନ କରିବାକୁ ବାର୍ତ୍ତା ଦେଇ ଯାଇଛନ୍ତି ତାଙ୍କ ରଚନାବଳୀରେ।

ମଧୁସୂଦନ ରଚନାର ସାହିତ୍ୟ ଓ ଦର୍ଶନର ଅପୂର୍ବ ସମନ୍ୱୟ ଦେଖିବାକୁ ମିଳେ। ମାଥ୍ୟୁ ଆର୍ନୋଲ୍‌ଡ ଥରେ କହିଲେ ପଦ୍ୟ ଜୀବନର ବୈଷମ୍ୟର ପ୍ରତିଫଳନ (poetry is the critical reflection on life)। ନିଜ କବିତା ଗଡ଼ିକରେ ଜୀବନ ସମ୍ବନ୍ଧରେ ଗଭୀର ଅନୁଚିନ୍ତା ପ୍ରକାଶ କରି ମଧୁସୂଦନ ଏହ ଉକ୍ତିର ସତ୍ୟତା ପ୍ରତିପାଦନ କରିଛନ୍ତି। ସେ ଭାରତୀୟ ଦର୍ଶନର ପ୍ରକୃତ ସକାରାତ୍ମକ ଦିଗ ଉପରେ ଆଲୋକପାତ କରି ପାଠକକୁ ଅନୁପ୍ରାଣିତ କରିପାରିଛନ୍ତି। ତାଙ୍କର ଅନ୍ୟତମ ବିଶିଷ୍ଟ କୃତି "ଜୀବନ ଚିନ୍ତା" କବିତାର ନିମ୍ନ ଉଦ୍ଧୃତିରେ ଏହାର ଯଥେଷ୍ଟ ସୂଚନା ମିଳେ:

"ରେ ହୃଦୟ, ନ ହୁଅ କାତର
ସଂସାରର ବିଡମ୍ବନା, ପାପ, ସନ୍ତାପ, ଯାତନା,
ବିପଦ, ଦୁର୍ଦ୍ଦିନ, ତମ, ଘୋର ଭୟଙ୍କର
ନିରେଖି ନିରାଶା ବିଷେ ନ ହୁଅ ଜର୍ଜର।
ଧର ଧୈର୍ଯ୍ୟ ଘେନରେ ସାନ୍ତ୍ୱନା
ଅଛି ସେହି ମହାଧାମ, ସେ ମହା ସ୍ପର୍ଶ ରତନ
ସେ ଅମୃତ ମହୌଷଧି ଯାହାର କାମନା
ଆଶା ଜାଗ୍ରତ ସତତ କରେ ଉଦ୍ଦୀପନା।"

(ଗ୍ରନ୍ଥାବଳୀ, ପୃ-୧୨୮-୨୯)

ପୁଣି ସେ ଲେଖିଛନ୍ତି:

"ପ୍ରୀତି ଜପବନ ରତନ
ଦେବେ ତୋତେ ପରମେଶ, ତାଙ୍କରି ପବିତ୍ରାଦେଶ
ନିଃସ୍ୱାର୍ଥେ ପବିତ୍ର ଚିତ୍ତେକରରେ ସାଧନ
ଜଗତର ହିତ ଅର୍ଥେ ଦିଅରେ ଜପବନ।" (ଗ୍ରନ୍ଥାବଳୀ,ପୃ-୧୩୦)

ପ୍ରଥମ ଉଦ୍ଧୃତିଟିରେ ଅଛି ଆଶାବାଦର ନିର୍ମଳ ନିର୍ଘୋଷ ଏବଂ ଦ୍ୱିତୀୟଟିରେ ରହିଛି ନିଃସ୍ୱାର୍ଥ ପରହିତଧର୍ମୀ ମାନବବାଦ ଯାହାକୁ ଇଂରାଜୀରେ ପରାର୍ଥପର ମାନବଧର୍ମ (Altruistic Humanism) ଭାବରେ ଅଭିହିତ। ମଧୁସୂଦନଙ୍କ ଜୀବନଦର୍ଶନର ଏ ଦୁଇଟି ପରସ୍ପରର ପରିପୂରକ ବିଭବ। କାରଣ ବିଶୁଦ୍ଧ ଈଶ୍ୱର ବିଶ୍ୱାସରେ ପ୍ରତିଷ୍ଠିତ ଧର୍ମଧାରଣା ସ୍ୱାର୍ଥହୀନ ନୈତିକତାକୁ ହିଁ ନିର୍ଦ୍ଦେଶ କରିବ, ଏହା ଥିଲା ତାଙ୍କର ଦୃଢ଼ ଧାରଣା। ନିଜର ହିତ ସାଧନ ଓ ନିଜ ପାଇଁ ମୁକ୍ତି କାମନା ସାଧାରଣ ମଣିଷଙ୍କ ସ୍ୱଭାବ ହୋଇଥାଏ। କିନ୍ତୁ ଏହି ଆତ୍ମକୈନ୍ଦ୍ରିକ ନୀତିବୋଧର ଊର୍ଦ୍ଧ୍ୱକୁ ଉଠି ସାରା ଜଗତର ସମଗ୍ର ମାନବ ଜାତିର ହିତ କାମନା କରିବା ଏକ ଉଚ୍ଚତର ମାନସିକତା। ବରଂ ଯଥାର୍ଥରେ ଏହା ହିଁ ଅସଲ ନୈତିକତା ବା ଧର୍ମ ବୋଲି କହିବା ସମୀଚୀନ ହେବ। ସମସ୍ତଙ୍କ ପାଇଁ ଶୁଭଙ୍କର ନହେଲେ, ବ୍ୟକ୍ତିଗତ ଭାବରେ କୌଣସିଟି ଆମପାଇଁ ସ୍ପୃହଣୀୟ ନୁହେଁ ("Nothing is better for us, individuals, if it is not better for all") ବୋଲି କହନ୍ତି ବିଶିଷ୍ଟ ଅସ୍ତିତ୍ୱବାଦୀ ଦାର୍ଶନିକ ଜ୍ୟାଁ ପଲ୍ ସାର୍ତ୍ତ୍ରେ। ସତକୁ ସତ ଏହା ହିଁ ଭାରତୀୟ ଦର୍ଶନର ସର୍ବମୁକ୍ତିବାଦର ସାର ମର୍ମ। ଏହିଭଳି ନୈତିକତା ମଧୁସୂଦନଙ୍କ ଜୀବନ ଚିନ୍ତାର ଅନ୍ୟ ଏକ ପରିଭାଷା। ତାଙ୍କ ପାଇଁ ପରହିତୋନ୍ମୁଖୀ ନିଃସ୍ୱାର୍ଥ ଜୀବନଚର୍ଯ୍ୟା ହିଁ ପ୍ରକୃତ ଧର୍ମ। ସବୁ ଶୁଦ୍ଧ ଈଶ୍ୱର ବିଶ୍ୱାସରେ ହିଁ ସମ୍ଭବ।

ମଧୁସୂଦନଙ୍କ ପ୍ରତିବଦ୍ଧ ନୀତିବୋଧର ଅନ୍ୟତମ ଉତ୍ସ ଥିଲା ତାଙ୍କ ଆଦର୍ଶ ଶିକ୍ଷକ ଜୀବନ। ଜଣେ ଧର୍ମପ୍ରାଣ ନୀତିବାନ ବ୍ୟକ୍ତି ଶିକ୍ଷକତାର ମହନୀୟ ଭୂମିକା ନିଅନ୍ତି, ଛାତ୍ରମାନଙ୍କୁ ଉତ୍ତମ ଚରିତ୍ର ଗଠନ କରାଇବା ପ୍ରଧାନ କର୍ତ୍ତବ୍ୟ ହୋଇପଡେ। ନିଜେ ଜଣେ ସଚ୍ଚରିତ୍ର ଛାତ୍ରରୁ ଶିକ୍ଷକ ଭାବରେ ମଧୁସୂଦନ ବହୁ ଛାତ୍ରଛାତ୍ରୀମାନଙ୍କର ନୈତିକ ଜୀବନ ଗଢ଼ିବାରେ ବ୍ରତୀ ହୋଇଥିଲେ। ଯାଜପୁର, ବାଲେଶ୍ୱର, କଟକ ଆଦର୍ଶ ସ୍କୁଲ ଗୁଡିକରେ ଶିକ୍ଷକତା କରି ଶେଷରେ ରେଭେନ୍‌ସା କଲେଜିଏଟ୍ ସ୍କୁଲ୍‌ର ଓଡ଼ିଆ ପ୍ରଧାନ ଶିକ୍ଷକ ହେଲେ ଏବଂ ତା ପରେ ଓଡ଼ିଶା ସ୍କୁଲ ସମୂହର ଇନ୍‌ସପେକ୍ଟର୍ ହେବାର ଗୌରବ ଅର୍ଜନ କରିଥିଲେ। ଚାକିରିର ଶେଷ ପର୍ଯ୍ୟାୟରେ ଏହି ବିଶିଷ୍ଟ ଶିକ୍ଷାବିତ୍ ଭାରତୀୟ ଶିକ୍ଷାସେବାରେ ଅନ୍ତର୍ଭୁକ୍ତ ହୋଇ ଶିକ୍ଷକ ଓ ଶିକ୍ଷା ପ୍ରଶାସକ ଭାବେ ପ୍ରଭୂତ ପ୍ରତିଷ୍ଠାର ଅଧିକାରୀ ହୋଇଥିଲେ। ଶେଷୋକ୍ତ ଭୂମିକାରେ ଶିକ୍ଷାର ମାନ ବଢ଼ାଇବା ପାଇଁ ଶିକ୍ଷକମାନଙ୍କୁ ଶିକ୍ଷାଦାନ କରିବା ମଧ୍ୟ ତାଙ୍କର ଗୋଟିଏ ପବିତ୍ର କାର୍ଯ୍ୟ ବୋଲି ତାଙ୍କର ଦୃଢ଼ ଧାରଣା ରହିଥିଲା। କଟକ ଟ୍ରେନିଂ ସ୍କୁଲ୍‌ରେ ଶିକ୍ଷକତା କରିବାରେ ସେ ଅପାର ଆନନ୍ଦ ଅନୁଭବ କରୁଥିଲେ ଏବଂ ପରେ ପରେ ତାଙ୍କ ଦ୍ୱାରା

ସମ୍ପାଦିତ ଶିକ୍ଷକବନ୍ଧୁ ପତ୍ରିକା ଓ ତାଙ୍କ ରଚିତ ଅବଧାନ ବନ୍ଧୁ ପୁସ୍ତକ ବହୁ ଶିକ୍ଷକଙ୍କୁ ଉତ୍ତମ ଶିକ୍ଷାଦାତା ହେବାରେ ସହାୟକ ହୋଇଥିଲା। ଶିକ୍ଷାଦାନର ସବୁସ୍ତରରେ ମଧୁସୂଦନ ନୈତିକତା ଓ ନୀତିଶିକ୍ଷାକୁ ଗୁରୁତ୍ୱ ଦେଉଥିଲେ। ଏମିତିକି ପ୍ରାଥମିକ ସ୍ତରରେ କୋମଳମତି ଶିଶୁମାନଙ୍କୁ ଅକ୍ଷର ଓ ଶବ୍ଦ ଶିଖାଇବା ଅବସରରେ ସେ ନୀତି ଶିକ୍ଷା ଦେବାପାଇଁ ସଯତ୍ନ ଚେଷ୍ଟା କରିଥିଲେ। ବର୍ଣ୍ଣ ପରିଚିତି ପାଇଁ ତାଙ୍କ ଲିଖିତ ବର୍ଣ୍ଣବୋଧ ଓଡ଼ିଶାର ଘରେ ଘରେ ପରିଚିତ ଏବଂ ବିଂଶ ଶତାବ୍ଦୀର ଶେଷାର୍ଦ୍ଧ ପର୍ଯ୍ୟନ୍ତ ଭାଷା ଶିକ୍ଷା ଓ ନୀତି ଶିକ୍ଷାର ଏହା ଥିଲା ପ୍ରଥମ ସୋପାନ। ଏବେ ମଧ ଶିଶୁ ଶିକ୍ଷା ପାଇଁ ଏହାର ଉପାଦେୟତା ଅନେକ ସଚେତନ ଅଭିଭାବକ ଅନୁଭବ କରନ୍ତି ବୋଲି ଲେଖକ ବିଶ୍ୱାସ କରନ୍ତି। ବର୍ଣ୍ଣବୋଧରେ ସ୍ଥାନିତ ମିତ୍ରାକ୍ଷର ସମନ୍ୱିତ ଶିଶୁଗୀତ ଗୁଡିକର ଚମତ୍କାର ଶବ୍ଦ ସଂଯୋଜନା ଅତ୍ୟନ୍ତ ଗଠନ ମୂଳକ ଶିକ୍ଷାଦାନ ବୋଲି ମୂଲ୍ୟାୟନ କରାଯାଏ। ଯୁକ୍ତାକ୍ଷରରେ ବ୍ୟଞ୍ଜନବର୍ଣ୍ଣ ସଂଯୋଜକ (consonant connective) "ଜ୍ୟ" ଫଳ ବା "୍ୟ" ଫଳା ଶିକ୍ଷାଦେବାପାଇଁ ଏହିପରି ଲେଖା ଯାଇଛି :

"କୁ ବାକ୍ୟ କେବେ ନ କହିବ
ଆଳସ୍ୟ କେବେ ନ କରିବ।
ମିଥ୍ୟାକୁ ପାପ ବୋଲି ଜାଣି
କହିବ ସଦା ସତ୍ୟ ବାଣୀ।" (ଗ୍ରନ୍ଥାବଳୀ, ପୃ-୨୩୮)

ସେହିପରି ଅନ୍ୟ ଗୋଟିଏ ଶିଶୁ ଗୀତର ଏକ ଅଂଶରେ ସଂଯୋଜକ ଚିହ୍ନ "ର୍" (ରେଫ୍)ର ବ୍ୟବହାର ଶିଖାଇବା ଅବସରରେ ସେ ଏହିପରି ଲେଖିଥିଲେ :

"ନିର୍ଦ୍ଦୟ କର୍କଶ କଥା
ମୁଖେ ନ କହିବ। " (ଗ୍ରନ୍ଥାବଳୀ, ପୃ-୭୦୧୮)

ତାଙ୍କ ସମୟରେ ଓଡ଼ିଆ ଭାଷାର ପାଠ୍ୟ ପୁସ୍ତକର ଘୋର ଅଭାବ ଦେଖି ମଧୁସୂଦନ ନିଜେ ଅନେକ ପୁସ୍ତକ ରଚନା କରିଥିଲେ। ସେହିଗୁଡ଼ିକ ବିଦ୍ୟାଳୟର ପ୍ରାଥମିକ ସ୍ତରରୁ ଆରମ୍ଭ କରି ସବୁ ଶ୍ରେଣୀର ପାଠ୍ୟପୁସ୍ତକ ଭାବେ ବହୁକାଳ ଧରି ଓଡ଼ିଆ ଭାଷା ଓ ସାହିତ୍ୟକୁ ସମୃଦ୍ଧ କରି ଚାଲିଲା।

ପିଲାଙ୍କୁ ଶିକ୍ଷା ଦେବାପାଇଁ, ବିଶେଷ କରି ଶିଶୁମାନଙ୍କ ଶିକ୍ଷା ପାଇଁ ନୈତିକ ମୂଲ୍ୟବୋଧ ଭଣା ଥିବା ବିଷୟ ଲେଖିବାକୁ ପସନ୍ଦ କରୁ ନଥିଲେ। ମଧୁ ବର୍ଣ୍ଣବୋଧ ଏହି ଉକ୍ତିର ସୂଚନା ଦିଏ।

ବାସ୍ତବରେ ଭକ୍ତକବିଙ୍କର ନୈତିକ ମୂଲ୍ୟବୋଧର ଅନନ୍ୟସାଧାରଣ ଏବଂ ଏହା ତାଙ୍କର ସମସ୍ତ କବିତାରେ ସ୍ପଷ୍ଟ ଭାବରେ ପରିଦୃଷ୍ଟ। ନୀତି ଶିକ୍ଷା ସହିତ ଭଗବତ୍

ବିଶ୍ୱାସ ଏବଂ ଆଶାବାଦ ତାଙ୍କର ଆଦର୍ଶ ଭାବରେ ଛାତ୍ର ତଥା ପାଠକ ମନରେ ପ୍ରତିଫଳନର ଆଶା ରଖିଥିଲେ। ଭାରତୀୟ ଦର୍ଶନ ଓ ନୈତିକ ପରମ୍ପରାରେ 'ଧର୍ମ'ର ଅର୍ଥ 'ନୈତିକ କର୍ତ୍ତବ୍ୟ'। ସେହି ଅର୍ଥରେ ମଧୁସୂଦନଙ୍କ କବିତା ଧର୍ମ ଓ ନୈତିକତା ଆଧାରରେ ରଚିତ। ସେହି କାରଣରୁ ତାଙ୍କ ରଚିତ ରଚନାବଳୀ ଅଧିକାଂଶ ବିଦ୍ୟାଳୟ ପାଠ୍ୟ ପୁସ୍ତକର ବିଷୟବସ୍ତୁ ପାଇଁ ଉଦ୍ଦିଷ୍ଟ ଥିଲା, ତଥାକଥିତ ସୁସାହିତ୍ୟର ମାନ୍ୟତା ହୁଏତ ପାଇ ପାରି ନଥିଲା।

କବିବର ରାଧାନାଥ ରାୟ ଏବଂ ଭକ୍ତକବି ମଧୁସୂଦନ ରାଓଙ୍କର ଏକ ତୁଳନାତ୍ମକ ପ୍ରବନ୍ଧରେ ଓଡ଼ିଶାର ଅନ୍ୟତମ ପ୍ରଥିତଯଶା ଲେଖକ କାଳିନ୍ଦୀ ଚରଣ ପାଣିଗ୍ରାହୀ ଏହିପରି ମନ୍ତବ୍ୟ ଦେଇଛନ୍ତି।

"ରାଧାନାଥ ରସଜ୍ଞ କବି, ମଧୁସୂଦନ ସାଧକ, ମଧୁସୂଦନ ରସୋତ୍ତୀର୍ଣ୍ଣ ନୀତିର ନିକିତି ଧରି ଚାଲିଛନ୍ତି।"(କବିଦ୍ୱୟଙ୍କ ସଂସାର ଓ ଜୀବନଚିତ୍ର, ଉତ୍କଳ ସାହିତ୍ୟ, ୧୫୬ଶ ଖଣ୍ଡ, ୯ମ ସଂଖ୍ୟା)

ତୁଳନାତ୍ମକ ଭାବରେ ନୈତିକତା ଓ ରସବୋଧ ଭିତରେ ବେଶ୍ ପାର୍ଥକ୍ୟ ରହିଛି, ପ୍ରଥମଟି ଦ୍ୱିତୀୟଠାରୁ ବେଶ୍ ଉର୍ଦ୍ଧ୍ୱରେ। ନୈତିକତା ଅନୁସରଣ କଲେ ରସବୋଧ କିୟଦଂଶ ଊଣା ହୋଇପାରେ ତଥା କାବ୍ୟିକ ଉତ୍କର୍ଷତା ପ୍ରତିପାଦିତ ହୋଇ ନପାରେ। କିନ୍ତୁ ଭକ୍ତକବିଙ୍କର ଦୃଢ଼ କବିମାନସ ନୈତିକ ଧାରାରୁ ବିଚ୍ୟୁତ ହେବାର ଅବକାଶ ନଥିଲା। କବିମାନେ ସାଧାରଣତଃ ନୀତି-ନିରପେକ୍ଷ (amoral) ହୋଇଥାନ୍ତି। ଅନେକ ସମୟରେ ରସାତ୍ମକ ଅନ୍ତଃପ୍ରଜ୍ଞାର ଅନୁସରଣ କରି ରସିକ କବିମାନେ କାବ୍ୟିକ ସୌନ୍ଦର୍ଯ୍ୟବୋଧକୁ ପ୍ରାଧାନ୍ୟ ଦେଇ ତାଙ୍କ ରଚନାରେ ନୈତିକତାକୁ ଉଲଘଂନ କରିବାକୁ ଦ୍ୱିଧାବୋଧ କରନ୍ତି ନାହିଁ। ମାତ୍ର ଭକ୍ତକବି ମଧୁସୂଦନ ନିଛକ ନୀତିବାନ ମଣିଷ ଥିଲେ ଏବଂ ତାଙ୍କ ଅନ୍ତରରେ କବି ଅପେକ୍ଷା ଶିକ୍ଷକ ମାନସିକତା ବିରାଜମାନ କରି ଆତ୍ମପ୍ରକାଶ କରୁଥିଲା। ଏଥିପାଇଁ ସେ ନିରସ ଭାଷାର ଆଶ୍ରୟ ନେଉଥିଲେ। ଫଳତଃ ତାହା ଶିକ୍ଷାଯୋଗ୍ୟ ନୈତିକ ଏବଂ ଆଧ୍ୟାତ୍ମିକ ଶୀର୍ଷରେ ପହଞ୍ଚିବାର ପନ୍ଥା ହୋଇପାରିଥିଲା। ତାଙ୍କର ଭାଷା ମାର୍ଜିତ ଆଉ ରଚିସମ୍ପନ୍ନ ସାହିତ୍ୟର ମାଧ୍ୟମ।

ତଥାପି ମଧୁସୂଦନ ଥିଲେ ଓଡ଼ିଆ ସାହିତ୍ୟର ଆଧୁନିକ ଯୁଗର ଅନ୍ୟତମ ପ୍ରାଣ ପ୍ରତିଷ୍ଠାତା ଏବଂ "ଋଷିପ୍ରାଣେ ଦେବାବତରଣ", " ହିମାଚଳେ ଉଦୟ ଉତ୍ସବ", ଓ "ଜୀବନ ଚିନ୍ତା" ଭଳି ଅନେକ ଉଚ୍ଚକୋଟୀର ସାହିତ୍ୟାକୃତିର ଅମର ସ୍ରଷ୍ଟା। ଏ ସବୁ ରଚନାରେ ତାଙ୍କର କାବ୍ୟିକ ବ୍ୟକ୍ତିତ୍ୱ ଏବଂ ଉଚ୍ଚତର ଚିନ୍ତାଧାରା ସମ୍ବଳିତ ସାହିତ୍ୟିକ ଅଭିବ୍ୟକ୍ତି ବିଶ୍ୱସ୍ତରୀୟ ସୃଜନଶୀଳତାର ମାନ୍ୟତା ଦାବିକରେ।

ମାତ୍ର ଦୁଃଖର କଥା, ଏସବୁ ସତ୍ତ୍ୱେ ଓଡ଼ିଆ ସାହିତ୍ୟରେ ତାଙ୍କୁ ଯଥୋଚିତ ସ୍ୱୀକୃତି ମିଳି ନଥିଲା। ନୀତିପୁଷ୍ଟ ଏବଂ ସେହି କାରଣରୁ ରସହୀନ ଭାଷା ବିନ୍ୟାସ ଯୋଗୁ ତାଙ୍କୁ ରସଜ୍ଞ କବିର ସମ୍ମାନ ଦେବାରେ କୁଣ୍ଠା ପ୍ରକାଶ କରାଯାଇଥିଲା ରସିକ ସାହିତ୍ୟିକ ମହଲରେ।

ଆଜିକୁ ୧୦୦ ବର୍ଷ ତଳେ ୧୯୧୨ ମସିହାରେ ଡିସେମ୍ବର ମାସ ୨୮ ତାରିଖରେ ଏହି ଯୋଗଜନ୍ମା, ମହାନ୍ ଚିନ୍ତାନାୟକ, ସାର୍ଥକ ସାହିତ୍ୟ ସ୍ରଷ୍ଟା, ସଫଳ ଶିକ୍ଷକ ଏବଂ ଅତ୍ୟନ୍ତ ପ୍ରଭାବଶାଳୀ ଶିକ୍ଷାବିତ୍‌ଙ୍କର କର୍ମମୟ ଜୀବନର ଅବସାନ ଘଟିଥିଲା। ସେ ଦିନ ବି ଥିଲା ସରସ୍ୱତୀ ପୂଜା, ଯେଉଁ ଶୁଭ ଅବସରରେ ୧୮୫୩ ଜାନୁଆରୀ ୨୯ ତାରିଖର ବାଗ୍‌ଦେବୀଙ୍କ ଏହି ବରପୁତ୍ରଙ୍କର ଧରାବତରଣ ହୋଇଥିଲା ଏବଂ ତାଙ୍କୁ ପାଇ ଉତ୍କଳ ଜନନୀ ଓ ଓଡ଼ିଆ ସାହିତ୍ୟ ଉଭୟେ ଧନ୍ୟ ହୋଇଥିଲେ।

ପ୍ରାକ୍ତନ ପ୍ରଫେସର,
ଦର୍ଶନ ବିଭାଗ, ଉତ୍କଳ ବିଶ୍ୱବିଦ୍ୟାଳୟ
ମୋ- ୯୪୩୭୧୦୧୫୧୧

ନୂଆ ରାଜଧାନୀ ଭୁବନେଶ୍ୱର ପ୍ରତିଷ୍ଠାରେ ହରେକୃଷ୍ଣ ମହତାବ

ଡ. ପ୍ରତାପ ଚନ୍ଦ୍ର ସ୍ୱାଇଁ

ସ୍ୱାଧୀନତା ପରବର୍ତ୍ତୀ ଓଡ଼ିଶାର ନୂଆ ରାଜଧାନୀ ଭାବେ ଭୁବନେଶ୍ୱରକୁ ମାନ୍ୟତା ମିଳିବା ଏକ ଐତିହାସିକ ଘଟଣା। ଦୀର୍ଘ ସାତ ଦଶନ୍ଧି ଧରି ଭୁବନେଶ୍ୱର ଓଡ଼ିଶାର ରାଜନୈତିକ, ସାମାଜିକ, ସାଂସ୍କୃତିକ ଓ ଶିକ୍ଷା ବ୍ୟବସ୍ଥାର ପ୍ରାଣକେନ୍ଦ୍ର ଭାବେ ପ୍ରତ୍ୟେକ ଓଡ଼ିଆକୁ ଅନୁପ୍ରାଣିତ କରିଆସୁଛି। ଅତ୍ୟନ୍ତ ଗୌରବର କଥା ଯେ ଆଜି ଆମ ରାଜଧାନୀ ଭୁବନେଶ୍ୱର ସର୍ବ ଭାରତୀୟ ସ୍ତରରେ ସ୍ମାର୍ଟ ସିଟି ତାଲିକାରେ ପ୍ରଥମ ସ୍ଥାନ ଅଲଂକୃତ କରିଛି। ଏକ ପ୍ରଗତିଶୀଳ ଆଧୁନିକ ସହର ହିସାବରେ ଭୁବନେଶ୍ୱର ବିଶ୍ୱ ଦରବାରରେ ଶାନ୍ତି, ସୌହାର୍ଦ୍ଦ୍ୟ ଓ ଭାଇଚାରାର ଉତ୍ସ ଭାବେ ଆଦୃତ ହେଉଛି।

ଆମ ରାଜଧାନୀ ଭୁବନେଶ୍ୱରର ଉଜ୍ଜ୍ୱଳ ଓ ଗୌରବାନ୍ୱିତ ବର୍ତ୍ତମାନର ସ୍ଥିତି ଏକ ସୁଦୃଢ଼ ଭିତ୍ତିଭୂମି ଉପରେ ଗଢ଼ି ଉଠିଛି। ଇତିହାସର ପୃଷ୍ଠାକୁ ଅବଲୋକନ କଲେ ପ୍ରମାଣ ମିଳେ ଯେ ଭୁବନେଶ୍ୱରକୁ ଓଡ଼ିଶାର ନୂଆ ରାଜଧାନୀ ଭାବେ ପ୍ରତିଷ୍ଠା କରିବା ପଛରେ ଉତ୍କଳକେଶରୀ ଡ. ହରେକୃଷ୍ଣ ମହତାବଙ୍କର ବଳିଷ୍ଠ ପୃଷ୍ଠପୋଷକତା ଓ ନିରବଚ୍ଛିନ୍ନ ଅବଦାନ ଅତ୍ୟନ୍ତ ଗୁରୁତ୍ୱପୂର୍ଣ୍ଣ। ତାଙ୍କର ଲୋକପ୍ରିୟ ନେତୃତ୍ୱ ଓ ଦୂରଦୃଷ୍ଟି ବଳରେ ସେ ଭୁବନେଶ୍ୱରକୁ ଏକ ଆଦର୍ଶ ରାଜଧାନୀ ନଗରୀକୁ ବିବର୍ତ୍ତିତ କରିବାର ସଫଳତା ଅର୍ଜନ କରିଛନ୍ତି। ସୁତରାଂ ଡ. ମହତାବଙ୍କ ଭୁବନେଶ୍ୱର ରାଜଧାନୀ ପ୍ରତିଷ୍ଠା ପଛେ ଥିବା ଗୁରୁତ୍ୱପୂର୍ଣ୍ଣ ଅବଦାନ ସମ୍ବନ୍ଧରେ ବିସ୍ତୃତ ଆଲୋଚନା ପୂର୍ବରୁ ତାଙ୍କର ବ୍ୟକ୍ତିଗତ ଜୀବନୀ ଉପରେ ଆଲୋକପାତ କରିବା ନିତାନ୍ତ ଆବଶ୍ୟକ।

ଡ. ହରେକୃଷ୍ଣ ମହତାବଙ୍କ ଜୀବନୀ -

ଡ. ମହତାବ ୧୮୯୯ ମସିହା ନଭେମ୍ବର ମାସ ୨୧ ତାରିଖରେ ଅବିଭାଜିତ ବାଲେଶ୍ୱର ଜିଲ୍ଲାର ଅଗରପଡ଼ାରେ ପିତା କୃଷ୍ଣଚନ୍ଦ୍ର ଦାସ ଓ ମାତା ତୋଫା ବିବିଙ୍କ ପରିବାରରେ ଜନ୍ମଗ୍ରହଣ କରିଥିଲେ। କିନ୍ତୁ ତାଙ୍କର ଅଜା ଜଗନ୍ନାଥ ମହତାବଙ୍କର କୌଣସି ପୁତ୍ର ସନ୍ତାନ ନଥିବାରୁ ସେ ହରେକୃଷ୍ଣଙ୍କୁ ପୋଷ୍ୟପୁତ୍ର ଭାବରେ ଗ୍ରହଣ କରିଥିଲେ। ଗାଁ ସ୍କୁଲରେ ବାଲ୍ୟ ଶିକ୍ଷା ସମାପ୍ତ କରି ହରେକୃଷ୍ଣ ଭଦ୍ରକ ହାଇସ୍କୁଲରୁ ୧୯୧୭ ମସିହାରେ ମାଟ୍ରିକ ପରୀକ୍ଷାରେ ପ୍ରଥମ ଶ୍ରେଣୀରେ ଉତ୍ତୀର୍ଣ୍ଣ ହେଲେ। ମାଟ୍ରିକୁଲେସନ ସମୟରେ ସେ ସୁଭଦ୍ରା ମହତାବଙ୍କ ସହିତ ବିବାହ ବନ୍ଧନରେ ବାନ୍ଧିହୋଇ ପାରିବାରିକ ଜୀବନ ଆରମ୍ଭ କରିଥିଲେ। ପରବର୍ତ୍ତୀ ସମୟରେ ଧର୍ମପତ୍ନୀ ସୁଭଦ୍ରା ମହତାବଙ୍କ ସମର୍ଥନ ଓ ସହଯୋଗକ୍ରମେ ଡ. ମହତାବ ବିଭିନ୍ନ ସାମାଜିକ ଓ ରାଜନୈତିକ ଅନୁଷ୍ଠାନ ଗଡ଼ିକ ସହ ଜଡ଼ିତ ହୋଇ ସ୍ୱାଧୀନତା ସଂଗ୍ରାମରେ ଅଗ୍ରଣୀ ଭୂମିକାରେ ଅବତୀର୍ଣ୍ଣ ହୋଇପାରିଥିଲେ। ଉଚ୍ଚଶିକ୍ଷା ପାଇଁ ଡ. ମହତାବ କଟକସ୍ଥିତ ରେଭେନ୍‌ସା ମହାବିଦ୍ୟାଳୟରେ ଯୋଗଦେଲେ ଏବଂ ସେଠାରୁ ତାଙ୍କର ରାଜନୈତିକ, ଦାର୍ଶନିକ ଓ ସଂଗ୍ରାମୀ ଜୀବନର ଅୟମାରମ୍ଭ ହେଲା। ପଢ଼ିବା ସହିତ ସେ ବିଶିଷ୍ଟ ସହପାଠୀ ନବକୃଷ୍ଣ ଚୌଧୁରୀ ଆଦିଙ୍କ ସହ ତତ୍କାଳୀନ ରାଜନୈତିକ ପରିବେଶ ଉପରେ ନିରନ୍ତର ଗୁଢ଼ଚର୍ଚ୍ଚା କରୁଥିଲେ। ୧୯୧୮ ମସିହାରେ ସେ ଉତ୍କଳ ସମ୍ମିଳନୀରେ ଏକ ସ୍ୱେଚ୍ଛାସେବୀ ଭାବରେ ଯୋଗ ଦେଇଥରଲେ ୧୯୨୦ ସେପ୍ଟେମ୍ବର ମାସରେ ଭାରତୀୟ ଜାତୀୟ କଂଗ୍ରେସର କଲିକତା ଅଧିବେଶନରେ ଜଣେ ଶ୍ରୋତା ଓ ପ୍ରତ୍ୟକ୍ଷଦର୍ଶୀ ଭାବରେ ସ୍ୱ ଇଚ୍ଛାରେ ଅଂଶଗ୍ରହଣ କରିଥିଲେ। ମହାତ୍ମାଗାନ୍ଧୀଙ୍କ ବ୍ୟକ୍ତିତ୍ୱ ଓ ମାର୍ଗଦର୍ଶନରେ ଅନୁପ୍ରାଣିତ ହୋଇ ଡ. ମହତାବ ପାଠପଢ଼ା ଛାଡ଼ି୧୯୨୧ ମସିହାରେ ଅସହଯୋଗ ଆନ୍ଦୋଳନରେ ଯୋଗ ଦେଲେ ଏବଂ ଜିଲ୍ଲା କଂଗ୍ରେସ କମିଟିର ସମ୍ପାଦକ ଭାବରେ କାର୍ଯ୍ୟଭାର ଗ୍ରହଣ କଲେ। ୧୯୨୨ ଜୁଲାଇ ମାସରେ କନିକା ପ୍ରଜା ଆନ୍ଦୋଳନରେ ନେତୃତ୍ୱ ନେଇ ସେ ଜେଲ୍ ଗଲେ। ତାଙ୍କର ଏହି କାରାଗାର ଅବଧି ମଧ୍ୟରେ ସେ ଓଡ଼ିଆ ଏବଂ ଇଂଲିଶ ଭାଷାରେ ଅନେକ ପୁସ୍ତକ ରଚନା କରିଛନ୍ତି। ତା' ମଧ୍ୟରେ 'ଅଜବ ଦୁନିଆ', 'ଫ୍ରି ଥିଙ୍କିଂ' ଦୁଇଟି ଉଦାହରଣ। ସବୁଠାରୁ ଉଲ୍ଲେଖନୀୟ ବିଷୟ ହେଲା ସେ ବାଘାଯତୀନ୍ ଓ ରାମକୃଷ୍ଣ ମିଶନ୍ ମଠର ସନ୍ୟାସୀମାନଙ୍କ ତାତ୍ତ୍ୱିକ ମୂଲ୍ୟବୋଧରେ ଅନୁପ୍ରାଣିତ ହୋଇ ନିଜର ଜୀବନଶୈଳୀକୁ ସୁଦୃଢ଼ କରି ପାରିଥିଲେ।

ମହାତ୍ମା ଗାନ୍ଧୀଙ୍କ ଆହ୍ୱାନରେ ସେ ଧୀରେ ଧୀରେ ସ୍ୱାଧୀନତା ସଂଗ୍ରାମରେ

ଅଧିକରୁ ଅଧିକ ଜଡ଼ିତ ହେବାକୁ ଲାଗିଲେ। ତତ୍କାଳୀନ ଓଡ଼ିଶା ରାଜ୍ୟରେ ଏକ ବଳିଷ୍ଠ ନେତୃତ୍ୱର ଭାଗ୍ୟୋଦୟ ଘଟିଲା ତାଙ୍କ ମାଧ୍ୟମରେ। ନିଜର ମନର କଥାକୁ ଅଗଣିତ ଓଡ଼ିଆମାନଙ୍କ ସମ୍ମୁଖରେ ପହଞ୍ଚାଇ ଦେଲେ ବିଭିନ୍ନ ପତ୍ରପତ୍ରିକା ମାଧ୍ୟମରେ। ଓଡ଼ିଆ ସମାଜକୁ ଦିଗଦର୍ଶନ ଦେବାକୁ ଲାଗିଲେ। ନିଜେ ପ୍ରକାଶ କଲେ ସାପ୍ତାହିକ ଓଡ଼ିଆ ମାଗାଜିନ୍ 'ପ୍ରଜାତନ୍ତ୍ର'। ୧୯୨୭ ମସିହାରେ ପ୍ରକାଶ କଲେ ଇଂରାଜୀରେ ପତ୍ରିକା 'ଆଡ଼ଭେନ୍‌ଚର'। ଏହି ଦୁଇଟି ମାଧ୍ୟମ ଓଡ଼ିଆମାନଙ୍କୁ ଆନ୍ଦୋଳିତ କଲା, ଅନୁପ୍ରାଣିତ କଲା ଏମିତିକି ପରବର୍ତ୍ତୀ କାଳରେ 'ଗାଁ ମଜଲିସ' ପରି ତାଙ୍କ କଳ୍ପନା ପ୍ରସୂତ ସ୍ତମ୍ଭଟି ଲୋକ ଖୋଜିଖୋଜି ପଢ଼ି ନିଜର ରାଜନୈତିକ ନିଷ୍ପତ୍ତି ପାଇଁ ଅବଲମ୍ବନ କରିବାକୁ ଶ୍ରେୟ ମନେକରନ୍ତି।

୧୯୨୮ ମସିହାର ଘଟଣା। କଲିକତାରେ ଓଡ଼ିଆ ସମାଜର ପ୍ରତିଷ୍ଠା ସଙ୍ଗେସଙ୍ଗେ ପ୍ରବାସୀ ଓଡ଼ିଆ ମାନଙ୍କୁ ଏକତ୍ରିତ କରି ସାଇମନ୍ କମିଶନ୍ ବିରୁଦ୍ଧରେ ଆନ୍ଦୋଳନ କରିଥିଲେ। ୧୯୩୦ ମସିହାରେ ସେ ଉତ୍କଳ ପ୍ରଦେଶ କଂଗ୍ରେସ କମିଟିର ସଭାପତି ଭାବେ ନିର୍ବାଚିତ ହୋଇଥିଲେ। ଇଞ୍ଚୁଡ଼ି ଲବଣ ସତ୍ୟାଗ୍ରହର ନେତୃତ୍ୱ ନେଇ କାରାବରଣ କଲେ, ଦେଢବର୍ଷ କାରାବାସ ପରେ ଗାନ୍ଧୀ-ଇରୱଇନ୍ ଚୁକ୍ତି ଫଳରେ ଜେଲରୁ ମୁକୁଳିଲେ। ଏହି ପରି ଅନେକ ଥର ସେ କାରାଗାରରେ ବନ୍ଦୀ ହୋଇଛନ୍ତି, ସବୁଠାରୁ ହୃଦୟସ୍ପର୍ଶୀ ହୋଇଛି ଦିନେ ହଜାରିବାଗ କାରାଗାର। ପତ୍ନୀ ସୁଭଦ୍ରା ମହତାବ ବି ସେହି କାରାଗାରରେ ତାଙ୍କ ସହ ସହବନ୍ଦିନୀ! ସେ ସେହି ସମୟରେ ହଜାରିବାଗ୍ କାରାଗାରରେ ବନ୍ଦୀ ଥିବା ଖାଁ ଅବଦୁଲ୍ ଗଫର ଖାଁ (ସୀମାନ୍ତ ଗାନ୍ଧୀ)ଙ୍କ ସଂସର୍ଗରେ ଆସିଥିଲେ ଓ ତାଙ୍କ ଅଭିଜ୍ଞତା ଓ ଉତ୍ସର୍ଗ ମନୋଭାବ ଶୁଣି ଅନୁପ୍ରାଣିତ ହୋଇଥିଲେ।

୧୯୩୮ ମସିହାରେ ସେ ଗଡଜାତ ପ୍ରଜା ଆନ୍ଦୋଳନର ନେତୃତ୍ୱ ନେଇଥିଲେ। ତା ପରେ ପ୍ରଜାମଣ୍ଡଳର ଉପଦେଷ୍ଟା ତଥା ନିଖିଳ ଭାରତ କଂଗ୍ରେସ କାର୍ଯ୍ୟକାରୀ କମିଟି ସଦସ୍ୟ ଭାବରେ ମନୋନୀତ ହୋଇଥିଲେ। ସବୁଠାରୁ ଗୁରୁତ୍ୱପୂର୍ଣ୍ଣ ଘଟଣା ହେଲା ମହତାବ ମହାତ୍ମା ଗାନ୍ଧୀଙ୍କୁ ସ୍ୱାଧୀନତା ସଂଗ୍ରାମ ସମୟରେ ସାରା ଓଡ଼ିଶା ବୁଲାଇ ଅଗଣିତ ଓଡ଼ିଆ ମାନଙ୍କର ଦୁଃଖକଷ୍ଟ ବିଷୟରେ ଅବଗତ କରାଇଥିଲେ। ସୁତରାଂ ସ୍ୱାଧୀନତା ସଂଗ୍ରାମ ମହତାବଙ୍କୁ ଏକ ସୁଦୃଢ଼ ନେତା ଓ ସଂଗ୍ରାମୀ ଚରିତ୍ର ଗଠନର ପୃଷ୍ଠଭୂମି ହେବା ସହିତ ତାଙ୍କୁ ମଧ୍ୟ ଏକ ସର୍ବଭାରତୀୟ ବ୍ୟକ୍ତିତ୍ୱ ପ୍ରଦାନ କରିଥିଲା।

ସ୍ୱାଧୀନତା ପର ଓଡ଼ିଶାରେ ମହତାବଙ୍କ ଭୂମିକା -

ସ୍ୱାଧୀନତା ପରବର୍ତ୍ତୀ କାଳରେ ଓଡ଼ିଶାର ନବନିର୍ମାଣରେ ମହତାବ ଅଗ୍ରଣୀ

ଭୂମିକା ନେଇଥିଲେ । ଓଡ଼ିଶାର ପ୍ରଧାନମନ୍ତ୍ରୀ ତଥା ମୁଖ୍ୟମନ୍ତ୍ରୀ ହିସାବରେ ସେ ରାଜ୍ୟର ସର୍ବାଙ୍ଗୀନ ବିକାଶ ପାଇଁ ଅନେକ ଯୋଜନା ମୂଳକ କାର୍ଯ୍ୟ ସମ୍ପାଦନ କରିଥିଲେ । ମହତାବଙ୍କର ଭାରତର ପ୍ରଧାନମନ୍ତ୍ରୀ ପଣ୍ଡିତ ନେହେରୁ ଓ ଗୃହମନ୍ତ୍ରୀ ସର୍ଦ୍ଦାର ପଟେଲଙ୍କ ସହ ନିବିଡତା ଯୋଗୁ ସେ ଓଡ଼ିଶାରେ ବହୁ ବିକାଶମୂଳକ ପ୍ରକଳ୍ପର ଶୁଭାରମ୍ଭ କରିଥିଲେ । ତାଙ୍କର ଅଦମ୍ୟ ପ୍ରଚେଷ୍ଟାରେ ହୀରାକୁଦ ବନ୍ଧ, ପାରାଦ୍ୱୀପ ବନ୍ଦର, ଫେରୋ-ମାଙ୍ଗାନିଜ କାରଖାନା ତଥା ଲୌହ ଇସ୍ପାତ ଓ ସିମେଣ୍ଟ ଭଳି ଅନେକ ଅତ୍ୟାବଶ୍ୟକ ପ୍ରକଳ୍ପର ସୂତ୍ରପାତ ହେଲା । ତା ସହିତ ଆଧୁନିକ ଓଡ଼ିଶାର ସାମାଜିକ, ଅର୍ଥନୈତିକ କ୍ଷେତ୍ରରେ ନୂଆ ଦିଗନ୍ତର ଅୟମାରମ୍ଭ ହେଲା ।

ଏଠାରେ ଉଲ୍ଲେଖଯୋଗ୍ୟ ଯେ ସ୍ୱାଧୀନତାପର ଭାରତରେ ଯେତେବେଳେ ରାଜ୍ୟଗୁଡିକ ନିଜର ସୀମା ପରିମାପ କରୁଥିଲେ, ସେଇ ଘଡିସନ୍ଧିରେ ଓଡ଼ିଶା ରାଇଜ ପାଇଁ ମହତାବଙ୍କ ଭୂମିକା ଏକ ନିର୍ଣ୍ଣାୟକ ପଦ ଭୂଷଣ କରିଥିଲା । ଗଡଜାତ ମିଶ୍ରଣରେ ପୃଷ୍ଠପୋଷକତା କରି ସେ ନୀଳଗିରି ଓ ମୟୂରଭଞ୍ଜ ଶାସନକୁ ଓଡ଼ିଶା ରାଜ୍ୟଭୁକ୍ତ କରିଥିଲେ ।

ସ୍ୱାଧୀନତା ପର ସକାଳରୁ ଭାରତବର୍ଷରେ ଓଡ଼ିଶା ନିଜର ରାଜଧାନୀର ଅବୟବ ଓ ଭବିଷ୍ୟତ ପାଇଁ ଘୋର ଚିନ୍ତାରେ ଥିଲା । କଟକର କାମଚଳା ରାଜଧାନୀର ଭବିଷ୍ୟତ ସମ୍ପ୍ରସାରଣ, ନଈବଢ଼ି ସମସ୍ୟା, ଗମନାଗମନ ଆଦି ଦୃଷ୍ଟିରୁ ନୂତନ ନିର୍ଣ୍ଣୟ ଯେ ଅବଶ୍ୟମ୍ଭାବୀ, ଏହା ସମସ୍ତଙ୍କୁ ସ୍ପଷ୍ଟ ହୋଇଯାଇଥିଲା ।

ଏହି ନୂତନ ରାଜଧାନୀ ନିର୍ବାଚନ ଓ କାର୍ଯ୍ୟକାରିତାରେ ମହତାବଙ୍କ ଅବଦାନ ଅବିସ୍ମରଣୀୟ । ଅନେକ ପ୍ରତିକୂଳ ପରିସ୍ଥିତି ସାମନାକରି ସେ ଭୁବନେଶ୍ୱର ନୂଆ ରାଜଧାନୀ ପ୍ରତିଷ୍ଠାରେ ଭୀଷ୍ମପ୍ରତିଜ୍ଞ ଥିଲେ । ଅଶୋକ, ଖାରବେଳ ଓ ଲଲାଟେନ୍ଦୁ କେଶରୀଙ୍କ ପରେ ଡ. ହରେକୃଷ୍ଣ ମହତାବ ଜଣେ ଭୁବନେଶ୍ୱର ପ୍ରିୟ ବ୍ୟକ୍ତିତ୍ୱ, ତଦାନୀନ୍ତନ ବିସ୍ତୃତ ଜଙ୍ଗଲଭରା ଏକାମ୍ରରେ ତାଙ୍କର ଦୂରଦୃଷ୍ଟି ଆଜିର ସ୍ୱୟଂସତେଜ ସ୍ମାର୍ଟ ସିଟିଠାରୁ ବି ଆହୁରି ଆଗକୁ ରହିଥିଲା ଭଳି ଅନୁଭବ ଆସେ । ତାଙ୍କର ଭୂମିକା ଓ ସଂଘର୍ଷ ନିମ୍ନ ତଥ୍ୟରୁ ସ୍ପଷ୍ଟ ଜଣାଯାଏ ।

ନୂଆ ରାଜଧାନୀ ସ୍ଥାନ ନିରୂପଣ -

ଓଡ଼ିଶା ସ୍ୱତନ୍ତ୍ର ପ୍ରଦେଶ ଭାବରେ ସ୍ୱୀକୃତି ପାଇବା ପରଠାରୁ ଏହାର ରାଜଧାନୀ ବିଷୟରେ ସମସ୍ୟା ରହିଛି । ପୂର୍ବରୁ ଓଡ଼ିଶା ଡିଭିଜନର ମୁଖ୍ୟାଳୟ ଭାବରେ ଇଂରେଜ ସରକାର କଟକକୁ ମାନ୍ୟତା ଦେଉଥିଲେ । କିନ୍ତୁ କଟକ ସହର ମହାନଦୀ ଓ କାଠଯୋଡ଼ି ମଧ୍ୟରେ ଥିବା ଅଣ-ସମ୍ପ୍ରସାରଣକ୍ଷମ ସଂକୀର୍ଣ୍ଣ ସ୍ଥାନରେ ପ୍ରାନ୍ତୀୟ ରାଜଧାନୀ

ପ୍ରତିଷ୍ଠା ପାଇଁ ବିଶେଷଜ୍ଞ ମାନଙ୍କ ଦ୍ୱାରା ମନୋନୀତ ହେଉ ନଥିଲା । ଏହା ସତ୍ତ୍ୱେ ଓଡ଼ିଶା ପ୍ରଶାସନିକ କମିଟି ୧୯୩୩ ମସିହାରୁ କଟକକୁ ରାଜଧାନୀରୂପେ ମାନ୍ୟତା ବଜାୟ ରଖିବାକୁ ସୁପାରିଶ କରିଥିଲେ । ଏଥି ମଧ୍ୟରେ କେତେକ ପୁରୀରେ ରାଜଧାନୀ ସ୍ଥାପନ କରିବାକୁ ଯୁକ୍ତି ବାଢ଼ିଥିଲେ । ଏହାର ପ୍ରତିବାଦରେ କଟକ ବାସିନ୍ଦାମାନେ ଯୁକ୍ତି ବାଢ଼ିଥିଲେ କି ପୁରୀ ଗୋଟିଏ ଧାର୍ମିକ ପୀଠ ହୋଇଥିବାରୁ ଏହା ଏକ ଧର୍ମ ନିରପେକ୍ଷ ସରକାରଙ୍କର ରାଜଧାନୀ ହୋଇପାରିବ ନାହିଁ । ଫଳରେ ରାଜଧାନୀ ନିରୂପଣ ବିଷୟ କଟକ-ପୁରୀ ବିବାଦରେ ପରିଣତ ହେବାକୁ ଯାଉଥିଲା । ଏହାର ସୁଯୋଗ ନେଇ ଦକ୍ଷିଣ ଓଡ଼ିଶାର ରାଜନୈତିକ ନେତାମାନେ ରାଜଧାନୀକୁ ଦକ୍ଷିଣ ଅଞ୍ଚଳକୁ ସ୍ଥାନାନ୍ତରିତ କରିବାକୁ ଦାବି କରୁଥିଲେ । କେନ୍ଦ୍ରୀୟ ପୂର୍ତ୍ତ ବିଭାଗ ଇଞ୍ଜିନିଅର ଏଫ.ଟି. ଜୋନ୍‌ସଙ୍କ ନେତୃତ୍ୱରେ ଏକ ବିଶେଷଜ୍ଞ ଦଳ ୧୯୩୬ ମସିହାରେ ନିଯୁକ୍ତ କରିଥିଲେ । ଏହି ଦଳ ବ୍ରହ୍ମପୁର ନିକଟସ୍ଥ ରାଙ୍ଗାଳୀଗଡ଼ାରେ ରାଜଧାନୀ ପ୍ରତିଷ୍ଠା ପାଇଁ ମତ ଦେଇଥିଲେ । ଉକ୍ତ ରିପୋର୍ଟକୁ ଅଗ୍ରାହ୍ୟ କରି ଓଡ଼ିଶା ସରକାର ଆଇ.ଆର. ବ୍ରେନଙ୍କ ଅଧ୍ୟକ୍ଷତାରେ ଏକ ଫିଜିବିଲିଟ୍ କମିଟି ୧୯୩୭ ମସିହାରେ ଗଠନ କରିଥିଲେ । ଏହି ବ୍ରେନ୍ କମିଟି ନିଜ ରେପୋର୍ଟରେ ଚାରୋଟି ସ୍ଥାନ ଯଥା - କଟକ, ବାରଙ୍ଗ, ଚୌଦ୍ୱାର ଓ ପୁରୀ ମଧ୍ୟରେ ସୀମିତ ରଖିଥିଲେ ।୧୯୩୭ ମସିହା ସେପ୍ଟେମ୍ବର ୨୪ ତାରିଖରେ ବିଧାନସଭାରେ ଗରମାଗରମ ଆଲୋଚନା ପରେ ଗିରିଜା ଭୂଷଣ ଦାସଙ୍କ ପ୍ରସ୍ତାବ କଟକ-ଚୌଦ୍ୱାର ରାଜଧାନୀ ପାଇଁ ଆଦୃତ ହେଲା । କିନ୍ତୁ ଆର୍ଥିକ ସମ୍ବଳ ଅଭାବରୁ ମହାନଦୀ ଉପରେ ଚୌଦ୍ୱାରକୁ ସଂଯୋଗ କରି ପୋଲ ନିର୍ମାଣ ସମ୍ଭବ ହୋଇ ପାରିଲାନାହିଁ । ଯାହା ଫଳରେ କଟକ-ଚୌଦ୍ୱାର ରାଜଧାନୀ ପ୍ରକଳ୍ପ କାର୍ଯ୍ୟକାରୀ ହୋଇ ପାରିଲା ନାହିଁ ।

ନୂତନ ରାଜଧାନୀ ପରିପ୍ରେକ୍ଷୀରେ ମହତାବ ବ୍ୟକ୍ତିଗତ ଭାବରେ କଟକକୁ ରାଜଧାନୀ ଭାବେ ଅବ୍ୟାହତ ରଖିବାକୁ ଚାହୁଁଥିଲେ । ଏଥିପାଇଁ ତାଙ୍କର ସଂପୂର୍ଣ୍ଣ ଇଚ୍ଛାଥିଲା । ଯେତେବେଳେ ସିଏ ଟାଟା କମ୍ପାନୀର ଟାଉନ ପ୍ଲାନର ମାନଙ୍କର ପରାମର୍ଶ ନେଲେ, ପ୍ଲାନରମାନେ କଟକର ପ୍ରତିକୂଳ ଭୌଗୋଳିକ ପରିବେଶ ସହରର ବିସ୍ତାର ଓ ଆଧୁନିକୀକରଣ ପାଇଁ ବ୍ୟୟସାପେକ୍ଷ ହେବ ବୋଲି ମତ ରଖିଥିଲେ ।

ଏହା ମହତାବଙ୍କ ମନରେ ଦ୍ୱନ୍ଦ୍ୱ ସୃଷ୍ଟି କରିଥିଲା । ଏତି ମଧ୍ୟରେ ଦ୍ୱିତୀୟ ମାହାଯୁଦ୍ଧ ଉପରାନ୍ତ ପୁନର୍ନିର୍ମାଣ କମିଟି ଭୁବନେଶ୍ୱରକୁ ଭୌଗୋଳିକ, ଐତିହାସିକ ଓ ସାଂସ୍କୃତିକ ଦୃଷ୍ଟିକୋଣରୁ ରାଜଧାନୀ ପାଇଁ ଏକ ଆଦର୍ଶ ସ୍ଥାନ ଭାବରେ ପ୍ରସ୍ତାବ

ଦେଲା। ସରକାରଙ୍କ ପୂର୍ତ୍ତ ବିଭାଗ ମଧ୍ୟ ୧୯୪୫ ମସିହାଏପ୍ରିଲ ୧୪ ତାରିଖ ଦିନ ରିପୋର୍ଟ ମାଧ୍ୟମରେ ସ୍ପଷ୍ଟ କରିଦେଲା ଯେ, କଟକ ସହର ଚୌଦ୍ୱାର ପର୍ଯ୍ୟନ୍ତ ବିସ୍ତାର କରିବା ଆଦୌ ଫଳପ୍ରଦ ହେବନି, ତେଣୁ ପୂର୍ତ୍ତ ବିଭାଗ, ଭୁବନେଶ୍ୱରକୁ ରାଜଧାନୀ ପାଇଁ ଉପଯୁକ୍ତ ସ୍ଥାନ ଭାବେ ଉଲ୍ଲେଖ କଲା।

ଏ ସବୁ ରିପୋର୍ଟ ତଥା କଟକ ପ୍ରତି ସମସ୍ତଙ୍କର ମାନସିକ ଦୁର୍ବଳତା ସହିତ ରାଜଧାନୀ ନିମନ୍ତେ ଭୌଗୋଳିକ କାରଣରୁ ଅନୁପଯୋଗୀ ଯୁକ୍ତିକୁ ସାକାରେ ଗ୍ରହଣ କରି ଭୁବନେଶ୍ୱରକୁ ନୂତନ ରାଜଧାନୀ ଭାବେ ନିର୍ବାଚନ କଲେ। ଦ୍ୱିତୀୟ ବିଶ୍ୱଯୁଦ୍ଧ ସମାପ୍ତ ହେବାପରେ ତତ୍‌କାଳୀନ ବିଧାନସଭାର ଅନୁମୋଦନ ନେଇ ଭୁବନେଶ୍ୱରକୁ ରାଜଧାନୀ କରିବାର ସିଦ୍ଧାନ୍ତ ନେଲେ।

ଭୁବନେଶ୍ୱର ସପକ୍ଷରେ ମତାମତ -

ଧୀରେଧୀରେ ମହତାବଙ୍କ ମନ ଭୁବନେଶ୍ୱର ସପକ୍ଷରେ ଢଳିବାକୁ ଲାଗିଲା। ଏଇପରି କେତେ କାରଣ ତାଙ୍କୁ ଉଲ୍ଲସିତ କଲା -

ପ୍ରଥମତଃ, ଭୁବନେଶ୍ୱର ଏକ ପ୍ରାଚୀନ ରାଜଧାନୀ। ସମ୍ରାଟ ଅଶୋକ ଏହାକୁ ପ୍ରାନ୍ତୀୟ ମୁଖ୍ୟାଳୟ ଭାବରେ ଉପଯୋଗ କରୁଥିଲେ। ଏହା ମଧ୍ୟ ଖାରବେଳଙ୍କର ବିଶାଳ କଳିଙ୍ଗ ସମ୍ରାଜ୍ୟର ରାଜଧାନୀ ଭାବରେ ସୁପ୍ରତିଷ୍ଠିତ ଥିଲା। ସେହି କାରଣରୁ ଭୁବନେଶ୍ୱର ଅଶୋକ ଓ ଖାରବେଳଙ୍କର ସମୟର କଳା, ଭାସ୍କର୍ଯ୍ୟ ଓ ଗୁମ୍ଫାରେ ଶୋଭାପାଉଛି। ଆହୁରି ମଧ୍ୟ ଏହା ଭୌମ, ସୋମବଂଶୀ ଓ ଗଙ୍ଗରାଜୁତି କାଳର ମନ୍ଦିରମାଳାରେ ସୁଶୋଭିତ। ସୁତରାଂ ଭୁବନେଶ୍ୱରରେ ନୂତନ ରାଜଧାନୀ ହେଲେ, ଜାତିର ଅତୀତ ଓ ବର୍ତ୍ତମାନ ମଧ୍ୟରେ ଏକ ସଂଯୋଗ ସ୍ଥାପନ କରିବ।

ଦ୍ୱିତୀୟରେ ଭୁବନେଶ୍ୱର ଏକ ବିସ୍ତୀର୍ଣ୍ଣ ଜଙ୍ଗଲ ଓ ପତିତ ଉପଯୋଗୀ ଜମି ଉପରେ ଅବସ୍ଥିତ। ଏଥିପାଇଁ କୌଣସି ନଦୀ କିମ୍ବା ଭୌଗୋଳିକ ପ୍ରତିବନ୍ଧକ ନାହିଁ। କେତେ ଦଶକ ପର୍ଯ୍ୟନ୍ତ ଏହାର ବିସ୍ତାର ଓ ବିକାଶ କ୍ରମାଗତ ଭାବରେ ବୃଦ୍ଧି ହେବାରେ କୌଣସି ଅନ୍ତରାୟ ନାହିଁ।

ତୃତୀୟରେ ଦ୍ୱିତୀୟ ବିଶ୍ୱଯୁଦ୍ଧ ସମୟରେ ଆମେରିକାର ସେନା ଭୁବନେଶ୍ୱରକୁ ଏକ ବିମାନଘାଟୀ ଭାବରେ ବ୍ୟବହାର କରୁଥିଲେ। ସେମାନେ ଭୁବନେଶ୍ୱରରେ ଅନେକ ଆମେରିକୀୟ ଢାଞ୍ଚାରେ ଗୃହ ନିର୍ମାଣ କରିଥିଲେ। ଏସବୁ ଆଧୁନିକ ରାଜଧାନୀ ଭୁବନେଶ୍ୱର ପାଇଁ ଏକ ଭିତ୍ତିଭୂମି ଭାବେ ସହାୟକ ହେବ। ଏହା ସହିତ ତତ୍‌କାଳୀନ ଓଡ଼ିଶାର ଗଭର୍ଣ୍ଣରଙ୍କର ମତାମତ ଆଲୋଚନାକୁ ଆଣିବା ଉଚିତ ମନେ ହୁଏ। ୧୯୪୨ ମସିହାରେ ଓଡ଼ିଶାର ଗଭର୍ଣ୍ଣର ହୋଇ ଆସିଥିଲେ ସାର୍ ହଥର୍ଣ୍ଣ

ଲୁଇସ୍। ତାଙ୍କର ପ୍ରଗତିଶୀଳ ଦୃଷ୍ଟିଭଙ୍ଗୀରେ ସେ ସାରା ଭାରତର ସ୍ୱାଧୀନତା ଓ ଉତ୍ତରୋତ୍ତର ବିକାଶର ରାସ୍ତା ପରିକଳ୍ପନା କରୁଥିଲେ। ଓଡ଼ିଶାର ପ୍ରଥମ ଗଭର୍ଣ୍ଣର ଯିଏ କଟକ ଲାଲବାଗ କୋଠିରେ ବସବାସ କରି ରାଜ୍ୟ ଶାସନ କରୁଥିଲେ। ସେ ଆନ୍ତରିକତାର ସହ ଚାହୁଥିଲେ, ଓଡ଼ିଶା ରାଜ୍ୟର ନୂତନ ରାଜଧାନୀ ଭୁବନେଶ୍ୱରରେ ହିଁ ହେଉ।

ଚତୁର୍ଥରେ କଟକ-ଭୁବନେଶ୍ୱର ରାଜପଥ ମଧ୍ୟରେ ଛୋଟଛୋଟ ନଦୀ ଉପରେ ସେତୁ ଗୁଡିକ ଅତି ଶୀଘ୍ର ହୋଇପାରିବ, ଯଦ୍ୱାରା କଟକରୁ ରାଜଧାନୀ ଅପସାରଣ ପ୍ରକ୍ରିୟା ତ୍ୱରାନ୍ୱିତ ହୋଇପାରିବ। ସରକାରୀ କର୍ମଚାରୀମାନେ ଦୁଇ ସହର ମଧ୍ୟରେ ସହଜରେ ଗମନାଗମନ କରିପାରିବେ।

ପଞ୍ଚମତଃ ଭୁବନେଶ୍ୱରର କଠିନ ପଥୁରିଆ ଜମି ଏବଂ ପାଖରେ ମିଳୁଥିବା ମାଙ୍କଡା ପଥର ନୂଆ ରାଜଧାନୀ ଗୃହନିର୍ମାଣରେ ସହାୟକ ହେବ।

ପରିଶେଷରେ, ଭୁବନେଶ୍ୱରର ସବୁଜିମା, ସୁମଧୁର ଭୂମିଷ୍ଠ ପାନୀୟ ଜଳ, ଖୋଲା ମୃଦୁମଳୟ, ଖରାଦିନ ସନ୍ଧ୍ୟାର ପବନ ଲହରି ପ୍ରକୃତିର ସ୍ୱାଦ ଆଣିବ ନୂଆରାଜଧାନୀ ବାସିନ୍ଦାମାନଙ୍କର। ତୁଳନାତ୍ମକ ଭାବରେ ନୂଆ ରାଜଧାନୀ ପାଇଁ ଓଡ଼ିଶାରେ ଭୁବନେଶ୍ୱରର ବିକଳ୍ପ ନାହିଁ।

ଡ. ହରେକୃଷ୍ଣ ମହତାବଙ୍କ ନିଜ ଭାଷାରେ, "ଭୁବନେଶ୍ୱର ହେଉଛି ଓଡ଼ିଶାର ଏକମାତ୍ର ସ୍ଥାନ, ଯେଉଁଠି ଅଶୋକଙ୍କ ସମୟରୁ ଅଢ଼େଇ ହଜାର ବର୍ଷର କ୍ରମାନ୍ୱୟ ଇତିହାସର ଜୀବନ୍ତ ପ୍ରମାଣ ଆଜିଯାଏ ରହିଛି। ସେହି ହେଉଛି ଭୁବନେଶ୍ୱର ପ୍ରତି ମୋର ବିଶେଷ ଆକର୍ଷଣର କାରଣ।"

ହରେକୃଷ୍ଣ ମହତାବଙ୍କ ପ୍ରଚେଷ୍ଟାରେ ଓଡ଼ିଶା ବିଧାନସଭା ୧୯୪୬ ମସିହା ୩୦ ସେପ୍ଟେମ୍ବର ଦିନ ସର୍ବସମ୍ମତି କ୍ରମେ ଭୁବନେଶ୍ୱରରେ ନୂଆ ରାଜଧାନୀ ନିର୍ମାଣ କରିବାର ନିଷ୍ପତ୍ତି ନେଲେ। ୧୯୪୮ ମସିହାରେ ମହତାବ ସରକାର ବିଶିଷ୍ଟ ଜର୍ମାନ ଟାଉନ ପ୍ଲାନର ଓଟୋ କୋନିଂସବର୍ଜରଙ୍କୁ ନୂତନ ରାଜଧାନୀର ନିର୍ମାଣ କାର୍ଯ୍ୟରେ ନିଯୁକ୍ତ କରାଗଲା। କୋନିଂସବର୍ଜରଙ୍କ ପ୍ଲାନିଙ୍ଗ୍ ଅନୁଯାୟୀ ନୂତନ ରାଜଧନୀର ଭିତ୍ତିଭୂମି ବିକାଶ କରିବା ସଙ୍ଗେସଙ୍ଗେ ବିଭିନ୍ନ ପ୍ରକଳ୍ପ ମହତାବଙ୍କ ତତ୍ତ୍ୱାବଧାନରେ ହେଲା। ଭାରତର ପ୍ରଧାନମନ୍ତ୍ରୀ ଜବାହରଲାଲ ନେହେରୁ୧୯୪୯ ମସିହା ଅପ୍ରେଲ ମାସରେ ନୂତନ ଭୁବନେଶ୍ୱରର ଭିତ୍ତିପ୍ରସ୍ତର ସ୍ଥାପନକଲେ। ୧୯୪୯ ଅକ୍‌ଟୋବର ୧୦ ତାରିଖରେ ଓଡ଼ିଶାର ବିଧାନସଭା ଅଧିବେଶନ ପ୍ରଥମ ଥର ପାଇଁ ଭୁବନେଶ୍ୱରରେ ଅନୁଷ୍ଠିତ ହେଲା।

ମହତାବଙ୍କ ଅନୁପସ୍ଥିତି ଓ ନୂଆ ରାଜଧାନୀ ନିର୍ମାଣରେ କଚ୍ଛପଗତି -

ପରବର୍ତ୍ତୀ ସମୟରେ ମହତାବ ଓଡ଼ିଶା ଛାଡ଼ି କେନ୍ଦ୍ର ମନ୍ତ୍ରୀମଣ୍ଡଳରେ ଯୋଗଦାନ କରିଥିଲେ। ତାଙ୍କ ଅନୁପସ୍ଥିତିରେ ମୁଖ୍ୟମନ୍ତ୍ରୀ ନବକୃଷ୍ଣ ଚଉଧୁରୀ କିଛିଦିନ କଟକରେ ରହିବାକୁ ଇଚ୍ଛା ପ୍ରକଟ କରିଥିଲେ ଏବଂ ବିରୋଧୀ ନେତା ରାଧାନାଥ ରଥ ଓ ବିଶ୍ୱନାଥ ଦାସ ରାଜଧାନୀ ସ୍ଥାନାନ୍ତରଣର ବିରୋଧୀ ଥିଲେ। ଫଳରେ ନୂତନ ରାଜଧାନୀ ନିର୍ମାଣ କାର୍ଯ୍ୟ ମନ୍ଥର ହୋଇପଡିଲା। ୧୯୫୧ ମସିହା ଶେଷବେଳକୁ ମାତ୍ର ୯ଟି ସରକାରୀ ଅଫିସ୍ କଟକରୁ ଭୁବନେଶ୍ୱରକୁ ଆସିପାରିଥିଲା। ଅନେକ ସେତୁ ପ୍ରକଳ୍ପ ସମ୍ପୂର୍ଣ୍ଣ ହୋଇପାରୁ ନଥିଲା।

ନୂତନ ରାଜଧାନୀ ନିର୍ମାଣରେ ଅର୍ଥ ବ୍ୟବସ୍ଥା ପାଇଁ ହରେକୃଷ୍ଣ ମହତାବଙ୍କର ବିଶେଷ ଅବଦାନ ରହିଛି। ଏଥିପାଇଁ କେନ୍ଦ୍ର ସରକାରଙ୍କୁ ଦୁଇକୋଟି ଟଙ୍କାର ଆକଳନ କରାଯାଇଥିଲା। ମାତ୍ର ଯୁଦ୍ଧ ପରବର୍ତ୍ତୀ କାଳରେ ଏତେ ସହାୟତା ମାତ୍ର ୩୦ ହଜାର ମଞ୍ଜୁରରେ ସୀମିତ ରହିଥିଲ। ଚଣ୍ଡୀଗଡ଼ ପରି ସହର ଋଣ ନେଇ ସହର ନିର୍ମାଣ କଲେ, ଯାହା ଓଡ଼ିଶା ପକ୍ଷେ ଅସମ୍ଭବ ହୋଇ ପଡ଼ିଲା। ଏଥିପାଇଁ ମହତାବ ତତ୍କାଳୀନ ଅର୍ଥମନ୍ତ୍ରୀ ଲିଆକତ୍ ଅଲି ଖାନ୍‌ଙ୍କ ସହିତ ସ୍ୱତନ୍ତ୍ର ଆଲୋଚନା କରି ୨ କୋଟି ୮୯ ଲକ୍ଷ ଟଙ୍କାର ଅନୁଦାନ ଭାରତ ସରକାରଙ୍କ ଠାରୁ ପାଇଲେ। ଏମିତି ଭୁବନେଶ୍ୱର ଏକମାତ୍ର ନୂତନ ରାଜଧାନୀ, ଯାହାର ସମୁଦାୟ ନିର୍ମାଣ ଖର୍ଚ୍ଚ ଭାରତ ସରକାର ବହନ କରିଛନ୍ତି।

ମହତାବଙ୍କ ପ୍ରତ୍ୟାବର୍ତ୍ତନ ଓ ନୂଆ ରାଜଧାନୀ ତ୍ୱରାନ୍ୱିତ ରାଜଧାନୀ ନିର୍ମାଣ ପ୍ରକଳ୍ପ -

ଡ. ମହତାବ ଦ୍ୱିତୀୟ ଥରପାଇଁ ଓଡ଼ିଶାର ମୁଖ୍ୟମନ୍ତ୍ରୀ ଭାବେ ୧୯୫୬ ମସିହାରେ ଶପଥ ନେଲେ। ତୁରନ୍ତ କାଠ ଯୋଡି ଓ କୁଆଖାଇ ସେତୁଗଡ଼ିକୁ ସମ୍ପୂର୍ଣ୍ଣ କରାଇ କଟକ ଭୁବନେଶ୍ୱର ମଧ୍ୟରେ ଗମନାଗମନ ସୁଗମ କରିଥିଲେ। ଭୁବନେଶ୍ୱରରେ ନିର୍ମାଣାଧୀନ ଥିବା ସଚିବାଳୟ, ବିଧାନସଭା ଓ ରାଜଭବନ ଆଦିର ପ୍ରକଳ୍ପ ଗଡ଼ିକୁ ପ୍ରାଥମିକତା ଭାବରେ ସମ୍ପୂର୍ଣ୍ଣ କରାଇଥିଲେ।

ଭୁବନେଶ୍ୱରକୁ ଏକ ସରସ ସୁନ୍ଦର ସହର ଭାବରେ ଗଢ଼ି ତୋଳିବାକୁ ନିଜକୁ ଉତ୍ସର୍ଗ କରିଦେଇଥିଲେ। ମୁଖ୍ୟମନ୍ତ୍ରୀ ତଥା ସକ୍ରିୟ ରାଜନୀତିରୁ ଅପସରି ଯିବା ପରେ ମଧ୍ୟ ସେ ପରୋକ୍ଷ ଭାବରେ ଭୁବନେଶ୍ୱରର ଉନ୍ନତିକଳ୍ପେ ଯତ୍ନଶୀଳ ଥିଲେ।

ଡ. ହରେକୃଷ୍ଣ ମହତାବଙ୍କୁ ଆଧୁନିକ ଭୁବନେଶ୍ୱରର କର୍ଣ୍ଣଧାର କହିଲେ ଅତ୍ୟୁକ୍ତି ହେବନାହିଁ। ସେ ଭୁବନେଶ୍ୱର ଓ ଭୁବନେଶ୍ୱରବାସୀଙ୍କୁ ଏତେ ଭଲ

ପାଉଥିଲେ ଯେ, ନିଜର ବାସଭବନର ନାମ ରଖିଥିଲେ, ଏକାମ୍ର ନିବାସ। ଭୁବନେଶ୍ୱର ସହରତଳି ଗାଁ ଗଣ୍ଡାରେ ସିଏ ଲୋକମାନଙ୍କ ସହିତ ମିଶିଯାଇଥିଲେ। ୧୯୮୭ ମସିହା ଜାନୁଆରୀ ୨ ତାରିଖରେ ସେ ଏକାମ୍ରନିବାସ, ଏକାମ୍ର କ୍ଷେତ୍ର ତଥା ସ୍ୱପ୍ନର ନୂଆ ରାଜଧାନୀ ଭୁବନେଶ୍ୱର ଛାଡ଼ି ସ୍ୱର୍ଗବାସ କଲେ।

ଆଜିର ଭୁବନେଶ୍ୱର ସତେଜତା ଓ ସ୍ଫୂର୍ତ୍ତିତା ମାପରେ ଭାରତର ଏକ ନମ୍ବର ଓ ବିଶ୍ୱର ଊନବିଂଶ ନମ୍ବର ସ୍ଥାନରେ ରହି ପାରୁଛି। ଏବେ ଡେରିରେ ହେଲେ ବି ଡ. ହରେକୃଷ୍ଣ ମହତାବଙ୍କ ନୂତନ ରାଜଧାନୀ ପସନ୍ଦକୁ ଆମେ ଏକ ଦୈବୀ ପ୍ରଭାବର ନିଷ୍ପତ୍ତି ବୋଲି ଆକଳନ କରୁ।

ପ୍ରଫେସର, ରାଜନୀତି ବିଜ୍ଞାନ ବିଭାଗ,
ଇନ୍ଦିରା ଗାନ୍ଧୀ ସରକାରୀ ମହାବିଦ୍ୟାଳୟ,
ତେଜୁ, ଅରୁଣାଚଳ ପ୍ରଦେଶ
ମୋ-୦୯୪୩୬୯୪୯୫୦୦

ଆମ ଜନ୍ମଭୂମି

ଡ. ସୁଲୋଚନା ଦାସ

ଚନ୍ଦ୍ରଭାଗାର ବେଳାଭୂଇଁରେ ଅରୁଣସୂର୍ଯ୍ୟ ଉଦୟ ଉତ୍ସବ ମୁଠା ମୁଠା ସ୍ୱର୍ଣ୍ଣ ରେଣୁ ବୁଣିଦିଏ ଉତ୍କଳର ଶୁଭକାମନା କରି। ମହେନ୍ଦ୍ରଗିରିର ଅସ୍ତାଚଳରେ ସୂର୍ଯ୍ୟ ଅସ୍ତଗାମୀ ହେଲେ ସାରା ଓଡ଼ିଶାରେ ଖେଳିଯାଏ ବର୍ଣ୍ଣର ମହୋତ୍ସବ। ମହୋଦଧି ଯାହାର ପଦ ଧୌତ କରେ, ପ୍ରକୃତି ଯେଉଠି ନିତ୍ୟ ନୂତନ ରୂପରେ ଶୋଭାପାଏ, ପାଷାଣ ଯେଉଁ ମାଟିରେ ବାଙ୍ମୟ ହୋଇଉଠେ କୋଣାର୍କର ନଟନଟୀ ରୂପରେ, ନଈର କୁଳୁକୁଳୁ ବିତାନ, ତପମଗ୍ନ ପାହାଡ଼ର ଧ୍ୟାନସ୍ଥ ମୂର୍ତ୍ତି, ସବୁଜ ଅରଣ୍ୟର କଟିମେଖଳା, ଖଣିଖାଦାନର କୁବେର ଭଣ୍ଡାର, ଶ୍ୟାମଳ ଶସ୍ୟକ୍ଷେତ୍ର, ଫୁଲଫଳଭରା ବୃକ୍ଷରାଜି, ମରାଳମାଳିନୀ ଚିଲିକାର ନୀଳ ଜଳରାଶି, ପ୍ରକୃତିର ଅନନ୍ୟ ଐଶ୍ୱର୍ଯ୍ୟରେ ଯେଉଁ ଭୂମି ଶ୍ରୀମୟୀ ସେଇ ଓଡ଼ିଶା ଆମର ଜନ୍ମଭୂମି, କର୍ମଭୁମି।

ଦିନେ ଲକ୍ଷ ଲକ୍ଷ ଲୋକ ଆତ୍ମବଳି ଦେଇ ଚଣ୍ଡାଶୋକଙ୍କୁ ଧର୍ମାଶୋକରେ ପରିଣତ କରିଥିଲେ। ରାଜଧର୍ମକୁ ରୂପାନ୍ତରିତ କରିଥିଲେ ପ୍ରେମଧର୍ମରେ। କଳିଙ୍ଗାଧିପତି ଐର ଖାରବେଳ ଦିନେ କଳିଙ୍ଗର ପୂର୍ବ ଗୌରବ ଫେରାଇ ଆଣିବାକୁ ମଗଧ ଆକ୍ରମଣ କରିଥିଲେ। ସସମ୍ମାନେ ଫେରିଆସିଥିଲା ଓଡ଼ିଶାର ମର୍ଯ୍ୟାଦାର ପ୍ରତୀକ ଜୀନାସନ। ଗଙ୍ଗାଠାରୁ ଗୋଦାବରୀ ଯାଏ ଓଡ଼ିଶା ସୀମାକୁ ପ୍ରଲମ୍ବିତ କରିଥିଲେ ଦଗବିଜୟୀ ସମ୍ରାଟ କପିଳେନ୍ଦ୍ରଦେବ। ଷୋଡ଼ଶ ସପ୍ତଦଶ ଶତାବ୍ଦୀ ପର୍ଯ୍ୟନ୍ତ ସାରା ଭାରତରେ ମୋଗଲ ସମ୍ରାଟମାନେ ଶାସନ କରୁଥିବା ବେଳେ ଓଡ଼ିଶା ଉପଭୋଗ କରୁଥିଲା ଅଖଣ୍ଡ ସ୍ୱାଧୀନତା। ୧୫୬୮ ମସିହାରୁ ଆଫଗାନ, ମୋଗଲ ଓ ମରହଟ୍ଟା ଅଧ୍ୟୁସିତ ହେବା

ପରେ ୧୮୦୩ ମସିହାରେ ଇଂରେଜ କବଳକୁ ଆସିଲା ସ୍ୱାଧୀନଚେତ ଓଡ଼ିଶା। କିନ୍ତୁ ୧୮୧୭ ମସିହାରୁ ଆରମ୍ଭ ହୋଇଗଲା ଇଂରେଜ ବିରୁଦ୍ଧରେ ପାଇକ ବିଦ୍ରୋହ, ଘୁମୁସର ବିଦ୍ରୋହ, ବୀର ସୁରେନ୍ଦ୍ର ସାଏଙ୍କ ଆମରଣ ସ୍ୱାଧୀନତା ସଂଗ୍ରାମ। ଭାରତର ସ୍ୱାଧୀନତା ଆନ୍ଦୋଳନର ଇତିହାସରେ ସମୁଚିତ ସ୍ଥାନ ପାଇ ନଥିଲେ ସୁଦ୍ଧା ଏହାହିଁ ଥିଲା ବ୍ରିଟିଶ୍ ବିରୋଧର ପ୍ରଥମ ସ୍ୱାଧୀନତା ଆନ୍ଦୋଳନ। ଓଡ଼ିଆର ବୀରତ୍ୱ, ଶୌର୍ଯ୍ୟ, ବୀର୍ଯ୍ୟର କାହାଣୀ ଲିପିବଦ୍ଧ ହୋଇ ରହିଛି ଓଡ଼ିଆର ପ୍ରତ୍ୟେକ ରକ୍ତ ବିନ୍ଦୁରେ, ତାର ଅସ୍ଥିମଜ୍ଜାରେ। ଏ ଜାତିର ସମୃଦ୍ଧିର ଗନ୍ତାଘରରେ ରହିଛି ମାଟି ପାଇଁ ବୀର ପାଇକମାନଙ୍କ ଆତ୍ମବଳିଦାନର ଗୌରବମୟ ଗାଥା।

ଓଡ଼ିଆମାନେ ହେଉଛନ୍ତି ଭାରତବର୍ଷର ଏକ ଜାତି ଯିଏ ସର୍ବ ପ୍ରଥମ ବିଦେଶୀ ଉପନିବେଶ ପ୍ରତିଷ୍ଠା କରିବା ଗୌରବର ଅଧିକାରୀ। ଇତିହାସ କୁହେ, ବିଜୟ ସିଂହ ନାମକ ଜଣେ କଳିଙ୍ଗର ରାଜବଂଶଜ ସିଂହଳ ଦ୍ୱୀପ ପ୍ରତିଷ୍ଠା କରିଥିଲେ। ତାଙ୍କ ନାମାନୁସାରେ ସିଂହରୁ ସିଂହଳ ହୋଇଛି। ଭାରତବର୍ଷରେ ଭାଷାଭିତ୍ତିକ ରାଜ୍ୟ ଭାବେ ସର୍ବ ପ୍ରଥମେ ଓଡ଼ିଶାକୁ ସ୍ୱୀକୃତି ମିଳିଥିଲା। ୧୯୩୬ ମସିହା ଏପ୍ରିଲ ପହିଲାରେ। ସେହିପରି ଓଡ଼ିଆ ଭାଷାକୁ ଭାରତୀୟ ଆର୍ଯ୍ୟଭାଷା ଗଡ଼ିକ ମଧ୍ୟରେ ପ୍ରଥମେ ଶାସ୍ତ୍ରୀୟ ମାନ୍ୟତା ମିଳିଛି। ଓଡ଼ିଶାର ଅନ୍ୟତମ ବିଶିଷ୍ଟ ସ୍ୱାଧୀନତା ସଂଗ୍ରାମୀ ବିଜୁ ପଟ୍ଟନାୟକ ଇଣ୍ଡୋନେସିଆରୁ ରାଜା ସୁକର୍ଣ୍ଣଙ୍କୁ ଉଦ୍ଧାର କରି ଆଣିବାର ଦୁଃସାହାସିକ ବୀରତ୍ୱ ଇତିହାସରେ ବିରଳ। ସ୍ୱାଧୀନତା ସଂଗ୍ରାମରେ ବହୁ ବହୁ ଓଡ଼ିଆ ଆତ୍ମବଳିଦାନ ଦେଇ ଦେଶକୁ ସ୍ୱାଧୀନ କରିଥିଲେ। ସେମାନଙ୍କର ତାଲିକା ଏତେ ଦୀର୍ଘ ଯେ, ତାର ସମ୍ପୂର୍ଣ୍ଣ ବିବରଣୀ ଏ ସୀମିତ କଳେବରରେ ସମ୍ଭବ ନୁହେଁ। ଓଡ଼ିଆ ରାଣୀ ଶୁକଦେଇ ହୁଅନ୍ତୁ କି ମା ରମାଦେବୀ ହୁଅନ୍ତୁ, କାରୁବାକି ହୁଅନ୍ତୁ କି ସରଳାଦେବୀ ହୁଅନ୍ତୁ - ବହୁ ଓଡ଼ିଆଣୀ ଇତିହାସରେ ସ୍ୱର୍ଣ୍ଣାଭ ଦୀପ୍ତିରେ ଭାସ୍ୱରିତ ସେମାନଙ୍କ କୃତି ଓ କୀର୍ତ୍ତି ପାଇଁ।

ଓଡ଼ିଶାର ଗଜପତି ଠାକୁର ରାଜା ହାତରେ ସୁବର୍ଣ୍ଣ ସମାର୍ଜନୀ ଧରି ସର୍ବଜନ ସମ୍ମୁଖରେ ସେବକ ଭୂମିକା ନିଭାଇ ପାରନ୍ତି। ଉଦ୍‌ଘୋଷିତ ହୁଏ ସେବା ହିଁ ପରମଧର୍ମ - ଯାହା ଜଗନ୍ନାଥ ଚେତନାର ଉଦାର ମନ୍ତ୍ର। ବିଶ୍ୱମୈତ୍ରୀ, ବିଶ୍ୱ ଭାତୃତ୍ୱର ପ୍ରତୀକ ଶ୍ରୀଜଗନ୍ନାଥ ଆଧ୍ୟାତ୍ମିକ ଚେତନାର ମୂଳକଥା ହେଉଛି ମାନବଧର୍ମ ହିଁ ଶ୍ରେଷ୍ଠଧର୍ମ। ଶ୍ରୀମନ୍ଦିର ପରି ବିଶାଳ ମନ୍ଦିର ନିର୍ମାଣ କରି ଏହାର ନିର୍ମାତା କହନ୍ତି - ମୋତେ ନିର୍ବଂଶ କର ପ୍ରଭୁ! ମୋ ବଂଶରେ କେହି ଜଣେ ବି ନ ରହୁ ଯିଏ କହିବ ଏ ମନ୍ଦିର ମୋର, ମୋ ପିତୃପୁରୁଷଙ୍କର। ଯେଉଁ ମାଟିର ସନ୍ତାନ ଚଉଦବର୍ଷର ବାଳକ ଧର୍ମପଦ ମନ୍ଦିର ଚଡ଼ାରେ ଦଧିନଉତି ବସାଇ ସମୁଦ୍ରରେ ଆତ୍ମଝାସ ଦେବାକୁ ଯାଇ କୁହେ - ହେ ବିଶୁ

ମହାରଣା, ତୁମେ ବାରଣ ବଢ଼େଇରେ ଦାୟ । ଗୋଟିଏ ପୁଅରେ ନୁହଁ । ବାରବର୍ଷର ବାଳୁତ ବାଜି ରାଉତ ଇଂରେଜମାନଙ୍କ ଗୁଳିକୁ ଛାତି ପରେଇ କହିପାରେ, ମୋ ଦେହରେ ବିନ୍ଦୁଏ ରକ୍ତଥିବା ଯାଏ, ତମେମାନେ ନଈପାରି ହୋଇ ଆସି ପାରିବନାହିଁ।

ଏ ମାଟିର କବି ଜୟଦେବ - ଯାଙ୍କର ଭକ୍ତିର ବଭୂତି ଟାଣି ଆଣିଥିଲା ପରମ ପ୍ରେମିକ ଶ୍ରୀକୃଷ୍ଣଙ୍କୁ ଏ ଧରାଧାମକୁ - ଦେହି ପଦପଲ୍ଲବ ମୁଦାରଂ--- ପଦ ପୂରଣ କରିବାପାଇଁ। ମଧୁର କୋମଳ କାନ୍ତ ପଦାବଳୀ - "ଲଳିତ ଲବଙ୍ଗଲତା ପରିଶୀଳନମ୍" ଆଜି ବି ଗୁଞ୍ଜରିତ ହୁଏ ଓଡ଼ିଶାର ପୁରପଲ୍ଲୀରେ, ଜନପଦରେ ଆଉ ଶ୍ରୀମନ୍ଦିରରେ। ଓଡ଼ିଆ ସନ୍ଥ କନ୍ଧ ଭୀମଭୋଇ ଗାଇ ପାରନ୍ତି - "ପ୍ରାଣୀଙ୍କ ଆରତ ଦୁଃଖ ଅପ୍ରମିତ ଦେଖୁ ଦେଖୁ କେବା ସହୁ, ମୋ ଜୀବନ ପଛେ ନର୍କେ ପଡ଼ିଥାଉ ଜଗତ ଉଦ୍ଧାର ପାଉ।"

ମାନବଧର୍ମର ସର୍ବଶ୍ରେଷ୍ଠ ସବିଶେଷ ମନ୍ତ୍ରପାଠ ଉଚ୍ଚାରିତ ହୋଇଥିଲା କେଉଁ ଅଖ୍ୟାତ ବଣ ଭୂଇଁରେ, ଯାହା ଆଜି ଜାତିସଂଘରେ ସ୍ଥାନିତ ହୋଇ ଓଡ଼ିଶା ପାଇଁ ଅଶେଷ ଗୌରବ ଆଣି ଦେଇଛି। ମା'ର ମନ ବୁଝି ଆଉ ଜଣେ ଯୋଗଜନ୍ମା ପୁରୁଷ ରଚନା କରିଦେଇ ଗଲେ ଓଡ଼ିଆ 'ଭାଗବତ'। ଯାହା ଓଡ଼ିଶାରେ ସର୍ବତ୍ର ଭାଗବତ ଟୁଙ୍ଗୀରେ ଆଧ୍ୟାତ୍ମିକ ପରିବେଶ ସୃଷ୍ଟି କରୁଥିଲା। କବିଙ୍କ କଣ୍ଠରେ 'ଧନ ଅର୍ଜନେ ଧର୍ମ କରି, ଧର୍ମେ ପ୍ରାପତ ନରହରି।'

ଏଇ ମାଟିର ଆଉ ଜଣେ କବି ସମ୍ରାଟ ସ୍ୱପ୍ନ ଦେଖିଥିଲେ, 'ବହିତ୍ର ଲାଗିଲା ଯାଇ ସିଂହଳ ଦ୍ୱୀପରେ।' କଳିଙ୍ଗ ଆଉ ସିଂହଳର ରାଜକୁମାର, ରାଜକୁମାରୀଙ୍କ ପ୍ରଣୟର ଚିତ୍ରଟିଏ ଆଙ୍କୁ ଆଙ୍କୁ କବି ଓଡ଼ିଆ ସାଧବ ପୁଅର ନୌବାଣିଜ୍ୟ କଥା କହିଦେଇଗଲେ କାଳକାଳକୁ। କଳିଙ୍ଗୀୟ ସାହସିକାଃକୁ ଆଜି ସ୍ମରଣ କରନ୍ତି ଓଡ଼ିଆଏ କାର୍ତ୍ତିକ ପୂର୍ଣ୍ଣିମାରେ ଡଙ୍ଗା ଭସାଇବାବେଳେ। ଓଡ଼ିଆ କବି ସାରଳା ଦାସ, ଜଗନ୍ନାଥ ଦାସ, ବନମାଳୀ, ଗୋପାଳକୃଷ୍ଣ, ଉପେନ୍ଦ୍ରଭଞ୍ଜ, ଦୀନକୃଷ୍ଣ, ଅଭିମନ୍ୟୁ, ରାଧାନାଥ, ଫକୀରମୋହନ, ମଧୁସୂଦନ, ଗଙ୍ଗାଧରଙ୍କଠାରୁ ଆରମ୍ଭକରି ସାଂପ୍ରତିକ କାଳର ସ୍ରଷ୍ଟାଗଣଙ୍କ ପର୍ଯ୍ୟନ୍ତ ପ୍ରଲମ୍ବିତ ଏହି ସୃଜନଶୀଳତାର ଧାରା। ଏସବୁ କୀର୍ତ୍ତିକୁ ଆୟୁଷ୍ମାନ କରିଛି ମହାକାଳର କଷଟିରେ। ମାନବବାଦର ଜୟଗାନ ସହିତ ଜୀବନ ପାଇଁ ଅସୁମାରି ଆଶା, ବିଶ୍ୱାସ, ପ୍ରେମ, ଆନନ୍ଦର ବାର୍ତ୍ତା ଦେଇଛନ୍ତି ଜଗତକୁ।

ସେଦିନ ସାଧବ ଝିଅ ତଅପୋଇ ସ୍ୱପ୍ନ ଦେଖିଥିଲା ଧୂଳି ଖେଳିବ ରୂପା କୁଲେଇରେ ସୁନାଚାନ୍ଦ ଧରି। ଓଡ଼ିଆଘରର କୁନି ଝିଅଟିଏ ଯଦି ଏମିତି ସ୍ୱପ୍ନ ଦେଖିପାରେ, ସେ ଜାତି କଅଣ କେବେ ଦରିଦ୍ର ହୋଇପାରେ? ହାତପାତି ଭିକ୍ଷା ମାଗିପାରେ ଅନ୍ୟର ଦୟା, କରୁଣାକୁ? ଯାହାର ଭାଇମାନେ ହାତୀଦାନ୍ତ, ପାଟଲୁଗା, ହୀରାନୀଳାରେ

ବେପାର ବଣିଜ କରୁଥିଲେ ସୁଦୂର ଜାଭା, ବାଲି, ସୁମାତ୍ରା, ସିଂହଳ, ଇଣ୍ଡୋନେସିଆ ପ୍ରଭୃତି ଦୂର ବିଦେଶରେ ସେ ଜାତି କ'ଣ କାହାର କୃପାଭିକ୍ଷୁ ହୋଇପାରେ ? ଜାତିର ମହିମା ଓ ଗାରିମା ଆଜି ବି ମର୍ମରିତ ହୁଏ ବଙ୍ଗୋପସାଗରର ନୀଳଜଳବେଣୀରେ। ସମୁଦ୍ର ବକ୍ଷରେ ପୋତ ମେଲି ଯାଉଥିବା ସାଧବର ଐଶ୍ୱର୍ଯ୍ୟକୁ ସ୍ତୁତିଚାରଣ କରେ ଆଜିର ବାଲିଯାତ୍ରା। ସେଇ ବିଭବର ମୂକସାକ୍ଷୀ ତ କୋଣାର୍କ ମନ୍ଦିର, ପୁରୀ ମନ୍ଦିର, ଲିଙ୍ଗରାଜ ମନ୍ଦିର, ରାଜରାଣୀ ମନ୍ଦିର, କୀଚକେଶ୍ୱରୀ ମନ୍ଦିର ପ୍ରଭୃତି ଅସଂଖ୍ୟ ମନ୍ଦିର। ଛୋଟ ବଡ଼ ହୋଇ ଓଡ଼ିଶାରେ ସହସ୍ରାଧିକ ମନ୍ଦିର ରହିଛି। ଯାହାର ଅନୁପମ କାରୁକଳାର ପଟାନ୍ତର ନାହିଁ। ନିଖୁଣ କଳା କାରିଗରୀ ଓଡ଼ିଆ ଶିଳ୍ପୀର ପାରଦର୍ଶିତା ପ୍ରତିପାଦନ କରିଥାଏ। ସମଗ୍ର ଭାରତବର୍ଷରେ ଏଥିପାଇଁ ଓଡ଼ିଶାର ପ୍ରସିଦ୍ଧି। ସ୍ଥାପତ୍ୟର ଏହି ଦକ୍ଷତା ଆଜି ବି ଓଡ଼ିଆ ସ୍ଥପତି ମାନଙ୍କଠାରେ ଦେଖିବାକୁ ମିଳିଥାଏ।

କଥାରେ ଅଛି 'ମନ ଫୁଲାଣିଆ ଗୀତ ଗାଏ।' ସେଥିପାଇଁ ଓଡ଼ିଶୀନୃତ୍ୟ ସଂଗୀତର ସାଧନା। ଦେଶ ବିଦେଶରେ ଯାହାର ଜୟ ଜୟକାର। ଶତ କଣ୍ଠରେ ଝରିପଡେ ପ୍ରଶଂସାର ଫୁଲଝରି। ଶାସ୍ତ୍ରୀୟ ମାନ୍ୟତା ପାଇବାରେ ମଧ୍ୟ ଓଡ଼ିଶୀ ସଂଗୀତର ଗୌରବ ବୃଦ୍ଧି ପାଇଛି। କଳାରେ, କାରିଗରୀରେ ଭଲା ତା' ସମକକ୍ଷ କିଏ ଅଛି ? ସମ୍ବଲପୁରୀ ଶାଢ଼ି ହେଉ କି ମାଣିଆବନ୍ଧ, ବ୍ରହ୍ମପୁରୀ ପାଟ ହେଉ, ପିପିଲିର ଚାନ୍ଦୁଆ ହେଉ କି ରଘୁରାଜପୁରର ପଟ୍ଟଚିତ୍ର ହେଉ, ଖିଚିଙ୍ଗର ପଥରମୂର୍ତ୍ତି ହେଉ କି କଳାହାଣ୍ଡି ନବରଙ୍ଗପୁର କାଠର ଖୋଦେଇ କାମ ହେଉ, ସବୁଥିରେ ତା'ର ସ୍ୱର୍ଣ୍ଣ ହସ୍ତର ସ୍ୱାକ୍ଷର ! ଅଭାବୀ ମଣିଷଟିଏ କ'ଣ କଳ୍ପନା କରିପାରିବ ଏ ସବୁ କଥା ?ପେଟ ଚାଖଣ୍ଡେ ଚିନ୍ତା ଯାହାର, ସେ କ'ଣ ଦେଖିପାରିବ ଏମିତି ସ୍ୱପ୍ନ ? ନା କଳାରେ, ନା ସ୍ଥାପତ୍ୟରେ, ନା କାରିଗରୀରେ, ନା ନୃତ୍ୟ ସଙ୍ଗୀତରେ, ନା ସାହିତ୍ୟରେ ?

ଆର୍ଯ୍ୟ, ଦ୍ରାବଡ଼, ଶାବର ସଂସ୍କୃତିର ମିଳନପୀଠ ଓଡ଼ିଶାର ପ୍ରାଣପ୍ରିୟ ପ୍ରଭୁ ଶ୍ରୀଜଗନ୍ନାଥ ପୁରୁଷୋତ୍ତମ ଧାମରେ ଅଧିଷ୍ଠିତ ଆମର ରାଷ୍ଟ୍ରଦେବତା ଭାବରେ ପୂଜିତ ଓ ଉପାସିତ। ନବ କଳେବର କାଳରେ ଶରୀର ତ୍ୟାଗକରି ମୃତ୍ୟୁକୁ ଜୟ କରୁଥିବା ମଣିଷକୁ ବରାଭୟ ଦେଇ କହନ୍ତି, – ନ ହନ୍ୟତେ ହନ୍ୟାମାନ ଶରୀରେ। ଆତ୍ମା ଅବିନାଶୀ, ଅକ୍ଷୟ ଅବିନଶ୍ୱର। ମୃତ୍ୟୁ ଏକ ଘଟାନ୍ତର ମାତ୍ର। ଶ୍ରୀଜଗନ୍ନାଥ ନିଜେ ଜଣେ ସାଧାରଣ ଗୃହୀ ମଣିଷ ପରି ମାନନ୍ତି ସବୁ ବିଧିବିଧାନ, ସାଂସ୍କୃତିକ ପରମ୍ପରା,ଐତିହ୍ୟ ଓ ପର୍ବପର୍ବାଣିକୁ। ଦୀପାବଳି ଉତ୍ସବ, ପୟାଶ୍ରାଦ୍ଧ, ନବକଳେବର ସମୟରେ ଅନ୍ତ୍ୟେଷ୍ଟିକ୍ରିୟା, ରଥଯାତ୍ରା, ସ୍ନାନଯାତ୍ରା, ଅଣସର ବିଶ୍ରାମ ଓ ପଥ୍ୟପାଳନ ବିଧି, ସ୍ନାନ, ଶୟନ, ଭୋଜନରେ ମାନବୀୟ ଲୀଳା ପ୍ରଭୃତି ବାରମାସରେ ତେର

ପର୍ବ ଜଗନ୍ନାଥ ଚେତନାରେ ମାନବିକତା ଉଦ୍‌ଘୋଷିତ ହୋଇଥାଏ। ଷାଠିଏ ପଉଟି, ଛପନ ପ୍ରକାର ଭୋଗର ପରିକଳ୍ପନା ସାରା ବିଶ୍ୱରେ ବିରଳ। ଯେଉଁ ଜାତି ତାର ଇଷ୍ଟ ଦେବତାଙ୍କୁ ଏପରି ଭୋଗ ନୈବେଦ୍ୟ ବାଢ଼ିପାରେ, ସେ ଜାତିର ଆଭିଜାତ୍ୟ ଓ ବୁନିଆଦି କ'ଣ କେବେ ଗୋଟିଏ ଦରିଦ୍ର ଜାତିର ହୋଇପାରେ ? ଏକଥା ଭାବିବା ହାସ୍ୟାସ୍ପଦ ନୁହେଁ କି ? ଯେଉଁ ଜାତି ତ୍ୟାଗର ମହିମାଗାନ କରେ, ସେବାର ଜୟ ଗାନକରେ, ପ୍ରେମ କରୁଣାର ଅମୃତ ଗାନ କରେ, ଯିଏ ହୃଦୟର ରତ୍ନସିଂହାସନରେ ଧାରଣ କରିଛି ବିଶ୍ୱମୈତ୍ରୀ, ବିଶ୍ୱ ଭ୍ରାତୃତ୍ୱର ପ୍ରତୀକ ଜଗତର ନାଥ ଶ୍ରୀଜଗନ୍ନାଥଙ୍କୁ, ସେ ପୁଣ୍ୟଭୂମି ହେଉଛି କୋଟି କୋଟି ଓଡ଼ିଆଙ୍କ ତୀର୍ଥଭୂମି। କୁହାଯାଏ, ଭଗବାନ ବିଷ୍ଣୁ ଚାରିଧାମ ମଧ୍ୟରୁ ଦ୍ୱାରକାଧାମରେ ସ୍ନାନତର୍ପଣ କରନ୍ତି, ରାମେଶ୍ୱରରେ ପୂଜା ଉପାସନା, ଶ୍ରୀପୁରୁଷୋତ୍ତମ ଧାମରେ ଭୋଜନ କରନ୍ତି ଓ ବଦ୍ରିନାଥରେ ଶୟନ କରନ୍ତି। ଏଥିରୁ ଓଡ଼ିଶାର ଐଶ୍ୱର୍ଯ୍ୟ ପ୍ରତିପାଦିତ ହୁଏ।

ଚିନ୍ତା ଓ ଚେତନାରେ, କର୍ମ ପ୍ରେରଣାରେ,ସ୍ୱପ୍ନ ଓ ସଂକଳ୍ପରେ ଏଇସବୁ ମହାଭାବର ଅଧିକାରୀ ଓଡ଼ିଆଏ ନିଜକୁ ହୀନ ମଣିବାର କୌଣସି କାରଣ ନାହିଁ। ନଅଙ୍କ ଦୁର୍ଭିକ୍ଷ ଓଡ଼ିଶାର ଅର୍ଥନୈତିକ ସ୍ଥିତିକୁ ଦୋହଲାଇ ଦେଇଥିଲା। ତା ପୂର୍ବରୁ ଓଡ଼ିଶାକୁ ଖଣ୍ଡ ବିଖଣ୍ଡିତ କରି ଇଂରେଜ ସରକାର ମାଡ୍ରାସ୍ ପ୍ରେସିଡେନ୍ସି, ବଙ୍ଗଳା ପ୍ରେସିଡେନ୍ସି ଓ ମଧ୍ୟପ୍ରଦେଶ ଓ ବେରାର ସହିତ ମିଶାଇ ଭାଗଭାଗ କରିଦେଲେ। ସୂର୍ଯ୍ୟାସ୍ତ ଆଇନ ବଳରେ ଓଡ଼ିଆ ଖଣ୍ଡାୟତ, କ୍ଷତ୍ରିୟ, କୃଷକମାନଙ୍କର ଜମିଜୁମା ଓ ଜମିଦାରମାନଙ୍କର ସମ୍ପତ୍ତିକୁ ନାନାଭାବରେ ବଂଗାଳୀମାନଙ୍କୁ ହସ୍ତାନ୍ତର କରିଦେଲେ। ଭୂସମ୍ପଦର ହସ୍ତାନ୍ତର ଫଳରେ ଓଡ଼ିଶାର ଅର୍ଥନୀତି ବିପନ୍ନ ହେଲା। ଏହି କୂଟଚକ୍ରାନ୍ତର ଅନ୍ତରାଳରେ ଥିଲା ଗୋଟେ ଦୁର୍ଦ୍ଧର୍ଷ, ସାମରିକ ଶକ୍ତିକୁ ଧୂଳିସାତ୍ କରିଦେବା। କାରଣ ଇଂରେଜମାନଙ୍କ ବିରୋଧରେ ସଂଗଠିତ ହୋଇଥିବା ପାଇକ ବିଦ୍ରୋହ, ସୁରେନ୍ଦ୍ର ସାଏଙ୍କ ସଂଗ୍ରାମ ସମୟରେ ଓଡ଼ିଆମାନଙ୍କ ବୀରତ୍ୱ ଦେଖି ସରକାର ବିବ୍ରତ ହୋଇଏପରି କୂଟନୀତି ଅବଲମ୍ବନ କଲେ। ଯାହାର ପରିଣାମ ସ୍ୱରୂପ ଓଡ଼ିଶାର ଅସ୍ଥିମଜ୍ଜା ଦୋହଲିଗଲା।

ଓଡ଼ିଆଏ ଭୁଲି ଯାଆନ୍ତୁ ନାହିଁ ଯେ ଯେଉଁ ରାଜ୍ୟ ଶସ୍ୟ ଶ୍ୟାମଳା ଭୂମି ସମ୍ପଦ, ଖଣିଜ ସମ୍ପଦ, ଅରଣ୍ୟ ସମ୍ପଦ, ନଦନଦୀ, ସମୁଦ୍ର, ହ୍ରଦ ପ୍ରଭୃତି ଯାବତୀୟ ପ୍ରାକୃତିକ ବୈଭବରେ ଭରପୂର; ତାର ଆତ୍ମଶକ୍ତିକୁ କିଏ ଲୁଣ୍ଠନ କରି ନେଇପାରିବ ? ପାରାଦୀପ ବନ୍ଦର, ରାଉରକେଲା ଇସ୍ପାତ କାରଖାନା, ନାଲକୋ ଆଲୁମିନିୟମ କାରଖାନା, ସୁନାବେଡା ମିଗ୍ କାରଖାନା ପ୍ରଭୃତି ଯେଉଁ ମାଟିର ଗାରିମା ବୃଦ୍ଧି କରିଥାନ୍ତି,

ସେ ଜାତି କେବେ ଦରିଦ୍ର ହୋଇପାରେନା । କେବଳ ଭାରତରେ ନୁହେଁ, ସମଗ୍ର ପୃଥିବୀରେ ବିଭିନ୍ନ ମର୍ଯ୍ୟାଦାବନ୍ତ ପଦ ପଦବୀରେ ଅଧିଷ୍ଠିତ ଓଡ଼ିଆ ପୁଅ ସାର୍ଥକ ପୁରୁଷାକାର ଓ କର୍ମନିଷ୍ଠାର ପରିଚୟ ଦେବା କିଛି କମ୍ ଗୌରବର କଥା ନୁହେଁ । କ୍ରୀଡ଼ା କ୍ଷେତ୍ରରେ ମଧ୍ୟ ଓଡ଼ିଶାର ବହୁ ଯୁବକ ଯୁବତୀ ସେମାନଙ୍କ ଦକ୍ଷତା ପ୍ରତିପାଦନ କରି ଓଡ଼ିଶାର ମୁଖୋଜ୍ଜ୍ୱଳ କରିପାରିଛନ୍ତି । ସମାଜର ସବୁକ୍ଷେତ୍ରରେ ଆଜି ସେମାନଙ୍କ ପାରଦର୍ଶିତାର ଦୀପ୍ତି ଭାସ୍ୱରିତ । ବହୁ ବହୁ ମନୀଷୀ ଓଡ଼ିଆ ଜାତିର ଆତ୍ମବିଶ୍ୱାସ, ସ୍ୱାଭିମାନ, ସ୍ୱାତନ୍ତ୍ର୍ୟ, ମର୍ଯ୍ୟାଦାବୋଧ ଓ ଆତ୍ମ ପରିଚୟକୁ ପ୍ରତିଷ୍ଠା କରିବାପାଇଁ ସମଗ୍ର ଜୀବନକୁ ଉତ୍ସର୍ଗ କରିଛନ୍ତି । ଈଶ୍ୱରଙ୍କ କରୁଣା ଓ ମାହେଶ୍ୱରୀ ପ୍ରକୃତିର ବରଦାନରେ ଐଶ୍ୱର୍ଯ୍ୟଶାଳୀ ଓଡ଼ିଶା ଆଜି ରାଜନୈତିକ ଚିତ୍ରପଟରେ ଯେମିତି ଚିତ୍ରିତ ହେଉଛି, ସର୍ବଭାରତୀୟ ସ୍ତରରେ ତାହା ତା'ର ପ୍ରକୃତ ସ୍ୱରୂପ ନୁହେଁ । ଓଡ଼ିଶାର ପ୍ରତିଭାଦୀପ୍ତ ସନ୍ତାନମାନେ ଭବିଷ୍ୟତରେ ଅଜସ୍ର ସ୍ୱପ୍ନ ଓ ସମ୍ଭାବନାକୁ ସାକାର କରିବେ । ଓଡ଼ିଶାର ସଂସ୍କୃତି, ପରମ୍ପରା, ଐତିହ୍ୟକୁ ପୁନଃ ପ୍ରତିଷ୍ଠିତ କରିପାରିବେ; ଗଭୀର ବିଶ୍ୱାସରେ ଏହା କୁହାଯାଇପାରେ ।

ବାଦାମବାଡ଼ି, କଟକ
ମୋ : ୯୪୩୭୨୬୯୬୩୯

ଯୁଦ୍ଧଭୂମିରେ ତୋଷାଳି ରମଣୀ

ଡା ଇନ୍ଦ୍ରମଣି ଜେନା

ବହୁ କାଳର କଥା। ସେ ରମଣୀ ଆମ ଗାଆଁର ଝିଅ କି ବୋହୂ ନହେଲେ ବି କିଏ ଯଦି କହିବ ସିଏ ଆମ ଗାଆଁର ବୋଲି ମୁଁ ସେହି କହିବାବାଲା କଥାକୁ ଆଦରିନେବି। କାହିଁକି ନା ଆମ ଗାଆଁରେ କେବଳ ସୁଶ୍ରୀ, ଦୀର୍ଘକାୟା, ଉଚ୍ଚଭାଷୀ ରମଣୀରନ୍ତୁଙ୍କୁ ସରଳରେ ରମଣୀ ବୋଲି କହନ୍ତି। ଆକର୍ଷଣୀୟ ରୂପ, ଭେକ ଏବଂ ପୂରନ୍ତା ମୁହଁ ହସ ହସ। ସେମିତି ଅନେକ ରମଣୀ ପୁରାଣ, ଇତିହାସ ଏବଂ ଗଳ୍ପକୁ ବହୁ ପରିମାଣରେ ପ୍ରଭାବିତ କରିବାର ଦେଖାଯାଏ।

ଅତି ପୁରୁଣା କାଳର କଥା। ଇତିହାସ ବି ନିରବ କିନ୍ତୁ ଶିଳାଲିପି ଚାତୁରୀରେ ଗଢି ଉଠିଛି ଅନେକ ଅବିଶ୍ୱସନୀୟ କାହାଣୀ। କିଏ ସେହି ମୌର୍ଯ୍ୟ ନୃପତି, କାହିଁକି ଡରିଗଲେ ଧଉଳି ପାହଡ ଶିଳାଲିପିରେ ଲେଖିବାକୁ, କିନ୍ତୁ କଳିଙ୍ଗକୁ ଗୋଟିଏ ଅବିଜିତ ରାଜ୍ୟ ଭାବରେ ଜୟ କରିବାକୁ ଯେଉଁ ତାଣ୍ଡବ ରଚିଲେ ବୋଲି ଲିପିବଦ୍ଧ କରିଛନ୍ତି, ତାକୁ ବଖାଣିଛନ୍ତି ପଶ୍ଚିମ ସୀମାନ୍ତ ସାହାବଜାଦା ଶିଳାଲିପିରେ, ପୁଣି ବ୍ରାହ୍ମୀ ନୁହେଁ, ଖାରୋଷ୍ଠି ଭାଷାରେ। ବୋଧ ହୁଏ ଗୋଟିଏ ମହାସମର ଘଟାଇ ଅବିଜିତ ରାଜ୍ୟ ଜୟ କରିନେଲେ, କିନ୍ତୁ ଏହି ସମରରେ ତାଙ୍କ କାର୍ଯ୍ୟକଳାପକୁ ନିଜେ ଅପସନ୍ଦ କରି ଅସ୍ତ୍ର ତ୍ୟାଗ କରିଦେଲେ।

କଳିଙ୍ଗ ସମର, ଐତିହାସିକ ପୃଷ୍ଠଭୂମିରେ ମହାସମର ପଦବାଚ୍ୟ। ଦେଶ ବିଦେଶ ଗବେଷକ ଏବଂ ଲେଖକମାନେ ବିବିଧ ଦୃଷ୍ଟିରୁ ଏହି କଳିଙ୍ଗଯୁଦ୍ଧର ବିବରଣୀ ଦିଅନ୍ତି। ଶାସନର ଆଠ ବର୍ଷରେ ଅଶୋକ କଳିଙ୍ଗ ଆକ୍ରମଣ କରିଥିଲେ। ନିଜର

ଯୁଦ୍ଧ ପରିଚାଳନା କରିବାର ସେନାପତି ଦକ୍ଷତା ପ୍ରତିପାଦନ କରିଛନ୍ତି ଏଇଠି। ପିତାମହ ଏବଂ ପିତା ଯାହା କରି ପାରି ନଥିଲେ, ନିଜେ ସମ୍ପାଦନ କରିପାରିଛନ୍ତି। କିନ୍ତୁ ଯୁଦ୍ଧ ଶେଷଦିନ କାହିଁକି ପ୍ରଚଣ୍ଡ ଭାବରେ ବିଚଳିତ ହୋଇ ପଡିଲେ ? ତାଙ୍କ ପରି ଜଣେ କ୍ରୂର ବ୍ୟକ୍ତି କଅଣ ନରସଂହାରରେ ଏମିତି ବିଚଳିତ ହେବା ସ୍ୱାଭାବିକ ?

ଯୁଦ୍ଧଭୂମିର ଦୃଶ୍ୟ ଏବଂ ମୌର୍ଯ୍ୟ ସାମରିକ ବ୍ୟକ୍ତିଙ୍କ ସହିତ ବେସାମରିକ କଳିଙ୍ଗ ଜନସମାଜର ଦୀର୍ଘ ଦିନର ଯୁଦ୍ଧ ପରିଚାଳନା ମଗଧ ନୃପତିଙ୍କର ଭାଷାରେ ଗୋଟିଏ ଅବିଜିତ ରାଜ୍ୟକୁ ଜୟକରିବାରେ ବହୁ ନରହତ୍ୟା କରିବାକୁ ପଡେ, ତାହା ସେ ଜ୍ଞାତସାରରେ କରିଛନ୍ତି। କିନ୍ତୁ ସବୁଠାରୁ ବିସ୍ମୟ, ଅଶୋକ ବର୍ଦ୍ଧନ ଯାହା ମଗଧରେ ଚିନ୍ତା କରିବାର ଅବକାଶ ନାହିଁ କି ଦେଖିବି ନାହାଁନ୍ତି ଏହି କଳିଙ୍ଗରେ ଦେଖିଲେ।

କଳିଙ୍ଗର ଧ୍ୱଂସଲୀଳା ତାଙ୍କ ବିବେକକୁ ବାଧା ଦେଲା। ଯୁଦ୍ଧଭୂମିର ଆର୍ତ୍ତଚିତ୍କାର ତାଙ୍କୁ ଯେତିକି ବିବ୍ରତ କରିନି, ମାସାଧିକ ଅବଧି ବିଶାଳ ତ୍ରିଦଶାଗତ ମୌର୍ଯ୍ୟବାହିନୀକୁ ସୀମିତ ସମୟରେ କଳିଙ୍ଗ ଅକ୍ତିଆର କରିବାକୁ ସେ ନିର୍ଦ୍ଦେଶ ଦେଇଛନ୍ତି। ପ୍ରତି ସନ୍ଧ୍ୟାରେ ଜୟଲାଭ କରିବାର ସ୍ୱପ୍ନ ଦେଖୁଥିବା ମଗଧ ନରେଶ ପ୍ରତିଦିନ ସକାଳୁ କଳିଙ୍ଗର ପ୍ରବଳ ପ୍ରତିରୋଧର ସମ୍ମୁଖୀନ ହେଉଛନ୍ତି। କଳିଙ୍ଗର ଆବାଳବୃଦ୍ଧବନିତା ସୈନିକ ଭାବରେ ରୂପ ନେଇ ନିଜ ସ୍ୱାଧୀନତା ବିପନ୍ନ ହେବାକୁ ଦେଉନାହାନ୍ତି। ଜୀବନର ମୂଲ୍ୟ ମଗଧର ପ୍ରତିରୋଧ।

ଗୋଟିଏ ସକାଳର ଦୟାନଦୀ କୂଳ ରଣାଙ୍ଗନର ଦୃଶ୍ୟ। କାହିଁକି କେଜାଣି ଚଣ୍ଡାଶୋକର ବିଜୟ ବାର୍ତ୍ତାକୁ ଅବରୋଧ କରିଛି ଜଣେ ମୁକୁଳା କେଶୀ ଦୀର୍ଘ ତୋଷାଳି ରମଣୀ। ମଗଧ ନରେଶ ଦେଖିଛନ୍ତି, ତୋଷାଳି ରମଣୀ ଯୁଦ୍ଧଭୂମିରେ ମୃତକ ପରେ ମୃତକ ଦେଖି ଚାଲିଛନ୍ତି। ଗୋଟିଏ ସ୍ଥାନରେ ତିନୋଟି ମୃତଦେହ ଦେଖି ମାଟିରେ ଲୋଟି ପଡ଼ିଲେ।

ବାଳ ମୁକୁଳା କରି ନୃପତିଙ୍କ ପାଖକୁ ଆସିବା ବେଳକୁ ନିଜର କୋହ ସମ୍ବରଣ କରି ପଚାରିଲେ, "ମଗଧରାଜ, ତୁମ ଶକ୍ତିର ସୀମା ନାହିଁ। ସକଳ ଶକ୍ତି ଖଟାଇ କଳିଙ୍ଗର ଜୀବନ ବିପନ୍ନ କରିଛ। ମୋର ବିନୀତ ପ୍ରାର୍ଥନା ଏହି ଜଳାଧାରକୁ ସଂଲଗ୍ନ ପଶ୍ଚିମ ମୋଡ଼ରେ ମୋର ସ୍ୱାମୀ, ପୁତ୍ର ଏବଂ ପୌତ୍ରଙ୍କର ଗଳିତ ଶବକୁ ଜୀବନଦାନ କରି ଦିଅନ୍ତୁ। ସେମାନଙ୍କୁ ସାଥିରେ ନେଇ ମୁଁ ତୋଷାଳିକୁ ଫେରିବି। ମୁଁ ମଗଧ ନରେଶଙ୍କର ଶକ୍ତିର ପରିଚୟ ପାଇଛି। ସେ ଏହି ଆବେଦନ ମୋର ନିଶ୍ଚୟ ପୂରଣ କରିଦେବେ।"

ମଗଧ ନରେଶ ଚମକି ଉଠିଲେ। ସତରେ ମଣିଷ ମାରିବା ଜାଣନ୍ତି, ମଣିଷକୁ ପୁନରାୟ ଜୀବନଦାନ କରାଯାଇପାରେ, ଅସମ୍ଭବ ହେଲେ ବି ସେ କେବେ ଚିନ୍ତା କରିନାହାନ୍ତି। ମର୍ମାହତ ହୋଇପଡ଼ିଲେ। ନିଜ ତରବାରି ମୂନକୁ ମାଟିରେ ଭରାଦେଇ ଆକାଶକୁ ଚାହିଁ ରହିଲେ। ନିଜର ଅପକର୍ମର ଦୃଶ୍ୟଗୁଡ଼ିକ ମାନସପଟରେ ଉଭା ହେବାକୁ ଲାଗିଲା।

ତୋଷାଳି ରମଣୀକୁ ବୋଧ କରିବାକୁ ଶକ୍ତି ନଥିଲା।

ସମାରୋହ, ୧୨୮, ଡୁମୁଡୁମା (କ),
ଖଣ୍ଡଗିରି, ଭୁବନେଶ୍ୱର-୩୦, ମୋ - ୯୪୩୮୦୦୭୫୦୯

ଆମ ଚମକ

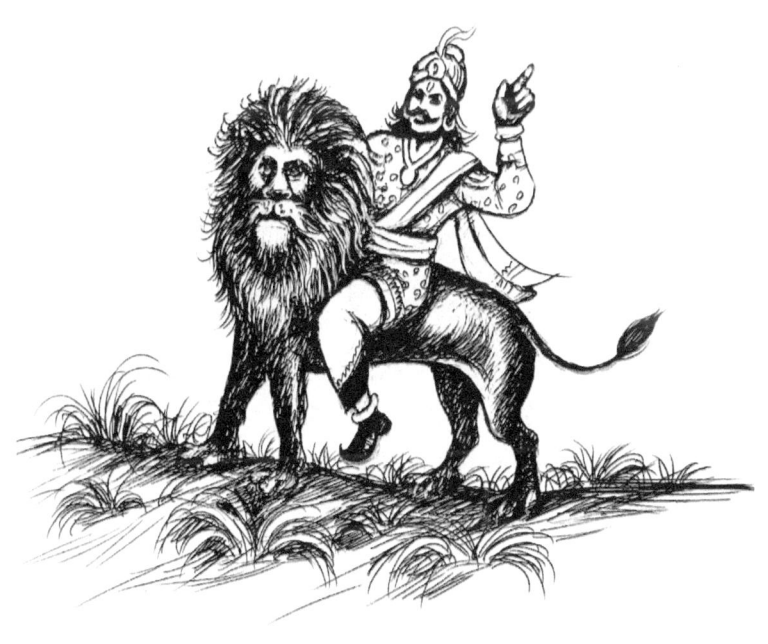

ଉଦୟଗିରି ରାଣୀଗୁମ୍ଫା କାନ୍ଥରେ
ଖାରବେଳଙ୍କର ସିଂହାରୋହଣ ଚିତ୍ରର ଉଦ୍ଧାର ।

ଓଡ଼ିଆ ଅସ୍ମିତାର ସ୍ଥିତି, ବ୍ୟାପ୍ତି ଓ ବିବର୍ତ୍ତନ

ଡ. ଜୀବନ କୃଷ୍ଣ ମହାପାତ୍ର

ଯେମିତି ପ୍ରଚଣ୍ଡ ପ୍ରସବ ବେଦନାରୁ ଜନ୍ମନିଏ ଗୋଟିଏ ଅମୃତ ସନ୍ତାନ, ସିଏ ସୃଷ୍ଟିକରେ ତା ନିଜର ପରିଚୟ - ତା'ର ସ୍ୱପ୍ନ, ତା'ର ଦକ୍ଷତା, ତା'ର କୌଶଳ, ତା'ର ସଫଳତା, ତା'ର ସଂସ୍କୃତି, ତା'ର ବ୍ୟକ୍ତିତ୍ୱ। ଠିକ୍ ସେହିପରି ପ୍ରଚଣ୍ଡ ପ୍ରାକୃତିକ, ରାଜନୈତିକ ଓ ସାମାଜିକ ଯନ୍ତ୍ରଣାରୁ ସୃଷ୍ଟି ହୋଇଥିଲା ସ୍ୱତନ୍ତ୍ର ଓଡ଼ିଶା, ୧୯୩୬ ମସିହା ଅପ୍ରେଲ ପହିଲାଦିନ। ପର ଅବସ୍ଥାରେ ତାହା ସୃଷ୍ଟି କରିଥିଲା ତାର ପରିଚୟ, ସଂସ୍କୃତି ଓ ଅନନ୍ୟ ଅସ୍ତିତ୍ୱ। ତେବେ ଦୁଃଖର କଥା ଯେ ଅସ୍ମିତାର ପ୍ରଥମ ପାହାଚ ରୂପେ, ନିଜ ଜାତିର ଇତିହାସ ପଢ଼ିବା, ବୁଝିବା, ହୃଦୟଙ୍ଗମ କରିବାଟା ପରିଗଣିତ ହେଲେ ମଧ୍ୟ ଆମ ଭିତରୁ ଅନେକ ଓଡ଼ିଶାର ସେ ଯନ୍ତ୍ରଣାସିକ୍ତ ଇତିହାସ ବିଷୟରେ ଅବଗତ ନାହୁଁ।

ବର୍ତ୍ତମାନ ଓଡ଼ିଆ ଜାତିର ରୁଗ୍ଣ ଅସ୍ମିତା ବିଷୟରେ ସଚେତନତା ପାଇଁ ସେ ଇତିହାସର ସଂକ୍ଷିପ୍ତ ବିବରଣୀ ଉପସ୍ଥାପନର ପ୍ରୟୋଜନ ରହିଛି। ୧୯୩୬ ମସିହା ଏପ୍ରିଲ ପହିଲାରେ ଭାଷାଭିତ୍ତିକ ଉତ୍କଳ ପ୍ରଦେଶ ଗଠନ ଭାରତବର୍ଷ ଇତିହାସରେ ଏକ ଅବିସ୍ମରଣୀୟ ଅଧ୍ୟାୟ, କାରଣ ସାରା ଦେଶରେ ଏକମାତ୍ର ଭାଷା ଯାହାର ଭାଷାଭାଷୀ ଲୋକଙ୍କୁ ଏକତ୍ର କରି ସେଇ ସୂତ୍ରରେ ରାଜ୍ୟ ଗଠନ କରାଯାଇଛି। ତେବେ ସମସ୍ତଙ୍କ ଅଜ୍ଞାତସାରରେ ଏହି ଗଠନ ପ୍ରକ୍ରିୟାର ମୂଳଦୁଆ ପଡ଼ିଥିଲା ୧୮୬୬ ମସିହାର ନଅଙ୍କ ଦୁର୍ଭିକ୍ଷ ବେଳରୁ। ତତ୍‌କାଳୀନ ବିଲାତର ଭାରତ ମନ୍ତ୍ରୀ ଷ୍ଟାଫୋର୍ଡ୍ ନର୍ଥ୍ କୋର୍ଟ୍ ଏହି ଚରମ ଦୁର୍ବିପାକରେ ଓଡ଼ିଶାପ୍ରତି ଅବହେଳା

କରାଯାଉଥିବା ଉପଲବ୍ଧି କରି ବଙ୍ଗଳାରୁ ଓଡ଼ିଶାକୁ ଅଲଗା କରିବାକୁ ପରାମର୍ଶ ଦେଇଥିଲେ। ଏହି ସମ୍ବେଦନଶୀଳ ପରାମର୍ଶ ସମସାମୟିକ ଶିକ୍ଷିତ ଓଡ଼ିଆଙ୍କ ମଧ୍ୟରେ ଏକ ରାଜନୈତିକ ଉନ୍ମାଦନା ସୃଷ୍ଟି କରିଥିଲା।

ଏଥିରେ ଉଦ୍‌ବୁଦ୍ଧ ହୋଇ ୧୮୬୬ ମସିହାରେ କର୍ମଯୋଗୀ ଗୌରୀଶଙ୍କର ରାୟଙ୍କ ସମ୍ପାଦନାରେ ଜନ୍ମନେଲା ପ୍ରଥମ ଓଡ଼ିଆ ଖବର କାଗଜ ଉତ୍କଳ ଦୀପିକା। ଏଥିରେ ଓଡ଼ିଶାବାସୀଙ୍କର ଦୁଃଖ-ଯାତନାଠାରୁ ଭାଷା ସୁରକ୍ଷା ପର୍ଯ୍ୟନ୍ତ ଅନେକ ଆଲେଖ୍ୟ ପ୍ରକାଶ ପାଇଲା। ଫଳରେ ଓଡ଼ିଆ ଚେତନା ଜାଗ୍ରତହେଲା, ତାହାରି ପ୍ରଭାବରେ ୧୮୭୩ ମସିହାରେ ମାନ୍ଦ୍ରାଜ ବିଶ୍ୱବିଦ୍ୟାଳୟରେ ଓଡ଼ିଆ ଭାଷାକୁ ଏକ ସ୍ୱତନ୍ତ୍ର ବିଷୟ ଭାବରେ ପ୍ରବର୍ତ୍ତନ କରାଗଲା। ଏପରିକି, ମାନ୍ଦ୍ରାଜ ସରକାର ଓଡ଼ିଆ ଭାଷାଭାଷୀ ଅଞ୍ଚଳରେ କୋର୍ଟ କଚେରିରେ ଓଡ଼ିଆ ଭାଷା ପ୍ରଚଳନ କରିବାକୁ ନିର୍ଦ୍ଦେଶ ଦେଲେ ଏବଂ ଏହି ଭାଷାକୁ ଶୁଦ୍ଧ ଭାବରେ ଲେଖିପଢ଼ି ପାରୁଥିବା ଅମଲାମାନଙ୍କୁ ନିଯୁକ୍ତି ଦିଆଗଲା। ଓଡ଼ିଆ ଭାଷାଭିତ୍ତିକ ପ୍ରଦେଶ ଗଠନର ଏହା ଥିଲା ଦ୍ୱିତୀୟ ନିର୍ଣ୍ଣାୟକ ପଦକ୍ଷେପ।

ଏହି ଘଟଣା ପ୍ରବାହରେ ଉତ୍ସାହିତ ହୋଇ ଉତ୍କଳର ଭାଷା, ସାହିତ୍ୟ ଓ ସଂସ୍କୃତି ସୁରକ୍ଷା ନିମନ୍ତେ ଊନବିଂଶ ଶତାବ୍ଦୀରେ ଅନେକ ଅନୁଷ୍ଠାନ ଆତ୍ମପ୍ରକାଶ କରିବା ଆରମ୍ଭକଲେ। ଏହି ଅନୁଷ୍ଠାନ ମଧ୍ୟରେ କାଳାନୁକ୍ରମେ 'ଉତ୍କଳଭାଷା ବିଧାୟିନୀ ସଭା, ୧୮୬୬'; 'ଉତ୍କଳୋଲ୍ଲାସିନୀ ସଭା, ୧୮୬୯'; 'ଉତ୍କଳ ଭାଷୋଦ୍ଦୀପନୀ ସଭା, ୧୮୭୩'; 'ଉତ୍କଳ ସଭା, ୧୮୭୭'; 'ହରିଭକ୍ତି ପ୍ରଦାୟିନୀ ଶିକ୍ଷା ବିବର୍ଦ୍ଧିନୀ ସଭା, ୧୮୯୪' ଏବଂ 'ଅବଜରର୍ଭର କ୍ଲବ, ୧୮୯୬' ଉଲ୍ଲେଖଯୋଗ୍ୟ। ସେଗୁଡ଼ିକର ଅବଦାନକୁ ଭୁଲିହେବ ନାହିଁ। କାରଣ ଏ ସବୁ ଅନୁଷ୍ଠାନଗୁଡ଼ିକର ଆବିର୍ଭାବ ଓଡ଼ିଆ ହୃଦୟରେ ନୂଆ ଜାଗରଣ ସୃଷ୍ଟି କରିଥିଲେ, ନୂଆ ଆଶାର ପ୍ରଦୀପ ଜଳାଇଥିଲେ। ଏହି ଅବଧି ମଧ୍ୟରେ ୧୮୭୫ ମସିହାବେଳକୁ ବାଲେଶ୍ୱରର ରାଜା ଶ୍ୟାମାନନ୍ଦ ଦେ ଏବଂ ଜାତିପ୍ରେମୀ ବିଚିତ୍ରାନନ୍ଦ ଦାସ ଗଭର୍ଣ୍ଣରଙ୍କୁ ସାକ୍ଷାତ କରି ସ୍ୱତନ୍ତ୍ର ଓଡ଼ିଶା ପ୍ରଦେଶ ଗଠନ ଦିଗରେ ପଦକ୍ଷେପ ନେବାପାଇଁ ସ୍ମାରକପତ୍ର ଦେଇଥିଲେ।

ସେଇଟି ଥିଲା ସ୍ୱତନ୍ତ୍ର ଓଡ଼ିଶା ପ୍ରଦେଶ ଗଠନ ଦିଗରେ ପ୍ରଥମ ଦାବିପତ୍ର।

ଏ ନୂତନ ଜାଗରଣର ଆଲୋକ ଶିଖା ପଡ଼ୋଶୀ ରାଜ୍ୟ ଗୁଡିକରେ ଅସୂୟା ଭାବ ସୃଷ୍ଟି କରିବା ଫଳରେ ଓଡ଼ିଆ ଭାଷାର ବିଲୋପ ସାଧନ ପାଇଁ ବିଶେଷ କରି ବଙ୍ଗାଳୀମାନେ ବିଧିବଦ୍ଧ ଷଡଯନ୍ତ୍ର ଆରମ୍ଭ କରିଦେଲେ। ଏହାର ନେତୃତ୍ୱ ନେଇଥିଲେ ରାଜେନ୍ଦ୍ରଲାଲ ମିତ୍ର। ତାଙ୍କୁ ସହାୟତା କରିବାପାଇଁ ଆଗେଇ ଆସିଥିଲେ କାନ୍ତିଲାଲ

ଭଟ୍ଟାଚାର୍ଯ୍ୟ। ତାଙ୍କ ଉଚ୍ଚାରିତ 'ଓଡ଼ିଆ ଯାକ୍‌ଟା ସ୍ୱତନ୍ତ୍ର ଭାଷା ନୟ' ପଦଟି ଓଡ଼ିଆ ପ୍ରାଣକୁ କରତିଦିଏ।

ଓଡ଼ିଆଭାଷାକୁ ଆସନ୍ନ ଧ୍ୱଂସ ମୁଖରୁ ରକ୍ଷାକରି ବଞ୍ଚାଇ ରଖିବାପାଇଁ ଏହି ଘଡ଼ିସନ୍ଧି ମୁହୂର୍ତ୍ତରେ ଓଡ଼ିଶାର ତତ୍କାଳୀନ ଶିକ୍ଷିତ ଗୋଷ୍ଠୀ ଅଣ୍ଟାଭିଡ଼ି ବାହାରି ପଡ଼ିଲେ। ୧୯୦୨ ମସିହାରେ ବ୍ରହ୍ମପୁରରେ 'ଓଡ଼ିଆ ସଭା' ତରଫରୁ ଗଞ୍ଜାମର ପ୍ରଥମ ଗ୍ରାଜୁଏଟ୍ ଶ୍ୟାମ ସୁନ୍ଦର ରାଜଗୁରୁଙ୍କ ଅଧ୍ୟକ୍ଷତାରେ ଗୋଟିଏ ସଭା ଅନୁଷ୍ଠିତ ହୋଇଥିଲା। ଓଡ଼ିଆ ଭାଷାକୁ ଶିକ୍ଷାନୁଷ୍ଠାନ ଓ କୋର୍ଟ-କଚେରିରେ ପ୍ରବର୍ତ୍ତନ କରିବାକୁ ସରକାରଙ୍କୁ ଅନୁରୋଧ କରିବା ପ୍ରସ୍ତାବ ଗୃହୀତ ହୋଇଥିଲା। ଉତ୍କଳ ଗୌରବ ମଧୁସୂଦନ ଦାସ ଏହି ସଭାରେ ଯୋଗଦାନ କରିଥିଲେ। ଏହାପରେ ଖଲ୍ଲିକୋଟ ରାଜା ହରିହର ମର୍ଦ୍ଦରାଜ ରମ୍ଭାରେ ଆଉ ଏକ ସଭାର ଆୟୋଜନ କରି ଓଡ଼ିଆଭାଷାର ଭିତ୍ତିଭୂମି ସୁଦୃଢ଼ କରିବା ସକାଶେ ଉଦ୍ୟମ କରିଛନ୍ତି। ମଧୁବାବୁ ସେଠାକୁ ବି କଟକରୁ ଧାଇଁଯାଇଛନ୍ତି।

ଏ ଦୁଇଟି ସଭା ମଧୁବାବୁଙ୍କୁ ଗଭୀରଭାବେ ପ୍ରଭାବିତ କରିଛି ଯାହାଫଳରେ ସିଏ ଉତ୍ସାହିତ ହୋଇପଡିଛନ୍ତି। ନିଜର ସ୍ୱାଭିମାନ ଅଡି ବସିଛି ଓଡ଼ିଆ ଭାଷାଭାଷୀ ଅଞ୍ଚଳର ଏକତ୍ରୀକରଣ ନହେଲେ ଓଡ଼ିଆ ଓ ଓଡ଼ିଶାର ଅସ୍ତିତ୍ୱ ଲୋପ ପାଇଯିବ। ବଳିଷ୍ଠ ମାନସିକ ଶକ୍ତି ଓ ସୁସଂଯୋଜିତ ଭାବଧାରାରେ ତାଙ୍କର ଅସ୍ମିତାର ପରିଚାୟକ ଭାବରେ ଆତ୍ମପ୍ରକାଶ କଲା ଉତ୍କଳ ସମ୍ମିଳନୀ। ୧୮୦୩ ମସିହା ଡିସେମ୍ବର ୩୦ ଓ ୩୧ ତାରିଖ, କଟକର ପ୍ରସିଦ୍ଧ ଇଦ୍‌ଗା ପଡିଆରେ। ଏହି ସମ୍ମିଳନୀରେ ପୌରହିତ୍ୟ କରିଥିଲେ ମୟୂରଭଞ୍ଜ ମହାରାଜା ଶ୍ରୀରାମଚନ୍ଦ୍ର ଭଞ୍ଜ। ସମଗ୍ର ଓଡ଼ିଆ ଭାଷାଭାଷୀ ଅଞ୍ଚଳରୁ ଏହି ସମ୍ମିଳନୀରେ ଯୋଗଦାନ କରିଥିଲେ ୩୬୫ ଜଣ ପ୍ରତିନିଧି, ଯେଉଁମାନଙ୍କ ମଧ୍ୟରେ ଥିଲେ ଅନେକ ରାଜା, ମହାରାଜା, ଜମିଦାର, ବୁଦ୍ଧିଜୀବୀ, ଆଇନଜ୍ଞ, କବି ଓ ସାହିତ୍ୟିକ। କେତେ ସ୍ୱନାମଧନ୍ୟ ଯୋଗଜନ୍ମା ଯୁଗପୁରୁଷ ଯେଉଁମାନେ ଏହି ସମ୍ମିଳନୀ ମଣ୍ଡନ କରିଥିଲେ ଯଥା - ଉତ୍କଳଗୌରବ ମଧୁସୂଦନ, ଉତ୍କଳମଣି ପଣ୍ଡିତ ଗୋପବନ୍ଧୁଦାସ, ପଣ୍ଡିତ ନୀଳକଣ୍ଠ ଦାସ, ପଣ୍ଡିତ ଗୋଦାବରୀଶ ମିଶ୍ର, ବ୍ୟାସକବି ଫକୀରମୋହନ, କବିବର ରାଧାନାଥ, ପଲ୍ଲୀକବି ନନ୍ଦକିଶୋର, ଭକ୍ତକବି ମଧୁସୂଦନ ରାଓ, କର୍ମବୀର ଗୌରୀଶଙ୍କର ରାୟ ପ୍ରଭୃତି।

ସମଗ୍ର ଓଡ଼ିଆ ଭାଷାଭାଷୀ ଅଞ୍ଚଳକୁ ଏକ ଶାସନାଧୀନ କରି ଜଣେ ଚିଫ୍ କମିସନରଙ୍କ ଶାସନାଧୀନ କରିବାପାଇଁ ଏହି ସମ୍ମିଳନୀ ପ୍ରସ୍ତାବ ଦେଲା। ଏହି ସମ୍ମିଳନୀରେ ଧନ୍ୟବାଦ ଦେବାକୁ ଯାଇ ମଧୁବାବୁ କହିଥିଲେ -

ଜନନୀ ସେବାରେ ଆତ୍ମଗର୍ବ ଓ ସ୍ୱାର୍ଥପରତା ତ୍ୟାଗ କରିବାକୁ ହେବ। ଏହି କ୍ଷୁଦ୍ର କିନ୍ତୁ ଭାବାର୍ଥକ ବାକ୍ୟଟି ଅସ୍ମିତାର ସ୍ୱତଃସ୍ଫୂର୍ତ୍ତ ଉଦ୍‌ଗୀରଣ ଓ ମାର୍ଗଦର୍ଶିକା। ଓଡ଼ିଆ ଅସ୍ମିତା ବୀଜବପନର ଦୁଇଟି ମୂଳମନ୍ତ୍ର ଏଥିରେ ସନ୍ନିବେଶିତ –

୧. ଗର୍ବ ପରିତ୍ୟାଗକରି ଆମକୁ ଓଡ଼ିଶାର ସେବା କରିବାକୁ ପଡିବ।

୨. ସ୍ୱାର୍ଥପରତା ତ୍ୟାଗକରି ଓଡ଼ିଶାର ଉନ୍ନତି ଓ ପ୍ରଗତି କଳ୍ପେ ଆମକୁ ସମର୍ପଣ କରିବାକୁ ହେବ।

'ସେବା' ଓ 'ତ୍ୟାଗ' ହିଁ ଅସ୍ମିତାର ମୂଳମନ୍ତ୍ର। ଆମେ ନିଜକୁ ନିଜେ ପ୍ରଶ୍ନ କରିବା ଉଚିତ। ସତ କହିବାକୁ ଗଲେ, ଏବେ ଓଡ଼ିଶା ପରିପ୍ରେକ୍ଷୀରେ ଆମେ ଏଥିରୁ କେଉଁଟିକୁ ଜୀବନର ବ୍ରତ ଭାବରେ କ୍ରୀୟାଶୀଳ କରି ରଖିଛେ ?

ଏହି ଆଧାରରେ କିଛି ସୂଚନା ଦେବା ପୂର୍ବରୁ ମଧୁସୂଦନ ଓ ସମସାମୟିକ ମହାପୁରୁଷ ମାନଙ୍କର କିଛି ପଙ୍‌କ୍ତି ଉଲ୍ଲେଖ କରିବା ପ୍ରୟୋଜନ, ଯଥା –

"ଉଠରେ ଉଠରେ ଉତ୍କଳ ସନ୍ତାନ
ଉଠିବୁ ତୁ କେତେଦିନେ ?
ପୂରୁବ ଗୌରବ ପୂରୁବ ମହିମା
ପଡୁନି କି ତୋର ମନେ ?"

ଉତ୍କଳ ଗୌରବ ମଧୁସୂଦନ ଦାସଙ୍କର ଅସ୍ମିତା ଜାଗରୁକ କରିବାର ସୂକ୍ଷ୍ମ ପ୍ରୟାସ-

"ନିଜର ଜୀବନ ଜାତିକୁ ଅର୍ପଣ
କଲେ ମିଳେ ଜାତି ପ୍ରାଣ,
ଜାତୀୟ ଜୀବନ ନ ମିଳିବ କଲେ
ହାଟେ ବାଟେ ଅନ୍ୱେଷଣ"

ଉତ୍କଳ ଗୌରବ ମଧୁସୂଦନ ଜାତିପାଇଁ ଜୀବନକୁ ଉତ୍ସର୍ଗୀତ କରିବାକୁ ଆହ୍ୱାନ ଦେଇଛନ୍ତି

"ଜାତି ନନ୍ଦିଘୋଷ ଚଳିବ କି ଭାଇ
ସ୍ୱାର୍ଥକୁ ସାରଥି କଲେ
ଟାଣେ କିରେ ଗାଡ଼ି ଦାନାର ତୋବଡ଼ା
ଘୋଡ଼ାମୁହେଁ ବନ୍ଧାଥିଲେ ?"

ଉତ୍କଳ ଗୌରବ ମଧୁସୂଦନ ଜାତିପାଇଁ ନିଃସ୍ୱାର୍ଥସେବା ଉଦ୍‌ଘୋଷିତ କରିଛନ୍ତି। ଗୋଦାବରୀଶ ମହାପାତ୍ରଙ୍କର ଲେଖନୀରୁ ଝରିଥିଲା-

"ସମ୍ବଲପୁର ଡାକୁ ଗଞ୍ଜାମେ
ସେ ଡାକ ଉଠୁରେ ସିଂହଭୂମ ଧାମେ
ଜୟପୁର ଥରୁ ଜନନୀ ନାମେ,
ସାରା ଦେଶେ ଉଠୁ ରୋଳ,
ହାତ ଧରାଧରି ଠିଆ ହୋଇ ଥରେ ଜୟ ଉତ୍କଳ ବୋଲ।"

ଦେଶସେବା ପାଇଁ ଏକତାବଦ୍ଧ ଆନ୍ଦୋଳନ କରିବାକୁ ଆହ୍ୱାନ। ସେଭଳି ବ୍ୟାସକବି ଫକୀରମୋହନଙ୍କର ରଚନାରୁ ମନେପଡେ

"ଉତ୍କଳ ଜନନୀ ଅଛନ୍ତି ଚାହିଁ
କର କିଛି କାର୍ଯ୍ୟ ଲୋକଙ୍କ ପାଇଁ,
ପଛଘୁଞ୍ଚା ଦେଲେ କାର୍ଯ୍ୟ ସାଧନେ
କିବା ପ୍ରୟୋଜନ ସେହି ଜୀବନେ।"

ଏଠାରେ ଦେଶସେବା ପାଇଁ ପ୍ରତିଶ୍ରୁତିବଦ୍ଧତା ଓ ଏକନିଷ୍ଠତା ଉପରେ ଗୁରୁତ୍ୱ ଦିଆଯାଇଛି। ଅନ୍ୟତମ ଜାତୀୟତା ସ୍ୱର ଉତ୍ତୋଳନ କରିଛନ୍ତି ସ୍ୱଭାବକବି ଗଙ୍ଗାଧର ଆହ୍ୱାନୀ କଣ୍ଠରେ -

"ଉଚ୍ଚ ହେବା ପାଇଁ କର ଯେବେ ଆଶା
ଉଚ୍ଚ କର ଆଗେ ନିଜ ମାତୃଭାଷା।"

ସ୍ୱଭାବ କବି ଜାତିର ସ୍ଥିତି, ଉନ୍ନତି, ପ୍ରଗତି ଓ ଅସ୍ମିତା ପାଇଁ ମାତୃଭାଷାର ଦୃଢ଼ତା ସ୍ଥାନିତ କରିଛନ୍ତି।

ଉତ୍କଳମଣି ଗୋପବନ୍ଧୁଙ୍କର କାଳଜୟୀ ଲେଖନୀ ଆମ ଐତିହ୍ୟ, ପରମ୍ପରାରେ ଉଦ୍‌ବୁଦ୍ଧ ହେବାଲାଗି ସୂଚାଇଛନ୍ତି -

"ପୂର୍ବ ପୁରୁଷର ପବିତ୍ର ଶ୍ମଶାନ
ଦେଶର ଜାତିର ଗଉରବ ଗାନ
ମାନବ ଜୀବନ ହୁଅଇ ସଫଳ
ଏ ମହାଦୀକ୍ଷା କି ବୁଝିବ ଉତ୍କଳ ?"

ଅନେକ ଯୁଗସ୍ରଷ୍ଟାଙ୍କଦ୍ୱାରା ରଚିତ ଏପରି ତ୍ୟାଗ, ପ୍ରେରଣା, ସେବା ଓ ଅସ୍ମିତାସୂଚକ ବାଣୀ ଓଡ଼ିଆ ଭାଷାରେ ରହିଛି, ସେ ସବୁ ଅଧ୍ୟୟନ କରିବା, ହୃଦୟଙ୍ଗମ କରିବା ପାଇଁ ଆମର ମାନସିକତା ଅତ୍ୟାବଶ୍ୟକ। ଏବେ ଉପର ସୂଚୀତ କେତେ ଗୁଡିଏ ବିଷୟ ପ୍ରତି ଧ୍ୟାନ ଦେବାକୁ ଯାଇ ତିନୋଟି ସିଦ୍ଧାନ୍ତ ମୂଳକ ଶବ୍ଦ - 'ତ୍ୟାଗ', 'ସେବା' ଓ 'ଅସ୍ମିତା' ର ସମାହାର ବିଷୟରେ ଆଲୋଚନା କରିବା। ଏହି ତିନୋଟି

ଶବ୍ଦ ପରସ୍ପର ସହିତ ନିବିଡ ଭାବରେ ସମ୍ପର୍କିତ। ଅସ୍ମିତା ନଥିଲେ ଦେଶ ଓ ଜାତିପାଇଁ ତ୍ୟାଗ ବା ସେବା କରିବା ପାଇଁ ମନରେ ସଂକଳ୍ପବଦ୍ଧତା ଜାଗ୍ରତ ହେବନି। ଅନ୍ୟ ପକ୍ଷରେ ଦେଶପାଇଁ ତ୍ୟାଗ ଓ ଜାତିର ସେବା କରି ନଥିଲେ ମନରେ, ହୃଦୟରେ ଅସ୍ମିତା ପରି ଆପଣାପଣ ଜାତ ହେବାର ସମ୍ଭାବନା ନାହିଁ। ତେବେ ଏହି ତିନୋଟି ଶବ୍ଦ ଆମ ଆଲୋଚନାର ମୂଳମନ୍ତ୍ରକୁ କିପରି ଭାବରେ ଆଲୋଡ଼ିତ କରେ ତାହା ବିଶ୍ଳେଷଣ କଲାବେଳେ ଅନ୍ତରରେ ଦୁଃଖର ତରଙ୍ଗ ଆସିଯାଏ।

ପ୍ରଥମ ତରଙ୍ଗ -

ଆମକୁ ଯଦି ଓଡ଼ିଆ କି ଓଡ଼ିଶା ବିଷୟରେ ଦି ପଦ କହିବାକୁ କିଏ ଚାହିବ, ଆମର କହିବାର ଅଭିପ୍ରାୟ ହେବ -

ଏକଦା ଆଜିର ଓଡ଼ିଶା ସେତେବେଳର ଆଗଙ୍ଗା-ଗୋଦାବରୀ ଯାଏ ବିସ୍ତୃତ ଥିଲା। ଆମର ନରପତି ମାନଙ୍କର ଶୌର୍ଯ୍ୟ, ବୀର୍ଯ୍ୟ ଓ ବିକ୍ରମରେ ଅଧିକାଂଶ ପଡ଼ୋଶୀ ରାଜା ପରାସ୍ତ ହୋଇଥିଲେ, ଅଥବା ଉତ୍କଳାଧିପତିଙ୍କ ସାର୍ବଭୌମତ୍ୱ ସ୍ୱୀକାର କରି ତାଙ୍କର ଶରଣାଗତ ହେଉଥିଲେ। ଏହି ପରିପ୍ରେକ୍ଷୀରେ କେହି କେହି ଖାରବେଳ ବା କପିଳେନ୍ଦ୍ରଦେବଙ୍କ ନାମ ମଧ୍ୟ ଉଚ୍ଚାରଣ କରିପାରନ୍ତି। ଆହୁରି ବି କହିପାରନ୍ତି ଯେ କଳିଙ୍ଗର ସୈନ୍ୟ ଆଲେକ୍‌ଜାଣ୍ଡାରଙ୍କ ସୈନ୍ୟବାହିନୀକୁ ପରାସ୍ତ କରିଥିଲେ ଓ ସେମାନଙ୍କୁ ଭାରତର ସୀମା ବାହାରକୁ ତଡିଦେଇଥିଲେ।

ଯେତେବେଳେ ପୃଥିବୀର ଅନ୍ୟ ଦେଶମାନେ ନୌବାଣିଜ୍ୟ କ'ଣ ଜାଣି ନଥିଲେ, ଅଥବା ନୌବାଣିଜ୍ୟ କରିବାପାଇଁ ସେମାନଙ୍କର ସାହସ ନଥିଲା, ସେତେବେଳେ କଳିଙ୍ଗର ବଣିକ ଜାଭା, ସୁମାତ୍ରା, ବାଲି ଦ୍ୱୀପରୁ ବଡ଼ବଡ଼ ପାଲବାହୀ ପୋତରେ ବଣିଜ କରିବାକୁ କାର୍ତ୍ତିକ ପୂର୍ଣ୍ଣିମାଦିନ ବାହାରି ଯାଉଥିଲେ। ସେଥିପାଇଁ କଳିଙ୍ଗ ସମଗ୍ର ଦକ୍ଷିଣ-ପୂର୍ବ ଏସିଆରେ ତାର ସଭ୍ୟତା ବିସ୍ତାର କରିଥିଲା। ଏପରିକି ଆଜି ବି ସେଇ ଦେଶଗୁଡ଼ିକରେ କଳିଙ୍ଗ ଗୌରବର ମୂକସାକ୍ଷୀରୂପେ ଧ୍ୱଂସାବଶେଷ ଦେଖିବାକୁ ମିଳିଥାଏ। ସର୍ବୋପରି ପ୍ରାଚୀନକାଳରେ ପୃଥିବୀରେ ଯେତିକି ନୌଶକ୍ତି ଥିଲା, କଳିଙ୍ଗ ସେଗୁଡ଼ିକ ମଧ୍ୟରେ ଥିଲା ଅଗ୍ରଗଣ୍ୟ।

ଓଡ଼ିଶାର ସଂସ୍କୃତିର ପରାକାଷ୍ଠା କହିବାକୁ ଯାଇ ଆମେ ଆମର ସ୍ଥାପତ୍ୟ, ଭାସ୍କର୍ଯ୍ୟ ତଥା ଦକ୍ଷ ପ୍ରସ୍ତର ଶିଳ୍ପୀଓ କାରିଗର ମାନଙ୍କର କାଳଜୟୀ ସୃଷ୍ଟି ବିଷୟରେ କୋଣାର୍କର ଉଦାହରଣ ଦେଇ ଭାବବିହ୍ୱଳ ହୋଇ କହିଥାଉ। ଆଉ କେହି ଜ୍ୟୋତିର୍ବିଜ୍ଞାନର ରହସ୍ୟ ଉଦ୍‌ଘାଟନ କରିବାରେ ପଠାଣି ସାମନ୍ତଙ୍କ ନିର୍ଭୁଲ ଦକ୍ଷତା, କୌଶଳ, ଅଦ୍ଭୁତ ଛନ୍ଦମୟ କାବ୍ୟ ରଚନା କରିବାରେ ଉପେନ୍ଦ୍ର ଭଞ୍ଜଙ୍କର କୀର୍ତ୍ତିମାନ,

ପୁଣି ଓଡ଼ିଆରେ ରଚିତ 'ମହାଭାରତ', 'ଭାଗବତ' ଓ 'ଗୀତଗୋବିନ୍ଦ' ପରି ମୌଳିକ ରଚନାର ଉଦାହରଣ ଉପସ୍ଥାପନ କରନ୍ତି ।

ତେବେ ଏ ସବୁ ଆମର ଉଜ୍ଜ୍ୱଳମୟ ଇତିହାସର ଦୃଷ୍ଟାନ୍ତ । ଏ ସବୁ ବିଷୟରେ ପଢ଼ିବା ଓ ଜାଣିବା ନିହାତି ଆବଶ୍ୟକ । କାରଣ ଏହା ଅସ୍ମିତା ଭାବନା ସୃଷ୍ଟିକରିବାରେ ସହାୟକ ହୋଇଥାଏ । ତେଣୁ ପ୍ରଶ୍ନ ଉଠେ, ଆମେ ଏ ସବୁ ବିଷୟରେ ସଂପୂର୍ଣ୍ଣ ଓ ବିଶଦ ଭାବେ ଅଜ୍ଞ କି ନା ?

ତା'ପରେ ଏପରି ଅତୀତର ଦୃଷ୍ଟାନ୍ତ ଗୁଡ଼ିକ ସହିତ ଆବିଷ୍ଟ ହୋଇ ରହିବା କ୍ଷତିକାରକ, ଆମପାଇଁ ଓ ଓଡ଼ିଶା ଜାତିପାଇଁ । କାରଣ ଏପରି ତୀବ୍ର ଆବିଷ୍ଟତା ଓଡ଼ିଶାର ଓ ଓଡ଼ିଆ ଭାଷାର ନୂତନ କୀର୍ତ୍ତିମାନ ସ୍ଥାପନ କରିବାରେ ବାଧକ ହୋଇପାରେ । ଆମେ ଯଦି ଅତୀତ ସର୍ବସ୍ୱ ହୋଇ ରହିଯିବା, ତେବେ କୁହାଯାଇଛି ଯେ, ଯେଉଁମାନେ ଅତୀତ ସର୍ବସ୍ୱ ହୋଇ ରହିଯାଆନ୍ତି, ସେମାନଙ୍କର ଭବିଷ୍ୟତ ଅନ୍ଧକାରମୟ । କିନ୍ତୁ ଯେଉଁମାନେ ଅତୀତକୁ ଭୁଲିଯାଆନ୍ତି, ସେମାନଙ୍କର ଭବିଷ୍ୟତ ବି ଆଲୋକମୟ ନୁହେଁ ।

କାରଣ ଆମର ଇତିହାସ ତ ଆମ ଅସ୍ମିତାର ଅୟମାରମ୍ଭ । କିନ୍ତୁ ମାତୃଭୂମି, ଜାତି ଓ ଭାଷା ପାଇଁ ଆମର ତ୍ୟାଗ ଓ କର୍ମ ହିଁ ଆମ ଅସ୍ମିତାର ପରିଚୟ । ଦୁଃଖର କଥା ଯେ ଆମର ବର୍ତ୍ତମାନର ଓଡ଼ିଆ ଅସ୍ମିତା ଏବେ ବିସ୍ମୃତ ହୋଇଯାଇଛି । ଆମେ ଓଡ଼ିଆଜାତି ଓ ଓଡ଼ିଶା ରାଜ୍ୟ ସ୍ୱାର୍ଥ ପଛରେ ପକାଇ ଆତ୍ମ-ସର୍ବସ୍ୱ ହୋଇଯାଇଛୁ । ତେଣୁ ଆମର ଅସ୍ମିତା କେବଳ ଆଭାସିକ, ସ୍ୱଷ୍ଟ ନୁହେଁ !

ଦ୍ୱିତୀୟ ତରଙ୍ଗ –

ଅତୀତ ସର୍ବସ୍ୱ ହୋଇବସିଲେ, ଆମ ପାଖରେ ବର୍ତ୍ତମାନର କିଛି କୀର୍ତ୍ତିମାନ ନାହିଁ ଯାହାକୁ ଆମେ ଉଦାହରଣ ଦେବା । ସର୍ବ ଭାରତୀୟ ସ୍ତରରେ ଏବେ ଓଡ଼ିଶା କହିଲେ, ଅନେକ ପ୍ରଶ୍ନ କରନ୍ତି, ଓଡ଼ିଶା କେଉଁଠି ? ଏଇଟା ସେମାନଙ୍କର ସାଧାରଣଜ୍ଞାନର ଅଭାବ ହୋଇପାରେ, କିନ୍ତୁ ସରଳରେ ବୁଝାଇବାକୁ ଆମକୁ ଶ୍ରୀଜଗନ୍ନାଥ ଓ ପୁରୀର ନାମ ନେଇ ନିଜକୁ ପରିଚିତ କରିଥାଉ ।

କଥୋପକଥନରେ ଓଡ଼ିଶା ଭିତରେ ଜଣେ ବଙ୍ଗାଳୀ ନିଜ ଭାଷାରୁ ବିଚ୍ୟୁତ ନହୋଇ ପଚାରିବ, "ଆପଣ ବଂଗଲା ବୁଝିପାରୁଛନ୍ତି ନା ?" ସେତେବେଳେ ଯଦି ଆମେ ଓଡ଼ିଆରେ ନ କହି ତାର ବଙ୍ଗଲା ସ୍ୱାଭିମାନରେ ଭାସିଯାଇ ତାକୁ ଖଣ୍ଡି ବଂଗଲାରେ ଉତ୍ତର ଦେବା, ଏହା ଓଡ଼ିଆ ଅସ୍ମିତାର କେଉଁ ଦିଗ ? ଆମେ ଯେତିକି ବଂଗଲା ବୁଝିପାରିବା, ସେମାନେ ସେତିକି ଓଡ଼ିଆ ବୁଝିପାରିବେ । ଏଠି ଆମକୁ

ଖାଣ୍ଟିଓଡ଼ିଆରେ କହିବା ଆମ ଅସ୍ମିତାର ପରିଚୟ ହେବ। ଆମର ସମର୍ପଣ ଭାବ କାହିଁକି ?

ତୃତୀୟ ତରଙ୍ଗ –

ତୃତୀୟ ଦୁଃଖ ହେଉଛି ଓଡ଼ିଶା ବାହାରେ ଅନେକ ସମୟରେ ଆମେ ନିଜ ନିଜ ମଧ୍ୟରେ ଓଡ଼ିଆରେ କଥାଭାଷା ହେବାକୁ କାହିଁକି ସଙ୍କୋଚ ଅନୁଭବ କରୁ? ଏହା ଆମର ଓଡ଼ିଆ ଅସ୍ମିତାର କେଉଁ ଦିଗ ?

ଭାରତରେ ରାଜ୍ୟ ଅଛି ଯେଉଁଠାକୁ ଗଲେ, ଆପଣ ପଢ଼ିପାରୁ ନଥିବା ତାମିଲ୍ ସାଇନବୋର୍ଡ଼ରେ କଅଣ ଲେଖା ହୋଇଛି ବୋଲି ସେଠିକାର ଜଣେ ଲୋକକୁ ପଚାରିଲେ, ସିଏ କହିବ, "ଆପଣ ତାମିଲ ପଢ଼ି ପାରୁ ନାହାନ୍ତି ତ ତାମିଲନାଡୁ କାହିଁକି ଆସିଛନ୍ତି ?" ଅବଶ୍ୟ ଏହା ଉତ୍କଟ ତାମିଲ ଜାତୀୟତା ହୋଇପାରେ। ସେମିତି ବି ଇଂରେଜ ଓ ଫରାସୀଙ୍କ ମଧ୍ୟରେ ବିଭେଦ ରହିଛି।

ସେମିତି ୟୁନେସ୍କୋର ଏକ ଆନ୍ତର୍ଜାତୀୟ ବିଜ୍ଞାନ ସମ୍ମିଳନୀ ଲେଖକ ଥାଇଲ୍ୟାଣ୍ଡର ବ୍ୟାଙ୍କକରେ ଯୋଗଦାନ କରିଥିଲେ ଭାରତର ପ୍ରତିନିଧି ଭାବରେ। ସେଠାରେ ସେ ଦେଖିଲେ ଥାଇ ବିଜ୍ଞାନୀ ମାନେ ଇଂରାଜୀ ବଦଳରେ ତାଙ୍କ ଥାଇ ଭାଷାରେ ସବୁ କହୁଛନ୍ତି। କିନ୍ତୁ ସେମାନେ ଭଲରେ ଇଂରାଜୀ କହିପାରିବେ ଓ ବୁଝିପାରିବେ। ଏହା ଯେବେ ଥାଇ ଭାଷାର ଉଗ୍ର ଅସ୍ମିତାର ପରିଚୟ, ଆମ ଓଡ଼ିଆ କ୍ଷେତ୍ରରେ ଆମର ଏତେ ସଂକୋଚ କାହିଁପାଇଁ ?

ଖାଲି ଭାଷଣବାଜି ବା ଲେଖିବା ଦ୍ୱାରା ଅସ୍ମିତା ଗୁଣକାରକ ହୁଏନି, ଏହା କାମରେ ମୂଳ ଅସ୍ମିତାରୁ ଦୂରେଇ ଆଂଶିକ, ଆଭାସୀ ବା ମିଥ୍ୟା ଅସ୍ମିତା ଭାବରେ ରୂପ ନେଇପାରେ।

ଦୃଢ଼ ଓଡ଼ିଆ ଅସ୍ମିତା ଆମର ଓଡ଼ିଆ ଢଙ୍ଗର ବ୍ୟବହାର ଓ ମାତୃଭାଷା ପ୍ରୟୋଗରୁ ଆସିବ, ଓଡ଼ିଶା ବାହାରେ ଏପରି ବ୍ୟବହାର ଆମର ଅସ୍ମିତାର ପରିଚୟର ଗଢ଼ିତୋଳିବ, ଏଥିରେ ସନ୍ଦେହ ନାହିଁ।

ପ୍ଲଟ ନମ୍ବର-୨୧/୪, ଆଚାର୍ଯ୍ୟ ବିହାର,
ଭୁବନେଶ୍ୱର - ୭୫୧୦୧.
ମୋ - ୮୦୯୩୬୮୦୬୬

ହଜି ଯାଉନି ତ ଓଡ଼ିଆର ଓଡ଼ିଆତ୍ୱ, ସ୍ୱଭାବ ଓ ଚରିତ୍ର ?

ଡ. ଶାନ୍ତନୁ କୁମାର ରଥ

ଏ ପ୍ରସଙ୍ଗରେ ଆଲୋଚନା କରିବାକୁ ଗଲାବେଳେ ମନରେ ପ୍ରଥମେ ପ୍ରଶ୍ନ ଆସେ ଯେ, ଓଡ଼ିଆ ବୋଲି ଆମେ କାହାକୁ କହିବା ? ଏଠାରେ କେତେକ ଗୁଣ ଏବଂ ଲକ୍ଷଣକୁ ନେଇ ହେବ। ପ୍ରଥମ ହେଲା ଯେ ପୁରୁଷାନୁକ୍ରମିକ ଭାବେ ଓଡ଼ିଶାରେ ବସବାସ କରୁଥିବେ। ଓଡ଼ିଶା ଭାଷା ଓ ସଂସ୍କୃତିରେ ଲାଳିତପାଳିତ ହୋଇଥିବେ। ଓଡ଼ିଶାର ଇତିହାସ ପରଂପରା, ସାହିତ୍ୟ ଓ ସଂସ୍କୃତିକୁ ନେଇ ଗୋଟିଏ ଗୌରବବୋଧ ତାଙ୍କ ଭିତରେ ଥିବ ଏବଂ ତାହା ତାଙ୍କ ଆଚରଣରେ ଫୁଟୁଥିବ। ଏ ରାଜ୍ୟକୁ ନିଜର ବୋଲି ଗୋଟିଏ ଭାବ ତାଙ୍କ ଭିତରେ ନିରନ୍ତର ରହୁଥିବ ଏବଂ ଏହାର ସୁଖଦୁଃଖକୁ ସେ ନିଜର ସୁଖଦୁଃଖ ବୋଲି ମନେକରୁଥିବେ। ଏ ସମସ୍ତ ବିଚାରଧାରାକୁ ସେ ତାଙ୍କ ଘର ପିଢ଼ି ପ୍ରତି ସ୍ୱପ୍ରସିଦ୍ଧ କରୁଥିବେ। ଏଇଠାରୁ ଆହୁରି ଅଧିକ କଥା ଥାଇ ମଧ୍ୟ ଅନ୍ତତଃ ଏତିକି ଥିଲେ ଆମେ ଜଣକୁ 'ଓଡ଼ିଆ' କହିପାରିବା ଏବଂ ଏଗୁଡ଼ିକ ଯେତେବେଳେ ଜଣକର ବ୍ୟକ୍ତିତ୍ୱରେ ଫୁଟି ଉଠିବ ତାହାହିଁ ହେବ ତାର ଓଡ଼ିଆତ୍ୱ।

ନିଜ ଜାତିକୁ ନେଇ ଜଣକ ଭିତରେ ସ୍ୱାଭିମାନ ଏବଂ ଗୌରବ କେତେବେଳେ ଆସିବ ? ଏହା ଆସିବ ସେତେବେଳେ, ଯେତେବେଳେ ସେ ଠିଆ ହୋଇଥିବା ଭୂମିର ଏକ ବଳିଷ୍ଠ ଇତିହାସ ଥିବ, ସମୃଦ୍ଧି ଥିବ, ବୀରତ୍ୱ ଥିବ ଏବଂ ନିଜ ଛାତି ଫୁଲି ଉଠିଲା ଭଳି ଏଭଳି ଅନେକ କଥା ଥିବ। ଏ ଦୃଷ୍ଟିରୁ ବିଚାର କଲେ ଇତିହାସ, କଳା ସ୍ଥାପତ୍ୟ, ଧର୍ମଧାରା, ଭାଷା ସାହିତ୍ୟ, ସଂସ୍କୃତି – ଏ ସମସ୍ତ ଦୃଷ୍ଟିରୁ ଓଡ଼ିଆ ଜାତି ଯେ

ଏକ ସମୃଦ୍ଧ ଜାତି ଏଥିରେ କୌଣସି ସନ୍ଦେହ ନାହିଁ। ଏହାର ଭୂରି ଭୂରି ଦୃଷ୍ଟାନ୍ତ ଆମ ଇତିହାସରେ ଅଛି ଏବଂ ଏହାର ପ୍ରତିଭୂମାନେ ଏବେ ବି ସମଗ୍ର ବିଶ୍ୱ ଆଗରେ ସାକ୍ଷୀ ଭଳି ଦଣ୍ଡାୟମାନ ରହିଛନ୍ତି।

ଆଜିର ଓଡ଼ିଶା ପ୍ରଦେଶ ଏକଦା ଓଡ୍ର, ଉତ୍କଳ, କୋଶଳ, କଳିଙ୍ଗ ଆଦି ନାମରେ ପରିଚିତ ଥିଲା। ଓଡ୍ର ଓ କଳିଙ୍ଗର ଉଲ୍ଲେଖ ମହାଭାରତରେ ଅଛି। ପ୍ରାଚୀନ ପଲ୍ଲୀ ସାହିତ୍ୟରେ, ଉତ୍କଳକୁ ଗୌତମ ବୁଦ୍ଧଙ୍କ ସମସାମୟିକ ଜନପଦ ଭାବରେ ଉଲ୍ଲେଖ କରାଯାଇଛି। ବୁଦ୍ଧ ଜ୍ଞାନପ୍ରାପ୍ତି ପରେ ପ୍ରଥମେ ଉତ୍କଳର ଦୁଇଜଣ ବଣିକଙ୍କ ପାଖରୁ ଅନ୍ନ ଗ୍ରହଣ କରିଥିଲେ। ଜୈନ ସାହିତ୍ୟରେ କଳିଙ୍ଗର ଉଲ୍ଲେଖ ଅଛି। ସମ୍ରାଟ ଖାରବେଳଙ୍କ ସମୟରେ ଜୈନଧର୍ମ ରାଜକୀୟ ପୃଷ୍ଠପୋଷକତା ଲାଭ କରିଥିଲା। ସେ ମଗଧ ବିଜୟ ପରେ କଳିଙ୍ଗ ଜୀନଙ୍କ ପ୍ରତିମାକୁ ପାଟଳିପୁତ୍ରରୁ ଶୋଭାଯାତ୍ରାରେ କଳିଙ୍ଗ ଆଣି ପିଥୁଣ୍ଡା ଠାରେ ରାଷ୍ଟ୍ରୀୟ ମର୍ଯ୍ୟାଦା ସହ ପ୍ରତିଷ୍ଠିତ କରାଇଥିଲେ। ସମ୍ଭବତଃ କଳିଙ୍ଗ ଜୀନମୂର୍ତ୍ତି ରାଷ୍ଟ୍ର ଦେବତା ଭାବରେ ମାନ୍ୟତା ଲାଭ କରିଥିଲେ।

ପ୍ରତ୍ନତାତ୍ତ୍ୱିକ ଦୃଷ୍ଟିରୁ ବିଚାର କଲେ ଭାରତୀୟ ପ୍ରତ୍ନତାତ୍ତ୍ୱିକ ସର୍ବେକ୍ଷଣ ବିଭାଗ ତରଫରୁ ଖୋର୍ଦ୍ଧା ଜିଲ୍ଲାର ମଳାଗୁଣୀ ନଦୀ ତଟରେ ଗୋଳବାଇ ଗ୍ରାମରେ ଭୂଖନନ ହୋଇଥିଲା ଏବଂ ସେଠାରୁ ତମ୍ବା ନିର୍ମିତ ଅଳଙ୍କାର ଲୌହ ନିର୍ମିତ କୁରାଢ଼ି, ବାରିସି ଓ ନିହାଣ, ପ୍ରସ୍ତର ନିର୍ମିତ ଅସ୍ତ୍ର, ପୋଡ଼ାମାଟି ପାତ୍ର ମିଳିଥିବାରୁ ପ୍ରତ୍ନତାତ୍ତ୍ୱିକମାନେ ଏହି ସଭ୍ୟତାର ସମୟ ଖ୍ରୀ.ପୂ. ୧୬୦୦ରୁ ଖ୍ରୀ.ପୂ. ୮୦୦ ମଧ୍ୟର ବୋଲି ନିରୂପଣ କରନ୍ତି।

ଓଡ଼ିଶା ଇତିହାସର ଗୋଟିଏ ବିଶେଷତ୍ୱ ହେଲା ଅଶୋକଙ୍କ କଳିଙ୍ଗ ବିଜୟ ସମୟରୁ ଚାରୋଟି ରାଜତ୍ୱ ପର୍ଯ୍ୟନ୍ତ ଓଡ଼ିଶାରେ ଶାସନର ଏକ ନିରବଚ୍ଛିନ୍ନ ଧାରା ପ୍ରଚଳିତ ଥିଲା। ନନ୍ଦ, ମୌର୍ଯ୍ୟ, ଚେଦୀ, କୁଶାଣ, ଗୁପ୍ତ, ଭୌମକର, ପ୍ରାଚ୍ୟତ୍ୟକା ଓ ସୋମବଂଶୀ ରାଜାମାନେ ବିଦେଶାଗତ ହୋଇଥିଲେ ମଧ୍ୟ ଓଡ଼ିଶାକୁ ବୁଦ୍ଧିମନ୍ତ କରିବା ପାଇଁ ବହୁବିଧ ଉଦ୍ୟମ କରିଥିଲେ। ଭାରତର ସବୁ ମୁଖ୍ୟ ଧର୍ମମତ ଯଥା ହିନ୍ଦୁ, ଜୈନ, ବୌଦ୍ଧ ଓ ସେମାନଙ୍କର ଭିନ୍ନ ଭିନ୍ନ ସଂପ୍ରଦାୟ ଓଡ଼ିଶାରେ ଥିଲେ। ଇତିହାସ ପୃଷ୍ଠାରେ କୌଣସି ସାଂପ୍ରଦାୟିକ ସଂଘର୍ଷ ଲିପିବଦ୍ଧ ହୋଇନଥିବା ଓଡ଼ିଶା ସଂସ୍କୃତିର ଏକ ବୈଶିଷ୍ଟ୍ୟ। ଶାନ୍ତିପୂର୍ଣ୍ଣ ସହାବସ୍ଥାପନ ଥିଲା, ଓଡ଼ିଶାର ପରଂପରା। ଉତ୍କଳର ରାଜାମାନେ ରାଜ୍ୟ ବିସ୍ତାର କରିଥିଲେ ସତ, କିନ୍ତୁ ହତ୍ୟା-ଲୁଣ୍ଠନ କରିନଥିଲେ। ରାଜାମାନେ କିପରି ବିଭିନ୍ନ ଧର୍ମକୁ ସମ୍ମାନ ଦେଉଥିଲେ, ତାହା ସମ୍ରାଟ ଖାରବେଳ ହାତୀଗୁମ୍ଫା ଅଭିଲେଖାରେ ଉଲ୍ଲିଖିତ।

ଧର୍ମୀୟ ଦୃଷ୍ଟିରୁ ବିଚାର କଲେ ବ୍ରାହ୍ମଣ୍ୟଧର୍ମର ଅନୁପ୍ରବେଶ ପରେ ଜନଜାତି

ଅଧ୍ୟୁଷିତ ଓଡ଼ିଶାରେ ଗ୍ରାମ ଦେବଦେବୀଙ୍କୁ ସସମ୍ମାନେ ହିନ୍ଦୁ ଧର୍ମରେ ଗ୍ରହଣ କରିନେବା ଏବଂ ସାମାଜିକ ଚଳଣିରେ ଆଦିମ ଅନାର୍ଯ୍ୟ ମାନବ ଶବର ସଂସ୍କୃତିକୁ ଆର୍ଯ୍ୟମାନଙ୍କ ବ୍ୟବସ୍ଥିତ ସଂସ୍କୃତି ସହ ମିଶାଇଦେବାର ସର୍ବୋତ୍କୃଷ୍ଟ ଉଦାହରଣ ପୁରୀରେ ଜଗନ୍ନାଥ ଧର୍ମ। ଶ୍ରୀଜଗନ୍ନାଥ, ବଳଭଦ୍ର ଏବଂ ସୁଭଦ୍ରା ହେଉଛନ୍ତି ଲୋକ ସଂସ୍କୃତି ଓ ଆର୍ଯ୍ୟ ସଂସ୍କୃତି ସମନ୍ୱୟର ପ୍ରତୀକ। ଓଡ଼ିଆ ଜାତୀୟ ଜୀବନକୁ ସହନଶୀଳ ଗୁଣରେ ଅନୁପ୍ରାଣିତ କରିଛି ଜଗନ୍ନାଥ ଧର୍ମର ମହାନ ଆଦର୍ଶ। ସର୍ବଧର୍ମ ସମନ୍ୱୟ ଚେତନାର ବଳିଷ୍ଠ ପ୍ରକାଶ ଜଗନ୍ନାଥ ଧର୍ମରେ ହୃଦୟଙ୍ଗମ କରିହୁଏ ଏବଂ ତାହାହିଁ ଓଡ଼ିଆ ଜାତିର ପ୍ରକୃତ ପରିଚୟ ଭାବେ ପ୍ରତିଷ୍ଠିତ ହୋଇଛି।

ମନ୍ଦିର ଓ କଳା ସ୍ଥାପତ୍ୟ ଦୃଷ୍ଟିରୁ ଓଡ଼ିଶା ଏକ ପରିପୂର୍ଣ୍ଣ ରାଜ୍ୟ। ଆବହମାନ କାଳରୁ ଆଜିଯାଏଁ ମନ୍ଦିର ଓ ଧର୍ମାନୁଷ୍ଠାନ ନିର୍ମାଣ କ୍ଷେତ୍ରରେ ଓଡ଼ିଶା ଏକ ବଳିଷ୍ଠ ପରମ୍ପରା ସୃଷ୍ଟି କରିଛି ଏବଂ ତା'ର ପ୍ରତିଭୂ ଭାବରେ ଦଣ୍ଡାୟମାନ ରହିଛନ୍ତି ଭୁବନେଶ୍ୱର, ପୁରୀ, କୋଣାର୍କ ଏବଂ ଓଡ଼ିଶାର ବିଭିନ୍ନ ସ୍ଥାନରେ ଥିବା ଅସଂଖ୍ୟ ମନ୍ଦିର। ସର୍ବଭାରତୀୟ ସ୍ତରରେ ଓଡ଼ିଆ ଭାଷା, ଶାସ୍ତ୍ରୀୟ ଭାଷାର ସ୍ୱୀକୃତି ପାଇବା ପ୍ରମାଣିତ କରିଛି, ଏ ଭାଷାର ପ୍ରାଚୀନତା ଏବଂ ସମୃଦ୍ଧି। ଖ୍ରୀ.ପୂ. ୧ମ ଶତାବ୍ଦୀର ସମ୍ରାଟ ଖାରବେଳଙ୍କ ଠାରୁ ପଞ୍ଚଦଶ ଶତାବ୍ଦୀର ସୂର୍ଯ୍ୟବଂଶୀ ଶାସନ ପର୍ଯ୍ୟନ୍ତ ଏକ ବଳିଷ୍ଠ ସାମରିକ ଜାତି ପରମ୍ପରାର ପ୍ରମାଣ ମିଳୁଛି, ଯାହା ଫଳରେ ଉତ୍କଳର ସୀମା ଚତୁର୍ଦ୍ଦିଗରେ ବିସ୍ତାରିତ ହୋଇଥିଲା। ଉତ୍କଳର ନୌବାଣିଜ୍ୟର ମୂକସାକ୍ଷୀ ଭାବରେ ରହିଛନ୍ତି ତାମ୍ରଲିପ୍ତ, ଚେଳିତାଲୋ ଏବଂ ପାଲୁର ପରି ବନ୍ଦର ସମୂହ। ସାରଳା ଦାସଙ୍କ ମହାଭାରତ, ପଞ୍ଚସଖାଙ୍କ ରଚନା ଭିତରେ ଓଡ଼ିଆ ଭାଗବତ, ଦାଣ୍ଡୀ ରାମାୟଣ, ହରିବଂଶ ଏବଂ ପରବର୍ତ୍ତୀ କାଳରେ କୋଣାର୍କର ଅଲୌକିକ ଭାସ୍କର୍ଯ୍ୟ ପରି ରୀତିଯୁଗରେ କାବ୍ୟସମ୍ଭାର ପ୍ରତିବେଶୀ ରାଜ୍ୟମାନଙ୍କ ଅପେକ୍ଷା ଯଥେଷ୍ଟ ଉନ୍ନତ ଏବଂ ବର୍ଣ୍ଣାଢ୍ୟ ଥିଲା। ଏହା ସହିତ ଆମର ଏକ ସମୃଦ୍ଧ ଲୋକ ସଂସ୍କୃତି ମଧ୍ୟ ରହିଛି।

ଏ ସମସ୍ତ ତଥ୍ୟ ଦେବାର ଉଦ୍ଦେଶ୍ୟ ହେଉଛି ଯେ ଏଭଳି ଏକ ପୃଷ୍ଠଭୂମି ଉପରେ ଆମେ ଠିଆ ହୋଇଛେ। ଏ ସମସ୍ତ ଆମ ଭିତରେ ଗୌରବବୋଧ ଏବଂ ସ୍ୱାଭିମାନ ସୃଷ୍ଟି କରିବା ପାଇଁ ଯଥେଷ୍ଟ ନୁହଁନ୍ତି କି? ନିଶ୍ଚୟ ଯଥେଷ୍ଟ। କିନ୍ତୁ ଆମେ ସମସ୍ତେ, ଐତିହ୍ୟ ସହ ପରିଚିତ କି? ବୋଧହୁଏ ନୁହେଁ। କାରଣ ଆମର ଜାତୀୟ ଇତିହାସ ସହ ଆମେ ଉପଯୁକ୍ତ ଭାବରେ ପରିଚିତ ନୋହୁଁ, ଏଥିପାଇଁ ବିଧିବଦ୍ଧ ପ୍ରୟାସ ମଧ୍ୟ ହୋଇନାହିଁ। ଆମେ ତୀବ୍ର ଭାବରେ ଅନୁଭବ କରିନାହୁଁ ଯେ ଆମର ଏ ସମସ୍ତ ଜାଣିବା ଉଚିତ। ନିରପେକ୍ଷ ଭାବରେ କାରଣ ସଂଧାନ କଲେ ଷୋଡ଼ଶ ଶତାବ୍ଦୀ ମଧ୍ୟ ଭାଗରୁ, ଊନବିଂଶ ଶତାବ୍ଦୀ ଶେଷ ପର୍ଯ୍ୟନ୍ତ ଗୋଟିଏ ବିସ୍ତୃତ କାଳ ଖଣ୍ଡରେ ଓଡ଼ିଆ

ଜାତି ଭୋଗିଥିବା ଦୁଃଖ, ଦୁର୍ଦ୍ଦଶା, ଲାଞ୍ଛନା, ଅପମାନ ଆମର ସ୍ୱାଭିମାନକୁ ସ୍ତିମିତ କରିବା ପାଇଁ ଯେ ଦାୟୀ, ଏ କଥାକୁ ଅସ୍ୱୀକାର କରିହେବନାହିଁ। ୧୮୦୩ ମସିହାରେ ଇଂରେଜମାନେ ଓଡ଼ିଶା ଅଧିକାର କରିବା ପରେ ଐତିହାସିକ ରାଖାଲ ଦାସ ବାନାର୍ଜୀ ତାଙ୍କ ଓଡ଼ିଶା ଇତିହାସରେ ଓଡ଼ିଶାବାସୀଙ୍କ ଦୁର୍ଦ୍ଦଶାର କାହାଣୀ ଖୋଲା ହୃଦୟରେ ବର୍ଣ୍ଣନା କରିଛନ୍ତି- କଲିକତା ରାଜଧାନୀରୁ ଇଂରେଜମାନଙ୍କ ସହିତ ସହକାରୀ ଭାବରେ ଆସିଥିଲେ ନୂତନ ଇଂରାଜୀ ଶିକ୍ଷାପ୍ରାପ୍ତ ବଙ୍ଗାଳୀମାନେ। ସେମାନଙ୍କ କୁପରାମର୍ଶ ଓ ଚକ୍ରାନ୍ତ ଯୋଗୁଁ ଓଡ଼ିଶାର ଜମିଦାରଗଣ ସୂର୍ଯ୍ୟାସ୍ତ ଆଇନ ବଳରେ ସର୍ବହରା ହୋଇଥିଲେ। ଓଡ଼ିଆ ଭାଷା ପରିବର୍ତ୍ତେ ବଙ୍ଗଳା ଭାଷା ପ୍ରଚଳନ ହେଲା ଏବଂ ଓଡ଼ିଶାର ଶିଳ୍ପ ଓ ବାଣିଜ୍ୟ ଧ୍ୱଂସସ୍ତୂପରେ ପରିଣତ ହେଲା। ସ୍ୱଳ୍ପକାଳର ମରହଟ୍ଟା ଶାସନରେ ବର୍ଗୀମାନଙ୍କ ଅତ୍ୟାଚାରରୁ ରକ୍ଷା ପାଇବା ପାଇଁ ଓଡ଼ିଶାବାସୀ ଜଙ୍ଗଲରେ ଆଶ୍ରୟ ନେଇ ରହୁଥିଲେ। ମାତ୍ର କଲିକତା ଆଗତ ପ୍ରବାସୀ ବଂଗୀୟମାନଙ୍କ ଅତ୍ୟାଚାରରେ ଜଙ୍ଗଲ ମଧ୍ୟ ସୁରକ୍ଷା ପ୍ରଦାନ କରିପାରିନଥିଲା। ଏହି ଅବହେଳା ଓ ଅତ୍ୟାଚାରର ପରିଣତ ହେଲା ୧୮୧୭ ମସିହାର ଖୋର୍ଦ୍ଧାର ପାଇକ ବିଦ୍ରୋହ ଯହିଁରେ ଇଂରେଜ ପ୍ରଶାସନ ବିଚଳିତ ହୋଇପଡ଼ିଥିଲା। ସମଗ୍ର ଊନବିଂଶ ଶତାବ୍ଦୀ ଥିଲା ଓଡ଼ିଶାବାସୀଙ୍କ ଉପରେ ଏହିପରି କ୍ରମାଗତ ଅବହେଳା ଓ ଅତ୍ୟାଚାରର ମୂକସାକ୍ଷୀ।

ଉତ୍କଳ ସମ୍ମିଳନୀ ଗଠନ କରିବା ପୂର୍ବରୁ ଓଡ଼ିଆମାନଙ୍କ ଦୟନୀୟ ଅବସ୍ଥାକୁ ମଧୁବାବୁ ଯେପରି ଦେଖିଥିଲେ ସେ ସଂପର୍କରେ ଲେଖିଛନ୍ତି- "ଉତ୍କଳ ମାଟିରେ ମୁଁ କେବଳ ମେଦହୀନ କୁଢ଼ କୁଢ଼ ଅସ୍ଥିର ଶୋଭାଯାତ୍ରା ଦେଖିଥିଲି। କେବଳ ଅସ୍ଥି ଆଉ ଅସ୍ଥି, ଅସ୍ଥିସାର ପିଞ୍ଜରାରେ ଜୀବନ ସଂଚାର କଠୋର କାର୍ଯ୍ୟ କରିବାକୁ ମୁଁ ମନୋନିବେଶ କଲି, ସେଥିରେ ମାଂସପେଶୀ ଦେଲି, ମହାହବ ରଚନା ନିମନ୍ତେ ସେମାନଙ୍କ ହାତରେ ଅସ୍ତ୍ର ଦେଲି। ଏଥିପାଇଁ ଈଶ୍ୱରଙ୍କ ବ୍ୟତୀତ ମୁଁ କାହାର ସହାୟତା ଲୋଡ଼ି ନାହିଁ।" ୧୮୬୫-୬୬ ମସିହାରେ ନଅଙ୍କ ଦୁର୍ଭିକ୍ଷ ଓଡ଼ିଆ ଜାତିକୁ ଅତ୍ୟନ୍ତ ଦୁର୍ଦ୍ଦଶାଗ୍ରସ୍ତ କରିପକାଇଥିଲା। ଦଶଲକ୍ଷ ଲୋକ ମରିଥିବା ଏହି ଦୁର୍ଭିକ୍ଷର କରାଳ ଚିତ୍ର ଫକୀରମୋହନ ନିଜେ ବର୍ଣ୍ଣନା କରିଛନ୍ତି-"ଫଗୁଣ ସରିକି ଚାଷୀଲୋକ, ଅଧିକାଂଶ କାରିଗର ଶ୍ରେଣୀୟ ପ୍ରାୟ ସମସ୍ତେ ଛିନ୍ନଭିନ୍ନ ହୋଇ ଯିଏ ଯାହା ପାଇଲା ଚୋବାଉଥାଏ। ତେନ୍ତୁଳି ଗଛରେ କଅଁଳିଆ ପତ୍ର ବାହାରିବାରୁ ଗୋଟାଏ ଗୋଟାଏ ଗଛରେ ଦଶ-କୋଡ଼ିଏ ଜଣ ଲେଖାଏଁ ଚଢ଼ି ମାଙ୍କଡ଼ ପରି ପତ୍ର ସବୁ ଖୁଣ୍ଟି ଖୁଣ୍ଟି ଖାଉଥାନ୍ତି। ଯେଉଁ ଲୋକଙ୍କୁ ଅନାଅ ହାଡ଼ ଆଉ ଚମ, ଆଖି ଭିତରକୁ ପଶିଗଲାଣି। ଅନେକ ଭଦ୍ରଘର ଯୁବତୀ, ବୋହୂ, ଝିଅ ଦୁଇ-ତିନି ହାତ ଲମ୍ବ ଗଣ୍ଠି ଗଣ୍ଠି କରି କନା ଖଣ୍ଡେ ଖଣ୍ଡେ

ଅଣ୍ଟାରେ ଭିଡ଼ିଦେଇ ଦାଣ୍ଡେ ଦାଣ୍ଡେ ବୁଲୁଥାନ୍ତି। ସେମାନଙ୍କ ମାତୃଚିହ୍ନ ଚର୍ମ ଦୁଇଖଣ୍ଡ ଛାତିରେ ଝୁଲୁଥାଏ। କାହାରି କାହାରି କୋଳରେ ଅସ୍ଥି ଚର୍ମମୟ ପିଲା ସେହି ଚର୍ମମୟ ସ୍ତନଟି ମୁହଁରେ ଦେଇ ଝୁଲିପଡ଼ିଥାଏ। ଶିଶୁଟି ମୃତ କି ଜୀବିତ ଚିହ୍ନି ହେଉନଥାଏ। ଚୈତ୍ରଠାରୁ ମୃତ୍ୟୁ ସଂଖ୍ୟା କ୍ରମଶଃ ବଢ଼ିବାକୁ ଲାଗିଲା। ଦାଣ୍ଡରେ, ଘାଟରେ, ବଣରେ, ପୋଖରୀ ତୁଠରେ ଯହିଁ ଦେଖିବ ମଡ଼ା ପଡ଼ିରହିଥାନ୍ତି।" ଇଏ ଗଲା ଦୁର୍ଭିକ୍ଷର ଆତଙ୍କ। ଏହା ସଂଗକୁ ବାର୍ଷିକ କଥା ବିଭୀଷିକା, ଏ ସମସ୍ତ କାରଣ ଓଡ଼ିଆମାନଙ୍କ ଆତ୍ମଶକ୍ତିକୁ ବହୁ ଭାବରେ ଆହତ କରି ମ୍ରିୟମାଣ କରିଦେଇଥିଲେ - ଏହା ଅବଶ୍ୟ ସ୍ୱୀକାର କରିବାକୁ ପଡ଼ିବ। ଏହା ପୂର୍ବରୁ ଉତ୍କଳରେ ଗଜପତି ରାଜତ୍ୱ ଶେଷ ହେବା ପରେ ଇଂରେଜ ଶାସନ ଆସିବା ପୂର୍ବ କାଳଖଣ୍ଡରେ ମୁସଲମାନ ରାଜତ୍ୱରେ ଓଡ଼ିଶାରେ ଏକତାର ସୂତ୍ରଟି ଶିଥିଳ ହୋଇଯାଇଥିଲା। ଏଭଳି ଏକ ପୃଷ୍ଠଭୂମିରେ ମଧୁବାବୁ ଉତ୍କଳ ସମ୍ମିଳନୀ ଗଠନ କରି ଓଡ଼ିଆମାନଙ୍କୁ ଏକତ୍ରିତ କରିବାର ପ୍ରୟାସ ଆରମ୍ଭ କଲେ ଏବଂ ସଫଳ ମଧ୍ୟ ହେଲେ। ଉତ୍କଳୀୟମାନଙ୍କୁ ଏଥିପାଇଁ ଆହ୍ୱାନ ଦେଇ ସେ କହିଥିଲେ-

"ଏହି ସମ୍ମିଳନୀ ଜାତି ପ୍ରାଣସିନ୍ଧୁ, କୋଟି ପ୍ରାଣବିନ୍ଦୁ ଧରେ
ତୋର ପ୍ରାଣବିନ୍ଦୁ ମିଶାଇ ଦେ ଭାଇ, ଡେଇଁପଡ଼ି ସିନ୍ଧୁ ନୀରେ।"

ଉତ୍କଳ ସମ୍ମିଳନୀ ଘୋଷଣା କଲେ, 'ଓଡ଼ିଶାବାସୀ କେବଳ ଓଡ଼ିଆ ଭାଷାଭାଷୀ ନୁହନ୍ତି। ଯେଉଁମାନେ ଭାଷା, ଧର୍ମ, ଗୋଷ୍ଠୀ ନିର୍ବିଶେଷରେ ଉତ୍କଳ ଜନନୀ କୋଳରେ ଜନ୍ମିତ ଏବଂ ପ୍ରତିପାଳିତ, ଏମାନେ ସମସ୍ତେ ଓଡ଼ିଶାବାସୀ। ଓଡ଼ିଶାରେ ଥିବା ବହୁ ଗଡ଼ଜାତମାନଙ୍କ ମଧ୍ୟରେ ସମନ୍ୱୟ ନଥିଲା। ଯେଉଁ ଗଡ଼ଜାତର ଲୋକ ସେହି ଗଡ଼ଜାତ ଭିତରେ ସୀମାବଦ୍ଧ ହୋଇ ରହିଥିଲେ। ନିଜ ଗଡ଼ଜାତକୁ ନେଇ ସେମାନଙ୍କ ଭିତରେ ଏକ ବୃଥା ଅହମିକା ସହ ଅନ୍ୟ ଗଡ଼ଜାତ ଲୋକଙ୍କୁ ନ୍ୟୂନ ଦୃଷ୍ଟିରେ ଦେଖିବା ଏକ ଅଭ୍ୟାସରେ ପରିଣତ ହୋଇଥିଲା। ଗୋଟିଏ ଗଡ଼ଜାତର ଲୋକ ଅନ୍ୟ ଗଡ଼ଜାତର ଲୋକଙ୍କୁ ସହି ପାରୁନଥିଲେ। ଇଏ ମଧ୍ୟ ଥିଲା ଓଡ଼ିଆ ଲୋକଙ୍କ ଭିତରେ ଏକ ସଂକୀର୍ଣ୍ଣ ମାନସିକତା ସୃଷ୍ଟି କରିବାର କାରଣ। ଏହାକୁ ନେଇ ଯଦିଓ କୌଣସି ସଂଘର୍ଷ, ବାଦ, ବିସମ୍ବାଦ ସୃଷ୍ଟି ହୋଇନଥିଲା। ତେବେ ଓଡ଼ିଶା ଯେ ଏକ ଭୂଖଣ୍ଡ ଏବଂ ସମସ୍ତ ଓଡ଼ିଆ ଏହାର ଅନ୍ତେବାସୀ - ଏହାହିଁ ଏକ ସାର୍ବଜନୀନ ଉଦାର ମନୋଭାବ ସୃଷ୍ଟି କରିବା ଦିଗରେ ଏ ସଂକୀର୍ଣ୍ଣ ମନୋଭାବ ଏକ ବଡ଼ ଅନ୍ତରାୟ ଥିଲା। ଏଭଳି ଏକ ବହୁଧା ଖଣ୍ଡିତ ଓଡ଼ିଆମାନଙ୍କୁ ଗୋଟିଏ ମଞ୍ଚରେ ଏକାଠି କରିବା ପାଇଁ ମଧୁବାବୁ କଠୋର ପରିଶ୍ରମ କରି ପ୍ରଥମେ ରାଜା, ମହାରାଜା, ଜମିଦାରମାନଙ୍କୁ ଏକାଠି କରି ଉତ୍କଳ ସମ୍ମିଳନୀ ଗଠନ କଲେ ଏବଂ ଏହା ହେଲା ଓଡ଼ିଶାବାସୀଙ୍କ ପାଇଁ

ନବଜାଗରଣର ପ୍ରଥମ ସୋପାନ। ଏହାର ପ୍ରଥମ ଅଧିବେଶନରେ ମଧୁବାବୁ ଉଦ୍‌ବୋଧନ ଦେଇ କହିଥିଲେ- "ସ୍ଥିର ସମୁଦ୍ରରେ ଚନ୍ଦ୍ରର ଗୋଟିଏ ଛାୟା ପ୍ରତିଫଳିତ, ମାତ୍ର ତରଙ୍ଗାୟିତ ହେଲାପରେ, ଚନ୍ଦ୍ରର ଅସଂଖ୍ୟ ପ୍ରତିରୂପ ଖେଳିବୁଲେ। ଆଜି ମୋର ଭାଇମାନଙ୍କୁ ଦର୍ଶନ କରି ମୋର ହୃଦୟରେ ସ୍ନେହ ଓ ପ୍ରେମର ଅସୁମାରି ତରଙ୍ଗ। ମାଆ ଉତ୍କଳ ଜନନୀ ଆଜି ଅଭିଶପ୍ତା ଏବଂ ଦୁଃଖିନୀ। ଆମେ ସମସ୍ତେ ମିଳିମିଶି ତାର ଦୁଃଖରେ ଅଂଶୀଦାର ହେବା ଏବଂ ଦୁଃଖ ଦୂର କରିବା ପାଇଁ ଚେଷ୍ଟା କରିବା। ଏହି ପ୍ରସଙ୍ଗରେ ମହାପୁରୁଷ ମହମ୍ମଦଙ୍କର କଥାଟିଏ ମନେପଡ଼େ। ସେ କହିଥିଲେ- ଭାଇଚାରାର ପ୍ରଚାର; ପ୍ରତିଷ୍ଠା ପାଇଁ ଅଗ୍ରସର ହେଲାବେଳେ ମନରୁ ସମସ୍ତ ପାପଚିନ୍ତା ଓ କପଟତା ଦୂର କରିବା ଆବଶ୍ୟକ। ତେଣୁ ମୋର ଭାଇମାନେ ମାତୃଭୂମି ସେବାରେ ନିଃସ୍ୱାର୍ଥପର ଭାବରେ ସେବା ପାଇଁ ଆଗେଇ ଆସିବେ। ସ୍ୱାର୍ଥପରତା ତ୍ୟାଗ ନକଲେ ପ୍ରଗତି ହେବ ନାହିଁ। ଏହା ସତ୍ୟ ଯେ ଅସୁମାରି ନଦୀ ଓ ହ୍ରଦର ଜଳ ନାନା ରଙ୍ଗରେ ପ୍ରବାହିତ ହୋଇ ସାଗର ସଙ୍ଗମ କାଳରେ ଏକ ରୂପ ହୋଇଯାଏ। ସେଇମିତି ଆମେ ନାନା ଧର୍ମ, ଭାଷା, ଜାତି, ଗୋଷ୍ଠୀ ଓଡ଼ିଶାବାସୀ ଏକାଠି ହୋଇ ବ୍ରତ ଗ୍ରହଣ କରିବା ଉତ୍କଳମାତାର ସେବା କରିବା ପାଇଁ।" (ଉତ୍କଳ ଦୀପିକା-ତା୨।୧।୧୯୦୪)

ଉତ୍କଳ ସମ୍ମିଳନୀ ମାଧ୍ୟମରେ ଓଡ଼ିଆମାନଙ୍କୁ ମନ ଓ ପ୍ରାଣରେ ଏକତା ସୂତ୍ରରେ ବାନ୍ଧିବା ପାଇଁ ଆରମ୍ଭ ହୋଇଥିବା ଉଦ୍ୟମ ୧୯୩୬ ମସିହା ପର୍ଯ୍ୟନ୍ତ ଅବ୍ୟାହତ ରହିଥିଲା ଏବଂ ଏହାର ଫଳଶ୍ରୁତି ସ୍ୱରୂପ ୧୯୩୬ ମସିହାରେ ଦେଶରେ ପ୍ରଥମ ଥର ପାଇଁ ଭାଷା ଭିତ୍ତିରେ ସ୍ୱତନ୍ତ୍ର ଓଡ଼ିଶା ପ୍ରଦେଶ ଗଠନ ହୋଇଥିଲା। ଦୁର୍ଭାଗ୍ୟବଶତଃ ଏହାର ଦୁଇବର୍ଷ ପୂର୍ବରୁ ମଧୁବାବୁ ଇହଧାମ ତ୍ୟାଗ କରିଗଲେ। ଫଳ ମିଳିଗଲେ ବା ଉଦ୍ଦେଶ୍ୟ ସଫଳ ହୋଇଗଲେ ଯେପରି ଉଦ୍ୟମ ଶିଥିଳ ହୋଇଯାଏ, ଉତ୍କଳ ସମ୍ମିଳନୀ କ୍ଷେତ୍ରରେ ତାହାହିଁ ହେଲା। ସେତେବେଳକୁ ବ୍ୟାପକ ଏବଂ ଉଗ୍ର ହୋଇ ଆସୁଥିବା ସ୍ୱାଧୀନତା ଆନ୍ଦୋଳନ ପାଖରେ ଉତ୍କଳ ସମ୍ମିଳନୀର କାର୍ଯ୍ୟଧାରା ମଉଳିଗଲା। ମନେହେଲା ସତେ ଯେମିତି ଗୋଟିଏ କାମ ପାଇଁ ଉତ୍କଳ ସମ୍ମିଳନୀ ଗଢ଼ା ହୋଇଥିଲା। ସେ କାମ ହାସଲ ହୋଇଗଲା ପରେ ଆଉ ଏହାର ଆବଶ୍ୟକତା ରହିଲା ନାହିଁ। ସମଗ୍ର ଓଡ଼ିଶାର ବିଭିନ୍ନ ପ୍ରାନ୍ତରେ ବସବାସ କରୁଥିବା ସମସ୍ତ ଉତ୍କଳୀୟଙ୍କୁ ଭାବବନ୍ଧନରେ ବାନ୍ଧିବା ପାଇଁ ଯେ ଏକ ନିରନ୍ତର ଉଦ୍ୟମ ଆବଶ୍ୟକ ତାହା ଆଉ କେହି ଅନୁଭବ କଲେ ନାହିଁ। ଓଡ଼ିଆମାନଙ୍କୁ ଏକତା ସୂତ୍ରରେ ବାନ୍ଧିଥିବା ଉତ୍କଳ ସମ୍ମିଳନୀର ଏହି ବନ୍ଧନର ସୂତ୍ର କ୍ରମେ ଶିଥିଳ ହୋଇଗଲା। ସ୍ୱାଧୀନତା ପରେ ଆମ ନିଜର ଶାସନ ଆସିଛି ସତ, ଗତ ସତୁରୀ ବର୍ଷ ଭିତରେ ବହୁ ସରକାର ଆସି ରାଜ୍ୟରେ ଗଣତାନ୍ତ୍ରିକ ପଦ୍ଧତିରେ ଶାସନ କରିଛନ୍ତି ସତ, ମାତ୍ର

ଓଡ଼ିଆମାନଙ୍କ ଭିତରେ ଭାବଗତ ଐକ୍ୟ, ଭ୍ରାତୃତ୍ୱବୋଧ ଏବଂ ସ୍ୱାଭିମାନ ଯେତିକି ଆସିବା କଥା ସେତିକି ଆସିନାହିଁ। ଏବେ ବି କୋରାପୁଟ, କଳାହାଣ୍ଡି ପରି ଅଞ୍ଚଳକୁ ବଦଳି ହେଲେ, ଆମେ କୋଉ କଳାପାଣିକୁ ଗଲାଭଳି ଅନୁଭବ କରୁଛୁ। ପଛୁଆ ଅଞ୍ଚଳରେ ରହୁଥିବା ଆମର ଓଡ଼ିଆ ଭାଇମାନଙ୍କ ବିକାଶ ପାଇଁ ଆସୁଥିବା ଅର୍ଥର ସିଂହଭାଗ ଆମେ ଲୁଟି ନେଉଛୁ। ସେମାନଙ୍କର ବିକାଶ କରେଇବାର ଦାୟିତ୍ୱ ଯେ ଆମର -ଏକଥା ଆମେ ଅନୁଭବ କରୁଥିଲେ ଆମେ ସେମାନଙ୍କ ଅର୍ଥ ଲୁଟନ୍ତୁ ନାହିଁ। ସମଗ୍ର ଓଡ଼ିଶା ଯେ ଆମର ଏବଂ ଏହାର ସମସ୍ତ ଅଞ୍ଚଳ ବିକଶିତ କେମିତି କରିବା ଆମର କର୍ତ୍ତବ୍ୟ ଏକଥା ଆମ ହାତରେ ଶତପ୍ରତିଶତ ପ୍ରତିଷ୍ଠିତ ହୋଇପାରିନାହିଁ। ଏହାର ପ୍ରତ୍ୟେକ ଅଂଶ ସ୍ୱକୀୟ ମହିମାରେ ମହିମାନ୍ୱିତ। କେଉଁଠି ପ୍ରକୃତି, କେଉଁଠି ପ୍ରତ୍ନତତ୍ତ୍ୱ, କେଉଁଠି ମନ୍ଦିର, କେଉଁଠି କ୍ଷେତ୍ର, କେଉଁଠି ତୀର୍ଥ ସବୁ ମହନୀୟ ପବିତ୍ର ସ୍ଥାନ ଭେଦରେ ଏ ସମସ୍ତ ପ୍ରତି ଆମର ମମତ୍ୱବୋଧ ରହିବା କଥା।

ଓଡ଼ିଆ ଭାଷା କଥା ନକହିବା ଭଲ। ଓଡ଼ିଆରେ ଗୋଟିଏ ପୂର୍ଣ୍ଣବାକ୍ୟ ମଧ୍ୟ ଆଜିର ସଭ୍ୟ, ଶିକ୍ଷିତ ଲୋକମାନେ କହିପାରୁନାହାନ୍ତି। ଏ ଲେଖକ ଆକାଶବାଣୀରେ ଦୀର୍ଘଦିନ କାର୍ଯ୍ୟ କରିବା ଭିତରେ ଅନେକ ବୁଦ୍ଧିଜୀବୀ, ବିଶେଷଜ୍ଞଙ୍କୁ ବିଭିନ୍ନ ବିଷୟରେ ଆଲୋଚନା କରିବାକୁ ଆମନ୍ତ୍ରଣ କରିଛି। ସମସ୍ତେ ପ୍ରଥମେ ପଚାରିଛନ୍ତି ଆଲୋଚନା ଇଂରାଜୀରେ ନା ଓଡ଼ିଆରେ ? ଓଡ଼ିଆରେ ବୋଲି ଶୁଣିବା ପରେ, ସେମାନେ କହିଛନ୍ତି ଇଂରାଜୀରେ ସୁବିଧା ହୋଇଥାନ୍ତା, ଓଡ଼ିଆରେ ଲେଖିବା କଷ୍ଟ। ଉଦାହରଣ ସ୍ୱରୂପ 'ମାନବିକ ଅଧିକାର' ପ୍ରସଙ୍ଗ। ସେମାନେ ଓଡ଼ିଆରେ ଲେଖିବାକୁ ଚେଷ୍ଟା କରି ସଫଳ ହୋଇଛନ୍ତି। ବିଷୟଟିକୁ ଇଂରାଜୀରେ ପଢ଼ିଥିଲେ ସୁଦ୍ଧା ତାକୁ ଯେ ଆମେ ଓଡ଼ିଆରେ ଲେଖିବା ବା କହିପାରିବା ନାହିଁ ଏଭଳି ଏକ ଧାରଣା ଅମୂଳକ। ଯଦି ଲେଖି ହେଉନଥିଲା ଶେଷରେ ଲେଖି ହେଲା କେମିତି ? ଯେମିତି ଓଡ଼ିଆରେ ଲେଖିବା, ସେମିତି ଓଡ଼ିଆରେ କହିବା। ଚେଷ୍ଟାକଲେ ଆମେ ପାରିବା। ନିଶ୍ଚୟ ପାରିବା। ଏଥିପାଇଁ ଟିକିଏ ଅଭ୍ୟାସ କରିବାକୁ ହେବ। ନକଲେ ଧୀରେ ଧୀରେ ଇଂରାଜୀରେ ପଢ଼ିଥିବା ବିଷୟମାନ ଆମେ ଆରାମରେ ଓଡ଼ିଆରେ ଲେଖିପାରିବା, କହି ମଧ୍ୟ ପାରିବା। କିନ୍ତୁ ଆନ୍ତରିକ ଭାବରେ ଏ ଦିଗରେ କେହି ଉଦ୍ୟମ କରିନାହାନ୍ତି। ଭାଷା ବଞ୍ଚେଇବା ପାଇଁ ଭାଷାକୁ ଯେ ବ୍ୟବହାର କରିବାକୁ ପଡ଼ିବ ଏବଂ ଏଇଟା ଆମର କର୍ତ୍ତବ୍ୟ ଏକଥା ଆମେ ବୁଝୁନାହୁଁ। ଇଂରାଜୀ, ହିନ୍ଦି ଶବ୍ଦ ବ୍ୟବହାର କରି, ଯଦି ଆମେ ଆମ ଓଡ଼ିଶାକୁ ଖଣ୍ଡିଆ କରି ଝୁଲେଇଦବା ତେବେ ଚଳିଯିବ, ଚଳିଯାଉଛି ମଧ୍ୟ। କିନ୍ତୁ ଏ ପ୍ରକାର ପ୍ରକ୍ରିୟାରେ ଆମ ଶବ୍ଦମାନେ ପ୍ରଚଳନରେ ନରହି, ଯେ କାଳକ୍ରମେ ଭୁଲି ହେଇଯିବେ,

ଏକଥା ଆମକୁ ମନେରଖିବାକୁ ହେବ। ଏବେ ଗାଁ ଗହଳିରେ ଚାଷର ଯାନ୍ତ୍ରିକୀକରଣ ହେବା ପରେ ଗୁଡ଼ାଏ ଚାଷ ଭିତ୍ତିକ ଶବ୍ଦ ହଜିବାକୁ ବସିଛି। ଏବେ ଆଉ ଲଙ୍ଗଳରେ ଚାଷ ହଉନାହିଁ। ଧାନ ଅମଳ ପାଇଁ ବେଙ୍ଗଳା ଆଉ ପଡୁନାହିଁ କି ସେଥିରେ ବଳଦ ଲୋଡ଼ା ପଡୁନାହାନ୍ତି। ଏଠାରେ ଶବ୍ଦ ସଂଖ୍ୟା ଅନେକ। ଏତିକି ଶବ୍ଦ ହଜିଯିବ କି ନାହିଁ? ନିଶ୍ଚୟ ହଜିବ। ଗୋଟିଏ ଭାଷାର ପୁଞ୍ଜି ତା'ର ଶବ୍ଦ ସମ୍ଭାର, ଶବ୍ଦ ହଜିଲେ ଭାଷା ହଜିବ। ସେ ସମୟ ଆଜି ଉପସ୍ଥିତ। କ'ଣ କରିବା ଆମେ ଓଡ଼ିଆମାନେ? ଏ ଚିନ୍ତା ଆଜି ସମସ୍ତଙ୍କର। ଓଡ଼ିଆ ଭାଷା କେତେ ଜନମୁଖୀ ହୋଇପାରେ ତା' ପ୍ରମାଣ କରି ଦେଖାଇଦେଲେ ଭାଗବତକାର ଜଗନ୍ନାଥ ଦାସ। ଭାଷା ବିସ୍ତାର ସହିତ ଧର୍ମୀୟ ସଂସ୍କୃତିର ବିସ୍ତାର ପାଇଁ ସୃଷ୍ଟି ହୋଇଥିବା ଭାଗବତ ଟୁଙ୍ଗି ସମୂହ ଆଜି ଲୁପ୍ତ। ଏକ ଅନାନ୍ତରିକ, ରାଜନୈତିକ ଉଦ୍ଦେଶ୍ୟ ସାଧନ ପାଇଁ ଏକ ପ୍ରଦର୍ଶନକାରୀ ସରକାରୀ ପଦକ୍ଷେପ ଏ କ୍ଷେତ୍ରରେ ବିଫଳ ହୋଇଛି।

ସଂସ୍କୃତି ନାମରେ ବାହାରୁ ଆସୁଥିବା ଢଙ୍ଗରଙ୍ଗକୁ ଆମେ ଆମ ମୂଳ ସଂସ୍କୃତି ଉପରେ ମଡ଼େଇ ଆମେ ଏଭଳି ଗ୍ରହଣ କରି ସେଥିରେ ମାତୁଛେ ଯେ ବେଳେ ବେଳେ ମନକୁ ପ୍ରଶ୍ନ ଆସୁଛି ଆମେ ସତରେ କ'ଣ ଓଡ଼ିଆ? କଥାଭାଷା, ବେଶଭୂଷା, ରୀତିନୀତି, ଚାଲିଚଳଣି ଭିତରେ ଆମର ଓଡ଼ିଆତ୍ୱ କେତେ ଫୁଟୁଛି ନଫୁଟୁଛି ତାହା ଆମ ସମସ୍ତଙ୍କୁ ପଚାରିବାକୁ ପଡ଼ିବ। ଏଗୁଡ଼ିକ ହେଲା ଆମ ଓଡ଼ିଆତ୍ୱର ସୂଚକ ଯାହା ଦୃଶ୍ୟମାନ। ଇଏ ହେଲା ଓଡ଼ିଆତ୍ୱର ଗୋଟିଏ ଦିଗ। ଆର ଦିଗଟି ହେଲା ଆମର ଆତ୍ମିକ ଅନୁଭବ ଯାହା ଆମର ଇତିହାସ, ସଂସ୍କୃତି, ବିଭିନ୍ନ ପରମ୍ପରାକୁ ନେଇ ଏକ ଗୌରବବୋଧ ଭାବରେ ପ୍ରତିଷ୍ଠିତ, ଯାହାର ଫଳଶ୍ରୁତି ହୋଇଛି ଆମର ସାମଗ୍ରିକ ବ୍ୟବହାରରେ ପ୍ରକାଶ ପାଉଥିବା ଏକ ସ୍ୱାଭିମାନ। ଏ ଦୁଇଟି ସମନ୍ୱିତ ଭାବେ ପ୍ରକାଶିତ ହେଲେ ଯାଇ ଆମେ କହିପାରିବା ଯେ ଆମର ଓଡ଼ିଆତ୍ୱ ପ୍ରକାଶିତ କରିବାରେ ଆମେ ସମର୍ଥ। କିନ୍ତୁ ସଂପ୍ରତିକ କାଳ, ବ୍ୟବସ୍ଥା ସବୁକୁ ଅନୁଧ୍ୟାନ କଲେ ମନେହେଉଛି ଆମର ଓଡ଼ିଆତ୍ୱ ଏବେ ସଂକଟ ଦେଇ ଗତିକରୁଛି। ଆଗକୁ କ'ଣ ହେବ ତାହା କେବଳ ସମୟ ହିଁ କହିପାରିବ। ଭଲହେଲେ ଓଡ଼ିଆଙ୍କ ଜୟ, ମନ୍ଦ ହେଲେ ଓଡ଼ିଆତ୍ୱର ଲୟ।

ଓଡ଼ିଆଙ୍କ ଚରିତ୍ର ଏବଂ ସ୍ୱଭାବର କେତେକ ମହନୀୟ ଦିଗ ମଧ୍ୟ ଅଛି। ଉଦାରତା ହେଉଛି ଏଥିରୁ ଗୋଟିଏ। ସମସ୍ତଙ୍କୁ ଶୁଣିବା, ଗ୍ରହଣ କରିବାର ସର୍ବଶ୍ରେଷ୍ଠ ନିଦର୍ଶନ ହେଉଛନ୍ତି ମହାପ୍ରଭୁ ଶ୍ରୀଜଗନ୍ନାଥ। ଆଜି ଯଦି ଶ୍ରୀକ୍ଷେତ୍ର ଏବଂ ମହାପ୍ରଭୁ ସାରା ବିଶ୍ୱର ଦୃଷ୍ଟି ଆକର୍ଷଣ କରୁଛନ୍ତି, ତାହା ଏହି ଧର୍ମୀୟ ଉଦାହରଣ ପାଇଁ। ଓଡ଼ିଆଙ୍କ ଏହି ଉଦାରତା ପାଇଁ ଆଜି ଓଡ଼ିଶାରେ ଓଡ଼ିଶା ବାହାରର ଲୋକମାନେ ମଧ୍ୟ ପ୍ରମୁଖ

ଏବଂ ପ୍ରତିଷ୍ଠିତ ହୋଇ ରହିଛନ୍ତି। ସେମାନଙ୍କୁ ସେ ସୁଯୋଗ ଦେଇଛନ୍ତି ଓଡ଼ିଆମାନେ। ସେମାନଙ୍କ ସମୃଦ୍ଧିରେ, ପ୍ରତିଷ୍ଠାରେ କେବେ ବି ଈର୍ଷାନ୍ୱିତ ହୋଇନାହାନ୍ତି। ଏଇଟା ବେଶ୍ ବଡ଼ କଥା ନୁହେଁ। ଓଡ଼ିଆଙ୍କ ଆଉ ଗୋଟିଏ ବଡ଼ ଗୁଣ ହେଉଛି ମହାଭାରତୀୟ ଭାବନା ଏବଂ ସ୍ୱାର୍ଥ ଆଗରେ ନିଜ ରାଜ୍ୟର ସ୍ୱାର୍ଥକୁ ତ୍ୟାଗ କରିବା। ନିଜେ ସମ୍ରାଟ ଖାରବେଳ ଏକଥା ପ୍ରମାଣ କରିଦେଇ ଯାଇଛନ୍ତି। ମଗଧ ଆକ୍ରମଣ ସମୟରେ ମଗଧ ରାଜା ବୃହସ୍ପତି ମିତ୍ର ବିନା ଯୁଦ୍ଧରେ ତାଙ୍କ ନିକଟରେ ସମର୍ପଣ କରିଥିଲେ ସୁଦ୍ଧା ଭାରତ ଉପରେ ଆକ୍ରମଣ କରିବାକୁ ଆସିଥିବା ଗ୍ରୀକ୍ ରାଜା ଡିମିଟ୍ରିଅସ୍‌ଙ୍କୁ ପ୍ରଥମ ଶତ୍ରୁ ଭାବରେ ହଟାଇବା ପାଇଁ ଯୁଦ୍ଧ କରି ଭାରତକୁ ରକ୍ଷା କରିଛନ୍ତି।

ଏକଦା ଉତ୍କଳର ରାଜାମାନେ ବିପୁଳ ରାଜ୍ୟ ଜୟକରି ଗଙ୍ଗାଠାରୁ ଗୋଦାବରୀ, କର୍ଣ୍ଣାଟ, କଳବର୍ଗ ଯାଏଁ ଏ ରାଜ୍ୟର ସୀମାକୁ ବିସ୍ତାରିତ କରିଥିଲେ ବୋଲି ଇତିହାସରୁ ଆମେ ଜାଣୁ। କିନ୍ତୁ ଏଥିରେ ସେମାନଙ୍କର ବିଲକ୍ଷଣ ସ୍ୱଭାବ ହେଉଛି ଏଥିପାଇଁ ସେମାନେ କୌଣସି ହିଂସ୍ରତା, ନିଷ୍ଠୁରତା, ରକ୍ତପାତ ଅବା ଲୁଣ୍ଠନ କରିନାହାନ୍ତି। ସେମାନଙ୍କ ବୀରତ୍ୱ ଆଗରେ ଅନ୍ୟ ରାଜାମାନେ ଅଧୀନତା ସ୍ୱୀକାର କରି ଯାହା ଦେଇଛନ୍ତି ତାହାହିଁ ସେମାନେ ଆଣିଛନ୍ତି। ଯାହା ବି ଆଣିଛନ୍ତି, ତାକୁ ସମର୍ପି ଦେଇଛନ୍ତି ମହାପ୍ରଭୁଙ୍କ ପାଖରେ। ନିଜକୁ ମହାପ୍ରଭୁଙ୍କ ରାଉତ ଜ୍ଞାନ କରିଛନ୍ତି। ଏହା ହେଉଛି ଓଡ଼ିଆଙ୍କ ସମର୍ପଣ ସ୍ୱଭାବର ନିଦର୍ଶନ।

ମହାକବି ସାରଳା ଦାସଙ୍କ ଠାରୁ ଆରମ୍ଭ କରି ଜଗନ୍ନାଥ ଦାସ, କବିସମ୍ରାଟ ଉପେନ୍ଦ୍ର ଭଞ୍ଜ, ଦୀନକୃଷ୍ଣ, କବିସୂର୍ଯ୍ୟ, ଗୋପାଳକୃଷ୍ଣ, ରାଧାନାଥ, ଫକୀରମୋହନ, ଗଙ୍ଗାଧର, ଭୀମଭୋଇଙ୍କ ପର୍ଯ୍ୟନ୍ତ କବିମାନେ ଓଡ଼ିଆ ବାଣୀଭଣ୍ଡାରକୁ ଏତେ ସମୃଦ୍ଧ କରିଛନ୍ତି ଏବଂ ନିଜ ରଚନାରେ ଏତେ ଶବ୍ଦ ସମ୍ଭାର ସୃଷ୍ଟି କରିଯାଇଛନ୍ତି ଯେ ସେଗୁଡ଼ିକ ଲୁଚିଯିବେ, ହଜିଯିବେ - ଏକଥା ଭାବିଲେ ହିଁ ମନ ମରିଯାଉଛି। ଏହା ସାଙ୍ଗକୁ ଲୋକ ମୁଖରେ ଥିବା ଲୋକଭାଷା ଏବଂ ଲୋକୋକ୍ତି, ବିବିଧ ଲୋକସଂସ୍କୃତି ଯାହା ଦ୍ରୁତ ବିଲୟ ପଥରେ ଅଗ୍ରସର ହେଉଛି, ତାକୁ ଲକ୍ଷ୍ୟ କଲେ ନିରବରେ ଅଶ୍ରୁପାତ କରିବାକୁ ପଡୁଛି। କ'ଣ କରିବା ? ଏ ସବୁକୁ ରକ୍ଷା କରିବା ଜଣକର କାମ ନୁହେଁ। ସବୁ ଓଡ଼ିଆ ଏଥିପାଇଁ ଆଗ୍ରହ ପ୍ରକାଶ ନକଲେ, ଏସବୁ ସ୍ୱଭାବ ଏବଂ ବିଭବ ଖୁବ୍ ଶୀଘ୍ର ଇତିହାସ ପାଲଟିଯିବ। ଗୋଟିଏ ମହନୀୟ, ରସାଳ ଏବଂ ନିର୍ମଳ ସାଂସ୍କୃତିକ ଏବଂ ସରଳ ପରିଚୟଟିଏ ହଜିଯିବାର ଆଶଙ୍କା ଜଳଜଳ ଦେଖାଯାଉଛି।

ସି-୧୦୮, ଶୁଭମ୍ ଦଇତାରି ଏନ୍‌କ୍ଲେଭ୍
ପ୍ରଶାନ୍ତି ବିହାର, ପଟିଆ, ଭୁବନେଶ୍ୱର - ୨୪

ଓଡ଼ିଶୀ ଭାବନାର ମାନଚିତ୍ର

ଡ. ନାରାୟଣ ସାହୁ

ଗୋଟାଏ ଜାତିକୁ ମହାନ୍ କରି ଗଢ଼ି ତୋଳିଥାଏ ତାର ଅତୀତ, ତାର ଇତିହାସ, ତାର ସଂସ୍କୃତି। ଅତୀତର ଅଇନାରୁ ସେ ସଂଜୀବନୀର ସ୍ୱର ଶୁଣିଥାଏ। ଯେଉଁ ଜାତିର ସଂସ୍କୃତି ମହାନ୍, ସେ ଜାତି ସେତିକି ଉନ୍ନତ। ବିଶ୍ୱ ସଂସ୍କୃତି ପରିପ୍ରେକ୍ଷୀରେ ଆମେ ମହାଜାଗତିକ ଦୃଷ୍ଟିକୋଣରୁ ବିଚାର କଲେ, ଖୁବ୍ ଶୀଘ୍ର ଆମ ଆଖି ଆଗରେ ପ୍ରତିଭାତ ହେବ ଜଗନ୍ନାଥ ସଂସ୍କୃତି - ଉତ୍କଳୀୟ ସଂସ୍କୃତି - ଆମ ସଂସ୍କୃତି।

ଉତ୍କଳୀୟ ସଂସ୍କୃତିର ଅବଦାନ କଳନା କରିବା ଏବଂ କଳ୍ପନା କରିବା ଉଭୟ କଷ୍ଟସାଧ୍ୟ, 'ସର୍ବେ ଭବନ୍ତୁ ସୁଖୀନଃ...' ମହାମନ୍ତ୍ର ଭିତରେ ଆର୍ଯ୍ୟ ଋଷି ଛାଡ଼ି ଯାଇଛନ୍ତି ବିଶ୍ୱ ପାଇଁ ଜଗତ କଲ୍ୟାଣକାରୀ ମନ୍ତ୍ର। ଆମ କୃଷି ସଂସ୍କୃତି, ଆମ ଅର୍ଥନୈତିକ ସଂସ୍କୃତି, ଆମ ଯୌଗିକ ସଂସ୍କୃତି ଭିତରେ ସେହି ଗୋଟିଏ ସ୍ୱର ବାରମ୍ବାର ଘୋଷଣା କରେ - 'ବିଭିନ୍ନତା ମଧ୍ୟରେ ଏକତା'। ଏହା କେବଳ ଉତ୍କଳୀୟ ସଂସ୍କୃତି, ଜଗନ୍ନାଥ ସଂସ୍କୃତି ଭିତରେ ପରିଦୃଷ୍ଟ ହୋଇଥାଏ।

ଆଦିମାନବର ସଂସ୍କାର ମନୋବୃତ୍ତିରୁ ଜନ୍ମ ନେଇଥିଲା ସେଦିନ ସଂସ୍କୃତି, ଯାହାର ପ୍ରତିଷ୍ଠା ସମ୍ଭବ ହୋଇଥିଲା ଆଦର୍ଶ ଆଉ ତ୍ୟାଗର ଭିତ୍ତିଭୂମି ଉପରେ। ମହାମାନବ ଚକ୍ରବର୍ତ୍ତୀ ରାଜଗୋପାଳାଚାରୀ କହନ୍ତି - 'ଖାଦ୍ୟ ବସ୍ତ୍ର ବିନା ଯାହା ମାନବ ଜୀବନକୁ ସୁଖମୟ ଓ ଉପଭୋଗ୍ୟ କରେ, ତାହା ହିଁ ସଂସ୍କୃତି'। ପଣ୍ଡିତ ନୀଳକଣ୍ଠଙ୍କ ଦୃଷ୍ଟିରେ, 'ଚାହାଣି - ଚଳଣି - ଚମକ ଭିତରେ ସଂସ୍କୃତି ଉକୁଟି ଉଠିଥାଏ'।

ଆମ ସଂସ୍କୃତି ଆମକୁ ଶିଖାଇଛି ସମର୍ପଣର ମନ୍ତ୍ର। ସନ୍ଥକବି ଭୀମଭୋଇଙ୍କ

ଭାଷାରେ – 'ପ୍ରାଣୀଙ୍କ ଆରତ ଦୁଃଖ ଅପ୍ରମିତ ଦେଖୁଦେଖୁ କେ ବା ସହୁ, ମୋ ଜୀବନ ପଛେ ନର୍କେ ପଡିଥାଉ ଜଗତ ଉଦ୍ଧାର ହେଉ।'

ଏଠି ସନ୍ଥକବି ବିଶ୍ୱବାସୀଙ୍କ ପାଇଁ କେତେ ବଡ଼ କଥା କହିନାହାନ୍ତି ! ରାଜା ଇନ୍ଦ୍ରଦ୍ୟୁମ୍ନ ଏଇ ଓଡ଼ିଶାରେ କେବଳ ଜଗନ୍ନାଥଙ୍କୁ ପ୍ରାର୍ଥନା କରିପାରନ୍ତି – 'ହେ ମହାବାହୁ, ମୋ ବଂଶ ବୁଡ଼ିଯାଉ'। ସଂସ୍କୃତିର ଏହି ମହାନତା, ଏହି ସମର୍ପିତ ଭାବ କେବଳ ଉତ୍କଳ ହିଁ ଉଦ୍‌ଘୋଷଣ କରିପାରେ। ଆମ ସଂସ୍କୃତିର ଚେର ବହୁତ ତଳକୁ ଲମ୍ବିଯାଇଛି। ଆମ ସଂସ୍କୃତିର ପୃଷ୍ଠପିଠିକାରେ ଦେଖିବାକୁ ମିଳିବ ଆମ ସମାଜର ପ୍ରତିଛବି। ଆମ ଧର୍ମ ଧାରଣା, ଚାଲିଚଳଣି, ଆଚାର ବ୍ୟବହାର ସବୁଠି ରହିଛି ସଂସ୍କୃତିର ବାସ। ଆମ ଚିନ୍ତାଚେତନା ତାରି ସୁଗନ୍ଧିରେ ସୁରଭିତ।

ଆମ ସଂସ୍କୃତି ପ୍ରଚାର କରିଛି ସଂହତିର ବାର୍ତ୍ତା। ଏହି ସଂହତି ଆମର ଯାବତୀୟ ସଂକୀର୍ଣ୍ଣ ଚିନ୍ତାଧାରାକୁ ଆମଠାରୁ ଦୂରେଇ ଦେଇଛି। ଗୋଟିଏ ଛାତ ତଳେ ଆଉ ଗୋଟିଏ ଛତା ତଳେ ସଭିଙ୍କୁ ଏକାକାର କରିଛି ଆମ ସଂହତି। ଏକତାବଦ୍ଧ ପାଇଁ ଆହ୍ୱାନ ଦେଉଛି ସଂହତି। ଜାତିପ୍ରତି, ଦେଶପ୍ରତି, ମଣିଷ ପ୍ରତି ସମ୍ମାନବୋଧ ସୃଷ୍ଟିକରେ ସଂହତି। ବ୍ୟକ୍ତି ମନରେ ଭାତୃତ୍ୱ ଭାବର ସଞ୍ଚାର କରେ। ଆମ ଭିତରେ ଆତ୍ମଗୋପନ କରିଥିବା 'ମୁଁ'ତ୍ୱର ବିନାଶ କରି ଏହାକୁ 'ଆମେ'ତ୍ୱରେ ପରିଣତ କରିବା ପାଇଁ ପ୍ରେରଣା ଦେଇଥାଏ। ଏକ ପ୍ରକାର ବିଶ୍ୱତାରକ ଦୃଷ୍ଟିରୁ ଜୟଗାନ କରେ ସଂହତି।

ଗୋଟିଏ ବୃତ୍ତ ଆଙ୍କିବାର ସହଜ ପ୍ରଣାଳୀ ଅର୍ଥାତ୍ ଜଗତୀକରଣର ବାର୍ତ୍ତା ପ୍ରଦାନକରେ ଆମ ସଂହତି। ଜାତୀୟବାଦୀ ମନୋଭାବର ଉଦ୍ରେକ କରେ ସଂହତି। ଧର୍ମନିରପେକ୍ଷତା ଉପରେ ଗୁରୁତ୍ୱ ଆରୋପକରେ ଆମ ସଂହତି। ସର୍ବଧର୍ମ ସମନ୍ୱୟର ବାର୍ତ୍ତା ବିଶ୍ୱକୁ ପ୍ରଦାନ କରେ ଆମ ସଂହତି। ଜାତିଗତ ବୈଷମ୍ୟର ବିଲୋପ ସାଧନ ସହିତ ନୈତିକ ଶିକ୍ଷା ଉପରେ ଜୋର୍ ଦିଏ ସଂହତି। ଏହା ମାନବିକତାର ଜୟଜ୍ଞାନ କରେ, ପ୍ରଚାର କରେ, 'ଧର୍ମର ଜୟ ଆଉ ପାପର କ୍ଷୟ'।

ଭାରତୀୟ ଉପମହାଦେଶକୁ ଅନେକ କିଛି ଦେଇଛି ଉତ୍କଳ। ଆମ ଜଗନ୍ନାଥ ଆମ ସଂସ୍କୃତିର ପ୍ରତୀକ। ସେ ହେଉଛନ୍ତି ଉତ୍କଳର ଇଷ୍ଟଦେବତା, ରାଷ୍ଟ୍ରୀୟ ଦେବତା। ଜଗନ୍ନାଥ ଧର୍ମ ସଂସ୍କୃତିର ବିଶାଳତା ଭିତରେ ହଜି ଯାଇଛି ଶୈବ, ଶାକ୍ତ, ଗାଣପତ୍ୟ, ସୌର ଆଦି ଧର୍ମଧାରା। ଶ୍ରୀକ୍ଷେତ୍ରକୁ ଟାଣି ହୋଇ ଆସିଛନ୍ତି ଚୈତନ୍ୟ, ନାନକ, କବୀର, ତୁକାରାମ ଆଦି ମହାପୁରୁଷ କେବଳ ଜଗନ୍ନାଥ ସଂସ୍କୃତିର ଆକର୍ଷଣରେ। ଜଗନ୍ନାଥ ସଂସ୍କୃତି କର୍ମବାଦରେ ବିଶ୍ୱାସକରେ। ତ୍ୟାଗ ଉପରେ ଗୁରୁତ୍ୱ ଆରୋପ କରେ ଆମ ଜଗନ୍ନାଥ ସଂସ୍କୃତି।

ବେଦ, ଗୀତା, ଭାଗବତ, ରାମାୟଣ, ମହାଭାରତ ଆଦି ଗ୍ରନ୍ଥ ଆମକୁ ଶିଖାଇଛି 'ଆମର ଆଦର୍ଶ ତ୍ୟାଗ, ଭୋଗ ନୁହେଁ'। ସମର୍ପିତ ଭାବନା ସହିତ ସହିଷ୍ଣୁତା ଭଳି ଉଦାରନୀତିକୁ ଆପଣେଇ ନେଇଛି ଆମ ସଂସ୍କୃତି। ଆମ ସଂସ୍କୃତିର ମୂଳପିଣ୍ଡ ଆଧ୍ୟାତ୍ମିକତା ଉପରେ ଦଣ୍ଡାୟମାନ। ସର୍ବଧର୍ମ ସମନ୍ୱୟ ଭାବନା ପ୍ରତି ଆକର୍ଷିତ ହୋଇ ଉତ୍କଳ ଭୂମିରେ ପଦାର୍ପଣ କରିଛନ୍ତି ଶଙ୍କର, ରାମାନୁଜ, ମାଧବାଚାର୍ଯ୍ୟ, ନିମ୍ବାର୍କ, ବିଷ୍ଣୁସ୍ୱାମୀ ଆଉ ଚୈତନ୍ୟଙ୍କ ପରି ସନ୍ଥଗଣ। ଜଗନ୍ନାଥ ଚେତନା ଭିତରେ ଏହି ସନ୍ଥମାନେ ନିଜକୁ ଏକାକାର କରିଦେଇଛନ୍ତି।

ଆମ ମନ୍ଦିରର ଶିଳା ଭାସ୍କର୍ଯ୍ୟରେ ଭରି ରହିଛି ଉତ୍କଳୀୟ କଳାର ଚରମ ଆଉ ପରମ ପରାକାଷ୍ଠା।। ପୁରୀ, କୋଣାର୍କ, ଭୁବନେଶ୍ୱର ମନ୍ଦିର ଦେହରେ ସାଇତା ହୋଇ ରହିଛି ଓଡ଼ିଶୀ ନୃତ୍ୟକଳା। ଓଡ଼ିଶାର ନାଟ୍ୟ ଓ ନୃତ୍ୟକଳାରେ ଭରି ହୋଇ ରହିଛି ଓଡ଼ିଶୀ ମନର ସ୍ୱଚ୍ଛନ୍ଦ ପରିପ୍ରକାଶ।

ଆମ ଜଗନ୍ନାଥ ହେଉଛନ୍ତି ଜଗତର ନାଥ। ତାଙ୍କ ଦେଉଳ ବଡ଼ ଦେଉଳ। ତାଙ୍କ ଦାଣ୍ଡ ବଡ଼ଦାଣ୍ଡ। ତାଙ୍କ ପ୍ରସାଦ ମହାପ୍ରସାଦ। ସେ ହେଉଛନ୍ତି ପୁରୁଷୋତ୍ତମ। ସେ ହେଉଛନ୍ତି ଓଡ଼ିଆର ପ୍ରାଣର ଠାକୁର। ସେ ହେଉଛନ୍ତି କୃଷି ଓ କୃଷକର ଠାକୁର। କୃଷକ ପରିବାରରେ ପାଳିତ ହେଉଥିବା ପର୍ବପର୍ବାଣି, ପିଠା, ଖେଚୁଡ଼ି ଭୋଗ ହେଉଛି ଜଗନ୍ନାଥଙ୍କ ପ୍ରିୟ। ଜଣେ ସାଧାରଣ ମଣିଷ ପରି ଜଗନ୍ନାଥ ଦାନ୍ତ ଘଷନ୍ତି, ଗାଧାନ୍ତି ଆଉ ବେଶ ହୁଅନ୍ତି, ଦରବାର ବସାନ୍ତି, ନୃତ୍ୟ ଉପଭୋଗ କରନ୍ତି। ସାଧାରଣ ମଣିଷ ଭଳି ଆହାର ଗ୍ରହଣ କରନ୍ତି ଆଉ ଶୟନ କରନ୍ତି।

ଓଡ଼ିଆ ଘରର ପୋଡ଼ପିଠା ହେଉଛି ତାଙ୍କର ପ୍ରିୟ ଖାଦ୍ୟ। ତାଙ୍କ ଉଦଧି ହେଉଛି ମହୋଦଧି। ତାଙ୍କ ବାଲି ହେଉଛି ଶରଧାବାଲି। ତାଙ୍କ ଅନ୍ନ ହେଉଛି ଅନ୍ନବ୍ରହ୍ମ। ସାଧାରଣ ମଣିଷ ଭଳି ସେ ପର୍ବପର୍ବାଣିରେ ସୁସଜ୍ଜିତ ହୋଇ ଯାତ୍ରାକରନ୍ତି। କ୍ରୀଡ଼ା କରନ୍ତି। ତାଙ୍କ ଯାତ୍ରା ହେଉଛି ବିଶ୍ୱ ପ୍ରସିଦ୍ଧ ରଥଯାତ୍ରା। ରଥଯାତ୍ରାରେ ସେ ସବୁଧର୍ମର ମଣିଷମାନଙ୍କୁ ଦର୍ଶନ ଦିଅନ୍ତି। ଆମ ରାଜା ହେଉଛନ୍ତି ତାଙ୍କର ଆଦ୍ୟସେବକ। ସେ ରାଜପୁରୁଷ ନୁହଁନ୍ତି, ଜଣେ ସାଧାରଣ ସେବକ, ଯେ କି ଛେରାପହଁରା କରିବାକୁ ନିଜର ପରମ ସୌଭାଗ୍ୟ ମନେକରନ୍ତି।

ଜଗନ୍ନାଥ ହେଉଛନ୍ତି ଓଡ଼ିଆ ପ୍ରାଣର ଆରାଧ୍ୟ ଦେବତା। ଓଡ଼ିଶାର ଜନସାଧାରଣଙ୍କର ପାରିବାରିକ ଓ ସାମାଜିକ ଜୀବନର ସାଥୀ। ଓଡ଼ିଆଙ୍କ ପିଠା ଆଉ ମିଠାରେ ତାଙ୍କର ଲୋଭ। ସାଧାରଣ ମଣିଷ ପରି ସେ ମଧ୍ୟ ମାନ ଅଭିମାନ, ରାଗରୁଷା, ଥଟ୍ଟା ପରିହାସ କରନ୍ତି। ମଣିଷ ଭଳି ପାନ ଖାଆନ୍ତି, ପଖାଳ ଖାଆନ୍ତି।

ଆମଭଳି ଠାକୁର ସ୍ନାନ ଶୌଚ, ଦନ୍ତମାର୍ଜନ, ବେଶପୋଷାକ ମଣ୍ଡନ କରନ୍ତି। ଜଣେ ସାଧାରଣ ଓଡ଼ିଆର ନିତ୍ୟନୈମିତ୍ତିକ ଜୀବନଚର୍ଯ୍ୟା ସହିତ ଆମ ଠାକୁର ବେଶ୍ ଜଡିତ। ଏ ଗର୍ବ ଓଡ଼ିଆ ହିଁ କରିପାରେ। ବାସ୍ତବରେ ଓଡ଼ିଶା ମାଟିର ଠାକୁର, ଓଡ଼ିଆର ଠାକୁର କେମିତି ବା ଅଲଗା ହୋଇପାରନ୍ତେ ଓଡ଼ିଶୀ ଚିନ୍ତାଚେତନା, ଧର୍ମଧାରଣାରୁ ?

ଓଡ଼ିଶାରେ ତିନୋଟି ଧର୍ମର ପ୍ରାଧାନ୍ୟ ଦେଖିବାକୁ ମିଳେ। ସେଇ ତିନି ଧର୍ମ ହେଲେ - ବୈଷ୍ଣବ, ଶୈବ ଓ ଶାକ୍ତ। ଓଡ଼ିଶାର ପ୍ରତିଟି ଗାଁରେ ଏହି ତିନି ଧର୍ମର ଦେବତାଙ୍କୁ ଦେଖିବାକୁ ମିଳିବ। ପ୍ରତିଟି ଗାଁର ପ୍ରତିଟି ଓଡ଼ିଆ ନିଜ ଗାଁରେ ଏଇ ତିନି ଠାକୁର ଅର୍ଥାତ୍ ଜଗନ୍ନାଥ, ବଳଭଦ୍ର ଓ ସୁଭଦ୍ରାଙ୍କ ସତ୍ତା ଅନୁଭବ କରେ। ଶ୍ରୀମନ୍ଦିର ତିନି ମୂର୍ତ୍ତିଙ୍କୁ ସେ ନିଜ ହାତପାହାନ୍ତାରେ ସ୍ଥାପନ କରି ଅସ୍ତିତ୍ୱ ଅନୁଭବ କରେ। ଜଗନ୍ନାଥ ହେଉଛନ୍ତି ବୈଷ୍ଣବ ଧର୍ମର, ବଳଭଦ୍ର ହେଉଛନ୍ତି ଶୈବଧର୍ମର ଆଉ ସୁଭଦ୍ରା ହେଉଛନ୍ତି ଶାକ୍ତ ଧର୍ମର। ପ୍ରତି ଗାଁରେ ଆମେ ବିଷ୍ଣୁମନ୍ଦିର, ଶିବ ମନ୍ଦିର ଆଉ ଠାକୁରାଣୀ ମନ୍ଦିର ଦେଖିବାକୁ ପାଉ। ଏଇ ତିନୋଟି ମନ୍ଦିରର ତିନି ଠାକୁରଙ୍କ ଭିତରେ ଆମେ ଜଗନ୍ନାଥ, ବଳଭଦ୍ର ଆଉ ସୁଭଦ୍ରାଙ୍କୁ ଦେଖୁ। ଏ ଭାବନା କେବଳ ଓଡ଼ିଶାର ଆଉ ଓଡ଼ିଆର ଏକାନ୍ତ ନିଜସ୍ୱ। ଓଡ଼ିଶାର ଅର୍ଥନୀତି, ସଂସ୍କୃତି, ପରଂପରା ତଥା ସାମାଜିକ ଜୀବନ ସହିତ ଭକ୍ତ ଓ ଭଗବାନଙ୍କର ସମ୍ପର୍କ ଅତ୍ୟନ୍ତ ଗୁରୁତ୍ୱପୂର୍ଣ୍ଣ, ଯାହାକି ଓଡ଼ିଆ ଜାତିକୁ ତାର ମାନସିକତାକୁ ଅନ୍ୟମାନଙ୍କଠାରୁ ଯଥେଷ୍ଟ ଅଲଗା କରି ମାପିବାକୁ ସୁଯୋଗ ଦେଇଛି।

ଘର ନଂ. ୫୮, ମୈତ୍ରୀଜନପଦ
ରୁଦ୍ରପୁର, ନହରକଣ୍ଟା, ଭୁବନେଶ୍ୱର
ମୋ - ୭୦୦୮୪୮୮୭୫୬

ଭାଷା ଓ ସଂସ୍କୃତି ସ୍ରୋତରେ ଓଡ଼ିଆ

ଡ. ଭାସ୍କର ମିଶ୍ର

ଭ୍ରୂଣଟିଏ ଗଜାହୋଇ ମୃତ୍ତିକା ଉପରକୁ ମୁହଁ ଟେକିଲା ବେଳକୁ ବାୟୁମଣ୍ଡଳ ସଂଲଗ୍ନ ପରିବେଶ ଯେପରି ମାଡ଼ି ପଡ଼େ, ମଣିଷ ଜୀବନରେ ଚେତନା ଆସିବା ବେଳକୁ ତାହର ପରିପାର୍ଶ୍ୱର ପୂର୍ବଜକୃତ ଭାଷା, ସଂସ୍କୃତି ଓ ଲୋକ ଚରିତ ଅଦୃଶ୍ୟ ଭାବରେ ତା'ର ମାନସିକତା ଆଉ ରଚିକୁ ପ୍ରଭାବିତ କରିଥାଆନ୍ତି। ଏହି କାରଣରୁ ଓଡ଼ିଶା ପରି ପ୍ରତି ଅଞ୍ଚଳରେ ସ୍ଥାନୀୟ ଐତିହ୍ୟ ଆଉ ସଂସ୍କୃତିର ଛାପ ସେଠିକାର ଲୋକ ସ୍ୱଭାବ ଓ ଚରିତରେ ପ୍ରତିଫଳିତ ହେବାର ଦେଖାଯାଏ। ଓଡ଼ିଆ ଜୀବନ ଦର୍ଶନରେ ସବୁ ଧର୍ମ, ଦେବାଳୟ, ଇତିହାସ ବର୍ଣ୍ଣିତ ଲୋକ ଚରିତ୍ର ଆଉ ଦେବାଦେବୀ ସବୁମନ୍ତେ ବିଦ୍ୟମାନ। ସେହି ପରି ବିପରୀତ ଧର୍ମୀ କଳାପାହାଡ଼ ପରି ବିନାଶକାରୀ ଶକ୍ତି ବିଷୟ ଉଚ୍ଚାରଣ ହେବା ମାତ୍ରେ ଓଡ଼ିଆ ମନରେ ସନ୍ଦେହ ଓ ଘୃଣାର ଅବସାଦ ଆସିଯାଏ। ଇତିହାସର ପ୍ରଥମ ପୃଷ୍ଠାରୁ କିପରି ସଂସ୍କୃତିର ବିକାଶ ସହିତ ଓଡ଼ିଆ ଚରିତ ମୂର୍ତ୍ତ ହୋଇଛି, ତାହାର ଏକ ପୁଙ୍ଖାନୁପୁଙ୍ଖ ଆଲୋଚନା କରିବା ବିଧେୟ।

ଓଡ଼ିଶା ଏବଂ ଓଡ଼ିଆ ଜାତିର ଇତିହାସ ଅତି ପ୍ରାଚୀନ। ପ୍ରାଗୈତିହାସିକ ଯୁଗରୁ ଅୟମାରମ୍ଭ ହୋଇଛି ଓଡ଼ିଶାର ଜୀବନଧାରା ଆଉ ସ୍ୱତନ୍ତ୍ରତା। ହଜାର ହଜାର ବର୍ଷର କ୍ରମ ବିବର୍ତ୍ତନ ମଧ୍ୟରେ ଓଡ଼ିଆ ଜାତି ବିକଶିତ, ସୁସ୍ଥ ଓ ସୌଷ୍ଠବାନ୍ୱିତ ହୋଇଛି। ଏଠାର ଆଦିମ ଅଧିବାସୀମାନେ ମୁଖ୍ୟତଃ ଦ୍ରାବଡ଼ ଭାଷାରେ ଭାବ ବିନିମୟ କରନ୍ତି। ଓଡ଼ିଶାର ମୁଖ୍ୟ ଭାଷା ଓଡ଼ିଆ ଏକ ଆର୍ଯ୍ୟ ଭାଷା ଓ ସଂସ୍କୃତ ଏହାର ଆଦିମାତା। ଖ୍ରୀଷ୍ଟ ଜନ୍ମର ବହୁ ଶତାବ୍ଦୀ ପୂର୍ବରୁ ଓଡ଼ିଶାରେ ଆର୍ଯ୍ୟମାନେ ବାସ କରୁଥିଲେ ଓ ଆର୍ଯ୍ୟ

ଭାଷାର ପ୍ରଚଳନ ଥିଲା, ଯାହାର ଅଭ୍ରାନ୍ତ ଓ ବଳିଷ୍ଠ ପ୍ରମାଣ ମିଳେ ଖ୍ରୀଷ୍ଟପୂର୍ବ ପ୍ରଥମ ଶତାବ୍ଦୀରେ କଳିଙ୍ଗ ସମ୍ରାଟ ଖାରବେଳଙ୍କ ଶିଳାଲେଖ ମାନଙ୍କରୁ। ବାୟୁ ପୁରାଣ, ମତ୍ସ୍ୟ ପୁରାଣ, ବ୍ରହ୍ମ ପୁରାଣ, ସ୍କନ୍ଦ ପୁରାଣ, କୂର୍ମ ପୁରାଣ, ନୃସିଂହ ପୁରାଣ, ବୃହତ୍ ସଂହିତା, ମହାଭାରତ (ଆଦି ପର୍ବ ୧୦୪ ଅଧ୍ୟାୟ), ହରିବଂଶ ପ୍ରଭୃତି ପୁରାଣମାନଙ୍କରେ ଉତ୍କଳ, କଳିଙ୍ଗ, ଉଡ୍ର ରାଜ୍ୟମାନଙ୍କର ଉତ୍ପତ୍ତି ସମ୍ପର୍କୀୟ ମୂଳ ସୂତ୍ର ଉପଲବ୍ଧ ହୋଇଥାଏ। ଏହି ରାଜ୍ୟମାନଙ୍କର ନଦନଦୀ, ତୀର୍ଥ କ୍ଷେତ୍ର, ଦେବାୟତନ ଓ ଗୌରବାବହ ବୀରତ୍ୱର ଭୂୟସୀ ପ୍ରଶଂସା ବର୍ଣ୍ଣନ କରିବା ପ୍ରସଙ୍ଗରେ। କେତେକ ପୁରାଣ ପ୍ରାୟ ଖ୍ରୀଷ୍ଟୀୟ ଚତୁର୍ଥ ଶତାବ୍ଦୀରେ ରଚିତ ହୋଇଥିଲା। ଏତଦ୍‌ବ୍ୟତୀତ ତନ୍ତ୍ର ଶାସ୍ତ୍ରମାନଙ୍କରେ ଭାରତର ଚାରିଗୋଟି ପ୍ରସିଦ୍ଧ ପୀଠ ମଧ୍ୟରେ 'ଉଡ୍‌ଡ୍ରୀୟମାନ' ପୀଠକୁ ଶ୍ରେଷ୍ଠ ସ୍ଥାନ ଦିଆଯାଇଛି।

'କପିଳ ସଂହିତା'ରେ ଭାରତକୁ ବିଶ୍ୱର ସର୍ବୋତ୍ତମ ରାଷ୍ଟ୍ର ଭାବରେ ବର୍ଣ୍ଣନା କରାଯାଇ ଓଡ଼ିଶାକୁ ତହିଁରେ ସର୍ବୋତ୍କୃଷ୍ଟ ରାଜ୍ୟ ବୋଲି ସ୍ୱୀକାର କରାଯାଇଛି। ସେହିପରି କବିମାନଙ୍କ ବର୍ଣ୍ଣନାରେ ଭାରତ ପଦ୍ମର କେଶର ହେଉଛି ଉତ୍କଳ। ପ୍ରାଚୀନ ଗ୍ରନ୍ଥ 'ମନୁସ୍ମୃତି'ରେ 'ଓଡ୍ର' ଶବ୍ଦଟି ସଂଯୋଜିତ ରହିଛି ଏବଂ ସଂସ୍କୃତ 'ଓଡ୍ର ବିଷୟ' ବା 'ଓଡ୍ରଦେଶ' ଖଣ୍ଡ ବାକ୍ୟର ବିବର୍ତ୍ତନ ହୋଇ 'ଓଡ଼ିଶା' ଶବ୍ଦଟି ଜନ୍ମ ଲାଭ କରିଛି। ବ୍ୟାସଦେବଙ୍କ ମହାଭାରତରେ 'କଳିଙ୍ଗ', 'ଉଡ୍ର' ଓ 'ଉତ୍କଳ' ପ୍ରଦେଶର ନାମ ଉଲ୍ଲେଖ ରହିଛି। ଭରତ ମୁନିଙ୍କ ନାଟ୍ୟ ଶାସ୍ତ୍ରରେ ରହିଥିବା ସାତଗୋଟି ପ୍ରାଚୀନ ନୃତ୍ୟ ଶୈଳୀ ମଧ୍ୟରେ ଉଡ୍ର ନୃତ୍ୟ ଶୈଳୀ ବିସ୍ତୃତ ଭାବରେ ଉଲ୍ଲିଖିତ।

ଖ୍ରୀଷ୍ଟୀୟ ପ୍ରଥମ ଶତାବ୍ଦୀରେ ରୋମ ଐତିହାସିକ ପ୍ଲିନି ତାଙ୍କ ରଚିତ 'ପ୍ରାକୃତିକ ଇତିହାସ' ଗ୍ରନ୍ଥରେ ଭାରତର ପୂର୍ବ ଉପକୂଳରେ ଥିବା 'ଓରିଟେସ୍' ନାମକ ଏକ ରାଜ୍ୟ ସମ୍ପର୍କରେ ବର୍ଣ୍ଣନା ରହିଛି। ସମ୍ଭବତଃ ବର୍ତ୍ତମାନର ଓଡ଼ିଶାକୁ ସେହି ରାଜ୍ୟ ରୂପେ ଚିହ୍ନିତ କରାଯାଇ ପାରେ। ସେହିପରି ୬୩୯ ଖ୍ରୀଷ୍ଟାବ୍ଦରେ ଚୀନ ପରିବ୍ରାଜକ ହୁଏନ୍‌ସାଂ ଓଡ଼ିଶାକୁ 'ଉ-ଚା' ବୋଲି ଅଭିହିତ କରିଛନ୍ତି। ତେବେ ପରବର୍ତ୍ତୀ ସମୟରେ ତିବ୍ବତୀୟ ପଣ୍ଡିତମାନେ ଓଡ଼ିଶାକୁ 'ଓଡ଼ିବିଶା' ବା 'ଓଡ୍ୱିଶା' ବୋଲି ନାମକରଣ କଲେ। ପୁରାଣମାନଙ୍କରେ ଓଡ଼ିଶା ରାଜ୍ୟର ନାମ ଉତ୍କଳ, କଳିଙ୍ଗ, ଓଡ୍ର ଭାବରେ ଭିନ୍ନ ଭିନ୍ନ ଭାବରେ ଉଲ୍ଲେଖ କରାଯାଇଛି। ଓଡ଼ିଶାର ଐତିହାସିକ ଭୂଗୋଳ କଥା ଉଠିଲେ ଉଡ୍ର, ଉତ୍କଳ, କଳିଙ୍ଗ, କୋଶଳ, କଙ୍ଗୋଦ ପାଞ୍ଚଗୋଟି ପୁରାତନ ମଧ୍ୟଯୁଗୀୟ ରାଜ୍ୟ କଥା ସ୍ୱତଃ ଆସେ। ଉଡ୍ର ଶବ୍ଦଟି ସର୍ବ ପ୍ରାଚୀନ। ଏହା ଗଙ୍ଗାଠାରୁ ଗୋଦାବରୀ ପର୍ଯ୍ୟନ୍ତ ସୁବିସ୍ତୃତ ମହୋଦଧି ଉପକୂଳରେ ଅବସ୍ଥିତ ଅଞ୍ଚଳଟିକୁ ବୁଝାଉଥିଲା। ଭାରତର ପୂର୍ବ

ଉପକୂଳରେ ଅବସ୍ଥିତ ଓଡ଼ିଶା ପ୍ରଦେଶ ଦିନେ ଖ୍ରୀଷ୍ଟପୂର୍ବ ଷଷ୍ଠ ଶତାବ୍ଦୀରେ ଓଡ଼ିଶାର ଐତିହାସିକ ଯୁଗର ଅୟମାରମ୍ଭ ଦିନରୁ କଳିଙ୍ଗ ନାମରେ ଇତିହାସ ପୃଷ୍ଠା ମଣ୍ଡନ କରିଛି।

ଚେଦୀ ବା ଐର ରାଜବଂଶର ପ୍ରମୁଖ ଓ ସର୍ବଶ୍ରେଷ୍ଠ ଶାସକ ହେଉଛନ୍ତି କଳିଙ୍ଗାଧିପତି ମହାମେଘବାହନ ଖାରବେଳ। ତାଙ୍କ ସମୟରେ କଳିଙ୍ଗ ସାମରିକ, ଅର୍ଥନୈତିକ ଆଉ ସାମାଜିକ ପ୍ରତିଷ୍ଠାରେ ଥିଲା ଏକ ସମୃଦ୍ଧ ରାଜ୍ୟ। ଏପରିକି ସମୃଦ୍ଧି, ସଂସ୍କୃତି ଆଉ ପ୍ରାଚୁର୍ଯ୍ୟର ଏକ ଜ୍ୱଳନ୍ତ ପ୍ରତୀକ ଥିଲା କଳିଙ୍ଗ। ପରବର୍ତ୍ତୀ ସମୟରେ ଶୈଳୋଦ୍ଭବ, ଭୌମକର ଓ ସୋମବଂଶୀ ରାଜାମାନେ ଶାସନ କରିଥିଲେ। ଭୌମକର ରାଜବଂଶର ଶାସକମାନେ ନିଜ ରାଜ୍ୟର ନାମକରଣ କରିଥିଲେ ଉତ୍କଳ। ଏହି ରାଜବଂଶର ଗୌରବ ଆମକୁ ଆଚମ୍ବିତ କରେ କାରଣ ଅନ୍ୟୂନ ପାଞ୍ଚଜଣ ନାରୀ ମହାରାଣୀ ନାମ ଧରି ରାଜପଦରେ ଅଭିଷିକ୍ତା ହୋଇ ରାଜ୍ୟ ଶାସନ କରିଛନ୍ତି। ସେମାନଙ୍କ ମଧ୍ୟରେ ପ୍ରମୁଖ ହେଉଛନ୍ତି ତ୍ରିଭୁବନ ମହାଦେବୀ ଓ ପୃଥିବୀ ମହାଦେବୀ। ସେମାନେ ଉତ୍କଳୀୟ ନାରୀ-ପୁରୁଷ ସମାଦର ସମାଜର ତଥା ନାରୀ ଜାତିର ସ୍ୱାଭିମାନର ପ୍ରତୀକ। ଭୌମକର ଶାସନ (ସପ୍ତମ/ଅଷ୍ଟମ ଶତାବ୍ଦୀ ଓଡ଼ିଶା) ସମୟରେ ୮୪ ଜଣ ସିଦ୍ଧାଚାର୍ଯ୍ୟଙ୍କ ମଧ୍ୟରୁ ୨୪ ଜଣ ହେଉଛନ୍ତି ଓଡ଼ିଆ ଏବଂ ଏମାନଙ୍କ ଦ୍ୱାରା ରଚିତ ବୌଦ୍ଧଗାନ ଓ ଦୋହାରେ ଓଡ଼ିଆ ଭାଷା, ସଂସ୍କୃତି, ନୃତ୍ୟ, ଗୀତ, ତାଳ ଓ ଲୟର ଆଦ୍ୟ ଲକ୍ଷଣମାନ ସ୍ପଷ୍ଟ ଭାବରେ ବାରି ହୋଇଯାଏ। ଏହି ସିଦ୍ଧାଚାର୍ଯ୍ୟମାନଙ୍କ ମଧ୍ୟରେ ମୁଖ୍ୟ ଥିଲେ କାହ୍ନୁ ପା, ଲୁଇ ପା, ଶବରୀ ପା, ହାଡି ପା, ତାରୁକ ପା, ଭସୁକୁ ପା ଇତ୍ୟାଦି। ଏପରିକି ହାଡ଼ି ପା ଥିଲେ ପ୍ରସିଦ୍ଧ ନାଥ ସାହିତ୍ୟର ଟିକା ଗୋବିନ୍ଦ ଚନ୍ଦ୍ରର ମୁଖ୍ୟ ଚରିତ୍ର। ଭୁସୁକୁ ପା ହେଉଛନ୍ତି କେନ୍ଦୁଝରର (ଜାହେର ରାଜ୍ୟର) ରାଜା ଶାନ୍ତି ପାଦ ଭଞ୍ଜ। ତାଙ୍କ ଭଗ୍ନୀ ସମ୍ବଲକର ରାଜା ଇନ୍ଦ୍ରଭୂତିଙ୍କର ପୁତ୍ର ପଦ୍ମ ସମ୍ଭବଙ୍କୁ ବିବାହ କରିଥିଲେ।

ଉତ୍କଳୀୟ ଭୌମକରମାନଙ୍କର ସର୍ବ ଶ୍ରେଷ୍ଠ ଅବଦାନ ଥିଲା ପୁଷ୍ପଗିରି ବିଶ୍ୱବିଦ୍ୟାଳୟ। ହର୍ଷବର୍ଦ୍ଧନଙ୍କ ସମୟରେ ଭାରତକୁ ଆସିଥିବା ଚୀନ ପରିବ୍ରାଜକ ହୁଏନସାଂ ଏହି ବିଦ୍ୟାଳୟର ଭୂୟସୀ ପ୍ରଶଂସା କରିଥିଲେ। ଭୌମକରଙ୍କ ଶାସନ ସମୟରେ ପ୍ରସିଦ୍ଧି ଲାଭ କରିଥିବା ଉତ୍କଳ ପ୍ରଦେଶର ମାହାତ୍ମ୍ୟ ସ୍କନ୍ଦ ପୁରାଣ ଉତ୍କଳ ଖଣ୍ଡ ଶ୍ରୀ ପୁରୁଷୋତ୍ତମ (କ୍ଷେତ୍ର) ମାହାତ୍ମ୍ୟରେ ବିଶେଷ ଭାବରେ ବର୍ଣ୍ଣନା କରାଯାଇଛି। ସମୟ କ୍ରମେ ଭୌମକରମାନେ ଅବଲୁପ୍ତ ହୋଇଥିଲେ।

ଉତ୍କଳ ଓ କୋଶଳକୁ ନେଇ ସମଗ୍ର ଓଡ଼ିଶା ସୋମବଂଶୀମାନଙ୍କର ଶାସନାଧୀନ ହୋଇଥିଲା। କେଶରୀ ଉପାଧି ଧାରଣ କରି ସୋମବଂଶୀମାନେ ଓଡ଼ିଶାକୁ ଶାସନ କଲେ ୯୫୦ ରୁ ୧୧୧୨ ଖ୍ରୀଷ୍ଟାବ୍ଦ ପର୍ଯ୍ୟନ୍ତ। ଏହି ରାଜବଂଶର ପ୍ରମୁଖ

ସମ୍ରାଟ ଯଯାତି କେଶରୀ ଉତ୍କଳ ଓ କୋଶଳଙ୍କୁ ଏକତ୍ର କରି ଓଡ଼ିଶା ରାଜ୍ୟ ପ୍ରତିଷ୍ଠା କରିଥିଲେ। ଏକାଦଶ ଶତାବ୍ଦୀରେ ଓଡ଼ିଶାରେ ପ୍ରତିଷ୍ଠିତ ହେଲା ଗଙ୍ଗ ରାଜବଂଶ ଶାସନ। ଏହି ବଂଶର ପ୍ରତିଷ୍ଠାତା ଅନନ୍ତ ବର୍ମନ ଚୋଡ଼ଗଙ୍ଗ ଦେବ ଏହି ରାଜ୍ୟର ସୀମାକୁ ଗଙ୍ଗା ଠାରୁ ଗୋଦାବରୀ ପର୍ଯ୍ୟନ୍ତ ସମ୍ପ୍ରସାରଣ କରି ଏକ ବିଶାଳ ସାମ୍ରାଜ୍ୟ ଗଠନ କରିବା ସଙ୍ଗେ ସଙ୍ଗେ ବିଡ଼ାନାସୀ କଟକ ଠାରେ ତାଙ୍କର ରାଜଧାନୀ ପ୍ରତିଷ୍ଠା କଲେ। ଏହି ନୂତନ ରାଜ୍ୟ 'ଉତ୍କଳ' ଭାବରେ ଅଭିହିତ ହେଲା। ଏହି ସମୟରେ ଓଡ଼ିଶାର ସର୍ବାଙ୍ଗୀନ ଉନ୍ନତି ସାଧିତ ହେବା ସହ କଳା, ଭାସ୍କର୍ଯ୍ୟ, ସାହିତ୍ୟ, ଧର୍ମ ସମ୍ବନ୍ଧୀୟ ଗ୍ରନ୍ଥ ରଚନା ସମେତ ବିଭିନ୍ନ ପ୍ରସିଦ୍ଧ ମନ୍ଦିରମାନ ଗଢ଼ି ଉଠିଥିଲା। ଚୋଡ଼ଗଙ୍ଗ ଦେବଙ୍କ ଦ୍ୱାରା ପୂର୍ବରୁ ଅବହେଳିତ ହୋଇ ରହିଥିବା ନୀଳାଚଳ ତଥା ଶ୍ରୀ ପୁରୁଷୋତ୍ତମ କ୍ଷେତ୍ର ଠାରେ ଶ୍ରୀ ଜଗନ୍ନାଥଙ୍କ ପାଇଁ ଉତ୍ତୁଙ୍ଗ ଭବ୍ୟ ନୂତନ ମନ୍ଦିର ନିର୍ମାଣର ଶୁଭାରମ୍ଭ କଲେ। ଏହି ରାଜବଂଶଙ୍କ ସମୟରେ ନିର୍ମିତ ହୋଇଥିଲା ବିଶ୍ୱ ପ୍ରସିଦ୍ଧ ଅର୍କ କ୍ଷେତ୍ରର କୋଣାର୍କ ସୂର୍ଯ୍ୟ ମନ୍ଦିର।

ଚୋଡ଼ଗଙ୍ଗ ଦେବଙ୍କ ଶାସନକାଳରେ ହିଁ ଓଡ଼ିଆ ଭାଷାର ଦ୍ରୁତ ପ୍ରଗତି ଘଟିଥିଲା। ସେହି ସମୟରେ ହିଁ ବିକଶିତ ହେଲା ଓଡ଼ିଆ ଭାଷାର ସ୍ୱତନ୍ତ୍ର ଲିପି, ସ୍ୱତନ୍ତ୍ର ବ୍ୟାକରଣ, ସ୍ୱତନ୍ତ୍ର ଶବ୍ଦବିନ୍ୟାସ, ସ୍ୱତନ୍ତ୍ର ପଦ୍ୟ ଓ ଗଦ୍ୟ ରଚନା ଶୈଳୀ। ସୁତରାଂ ଗଙ୍ଗ ରାଜତ୍ୱ କାଳକୁ ଓଡ଼ିଶାର ସୁବର୍ଣ୍ଣ ଯୁଗ ରୂପେ ଅଭିହିତ କରାଯାଏ। ଏହାପରେ ସୂର୍ଯ୍ୟବଂଶୀ ରାଜାମାନଙ୍କ ଶାସନ କାଳରେ (୧୪୩୫ - ୧୫୪୨) କେତେକ ଅଭିଲେଖ, ତାଳପତ୍ର ପୋଥି, ରାଜକୀୟ ସନନ୍ଦ, ଛାମୁ ଚିଟାଉ ଆଦି ଗୁଡିକରେ ଓଡ଼ିଶା ନାମର ବହୁଳ ବ୍ୟବହାର ଆରମ୍ଭ ହୋଇଥିଲା। ଓଡ଼ିଆ ଜାତିର ନିଜସ୍ୱ ଭାଷା ଓ ସଂସ୍କୃତି ମଧ୍ୟ ଏହି ସମୟରେ ବିକାଶ ଲାଭ କଲା। ଫଳସ୍ୱରୂପ ଆଦି କବି ସାରଳା ଦାସଙ୍କ ଓଡ଼ିଆ ମହାଭାରତ ଠାରୁ ଆରମ୍ଭ କରେ ଅତିବଡ଼ୀଙ୍କ ନିଜସ୍ୱ ଶୈଳୀରେ ଓଡ଼ିଆ ଭାଷାରେ ରଚିତ ଶ୍ରୀମଦ୍ ଭାଗବତ ସାରସ୍ୱତ କୃତି ଗୁଡିକ ସର୍ବ ଭାରତୀୟ ସ୍ତରରେ ଓଡ଼ିଆର ପରିଚିତିକୁ ସମୃଦ୍ଧ କରି ପାରିଥିଲା। ସମଗ୍ର ଉଡ୍ର ବିଶେଷ ଚାରୁକଳାରେ ଉତ୍କର୍ଷ ଲାଭ କରିଥିବାରୁ ଏହାକୁ ଉତ୍କଳ କୁହାଯାଉଥିଲା। ସେହିପରି କଳିଙ୍ଗ ଶବ୍ଦଟି ଓଡ଼ିଆ ଜାତିର ମହାନତା, ଗର୍ବ ଗୌରବର ପ୍ରତୀକ ଅଟେ। ସୂର୍ଯ୍ୟବଂଶ ରାଜତ୍ୱ କାଳରେ କେତେକ ସାହିତ୍ୟ କୃତିର ସୃଷ୍ଟି ହୋଇଥିଲା। ପ୍ରତାପରୁଦ୍ର ଦେବଙ୍କ ସମୟର ମଧ୍ୟଯୁଗୀୟ ଓଡ଼ିଆ ସାହିତ୍ୟର ପଞ୍ଚସଖା ବଳରାମ, ଅନନ୍ତ, ଜଗନ୍ନାଥ, ଅଚ୍ୟୁତ ଓ ଯଶୋବନ୍ତ ସେମାନଙ୍କର କାଳଜୟୀ ଆଧ୍ୟାତ୍ମିକ ସାହିତ୍ୟ ରଚନା କରି ଓଡ଼ିଆ ସାହିତ୍ୟକୁ ସୁସମୃଦ୍ଧ କଲେ। ଓଡ଼ିଆ ସାହିତ୍ୟ ପରିପକ୍ୱ ରୁଚିସମ୍ପନ୍ନ ହେଲା। ଅତିବଡ଼ୀ ଜଗନ୍ନାଥ ଦାସ ସଂସ୍କୃତ

ଶ୍ରୀମଦ୍ ଭାଗବତର ଅବିକଳ ଓଡ଼ିଆ ଅନୁବାଦ ନକରି ନିଜସ୍ୱ ଶୈଳୀ ଓ ପାଣ୍ଡିତ୍ୟରେ ଓଡ଼ିଆ ଭାଗବତ ରଚନା କରି ଓଡ଼ିଶାର ଗ୍ରାମ୍ୟ ଜୀବନ ଓ ଆଧ୍ୟାତ୍ମିକ ପରମ୍ପରାର ଏକ ଆଲୋଡ଼ନ ସୃଷ୍ଟି କରି ଓଡ଼ିଆ ଜୀବନର ମାନ ଏକ ସ୍ୱତନ୍ତ୍ର ସୋପାନକୁ ଉନ୍ନୀତ କରିପାରିଥିଲେ। ସେ ଓଡ଼ିଆ ସଂସ୍କୃତି ଓ ବ୍ରଜ ବୋଲି ଭାଷାରେ ଅନେକ ଉପାଦେୟ ଗ୍ରନ୍ଥ ରଚନା କରି ସମଗ୍ର ଉତ୍କଳରେ ପ୍ରସିଦ୍ଧି ଲାଭ କରିଥିଲେ। ଓଡ଼ିଆ ସାହିତ୍ୟରେ ଆରମ୍ଭ ହେଲା ଏହି ମଧ୍ୟଯୁଗୀୟ ପଞ୍ଚସଖାଙ୍କ ଯୁଗ। ସୂର୍ଯ୍ୟବଂଶୀୟ ରାଜା ପ୍ରତାପରୁଦ୍ରଙ୍କ ଶାସନକାଳରେ ଏକ ଉଲ୍ଲେଖନୀୟ ଘଟଣା ଘଟିଲା। ଗୌଡ଼ୀୟ ବୈଷ୍ଣବାଗ୍ରଣ୍ୟ ଆଚାର୍ଯ୍ୟ ଶ୍ରୀଚୈତନ୍ୟଙ୍କ ଓଡ଼ିଶା ଆଗମନ। ସେ ଥିଲେ ମଧୁର ରସ ଉପାସନାର ପଥପ୍ରଦର୍ଶକ। ଏହି ସମୟରେ ଓଡ଼ିଆ ପଞ୍ଚସଖା ଆଚାର୍ଯ୍ୟବୃନ୍ଦ ଶ୍ରୀ ଚୈତନ୍ୟଙ୍କ ସଂସ୍ପର୍ଶରେ ଆସି ତାଙ୍କ ଦ୍ୱାରା ଯଥେଷ୍ଟ ଭାବରେ ପ୍ରଭାବିତ ହୋଇଥିଲେ। ଶ୍ରୀ ଚୈତନ୍ୟ ପୁରୀସ୍ଥ କାଶୀ ମିଶ୍ରଙ୍କ ଗମ୍ଭୀରା ଘରେ ଦୀର୍ଘ ୧୭ ବର୍ଷ ଅବସ୍ଥାନ କରି ଭକ୍ତିରସକୁ ଗୌଡ଼ୀୟ ଭକ୍ତ ଓ ଶିଷ୍ୟମାନଙ୍କୁ ପ୍ରଦାନ କରିଥିଲେ। ଶ୍ରୀ ଜଗନ୍ନାଥ ଧାମର ଆଧ୍ୟାତ୍ମିକତା ତାଙ୍କୁ ବିମୁଗ୍ଧ କରିଥିଲା। ସେ ମୁକ୍ତ କଣ୍ଠରେ ଘୋଷଣା କରିଥିଲେ ଯେ, ଶ୍ରୀ ଜଗନ୍ନାଥ ହେଉଛନ୍ତି ବିଶ୍ୱ ବ୍ରହ୍ମାଣ୍ଡର ଶ୍ରେଷ୍ଠ ଦେବତା ଏବଂ ଭଗବାନ ବିଷ୍ଣୁ ବିରାଜମାନ କରୁଥିବା ଏହି ଶ୍ରୀପୁରୁଷୋତ୍ତମ ଧାମ ହେଉଛି ମର୍ତ୍ତ୍ୟ-ବୈକୁଣ୍ଠ। ତାଙ୍କ ପ୍ରଣିତ ଦର୍ଶନ ଥିଲା ଅଚିନ୍ତ୍ୟ ଭେଦାଭେଦ ଦର୍ଶନ। ଏହାପରେ ଭୋଇ ରାଜବଂଶର ଦୀର୍ଘ ରାଜତ୍ୱ କାଳରେ ଅନେକ ପଣ୍ଡିତ, ଆଚାର୍ଯ୍ୟମାନଙ୍କ ବହୁ ସାରସ୍ୱତ କୃତି ରଚିତ ହୋଇ ଉଭୟ ଓଡ଼ିଶା ଓ ଓଡ଼ିଆ ଭାଷାକୁ ଶୀର୍ଷ ସ୍ତରରେ ପହଞ୍ଚାଇ ପାରିଥିଲା। ସପ୍ତଦଶ ଆଉ ଅଷ୍ଟାଦଶ ଶତାବ୍ଦୀ ବେଳକୁ କବି ସମ୍ରାଟ ଉପେନ୍ଦ୍ର ଭଞ୍ଜ, ଦୀନକୃଷ୍ଣ ଦାସ, ଅଭିମନ୍ୟୁ ସାମନ୍ତସିଂହାର ପ୍ରଭୃତି ସାହିତ୍ୟ ଓ କାବ୍ୟ କବିତା କ୍ଷେତ୍ରରେ ତଥା ଗଦାଧର ରାଜଗୁରୁ ଓ ଅନ୍ୟାନ୍ୟ ପଣ୍ଡିତ ବର୍ଗ ଧର୍ମ, ଦର୍ଶନ କ୍ଷେତ୍ରରେ ସର୍ବ ଭାରତୀୟ ସ୍ତରରେ ଓଡ଼ିଶାର ନାମକୁ ପହଞ୍ଚାଇ ଥିଲେ।

ଓଡ଼ିଆ ଭାଷା ଆର୍ଯ୍ୟ ଗୋଷ୍ଠୀର ଏକ ଭାଷା ରୂପେ ଐତିହାସିକମାନେ ମତ ପ୍ରଦାନ କରିଛନ୍ତି। ଖ୍ରୀଷ୍ଟପୂର୍ବ ୬୦୦ ବେଳକୁ ଏହି କଥିତ ଭାଷା ଅନ୍ୟ ଏକ ରୂପ ଧାରଣ କଲା। ଏହାର ନାମ ପ୍ରାକୃତ। ପ୍ରାକୃତ କାଳକ୍ରମେ ବହୁ ଆଞ୍ଚଳିକ ଧାରାରେ ବିଭକ୍ତ ହେଲା। ପ୍ରାକୃତ କ୍ରମେ ପରିବର୍ତ୍ତିତ ହୋଇ ଅର୍ଦ୍ଧ-ମାଗଧୀ ପ୍ରାକୃତ ବା ଅପଭ୍ରଂଶରୁ ବିକାଶ ଲାଭ କଲା ଓଡ଼ିଆ, ବଙ୍ଗଳା, ଆସାମୀ, ହିନ୍ଦୀ, ମରାଠୀ, ଗୁଜୁରାଟୀ ପ୍ରଭୃତି ପ୍ରାଦେଶିକ ଭାଷା ଗୁଡିକ। ସୁତରାଂ ଓଡ଼ିଆ ଭାଷାର ଉତ୍ପତ୍ତି ଯେ ବହୁକାଳରୁ ହୋଇଛି, ଏଥିରେ ସନ୍ଦେହର ଅବକାଶ ନାହିଁ। ଖ୍ରୀଷ୍ଟପୂର୍ବ ତୃତୀୟ ଶତାବ୍ଦୀରୁ ଅଭିଲେଖମାନଙ୍କରେ ଓଡ଼ିଆ ଭାଷା ବିକାଶର ଏକ ତାତ୍ତ୍ୱିକ ସଙ୍କେତ ପରିଦୃଷ୍ଟ ହୁଏ। ଖ୍ରୀଷ୍ଟପୂର୍ବ ଦ୍ୱିତୀୟ-

ପ୍ରଥମ ଶତାବ୍ଦୀ ବେଳକୁ ଉଡ୍ର ବିଭାଷା ସୃଷ୍ଟି ହୋଇ ସାରିଥିଲା। ଅନ୍ତତଃ ସପ୍ତମ ଶତାବ୍ଦୀ ବେଳକୁ ଏହି ଭାଷା ଏକ ସ୍ୱତନ୍ତ୍ର ଭାଷା ରୂପରେ ଓଡ଼ିଶାରେ ପ୍ରଚଳିତ ହୋଇଥିବାର ନିର୍ଧାର୍ଯ୍ୟ ପ୍ରମାଣ ମିଳେ ହୁଏନ୍‌ସାଙ୍ଗ ବିବରଣୀରୁ। ଏହି ଉଡ୍ର ବିଭାଷା ହଜାର ହଜାର ବର୍ଷର ବିବର୍ତ୍ତନ ଧାରାରେ ଆଧୁନିକ ଓଡ଼ିଆ ଭାଷାରେ ପରିଣତ ହୋଇଛି। ଏହାର କ୍ରମବିକାଶର ଧାରା ଖ୍ରୀଷ୍ଟୀୟ ପ୍ରଥମ ଶତାବ୍ଦୀରୁ ଦ୍ୱାଦଶ ଶତାବ୍ଦୀ ମଧ୍ୟରେ ଉତ୍କୀର୍ଣ୍ଣ ଅଭିଲେଖ ଗୁଡ଼ିକରେ ଉପଲବ୍ଧ ହୁଏ। ସପ୍ତମ-ଅଷ୍ଟମ ଶତାବ୍ଦୀ ପରଠାରୁ ପ୍ରତ୍ନ-ଓଡ଼ିଆ ଭାଷାର ଅନ୍ତିମ ସ୍ୱରୂପ ପରିଦୃଷ୍ଟ ହୁଏ ପରବର୍ତ୍ତୀ କାଳରେ ରଚିତ ଶିଶୁ ବେଦ, ଗୋରେଖ ଗୀତା, ଅମର କୋଷ ଗୀତା ଇତ୍ୟାଦି ପ୍ରାଚୀନ ଓଡ଼ିଆ ନାଥ-ସାହିତ୍ୟରେ। ବିଶେଷତଃ ଓଡ଼ିଆ ଭାଷାରେ ଦ୍ରାବିଡ଼ ଭାଷାର ପ୍ରଭାବ ପରିଲକ୍ଷିତ ହୁଏ। ଖ୍ରୀଷ୍ଟୀୟ ପଞ୍ଚଦଶ ଶତାବ୍ଦୀରେ ସୂର୍ଯ୍ୟବଂଶ ରାଜାମାନଙ୍କ ରାଜତ୍ୱକାଳରେ ଓଡ଼ିଆ ଭାଷାର ଶ୍ରୀବୃଦ୍ଧି ଘଟିଲା। ଓଡ଼ିଆ ଭାଷା ସାହିତ୍ୟ ବିକଶିତ ହେବା ପୂର୍ବରୁ ଓଡ଼ିଶାର ସଂସ୍କୃତ ସାହିତ୍ୟ ଜାତୀୟ ମାନ୍ୟତା ଲାଭ କରିଥିଲା। 'ପଞ୍ଚତନ୍ତ୍ର'ର କଥାକାର ବିଷ୍ଣୁ ଶର୍ମା ମାଠରମାନଙ୍କ ରାଜତ୍ୱ କାଳରେ ଓଡ଼ିଶାରେ ହିଁ ଭାଷାର ବିକାଶ ଲାଭ କରିଥିଲା। 'ଗୀତ ଗୋବିନ୍ଦ'ର ରଚୟିତା କବି ଜୟଦେବ ଗଙ୍ଗ ରାଜତ୍ୱ କାଳରେ ପ୍ରସିଦ୍ଧି ଲାଭ କରି 'ଜୟ ଜଗଦୀଶ ହରେ' ମହାମନ୍ତ୍ରରେ ଓଡ଼ିଶାର ଜନମାନସକୁ ମୋହାଚ୍ଛନ୍ନ କରି ରଖିଥିଲେ। ପ୍ରାକ୍ ସାରଳା ଯୁଗର ଓଡ଼ିଆ ଭାଷା ସାହିତ୍ୟ ଏହି ରାଜା ମାନଙ୍କର ପ୍ରରୋଚନା ଓ ପ୍ରୋତ୍ସାହନରେ ସମୃଦ୍ଧ ହୋଇଛି। ଓଡ଼ିଶାର ନୃତ୍ୟ, ସଙ୍ଗୀତ, ଗାନ୍ଧର୍ବ କଳା ତା'ର ସ୍ୱତନ୍ତ୍ର ଶୈଳୀରେ ଜନ ମାନସକୁ ଝଙ୍କୃତ କଲା।

ବିକଶିତ ହେଲା ଓଡ଼ିଶୀ ପ୍ରସ୍ତର ଶିଳ୍ପ, ସ୍ଥାପତ୍ୟ ଓ ନିର୍ମାଣ ବିଦ୍ୟା। ଏହି ଶିଳ୍ପକଳା ଓ ନିର୍ମାଣ ବିଦ୍ୟାର ଉତ୍କର୍ଷ ପ୍ରଦର୍ଶିତ ହେଲା ନବନିର୍ମିତ ଉତ୍କଳୀୟ ମନ୍ଦିର ମାନ; ଯାହାର ନିଦର୍ଶନ ଲିଙ୍ଗରାଜ ମନ୍ଦିର, ଶ୍ରୀମନ୍ଦିର ଓ କୋଣାର୍କ ସୂର୍ଯ୍ୟ ମନ୍ଦିର। ଏହି ମନ୍ଦିର ଗାତ୍ରରେ ଖୋଦିତ ଶିଳ୍ପକଳା, ଭାସ୍କର୍ଯ୍ୟ ଆଜି ସମଗ୍ର ବିଶ୍ୱକୁ ଚମତ୍କୃତ କରିପାରିଛି।

ପରିଶେଷରେ ଏତିକି କୁହାଯାଇପାରେ ଯେ, ଓଡ଼ିଶାର ସାଂସ୍କୃତିକ ବିକାଶର ପ୍ରବହମାନ ଧାରା ସର୍ବଭାରତୀୟ ସ୍ତରରେ ଏକ ସ୍ୱତନ୍ତ୍ର ଶାସନର ଅପେକ୍ଷା ରଖେ। କାରଣ ଓଡ଼ିଶାର ଭୌଗୋଳିକ ଦୃଷ୍ଟିରୁ ଉତ୍ତର ପଥ ଓ ଦକ୍ଷିଣ ପଥର ମଧ୍ୟବର୍ତ୍ତୀ ସ୍ଥାନରେ ରହିଥିବା ହେତୁ ଏହାର ସାଂସ୍କୃତିକ ପ୍ରଭାବର ବଳୟ ବହୁଭାବରେ ସୁଦୂର କାଶ୍ମୀର ଠାରୁ କନ୍ୟାକୁମାରୀ ପର୍ଯ୍ୟନ୍ତ ପରିବ୍ୟାପ୍ତ ଥିଲା।

ଓଡ଼ିଶା ଯେତେବେଳେ ଧର୍ମ, ଭାଷା ଓ ସଂସ୍କୃତି କ୍ଷେତ୍ରରେ ଏତେ ଉତ୍କର୍ଷତା ଲାଭ କରିଥିଲା, ଏହା ପଣ୍ଡିତ ଓ ଶିକ୍ଷିତ ଲୋକମାନଙ୍କ ମଧ୍ୟରେ ନିଶ୍ଚୟ ଜାଗରଣ ସୃଷ୍ଟି

କରିଥିବ ଏଥିରେ କୌଣସି ସନ୍ଦେହ ନାହିଁ। ସାଧାରଣ ଲୋକ କେତେ ପରିମାଣରେ ଆକର୍ଷିତ ହୋଇଥିବେ ତାହା ହିଁ ଦେଖିବା କଥା। ଓଡ଼ିଶାର ଲୋକ ଧର୍ମଭାବାପନ୍ନ। ପ୍ରତିଟି ପରିବାରରେ ବାପାମା ଓ ପୁତ୍ର କନ୍ୟାମାନଙ୍କ ମଧ୍ୟରେ ପାରସ୍ପରିକ ସମ୍ପର୍କ ରାମାୟଣ ଆଉ ମହାଭାରତ ମତେ। ଭାଇ-ଭାଇ କି ବନ୍ଧୁ-ବାନ୍ଧବ ସମ୍ପର୍କ ବିବେକ ଆଉ ଶାସ୍ତ୍ରମତେ ଚଳି ଆସୁଛି କେତେ ଶତାବ୍ଦୀ ଧରି। ଗାଁ ଭାଗବତ ଟୁଙ୍ଗି ଶ୍ରୀଚୈତନ୍ୟ ଓ ଗଜପତି ପ୍ରତାପରୁଦ୍ର ଦେବଙ୍କ ଅମଳରୁ। ସାରଳା ମହାଭାରତ, ଓଡ଼ିଆ ଭାଗବତ ସହିତ ଅନେକ ପୁରାଣ ଓଡ଼ିଆମାନଙ୍କର ମାନସିକତା ଆଉ ଆଧ୍ୟାତ୍ମିକତାର ଚିତା ଚୈତନ୍ୟ ସଜାଏ।

ଭାଷା ଦିଗରୁ ଦେଖିଲେ ମୂଳ ଓଡ଼ିଆ ଭାଷା ତିଷ୍ଠି ରହିଛି ଓଡ଼ିଶାର ପୁରପଲ୍ଲୀରେ। ବ୍ୟବହାର ଆଉ ପ୍ରକୃତି କୋଳର ଓଡ଼ିଆ ଭାଷା। ଓଡ଼ିଆର ଯୁଗ ଯୁଗର ବୃତ୍ତିର ଭାଷା, କେଉଁଠି ଝାଟିମାଟିର ତ କେଉଁଠି ହଳଲଙ୍ଗଳର। ଖାଣ୍ଟି ସାରଳା ଦାସଙ୍କର ଭାଷା ଯାହା କି ଅନ୍ୟୂନ ଏକ ସହସ୍ର ବର୍ଷ ସାମାଜିକ ଚଳଣି ପରେ ହିଁ ଲିଖନ ଯୋଗ୍ୟ ହୋଇଥିଲା। ତାହା ଆଜି ହିଁ ଆଠ ଶହ ବର୍ଷ ପରେ ବି ବଞ୍ଚିଛି ନିପଟ ମଫସଲରେ, ଆଦୌ ପାଠ ପଢ଼ି ନଥିବା ଜନରାଶି ମଧ୍ୟରେ। ସେମାନେ କୌଣସି ଭାଷାଦ୍ୱାରା ପ୍ରଦୂଷିତ ହୋଇନାହାନ୍ତି, କିନ୍ତୁ ଯାହା କୁହନ୍ତି ତାହା ଆଜିକାଲିକାର ଓଡ଼ିଆ ଶିଖୁ ନଥିବା ପିଢ଼ିକୁ ଅବୋଧ ହେବା ସ୍ୱାଭାବିକ। ଆକାଶ କାକର ପରି ସଂଗ୍ରହ ହୋଇପାରିଲେ, ନୂତନ ଦିଗନ୍ତ ଆଶା କରା ଯାଇ ପାରନ୍ତା ଆମ ମାତୃଭାଷା ପକ୍ଷରେ।

ସେମିତି ଓଡ଼ିଆ ପର୍ବପର୍ବାଣି ଗଢ଼ି ଚାଲିଛି ସଂସ୍କୃତିକ୍ରମେ। ବାରମାସରେ ତେର ପର୍ବ। ଆମ ଜାତିକୁ ନେଇ, ଆମ ବୃତ୍ତିକୁ ନେଇ ଆଉ ଆମର ଇଷ୍ଟଦେବ ଶ୍ରୀଜଗନ୍ନାଥଙ୍କୁ ନେଇ। ଆମର ଖାଦ୍ୟ ବି ଆମ ଜାତିର ବ୍ୟଞ୍ଜନ, ଆମ ଜିହ୍ୱାର ସ୍ୱାଦରେ ଗୃହୀତ, ଆମର ଉତ୍ପନ୍ନରୁ ପ୍ରସ୍ତୁତ ଆଉ ଆମର ଜଳବାୟୁ ସମତାଳରେ ସନ୍ତୁଳିତ।

ଓଡ଼ିଆ ଜୀବନ। ଅତୀତ ଆଉ ସଂସ୍କୃତିରେ ଭିଜା ଅପୂର୍ବ ସ୍ୱାଦର ସମ୍ମିଶ୍ରଣ। ଆମର ଚରିତ ଗଢ଼ି ଉଠିଛି ଜୀବନ ଦର୍ଶନରୁ, ଦେବ ସ୍ମରଣୀୟ ଆଧ୍ୟାତ୍ମିକତାରୁ। ଜୈନ ଅର୍ହତଙ୍କର ଘୋର ଅହିଂସାରୁ ବିବର୍ତ୍ତିତ ଆଜିର ଜଗନ୍ନାଥଧର୍ମୀ କଲ୍ୟାଣ ପିପାସୁ ଓଡ଼ିଆ ମାନସିକତା। ଏବେ ବି ସାଧାରଣ ଓଡ଼ିଆ ମୌଳିକତାକୁ ପଥଭ୍ରଷ୍ଟ କରିପାରିନି ଜଗତୀକରଣ।

ମୁଖ୍ୟ ସମ୍ପାଦକ, ନୀଳାଦ୍ରୀ, ଶ୍ରୀ ଜଗନ୍ନାଥ ଧାମ, ପୁରୀ,
ମୋ - ୯୪୩୭୨୮୧୧୦୨
email: drbhaskarmishra@gmail.com

ଭାଷା ପ୍ରସାରରେ ପ୍ରବାସୀ ଓଡ଼ିଆ

ପ୍ରଶାନ୍ତ କୁମାର ଭୂୟାଁ

ଓଡ଼ିଆ ଭାଷାର ଶାସ୍ତ୍ରୀୟ ମାନ୍ୟତା ପାଇବାର ଏକ ବର୍ଷ ପୂର୍ତ୍ତି ଉପଲକ୍ଷେ ଏଇ ପ୍ରସଙ୍ଗଟି ଲେଖା ହୋଇଛି । ଏଥିରେ କିଛି ନୂତନ ଆଉ କେତେ ବହୁ ପୂର୍ବରୁ ପ୍ରକାଶିତ ହୋଇଥିବା ପ୍ରବନ୍ଧରୁ ଉପହୃତ । ଜଣେ ପ୍ରବାସୀ ଓଡ଼ିଆର ଓଡ଼ିଆ ଭାଷା ଓ ସଂସ୍କୃତିର ପ୍ରଶସ୍ତି ଅନୁଭୂତି ଏହି ପ୍ରବନ୍ଧରେ ସନ୍ନିହିତ । ଏହା ଏକ ସମ୍ବେଦନଶୀଳ ବ୍ୟାପାର । ଅଣଓଡ଼ିଆ ପ୍ରଦେଶରେ ଓଡ଼ିଆବାସୀ ଆଉ ଓଡ଼ିଆଭାଷୀଙ୍କୁ ଭାଷାର ସମ୍ମାନ ଉଦ୍ଦେଶ୍ୟରେ ଏକତ୍ର କରିବା ଆଉ ଭାଷାର ମର୍ଯ୍ୟାଦା ବଜାୟ ରଖିବଜାୟ ରଖିବାକୁ ଚେଷ୍ଟିତ ହେବା ଅତ୍ୟନ୍ତ କଠିନ ହୋଇ ଆସିଛି । ହେଲେ ବି ଆମ ମାତୃଭାଷାର ସମୃଦ୍ଧି ଆଉ ପ୍ରଶସ୍ତିରେ ଆମକୁ ବ୍ରତୀ ହେବାକୁ ପଡ଼ିବ । ଏହା ହିଁ ଲକ୍ଷ୍ୟ ରହି ଆସିଛି । ସେଇ ପ୍ରଚେଷ୍ଟାର ବାର୍ତ୍ତା ଏହି ଆଲେଖ୍ୟର ଉଦ୍ଦେଶ୍ୟ ।

୧ ଫେବ୍ରୁଆରୀ, ୨୦୧୪ର କଥା ... ଓଡ଼ିଶାରେ ଥିବା ଜଣେ ବନ୍ଧୁ ଦୂରଭାଷରେ କହିଲେ ...

"ପ୍ରଶାନ୍ତ ଭାଇ, ଜାଣିଲେଣି କି ନାହିଁ? ଓଡ଼ିଆ ଭାଷାକୁ କ୍ଲାସିକ୍ ଷ୍ଟାଟସ୍ ମିଳିଗଲା !"

: କ'ଣ...।।।

ମୋ ଓଡ଼ିଆ ଭାଇ ବୋଧହୁଏ ଭାବିଲେ, ଦୂରଭାଷର କିଛି ଗୋଲମାଲ ହେତୁ ମୁଁ ବୋଧହୁଏ ଶୁଣି ପାରିଲି ନାହିଁ । ହେଲେ ସତ ଏହିକି ଯେ, ଓଡ଼ିଆ କଥାକୁ ମୁଁ ଇଂରାଜୀରେ ଶୁଣି ପାରେନାହିଁ । ଟିକିଏ ଅଡୁଆ ବୋଧହୁଏ ।

"କିହୋ, ଏଣ୍ଡୁରି ପିଠାକୁ କ'ଣ ଅଲ୍ ପରପଜ୍ ଫ୍ଲୋର୍‌ରେ କଲେ ସୁଆଦିଆ ହେବ? ସେ କଥା ବୁଝୁନ। ଗଣ୍ଠି କଥା ସେଠି ଅଛି ପରା।"

ସେ ନିଜର ଉତ୍‌କଣ୍ଠିତ କଣ୍ଠକୁ ଆହୁରି ଟେକିଦେଇ କହିଲେ, "ମୁଁ କଅଣ କହୁଥିଲି କି ଆମ 'ଓଡ଼ିଆ' ଭାଷାକୁ 'ଶାସ୍ତ୍ରୀୟ ମାନ୍ୟତା' ମିଳିଗଲା ଭାଇ"।

ଆହାଃ... ଓହୋ... କେଡେ ଉଶ୍ୱାସ ଲାଗିଲା ମୋ ଭାଇର ମୁହଁରୁ ଏଇ କେତେ ପଦ ଓଡ଼ିଆ କଥା ଶୁଣି।

ଓଡ଼ିଶାବାସୀ ତଥା ଓଡ଼ିଆଭାଷୀ, ହେ ମୋ ଭାଇ ଓ ଭଉଣୀମାନେ, ମୋ ମନ-ପ୍ରାଣ-ଆତ୍ମାରେ ସଦା ଓଡ଼ିଆ ଭାଷା ଶାସ୍ତ୍ରୀୟ। ଏଥିପାଇଁ ମୋତେ କାହାର ନାମାଙ୍କନ ମୋହରର ଆବଶ୍ୟକ ହୁଏନାହିଁ। ଆହେ! ମୁ ଏହା ଅଲବତ୍ କହିବି ଯେ, ମୋର ପୁଅଝିଅ, ମୋର ବୋଲି ପ୍ରମାଣ କରିବାକୁ ମୋର ଗୁଣସୂତ୍ର ପରୀକ୍ଷଣ କରିବା ଆବଶ୍ୟକ ନାହିଁ ହୋ। ଜନମ ହେଲାଠୁଁ କେତେ କ'ଣ ପଢି ଆସିଛି, ଜାଣି ଆସିଛି, ବୁଝି ଆସିଛି; ସବୁ ଓଡ଼ିଆରେ। ମନକୁ ଯଦି କ'ଣ ଛୁଇଁଛି ତେବେ ତାହା ଓଡ଼ିଆ। ଇଂରାଜୀ, ଋଷିଆ, ଜାପାନୀ, ଚିନ ପ୍ରଭୃତି ଭାଷାର ସାହିତ୍ୟ ପଢ଼ି ସାରିଲା ପରେ ମନର କେଉଁ କୋଣରେ 'ଦେଖରେ ନଳିନି, ନଳିନୀ, ନଳିନୀରେ ଶୋଭିତ'କୁ ଗୁଣୁଗୁଣୁ ହୋଇ ଭାବିଛି, "ଜଗତେ କେବଳ ... "।

ମୋର କଥାକୁ ଟିକେ ସଂକ୍ଷିପ୍ତ କରି କହେ -

ଆମ ଭାଷା ଶାସ୍ତ୍ରୀୟ - ଏହା ସତ୍ୟ ହେଲେ ଏହାର ଅଧିଗମ ବିଶ୍ୱବାସୀଙ୍କୁ ଏବେ ହେଲା। ଏଣୁ ବର୍ତ୍ତମାନ ଏହାକୁ ନେଇ ଫୁଲିଫାଟି ହେବା ଅପେକ୍ଷା, ଭାଇ ଓ ଭଉଣୀମାନେ ଆସନ୍ତୁ ଓଡ଼ିଆ ଭାଷାକୁ ଓଡ଼ିଆ ଆଉ କେବଳ ଓଡ଼ିଆରେ ହିଁ ଲେଖିବା...। ଅନ୍ୟ ଭାଷାର ଅନାଦର କରନ୍ତୁନାହିଁ, କିନ୍ତୁ ଆମ ମାତୃଭାଷାର ସମ୍ମାନ ରକ୍ଷା କରନ୍ତୁ।

ମାତୃଭାଷା କେବଳ ପଢ଼ିବା ଅଥବା ଲେଖିବାର ଭାଷା ନୁହେଁ। ବରଂ ଚ ଏହା ପ୍ରତ୍ୟେକ ଧର୍ମ-ଜାତି-ରାଷ୍ଟ୍ରର ଚୈତନ୍ୟଗତ ପରିଚୟ। ଏହା ବିଶ୍ୱମାନବ ଚେତନାର ଏକ ଭାବମୟ ତରଙ୍ଗ। ଏହାର ଝଙ୍କାର ପ୍ରତ୍ୟେକ ସମାଜ ପାଇଁ ଅତୀବ ଅମୂଲ୍ୟ। ଏଣୁ ମାତୃଭାଷାର ସାହିତ୍ୟ ଜାଣିବା ଆଉ ବୁଝିବା ଅତି ପ୍ରାସଙ୍ଗିକ।

ଭାଷା ରାଷ୍ଟ୍ରୀୟ ରହୁ ବା ନରହୁ, ହେଉ ବା ନହେଉ, ଏହାର କୌଣସି ମୂଲ୍ୟ ନାହିଁ ଯଦି ଏହାର ଆତ୍ମୀୟତା ଠାରୁ ଆରମ୍ଭ କରି ବିଶ୍ୱହିତର ଉଦ୍ଦେଶ୍ୟ ନାହିଁ। ଏଣୁ ସମସ୍ତ ବ୍ୟକ୍ତି ଯେଉଁମାନେ ସାହିତ୍ୟ ସହ ଓତପ୍ରୋତ ଭାବେ ଜଡ଼ିତ, ସେମାନଙ୍କୁ ଏହାର ଅବରୋହ କରିବାକୁ ହିଁ ପଡିବ। ଭାଷା ହେଉ ଅବା ସାହିତ୍ୟ ଏହା ଉଦ୍ରେକର କାରଣ ନହେଉ। ସାହିତ୍ୟରେ ଥିବା ଦୁଇଟି ସରଳ ପଦ - ସହ ଆଉ ହିତକୁ ବିବେଚନା

କରାଯାଉ। ଯେ ଆମ ସହ ରହିଛି ଆଉ ଆମର ହିତରେ ରହିଛି ସେ ହିଁ ସାହିତ୍ୟ। ମୁଁ ଏୟା ବୁଝେ। ଏଥିରେ ମୋର ସ୍ୱକୀୟ ଦର୍ଶନ କିଛି ନାହିଁ। ମୁଁ ମୋ ମାତୃଭାଷାରେ ମୋ ସାହିତ୍ୟକୁ ପଢ଼ିଛି, ପଢୁଛି ଆଉ ପଢୁଥିବି ଜୀବଦ୍ଦଶାରେ ଥିବା ପର୍ଯ୍ୟନ୍ତ ।ସେଇଥିରେ ହିଁ ମୋର ଦିବ୍ୟତୃପ୍ତି। ଏଣୁ ମୁଁ ସଦା ସମସ୍ତଙ୍କୁ ବୁଝାଇ କହେ -

'ଓଡ଼ିଶାବାସୀ' ଓ 'ଓଡ଼ିଆଭାଷୀ' ସୁଧୀ... ଜ୍ଞାନୀ...ଗୁଣୀ... ସାହିତ୍ୟପ୍ରେମୀ ଆସନ୍ତୁ 'ଓଡ଼ିଆ' ସାହିତ୍ୟ ଶୁଣିବା-ଜାଣିବା-ପଢିବା-ବୁଝିବା-ଲେଖିବା; ଆମ 'ମାତୃଭାଷା' 'ଓଡ଼ିଆ' ଅଉ କେବଳ 'ଓଡ଼ିଆ'ରେ ....।

ଏଇ ଓଡ଼ିଆପଣକୁ ନେଇ ଅନେକ ସ୍ଥାନରେ ଅପଦସ୍ତ ହୋଇଛି ଆଉ ସ୍ୱାଭିମାନରେ ବାଧା ମଧ୍ୟ ଆସିଛି। ହେଲେ ବି ସେଇ ଓଡ଼ିଆ ହିଁ ମୋର ମାନସମ୍ମାନର କବଚ ହୋଇ ରହିଛି। ଛାତି ଫୁଲାଇ ଏବେ ବି କହେ ମୁଁ ଓଡ଼ିଆ। ମୁଁ ବାଦକୁ ପିଲା ଜନ୍ମେଇବା କଥା କହୁନାହିଁମ। ବିବେକକୁ ଯେତେବେଳେ ବାଧେ ସେତେବେଳେ ଛାଏଁ ଛାଏଁ ଏ ଅଭିମାନ ସବୁ ଶବ୍ଦ ହୋଇ ବାହାରି ପଡ଼ନ୍ତି। ଏବେ ସରିକି ଶହେ ଦୁଇଶ ଥାନରେ ଅପଦସ୍ଥ ହେଉଛି। ହେଉଛି ମଧ୍ୟ ଏବେ। କଥାଟି ହେଲା ଯେତେବେଳେ ମୋତେ କେହି ପଚାରନ୍ତି ଯେ,

ଆପଣ କେଉଁଠାର ନିବାସୀ?

ମୁଁ ଜଗି ରହିଥିଲା ଭଳି ଅତି ଉଚ୍ଛ୍ୱାସ ସହିତ କହିଉଠେ, ଓଡ଼ିଶା ... ମୋର ଜନ୍ମଭୂମି... ସେଇଟା ମୋ ଉତ୍ତରର ପ୍ରଥମ ସୋପାନ ଥାଏ। ହେଲେ ଓଡ଼ିଶାର ନାମ ଶୁଣି ସେମାନେ ଆବାକାବା ହୋଇ ମତେ ଟିକିଏ ଅନାନ୍ତି, ତାପରେ ବିଭିନ୍ନ ଅଭିନୟ ମୁଁ ଦେଖେ ମୋ ରାଜ୍ୟର ନାମ ଶୁଣି। ସବୁ ଧାଡ଼ିକି ଧାଡ଼ି ଲେଖିନିଏ। ଆପଣମାନେ ବି ଏଇମିତି କେତେ ଅଭିନୟ ଦେଖିଥିବେ। ସତସତିକା ସେମାନଙ୍କ ପାଇଁ। ସେମାନେ ସବୁ ପଚାରିବା କେତେ କଥା ହେଲା...

୧. ପ୍ରଥମ ଥର ଓଡ଼ିଶା ନା ଶୁଣି ଚିହିଁକି ଉଠିଥିବା ଜଣେ ଅଷ୍ଟ୍ରେଲିଆ ନିବାସୀ:

: ଓ...ଡ଼ି..ଶା...। କେଉଁଠି ଏଇ ସହର?

: ଆଜ୍ଞା... ଉଡ଼ିଶା ନୁହଁ ଓଡ଼ିଶା। ଏଇଟା'ତ ପ୍ରଥମ କଥା। ତା ପରେ ଓଡ଼ିଶା ସହର ନୁହଁ ବରଂ ଚ ଏହା ଏକ ସ୍ୱାଧୀନ ରାଜ୍ୟ, ପୂର୍ବ ଭାରତର।

: ଓ...ଡ଼ି...ଶା...। କେବେ ଶୁଣିନି। ଏଇଟା କଅଣ ନୂଆଦିଲ୍ଲୀ ପାଖରେ?

: ଆଜ୍ଞା...ଓଡ଼ିଶାର ଅବସ୍ଥିତି ପଶ୍ଚିମ ବଙ୍ଗଳା, ଝାଡ଼ଖଣ୍ଡ, ଛତିଶଗଡ, ତେଲେଙ୍ଗାନା ଆଉ ଆନ୍ଧ୍ର ପ୍ରଦେଶ ସୀମାକୁ ଛୁଇଁ ରହିଛି।

: ହଁ ହେଇଥିବ, ମୋର ଧାରଣା ନାହିଁ।

ହେଉ ଆଜ୍ଞା, କେବେ ଭାରତକୁ ଗଲେ ଓଡ଼ିଶା ଯାଇ ଦେଖନ୍ତୁ। କଳା - ସଂସ୍କୃତି - ଐତିହ୍ୟଭରା ସୁନ୍ଦର ରାଜ୍ୟଟିଏ। ପ୍ରତି ପର୍ଯ୍ୟଟକଙ୍କ ରଚି ଅନୁଯାୟୀ ସେଇଠି ବିଭିନ୍ନ ଅଞ୍ଚଳ ରହିଅଛି।

୨. ଓଡ଼ିଶା ଭାରତର ଏକ ରାଜ୍ୟ ହୋଇଥିବା ଜାଣି ଜଣେ କାରିବିଆନ୍ ନିବାସୀ

: ଓଡ଼ିଶାର ମୁଖ୍ୟ ଜୀବିକା କଣ ? ଏଇଠି ଲୋକମାନଙ୍କର ଖାଦ୍ୟପେୟ କଣ ?

: ଆଜ୍ଞା, କୃଷି ମୁଖ୍ୟ ଜୀବିକା ହେଲେ କୁଟିରଶିଳ୍ପ, କଳାସ୍ଥାପତ୍ୟ, ଶିଳ୍ପ, ଖଣିଜ ସମ୍ପତ୍ତିରେ ଭରା ମୋର ଏଇ ରାଜ୍ୟରେ ସବୁ ପ୍ରକାର ଜୀବିକାକୁ ନେଇ ଲୋକେ ରୁହନ୍ତି। ଆଉ ନଦୀ, ହ୍ରଦ, ସମୁଦ୍ର ସବୁ ଥିବା ହେତୁ ଖାଦ୍ୟପେୟ ସବୁ ବିଭିନ୍ନ ଧରଣର। ହେଲେ ବି ଭାତ ଆମର ପ୍ରଥମ ପସନ୍ଦ। ପନିପରିବା ସବୁପ୍ରକାର ମିଳୁଥିବା ହେତୁ ଅଧିକାଂଶ ସୁସ୍ୱାଦୁ ଅନ୍ନ-ବ୍ୟଞ୍ଜନରେ ପନିପରିବା ହିଁ ପ୍ରଧାନ ଜାଗା ଅକ୍ତିଆର କରିଥାନ୍ତି। ଆମିଷରେ ଆମେ ମାଛ, ଚିଙ୍ଗୁଡି, କଙ୍କଡା, ଛେଳିମାଂସ, କୁକୁଡାମାଂସ, ମୁଖ୍ୟତଃ ଖାଇଥାଉ। ଗାଁଗଣ୍ଡା ଆଉ ପଲ୍ଲୀପଙ୍କାଳରେ ଲୋକେ ସମ୍ବର, ଜିଆଦ, କୁଟୁରା, ପ୍ରଭୃତି ଶିକାର କରି ଖାଆନ୍ତି।

: ଗାଈ, ଘୁଷୁରି ମାଂସ ଖାଅନି ତୁମେ ସବୁ ?

: ଗାଈ ସହ ଆମର ଧାର୍ମିକ ଆଉ ସମ୍ବେଦନଶୀଳ ସମ୍ପର୍କ ହେତୁ ଆମେ ଗାଈ ମାଂସ ଖାଉନାହୁଁ। ଆଉ ସେଠି ସବୁ ଘୁଷୁରି ଅଖାଦ୍ୟ ଖାଉଥିବା ହେତୁ ସେଥିରେ ମଧ୍ୟ ଆମର ପସନ୍ଦ ନାହିଁ। (ଏଇ କଥା ଖାଲି ବାଆଁରେଇବାକୁ କହିଥିଲି, ହେଲେ ମୋର ଏଥିପ୍ରତି ମତ ଟିକିଏ ଅନ୍ୟ ପ୍ରକାର ; କେବେ ଲେଖିବି ଏଇ ଆମିଷ ଭୋଜନକୁ ନେଇ)

: ଓଃ...ହୋ...।

୩. ଓଡ଼ିଶାର କିଛି ଅନ୍ନବ୍ୟଞ୍ଜନ ମୋ ଘରେ ଖାଇସାରିବା ପରେ ଜଣେ ସର୍ବିଆ ନିବାସୀ ।

: ଆପଣ ଓଡ଼ିଶାର ସମସ୍ତେ କହନ୍ତି ଯେ ସେଇଠି ସବୁଲୋକ ଅତି ଖାଦ୍ୟପ୍ରିୟ, ହେଲେ ଆପଣ ପୃଥିବୀର ଯେଉଁ କୋଣ ଅନୁକୋଣକୁ ଯାଆନ୍ତୁ ସେଇଠି ଭାରତର ବିଭିନ୍ନ ରାଜ୍ୟର ଖାଦ୍ୟପେୟର ହୋଟେଲ ବଜାର ଦେଖିବେ। ହେଲେ କାହିଁ ଓଡ଼ିଶାର ତ କେଉଁଠି ଚିହ୍ନବର୍ଣ୍ଣ ନାହିଁ ଏଇ ଖାଦ୍ୟପେୟ ବ୍ୟବସାୟରେ ?

ଦେଖନ୍ତୁ ଯେପରିକି ଆନ୍ଧ୍ରା ରେଷ୍ଟୁରାଣ୍ଟ୍ସ, ପଞ୍ଜାବୀ ଢାବା, ସାଉଥ୍ ଇଣ୍ଡିଆନ୍ ହୋଟେଲ୍, ଚେଟିନାଡ୍ ରେଷ୍ଟୁରାଣ୍ଟ୍, ନେଲୋର୍ ମେସ୍, ଉଡୁପୀ ହୋଟେଲ୍ ପ୍ରଭୃତି। ଖାଲି ହୋଟେଲ ବା ରେଷ୍ଟୁରାଣ୍ଟ ନୁହଁ ଖାଦ୍ୟର ନାମ ଯେପରିକି ବମ୍ବେ ଚାଟ୍, ବମ୍ବେ

ପାଉଭାଜୀ, ପୁଲିଓଗାରେ, ପୁଲିହାରୀ, ପାନ୍‌ପୁରୀ, ବମ୍ବେ ବିରିୟାନୀ, ଦମ୍ ବିରିଆନୀ, ହଲ୍‌ଦୀରାମ୍ ସ୍ୱୀଟ୍‌ସ, ତଡ୍‌କା, ପନୀର୍ ବଟର୍ ମସାଲା, ଦୋସା, ନାନ୍ ପ୍ରଭୃତି ବିଭିନ୍ନ ଅଞ୍ଚଳର ଖାଦ୍ୟପଦାର୍ଥ ହିସାବରେ ପ୍ରସିଦ୍ଧ ଅଛି, ହେଲେ ଆପଣଙ୍କ ଅଞ୍ଚଳର କୌଣସି ଖାଦ୍ୟପେୟର ନାମ ମୁଁ ଏ ପର୍ଯ୍ୟନ୍ତ ଶୁଣିନାହିଁ ଅଥବା ଖାଇନାହିଁ।

ଆପଣ ଆଜି ମୋତେ ଓଡ଼ିଶାର ଏଇ ସବୁ ଯେଉଁ ଅନ୍ନବ୍ୟଞ୍ଜନ ଖୁଆଇଲେ, ଏଇ ସବୁ ଅତି ସୁସ୍ୱାଦୁ ଆଉ ଏହା ମୁ ମୋର ଏଇ ୫୦ବର୍ଷର ଜୀବନକାଳରେ କେଉଁଠି ଖାଇନାହିଁ।

: ଆଜ୍ଞା, ଆପଣ ଯେଉଁ ସବୁ ଅନ୍ନବ୍ୟଞ୍ଜନ ଖାଇଲେ ସେଇ ସବୁ ହେଲା ଓଡ଼ିଶାର ନିଜସ୍ୱ ପ୍ରସିଦ୍ଧ ଖାଦ୍ୟପେୟ। ଜାତି-ଧର୍ମ-ବର୍ଣ୍ଣ ନିର୍ବିଶେଷରେ ତଥା ଧନୀକ ଶ୍ରେଣୀ ଠାରୁ ଗରିବ ପର୍ଯ୍ୟନ୍ତ ସଭିଙ୍କ ଘରେ ଏହା ପ୍ରସ୍ତୁତ ହୋଇ ଆସୁଅଛି। ଆପଣ ଯାହା ଖାଇଲେ, ଏଇ ସବୁର ନାମ ହେଲା - ଖେଚୁଡି, ଡାଲ୍‌ମା, ଘାଣ୍ଟ ତରକାରି, ଅମୃତଭଣ୍ଡା-ବୋଇତାଲୁ ସାକରା, ନଡିଆ ପିଠଉ ଭଜା, ଶାଗ ଖରଡା ଆଉ ସବା ଶେଷରେ ଖାଇଲେ ତାହା ହେଉଛି ସାରା ବିଶ୍ୱରେ କେବଳ ମୋ ରାଜ୍ୟରେ ପ୍ରସ୍ତୁତ ହେଉଥିବା ଛେନାପୋଡ଼...।

ଏଇପରି ଲେଖି ବସିବି ଯଦି ଭାଇ ଓ ଭଉଣୀମାନେ ଆପଣଙ୍କୁ ପୃଥିବୀର ଅଧା ଭୂଗୋଳ ଜ୍ଞାନ ହୋଇଯିବ ଆଉ ମନରେ ପୀଡା ହେବ ଯେ ଆମ ଓଡ଼ିଶା ଆଉ ଓଡ଼ିଆର ପରିଚୟ କେତେ କଦର୍ଥ ସମସ୍ତଙ୍କ ପାଇଁ। ଆଉ ଯେଉଁ କେତେଜଣ ଓଡ଼ିଆ, ଓଡ଼ିଶାକୁ ବିଶ୍ୱସ୍ତରରେ ପରିଚୟ ଦେବାକୁ ଚେଷ୍ଟା କରୁଛନ୍ତି, ସେମାନଙ୍କ ପାଇଁ ଅନ୍ୟ ଓଡ଼ିଆ ଭାଇ ଭଉଣୀ କରୁଛନ୍ତି କଅଣ ?

ଅନେକ ଓଡ଼ିଆଙ୍କୁ ଏଇୟା କହିବାର ଶୁଣିଛି ଯେ, ଶଃ... ଆମର ପରା କଙ୍କଡ଼ା ଜାତି, ଜଣେ ଆଉ ଜଣକୁ ଭିଡ଼ାଭଡ଼ି କରିବାରେ ହିଁ ବ୍ୟସ୍ତ। ଏଣୁ ଓଡ଼ିଶାର ଉନ୍ନତି ଅସମ୍ଭବ।

ଅତି ନିର୍ଲଜ୍ଜ କଥା ଆଉ ଅଲାଜୁକ ଚିନ୍ତନ ଇଏ। ଓଡ଼ିଶାର ଆଉ ଏହାର ମାତୃଭାଷାର ସମୃଦ୍ଧି ନିମନ୍ତେ ସାହିତ୍ୟ ହେଉଛି ଏକ ଯୁଗୋପଯୋଗୀ ଆୟୁଧ। ଆମ ରାଜ୍ୟର କେତେଜଣ ହାତଗଣତି ଆତ୍ମବଡିମାରେ ପାଗଳ ସାହିତ୍ୟିକ ହାଟ ମଝିରେ ବ୍ରହ୍ମଜ୍ଞାନ ବାଢ଼ି ବସନ୍ତି। ଏମାନେ ସାହିତ୍ୟରୂପୀ ସୂର୍ଯ୍ୟକୁ ନିର୍ବୋଧତାର ମଶାଲରେ ଦେଖାଇବାକୁ ଚାହୁଁଛନ୍ତି। ଭାଷାର ପ୍ରୟୋଗ, ନିର୍ବାଚନ ତଥା ସମାଦରରେ ହିଁ ପ୍ରତ୍ୟେକ ସାହିତ୍ୟିକର ପରିଚିତି ଥାଏ। ପ୍ରତ୍ୟେକ ସାହିତ୍ୟିକ ଆଗାମୀ ପିଢ଼ି ପାଇଁ ଉତ୍ତରଦାୟୀ। ରଚି ଅନୁଯାୟୀ ଲେଖା ଆଉ ସର୍ବଜନ ହିତକର ଲେଖାରେ ପାର୍ଥକ୍ୟ

ବୁଝିବାକୁ ପଡ଼ିବ। ସେଥିପାଇଁ ମୁଁ ହାଟ ମଝିରେ ବ୍ରହ୍ମଜ୍ଞାନ ବୋଲି ଦର୍ଶାଇଅଛି। ଅନେକ ସାହିତ୍ୟ ପୃଷ୍ଠାରେ ଅନେକ ଉଃ... ଆଃ... ଓଃ... ରୁପୀ ମନ୍ତବ୍ୟ ମୁଁ ଦେଖି ପଡ଼ି ଆସୁଛି। ସେଥିରେ କିଏ କାଳିଦାସ ହୋଇଗଲାଣି ତ କିଏ ରାଧାନାଥ। ଅତି ଆଶ୍ଚର୍ଯ୍ୟ ବୋଧହୁଏ ଏଇ ଅଜ୍ଞାନତା ଦେଖି। ପ୍ରକୃତ ପାଠକ ହିଁ ଉତ୍ତମ ସାହିତ୍ୟ ପାଇଁ ଦାୟିତ୍ୱବାନ ହେବା ଉଚିତ। ସେଇଥିପାଇଁ ଅନେକଦିନ ତଳେ ଏକ ଆଲେଖ୍ୟରେ ମୁଁ କହିଥିଲି ଯେ ...

ସାହିତ୍ୟର ଭାବ, ଶବ୍ଦ ସବୁ ଦେଖି ପସନ୍ଦ ହେଉ, ସାହିତ୍ୟିକର ନାମ ଓ ଲିଙ୍ଗ ଦେଖି ନୁହଁ ଏଇ କଥାକୁ ସମସ୍ତେ ଧ୍ୟାନ ଦେବେ ବୋଲି ଅନୁରୋଧ।

ମୋର ଏକ ପ୍ରବନ୍ଧ ସଙ୍କଳନ ସାହିତ୍ୟ ତ୍ରିଭୂଜରେ ଏହା ଲେଖିଥିଲି ଯେ... ସାହିତ୍ୟ ହେଉଛି ପ୍ରଜ୍ଞାବାନଙ୍କ ଏକ ବଳିଷ୍ଠ ଶସ୍ତ୍ର। ଏହା ଜନସାଧାରଣ ତଥା ସମାଜର ଉତ୍‌ଥାନ ଏବଂ ଜନଜୀବନ ସମୃଦ୍ଧି ନିମନ୍ତେ ବ୍ୟବହାର କରାଗଲେ ସତରେ କେତେ ଭଲ ହୁଅନ୍ତା। ସାହିତ୍ୟ ହିଁ ଜନମାନସକୁ ଅର୍ଥ ଶ୍ରମର ସ୍ୱଚ୍ଛ ବିନିମୟରେ ପରମାନନ୍ଦ ଦିଏ। ସେଇଥି ପାଇଁ ତ ଶ୍ରମଜୀବୀ ଧର୍ମଜୀବୀ ସବୁ ଏଇ ସାହିତ୍ୟର ସାହାଯ୍ୟ ନିଅନ୍ତି। ଜୀବନର ପ୍ରତିଟି ମୁହୂର୍ତ୍ତରେ ପ୍ରତି ପ୍ରାଣୀ ଗୁଣୁଗୁଣୁ ହୋଇ ଝଙ୍କାର ତୋଳିଥାଏ। କେତେବେଳେ ଏହା ଲେଖନୀ ମୁନରୁ ଝରିପଡ଼େ ତ କେତେବେଳେ ସାତସୁର ହୋଇ ଆମର ମୁଖନିସୃତ ହୋଇଥାଏ। ଏଇ ସାହିତ୍ୟ ହିଁ ଦେଶ ବିଦେଶ ଆଉ ବିଭିନ୍ନ ସଂସ୍କୃତି ସହ ଆମକୁ ପରିଚିତ କରାଇଥାଏ। ଏଣୁ ସାହିତ୍ୟର ଉଦ୍ଦେଶ୍ୟ ଆଉ ସାହିତ୍ୟିକଙ୍କ ମନୋଦ୍ଦେଶ୍ୟ ଅତ୍ୟନ୍ତ ତାତ୍ପର୍ଯ୍ୟପୂର୍ଣ୍ଣ ହେଲେ ସମାଜ ପାଇଁ ଏହା ହିତକାରୀ ନିଶ୍ଚିତ ହୁଅନ୍ତା।

ସମାଜର ବିଭିନ୍ନ ସ୍ତର ଆଉ ବର୍ଗରେ ସାହିତ୍ୟର ବ୍ୟବହାର ଆଉ ପ୍ରସିଦ୍ଧି ଏଇ ପଦ କେଇଟିରୁ ଜଣାଯାଏ... ବୀରବରଙ୍କ ନିମନ୍ତେ ଏଇ କଥା ପ୍ରସିଦ୍ଧ ଥିଲା...

'ଗାଏ ତବ ଗୀତ ସଭାରେ ପଣ୍ଡିତ
ପଥେ ପାନ୍ଥ ହୃଷ୍ଟମନା
ବିଲେ ଗାଏ ଚଷା, ଅନ୍ତଃପୁରେ ଯୋଷା
ନୃତ୍ୟରଙ୍ଗେ ବାରାଙ୍ଗନା।'

କବି ଯଦୁମଣିଙ୍କ...

'ରଜା ସିନା ପୂଜା ପାଏ ଆପଣା ଦେଶରେ
କବି ପୂଜା ପାଉଥାଏ ଦେଶ ବିଦେଶରେ।'

ଏଣୁ ସାହିତ୍ୟ ଶାସ୍ତ୍ରକୁ ନେଇ ସାହିତ୍ୟିକଗଣ ନିଜର ଦାୟିତ୍ୱ ପାଳନ କରି

ସମାଜ ପାଇଁ ଏକ ଶୁଭଙ୍କର ଯୁଗ ଆଣିପାରିବେ, ଏହା ମୋର ମତ। ଭାଇ ଓ ଭଉଣୀମାନେ, ଆମର ଓଡ଼ିଶା ମା' ପାଇଁ ମୋ କଥା ଅନୁସାରେ ମୁଁ ସବା ସମସ୍ତଙ୍କୁ ଏଇଭଳି କହେ...

ଆମେ ଓଡ଼ିଆ... ଆମ ଓଡ଼ିଶା...।।

ଓଡ଼ିଆ ବୋଇଲେ କଅଣ ?

ଓଡ଼ିଆ କିଏ ?

କ'ଣ ତାର ପ୍ରକୃତ ପରିଚୟ ?

ରଙ୍ଗବତୀ ଗୀତ ଗାଇ ପାରୁଥିବା ବ୍ୟକ୍ତିଟି ଓଡ଼ିଆ ନା ଏଣ୍ଡୁରିପିଠା ଖାଉଥିବା ଲୋକଟି ଓଡ଼ିଆ ? ମାତୃଭାଷା ଓଡ଼ିଆ ପଢୁଥିବା ବ୍ୟକ୍ତିଟି ଓଡ଼ିଆ ନା ଓଡ଼ିଆ କହି ପାରୁଥିବା ବ୍ୟକ୍ତିଟି ଓଡ଼ିଆ ? ଜଗନ୍ନାଥଙ୍କୁ ନିଜର ଆରାଧ୍ୟ ମାନୁଥିବା ବ୍ୟକ୍ତିଟି ଓଡ଼ିଆ ନା ଅଧୁନା ଓଡ଼ିଶାରେ ବସବାସ କରୁଥିବା ବ୍ୟକ୍ତିଟି ଓଡ଼ିଆ ? ଅପ୍ରେଲ୍ ପହିଲାରେ ଉତ୍କଳ ଦିବସ ପାଳନ କରୁଥିବା ବ୍ୟକ୍ତିଟି ଓଡ଼ିଆ ନା କଳିଙ୍ଗ ଯୁଦ୍ଧରେ ଚଣ୍ଡାଶୋକଙ୍କୁ ଧର୍ମାଶୋକରେ ପରିଣତ କରେଇଥିବା ଇତିହାସ କହୁଥିବା ବ୍ୟକ୍ତିଟି ଓଡ଼ିଆ ?

ଏଇପରି କେତେ କଥା ଓ ଲଥାର ଅଡୁଆ ଲଟା ଇଏ। ଏହାର ସଂଜ୍ଞା ଖୋଜିବାକୁ ବସିଲେ ଲମ୍ବିଯିବ ଇତିହାସର ଅଙ୍କାବଙ୍କା କେତେ ବାଟ। ଆଜି ନୁହେଁ ଆଉ ଦିନେ କହିବି ଏଇ ଓଡ଼ିଆପଣିଆର। ଆସନ୍ତୁ ଆଜି କିଛି କଥା ହେବା ଆମେ ଓଡ଼ିଆ...ଆମ ଓଡ଼ିଶାର।

ଧାଡ଼ିକରେ କହିବାକୁ ଗଲେ, ଆମରାଜ୍ୟ ଓଡ଼ିଶା, ଆମର ଭାଷା ଓଡ଼ିଆ ଓ ଆମେ ଓଡ଼ିଆ। ଆମର ଆରାଧ୍ୟ ଦେବତା ଶ୍ରୀଜଗନ୍ନାଥ। ଆମ ଜୀବନର ପ୍ରଥମ ଏବଂ ଚରମ ସତ୍ୟ ଏହା ହିଁ ଅଟେ। ଏଥିକୁ ନେଇ କୌଣସି ନାଟତାମସା ନହେଉ, କୌଣସି ଖିଲାପ ନହେଉ, କୌଣସି ତର୍କବିତର୍କ ନହେଉ। ଏଇ କଥାଟା ଯେ ମଞ୍ଜକଥା ଏହାକୁ ବୁଝିବାକୁ ପଡ଼ିବ ପ୍ରଥମତଃ।

"ରହିଛି ରହିବ ମୁଣ୍ଡ ଠିଆ କରି ପାଉଥିବ ଦଶଦିଶେ ଯଶ।
ସେବୁଥିବା ତାରେ ଆମେ ତା ସନ୍ତାନ ଆମେ ଓଡ଼ିଆ ଓଡ଼ିଶା ଆମ ଦେଶ।।
ଉପେନ୍ଦ୍ର, ଗୋପାଳ, ଭୀମ, ବଳଦେବ ବଳରାମ ଆଉ ଜଗନ୍ନାଥ।
ଦୀନକୃଷ୍ଣ ଅଭିମନ୍ୟୁ ଓ ସାରଳା ଫକୀର ଗଙ୍ଗା ଓ ରାଧାନାଥ।।
ଭାଷା ପଞ୍ଚାମୃତ ସିଞ୍ଚନ କରାଇ ଓଡ଼ିଆରେ ଦେଲେ ଜୀବନ୍ନ୍ୟାସ।
ପଞ୍ଚସଖା ବଳିଦାନେ ଏକାଧାର ହେଲା ଧନ୍ୟ ମୋ ଓଡ଼ିଶା ଦେଶ।।"

ଆମେ ଓଡ଼ିଆ...।।।

ଏଇ ଓଡ଼ିଶା ମା'ର ଆମେ ଦାୟାଦ, ଏହାର ଭବିଷ୍ୟତର ରୂପରେଖ ଆମରି ହାତରେ। ଏହାକୁ ଉନ୍ନତି ଓ ବିକାଶରେ ଅଗ୍ରଗଣ୍ୟ ଏବଂ ବିଶ୍ୱସ୍ତରରେ ପ୍ରତିଷ୍ଠା କରି ଆମକୁ ପ୍ରମାଣ କରିବାକୁ ହେବ ଆମେ ହିଁ ଏହାର ସୁଯୋଗ୍ୟ ବଂଶଧର। ଆମକୁ ବିଶ୍ୱ ଦରବାରରେ ପ୍ରତିଷ୍ଠିତ କରିବାକୁ ହେଲେ ସମସ୍ତେ ଏକ ମନ ପ୍ରାଣ ଓ ଆତ୍ମା ହୋଇ କାନ୍ଧରେ କାନ୍ଧ ମିଳାଇ ଆଗକୁ ଯିବାକୁ ହେବ। ଆମ ମାତୃଭୂମି ଓ ମାତୃଭାଷାରେ ଉନ୍ନତି କଲେ, ସମସ୍ତ ପ୍ରକାର ଚିନ୍ତା ଓ ଚେତନାକୁ ଭବିଷ୍ୟତୋନ୍ମୁଖୀ କରାଇ ପାରିଲେ ଆମର ଉନ୍ନତି ହେବ ବୋଲି ଆମର ଦୃଢ଼ ବିଶ୍ୱାସ।

"ଭାଷାକୁ ବରଜି ଜ୍ଞାନୀ କି ହୋଇବ, ଓଡ଼ିଆ ତୁମର ପରିଚୟ।
ମାତୃଭୂମି, ମାତୃଭାଷା ନ ବନ୍ଦିଲେ କିସ ହେବ କଲେ ବିଶ୍ୱଜୟ?"

ସମସ୍ତ ଓଡ଼ିଶାବାସୀ ତଥା ଓଡ଼ିଆ ଭାଇ ଓ ଭଉଣୀମାନଙ୍କୁ ବିନମ୍ର ଅନୁରୋଧ ଯେ, ଚାଲନ୍ତୁ ପରସ୍ପର ମଧ୍ୟରେ ସୌହାର୍ଦ୍ଦପୂର୍ଣ୍ଣ ବାତାବରଣ ସୃଷ୍ଟି କରିବା ଏବଂ କୌଣସି ପ୍ରକାରର ପ୍ରତିଯୋଗିତା ମୂଳକ ଅଭିସନ୍ଧି ନରଖି ଓଡ଼ିଆ ତଥା ଓଡ଼ିଶାର ଉନ୍ନତି ତଥା ପ୍ରଶସ୍ତି ନିମନ୍ତେ କାର୍ଯ୍ୟକରି ଆଗେଇଯିବା।

"ଓଡ଼ିଆରେ ଆମେ, ଜାତି ଧର୍ମ ପ୍ରେମ ସବୁତ ଓଡ଼ିଶା ପାଇଁ,
ବୀର ପ୍ରସବିନୀ ଧରା ଆମ ଓଡ଼ିଶା ମା ପରା ବଞ୍ଚିବା ତାହାରି ପାଇଁ।
ଓଡ଼ିଶା ମାଟିରେ ହସିବା ଖେଳିବା, ତାହାରି ସେବାରେ ପ୍ରାଣ,
ମରିଯିବା ପଛେ କେଭେଁ ନଭୁଲିବା ଆମ ଓଡ଼ିଶାର ଗୁଣଗାନ।"

ଆମ ଓଡ଼ିଶା...।।।

ଶାନ୍ତି ସ୍ନିଗ୍ଧ କମନୀୟ ଅପରୂପା ଓ ପ୍ରକୃତିର ଗନ୍ତାଘର। ସମୁଦ୍ରର ଉତ୍ତୁଙ୍ଗ ଲହରିମାଳା ଯା'ର ଚରଣ ସ୍ପର୍ଶ କରି ପାଆନ୍ତି ଅନନ୍ତ ତୃପ୍ତି। ପ୍ରାକୃତିକ ଖଣିଜ ସମ୍ପତ୍ତି, ଶିଳ୍ପକଳା ଓ ଭାସ୍କର୍ଯ୍ୟରେ ଯା'ର ତନୁଶ୍ରୀ ଖଚିତ; ନୃତ୍ୟ, ବାଦ୍ୟ ଓ ଲୋକଗୀତିରେ ଯା'ର ଗଗନ ପବନ ପ୍ରକମ୍ପିତ; ପ୍ରାଚୁର୍ଯ୍ୟମୟ ଯା'ର ଇତିହାସ ; ଲୋକକଥାରେ ଯା'ର ସାମାଜିକ ଜୀବନ ଓତଃପ୍ରୋତ ଭାବରେ ପ୍ଲାବିତ; ହ୍ରଦ, ନଦନଦୀ, ବନ ଓ ଝରଣାର କୁଳୁକୁଳୁ ନାଦରେ ଯା'ର ଗାଁଗହଳିର ଜୀବନସ୍ରୋତ ମୁଖରିତ ସେଇ ରାଇଜର ଭୁବନେଶ୍ୱର ଏବଂ ଜଗନ୍ନାଥଙ୍କ ଶ୍ରୀକ୍ଷେତ୍ର ତାର ଜନମାନସକୁ ଶକ୍ତି ଓ ଭକ୍ତିରେ ଅନୁପ୍ରାଣିତ କରି ଆସିଛି। ସର୍ବୋପରି ଧର୍ମ, କର୍ମ ତଥା ସଂସ୍କାର ଓ ସଂସ୍କୃତି ଯା'ର କୋଣ ଅନୁକୋଣରେ ପ୍ରବାହିତ ହୋଇ ଆବହମାନ କାଳରୁ ଓଡ଼ିଆ ମନ, ପ୍ରାଣ ଓ ଆତ୍ମାକୁ ପ୍ରଫୁଲ୍ଲ ଓ ସତେଜ କରି ରଖିଛି। ସେଇ ଗୌରବମୟୀ ଜନ୍ମଭୂମିର ଆମେ ଗର୍ବିତ ସନ୍ତାନ।

"ଭାଇ ଭଉଣୀଏ...।
ଲେଖିବା କାହାଣୀ କଥା ଗୀତ କଳା ଓଡ଼ିଶାର,
ଦୁନିଆ ଜାଣିବ ଶୁଣିବ ଅପୂର୍ବ ଗଉରବ ଗାଥା ଉତ୍କଳର...।।
ଆମ ହାଣ୍ଡିଶାଳ ଆମର ଆଖଡ଼ା ଆମ ଲୋକକଥା ଆମଭାଷା,
ଆମର ଉତ୍କଳ, ଆମର କଳିଙ୍ଗ, ଆମର ମାଟି ମା ଏ ଓଡ଼ିଶା...।।।"

ଓଡ଼ିଆବାସୀ ଓ ଓଡ଼ିଆଭାଷୀ।।।

ଏଇ ମାଟିରେ ଆମର ଜନ୍ମ। ଏଇ ମନ ଆତ୍ମାରେ ଏହାର ସୁଧାଧାର ନାମ ସଦା ସର୍ବଦା ଝଙ୍କୃତ ପ୍ରାଣ। ଏଇ ଆମ ଜନ୍ମଭୂମି, କର୍ମଭୂମି ଆଉ ଜ୍ଞାନଭୂମି, ଏଇ ଆମ ଓଡ଼ିଶା। ଇଏ ଆମ ଓଡ଼ିଆମାନଙ୍କର ପ୍ରାଣ ପ୍ରବାହର ଅମୃତଧାରା। ସମଗ୍ର ବିଶ୍ୱର ଓଡ଼ିଆ ଭାଇ ଓ ଭଉଣୀମାନଙ୍କୁ ଆମର ହାର୍ଦ୍ଦିକ ଶୁଭେଚ୍ଛା ଆଉ ଆପଣମାନଙ୍କ ସମୃଦ୍ଧ ପ୍ରାଣପ୍ରାଚୁର୍ଯ୍ୟ ନିମନ୍ତେ ଶ୍ରୀଜଗନ୍ନାଥ ଚରଣ କମଳରେ ଭକ୍ତିପୂତ ପ୍ରାର୍ଥନା କରୁଅଛୁ।

ଭାଷା ନନ୍ଦିଘୋଷେ ଶ୍ରମରଜ୍ଜୁ ବାନ୍ଧି ଏବେ ତ୍ୟାଗର ଜୋର୍ ଲଗାଅ,
ବିଶ୍ୱ ବଡ଼ଦାଣ୍ଡେ ଟାଣିନେବା ରଥ ଆମେ ଓଡ଼ିଶା ମାଟିର ପୁଅ।
ପ୍ରଗତି କୋଣାର୍କେ ମୁଣ୍ଡି ମାରିଦେବା ଆମେ ଧର୍ମପଦ ବୀର ପରି,
ମାତୃଭୂମି, ମାତୃଭାଷାର ବିକାଶେ ହେବା ସର୍ବେ ଜାଗ୍ରତ ପ୍ରହରୀ।

ଅତୀତର ସଂଘର୍ଷମୟ ବିଭୀଷିକା, ଇତିହାସର ପୃଷ୍ଠା ପୃଷ୍ଠାରେ ଆମର ସମୃଦ୍ଧିର ବିବର୍ତ୍ତନ ସଂଗ୍ରାମ, ପ୍ରସ୍ତର ଆଲେଖ୍ୟରେ ରାଜଭାଷା ଆଉ ସାମାଜିକ ଜନଜୀବନରେ ଓତପ୍ରୋତ ଭାବରେ ଆମର ସଂସ୍କାର ଆଉ ସଂସ୍କୃତି। ଆମ୍ଭର ସରଳତା ଆଉ ଜୀବନର ଅନ୍ତଃସ୍ରୋତ ଆମ୍ଭକୁ ଯେତେ ସାମାଜିକ ଚିନ୍ତା ଓ ଚୈତନ୍ୟରେ ଉଦ୍‌ବୁଦ୍ଧ କରିଛି, ବାହ୍ୟ ଶକ୍ତିମାନେ ଆମ୍ଭକୁ ସେତେ ଦୁର୍ବଳ ଆଉ ସୁପ୍ତ ଭାବି ନିଷ୍ଠୁରତାର କଷାଘାତରେ ଜର୍ଜରିତ କରି ଚାଲିଛନ୍ତି। କେଉଁ ଆବହମାନ କାଳରୁ ଆମ୍ଭ ପ୍ରତି ଅନ୍ୟାୟରେ କୌଣସି କାର୍ପଣ୍ୟତା କରିନାହାନ୍ତି ଆମ ଭାରତର ରାଷ୍ଟ୍ରୀୟ ଜନନାୟକଗଣ ମଧ୍ୟ। ସମୟର ଜୀର୍ଣ୍ଣପୃଷ୍ଠା ଲେଉଟାଇଲେ, ଏବେ ବି ଦୟାନଦୀର ଗୁମୁରି ହୋଇ କାନ୍ଦିବାର ଶୁଣାଯାଏ, କୋଣାର୍କର କୋହ ଏବେ ବି ବେଳାଭୂମିକୁ ଥରାଇଦିଏ। ଆମର ଓଡ଼ିଆ ଭାଷାକୁ ବିଲୋପ କରିବାର ଚକ୍ରାନ୍ତ, ଆମ ଓଡ଼ିଶାକୁ ବଙ୍ଗ ବିହାରରେ ମିଶାଇଦେବାର କୂଟନୀତି, ଆମ ସଂସ୍କୃତି ଆଉ ପରମ୍ପରାକୁ ଉଧାର ଅଣାଯିବାର ଉଦ୍ଭଟ କଳ୍ପନା କଥା ଏବେ ବି ବ୍ୟାଖ୍ୟା କଲାବେଳେ କେତେ ମହାନ୍ ଆତ୍ମାଙ୍କ କୋଟରଗତ ଆଖିରୁ ଦୁଇବୁନ୍ଦା ତତଲା ଲୁହ ବୋହିପଡ଼େ।

"ଓଡ଼ିଶା ମାଟିର ଭଉଣୀ ଭାଇରେ ! ମରମ କଥା ଏ ଶୁଣିଯାଅ ।
ଓଡ଼ିଆ ଭାଷାରେ ଲେଖ ପଢ କୁହ ଓଡ଼ିଶାର ପୋଥି ପୁରାଣ ଗାଅ ।
ବିଶ୍ୱ ଦରବାରେ ପ୍ରତିଷ୍ଠାକୁ ଇଚ୍ଛି ଓଡ଼ିଆ ଏକାଠି ହୁଅ ଆଜି ।
ଆମେ ନୋହୁଁ କ୍ଷୁଦ୍ର, ନୁହଁ ତ ଦରିଦ୍ର ଓଡ଼ିଆ ଉଠ ତୁ ନିଦ୍ରା ତେଜି ।"

ଏହା ତ ଗଲା ବାହାର ଲୋକଙ୍କ ଆତ୍ମପ୍ରତି ଉପହାସ ତଥା ତାଚ୍ଛଲ୍ୟର ଚିରାଚରିତ ଉପାଖ୍ୟାନ । ହେଲେ ଏହି ସବୁ ସମୟର କ୍ରୂରତାକୁ ଆମ୍ଭେ କାହିଁକି ଭୁଲି ଯାଉଅଛେ ? ଯେଉଁ ଡାଳରେ ଆମ୍ଭର ଏହି ଜନ୍ମ-କର୍ମ-ଧର୍ମ-ସେଇ ଧର୍ମର ନୀଡ଼ଟି ଋତୁଚକ୍ରର ପ୍ରବାହରେ ଦୋଳାୟମାନ । ଆମ୍ଭେ ସେଇ ଡାଳଟିକୁ କୁଠାରାଘାତ କରିବାକୁ ପଶ୍ଚାତ୍‌ପଦ କାହିଁକି ହୋଇପାରୁନେ ? ସମୟର ଲେଲିହାନ ଶିଖାରେ ନିଜକୁ ଝାସ ଦେବାର ଏହି ପ୍ରୟାସ କାହିଁକି ? ଧର୍ମପଦର ଉତ୍ସାହ, ଏକାଗ୍ରତା ଆଉ ମୁଣ୍ଡି ମାରିବାର ଦୃଢ଼ତା, ବାଜି ରାଉତର ଅଟଳ ବିଶ୍ୱାସ, ଜନ୍ମଭୂମିର ପ୍ରୀତି ଆଉ ବଳିଦାନ, ଦୋହରା ବିଷୋୟୀ, ଜୟୀ ରାଜଗୁରୁ, ପଞ୍ଚସଖା ଆଉ ଓଡ଼ିଶା ଗଠନ, ବିକାଶ ଆଉ ସୁରକ୍ଷା ନିମନ୍ତେ ନିଜର ଜୀବନ, ଯୌବନ ଆଉ ସକଳ ସୁଖସ୍ୱାଚ୍ଛନ୍ଦ୍ୟକୁ ବଳିଦାନ ଦେଇଥିବା ସେହି ଅମର ଓଡ଼ିଆ ଭାଇ ଓ ଭଉଣୀଙ୍କ ଏହି ସଫଳ ପ୍ରୟାସ କଅଣ ଆମ୍ଭେ ଭୁଲିଯିବା ?

ଶ୍ରମଦାନ ତ୍ୟାଗ ଉତ୍ସର୍ଗ ଜୀବନ ଓଡ଼ିଆ ଭାଷାରେ ଥାଉ ।
ଭାଷାର ବିନ୍ୟାସ ଭୂମିର ବିକାଶ ପାଇଁ ଏ ଜୀବନ ଯାଉ ।।
ସମସ୍ତେ ହାତକୁ କାନ୍ଧକୁ ମିଳାଇ ଦୃଢ ମନେ ଏକ ହେବା ।
ଓଡ଼ିଶାକୁ ବିଶ୍ୱ ସ୍ତରରେ ପ୍ରତିଷ୍ଠା ନିଶ୍ଚୟ ଆମ୍ଭେ କରିବା ।।
ଜୟ ଓଡ଼ିଆ... ଜୟ ଓଡ଼ିଶା... ଜୟ ଜଗନ୍ନାଥ

ଭାଙ୍କୁଭର, ବ୍ରିଟିଶ୍ କଲମ୍ବିଆ, କାନାଡା,
ଜନ୍ମସ୍ଥାନ - ବଡ଼ଦାଣ୍ଡ, ଜଗନ୍ନାଥ ପ୍ରସାଦ, ଗଞ୍ଜାମ
+୧୬୪୭୯୯୬୫୨୮୦
prasantabhuyan@gmail.com

ଅପ୍ରସ୍ତୁତ ଓଡ଼ିଆ: ତା' ଜାତୀୟ ହିରୋ

ରବି କାନୁନ୍‌ଗୋ

ଭୁବନେଶ୍ୱର ବୀର ସୁରେନ୍ଦ୍ର ସାଏ ନଗରରେ ବସବାସ କରୁଥିବା ଜଣେ ଆତ୍ମୀୟଙ୍କ ପି.ଜି. ପଢୁଥିବା ପୁଅକୁ ପଚାରିଲି, 'ସୁରେନ୍ଦ୍ର ସାଏ କିଏ କି ରେ?" ତା' ଠାରୁ ଅଜବ ଉତ୍ତର ଶୁଣିଲି, "ସିଏ କିଏ?" ମୁଁ କହିଲି, "ତାଙ୍କ ନାଁରେ ତମ ଅଞ୍ଚଳ। ତୁ ଜାଣିନୁ?" ସୂଚେଇ ଦେଲା ପରେ ସେ କହିଲା, "ଭି.ଏସ.ଏସ. ନଗର ଯାହା ବୀର ସୁରେନ୍ଦ୍ର ସାଏ ନଗର କ'ଣ ସେଇଆ?" ଟିକେ ବୁଝି ସାରିବା ପରେ ସେ ଅନର୍ଗଳ କହି ଚାଲିଲା। ବୀର ସୁରେନ୍ଦ୍ର ସାଏ କୁଆଡ଼େ ଥିଲେ ଜଣେ ବଡ଼ ସ୍ୱାଧୀନତା ସଂଗ୍ରାମୀ। କଂଗ୍ରେସର 'ଭାରତ ଛାଡ଼ ଆନ୍ଦୋଳନ'ରେ ସେ ଅଂଶ ନେଇ ବାରମ୍ବାର ଜେଲ ଯାଇଥିଲେ। ରିଲିଫ୍ ବାଣ୍ଟିବାରେ ତାଙ୍କ ସମକକ୍ଷ କେହି ନ ଥିଲେ। ଏମିତି ଗୁଡ଼ିଏ ଡାହା କଥା।

ବରଂ ଯୁବକ ଜଣକ ଯଦି ନଜାଣିଚି ବୋଲି କହିଥା'ନ୍ତା, ଠିକ୍ ହୋଇଥା'ନ୍ତା। ମାତ୍ର ଜାଣିଲା ପରି ଯେମିତି ଦମ୍ଭରେ କହିଲା, ମୋତେ ଲାଗିଲା, ସେ ହିଁ ଓଡ଼ିଆ କୁଳର ଉପଯୁକ୍ତ ଦାୟାଦ!

ଆମର କେତେକ ଅସୁବିଧା ରହିଛି। 'ଗୁଣ ଚିହ୍ନେ ଗୁଣିଆ'। ଏଇ ଢଗଟିକୁ ଯେମିତି ରଟୁ, ସବାଆଗେ ତାତ୍ପର୍ଯ୍ୟର ସାକ୍ଷୀ ରୂପେ ଆମେ ନିଜେ ହିଁ ଠିଆ ହୋଇପଡୁ। କୌଣସି ପୁଣ୍ୟପୁରୁଷଙ୍କ ବିଷୟରେ ଆମେ ପରପିଢ଼ିକୁ ସଠିକ ସୂଚନା ଦେଉନା। କାରଣ, ଆମେ ସେମାନଙ୍କ ସ୍ମୃତିର ଗୌରବ କଥା ଜାଣୁନା ଏବଂ ସେଥିରୁ କାହାକୁ ସମ୍ମାନ କଲେ ତହିଁରେ ଯେ ନିଜର ଗୌରବ ବଢ଼େ, ତାହା ମଧ୍ୟ ବିଶ୍ୱାସ କରୁନା।

ଏ ପର୍ଯ୍ୟାୟରେ କେବଳ ସୁରେନ୍ଦ୍ର ସାଏ ନୁହଁନ୍ତି, ଅନେକ ଆସିବେ। ଉପେନ୍ଦ୍ର ଭଞ୍ଜ, ଗଙ୍ଗାଧର ମେହେର କି ଫକୀରମୋହନ ସେନାପତି ଯଦି ସ୍କୁଲ କଲେଜ ପାଠ୍ୟ ପୁସ୍ତକରେ ନଥା'ନ୍ତେ, ସେମାନଙ୍କ ଅବସ୍ଥା ଏହାଠାରୁ ଭିନ୍ନ ହୋଇ ନଥା'ନ୍ତା। ପ୍ରାୟ ୧୯୮୩ର କଥା। ଏ ଲେଖକ ରାଉରକେଲା ପୌରପାଳିକାର ସରକାରୀ ମନୋନୀତ କାଉନ୍‌ସିଲର ଥାଏ। ଶ୍ରୀ ଅରବିନ୍ଦ ବେହେରା ଥା'ନ୍ତି ଅତିରିକ୍ତ ଜିଲ୍ଲାପାଳ ଏବଂ ପୌରପାଳିକାର ମନୋନୀତ ଅଧ୍ୟକ୍ଷ। କେତେକ କାଉନ୍‌ସିଲରଙ୍କୁ ବୁଝେଇ ଗୋଟିଏ ପ୍ରସ୍ତାବ ଆଣିଥିଲୁ ଯେ '୭-୮ ଏରିଆ' ବୋଲି କୁହାଯାଉଥିବା ଜାଗା ଏକ ସମ୍ଭ୍ରାନ୍ତ ଅଞ୍ଚଳ। ଖାସ୍ ତା'ର କିଛି ନାଁ ନାହିଁ ବା ଯାହା କୁହାଯାଉଛି ସେଗୁଡ଼ିକ ଅବର୍ଜ୍ୟା ଶୁଭୁଚି। ତାହାର ନାମକରଣ 'ସୁରେନ୍ଦ୍ର ସାଏ ନଗର' କରିବା। ସାଏଙ୍କ ଜାତୀୟ ଅବଦାନ ସମ୍ପର୍କରେ ସେହି ବୈଠକରେ ଢେର ଦି'ପଦ କହିଥିଲି। ପ୍ରସ୍ତାବକୁ କେହି ବିରୋଧ କରିନଥିଲେ। ଏକ ସର୍ବସମ୍ମତ ପ୍ରସ୍ତାବ ଗୃହୀତ ହେଲା। ଜଣେ ଅଧିକ କୁହାଳିଆ – ଯିଏ ସାଏଙ୍କ ବିଷୟରେ ପୂର୍ବରୁ କିଛି ବି ଜାଣିନଥିଲେ – କହିଲେ ଯେ ରାଉରକେଲାର ପ୍ରବେଶ-ପଥ ପାନପୋଷ ରୋଡ୍-ଆଇଲାଣ୍ଡ (ଯେଉଁଠି ଏବେ ମହାତ୍ମା ଗାନ୍ଧିଙ୍କ ପ୍ରତିମୂର୍ତ୍ତି)ରେ ତାଙ୍କର ଏକ ପ୍ରତିମୂର୍ତ୍ତି ମଧ୍ୟ ସ୍ଥାପନ କରାଯାଉ। ପ୍ରସ୍ତାବଟି ଯଦିଓ ସ୍ୱାଗତଯୋଗ୍ୟ ଥିଲା, ମାତ୍ର ମୋ ମନରେ ସେଥିଯୋଗୁ ଖଟ୍‌କା ଲାଗିଥିଲା। ସରକାରୀ ହେଲେ ସିଦ୍ଧାନ୍ତ ଯେମିତି ହଲଚଲ ହୁଏ ଏମିତିରେ ମୂଳଚୂଳ ଉଭୟ ଲୋପ ହେବନି ତ ! ତାହା ବି ବୈଠକରେ ବ୍ୟକ୍ତ କରିଥିଲି। କୁହାଳିଆମାନେ ପାଟି କଲେ, ଆପଣ ବିରୋଧ କରନ୍ତୁନି।

ସାଙ୍ଗେସାଙ୍ଗେ ଗୋଟେ କମିଟି ତିଆରି ହେଲା । ସୁରେନ୍ଦ୍ର ସାଏଙ୍କ ଆଗାମୀ ଜନ୍ମର ତାରିଖ ଦିନ ବାର ଖୋଜାଗଲା । ମନେ ପକାଇଦେଉଛୁ ଯେ ସେତେବେଳେ ତାଙ୍କ ଜନ୍ମଦିନ (୨୩.୧) ଓଡ଼ିଶାରେ ଜାତୀୟ ମର୍ଯ୍ୟାଦା ପାଇନଥିଲା। ମାତ୍ର ସମ୍ବଲପୁର ଜନସାଧାରଣଙ୍କ ଚେଷ୍ଟାରେ ସେଠାରେ ତାଙ୍କ ପ୍ରତିମୂର୍ତ୍ତି ସ୍ଥାପନ ସରିଥାଏ।

ସିଦ୍ଧାନ୍ତ ହେଲା ଯେ ଆଗାମୀ ଜନ୍ମଦିନକୁ ତାଙ୍କ ପ୍ରତିମୂର୍ତ୍ତି ସ୍ଥାପନ ହେବ ଏବଂ ସିଭିଲ୍‌ଟାଉନ୍ ବା ୭-୮ ଏରିଆର ନୂଆ ନାଁ ସେଇ ଦିନ ଠାରୁ ଚାଲିବ। କିନ୍ତୁ ସେପରି କିଛି ହେଲାନାହିଁ। ବହୁ ଦିନ ବିତିଗଲା । ସାଏଙ୍କର ଫଟୋଚିତ୍ର ଖଣ୍ଡେ ଯୋଗାଡ଼ ହୋଇପାରିଲା ନାହିଁ। ବୈଠକ ପରେ ବୈଠକ ବସୁଥାଏ। ପ୍ରଗତି କିଛି ନାହିଁ। ମୋ ପୂର୍ବ ସନ୍ଦେହ ସତ ହେବାକୁ ଆରମ୍ଭ କଲା । କମିଟି ସମ୍ବଲପୁର ଗସ୍ତ କଲେ । ଫେରି ଆସି ରିପୋର୍ଟ ଦେଲେ । ସତେ ଯେମିତି ସ୍ୱଚକ୍ଷୁରେ ତାଙ୍କୁ ଦେଖିଥିବା ପରି, କେତେକ

କହିଲେ – ସେଠି ସୁରେନ୍ଦ୍ର ସାଏ ଚଢ଼ିଥିବା ଘୋଡ଼ାର ପେଟ ବଡ଼ ଓ ଖୋଦ୍ ସାଏଙ୍କ ନିଶଟା ଛୋଟ।

ପ୍ରଶାସନ ଓ ରାଜନୀତିର ବାତାବରଣ ବଦଳିଗଲା। ଶ୍ରୀ ବେହେରାଙ୍କର ବଦଳି ହୋଇଗଲା। ନିର୍ବାଚିତ ନୂଆ କାଉନ୍‌ସିଲର ଆସିଲା। ସୁରେନ୍ଦ୍ର ସାଏ ସମ୍ଭବତଃ ଆଉ ପୌରପାଳିକାର ପ୍ରାଧାନ୍ୟ ଭିତରେ ରହିଲେ ନାହିଁ।

ପରେ, ସରକାରୀ ଉଦ୍ୟମ ଆରମ୍ଭ ହେଲା ବିଶ୍ରାରୋଡ୍ ଛକରେ ବିର୍ସା ମୁଣ୍ଡାଙ୍କ ପ୍ରତିମୂର୍ତ୍ତି ପାଇଁ।

ଭୁବନେଶ୍ୱରରେ 'ବୀର ସୁରେନ୍ଦ୍ର ସାଏ ନଗର'ର ନିର୍ମାଣ ଏବଂ ନାମକରଣ ଏହାର ପରବର୍ତ୍ତୀ ଘଟଣା।

ଓଡ଼ିଶାରେ କୌଣସି ବିଭବର ନେତୃତ୍ୱ ନାହିଁ। ରାଜନୀତି କଥା ନ କହିଲେ ଆଉରି ଭଲ। ସ୍ୱାଧୀନୋତ୍ତର ଭାରତରେ ଓଡ଼ିଶା ରାଜ୍ୟ ଯଦି ପରିଚୟହୀନତାର ଗହ୍ୱର ଭିତରକୁ ପଶି ଯାଇଥାଏ ସେଥିପାଇଁ କେବଳ ରାଜନୀତିକୁ ଦୋଷ ଦିଆଯାଇପାରିବ ନାହିଁ। କାରଣ, ନେତୃତ୍ୱର ଅର୍ଥ କେବଳ ରାଜନୈତିକ ନେତୃତ୍ୱ ବୋଲି ଆମେ ମନେ କରିବା ଉଚିତ ନୁହେଁ। ଯେଉଁ ସମାଜରେ ରାଜନୀତି ପ୍ରମୁଖ ପରି ଦେଖାଯାଏ, ଧରି ନେବାକୁ ହେବ ଯେ ସେଠି ଅନ୍ୟ ସବୁ ସ୍ତରରେ ମୁରବି ମର୍ଯ୍ୟାଦା ଭୁଶୁଡ଼ି ଯାଇଛି। ସମାଜର ସମସ୍ତ ବିଭବରେ ସ୍ତରସ୍ତର ହୋଇ ନେତୃତ୍ୱ ରହିବା କଥା। ଦୁର୍ଭାଗ୍ୟ, ଓଡ଼ିଶାରେ ତାହା ନାହିଁ। ସବୁ ଯେମିତି ରାଜନୀତିର ବ୍ଲାକ୍‌ହୋଲ୍‌ରେ ଲୀନ ହୋଇଯାଇଛି। ଏହି ବିଫଳତା ସୂଚେଇବାକୁ ଆମେ ଏଠି ଦୁଇଟି ଘଟଣାର ଅବତାରଣା କରିବୁ।

ଖାରବେଳ – ବନାମ – ଭାରତ ଇତିହାସ। ପାଇକ ବିଦ୍ରୋହ – ବନାମ – ଭାରତର 'ପ୍ରଥମ ସ୍ୱାଧୀନତା ସଂଗ୍ରାମ'।

ପ୍ରମାଣସିଦ୍ଧ ଭାବେ ଓଡ଼ିଆ ଐତିହାସିକମାନଙ୍କ ମତରେ ମୌର୍ଯ୍ୟ ସାମ୍ରାଜ୍ୟ ପତନ (ଖ୍ରୀଷ୍ଟପୂର୍ବ ୧ମ ଶତାବ୍ଦୀ) ପରେ କଳିଙ୍ଗର ଉତ୍ଥାନ ହୁଏ ମହାମେଘବାହନ ଐର ଖାରବେଳଙ୍କ ଠାରୁ। ତାଙ୍କ ସାମ୍ରାଜ୍ୟ ବିସ୍ତାରିତ ହୋଇଥିଲା ଉତ୍ତରରେ ମଥୁରା, ଦକ୍ଷିଣରେ ପାଣ୍ଡ୍ୟ ଏବଂ ପଶ୍ଚିମରେ ରଥିକ ଓ ଭୋଜକ (ପରବର୍ତ୍ତୀ କାଳରେ ମହାରାଷ୍ଟ୍ର) ରାଜ୍ୟ ପର୍ଯ୍ୟନ୍ତ। ତା'ମାନେ, ଭାରତ ଇତିହାସରେ ସ୍ପଷ୍ଟ ସ୍ଥାନ ଅଧିକାର କରିଥିବା ଅନେକ ନରପତି ବା ବଂଶର ସାମ୍ରାଜ୍ୟ ଠାରୁ କ୍ଷେତ୍ରଫଳରେ ତାହା ଯଥେଷ୍ଟ ଅଧିକ ଥିଲା। ମାତ୍ର ସେଇ ଖାରବେଳ ଓଡ଼ିଆ ମିଡ଼ିୟମ ମାଟ୍ରିକ ଇତିହାସ ବହିରୁ ବାହାରି ପଦାକୁ ଯାଇପାରି ନାହାଁନ୍ତି। ସାରା ଭାରତ ଜାଣେନି, ଖାରବେଳ କିଏ!

ଏଥିରେ ଆମ ପଣ୍ଡିତମାନଙ୍କର କିଛି ତ୍ରୁଟି ରହିଛି ବୋଲି ଆମେ କହିବୁ।

କାରଣ, ଓଡ଼ିଆ ଭାଷାକୁ ନେଇ ଓଡ଼ିଶା ହେଲା। ଏହା ଏକ ଐତିହାସିକ ସତ୍ୟ। ଏହି ସମନ୍ୱୟ ପ୍ରକ୍ରିୟାର ଏକ ସୁନ୍ଦର କ୍ରିୟାଶୀଳ ଅତୀତ ସମ୍ବନ୍ଧରେ ମଧ୍ୟ ସନ୍ଦେହ ନାହିଁ। ଅନନ୍ୟତାରେ ଏହି ପ୍ରୌଢ଼ି ଓଡ଼ିଶା ସ୍ୱତନ୍ତ୍ର ପ୍ରଦେଶ ହେଲା ପରେ ବି ନିଜର ଭେକ ବଦଳାଇଲା ନାହିଁ। ଭାଷାର ଇତିହାସ ଓ ଭୂମିର ଇତିହାସକୁ ଏକାକାର କରି ପରବର୍ତ୍ତୀ ଓଡ଼ିଆ ମାନସିକତା ବହୁ ମିଛକୁ ଆପଣେଇ ନେଲା।

ଆମେ ଓଡ଼ିଶା ଇତିହାସର ମୁରବିମାନଙ୍କୁ ପ୍ରଶ୍ନ କରିପାରୁ, "ମହୋଦୟଗଣ, ଓଡ଼ିଶା ସପକ୍ଷରେ ଯାଉଥିବା କେତେକ ଉଜ୍ଜ୍ୱଳ ଐତିହାସିକ ସତ୍ୟଟିକୁ ଆପଣମାନେ ଭାରତୀୟ ଦରବାରରେ ଉପସ୍ଥାପିତ ଏବଂ ଗୃହୀତ ନ କରାଇଲେ ବା କରି ନ ପାରିଲେ କାହିଁକି ? କିନ୍ତୁ ଓଡ଼ିଆମାନେ ଖୁସି ହୁଅନ୍ତି ଆଉ ଏକ ଘଟଣାରେ। ଚଣ୍ଡାଶୋକ କୁଆଡ଼େ ଏହି ଭୂଇଁର ଦେଢ଼ ଲକ୍ଷ 'ଓଡ଼ିଆ' ଯୋଦ୍ଧା (ଅଶୋକଙ୍କ କାଳରେ ଓଡ଼ିଆ ?)ଙ୍କୁ ମାରି ପାଣି ବଦଳରେ ଦୟା ନଦୀରେ ରକ୍ତର ସୁଅ ବୁହାଇ ଏଇଠି ଧର୍ମାଶୋକରେ ପରିଣତ ହୋଇଗଲେ !

ଯେଉଁ ଜାତି ନିଜର ନଥିବା ସାହସିକତାକୁ ଛଳନା ଦ୍ୱାରା ଲୁଚାଇବା ଉଦ୍ୟମରେ ଏପରି ହାସ୍ୟାସ୍ପଦ ପରିଚୟଟିଏ ନିଜ ପାଇଁ ତିଆରି କରେ ବା ଅନ୍ୟମାନଙ୍କ ମିଛ ପ୍ରଚାରରେ ରାଜି ହୁଏ ଏବଂ ତାହା ଆଉ ଏକ ତିଆରି ହେଉଥିବା ଜାତୀୟ ଗୌରବବୋଧର ପାଦ ତଳେ ଥୋଇ ସେଠାରୁ ଅଭୟ ଆଶ୍ରା ଖୋଜେ, ଆମେ ଅଲବତ୍ କହିବୁ ଯେ ସେ 'ଆଗେ ଓଡ଼ିଆ ନା ଆଗେ ଭାରତୀୟ ?', ଏହି ପ୍ରାଧାନ୍ୟ ବୁଝିବାରେ ଭୁଲ କରିଛି।

ଠିକ୍ ଅଛି ଅଶୋକ ଯଦି ଜିତିଲେ, ହାରିଲା କେଉଁ ରାଜା ଜଣକ ? ଅଥବା – କଳିଙ୍ଗ 'ଗଣତନ୍ତ୍ର' ଥିଲା କି ? ଯଦି ତାହା ହୋଇଥାଏ ତା'ହେଲେ ବିଶ୍ୱ ଇତିହାସରେ କଳିଙ୍ଗର ସ୍ଥାନ ତ ଗ୍ରୀସ୍, ଏଥେନ୍ସ କି ସ୍ପାର୍ଟାଠାରୁ ତ ପୁରୁଣା ହୁଅନ୍ତା !

ପରିଣତି ଯେପରି ହେବା କଥା, ତାହା ହିଁ ହେଉଛି। ଦୁଃଖ ଲାଗେ ଯେ ଜାତୀୟ ସ୍ତରରେ ଓଡ଼ିଶାର ଭଲ ମନ୍ଦ ଅଳ୍ପ କେତୋଟି ମାତ୍ର ପରିଚୟ। ଜଗନ୍ନାଥ, ଓଡ଼ିଶୀ ନୃତ୍ୟ, ପିପିଲି ଚାନ୍ଦୁଆ, ବରଗଡ଼ ଧନୁଯାତ୍ର, ବନ୍ୟା, ବାତ୍ୟା, ଅଫିସରମାନଙ୍କ ଦ୍ୱାରା ରିଲଫ ହଡ଼ପ, ସରକାରୀ ଦୁର୍ନୀତି, ଅନାହାର ମୃତ୍ୟୁ ଓ ସେକ୍ସ ସ୍କାଣ୍ଡାଲ୍। ଓଡ଼ିଆ ଖବରକାଗଜର ସୂଚନା-ପ୍ରାଧାନ୍ୟକୁ ଲକ୍ଷ୍ୟ କଲେ ଜାଣି ହୁଏ ଯେ ଉପରୋକ୍ତ ପ୍ରସଙ୍ଗଗୁଡ଼ିକ ହିଁ ସେଗୁଡ଼ିକଙ୍କ ପାଇଁ ସହଜ ଉପଜୀବ୍ୟ। ଫେଣେଇ ଫେଣେଇ ସେଗୁଡ଼ିକୁ ଭାରତୀୟ ସ୍ତର ପର୍ଯ୍ୟନ୍ତ ପହଞ୍ଚାନ୍ତି। ଅନ୍ୟଥା ସେମାନଙ୍କ ଧାରଣା: କେବଳ ଓଡ଼ିଆ ବଡ଼ମାନେ ଜାଣିଲେ 'ଖବର'ର ମୂଲ୍ୟ କ'ଣ ?

ପାଇକ ବିଦ୍ରୋହ – ବନାମ – ଭାରତର 'ପ୍ରଥମ ସ୍ୱାଧୀନତା ସଂଗ୍ରାମ'। ନୂଆ ଭାରତୀୟତା ଭିତରେ ଓଡ଼ିଆମାନଙ୍କ ନିମନ୍ତେ ଯା'ଠୁଁ ଆଉ ବଡ଼ ସଂଘାତ ଆଉ କିଛି ନଥିଲା କି ଏତେ ବଡ଼ ପରିଚୟ ସଙ୍କଟର ଅବକାଶ ଆଉ କେବେ ଆସି ନଥିଲା। 'ଆମେ କେମିତି ଭାରତୀୟ?' – ଏହି ପ୍ରଶ୍ନ ନିଜେ ନିଜକୁ ବି ପଚାରିଲୁ ନାହିଁ।

ଡିସେମ୍ବର ୫, ୧୮୦୪ ଦିନର କମିସନର୍ ଘୋଷଣା ଅନୁଯାୟୀ, ମରହଟ୍ଟା ଓ୍ୱାହିଦାଦାର୍ ମୁରାର୍ ପଣ୍ଡିତଙ୍କୁ ଆଦେଶ ଦିଆଗଲା ଯେ ଖୋର୍ଦ୍ଧା ରାଜା ମୁକୁନ୍ଦଦେବ-୨ (ଧର୍ମାନ୍ତରୀକରଣ ନାଁ – ହାଫିଜ୍ କାଦେର୍) 'ଇଂରେଜ ସରକାରଙ୍କ ଶତ୍ରୁ' ହୋଇଥିବାରୁ ଜଗନ୍ନାଥଙ୍କ ପୂଜାରାଧନା ସମୟରେ ତାଙ୍କ ନାମୋଚ୍ଚାରଣ କରାଯିବ ନାହିଁ। ସମସାମୟିକ କାଳରେ କୁଜଙ୍ଗ ରାଜା ଚନ୍ଦ୍ରଧ୍ୱଜ ଭଞ୍ଜ ଓ କନିକା ରାଜା ବଳଭଦ୍ର ଭଞ୍ଜ 'ଇଂରେଜ ସରକାରଙ୍କ ସହିତ ଶତ୍ରୁତା' ଯୋଗୁ କାରାଦଣ୍ଡ ଭୋଗିଥିଲେ। ତା'ପରେ ଆଜି ଓଡ଼ିଶାର ବିଭିନ୍ନ ଅଞ୍ଚଳରେ ପ୍ରାୟ ପନ୍ଦର ବର୍ଷରୁ ଉର୍ଦ୍ଧ୍ୱ କାଳ 'ପାଇକ ବିଦ୍ରୋହ' ପରି ଇଂରେଜ-ବିରୋଧୀ ଯୁଦ୍ଧ ଓ ଆନ୍ଦୋଳନ ଚାଲିଲା। କେତେ ସହିଦ ହୋଇଥିଲେ ତହିଁର ପ୍ରାମାଣିକ ସୂଚନା ନାହିଁ ବା କେତେ ଜେଲ ଯାଇଥିଲେ ତା'ର ହିସାବ ନାହିଁ।

ଏହି ପରିପ୍ରେକ୍ଷୀରେ ଆମେ ବୀର ସୁରେନ୍ଦ୍ର ସାଏଙ୍କ ଜୀବନୀ ଦେଖିବା।

ତୃତୀୟ ମରହଟ୍ଟା ଯୁଦ୍ଧ ପରେ, ବ୍ରିଟିଶ୍ ସହିତ ନାଗପୁରର ନାନାସାହେବ ମାଧୋଜୀ ଭୋଁସଲେଙ୍କ ଭିତରେ ଏକ ଚୁକ୍ତି ସଂପାଦିତ ହେବା ଫଳରେ ସମ୍ବଲପୁର ଓ ତହିଁର ଅଧୀନ ରାଜ୍ୟଗୁଡ଼ିକ ୧୮୧୮ରେ ବ୍ରିଟିଶ୍ ଅଧିକାରଭୁକ୍ତ ହୋଇଥିଲେ ସୁଦ୍ଧା, ବସ୍ତୁତଃ ତାହା ସେମାନଙ୍କ ସିଧାସଳଖ ଦଖଲକୁ ୧୮୨୬ ବେଳକୁ ଆସଥିଲା। ପୂର୍ବରୁ ବନ୍ଦୀ ହୋଇଥିବା ସମ୍ବଲପୁରର ରାଜା ଜେଠ ସିଂହଙ୍କୁ ୧୮୧୭ରେ ନାଗପୁରର ଭୋଁସଲେ ରାଜା ବନ୍ଦୀ-ମୁକ୍ତ କରିଥିଲେ। ଜେଠ ସିଂହ ସମ୍ବଲପୁର ଫେରିବା ପରେ ମାତ୍ର ଦୁଇ ବର୍ଷ ଶାସନ କରିବା ପରେ ତାଙ୍କର ମୃତ୍ୟୁ ହେଲା। ତାଙ୍କ ପୁଅ ମହାରାଜ ସାଏ ନିଜ ମୃତ୍ୟୁ, ଅର୍ଥାତ୍ ୧୮୨୯, ପର୍ଯ୍ୟନ୍ତ ରାଜା ଭାବେ ଶାସନ ଦାୟିତ୍ୱରେ ଥିଲେ। ସେ ନିଃସନ୍ତାନ ଭାବେ ମରିଥିଲେ। ସୁରେନ୍ଦ୍ର ଥିଲେ ବଂଶଲତା ଅନୁକ୍ରମର ଉତ୍ତରାଧିକାରୀ।

ଗୋଟିଏ ଅଶାନ୍ତ ଜଳଧାରା ନିଜ ପଥ ନିଜେ ବାଛିବା ପରି, ଇତିହାସର ବିପ୍ଳାତରୁ କିପରି ନୂଆ ଓଡ଼ିଶା ସୃଷ୍ଟି ହୋଇଛି ତାହା ଜାଣିବାକୁ ଚେଷ୍ଟା କଲେ ଆମେ କ'ଣ ଦେଖିବାକୁ ପାଉ?

ବ୍ରିଟିଶ୍‌ମାନଙ୍କ ଦ୍ୱାରା ୧୮୧୯ରେ 'ଦକ୍ଷିଣ ବିହାର ଓ ଛୋଟନାଗପୁର ଟ୍ରିବୁଟାରି ମାହାଲ' ନାଁରେ ଏକ ପ୍ରଶାସନିକ କ୍ଷେତ୍ର ବା ଡିଭିଜନ୍ ଗଠନ କରାଯାଇଥିଲା। ସେଥିରେ ସମ୍ବଲପୁରକୁ ଅନ୍ତର୍ଭୁକ୍ତ କରାଗଲା। ୧୮୩୧-୩୨ କନ୍ଧ ମେଳି ଦମନ କଲାପରେ ପୁଣି ପ୍ରଶାସନିକ ଢଙ୍ଗର ପରିବର୍ତ୍ତନ କରାଗଲା। ୧୮୩୩ ରେ 'ଦକ୍ଷିଣ-ପୂର୍ବ ଫ୍ରଣ୍ଟିଅର୍ ଏଜେନ୍ସି' ସୃଷ୍ଟି କରାଯାଇ ତାହାକୁ 'ଏଜେଣ୍ଟ୍-ଟୁ- ଦି ଗଭର୍ଣ୍ଣର ଜେନେରାଲ'ଙ୍କ ଅଧୀନରେ ରଖାଗଲା। ରାଞ୍ଚିଠାରେ ସେହି ଅଧିକାରୀଙ୍କୁ ଅବସ୍ଥାପିତ କରାଗଲା। ପୁଣି ୧୮୫୪ ଏଜେନ୍ସି ବ୍ୟବସ୍ଥା ଲୋପ କରାଗଲା। ଏଜେଣ୍ଟ୍ ପଦବୀର ନାଁ ବଦଳାଇ କମିସନର କରାଗଲା ଏବଂ ଛୋଟନାଗପୁରକୁ ସେହି ପ୍ରଶାସନିକ ଅଞ୍ଚଳରେ ଅନ୍ତର୍ଭୁକ୍ତ କରାଗଲା।

ବ୍ରିଟିଶ୍ ଶାସନର ଫେଣ୍ଟାମିଶା କାରବାର ଭିତରେ ୧୮୨୧ରେ ସମ୍ବଲପୁର ଓ ତହିଁର ୧୭ଟି ଅଧୀନ ରାଜ୍ୟ : ପାଟଣା, ସୋନପୁର, ବୌଦ, ଆଠମଲ୍ଲିକ, ରେଢ଼ାଖୋଲ, ବାମଣ୍ଡା, ବଣେଇ, ଗାଙ୍ଗପୁର, ସାକ୍ତି, ରାୟଗଡ଼, ବରଗଡ଼, ଚନ୍ଦ୍ରପୁର, ବଡ଼ ସମ୍ବର, ସରଣଗଡ଼, ଫୁଲଝର, ଖଡ଼ିଆଳ ଏବଂ ବେନ୍ଦ୍ରା-ନୟାଗଡ଼ ପରି ରାଜ୍ୟମାନଙ୍କଠାରୁ ସେମାନଙ୍କ ରାଜନ୍ୟ ଆଧିପତ୍ୟ (ଫିଉଡ଼ାଲ୍ ସୁପ୍ରେମାସି) ପ୍ରତ୍ୟାହାର କରି ନିଆଗଲା। ୧୮୩୩ରେ ବରଗଡ଼ ରାଜ୍ୟକୁ ବ୍ରିଟିଶ୍ ଶାସନ ବାଜ୍ୟାପ୍ତ କଲା । ୧୮୩୭ରେ ବୌଦ ଓ ଆଠମଲ୍ଲିକକୁ 'ଦକ୍ଷିଣ-ପୂର୍ବ ଫ୍ରଣ୍ଟିଅର୍ ଏଜେନ୍ସି'ରୁ କାଢ଼ି 'ଦକ୍ଷିଣ ବିହାର ଓ ଛୋଟନାଗପୁର ଟ୍ରିବୁଟାରି ମାହାଲ'ରେ ମିଶାଇ ଦିଆଗଲା। ୧୮୪୯ରେ ସମ୍ବଲପୁର ରାଜ୍ୟକୁ ବାଜ୍ୟାପ୍ତ କରି ବ୍ରିଟିଶ୍ ଶାସନାଧୀନ କରି ରଖାଗଲା। ୧୮୫୦ର ଏକ ଆଇନ ବଳରେ ସମ୍ବଲପୁର ଅଧୀନ ସବୁ ରାଜ୍ୟରେ ପେନାଲ୍ କୋଡ୍ ଲାଗୁ କରାଗଲା ଏବଂ ସେସବୁ ରାଜ୍ୟକୁ ରାଞ୍ଚିଠାରୁ ଶାସନ କରାଗଲା। କଳାହାଣ୍ଡିକୁ ନାଗପୁର ସହିତ ମିଶାଇ ଦିଆଯାଇଥିଲା ଏବଂ ଖୋଦ ନାଗପୁରକୁ ବ୍ରିଟିଶ୍ ସରକାର ୧୮୫୩ରେ ବାଜ୍ୟାପ୍ତ କରିଦେଲେ।

ନଭେମ୍ବର ୧୮୬୧ରେ 'ସେଣ୍ଟ୍ରାଲ୍ ପ୍ରଭିନ୍ସ' ଗଠନ ପରେ ବାମଣ୍ଡା, ରେଢ଼ାଖୋଲ, କଳାହାଣ୍ଡି, ପାଟଣା, ସୋନପୁର ଓ ସମ୍ବଲପୁର ରାଜ୍ୟଗୁଡ଼ିକୁ (ସେତେବେଳକୁ ସମ୍ବଲପୁରକୁ ଏକ ଜିଲ୍ଲା ରୂପେ ରଖାଯାଇଥିଲା) 'ସେଣ୍ଟ୍ରାଲ୍ ପ୍ରଭିନ୍ସ'ର ଅନ୍ତର୍ଭୁକ୍ତ କରାଗଲା। ୧୮୬୩ ମସିହାରେ ପାଟଣା, ସୋନପୁର, ରେଢ଼ାଖୋଲ, ବାମଣ୍ଡା ଏବଂ କଳାହାଣ୍ଡିକୁ ବ୍ରିଟିଶ୍ ସରକାର ସାମନ୍ତ ରାଜ୍ୟ ଭାବେ ସ୍ୱୀକୃତି ପ୍ରଦାନ କରିଥିଲେ। 'ପ୍ରଜାଙ୍କ ଜୀବନ ଓ ମୃତ୍ୟୁ ଉପରେ ଅଧିକାର' ପ୍ରଦାନପୂର୍ବକ ୧୮୬୭ରେ

ବ୍ରିଟିଶ୍ ସରକାର ତହିଁର ଶାସକ-ରାଜାମାନଙ୍କୁ ସନନ୍ଦ ଦେଇଥିଲେ । ୧୯୦୫ ବଙ୍ଗଭଙ୍ଗ ପରେ ଉପରୋକ୍ତ ସବୁ ରାଜ୍ୟକୁ ଓଡ଼ିଶା କମିସନରଙ୍କ ଅଧୀନରେ ରଖାଗଲା ।

ସୁରେନ୍ଦ୍ର ସାଏ (ଜନ୍ମ – ୨୩ ଜାନୁଆରୀ ୧୮୦୯, ବଡ଼ଗାଁ, ଜିଲ୍ଲା - ସମ୍ବଲପୁର; ଆସିରଗଡ଼ ଦୁର୍ଗରେ ଏପ୍ରିଲ ୧୮୬୫ ଠାରୁ ବନ୍ଦୀ ଭାବେ ରହି ୨୮.୨.୧୮୮୪ ଦିନ ମୃତ୍ୟୁ)ଙ୍କ ବିଶେଷତ୍ୱ କ'ଣ ? କେବଳ ସମ୍ବଲପୁର ବ୍ୟତୀତ, ଭାରତର ଅନ୍ୟ ସବୁ ପ୍ରାନ୍ତରେ ୧୮୫୮ ସୁଦ୍ଧା ଇଂରେଜ ସରକାର ଚୂଡ଼ାନ୍ତ ଭାବେ 'ସିପାହି ବିଦ୍ରୋହ' ଦମନ କରି ସାରିଥିଲେ । ଲର୍ଡ କ୍ୟାନିଙ୍ଗ୍ ସେପରି ଘୋଷଣା କରିବାର ଗୋଟିଏ ମାସ ନ ପୂରୁଣୁ, ଅଗଷ୍ଟ ୨, ୧୮୫୮ ଦିନ ବ୍ରିଟିଶ୍ ପାର୍ଲାମେଣ୍ଟ, ଇଷ୍ଟ୍ ଇଣ୍ଡିଆ କମ୍ପାନି ଠିକ୍ ଭାବେ ଭାରତ ଚଳାଇପାରିଲା ନାହିଁ ପରି ଅଭିଯୋଗରେ, 'ଗଭର୍ଣ୍ଣମେଣ୍ଟ ଅଫ୍ ଇଣ୍ଡିଆ ଆକ୍ଟ' ଗୃହୀତ କରାଇ ଭାରତର ଶାସନ କ୍ଷମତା ଇଷ୍ଟ୍ ଇଣ୍ଡିଆ କମ୍ପାନି ହାତରୁ କାଢ଼ିନେଇ ବ୍ରିଟିଶ୍ କ୍ରାଉନ୍ (ସାମ୍ରାଜ୍ଞୀ: ମହାରାଣୀ ଭିକ୍ଟୋରିଆ)ଙ୍କ ହାତକୁ ଟେକିଦେଲେ ।

ନଭେମ୍ବର ୧, ୧୮୫୮ । ମହାରାଣୀ ଭାରତର ସମସ୍ତ ଜନସାଧାରଣ, ରାଜନ୍ୟବର୍ଗ ତଥା ପ୍ରଜା-ମୁଖ୍ୟମାନଙ୍କ ଉଦ୍ଦେଶ୍ୟରେ ଘୋଷଣା କଲେ ଯେ: ଏଣିକି 'ବ୍ରିଟିଶ୍ ଇଣ୍ଡିଆ'ରେ ଭାରତୀୟ ରାଜ୍ୟାଧିପତିମାନଙ୍କୁ ସେମାନଙ୍କ ରାଜ୍ୟ ଶାସନ ପାଇଁ ବ୍ରିଟିଶ୍ ସରକାର ନିରନ୍ତର ସମର୍ଥନ କରିବ; ଭାରତୀୟମାନଙ୍କ ଧର୍ମ-ବିଶ୍ୱାସ ଓ ପୂଜା ପଦ୍ଧତିରେ ହସ୍ତକ୍ଷେପ କରାଯିବ ନାହିଁ । ସର୍ତ୍ତ ରହିଲା, ଯେଉଁ ଭାରତୀୟ ଶାସକ ମହାରାଣୀଙ୍କ ବଶ୍ୟତା ସ୍ୱୀକାର କରିବ, ତା ପାଇଁ 'କୁଇନ୍ସ ଡିକ୍ଲାରେସନ୍' (ମହାରାଣୀଙ୍କ ଘୋଷଣା) ଲାଗୁହେବ ।

ଐତିହାସିକ ବିବରଣୀ ଅନୁଯାୟୀ ଭାରତୀୟ ରାଜାମାନଙ୍କୁ ପଟେଇ ଫୁସଲେଇ ସେମାନଙ୍କ ଠାରୁ ବ୍ରିଟିଶ୍ ବଶ୍ୟତା ଆଦାୟ କରିବାକୁ ପାଞ୍ଚଶହ ଷାଠିଏଟି ରାଜ୍ୟ ସମ୍ମିଳନୀ/ ଗୁପ୍ତ ମନ୍ତ୍ରଣା (ରାଧାନାଥଙ୍କ 'ଦରବାର' ମନେ ପକାଇବା) ଅନୁଷ୍ଠିତ ହୋଇଥିଲା । ବଶ୍ୟତା ହାସଲ ହେଲା । ଯାହା ଫଳରେ, ବ୍ରିଟିଶ୍ ପ୍ରଧାନମନ୍ତ୍ରୀ ବେଞ୍ଜାମିନ ଡିଜ୍‌ରାଇଲଙ୍କ ପ୍ରରୋଚନାରେ ୧୮୭୬ରେ ଭିକ୍ଟୋରିଆ ନିଜକୁ 'ବ୍ରିଟିଶ୍ କୁଇନ୍ ଏବଂ ଭାରତର ମହାରାଣୀ'(ଏମ୍ପରେସ୍ ଅଫ୍ ଇଣ୍ଡିଆ) ଭାବେ ଘୋଷଣା କଲେ । ମହାରାଣୀଙ୍କ ଘୋଷଣାର ସୁଯୋଗ ନେଇ ନିଃସନ୍ତାନ ରାଜାମାନେ ପୋଷ୍ୟପୁତ୍ର ଗ୍ରହଣ କଲେ ।

ଏଇଠି ଅକୁହା କଥାରେ ରହିଗଲା ଯେ, ଅନ୍ୟଥା, ବ୍ରିଟିଶ୍ ଶାସନର ବଶ୍ୟତା ସ୍ୱୀକାର କରି ନଥିବା ଅବାଧ୍ୟ ରାଜାମାନଙ୍କ ବିରୁଦ୍ଧରେ କୁଇନ୍‌ସ୍ ଗଭର୍ଣ୍ଣମେଣ୍ଟ ଯେତେବେଳେ ଇଚ୍ଛା ସେତେବେଳେ ଯୁଦ୍ଧ କରିପାରେ ।

କ୍ୟାନିଙ୍ଗ୍ ବିଦ୍ରୋହ ସଂପର୍କରେ କ'ଣ କହଥିଲେ ତାହା ଭିନ୍ନ କଥା, ମାତ୍ର ଇତିହାସର ଦସ୍ତାବିଜ୍‌ରେ ସୁରେନ୍ଦ୍ରଙ୍କ ବିଦ୍ରୋହ ଯୋଗୁ ବ୍ୟତିବ୍ୟସ୍ତ ହେଉଥିବା ଇଂରେଜ ଶାସନ ସେମାନଙ୍କ ଅସହାୟତା ଓ ଛଳନାର ବହୁ ପ୍ରମାଣ ଛାଡ଼ି ଦେଇ ଯାଇଛନ୍ତି। ଭାରତ ପରି ଏଡ଼େ ବଡ଼ ବ୍ରିଟିଶ୍ ସାମ୍ରାଜ୍ୟରେ ବିଦ୍ରୋହ ଦମନର ସଫଳତା ସମ୍ମାରେ, ସମ୍ବଲପୁର ବା ସେହିପରି ଆଉ କେତୋଟି ଛୋଟଛୋଟ ଜାଗାରେ ହେଉଥିବା ବିଦ୍ରୋହ କ୍ୟାନିଙ୍ଗ୍‌ଙ୍କୁ ହୁଏତ ବିବ୍ରତ କରି ନଥାଇପାରେ, ମାତ୍ର ସ୍ୱାଧୀନୋତ୍ତର କାଳରେ ଏହି ସଂଗ୍ରାମର ଇତିହାସ ଲେଖା ହେଲାବେଳ (ପ୍ରାୟ ୧୯୭୬)କୁ ତାହା ମହିମା ହରେଇଲା କିପରି ?

ଯିଏ ବ୍ରିଟିଶ୍‌ମାନଙ୍କ ସହିତ ନିଜ ଦେଶ ପାଇଁ ଅଧିକ ଯୁଦ୍ଧ କଲା ସେ ଦେଶଭକ୍ତ ହେଲାନି, ଯେଉଁମାନେ ଆଗେ ଯୁଦ୍ଧ ସାରିଲେ ଓ ବ୍ରିଟିଶ୍ ମହାରାଣୀଙ୍କ ବଶ୍ୟତା ଆଗେ ସ୍ୱୀକାର କଲେ, ସେମାନେ ହେଲେ ଦେଶଭକ୍ତ ? ଏପରି ଅଦ୍ଭୁତ ଯୁକ୍ତିକୁ ଭିତ୍ତି କରି ଲେଖାଗଲା ତଥାକଥିତ 'ଭାରତ ସ୍ୱାଧୀନତା ସଂଗ୍ରାମ'ର ଇତିହାସ !

୧୮୫୭ରୁ ଆରମ୍ଭ ହୋଇଥିବା ବିଦ୍ରୋହକୁ ପ୍ରାୟ ୧୯୭୬ ପର୍ଯ୍ୟନ୍ତ ସମସ୍ତେ 'ସିପାହୀ ବିଦ୍ରୋହ' ନାମରେ ଜାଣିଥିଲେ। ୧୯୭୬ ପରେ ସେହି ନାଁ ପିଲାଙ୍କ ପାଠ ବହିରେ ବଦଳାଇ 'ଭାରତର ପ୍ରଥମ ସ୍ୱାଧୀନତା ସଂଗ୍ରାମ' ଭାବେ ଅନ୍ତର୍ଭୁକ୍ତ କରାଗଲା।

ଯୁକ୍ତିପାଇଁ, ଏଇଠି ଜାତୀୟ ବକ୍ତବ୍ୟରେ ଥିବା ବିରୋଧାଭାଷଗୁଡ଼ିକୁ ଦେଖିବା –

୧. ବସ୍ତୁସତ୍ୟ ନାନାଦି ବିପରୀତ ଘଟଣା ପ୍ରତିପାଦିତ କରୁଥିଲେ ମଧ୍ୟ, ଆମେ ଦାବି କରୁ ଯେ ଭାରତ କୁଆଡ଼େ 'ଅହିଂସା' ବାଟେ ଓ ବିନା ରକ୍ତପାତରେ ନିଜର ସ୍ୱାଧୀନତା ହାସଲ କରିଥିଲା।

୨. ସ୍ୱାଧୀନତା ଆନ୍ଦୋଳନରେ ପ୍ରମୁଖ ଅଂଶ ନେଇଥିବା ରାଜନୈତିକ ବିଚାରଧାରା – ଯାହାକୁ କଂଗ୍ରେସ (ସ୍ଥାପିତ : ୧୮୮୫) ନିଜର ବୋଲି କହେ – କୌଣସି ପ୍ରକାର 'ଜାତୀୟତା' ଦ୍ୱାରା ପ୍ରଭାବିତ ହେଉଥିଲା ବା ଏତଦ୍ଦ୍ୱାରା ହିଁ ନୂଆ ଭାବେ ଏକ 'ରାଜନୈତିକ ଭାରତ' ସୃଷ୍ଟିର ଉଦ୍ୟମ ହେଉଥିଲା କି ?

୩. ଇଂରେଜ ଶାସନ ପୂର୍ବରୁ କେଉଁ ସ୍ଥାନକୁ 'ଭାରତ' କୁହାଯାଉଥିଲା ?

୪. 'ସିପାହୀ ବିଦ୍ରୋହ'ର କୌଣସି ଜାତୀୟ ଆଭିମୁଖ୍ୟ ଥିଲା କି ?

୫. 'ବେଙ୍ଗଲ ଆର୍ମି' ବା ଫୋର୍ଟ ଉଇଲିଅମ୍‌ରେ ଇଷ୍ଟ୍ ଇଣ୍ଡିଆ କମ୍ପାନି ଅଧୀନସ୍ଥ ଭାରତୀୟ ଫଉଜ – ହିନ୍ଦୁ ଓ ମୁସଲମାନ – ସେମାନଙ୍କୁ

ନୂଆ ଭାବେ ଦିଆଯାଇଥିବା ଏନ୍‌ଫିଲ୍ଡ୍ ରାଇଫଲ୍‌ରେ ବ୍ୟବହୃତ ଗୋରୁ-ଘୁଷୁରି ଚର୍ବି ବିରୁଦ୍ଧରେ ଯେଉଁ ବିଦ୍ରୋହ କରିଥିଲେ ତାହା ଧାର୍ମିକ ଥିଲା ନା ତାହା ସେମାନେ ଦେଶ-ଭକ୍ତି ଲାଗି କରିଥିଲେ ?

ସିପାହୀ ବିଦ୍ରୋହର ନାଁ ବଦଳାଇ ତାହା ସ୍ୱାଧୀନତା ସଂଗ୍ରାମର ଇତିହାସ ଭାବେ ୧୯୭୬ ବେଳକୁ କାହିଁକି ନାମିତ କରି ପିଲାଙ୍କ ପାଠବହିରେ ଅନ୍ତର୍ଭୁକ୍ତ କରାଗଲା । ସବୁଠାରୁ ବଡ଼ ଗୋଷ୍ଠୀକୁ ଭାରତ ଓ ସେ ପାଇଥିବା ସ୍ୱାଧୀନତା ସଂପର୍କରେ ସତ ଜାଣିବାକୁ ଦିଆଗଲା ନାହିଁ ।

ଭାରତର ବୁଦ୍ଧିଜୀବୀମାନଙ୍କର କିଛି ସଉକ ଅଛି । ସେମାନେ ଅଭିଯୋଗ କରନ୍ତି ଯେ ଇଂରେଜମାନେ କୁଆଡ଼େ ଆମ ଇତିହାସକୁ ଅପଭ୍ରଂଶ କରିଛନ୍ତି । ବରଂ ଅନ୍ୟଭାବେ କୁହାଯାଇପାରେ ଯେ ଇଂରେଜ ଆସିବାରୁ ହିଁ ଆଜି କୁହାଯାଉଥିବା 'ଭାରତ'ର ଏକ ସତ ଓ ମିଛ ଭରା ସମନ୍ୱିତ ଇତିହାସ ସମ୍ଭବ ହେଲା ।

ଇତିହାସରେ ଅପମିଶ୍ରଣ ସବୁଠାରୁ ଅଧିକ । ଜଣେ ନିଷ୍ଠାପର ଐତିହାସିକ ପ୍ରମାଣର ଆଲୋକରେଖା ଖୋଜି ଆହୁରି ଅନ୍ଧାରରେ ପଶି କିଛି ନ ପାଇ 'ୟୁରେକା' 'ୟୁରେକା' ଚିତ୍କାର କରିବ ପଛେ, ନିଜେ ଦେଖିଥିବା ଘଟଣା ଉଲ୍ଲେଖ କରେ ନାହିଁ । ବିଦ୍ୱାନମାନେ ନିଜକୁ ଖୁବ୍ କମ୍ ବିଶ୍ୱାସ କରନ୍ତି ଏବଂ ଐତିହାସିକମାନେ ତାହା ବି କରନ୍ତିନି । ଏହା ବିଦ୍ୱାନମାନଙ୍କ ବିଡ଼ମ୍ବନା ଏବଂ ଐତିହାସିକମାନଙ୍କ ବୃତ୍ତିଗତ ଯାତନା । ଆମର ତହିଁରେ କିଛି ଯାଏଆସେ ନାହିଁ । ଅନୁଶୀଳନ ପାଇଁ ଅନୁଭୂତି କହୁଛୁ । ସେଦିନର ଛାତ୍ର ଆଜି ମହିମାମୟ ନାଗରିକ । ଦେଶ ଓ ଗଣତନ୍ତ୍ରର ପରିଚାଳକ । ସେମାନେ ଯଦି ଧାରଣା କରିଥା'ନ୍ତି ଯେ ଭାରତ ରାଜନୈତିକଭାବେ 'ଗୋଟିଏ' ଦେଶ ବୋଲି – ଭୁଲ ସେମାନଙ୍କର ହେବନି । ସେମାନେ ଯଦି ଅପଭ୍ରଂଶ ଇତିହାସର ସହଯୋଗରେ ଶହେ ବର୍ଷରୁ ସ୍ୱାଧୀନତା ସଂଗ୍ରାମର ସନ୍ଧାନ ପାଆନ୍ତି, ସେପରି ଭାରତକୁ ସେମାନେ ଗୋଟେ ଛାଞ୍ଚ ବା ରୂପରେ ଦେଖିବାକୁ ଚାହିଁଥିବେ । ସେହି ରୂପରୁ ସାମାନ୍ୟ ବ୍ୟବଧାନ ହାବୁଡ଼ିଲେ ତାହା ସେମାନଙ୍କୁ ଆତଙ୍କବାଦ କି ଅସାମ୍ବିଧାନିକ ପରି ଲାଗିବ । ଏହା ମଧ୍ୟ ସ୍ୱାଭାବିକ ।

ସମସ୍ତେ ଆମେ ଜାଣୁ ଯେ କାଳ ଓ ପ୍ରକୃତି ଛଡ଼ା ନିରପେକ୍ଷ ଇତିହାସ ଆଉ କାହାରି ନାହିଁ । ମଣିଷ ଯେତେବେଳେ ଇତିହାସ ଲେଖିବାକୁ ଚେଷ୍ଟା କରେ, ସମ୍ରାଟଙ୍କ ପାଟ ବସନରେ ଲାଗିଥିବା କୀଟ ବି ରାଜ୍ୟର ଶ୍ରେଷ୍ଠ ଦାର୍ଶନିକ ଠାରୁ ବଡ଼ ଦେଖାଯାଏ । ଦିଲ୍ଲୀର କୌଣସି ଜଣେ କଲ୍‌ଗାର୍ଲ ଅନ୍ୟ ରାଜ୍ୟ ମହିଳା କମିସନ ଅଧକ୍ଷାଙ୍କଠାରୁ ମଧ୍ୟ ଅଧିକ ପ୍ରଚାରିତ । ଶ୍ରେଷ୍ଠତ୍ୱର ଏପରି ହାସ୍ୟାସ୍ପଦ ପ୍ରତିଯୋଗିତା ଇତିହାସ ରାଜ୍ୟରେ

ଅନବରତ ଲାଗିଥାଏ । ଏ ବାବଦରେ କାର୍ଲ ମାର୍କସ୍‌ଙ୍କର ଗୋଟିଏ ଉକ୍ତି ଅଛି: "ଐତିହାସିକ ଘଟଣାଗୁଡ଼ିକ ମୋଟେ ଦି' ଥର ଘଟୁଥାଏ । ଥରେ ଦୁଃଖ ପାଇଁ ଏବଂ ଆଉ ଥରେ ଇତିହାସ ଲେଖା ନାଁରେ ଭାଣ୍ଡାମି ପାଇଁ ।"

ପୁରାତନ ଇତିହାସରେ ସ୍ୱେଚ୍ଛାଚାରୀ ଶାସକମାନେ ନିଜକୁ ଈଶ୍ୱରଙ୍କ ପ୍ରତିନିଧି କହି ଯାହା କରିପାରୁଥିଲେ, ଆଧୁନିକ ଯୁଗର କୌଣସି ସ୍ୱେଚ୍ଛାଚାରୀ କେବେ ନିଜକୁ ସେପରି ବଡ଼ କହିବା ସମ୍ଭବ ନୁହେଁ । ସେମାନେ ଗୋଟିଏ ସତ୍ତାକୁ ବଡ଼ କରି ଦେଖାନ୍ତି ଏବଂ ନିଜେ ତହିଁର ଅନନ୍ୟ ଓ ଅପରିହାର୍ଯ୍ୟ ପ୍ରତିନିଧି ରୂପେ ବିରାଜି ବସନ୍ତି । ହିଟଲର, ମସୋଲିନି, ଇଦି ଅମିନ୍ ବା ସଦ୍ଦାମ୍ ହୁସେନ୍‌ମାନେ ଯାହା କରିଥିଲେ, 'ଇମର୍‌ଜେନ୍‌ସି' ଘୋଷଣା କରିବା ପୂର୍ବରୁ ଇନ୍ଦିରା ଗାନ୍ଧି ଠିକ୍ ସେମିତି କରିବାକୁ ଚାହିଁଲେ । ଭାରତର ସ୍ୱାଧୀନତା ପାଇଁ ସତେ ଯେମିତି ସଂଗ୍ରାମ ହୋଇଥିଲା ଏବଂ ତାହା କଂଗ୍ରେସ ଦ୍ୱାରା । ମନେ ପକାନ୍ତୁ, ତତ୍କାଳୀନ କଂଗ୍ରେସ ଅଧ୍ୟକ୍ଷ ଦେବକାନ୍ତ ବଡ଼ୁଆଙ୍କ ଉକ୍ତି: 'ଇଣ୍ଡିଆ ଇଜ୍ ଇନ୍ଦିରା' । ଇନ୍ଦିରାଙ୍କ ଆଭିମୁଖ୍ୟ ଥିଲା – ମୁଁ କଂଗ୍ରେସ, ମୁଁ ହିଁ ଭାରତ ! ତେଣୁ ସେହିପରି ସବ୍‌ସିଡ଼ାରି ବା ସହାୟକ ଇତିହାସ ଲେଖାହେଲା । ଓଡ଼ିଶା ଗୌଣ ହେଲା ।

ନହେଲେ, ଇଂଲିଶ୍ ସିରସ୍ତା ଓ ଇଂରେଜମାନଙ୍କ ଅକଲରୁ ନକଲ କରି ସ୍ୱାଧୀନତା ସଂଗ୍ରାମର ଇତିହାସ ସ୍ୱାଧୀନତାର ପ୍ରାୟ ୨୯ ବର୍ଷ ପରେ 'ତିଆରି' ହୋଇଥା'ନ୍ତା କାହିଁକି ? ତହିଁରେ ଭାରତରେ ସବୁଠୁଁ ଆଗ ଇଂରେଜ ବିରୋଧୀ ବିଦ୍ରୋହ – ଅର୍ଥାତ, ୧୮୦୩ରେ ଆରମ୍ଭ ପାଇକ ବିଦ୍ରୋହ – ଏବଂ ସବୁଠୁଁ ଶେଷ – ଅର୍ଥାତ, ସୁରେନ୍ଦ୍ର ସାଏଙ୍କ ସମେତ ପନ୍ଦର ଜଣଙ୍କୁ ଗିରଫ କରି ଜାନୁଆରି ୨୬, ୧୮୬୪ ଦିନ ବିଚାର ପାଇଁ ଲେଫ୍‌ଟନାଣ୍ଟ୍ ରାଇଡୋଟ୍ ଓ ବ୍ରିଟିଶ୍ ଫଉଜଙ୍କ କଡ଼ା ସୁରକ୍ଷା ଭିତରେ ରାୟପୁର ପଠାଯାଇଥିବା ଘଟଣା – କିପରି ଅଧିକ ସ୍ପଷ୍ଟ ଓ ସମ୍ମାନଜନକ ଭାବେ ସ୍ଥାନିତ ହୋଇଥା'ନ୍ତା, ଏହା ପ୍ରଣେତାମାନଙ୍କ ହେତୁରେ ପଶିଲା ନାହିଁ ।

ଏପରି ତଥାକଥିତ ଇତିହାସ ତିଆରି ହେଲାବେଳେ ଆମ ଓଡ଼ିଶାର ଐତିହାସିକ ଓ ରାଜନେତାମାନେ କରୁଥିଲେ କ'ଣ ?

ଅଥଚ ସେହି ଐତିହାସିକମାନେ ଏବେ କପିଳପ୍ରସାଦ ଗାଁରେ ବୁଦ୍ଧଦେବ ଓ କାଳିଦାସଙ୍କୁ 'ଜନ୍ମ' କରାଇ ପାରୁଛନ୍ତି । ଯିଶୁଙ୍କୁ ଆଣି ପୁରୀ ଜଗନ୍ନାଥ ଦର୍ଶନ କରାଇ ବାହୁଡ଼େଇ ପାରୁଛନ୍ତି । ଓଡ଼ିଆ ଖବରକାଗଜ ପାଇଁ ସେସବୁ ବେଶ୍ ରୋଚକ ଉପାଦାନ ହେଉଛି । 'ଓଡ଼ିଆ / ଭିଅ କାଢୁଆ' ବୋଲି ଗୋଟିଏ ନିନ୍ଦା ସୂଚକ ଗାଉଁଲୀ ଢଗ ଶୁଣିବାକୁ ମିଳେ । ତାହା ଏକଦମ୍ ସତ ପରି ଆମକୁ ଲାଗୁଛି ।

କୃତଜ୍ଞତା ସହିତ ଆମେ ଜଣେ ବରେଣ୍ୟ ଐତିହାସିକଙ୍କ ଉକ୍ତି ଥିଲା ଏହିପରି

– "Surendra Sai has been generally ignored by scholars, who think that the rising in Sambalpur forms no part of the Indian Mutiny. His name finds only a bare reference in the Government of India publication, Eighteen Fifty Seven." (P. Mukherjee, *History of Orissa,* Vol.-VI)

ଏଠି ଉଦ୍ଧାର କରି ଆଶା କରୁଛୁ ଯେ ଏପରି ଛଳନାକୁ ପ୍ରତିହତ କରିବାକୁ ଏବଂ ସତ୍ୟ ପ୍ରତିପାଦିତ କରିବାକୁ କେହି ହେଲେ ଯୋଗ୍ୟ ଓଡ଼ିଆ ପୁଅ ଇତିହାସର ନେତା ରୂପେ ବାହାରନ୍ତୁ । ଜାତି ତାଙ୍କୁ ପ୍ରଣାମ କରିବ । କାରଣ ଓଡ଼ିଆମାନେ ବି ଭାରତୀୟ । ସେମାନଙ୍କର ସ୍ୱାତନ୍ତ୍ୟ ରହିଛି । ଇତିହାସ ପାଇଁ ବା ଜାତୀୟତା ନିର୍ଦ୍ଧାରଣ ସକାଶେ ସେମାନେ କାହାରି ଗୋଲାମ ନୁହଁନ୍ତି ।

ସମ୍ପାଦକ,

ସୂର୍ଯ୍ୟପ୍ରଭା, ଭୁବନେଶ୍ୱର

ଓଡ଼ିଆ ସ୍ୱଭାବ : ଓଡ଼ିଆ ଚରିତ

ଡ. ଗୌରହରି ଦାସ

ସାଧାରଣ ଦୃଷ୍ଟିରେ ଦେଖିଲେ କେହି ହୁଏତ ମନ୍ତବ୍ୟ ଦେଇପାରନ୍ତି ଯେ ଓଡ଼ିଶାରେ ପୁଣି ଓଡ଼ିଆ ସ୍ୱଭାବ କି ଓଡ଼ିଆ ଚରିତ ସମ୍ପର୍କରେ ସ୍ୱତନ୍ତ୍ର ଚର୍ଚ୍ଚାର ପ୍ରୟୋଜନ କ'ଣ ? ମାତ୍ର ଟିକିଏ ଗହୀରେଇ ଦେଖିଲେ ବୁଝାପଡ଼ିବ ଯେ ଯାହା ଉପରକୁ ଯେତିକି ସହଜ କି ସାଧାରଣ ଦିଶୁଥାଏ ତାହାକୁ ବୁଝାଇ କହିବା ସେତିକି କଷ୍ଟ ଓ ଅସାଧାରଣ। ଉଦାହରଣ ସ୍ୱରୂପ କେହି ଯଦି ଆମକୁ ପଚାରେ ଓଡ଼ିଶାର ପରିଚୟ କ'ଣ ତାହାହେଲେ ଆମେ ତାହାର ସିଧାସଳଖ କି ଉତ୍ତର ଦେବା ? ଏହି ପ୍ରଶ୍ନର ଉତ୍ତର ଖୋଜିବା କେବଳ ଯେ ଆଜି କଷ୍ଟକର ମନେହେଉଛି ତାହା ନୁହେଁ, ଅତୀତରେ ମଧ୍ୟ କଷ୍ଟକର ଥିଲା ଓ ଭବିଷ୍ୟତରେ କଷ୍ଟକର ମନେହେବ। ସେଥିପାଇଁ ଉତ୍କଳମଣି ଗୋପବନ୍ଧୁ ଦାସ ଓଡ଼ିଶା ବା ଉତ୍କଳର ପ୍ରତୀକ ଭାବେ ଶ୍ରୀଜଗନ୍ନାଥଙ୍କୁ ଗ୍ରହଣ କରି ଏକଦା ଲେଖିଥିଲେ, "ବିଶେଷେ ଉତ୍କଳେ ନାହିଁ ପ୍ରୟୋଜନ, ଉତ୍କଳର ନେତା ନିଜେ ନାରାୟଣ।'' ନାରାୟଣଙ୍କର ପରିଚୟ ପାଇଗଲେ ଉତ୍କଳର ପରିଚୟ ମଧ୍ୟ ମିଳିଯିବ। ଉତ୍କଳର ନେତା ନାରାୟଣ ବା ନାରାୟଣଙ୍କର ଯାହା ଯାହା ଗୁଣ ସେହି ଗୁଣ ଓଡ଼ିଶାର ନରନାରାୟଣଙ୍କ ପାଖେ ମଧ୍ୟ ରହିବା ଆଶା କରାଯାଏ। ଜଗନ୍ନାଥ ଓଡ଼ିଶାର ନେତା, ପରିଚୟ ସିଏ, ସ୍ୱାଭିମାନ ସିଏ, ଅହଙ୍କାର ମଧ୍ୟ ସିଏ। ତେବେ ଏହା ମୂଳ ପ୍ରଶ୍ନର ଆଂଶିକ ଉତ୍ତର, ସମ୍ପୂର୍ଣ୍ଣ ନୁହେଁ। ସମ୍ପୂର୍ଣ୍ଣ ଉତ୍ତର ସଂକ୍ଷେପରେ ଦେବା କଦାପି ସମ୍ଭବ ନୁହେଁ। ସେଥିପାଇଁ ଏହି ସଂକଳନର ଲେଖକ ଲେଖିକା ନିଜ ନିଜ ଢଙ୍ଗରେ ଏହାର ଉତ୍ତର ଖୋଜିଛନ୍ତି।

୧୯୦୭ ମସିହାରେ ଏଲ୍.ଏସ୍.ଏସ୍. ଓ'ମାଲେ ବାଲେଶ୍ୱର ଗେଜେଟିୟର ସଂପାଦନା କରିଥିଲେ। ଏଥିରେ ସେ ବାଲେଶ୍ୱର ଲୋକମାନଙ୍କ ସମ୍ପର୍କରେ କିଛି କଥା ବିଭିନ୍ନ ସୂତ୍ରରୁ ସଂଗ୍ରହ କରି ଲେଖିଥିଲେ। ତା' ମଧ୍ୟରୁ ଗୋଟିଏ ଉଦ୍ଧୃତି ଥିଲା ଷ୍ଟର୍ଲିଂଙ୍କର। ମାଲେ ଉଦ୍ଧାର କରିଥିବା ଷ୍ଟର୍ଲିଂଙ୍କର ସେହି ମନ୍ତବ୍ୟ ଆଜି ଅନେକଙ୍କୁ ଗ୍ରହଣଯୋଗ୍ୟ ହେବନାହିଁ। ଷ୍ଟର୍ଲିଂ କହିଥିଲେ ଯେ ଓଡ଼ିଆଙ୍କର ଉଚ୍ଚ ଅଭିଳାଷ ନାହିଁ। ତାଙ୍କ ଭାଷାରେ ତାହା ପଢ଼ାଯାଉ, "The Oriya has long had an unenviable reputation as a weak, effeminate and stupid creature; and early writers almost all condemn them. It is said that they "prefer dirt and scarcity of food with idleness to cleanliness and plenty with hard labour;" that "industry and enterprise are as foreign to them as opium-eating and noon-day sleep to the English husbandmen;" that "there are few, if any, districts in India where the natives are so listless and idle as in this — as long as the poorer classes have food enough to eat from day to day, they will not exert themselves to get more or make provision for an evil hour; hence the misery, disease, and starvation occasioned by a dearth of grain." ତେବେ ଆଶ୍ୱସ୍ତିର କଥା ଯେ ଷ୍ଟର୍ଲିଂଙ୍କର ଏହି ମତକୁ ମାଲେ ଗ୍ରହଣ କରି ନ ଥିଲେ। ଅତ୍ୟନ୍ତ ମିତ୍ର ଦୃଷ୍ଟିରେ ସେ ଲେଖିଥିଲେ, "In justice to the Oriyas it should be remembered that for ages they have been a conquered nation, and that within the last few centuries they suffered at the hands first of the Mughals and then of Maratha conquerors. From the end of the 17the century they were continually harried and oppressed; and miserable as their lot had been under the Mughals, it was worse under the Marathas. The misrule of these marauders presents a decimal scene of extortion, desolation and rapine; their cavalry harried the country at stated periods each year; and, to quote Stirling's Account, "their administration was fatal to the welfare of the people and the prosperity of the country, and exhibits a picture of misrule, anarchy, weakness, rapacity and violence combined, which makes one wonder how society can have kept together under so calamitous a tyranny." It would have been strange if the Oriya character had not been affected by this tyranny; and it is not surprising that the bitter experience of their forefathers should have discouraged thrift, promoted improvidence, and tended to make the people a feeble and timid race."

ଓଡ଼ିଆମାନେ ସଚ୍ଚୋଟ, ସେମାନଙ୍କର ମେଧାଶକ୍ତି ଦୁର୍ବଳ ନୁହେଁ ଏବଂ ସେମାନେ ଏକ କୃତଜ୍ଞ ଜାତି ବୋଲି ମାଲେ ଲେଖିଛନ୍ତି। x x x x x x

ଏକଥା ସତ ଯେ ଓଡ଼ିଆମାନେ ଧର୍ମପରାୟଣ, ଅତିଥିବତ୍ସଳ, ଧୈର୍ଯ୍ୟବାନ୍ ଏବଂ ସାହସୀ। ମାତ୍ର ଆମେ ଯେ ଗୁଜୁରାଟୀଙ୍କ ପରି ଉଦ୍ୟୋଗୀ ନୋହୁଁ ବା ପଞ୍ଜାବବାସୀଙ୍କ ପରି ପରିଶ୍ରମୀ ନୋହୁଁ କିମ୍ୱା କେରଳବାସୀ ବା କର୍ଣ୍ଣାଟକବାସୀଙ୍କ ପରି ମାତୃଭାଷା ଅନୁରାଗୀ ନୋହୁଁ ତାହା ମଧ୍ୟ ସତ୍ୟ। ଆମର ପ୍ରତ୍ୟେକ ବିଫଳତା ଲାଗି ଆମେ ପ୍ରାକୃତିକ ବିପର୍ଯ୍ୟୟ କିମ୍ୱା କ୍ଷତାକ୍ତ ଇତିହାସକୁ ଦାୟୀ କରିପାରିବା ନାହିଁ। ପୃଥିବୀର ସବୁ ଦେଶ ଏଭଳି କିଛି ନା କିଛି ବିପର୍ଯ୍ୟୟ ସାମ୍ନା କରୁଛନ୍ତି। ସେମାନଙ୍କର ଇତିହାସ ମଧ୍ୟ ଊଣାଅଧିକେ କ୍ଷତାକ୍ତ। କଳିଙ୍ଗ ଯୁଦ୍ଧର ପରାଜୟର ଉତ୍ତର ମହାମେଘବାହନ ଐର ଖାରବେଳ ଭଲ ଭାବେ ଦେଇପାରିଥିଲେ। ସେହିପରି ଶ୍ରୀ ପ୍ରଶାନ୍ତ କୁମାର ଭୂୟାଁ ତାଙ୍କ ପ୍ରବନ୍ଧରେ ଲେଖିବା ପରି ସବୁକଥାରେ ଆମର ଅତୀତ ସମୃଦ୍ଧ ଥିଲା କହି ବର୍ତ୍ତମାନର ଦୈନ୍ୟ-ଦାରିଦ୍ର୍ୟକୁ ଆମେ ଘଣ୍ଟ ଘୋଡ଼ାଇ ପାରିବା ନାହିଁ। ଅନ୍ୟପକ୍ଷରେ ଓଡ଼ିଶାରେ ବହୁ କଥା ଅଛି, ଯାହା ଅନ୍ୟତ୍ର ନାହିଁ। ଆମର ଖଣିଜ ସମ୍ପଦ, ବିସ୍ତୀର୍ଣ୍ଣ ବେଳାଭୂମି, ନଦନଦୀ, ହ୍ରଦ, ଘଞ୍ଚ ଅରଣ୍ୟ, ପାହାଡ଼ ପର୍ବତ ଏପରି ବହୁ ବିଭାବ ରହିଛି। ଆମର ଅଛି ଶାସ୍ତ୍ରୀୟ ଭାଷା, ଶାସ୍ତ୍ରୀୟ ନୃତ୍ୟ ଏବଂ ଚମତ୍କାର ଆଦିବାସୀ କଳା ଓ ସଂସ୍କୃତି। ସବୁଠାରୁ ଭଲ କଥା ଆମର ଉଦାର ସଂସ୍କୃତି, ଯାହା ଯୋଗୁଁ ଓଡ଼ିଶାରେ ସାଂପ୍ରଦାୟିକ ସଂପ୍ରୀତି ରକ୍ଷା କରାଯାଇଆସିଛି। ତେଣୁ ଆମେ ହୀନମନ୍ୟତାର ଶିକାର ହେବାର କୌଣସି କାରଣ ନାହିଁ।

"ଅନୁଭବ' , ୩୭୮ ବରମୁଣ୍ଡା ଗାଁ, ଭୁବନେଶ୍ୱର- ୭୫୧୦୦୩

ଭୁବନେଶ୍ୱର - ଝଲକାଏ ସାଂସ୍କୃତିକ ଐଶ୍ୱର୍ଯ୍ୟ

ଡ. ପ୍ରସନ୍ନ କୁମାର ମିଶ୍ର

ଭୁବନେଶ୍ୱର ବି ଏକାମ୍ର କ୍ଷେତ୍ର ଓ କୃତ୍ତିବାସ କ୍ଷେତ୍ର ଭାବରେ ବହୁ ପୁରାତନ ସଂସ୍କୃତ ରଚନା ଗୁଡ଼ିକରେ ଦେଖିବାକୁ ମିଳେ। ଏହି ମୂଳ ରଚନା ଗୁଡିକ ହେଉଛି ଏକାମ୍ର ପୁରାଣ, ଏକାମ୍ର ଚନ୍ଦ୍ରିକା, ସ୍ୱର୍ଣ୍ଣାଦି ମହୋଦୟ, କପିଳ ସଂହିତା ଓ ତୀର୍ଥ ଚିନ୍ତାମଣି। ମନ୍ଦିରମାଳିନୀ ଏହି କ୍ଷେତ୍ର ବହୁ ପୁରାତନ କାଳର ଅବିଚ୍ଛିନ୍ନ ଇତିହାସର ପରିଚୟ ସଂକଳନ ଧରି ରଖିଛି। ଏହା ସମ୍ଭବତଃ ଆମ ଦେଶର ଏକମାତ୍ର ସହର ଯାହା ସମୟଚକ୍ରର ଧାରାରେ ଷଷ୍ଠ ଶତାବ୍ଦୀ ଠାରୁ ଷୋଡ଼ଶ ଶତାବ୍ଦୀ ପର୍ଯ୍ୟନ୍ତ ଗୋଟିଏ ସୀମିତ ଅଞ୍ଚଳ ମଧ୍ୟରେ ମନ୍ଦିରଗଡ଼ିକୁ ଧାରଣ କରିଛି। ଏଥିରୁ ପ୍ରତ୍ନତତ୍ତ୍ୱବିତ୍, ଐତିହାସିକ ଓ କଳାସଂସ୍କୃତି ଐତିହାସିକ ମାନେ ଗବେଷଣା ନିମନ୍ତେ ପ୍ରଚୁର ଉପାଦାନ ଆହରଣ କରନ୍ତି। ଜଣେ ଖ୍ୟାତି ସମ୍ପନ୍ନ ଦାର୍ଶନିକ ନିଜର ମତାମତ ପୋଷଣ କରି କହିଛନ୍ତି,

"ଏକାମ୍ର କାନନ (ପୁରୁଣା ଭୁବନେଶ୍ୱର)ର ଗଳିକନ୍ଦିରେ ଘୂରି ବୁଲିବା ମାନେ ଆଶାତୀତ ଯଶ ଓ ଗୌରବର ପ୍ରତ୍ନତାତ୍ତ୍ୱିକ ତଥ୍ୟସାଗରରୁ ପ୍ରଚୁର ସମ୍ବଳ ଉପଲବ୍ଧି କରିବା।"

"ଏହାର ରାସ୍ତା କଡ଼ରେ ପଡ଼ିଥିବା ପ୍ରତିଟି ପଥର ଖଣ୍ଡ କିଛି କଥା କହିବାକୁ ରଖିଛି ଯଦି ପର୍ଯ୍ୟଟକଙ୍କର କାନ ଶୁଣିବାକୁ ପ୍ରସ୍ତୁତ ରହିଛି ଓ ତାଙ୍କର ଠିଆ ହେବାକୁ ସମୟ ଅଛି।"

ଭୁବନେଶ୍ୱର ପୁରାତନ ସଂସ୍କୃତିର ଐତିହ୍ୟରେ ପରିପୂର୍ଣ୍ଣ। ଓଡ଼ିଶା ଇତିହାସର ତାଳେତାଳେ ଗଢ଼ି ଉଠିଥିବା ମନ୍ଦିର ଗୁଡିକ ଏହାର ପରିସର ମଧ୍ୟରେ ବିତି ଯାଇଥିବା

ଯୁଗର କଳାଭାସ୍କର୍ଯ୍ୟ ପରିସ୍ଫୁଟ କରେ, ନିର୍ଦ୍ଦିଷ୍ଟ କାଳର ଶିଳାଶିଳ୍ପର ପରିପ୍ରକାଶ କରେ, ଏମିତି କି ସେଇ ଯୁଗର ମୂକ ନୁହେଁ, ଚିରନ୍ତନ ସାକ୍ଷୀ ଭାବରେ ଦଣ୍ଡାୟମାନ। ପ୍ରତିଟି ମନ୍ଦିର ଗୋଟିଏ ଗୋଟିଏ ରାଜତ୍ୱର କୀର୍ତ୍ତିସ୍ତମ୍ଭ ଭାବରେ ପରିଗଣିତ। ଓଡ଼ିଶାର ବିଖ୍ୟାତ ଐତିହାସିକ ଡ. କୃଷ୍ଣଚନ୍ଦ୍ର ପାଣିଗ୍ରାହୀ କହନ୍ତି,

"ବାସ୍ତବରେ ଭାରତର କୌଣସି ସ୍ଥାନରେ ଭୁବନେଶ୍ୱର ପରି ଏତେ ସଂଖ୍ୟକ ବିଶାଳ ମନ୍ଦିର ଦେଖିବାକୁ ମିଳେନି, ଯାହାକି ଦୀର୍ଘ ଅବଧିର ଏବଂ ରାଜବଂଶର ଇତିହାସ ବହନ କରେ।"

ଦୀର୍ଘ ଏକ ସହସ୍ରାବ୍ଦରୁ ଊର୍ଦ୍ଧ୍ୱ (ଷଷ୍ଠ ଶତାବ୍ଦୀରୁ ପଞ୍ଚଦଶ ଶତାବ୍ଦୀ) ପର୍ଯ୍ୟନ୍ତ ଓଡ଼ିଶାରେ ନିଜସ୍ୱ ମନ୍ଦିର ଗଢ଼ିବା କଳାର ବିବର୍ତ୍ତନ ସହଜରେ ବାରି ହୋଇପଡ଼େ। ଭୁବନେଶ୍ୱରର ସଂସ୍କୃତିସମୃଦ୍ଧ ଓ ମୁଖ୍ୟ ମନ୍ଦିରଗୁଡିକ ମଧ୍ୟରୁ ପରଶୁରାମେଶ୍ୱର, ବୈତାଳେଶ୍ୱର, ମୁକ୍ତେଶ୍ୱର, ରାଜରାଣୀ, ବ୍ରହ୍ମେଶ୍ୱର, ପ୍ରସିଦ୍ଧ ଲିଙ୍ଗରାଜ ମନ୍ଦିର ଏବଂ ଅନନ୍ତ ବାସୁଦେବ ମନ୍ଦିର ଉଲ୍ଲେଖ ଯୋଗ୍ୟ। ଆହୁରି ବି ଭୁବନେଶ୍ୱର ଅନେକଗୁଡ଼ିଏ ପୁରାତନ ମନ୍ଦିର ପାଇଁ ବିଖ୍ୟାତ, ଯେଉଁଗୁଡ଼ିକ ଉପର ନାମିତ ମନ୍ଦିରଗୁଡ଼ିକ ଆଗରୁ ନିର୍ମିତ ହୋଇଥିଲା ଏବଂ ଏହା ମନ୍ଦିର ନିର୍ମାଣ ଶୈଳୀ ବିଷୟରେ ସମ୍ୟକ ସୂଚନା ଦିଏ। ଶତ୍ରୁଘ୍ନେଶ୍ୱର, ଭରତେଶ୍ୱର, ଲକ୍ଷଣେଶ୍ୱର ଏବଂ ସ୍ୱପ୍ନଜଳେଶ୍ୱର ଷଷ୍ଠ ଓ ସପ୍ତମ ଶତାବ୍ଦୀର ପ୍ରାରମ୍ଭରେ ନିର୍ମିତ ହୋଇଥିଲା।

ଭୁବନେଶ୍ୱର ଓଡ଼ିଶୀ କଳା ଓ ଭାସ୍କର୍ଯ୍ୟର ମୂଳ କେନ୍ଦ୍ର ଭାବରେ ଖ୍ୟାତି ଅର୍ଜନ କରିଛି। ଧଉଳିରେ ପଥରଖଣ୍ଡରୁ ଖୋଦିତ ହସ୍ତୀର ଅଗ୍ରଭାଗ ଖ୍ରୀଷ୍ଟପୂର୍ବ ତୃତୀୟ ଶତାବ୍ଦୀର ଶିଳାଶିଳ୍ପ, ଏହାକୁ କଳିଙ୍ଗର ଅତି ପୁରାତନ କାର୍ଯ୍ୟଭାବରେ ଗ୍ରହଣ କରାଯାଇପାରେ। ଖଣ୍ଡଗିରି ଓ ଉଦୟଗିରି ଯୁଗଳ ପାହାଡ଼ର ଜୈନ ଗୁମ୍ଫାଗୁଡିକ ପ୍ରାଚୀନ ଭାରତୀୟ କଳା ଇତିହାସର ଗୁରୁତ୍ୱ ବହନକରେ।

ପ୍ରସିଦ୍ଧ ଶୈବ କ୍ଷେତ୍ର ଭୁବନେଶ୍ୱର ଅନେକ ଧର୍ମର ସମ୍ମୁଖୀନ ହୋଇଛି, ଖାରବେଳଙ୍କ ଅମଳରେ ରାଜକୀୟ ପୃଷ୍ଠପୋଷକତାରେ ଜୈନ ଧର୍ମର ବିଶେଷ ପ୍ରାଧାନ୍ୟ ଥିଲା ଏବଂ ବୌଦ୍ଧଧର୍ମର ବିସ୍ତୃତି ଏଠାକାର ମନ୍ଦିର ଶିଳ୍ପକଳା ଭାସ୍କର୍ଯ୍ୟର ଶୈଳୀରୁ ପ୍ରତୀୟମାନ ହୁଏ। ଏଠାରେ ବି ନାଗ ପୂଜା ପ୍ରଚଳିତ ଥିଲା ଏବଂ ଏହା ଶକ୍ତିପୀଠ ଭାବରେ ପରିଗଣିତ। ଶକ୍ତିର ଉଦାହରଣ ଏଠିକାର ବୈତାଳ, ମୋହିନୀ, ଗଉରୀ ଓ ଚୌଷଠି ଯୋଗିନୀ ଶିଳାଶଳ୍ପରେ ମିଳେ, ପୁଣି ସପ୍ତମାତୃକା, ମହିଷାମର୍ଦ୍ଦିନୀ, ଚାମୁଣ୍ଡା ଏହାର ପ୍ରମାଣ ଦିଅନ୍ତି।

ଭୁବନେଶ୍ୱର ହିନ୍ଦୁ ମାନଙ୍କର ଗୋଟିଏ ପବିତ୍ର ସ୍ଥାନ। ବହୁ ସଂସ୍କୃତ ରଚନାରେ

ଏହାର ବର୍ଣ୍ଣନା ରହିଛି। ଏଠାରେ ଶୈବ ଏବଂ ବୈଷ୍ଣବ ଧର୍ମର ଅଭୂତପୂର୍ବ ସମନ୍ୱୟ ରହିଛି। ହିନ୍ଦୁଧର୍ମର ଦୁଇଟି ଧାରାର ସମ୍ମିଶ୍ରଣ ଭାରତର ଆଉ କେଉଁଠାରେ ଦେଖିବାକୁ ବିରଳ, ସେଥିପାଇଁ ଏହି ଅଦ୍ୱିତୀୟ ଧର୍ମକ୍ଷେତ୍ରଟିକୁ ହରିହର କ୍ଷେତ୍ର ବୋଲି ନାମିତ କରାଯାଇଛି। ଭୁବନେଶ୍ୱରର ମାହାତ୍ମ୍ୟ ଏତେ ବେଶି ଯେ, ଶ୍ରୀ ଚୈତନ୍ୟଙ୍କ ପରି ପରମ ବୈଷ୍ଣବ ସୂର୍ଯ୍ୟବଂଶୀ ଗଜପତି ପ୍ରତାପରୁଦ୍ରଙ୍କ ଶାସନକାଳରେ ଓଡ଼ିଶା ଆଗମନ କରିଥିଲେ। ସେ ଭୁବନେଶ୍ୱରରେ ରହି ବିନ୍ଦୁସାଗରରେ ସ୍ନାନ କରି ପ୍ରଭୁ ଲିଙ୍ଗରାଜଙ୍କର ଦର୍ଶନ କରିଥିଲେ, ଏବଂ ପ୍ରଭୁଙ୍କ ନାମ ସଂକୀର୍ତ୍ତନ କରିଥିଲେ।

୧୫୬୮ ମସିହାରେ ଓଡ଼ିଶାର ହିନ୍ଦୁ ରଜାଙ୍କର ଶାସନ ସମାପିତ ହେବାରୁ ଭୁବନେଶ୍ୱରର ଭାଗ୍ୟର ସୂର୍ଯ୍ୟ ଅସ୍ତମିତ ହୋଇଗଲା। ଶିଳାଶିଳ୍ପର ଉନ୍ନତି ତଥା ଅବସ୍ଥିତି ଅନୁମାନିକ ୧୮୩ ବର୍ଷ ମୁସଲମାନ ଶାସନକାଳରେ ମଉଳିବାକୁ ଲାଗିଲା। ତା' ପର ପଚାଶ ବର୍ଷ ମରାଠାମାନଙ୍କର ଓଡ଼ିଶା ଶାସନକାଳରେ ଏହି ପ୍ରସ୍ତର କଳାଭାସ୍କର୍ଯ୍ୟର ପୁନରୁଦ୍ଧାର କରିବାର ଅବକାଶ ଯଦିଚ ରହିଥିଲା, ତାହାର ନମୁନା ଭୁବନେଶ୍ୱର ବା ଅନ୍ୟତ୍ର ଦେଖିବାକୁ ମିଳେନାହିଁ। ୧୮୦୩ ମସିହାରୁ ଇଂରେଜ ସରକାରଙ୍କର ଓଡ଼ିଶା ଶାସନ କାଳରେ ବି ରାଜ୍ୟର ବା ଭୁବନେଶ୍ୱରର ପ୍ରତ୍ନତାତ୍ତ୍ୱିକ ବିଭବର ଅନ୍ୱେଷଣ ପାଇଁ ସେମିତି କିଛି ବିଶେଷ ପ୍ରଚେଷ୍ଟା ଦୃଷ୍ଟି ଗୋଚର ହୁଏନି। ସୌଭାଗ୍ୟକ୍ରମେ, ଉନବିଂଶ ଶତାବ୍ଦୀର ଶେଷଭାଗକୁ ଲର୍ଡ଼ କର୍ଜନ ବଡ଼ ଲାଟ ଥିବା କାଳରେ ରାଜ୍ୟର ପ୍ରତ୍ନତତ୍ତ୍ୱ ସମ୍ପଦର ଅବଶେଷ ଦୃଷ୍ଟିକୁ ଆସିଥିଲା। ଓଡ଼ିଶାର ଏହି ବିଭବର ସଂରକ୍ଷଣ, ସୁରକ୍ଷା ଓ ସାଂସ୍କୃତିକ ଗାରିମାର ପୁନରୁଦ୍ଧାର ପାଇଁ ନିୟମ ପ୍ରଣୟନ କରାଗଲା। ଭୁବନେଶ୍ୱର ପୁନର୍ବାର ଭାରତର ଜାତୀୟ ସାଂସ୍କୃତିକ ନକ୍ସାରେ ନିଜର ସ୍ଥାନ ଫେରିପାଇଲା।

ମନ୍ଦିରମାଳିନୀ ଭୁବନେଶ୍ୱର ଯେତେବେଳେ ଓଡ଼ିଶା ରାଜ୍ୟର ରାଜଧାନୀ ଭାବରେ ମନୋନୀତ ହେଲା, ସେତେବେଳକୁ ଏହା ଜନସଂଖ୍ୟା ଓ ଆଧୁନିକତା ଦୃଷ୍ଟିରୁ ଗୁରୁତ୍ୱହୀନ ଗୋଟିଏ କ୍ଷୁଦ୍ର ସହର ମାତ୍ର ଥିଲା। ତା ସତ୍ତ୍ୱେ ତଦାନୀନ୍ତନ ଓଡ଼ିଶାର ରାଜ୍ୟପାଳ କେ.ଏନ. କାଟ୍‌ଜୁ ନିଜର ଏପରି ମତାମତ ଦିଅନ୍ତି -

"....... ଏଇଟା ପ୍ରତ୍ନତତ୍ତ୍ୱବିତ୍ ମାନଙ୍କ ପାଇଁ ସବୁଠାରୁ ଚିତ୍ତାକର୍ଷକ କ୍ଷେତ୍ର, କାରଣ ଏହି ଜାଗାଟି ବହୁ ପ୍ରତ୍ନତତ୍ତ୍ୱର ଅବଶେଷରେ ଭରପୂର, ଯାହାର ସେଇ ଦୃଷ୍ଟିକୋଣରୁ ମୂଲ୍ୟ ବହୁତ ଅଧିକ ଏବଂ ଏହା ଇତିହାସର ଅନେକ ଗୁରୁତ୍ୱପୂର୍ଣ୍ଣ ତଥ୍ୟ ସହିତ ସମ୍ପୃକ୍ତ। ଭୁବନେଶ୍ୱରର ବିବର୍ତ୍ତନ ଓ ପ୍ରାଧାନ୍ୟ ବିଷୟରେ ଅସଂଖ୍ୟ କିମ୍ବଦନ୍ତୀ ଓ ପୌରାଣିକ ଉପାଖ୍ୟାନ ରହିଛି। ପୁନଶ୍ଚ କେଶରୀ ଶାସନକାଳରେ ବ୍ରାହ୍ମଣ୍ୟଧର୍ମ

ପୁନର୍ଜାଗରିତ ହୋଇଥିଲେ ସୁଦ୍ଧା ଏହା ସ୍ୱୀକାର୍ଯ୍ୟ ଯେ ଖ୍ରୀଷ୍ଟଙ୍କ ଜନ୍ମ ପୂର୍ବରୁ ଓଡ଼ିଶା ତଥା ଭୁବନେଶ୍ୱର ବୌଦ୍ଧଧର୍ମର ପ୍ରଧାନ ପୀଠସ୍ଥଳୀ ଥିଲା।

.... ଏହି ସ୍ଥାନ, ଭୁବନେଶ୍ୱର ବହୁ ମନଲୋଭା କାରୁକାର୍ଯ୍ୟଭରା ମନ୍ଦିର ମାଳରେ ପରିପୂର୍ଣ୍ଣ ହୋଇ ଦର୍ଶାଇ ଦିଏ ଯେ, କଳା ଓ ଭାସ୍କର୍ଯ୍ୟ କ୍ଷେତ୍ରରେ ଓଡ଼ିଆମାନେ ସର୍ବୋଚ୍ଚ ପ୍ରାଧାନ୍ୟ ଓ ଗୌରବ ଲାଭ କରିପାରିଛନ୍ତି। ସେମାନଙ୍କର ସମକକ୍ଷ ହେବାଭଳି ଅନ୍ୟ କିଏ ଭାରତବର୍ଷ କାହିଁକି, ବିଶ୍ୱରେ ବି ଦେଖାଯାଆନ୍ତି ନାହିଁ।"

୧୦, ଆନି ଏନକ୍ଲେଭ୍, ଆଇଗିଣିଆ,
ଖଣ୍ଡଗିରି, ଭୁବନେଶ୍ୱର.
ମୋ - ୯୮୬୧୧୧୫୦୦୦

କିମ୍ବଦନ୍ତୀ ଓ ଲୋକକଥାର ସହର- ଭୁବନେଶ୍ୱର

ଡା. ତନୟା ଜେନା

ସବୁ ସ୍ଥାନରେ କିଛି ନା କିଛି ମଜାଦାର ଗପ ରହିଛି, ଯାହାକି ସେ ଅଞ୍ଚଳର ପ୍ରାଧାନ୍ୟ ଦର୍ଶାଇଥାଏ। ଇତିହାସର କ୍ରମକୁ ନେଇ ଗପଟି ଏମିତି ଚୁମ୍ବକରେ ସଜା ହୋଇଥାଏ ଯେ, ନଶୁଣିଲା ଲୋକର ବି ଆଗ୍ରହ ବଢ଼ିବ, ନଜାଣିଲା ଲୋକର ଉତ୍କଣ୍ଠା ବଢ଼ିବ ଓ ଜାଣିବା ବୁଝିବା ଲୋକ ବି ଗ୍ରହଣ କରିଯିବେ। ତଥାପି ସତମିଛର ଦ୍ୱନ୍ଦ୍ୱରେ ଅବିଶ୍ୱାସର ବାତାବରଣରେ କିମ୍ବଦନ୍ତୀ ଅବା ଲୋକକଥା ବଞ୍ଚିରହେ, ଦିନକୁ ଦିନ ଅଧିକ ପରିପୁଷ୍ଟ ହୁଏ।

ଏମିତି କିମ୍ବଦନ୍ତୀରେ କେଉଁଠି ପ୍ରେମର ବିସ୍ମୟକର ଉପାଦାନ ତ କେଉଁଠି ମାତୃଭୂମି ପାଇଁ ଆତ୍ମତ୍ୟାଗର ଉଦାହରଣ, କେଉଁଠି ଜଙ୍ଗଲରେ ବିସ୍ମୟକର ଘଟଣା ତ କେଉଁଠି ସାକ୍ଷାତ୍ ଦେବଦେବୀଙ୍କର ଆବିର୍ଭାବ।

ଏହି କିମ୍ବଦନ୍ତୀ ବ୍ୟତୀତ ଅନେକ ସ୍ଥାନରେ ଠାକୁର, ଜଙ୍ଗଲ ବା ଜୀବଯନ୍ତୁଙ୍କୁ ନେଇ ଲୋକକଥା ଶୁଣାଯାଏ। ଭୁବନେଶ୍ୱର ପରି ତିନି ସହସ୍ରାବ୍ଦର ଘଟଣାବହୁଳ ଅଞ୍ଚଳରେ କେତେ କେତେ ରାଜନୈତିକ ଯୁଦ୍ଧ ଘଟିଛି, କେତେ ନଭଶ୍ଚୁମ୍ବୀ ମନ୍ଦିର ତୋଳା ଯାଇଛି, ସବୁ ମନ୍ଦିର, ପୁଷ୍କରିଣୀ ବା ଝାଡ଼ ଜଙ୍ଗଲ ବିଷୟରେ କିଛି ନା କିଛି ଲୋକକଥା ରହିଛି।

ଆଜି ସିନା ସହର ବଢ଼ି ଚାଲିଛି, ବିଦ୍ୟୁତକରଣ ଗାଁଗଣ୍ଡାକୁ ମାଡ଼ିଗଲାଣି, ଜୀବନଶୈଳୀ ବଦଳି ଗଲାଣି, ଆଉ ଆଈ ନାତୁଣୀ ଏକାଠି ନାହାନ୍ତି, ଥିଲେ ବି ଆଈ ପାଖରେ ଲୋକକଥା ନାହିଁ କି ନାତୁଣୀକୁ ବେଳ ନାହିଁ ଶୁଣିବାକୁ। ପିଲାଦିନରେ

ଆଈମାଙ୍କୁ କଥାଟିଏ କହିବାକୁ ଅଳି କରୁଥିବା ନାତି ନାତୁଣୀମାନେ ଆଜି ଖେଳ କି ପଢ଼ାସ୍କୁଲର ବସ୍ତାନି ଭାରରେ ଅଣନିଶ୍ୱାସୀ। ସମୟ ସହିତ ପିଲାମାନେ ବି ଭାଷାଭିତ୍ତିକ ମାତୃଭାଷାର ଉଜାଣି ସୁଅରେ ପଡୁଛନ୍ତି, ଲୋକକଥା ବୁଝି ପାରିବେ କି ନା ସନ୍ଦେହ।

ନୂଆ କିମ୍ବଦନ୍ତୀ ବା ଲୋକକଥା ସିନା ହୋଇ ପାରୁନି, ମାତ୍ର ଅନେକ କିମ୍ବଦନ୍ତୀ ଓ ଲୋକକଥା ରହିଛି। ଏଗଡ଼ିକ ଭୁବନେଶ୍ୱର ସହିତ ଏମିତି ଅଙ୍ଗାଙ୍ଗୀଭାବରେ ଜଡ଼ିତ, ଯାହାକୁ କଦାପି ସମୟ ଲିଭାଇ ଦେଇପାରିବ ନାହିଁ।

କିମ୍ବଦନ୍ତୀମୟୀ ଏକାମ୍ରନଗରୀ

ସତ୍ୟ-ତ୍ରେତା ଯୁଗରୁ ଶୈବ-ବୈଷ୍ଣବ ଧାରାର ଏକାମ୍ର

ମଧ୍ୟଯୁଗର ସେହି ଐତିହାସିକ ଉତ୍ତୁଙ୍ଗ ମନ୍ଦିରମାଳିନୀ ଏକାମ୍ର କ୍ଷେତ୍ର ଆଜିର ସୁରମ୍ୟ ସୌଧମାଳିନୀ ଭୁବନେଶ୍ୱର। ଏବେ ସାଜିଛି ସମଗ୍ର ରାଜ୍ୟ ପ୍ରଶାସନର ହୃତ୍‌ପିଣ୍ଡ। କ୍ରମବର୍ଦ୍ଧିଷ୍ଣୁ ଏହି ନଗରୀର ଭୌତିକ ବିକାଶ ସହିତ ରହିଛି ଅତୀତର ଧର୍ମ ସଂସ୍କୃତି ଓ ଆଧ୍ୟାତ୍ମିକ ଅଭିଜ୍ଞତା। ଯାହାର ଅବଧି ତିନି ସହସ୍ରାବ୍ଦରୁ ବି ଅଧିକ ହୋଇପାରେ। ଏହି ଶୈବକ୍ଷେତ୍ରର କ୍ଷେତ୍ରାଧିପତି ମହାପ୍ରଭୁ ଲିଙ୍ଗରାଜ, ଅନ୍ୟତମ ମୁଖ୍ୟ ଉପାସ୍ୟ ହେଉଛନ୍ତି ଅନନ୍ତ ବାସୁଦେବ। ଶତଶତ ଶିବ ମନ୍ଦିର ମଧ୍ୟରେ ଏକମାତ୍ର ବିଷ୍ଣୁ ମନ୍ଦିର ଯାହାକି ପ୍ରମାଣତଃ ଶିବ ବୈଷ୍ଣବଙ୍କ ମଧ୍ୟରେ ଉଦାହରଣ। ତେଣୁ ଐତିହାସିକ ତଥ୍ୟ ସହିତ ପୌରାଣିକ କିମ୍ବଦନ୍ତୀର ସମସ୍ତ ଦିଗରୁ ଆଲୋଚନା ଆବଶ୍ୟକ।

କପିଳ ସଂହିତାରେ ରଚିତ -

"ଏକାମ୍ରଂ ପରମଂ ପୁଣ୍ୟଂ
ବନଂ ବିଷ୍ଣୁପ୍ରିୟଂ ମହତ୍ ।୨।
ଏକାମ୍ରେତୁ ଜଗନ୍ନାଥୋ
ଭାତି ପାଷାଣ ଲୀଳୟା ।୩।"

ପରମ ପୁଣ୍ୟଧାମ ଏକାମ୍ର କାନନ ବିଷ୍ଣୁଙ୍କର ପ୍ରିୟସ୍ଥାନ ଏବଂ ସାକ୍ଷାତ୍ ବୈକୁଣ୍ଠ। ଏଠାରେ ଶଙ୍ଖଚକ୍ରଗଦାପଦ୍ମଧାରୀ ବନମାଳା ବିଭୂଷିତ ଜଗନ୍ନାଥ ପାଷାଣଲୀଳା ବିଗ୍ରହ ଭାବରେ ବିଦ୍ୟମାନ। କିନ୍ତୁ ତ୍ରେତାଯୁଗରୁ ଏହା ଶୈବ କ୍ଷେତ୍ରର ମାନ୍ୟତା ପାଇଛି।

ସମୟ ଆସିଛି, ବାରାଣସୀଧାମ ଜନାକୀର୍ଣ୍ଣ ହୋଇପଡିଛି। ଶିବଙ୍କର ଜପତପରେ

ଶାନ୍ତିଭଗ୍ନ ହେଉଛି। ନାରଦଙ୍କୁ ଅନୁରୋଧ କରୁଛନ୍ତି ସାରା ଜଗତ ମଧ୍ୟରେ ତପସ୍ୟାସ୍ଥଳୀଟିଏ ଖୋଜିବାକୁ।

ପରମ ବୈଷ୍ଣବ ନାରଦ ଏକାମ୍ରକ ବନର ସନ୍ଧାନ ଦେଇ କହିଛନ୍ତି, ବାସୁଦେବଙ୍କ ଏକାମ୍ର ଗୁହ୍ୟସ୍ଥାନ ଶିବ ବ୍ରହ୍ମାଙ୍କୁ ବି ଅଗୋଚର। ଏମିତି କି ସ୍ତ୍ରୀ ଲକ୍ଷ୍ମୀ ବି ଏହି ଗୁପ୍ତ ରହସ୍ୟ ଭେଦ କରିପାରି ନାହାନ୍ତି। ସ୍ୱୟଂ ବାସୁଦେବ, ଶଯ୍ୟାରୂପୀ ଶେଷଦେବ ଓ ନାରଦଙ୍କ ବ୍ୟତୀତ ଇନ୍ଦ୍ର କି ଅନ୍ୟ କୌଣସି ଦେବତା ଏହା ଜାଣନ୍ତି ନାହିଁ।

ସଦାଶିବ ଏକାମ୍ର ଯାତ୍ରାକରି ବାସୁଦେବଙ୍କୁ 'ସ୍ୱସ୍ଥାନଂ ଦେହି' ବୋଲି ସ୍ଥାନଟିଏ ପାଇଁ ପ୍ରାର୍ଥନା କରିଥିଲା। କିନ୍ତୁ ବାସୁଦେବ ଚାହିଁଲେ ଗୋଟିଏ ସର୍ତ୍ତ। ଆଉ କାଶୀ ନଯାଇ ସଦାଶିବ ଏହି ଏକାମ୍ରରେ ସର୍ବଦା ଅବସ୍ଥାନ କରିବେ।

ଦ୍ୱିଧାରେ ପଡିଗଲେ ଶିବ। ନିଜର ପ୍ରିୟ ଗଙ୍ଗା ଓ ମଣିକର୍ଣ୍ଣିକା ତୀର୍ଥ ତ୍ୟାଗକରି ଏଠାରେ କିପରି ରହିଯିବେ!

ମନ ଭେଦ କଲେ ବାସୁଦେବ। ନିରବତା ଭଙ୍ଗ କରି କହିଲେ - ମୋ ଆଗରେ ଗୁଳ୍ମଲତା ଆଚ୍ଛାଦିତ ପାପନାଶିନୀ ମଣିକର୍ଣ୍ଣିକା। ପୁଣି ଏକାମ୍ରର ଅଗ୍ନି କୋଣରେ ଗଙ୍ଗାଯମୁନା ସମ ନଦୀ ପ୍ରବାହିତ।

କୃତ୍ୟକୃତ୍ୟ ହେଲେ ଶିବ। ମୁଖରେ ତାଙ୍କର ପ୍ରସନ୍ନତା। ପରିପୂର୍ଣ୍ଣ ହେଲା ମନବାଞ୍ଛା। କହି ଉଠିଲେ -

"ଏକାମ୍ର ବିପିନେ ସ୍ଥାସ୍ୟେ ସନ୍ନିହିତେ ପ୍ରଭୋ,
ସତ୍ୟଂ ସତ୍ୟଂ ପୁନଃ ସତ୍ୟଂ ନ ଯାମି ଚ କୁତ୍ରଚିତ୍।।"

କହି ଉଠିଲେ - ଅଙ୍ଗୀକାର କଲି ବାସୁଦେବ। ବାରାଣସୀ ଛାଡ଼ିଲି। ଏଇଠି ରହିବି।

ଗଢ଼ି ଉଠିଲା କୋଟିଲିଙ୍ଗେଶ୍ୱର ତ୍ରିଭୁବନେଶ୍ୱର। କ୍ଷେତ୍ରାଧିପତି ମହାପ୍ରଭୁ ଲିଙ୍ଗରାଜ, ପରିପାଳକ ବାସୁଦେବ। ଦାରୁବ୍ରହ୍ମ ଜଗନ୍ନାଥ ନୀଳାଦ୍ରିରେ ବିଜେ କଲା ପୂର୍ବରୁ ଏକାମ୍ରରେ ବାସୁଦେବ ବିରାଜିଲେ।

ଅବନ୍ତୀର ବିଦ୍ୟାପତି, ଇନ୍ଦ୍ରଦ୍ୟୁମ୍ନଙ୍କ ଏକାମ୍ର ପୁରୁଷୋତ୍ତମ -

ଅବନ୍ତୀବାସୀ ବ୍ରାହ୍ମଣ ବିଦ୍ୟାପତି ଜମ୍ବୁଦ୍ୱୀପର ପୂର୍ବାନ୍ତରେ ଉତ୍କଳ ରାଜ୍ୟରେ ନୀଳଗିରି ପର୍ବତରେ ନୀଳକାନ୍ତ ମଣିମୟ ଭଗବାନ ବାସୁଦେବଙ୍କ ସନ୍ଧାନରେ ଆସିଥିଲେ। ରାସ୍ତାରେ ଏକାମ୍ରକାନନ ଅତିକ୍ରମ କଲାବେଳେ ଆଶ୍ଚର୍ଯ୍ୟାନ୍ୱିତ ହେଲେ। କାରଣ ଏଠିକାର ସବୁ ମଣିଷ ତାଙ୍କୁ ଶଙ୍ଖଚକ୍ରଗଦାପଦ୍ମଧାରୀ ରୂପରେ ଦେଖାଗଲେ। ଅନୁଭବ କଲେ, ଜନ୍ମାନ୍ତର ହୋଇଗଲା କି ତାଙ୍କର!

ନା, ଏହା ସ୍ଥାନର ମହାତ୍ମ୍ୟ! ଏଠାରେ ସର୍ବ ବିଷ୍ଣୁମୟ। ଏମିତି ବିଦ୍ୟାପତି ବିଷ୍ଣୁଙ୍କର ଅନୁଭବ ନେଇ ଏକାମ୍ରକ ଅତିକ୍ରମ କଲେ।

ଏହାପରେ ନିଜର ଦଳ ସହିତ ଉପନୀତ ହୋଇଛନ୍ତି ଅବନ୍ତୀର ନୃପତି। ନୀଳାଦ୍ରି ଗମନ ପଥେ ଏକାମ୍ରକ ଧାମ। କୋଟିଲିଙ୍ଗେଶ୍ୱରଙ୍କର ପୂର୍ବାହ୍ନ ପୂଜା ସମୟ। ଏକାମ୍ର କାନନ ପୂଜା ବାଦ୍ୟଧ୍ୱନୀରେ ଶବ୍ଦାୟମାନ। ଭ୍ରମରେ ପଡ଼ିଲେ ଇନ୍ଦ୍ରଦ୍ୟୁମ୍ନ। ନିଜର ଭ୍ରମ ସଂଶୋଧନ ପାଇଁ ନାରଦଙ୍କୁ ପଚାରୁଛନ୍ତି - ଆମେ ଦେବନିବାସ ନୀଳଗିରି ଶିଖରରେ ପହଞ୍ଚିଗଲେ କି?

ନାରଦ ଧୀରେ କହିଲେ - ହେ ରାଜନ୍! ଏହି ଦୁର୍ଲଭ କ୍ଷେତ୍ରକୁ ଭଗବାନ ମୁରାରି (ବାସୁଦେବ) ଗୋପନ ରଖିଛନ୍ତି।

ଇନ୍ଦ୍ରଦ୍ୟୁମ୍ନ ବିନ୍ଦୁସାଗରରେ ସ୍ନାନକରି ତଟସ୍ଥ ପୁରୁଷୋତ୍ତମଙ୍କୁ ଯଥାବିଧି ପ୍ରଣିପାତ ପୂର୍ବକ କୋଟି ଲିଙ୍ଗେଶ୍ୱରଙ୍କୁ ଦର୍ଶନକଲେ। ଶିବଙ୍କର ଏଠାରେ ଆଜ୍ଞା, ଅନନ୍ତ ବାସୁଦେବଙ୍କୁ ପ୍ରଥମେ ଦର୍ଶନ ଆଉ ପ୍ରର୍ଥନା। ତା ନହେଲେ, କୌଣସି ଇଷ୍ଟଭୀଷ୍ଟ ଶୁଭକାର୍ଯ୍ୟ ସ୍ୱୀକାର୍ଯ୍ୟ ନୁହେଁ।

ବିନ୍ଦୁ ବିନ୍ଦୁ ଜଳ ସମ୍ଭାରର ବିନ୍ଦୁସାଗର -

ବିନ୍ଦୁସାଗର ଭୁବନେଶ୍ୱରର ଗୋଟିଏ ପ୍ରଧାନ ତୀର୍ଥସ୍ଥାନ। ଅନୁମାନ କରାଯାଏ, ଏହା ସପ୍ତମରୁ ଅଷ୍ଟମ ଶତାବ୍ଦୀରେ ବର୍ଦ୍ଧିତ ରୂପ ନେଇଛି। କିନ୍ତୁ ଆବହମାନ କାଳରୁ ଏକାମ୍ରରେ ବିରାଜମାନ। ବିନ୍ଦୁ ସାଗର ବିଷୟରେ ଅନେକ କିମ୍ବଦନ୍ତୀ ରହିଛି।

ମହାମହାଦେବ ଶିବ କାଶୀରେ ଲୋକ ଗହଳିରେ ବ୍ୟତିବ୍ୟସ୍ତ ହୋଇ ପଡିଥିଲେ। ସେ ଦୁନିଆରେ ଗୋଟିଏ ଗୁପ୍ତ ସ୍ଥାନ ଦେଖି ନିରୋଳାରେ ତପମଗ୍ନ ହୋଇ ଯାଉଥିଲେ। ଏହି ସ୍ଥାନକୁ ଗୁପ୍ତକାଶୀ ବୋଲି କୁହାଯାଏ। ପାର୍ବତୀ ଏ ବିଷୟରେ ଅଗୋଚର ଥିଲେ। ବ୍ରହ୍ମାଙ୍କୁ ସ୍ମରଣ କରି ଦେବୀ ଜାଣିଲେ ସ୍ୱାମୀ ଏକାମ୍ରକାନନ ପରି ଗୋଟିଏ ସୁନ୍ଦର ସ୍ଥାନ ବାଛିନେଇ ସେଠାରେ ତପମଗ୍ନ।

କାହାକୁ କିଛି ନକହି ପାର୍ବତୀ ଦେବୀ ଏକାମ୍ରକୁ ଆସି ସ୍ୱାମୀ ଭୋଳାନାଥଙ୍କୁ ଖୋଜିବାକୁ ଲାଗିଲେ। ଦେଖିଲେ ଜଙ୍ଗଲ ଭିତରେ ଗୋଟିଏ ଜାଗାରେ ହଜାର ହଜାର ଗାଈ ସ୍ୱତଃ କ୍ଷୀର ଦେଇ ଫେରୁଛନ୍ତି। ଦେବୀ ଆଶ୍ୱସ୍ତ ହେଲେ, ତାଙ୍କ ସ୍ୱାମୀ ହିଁ ଏହିଠାରେ ତପମଗ୍ନ। ନିଜେ ଗୋପାଳୁଣୀ ବେଶରେ ଗାଈମାନଙ୍କର ଯତ୍ନ ନେବାରେ ଲାଗିଲେ। ଏହି ଗାଈଗଡ଼ିକ ସନ୍ନିକଟ ଗୋସହରେଶ୍ୱର ବା ଗୋସାଗରେଶ୍ୱର ନାମକ ସ୍ଥାନରୁ ଆସୁଥିଲେ।

ସେହି ସ୍ଥାନରେ କୀର୍ତ୍ତି ଓ ବାସ ନାମରେ ଦୁଇ ଅସୁର ଦୌରାତ୍ମ୍ୟ କରୁଥିଲେ।

ଅତିଷ୍ଠ ହୋଇ ମୁନିଋଷିମାନେ ସେ ସ୍ଥାନ ଛାଡ଼ି ଅନ୍ୟତ୍ର ପଳାଇ ଯାଉଥିଲେ। ସେଇ ଦୁଇ ଅସୁର ସୁନ୍ଦରୀ ଗୋପାଳୁଣୀ ରୂପରେ ଚଳପ୍ରଚଳ ହେଉଥିବା ପାର୍ବତୀ ଦେବୀଙ୍କ ଆକର୍ଷଣୀୟ ରୂପ ଓ ସୌନ୍ଦର୍ଯ୍ୟରେ ମୁଗ୍ଧ ହୋଇ ତାଙ୍କୁ ବିବାହ କରିବାକୁ ପ୍ରସ୍ତାବ ଦେଲେ।

ଦେବୀ ଛଳରେ ସେମାନଙ୍କୁ କହିଲେ, ସେମାନେ ଯଦି ତାଙ୍କୁ କାନ୍ଧରେ ବହନ କରି ନେଇ ପାରିବେ, ତେବେ ସେ ବିବାହ କରିବାକୁ ରାଜି। ଦୁଇ ଜଣ ଯାକ ଏହି ପ୍ରସ୍ତାବରେ ରାଜି ହୋଇ ତାଙ୍କୁ କାନ୍ଧରେ ନେବାକୁ ରାଜି ହେଲେ। ଦେବୀ ଜଣଙ୍କ କାନ୍ଧରେ ଗୋଟିଏ ପାଦ, ଆର ଜଣଙ୍କ କାନ୍ଧରେ ଆଉ ଗୋଟିଏ ପାଦ ରଖିଲେ। ଅଳ୍ପ ବାଟ ଯିବା ପରେ ଦୁଇଜଣ ଅସୁର ମାଟିରେ ଚାପି ହୋଇ ଇହଧାମ ତ୍ୟାଗ କଲେ। ଏହା ଯେଉଁ ସ୍ଥାନରେ ଘଟିଲା, ସେଇଟିକୁ 'ଦେବୀ ପାଦହରା' ବୋଲି କହନ୍ତି। ଦେବୀଙ୍କ ତୃଷା ମେଣ୍ଟାଇବାକୁ ଶିବ ସେଠାରେ ନିଜ ତ୍ରିଶୂଳ ମୁନରେ ଗୋଟିଏ ଜଳ ସ୍ରୋତ ଫିଟାଇଥିଲେ। ଦେଶର ସମସ୍ତ ନଦୀ, ପୁଷ୍କରିଣୀ ଓ ତୀର୍ଥର ବିନ୍ଦୁ ବିନ୍ଦୁ ଜଳ ଆସି ସେଠାରେ ଏକ ବିଶାଳ ପୁଷ୍କରିଣୀ ପ୍ରତିଷ୍ଠା ଲାଭ କଲା। ଏହାର ନାମ ବିନ୍ଦୁସାଗର।

ଅସୁର ବଧ କଲାପରେ ଦେବୀ ନିକଟରେ ଯେଉଁଠାରେ ଆଶ୍ରା ନେଲେ, ସେଇଟି ଆଜିକାର ଭବାନୀ ଶଙ୍କର ମନ୍ଦିର, ସ୍ୱର୍ଣ୍ଣାଧିଶ୍ୱର ଭବାନୀ ଶଙ୍କର।

ଘଟଣାରେ ପରିପୂର୍ଣ୍ଣ ଏକାମ୍ରନଗରୀରେ ଲୋକକଥା

କାରୁବାକୀ -

ରୂପସୀ ଧୀବର କନ୍ୟା କାରୁବାକୀ। ଇତିହାସ ଏମିତି କହିନି। ଲୋକକଥାରେ ସେଇ କଳିଙ୍ଗ ସୁନ୍ଦରୀ କୁଆଡ଼େ ଦିନେ ଅଶୋକ ବର୍ଦ୍ଧନ ମୌର୍ଯ୍ୟଙ୍କର ଆକର୍ଷଣର କେନ୍ଦ୍ରବିନ୍ଦୁ ହୋଇ କଳିଙ୍ଗ ଯୁଦ୍ଧର ଏକ ପ୍ରମୁଖ କାରଣ ସାଜିଥିଲା। ରାଜ୍ୟରୁ ବହିଷ୍କୃତ ହୋଇ ଅଶୋକ କଳିଙ୍ଗରେ ଆଶ୍ରୟ ଲୋଡ଼ିଥିବା ଚଣ୍ଡାଶୋକ କାଳେ କାରୁବାକୀର ସୌନ୍ଦର୍ଯ୍ୟରେ ଭଳି ଯାଇଥିଲେ। ସେ ମଗଧ ସିଂହାସନ ଲାଭ କଲା ପରେ ଭାରତବର୍ଷରେ ଅଖଣ୍ଡ କ୍ଷମତାର ଅଧିକାରୀ ହେଲେହେଁ କାରୁବାକୀକୁ ପାଇବାକୁ ସକ୍ଷମ ହେଲେନି।

ଅନେକ କାରଣ ଥାଇପାରେ କଳିଙ୍ଗ ପରି କ୍ଷୁଦ୍ର ରାଜ୍ୟଟିଏ ଆକ୍ରମଣ କରିବାକୁ, କିନ୍ତୁ ମଗଧର ସମସ୍ତ ସାମରିକ ଶକ୍ତି ବିନିଯୋଗ କରନ୍ତି କଳିଙ୍ଗ ଯୁଦ୍ଧ ପାଇଁ। ଏହାର ଅର୍ଥ ବିପୁଳ ବିଜୟ ସହିତ କାରୁବାକୀଙ୍କୁ ଲାଭ କରି ମଗଧ ଘେନିଯିବେ।

ଏହି ଲୋକକଥା ନେଇ ସିନେମା ବି ହୋଇସାରିଛି, କିନ୍ତୁ କୌଣସି ଐତିହାସିକ ବା ପ୍ରତ୍ନତାତ୍ତ୍ୱିକ ସତ୍ୟତା ଉପଲବ୍ଧ ହୁଏନାହିଁ। ସତରେ ଅଶୋକ ଯୁବରାଜ ବୟସରେ କିଛିକାଳ ମଗଧ ରାଜ୍ୟାନ୍ତର ଆଦେଶ ପାଇ କଳିଙ୍ଗରେ ଆତ୍ମଗୋପନ କରିଥିଲେ, ସିଂହାସନ ଲାଭର ଆଠ ବର୍ଷ ପରେ ବିଭତ୍ସ କଳିଙ୍ଗଯୁଦ୍ଧ ଲଢ଼ିଥିଲେ, ତାଙ୍କର କାରୁବାକୀ ନାମ୍ନୀ ପତ୍ନୀ ଥିବାର ଘଟଣା ସତ (କାରୁବାକୀ ଅଶୋକଙ୍କର ଚାରିଜଣ ସ୍ତ୍ରୀ ମାନଙ୍କ ମଧ୍ୟରୁ ଜଣେ, ତାଙ୍କ ନାମରେ ଗୋଟିଏ ଶିଳାଲିପିରେ ଉଲ୍ଲେଖ ଅଛି ଏବଂ ତାଙ୍କର ତିବର ନାମକ ପୁତ୍ରଥିଲା)।

କିନ୍ତୁ କାରୁବାକୀ କଳିଙ୍ଗର ବୋଲି ଜଣାଯାଏ ନାହିଁ, ଏମିତି କିଛି ଐତିହାସିକ ତଥ୍ୟ ଉପରେ ଏହି କିମ୍ବଦନ୍ତୀଟି ଆଧାରିତ ନୁହେଁ। ଯାହା ଜଣାଯାଏ, ଏହା ଅଣ୍ଡ କେଇ ଦଶନ୍ଧିର କାହାଣୀ, ଏହାକୁ ନେଇ ଅଶୋକ ସିନେମା ବି ହୋଇଛି।

ଜାଙ୍ଗୁଳୀ ଧାମିଳ -

ଜାଙ୍ଗୁଳୀ ଧାମିଳ ଥିଲେ ଅଶୋକ ବର୍ଦ୍ଧନ ମୌର୍ଯ୍ୟଙ୍କ କଳିଙ୍ଗ ବିପକ୍ଷରେ ଲଢ଼ିଥିବା କଳିଙ୍ଗ ଯୁଦ୍ଧରେ କଳିଙ୍ଗର ସର୍ବୋଚ୍ଚ ସେନାଧକ୍ଷା। ଏହି ବୀରା ରମଣୀ ହେଉଛନ୍ତି କଳିଙ୍ଗର ରାଜଜେମା। ତାଙ୍କ ବାପା ନରେନ୍ଦ୍ର ଦ୍ରୁମଳ ଏବଂ ମାତା ପଦ୍ମଗନ୍ଧା। ଜାଙ୍ଗୁଳୀ ଥିଲା ମନ୍ତ୍ରତନ୍ତ୍ରରେ ଅଦ୍ଭୁତ ସାଧନ କରିଥିବା ରମଣୀ। କୁହୁକିନୀ ଭାବରେ କୁହୁକ ବିଦ୍ୟାକୁ ଆପଣେଇଥିବା ନାରୀ। ଏହି ଶକ୍ତିରେ ସେ କଳିଙ୍ଗରେ ତନ୍ତ୍ର ଓ ବିସ୍ମୟର ବାତାବରଣ ସୃଷ୍ଟି କରିଥିଲେ। ଦୃଶ୍ୟର କୁହେଳିକା ସୃଷ୍ଟି କରିବାରେ ପାରଙ୍ଗମ ଥିଲେ ସେ!

ଜାଙ୍ଗୁଳୀଙ୍କର ରୂପ ଥିଲା ଭୟଙ୍କର। ଘନକଳା କେଶରାଶି ତାଙ୍କର ଭୂମି ସ୍ପର୍ଶ କରୁଥିଲା। ଏମିତି କୁହୁକିନୀ ବେଶରେ ସେ ତୋଷାଳିରେ ପଦଚାଳନା କଲେ କେହି ତାଙ୍କ ସାମନାକୁ ଆସିବାକୁ ସାହସ କରନ୍ତି ନାହିଁ।

ମଗଧସେନାଙ୍କୁ ନେଇ ଚଣ୍ଡାଶୋକ ସୌରଭଗିରି (ଧଉଳି)ରେ ପାଦ ଦେବା ବେଳକୁ ଜାଙ୍ଗୁଳୀ ଥିଲେ କଳିଙ୍ଗ ସେନାପରିଚାଳନା ଦାୟିତ୍ୱରେ। କଳିଙ୍ଗ ଚାହୁ ନଥିଲା ମଗଧର ସ୍ପର୍ଦ୍ଧିତ ସର୍ତ୍ତରେ ରାଜି ହୋଇ ମଗଧର କରଦ ରାଜ୍ୟ ହେବାକୁ। ଜୀବନକୁ ହେୟ ମନେକରି କଳିଙ୍ଗ ରାଜ୍ୟକୁ ଶ୍ରେୟଃ ମନେ କରୁଥିବା ସ୍ୱାଧୀନଚେତ କଳିଙ୍ଗର ସମଗ୍ର ଜନତାଙ୍କ ମନରେ ଭରି ରହିଥିଲା ମଗଧ ମିଳିତ ସେନା ପ୍ରତି ପ୍ରବଳ ଘୃଣା।

ଅବଶ୍ୟ ଯୁଦ୍ଧରେ ଅଶୋକ ଜୟଲାଭ କରିଥିଲେ।

କିନ୍ତୁ ଜାଙ୍ଗୁଳୀ ତାଙ୍କୁ ଭଲ ପାନେ କଳିଙ୍ଗ ଗଦ ଚଖେଇ ଦେଇଥିଲେ।

ଜାଙ୍ଗୁଲୀଙ୍କ କୁହୁକ ବିଦ୍ୟାରେ ମଗଧ ସେନା ଭୀଷଣ ଭୟରେ ଧଉଳି ପଠାରେ ସମୟ କଟାଉଥିଲେ। ଅନେକ ପ୍ରାଣ ଭୟରେ ମଗଧ ଲେଉଟି ଗଲେ। ପ୍ରତିଟି ମୁହୂର୍ତ୍ତ ଧୂଆଁ, ଧୂଳି ବା କୁହୁକ ବିଦ୍ୟାର ବିସ୍ମୟରେ ମଗଧ ସେନା ବିସ୍ଫାରିତ ନୟନରେ ଚାହିଁ ରହିଥିବା ବେଳେ କଳିଙ୍ଗ ଗରିଲା ଆକ୍ରମଣ କରି ଘାଇଲା କରି ପକାଉଥିଲେ। କଳିଙ୍ଗର ଦଶଗୁଣ ଶକ୍ତିର ମଗଧ ରଣଭୂମିରେ କାଉଁଦା ପଡ଼ିଯାଇଥିଲା।

ତୋଷାଳିବାସୀ ମାନଙ୍କର ସେହି ଦୁର୍ଦ୍ଦିନରେ ଜାଙ୍ଗୁଲୀ ନଗର ଅଭ୍ୟନ୍ତରରେ ସେମାନଙ୍କୁ ସଂଗଠିତ କରି ଆଶ୍ୱାସନା ଦେଇଥିଲେ, ସେମାନଙ୍କୁ ଅଭୟବାଣୀ ପ୍ରଦାନ କରିଥିଲେ ଏବଂ ସେମାନଙ୍କର ବୀରତ୍ୱ ଜାଗରଣ କରି ମାତୃଭୂମି ପାଇଁ ଜୀବନ ଉତ୍ସର୍ଗ କରିବାକୁ ଆହ୍ୱାନ ଦେଇଥିଲେ। ମହିଳା ଓ ବୃଦ୍ଧ ବୟସ ଲୋକମାନଙ୍କର ସୁରକ୍ଷାର ବନ୍ଦୋବସ୍ତ କରାଇଥିଲେ।

ବର୍ଣ୍ଣନା କରାଯାଇଛି, ପ୍ରାଚୀ ନଦୀ କୂଳରେ ଜାଙ୍ଗୁଲୀଙ୍କର ଗୋଟିଏ ଯଜ୍ଞବେଦୀ ଥିଲା। ମନ୍ତ୍ର ବଳରେ ଚଣ୍ଡାଶୋକଙ୍କୁ ଧରିଆଣି ତୁରନ୍ତ ମଗଧ ପ୍ରତ୍ୟାବର୍ତ୍ତନ ସର୍ତ୍ତରେ ବାହଡ଼ାଇ ଦେଇଥିଲେ। ଜୀବନରେ କୌଣସି ହିଂସ୍ର କାର୍ଯ୍ୟ କି ଯୁଦ୍ଧ ନ କରିବାକୁ ନିର୍ଦ୍ଦେଶ ଦେଇଥିଲେ। ସେଇ ଭୟରେ ଚଣ୍ଡାଶୋକ ପରି ପାଷାଣ ହୃଦୟ ବି ଅନନ୍ୟୋପାୟ ହୋଇ ବୌଦ୍ଧଧର୍ମ ଦୀକ୍ଷା ନେବାକୁ ବାଧ୍ୟ ହୋଇଥିଲା ବୋଲି ଦେଖିବାକୁ ମିଳେ।

ଭୁବନେଶ୍ୱର ନିକଟରେ ବୟସ୍କ ଲୋକମାନେ ଅଳ୍ପବହୁତେ ଏପରି ଗପ ଶୁଣିଥିବାର ଦେଖାଯାଏ। ଜାଙ୍ଗୁଲୀ ନାମଟି ଗୋଟିଏ ଜଣାଶୁଣା ନାଁ। ସ୍ଥାନୀୟ କାଟପାଣି କି ଝଡ଼ାଫୁଙ୍କା ବିଧିରେ ଜାଙ୍ଗୁଲୀଙ୍କ ନାଁ ଶୁଣିବାକୁ ମିଳେ - 'ଜାଙ୍ଗୁଲୀ ଧମିଲ୍ଲଙ୍କ କୋଟି କୋଟି ଆଜ୍ଞା।'

ବସ୍ତୁତଃ ଆଜିର ବାଲିଅନ୍ତା ନହରକଣ୍ଟା ପାଖରେ କୁଆଖାଇ କୂଳରେ ବଙ୍ଗୁଆରି ବୋଲି ଗୋଟିଏ ଗାଁ ଅଛି, ସେଠିକାର ଗ୍ରାମଦେବତୀଙ୍କର ନାମ ଜାଙ୍ଗୁଳାଇ। ସେଇ ମୂର୍ତ୍ତି ସମ୍ପୂର୍ଣ୍ଣ ସିନ୍ଦୂର ଆବୃତ୍ତା। ପୁରାତନ ବୌଦ୍ଧମୂର୍ତ୍ତି ଓ ବୌଦ୍ଧଦେବୀ ଭାବରେ ଜଣା। ଆଜି ବି ଅଞ୍ଚଳରେ ଲୋକ ବିଶ୍ୱାସରେ ସାପବିଷ ହରଣରେ ତାଙ୍କର ସୁନାମ ରହିଛି।

କଥିତ ଅଛି ଜାଙ୍ଗୁଲୀ ଗୌତମ ବୁଦ୍ଧଙ୍କଠାରୁ ବି ପୁରାତନ। ବୁଦ୍ଧଦେବ ଏହି ଦେବୀଙ୍କର ପୂଜାର ମନ୍ତ୍ର ତାଙ୍କ ପରମ ଶିଷ୍ୟ ଆନନ୍ଦଙ୍କୁ କହିଥିବାର ଉଦାହରଣ ରହିଛି।

ଏହି ଜାଙ୍ଗୁଳାଇଙ୍କ ସନ୍ନିକଟରେ ଏକ ଶ୍ମଶାନ ରହିଛି। ଶୁଣିବାକୁ ମିଳେ, ଅସ୍ତ୍ରାଘାତରେ ମୃତ ସୈନିକମାନେ ଏଠାରେ ଦାହ ହୁଅନ୍ତି। ଲୋକ କଥାରେ ଏହା

ଜାଙ୍ଗୁଳୀ ଧାମିଳଙ୍କର ସାଧନା କ୍ଷେତ୍ର। ବିଶିଷ୍ଟ ତାନ୍ତ୍ରିକମାନେ ମତ ଦିଅନ୍ତି ଏହା ଏକ ମହାଶ୍ମଶାନ ଏବଂ ଏହା ଭୈରବଙ୍କ ସ୍ଥାନ।

ଏହି ଲୋକକଥାଟି ଆକାଶବାଣୀରୁ ବି ପ୍ରଚାରିତ ହୋଇଛି ଏବଂ ଏହା ପ୍ରତି ଓଡ଼ିଆଙ୍କ ମନରେ କିଛି ଭାବ ସୃଷ୍ଟି କରେ। ପ୍ରତ୍ନତତ୍ତ୍ୱଲବ୍ଧ ବିଭସ୍ତ କଳିଙ୍ଗ ଯୁଦ୍ଧର କାହାଣୀରେ ଅଧିବାସୀଙ୍କ ବୀରତ୍ୱ ନିଶ୍ଚିତ ଭାବରେ ଆମୋଦଦାୟକ।

ଅଶୋକାଷ୍ଟମୀ ବିଷୟରେ କିମ୍ବଦନ୍ତୀ -

ଭୁବନେଶ୍ୱରରେ କ୍ଷେତ୍ରାଧିପତି ଲିଙ୍ଗରାଜଙ୍କର ପ୍ରସିଦ୍ଧ ଯାତ୍ରା ଅଶୋକାଷ୍ଟମୀ। ପର୍ବଟିର ନାମ କାହିଁକି ଅଶୋକାଷ୍ଟମୀ ସେ ବିଷୟରେ ଅନେକ କିମ୍ବଦନ୍ତୀ ରହିଛି। କଥିତ ଅଛି ରାମଚନ୍ଦ୍ର ଯୁଦ୍ଧରେ ରାବଣକୁ ପରାସ୍ତ କରିବା ଲାଗି ସାତଦିନ ପଲାସ, ତୁଳସୀ, ଅତସୀ, ବିଲ୍ୱ, ପ୍ରିୟଙ୍କ, ଶମୀ, କମ୍ପିଳ ଆଦି ନବପତ୍ର ସହ ସହସ୍ର ପଦ୍ମରେ କାଳିକାଙ୍କୁ ସନ୍ତୁଷ୍ଟ କରି ଅଷ୍ଟମୀ ଦିନ ରାବଣକୁ ବଧ କରିଥିବାରୁ ଏହା ଅଶୋକାଷ୍ଟମୀ ନାମରେ ବିଦିତ।

ଅଶୋକାଷ୍ଟମୀକୁ ଅଶୋକଯାତ୍ରା ବୋଲି କୁହାଯାଏ। ଅଶୋକବୃକ୍ଷ ଆମ ଶାସ୍ତ୍ରାନୁଯାୟୀ ନାରୀମାନଙ୍କର ଗର୍ଭଧାରଣ ଶକ୍ତି ବୃଦ୍ଧିକାରୀ। ଅଶୋକ ବୃକ୍ଷର ନାରୀମାନଙ୍କ ପ୍ରଜନନ ଶକ୍ତିର ଉପଚାରକୁ ଦୃଷ୍ଟିରେ ରଖି ଏହି ଅଶୋକାଷ୍ଟମୀରେ ତାହାର ଉପଯୋଗ କରାଯାଏ। ସେହି କାରଣରୁ ଭୁବନେଶ୍ୱର କେଦାରଗୌରୀ ବା ମରୀଚ କୁଣ୍ଡର ପାଣି ସନ୍ତାନହୀନ ନାରୀମାନଙ୍କ ପାଇଁ ବହୁମୂଲ୍ୟରେ ନିଲାମ କରାଯାଏ। ଅଶୋକ ବୃକ୍ଷ ନାରୀ ମାନଙ୍କର ସମ୍ଭୋଗବିଳାସ ଓ ସୌକୁମାର୍ଯ୍ୟ ସହିତ ଅଙ୍ଗାଙ୍ଗୀ ଭାବରେ ଜଡ଼ିତ। ନାରୀର ସ୍ପର୍ଶରେ ଅଶୋକ ପୁଷ୍ପଭରା ହୁଏ, ଦୋହଦ୍ ହୁଏ। ଏ ନେଇ ମନ୍ଦିର ବା ଗୁମ୍ଫା ମୁଖରେ ଅଶୋକ ଡାଳରୁ ଷୋଡ଼ଶୀ ଶାଳଭଞ୍ଜିକା ଓହଳି ରହି ପର୍ଯ୍ୟଟକମାନଙ୍କୁ ରସାଳ ଚାହାଣିରେ ଚାହିଁ ରହି ସ୍ୱାଗତ କରୁଥାଏ।

ଏହି ପରମ୍ପରାପୂର୍ଣ୍ଣ ଅଶୋକାଷ୍ଟମୀ ଦିନ ପ୍ରଭୁ ଲିଙ୍ଗରାଜଙ୍କର ବିଜୟ ପ୍ରତିମା ଚନ୍ଦ୍ରଶେଖରଙ୍କୁ ରଥାରୂଢ଼ କରି ରାମେଶ୍ୱର ମନ୍ଦିରକୁ ନିଆଯାଏ। ଏହି ରଥକୁ ରୁକୁଣା ରଥ ବୋଲି କୁହାଯାଏ, କାରଣ ଏହା ରୁକ୍ମିଣୀଙ୍କ ରଥ, ଚନ୍ଦ୍ରଶେଖରଙ୍କ ସହିତ ଲକ୍ଷ୍ମୀ ବି ବିଜେ କରନ୍ତି। ରୁକୁଣାରଥ ଅଣଲେଉଟା। ଏହା ପୁରୀ ରଥ ପରି ଲେଉଟାଯାଏନି, ବରଂ ରାମେଶ୍ୱର ମନ୍ଦିର ପାର୍ଶ୍ୱ ସେହି ବିଜୟ ପଡ଼ିଆରେ କେବଳ ମୁଖ ବଦଳାଏ।

ଧଉଳି ଅଞ୍ଚଳର କିଛି କିମ୍ବଦନ୍ତୀ -

ଏଇ ଧଉଳିର ଧାର ଦିନେ ମଣିଷ ରକ୍ତରଞ୍ଜିତ ଉଷ୍ମଧାରରେ ପରିଣତ ହୋଇଥିଲା। ପରଦିନ ଏଇ ଧାର କୂଳରେ ବିଶ୍ୱର ସବୁଠାରୁ ନିଷ୍ଠୁର ନୃପତି ପ୍ରବର୍ତ୍ତିତ

ହୋଇଥିଲେ କୋମଳମତି ପରମସୌଗତରେ। ପୁଣ୍ୟତୋୟା ଦୟାନଦୀ କେବଳ କଳିଙ୍ଗ ବୀରତ୍ୱର ମୂକସାକ୍ଷୀ ନୁହେଁ, ଏହା ବି ଆହୁରି ପୁରୁଣା କିମ୍ବଦନ୍ତୀରେ ଓ ଉତ୍ସର୍ଗର ସ୍ମୃତି ବହନ କରେ।

ପୁରାଣରେ ବର୍ଣ୍ଣିତ ରହିଛି ବୃତ୍ତାସୁର କଥା। ଗୋଟିଏ ଦୁର୍ଦ୍ଦାନ୍ତ ଅସୁର। ଅତ୍ୟାଚାରରେ ସ୍ୱର୍ଗ, ମର୍ତ୍ତ୍ୟ ଓ ପାତାଳକୁ କମ୍ପମାନ କରୁଥିଲା। ତାର ନିଧନ ପାଇଁ ଦେବତାମାନେ ଇନ୍ଦ୍ରଙ୍କୁ ଅଭିଯୋଗ କଲେ। ତାର ମୃତ୍ୟୁର ବାଟ ଖୋଜାଗଲା। ଜଣାଗଲା ଯେ, ଯଦି ଦଧୀଚି ମୁନିଙ୍କର ଅସ୍ଥିରେ ବଜ୍ର ନିର୍ମାଣ ହୋଇପାରିବ, ତେବେ ହିଁ ବୃତ୍ତାସୁର ବଧ ହେବ।

ଏ ବିଷୟରେ ଦଧୀଚି କି ପ୍ରତିକ୍ରିୟା ପ୍ରକାଶ କରିବେ, ତାହା ସମସ୍ତେ ଉତ୍ସୁକତାର ସହିତ ଚାହିଁ ରହିଲେ। ଇନ୍ଦ୍ର ବହୁ ଦ୍ୱିଧାର ସହିତ ଏହି ଅପ୍ରିୟ ସତ୍ୟ ମୁନିବରଙ୍କୁ ଜଣାଇଲେ।

ଦଧୀଚି ଉତ୍‌ଫୁଲ୍ଲ ଚିତ୍ତରେ ଜଗତ କଲ୍ୟାଣ ଉଦ୍ଦେଶ୍ୟରେ ଶରୀର ତ୍ୟାଗକରି ନିଜର ଅସ୍ଥିଦାନ ଦେଲେ। ସେଇ ପବିତ୍ର ଅସ୍ଥିରେ ପ୍ରସ୍ତୁତ ଅମୋଘ ବଜ୍ରରେ ବୃତ୍ତାସୁର ନିଧନ ହେଲା। ଦଧୀଚି ହେଉଛନ୍ତି ଆତ୍ମତ୍ୟାଗର ଅମର ଉଦାହରଣ।

ମୁନିଶ୍ରେଷ୍ଠ ଦଧୀଚି ଦୟାନଦୀ କୂଳ ଆଶ୍ରମରେ ତପସ୍ୟା କରୁଥିଲେ। ସେଥିପାଇଁ ଏହି ପବିତ୍ର ନଦୀର ନାମ 'ଦଧିଭଦ୍ରା'। ଅପଭ୍ରଂଶ ହୋଇ 'ଦହିଆ' ବା 'ଦୟା' ହୋଇଛି।

ଦୟା ବିଷୟରେ ଓଡ଼ିଶାରେ ବହୁ ରଚନା ରହିଛି, ତା' ମଧ୍ୟରୁ ରାଧାନାଥ ରାୟଙ୍କର ରଚନା ହେଉଛି,

"ଦୟା-ବୀର ମୁନି ଦଧୀଚି ପୟର
ପ୍ରକ୍ଷାଳନେ ପୂତନୀରା
ବହେ ପାଦେ ଯାର ଦୟା ପ୍ରବାହିଣୀ
ସୁପ୍ରସନ୍ନା ସୁଗଭୀରା।"

କେଦାର ଗୌରୀ ଲୋକକଥା -

କେଦାର ଗଉରୀ ପ୍ରେମ କାହାଣୀ କାହାକୁ ଅଛପା ନାହିଁ। ଏହି କାହାଣୀ ଶୁଣି ଲଲାଟେନ୍ଦୁ କେଶରୀ ରାଜା କେଦାରେଶ୍ୱର ଓ ଗଉରୀ ମନ୍ଦିର ନିର୍ମାଣ କରିଥିଲେ।

ରାଜା ଯେତେବେଳେ ଶୁଣିଲେ କେଦାର ଗଉରୀ ପରସ୍ପରକୁ ଅତି ଅନ୍ତରର ସହିତ ଭଲ ପାଉଥିଲେ। ବାପା ମା କି ଗାଁ ଲୋକ ସେମାନଙ୍କର ପ୍ରେମକୁ ସ୍ୱୀକୃତି ନ ଦେବାରୁ ସେମାନେ ଜଙ୍ଗଲକୁ ଆସି ରହୁଥିଲେ। ପାଖରେ ଝରଣା। କେଦାର

ଖାଦ୍ୟ ଅନ୍ୱେଷଣରେ ଯାଇ ଆଉ ଫେରିନି। ଗଉରୀ କେଦାରକୁ ଖୋଜି ଖୋଜି ତାକୁ ପାଇନି। ଜଙ୍ଗଲରେ ଡାକ ଛାଡ଼ି ଛାଡ଼ି ହତାଶ ହୋଇଛି। ବହୁ ସମୟ ପରେ ମନରେ ସନ୍ଦେହ ଆସିଛି। କେଦାରକୁ ଜଙ୍ଗଲରେ ବାଘ ଖାଇ ଦେଇଛି।

ହୃଦୟ ଫାଟି ପଡ଼ିଛି ଗଉରୀର। ସ୍ୱର୍ଗ, ମର୍ତ୍ତ୍ୟ ପାତାଳ ତା ପାଇଁ ଏକାକାର ହୋଇଛି। ପାଖ ଝରଣାରେ ଝାସ ଦେଇ ପ୍ରାଣତ୍ୟାଗ କରିଛି।

କେଦାର କିନ୍ତୁ ମରି ନଥିଲା। ଖାଦ୍ୟ ସଂଗ୍ରହ କରି ଫେରିବା ବେଳକୁ ପ୍ରାଣପ୍ରିୟା ତାର ଜୀବନ ହାରି ଦେଇଛି। ଆଉ ତାକୁ ନପାଇ ହିଁ ଝରଣାରେ ଝାସ ଦେଇଛି।

କେଦାର କହିଛି - ଧିକ୍ ଏ ଜୀବନ। କେମିତି ବଞ୍ଚିବି ଗଉରୀ ବିନା ? ସିଏ ବି ଝରଣାରେ ଝାସ ଦେଇ ପ୍ରାଣ ହରାଇଛି।

ହୋଇପାରେ ଏ କଥା କାଳ୍ପନିକ ବା ଲୋକକଥା। କିନ୍ତୁ ଶୁଣିଲା ବେଳକୁ ମଣିଷ ହୃଦୟରେ ଗୋଟିଏ ସ୍ୱତନ୍ତ୍ର ଅନୁଭବ ଆସେ। ଦୁଃଖରେ ମନ ଭରିଯାଏ।

ଏହାକୁ ଶୁଣି ମନ ବିଷଣ୍ଣ ହୋଇଛି ଓଡ଼ିଶାର ସୋମବଂଶୀ ରାଜାଙ୍କର। ତାଙ୍କ ଦେଶରେ ସଚ୍ଚା ପ୍ରେମୀ କି ଉତ୍ତର ପାଆନ୍ତି ସମାଜରୁ। ଏ କଥା ଭାବି ଭାବି ନିଦ ତାଙ୍କର ଦୂର ହୋଇଯାଇଛି। ଦିନେ ରାତିରେ ଶୋଇ ସେଇ ସେଇ ଦୃଶ୍ୟପଟ ମନକୁ ଆସୁଛି। ସ୍ୱପ୍ନରେ କିଏ ତାଙ୍କୁ ମନ୍ତ୍ରଣା କରୁଛି, ଏହି ଶାଶ୍ୱତ ପ୍ରେମ କାହାଣୀକୁ କାଳଜୟୀ କରିବାକୁ।

ଶିଳାଶିଳ୍ପୀଙ୍କୁ ଡକାଇ ଝରଣାର ପାଣି ଧାରକୁ ନେଇ ଦୁଇଟି ମନ୍ଦିର ଓ ଦୁଇଟି କୁଣ୍ଡ ଗଢ଼େଇବାର ଆଦେଶ ଦେଇଛନ୍ତି। କେଦାର ଗଉରୀ ମଣିଷ ହେଲେ କଅଣ ହେଲା ପ୍ରେମ ତାଙ୍କର ଈଶ୍ୱର ପାର୍ବତୀଙ୍କ ଠାରୁ ବି ବଳିଯିବ !

ଖଣ୍ଡଗିରି ଅଞ୍ଚଳର କିଛି ଲୋକକଥା -

ଖଣ୍ଡଗିରି ଉଦୟଗିରି ଅଞ୍ଚଳରେ ଅନେକ ଲୋକକଥା ରହିଛି, ଯାହାକି ବର୍ଷ ବର୍ଷ ଧରି ଚାରି ପାଖର ଗାଁର ବଡ଼ାବୁଢ଼ୀ ମାନେ କହନ୍ତି। ସତରେ ଏ ପାଖର ବହୁତ ଲୋକ ଖାରବେଳ କି ତାଙ୍କର ଇତିହାସ ବିଷୟରେ ଅଜ୍ଞ। କିନ୍ତୁ ପଥରରେ ଶୃଙ୍ଖଳିତ ଢଙ୍ଗରେ ଖୋଦିତ ଗୁମ୍ଫା ଓ କାରୁକାର୍ଯ୍ୟ ସବୁ ପ୍ରତ୍ନତତ୍ତ୍ୱ ବିଭାଗ ଦ୍ୱାରା ଗବେଷଣା ସମୟ ପୂର୍ବରୁ ବି ପାଖ ବସତି ଗୁଡିକରେ କିଛି ଲୋକକଥା ରହିଛି।

ଓଡ଼ିଶାର ସବୁ ଅଞ୍ଚଳ ପରି ଏଠାରେ ଠାକୁରାଣୀ ଓ ତାଙ୍କ ବିଷୟରେ ଅନେକ ବିଶ୍ୱାସ ରହିଛି। ଦିନ ଆସିବ ଯେତେବେଳ ପୃଥ୍ୱୀ ପ୍ରଳୟ ହେବ। ବାରଭୁଜୀ ଠାକୁରାଣୀ ତାଙ୍କର ବାରହାତୀ ଖଣ୍ଡାରେ ପାପୀମାନଙ୍କୁ ନିଧନ କରିବେ।

ସତ କହିବାକୁ ଗଲେ ଏହା ବାରଭୂଜୀ ଠାକୁରାଣୀଙ୍କର ମାହାତ୍ମ୍ୟ ପ୍ରସାର କରେ। ଖଣ୍ଡଗିରି ପାହାଡ଼ରେ ପାହାଚ ଚଢ଼ି ପ୍ରଥମ ସ୍ତରର ଗୁମ୍ଫା ଗୁଡ଼ିକ ମଧ୍ୟରୁ ବାରଭୁଜୀ ଗୁମ୍ଫା ପ୍ରସିଦ୍ଧ ଲୋକପ୍ରିୟ ଗୁମ୍ଫା। ଏହି ଗୁମ୍ଫା ଖାରବେଳଙ୍କ ୧୨୦୦ ବର୍ଷ ପରେ ଉଦ୍ୟୋତ କେଶରୀଙ୍କ ସମୟରେ ଖୋଦିତ। ଖାରବେଳଙ୍କ ସମୟରେ ଏମିତି ଜୈନ ତୀର୍ଥଙ୍କର ମାନଙ୍କର ସାମୂହିକ ସ୍ଥାପନା ଓ ପୂଜା ଦେଖିବାକୁ ମିଳେନା, କିନ୍ତୁ କେବଳ ଅଗ୍ରଜୀନା, ନେମୀନାଥ ଆଦିଙ୍କର ପୂଜା ମଥୁରା, ସାତବାହନର ପ୍ରତିଷ୍ଠାନରେ ଦେଖିବାକୁ ମିଳେ। କୁମାରୀଗିରିର ଖୋଦିତ ଅନେକ ଚିତ୍ର ଖାରବେଳଙ୍କର ନିଜ ଜୀବନର ଓ କଳିଙ୍ଗ ସଂସ୍କୃତିର। ଉଦ୍ୟୋତ କେଶରୀ ନିଜେ ଜୈନ ଆବାହକ ହେମଚନ୍ଦ୍ର ଓ ତାଙ୍କ ଶିଷ୍ୟଙ୍କୁ ପୃଷ୍ଠପୋଷକତା ଦେଇଛନ୍ତି। ଗୁମ୍ଫା ଖୋଦନ ବେଳକୁ ବହୁ ଜୈନ ରଚନା ଓ କଳ୍ପନା ରୂପ ନେଇଛି। ତେଣୁ ସେ ୨୪ ତୀର୍ଥଙ୍କର ଓ ସେମାନଙ୍କର ଶାସନଦେବୀଙ୍କର ଚିତ୍ର ଖୋଦନ କରିଛନ୍ତି ବାରଭୁଜୀ ଗୁମ୍ଫା ଗାତ୍ରରେ। ବହୁବର୍ଷ ପରେ ଶେଷ ଜୈନ ସାଧୁ ଯେତେବେଳେ କୁମାରଗିରି ଛାଡ଼ି ଚାଲି ଯାଇଛନ୍ତି, ପରିତ୍ୟକ୍ତ ଗରିକୁ ସ୍ଥାନୀୟ ଲୋକେ ଚିହ୍ନିବାକୁ ଚେଷ୍ଟା କରି ବାର ହାତ ଥିବା ଶାସନଦେବୀଙ୍କୁ ବାରଭୁଜୀ ଗୁମ୍ଫା ନାମକରଣ କରି ପୂଜାର୍ଚ୍ଚନା କରି ଆସୁଛନ୍ତି। ଏବେ ପର୍ଯ୍ୟନ୍ତ ଦୁର୍ଗାପୂଜାରେ ବିଶାଳ ପୂଜା ସଂଗଠିତ ହେଉଛି।

ଗାଁ ଲୋକଙ୍କର ବିଶ୍ୱାସ ରହିଛି, ଏହି ପାହାଡ଼ରେ ପ୍ରଚୁର ଧନ ସମ୍ପଦ ଭରି ରହିଛି ? ସୁନା ପରି ଧାତୁ ଯଖ ହୋଇ ଘୂରି ବୁଲୁଛନ୍ତି। କିନ୍ତୁ ଏହି ପାହାଡ଼ରେ ଏକ ଅଦ୍ଭୁତ ସାପ ରହିଛି, ଯାହାର ଉଡ଼ିବା ପରି ଶକ୍ତି ରହିଛି। କାହ୍ନ ଉପରୁ ମଣିଷ ଉପରକୁ ଡେଇଁ ଦଂଶନ କରିପାରେ। ସେଇ ସାପକୁ ଲୋକମାନେ ନାଁ ଦେଇଛନ୍ତି ଦଂଶନୀ ସାପ।

କିନ୍ତୁ ଆଶ୍ଚର୍ଯ୍ୟର କଥା, ଏମିତି ସାପ କେବେ କେହି ଦେଖିଥିବାର ପ୍ରମାଣ ନାହିଁ, କାମଡ଼ିବାର କି ମୃତ୍ୟୁବରଣ କରିବାର ଉଦାହରଣ ନାହିଁ। ଏଇଟା ଲୋକକଥା ନୁହେଁ ତ କଅଣ ?

ଉପରେ ଗୋଟିଏ ପାଣି କୁଣ୍ଡ (ପୋଖରୀ) ରହିଛି, ଯାହାର ନାମ ଆକାଶ ଗଙ୍ଗା। ଏହା ବାରଭୂଜୀ ଗୁମ୍ଫା ଉପରେ ସ୍ତରରେ ଅଛି। ଏହା ବେଶ୍ ଗଭୀର। ଏଥିରେ ଗୋଡ଼ ଖସିଗଲେ, ପାଣି ଏତେ ତଳ ପର୍ଯ୍ୟନ୍ତ ରହିଛି, ବିଶ୍ୱାସ କରାଯାଏ ପାତାଳକୁ ଯାଇଛି। ଲୋକକଥା ରହିଛି ଏଇ ଆକାଶ ଗଙ୍ଗା ଭିତରକୁ ଥରେ ଗୋଟିଏ ମଇଁଷି ଖସିଗଲା। ଗାଇଆଳ ଟୋକା ମଇଁଷିକୁ ଅଟକାଇବାକୁ ଯାଇ ତା ଲାଞ୍ଜ ଧରିଲା।

ଦିହେଁ ବୁଡ଼ିଗଲେ, ଆଉ ସେଠାରେ ନ ବାହାରି ବାହାରିଲେ ବିନ୍ଦୁସାଗରରେ। ବିନ୍ଦୁସାଗର ଏଠାରୁ ୧୦ କିଲୋମିଟର ଦୂର।

ଏହି ଲୋକକଥାର ରହସ୍ୟ ହେଉଛି, ଏଡେ ସୁନ୍ଦର ଗଭୀର ପଥରର ପୋଖରୀଟିଏ ବା ବଡ଼ ଗୁମ୍ଫାଟିଏ ଖଣ୍ଡଗିରିରେ ସୁନ୍ଦର କନ୍ଦା ପଥର ଖୋଦିତ ହୋଇ ମନ୍ଦିର ନିର୍ମାଣ ନିମନ୍ତେ ହେଉ କି ବିନ୍ଦୁସାଗରର ପାର୍ଶ୍ୱବନ୍ଧ ନିର୍ମାଣ ପାଇଁ ଭୁବନେଶ୍ୱର ଯାଏ। ଏଠାରେ ଲୋକକଥା ରହିଛି, ପଥର ହାତୀ ଦ୍ୱାରା ବୁହାହୋଇ ଉଦୟଗିରିରୁ ସିଧା ସଳଖ ଧର୍ମବିହାର ଓ ତା ପରେ ରହିଥିବା ମାଟି ବନ୍ଧ (ଯାହାକୁ ଚାର ବନ୍ଧ କହନ୍ତି) ତା ଉପର ଦେଇ ଗଣ୍ଡମୁଣ୍ଡା ଦେଇ ଆଜିର ଏରୋଡ୍ରମ ଓ ଭୀମକୁଣ୍ଡ ବାଟରେ ପୁରୁଣା ଭୁବନେଶ୍ୱର ଯାଏ।

ତେଣୁ ଅକାଶଗଙ୍ଗା ଓ ଏହାର ଗଭୀରତା ସହିତ ମନ୍ଦିର ଓ ବିନ୍ଦୁସାଗର ସବୁ ଉଦ୍ୟୋତ କେଶରୀଙ୍କ ସମୟରୁ ଏମିତି ଲୋକକଥା ଥାଇପାରେ ବୋଲି ମନେ ହୁଏ।

ଆହୁରି ବି ଏହି ଅନୁଚ୍ଚ ପାହାଡ଼ ଦୁଇଟି କୂଳର ଗାଁ ଗୁଡ଼ିକର ବୟସ୍କ ଲୋକମାନେ କହନ୍ତି, ରାତି ଅଧରେ ଗୋଟିଏ ରୋଷଣି ପୂର୍ବ ଦିଗରୁ କୁମାରୀଗିରି ବା ଉଦୟଗିରି ପାଦଦେଶକୁ ଆସେ। ଏହି ରୋଷଣି ସହିତ କେତେ ଲୋକ ଆସନ୍ତି, କିନ୍ତୁ ଜଣେ ରାଜକୀୟ ପୋଷାକ ପରିହିତ ବଳିଷ୍ଠ ପ୍ରାପ୍ତ ବୟସର ବ୍ୟକ୍ତି ପାଲିଙ୍କିରୁ ଓହ୍ଲାଇ କୁମାରଗିରି ଆଡକୁ ଯାଇ ଅଦୃଶ୍ୟ ହୋଇଯାଆନ୍ତି।

ଏହା ଅନେକ ଲୋକ ଦେଖିଛନ୍ତି ଓ ସେମାନଙ୍କର ଦେଖିଥିବା ଦୃଶ୍ୟ ପରସ୍ପର ଭିତରେ ଆଲୋଚନା କରିବାର ଶୁଣିବାକୁ ମିଳେ। ଏ ସବୁ ଭୁବନେଶ୍ୱରକୁ କୋଳାହଳ ଆସିବା ପୂର୍ବର କଥା। ରାତି ଅଧରେ କେହି ଏହି ହିଂସ୍ର ଭୟଙ୍କର ନିର୍ଜନ ପରିବେଶକୁ ନଆସି ପାରିବା ବେଳର କଥା।

ଏ ବିଷୟରେ ଲୋକମାନେ କିଛି ବି ଅନୁମାନ କରି ପାରନ୍ତିନି। କିନ୍ତୁ ଆଜି ଉଦୟଗିରିର ଅନେକ ଅତୀତ ଜାଣିବାକୁ ମିଳୁଛି। କିଏ ସେହି ରାଜା ଯିଏ ତାଙ୍କ କୁମାରୀଗିରିର ମୋହ ଛାଡ଼ି ପାରୁନାହାନ୍ତି? କାହିଁକି ରାତି ଅଧରେ ରାଣୀ ହଂସପୁର ଆଡ଼କୁ ଅଗ୍ରସର ହୁଅନ୍ତି? ମନରେ ଆଶଙ୍କା ଆସେ କି କଳିଙ୍ଗର ରାଣୀଙ୍କ ଜୀବନ ଏଠିକାର ହିଂସ୍ରଜନ୍ତୁ ପରିବେଶରେ ବିପନ୍ନ?

ଯାହା ହେଉ, ସେଇ ଲୋକକଥାର ନାୟକ ଚେଦିକୁଳ ନନ୍ଦନ ବଂଶବର୍ଦ୍ଧନ ଖାରବେଳ ହୋଇପାରନ୍ତି।

ବଡ଼ଗଡ଼ ଅଞ୍ଚଳର କିଛି ଲୋକକଥା -

ଆଜି ଯେଉଁଠି ବଡ଼ଗଡ଼ର ବ୍ରିଟ୍ କଲୋନି ବା ପାଣ୍ଡବ ନଗର ହୋଇଛି, ସେଇଠି

ଗୋଟିଏ ପୁରାତନ ଗୁମ୍ଫା ଥିଲା। ଭୁବନେଶ୍ୱରରର ପଞ୍ଝା ଚାରି ଦିଗକୁ ପ୍ରସାରିତ ହେବା ଆଗରୁ ବଡ଼ଗଡ଼ ଓ ପୁରୁଣା ଭୁବନେଶ୍ୱର ମଧ୍ୟରେ ଦୁଇ ମାଇଲ ବ୍ୟବଧାନ ଥିଲା ଏବଂ ଏହି ଦୂରତ୍ୱ ଭିତରେ କେତୋଟି ମାଟି ବା ପଥର କୁଦ ଆଉ ବର୍ଷାପାଣିର ଗାଡ଼ିଆ (ଲୋକଙ୍କ ଭାଷାରେ ବାଉଁଶ ଗାଡ଼ିଆ କି ଆଉ କେତେ ଗାଡ଼ିଆ) ରହିଥିଲା। ଏହି ଗୁମ୍ଫାପାଇଁ ବଡ଼ଗଡ଼ର ଲୋକମାନେ ଗର୍ବ କରନ୍ତି। ମାଟି କୁଦ ଭିତରେ ଲୁଚି ରହିଥିବା ଅତି ପୁରାତନ ଗୁମ୍ଫା। ବଡ଼ଗଡ଼କୁ ଅତି ପ୍ରାଚୀନ କାଳରେ ପାଣ୍ଡବମାନେ ଆସିଥିବାର ଚାକ୍ଷୁଶ ପ୍ରମାଣ ଏ ଗୁମ୍ଫା। ଅନ୍ୟ କେତେ ଅଞ୍ଚଳ ପରି ବଡ଼ଗଡ଼ ଅପାଣ୍ଡବା ଗାଁ ନୁହେଁ।

ଗାଁ ଲୋକମାନେ ପାଣ୍ଡବ ଗୁମ୍ଫାରେ ବର୍ଷରେ ଥରେ ଭୋଜି କରନ୍ତି। ସହର ପଶିବା ପରଠାରୁ ତାହା ସଂଗଠିତ ହେବାକୁ ମାନସିକତା ଓ ସ୍ଥାନ ହଜିଯାଇଛି। ଯେଉଁ ରାତିରେ ଲିଙ୍ଗରାଜଙ୍କ ରୁକୁଣା ରଥରେ କନା ଲାଗେ ଆଉ ବାନା ଚଢ଼େ, ସେଇ ନେତ୍ରଉତ୍ସବ ଦିନ ବଡ଼ଗଡ଼ିଆ ଲୋକମାନେ ଅତି ଆଗ୍ରହରେ ଭୋଜିଟିଏ କରନ୍ତି। ସାହି ସାହି ଭିତରେ ବହୁ ବାଦବିବାଦ ଭୁଲି ପୁରାତନ ପ୍ରଥା ଅନୁସାରେ ଭୋଜିଟି ଅଶୋକାଷ୍ଟମୀ ପୂର୍ବରାତିରେ ଅନୁଷ୍ଠିତ ହୁଏ। ବର୍ଷକରେ ବାରମୁହଁ ଥିଲେ ବି ନେତ୍ର ଉତ୍ସବ ରାତିରେ ବଡ଼ଗଡ଼ ଏକମୁହାଁ।

ଏହି ପରମ୍ପରା ସହିତ ଯୋଡ଼ି ହେବା ପରି ଗୋଟିଏ ସୁନ୍ଦର କିମ୍ବଦନ୍ତୀ ରହିଛି। ଏହି ଭୁବନେଶ୍ୱର ପୂର୍ବ ଦିଗର ଗଙ୍ଗୁଆ ଜଳର ଧାର ତାହା ଶାସ୍ତ୍ରପୁରାଣରେ ଗନ୍ଧବତୀ ନଦୀ। ଏହି ନଦୀ କୂଳରେ ଦେବ-ଦାନବଙ୍କ ମଧ୍ୟରେ କେବେ ଯୁଦ୍ଧ ହୋଇଥିଲା ଓ ଦାନବ ମାନେ ପରାସ୍ତ ହୋଇ ଦେବତା ମାନଙ୍କୁ ଭୁବନେଶ୍ୱରକୁ ଦେବସ୍ଥାନ ଭାବରେ ଛାଡ଼ିଦେଇ ପଳାଇଗଲେ।

ଏହି କିମ୍ବଦନ୍ତୀ ସହିତ ବଡ଼ଗଡ଼ ପାଣ୍ଡବ ଗୁମ୍ଫାର ସମ୍ପର୍କ କଅଣ ଥାଇପାରେ?

ପାଣ୍ଡବଗୁମ୍ଫାକୁ ପାଣ୍ଡବ ଆସିଥାଇ ପାରନ୍ତି, କିନ୍ତୁ ବହୁ ବର୍ଷ ପରେ ଭୁବନେଶ୍ୱର ଗୋଟିଏ ଧର୍ମବିବାଦର ସ୍ଥଳୀ ହୋଇଛି। ଅଶୋକଙ୍କ ତୋଷାଳିରେ ବହୁ ବୌଦ୍ଧକୀର୍ତ୍ତି ସ୍ଥାପନ କରିବା ପରଠାରୁ ବୌଦ୍ଧଧର୍ମ ସାମନାରେ ହିନ୍ଦୁଧର୍ମର ଶୈବଧର୍ମ ଆଉ ମୌଳିକ ହୋଇନାହିଁ। ସେମାନଙ୍କର ଯେତିକି ପ୍ରସାରଥିଲା, ତାହା ବି ଫାଳଫାଳ ହୋଇଗଲାଣି, ତନ୍ତ୍ରମନ୍ତ୍ର ପଶି ଜଟିଳ ହୋଇଗଲାଣି। ବୁଦ୍ଧଙ୍କ ସରଳ ମଣିଷ ଜୀବନ ବୌଦ୍ଧଧର୍ମରୁ ଅପସରି ଗଲାଣି। ଶୈବଧର୍ମ ସମାଜରେ ଆଶା ସଞ୍ଚାର କରିଛି। କଳିଙ୍ଗର ଶାସକ ସୋମବଂଶୀ ରାଜାମାନେ ଆଉ ବୌଦ୍ଧଧର୍ମ ପୃଷ୍ଠପୋଷକ ନୁହଁନ୍ତି। ସେତିକି ବେଳେ ଦେବ-ଦାନବ ଯୁଦ୍ଧର କିମ୍ବଦନ୍ତୀ ବିଭିନ୍ନ ପୁରାତନ କାବ୍ୟରୁ ଦେଖିବାକୁ ମିଳିଛି।

ଏହା ବୌଦ୍ଧ ଓ ଶୈବ ଭକ୍ତମାନଙ୍କ ମଧ୍ୟରେ ଏକାମ୍ର ଦଖଲର ଘଟଣା ବହୁଳ ସମୟ। ଏକାମ୍ରରେ ଶୈବଧର୍ମର ବଳିଷ୍ଠ ଭିତ୍ତିପ୍ରସ୍ତର ସ୍ଥାପନ। ଖ୍ରୀଷ୍ଟଜନ୍ମ ପରର ପ୍ରଥମ ସହସ୍ରାବ୍ଦ ଶେଷ ଭାଗର କଥା। ଅପସରି ଯାଆନ୍ତି ବୌଦ୍ଧମାନେ। ସମୟ ସ୍ରୋତରେ ପୋତି ହୋଇ ପଡ଼ିଥିବା ସ୍ତୁପ ଗୋଲାକାର ପଥର ପାତାଳଫୁଟା ଲିଙ୍ଗ ଭାବରେ ଶୈବଧର୍ମୀ କଳିଙ୍ଗ ଶାସକଙ୍କ ଦୃଷ୍ଟିକୁ ଆସି ଏକାମ୍ର କ୍ଷେତ୍ରରେ ସହସ୍ରାଧିକ ଶିବ ମନ୍ଦିର ଗଢ଼ି ତୋଳିବାର କ୍ଷେତ୍ର ପାଲଟି ଯାଏ।

ଯାହା ହେଉ, ବୌଦ୍ଧମାନେ ବି କୁଆଡ଼େ ରଥଯାତ୍ରା କରୁଥିଲେ। ରଥରେ ତ୍ରିରତ୍ନ ବସାଇ ଯାତ୍ରା ସମ୍ପାଦନ କରୁଥିଲେ। ସେଇ ବୌଦ୍ଧମାନେ ହଜିଯିବା ପରେ ଶୈବ ଭକ୍ତମାନେ ଲିଙ୍ଗରାଜଙ୍କ ଓ ଅଶୋକାଷ୍ଟମୀ ପର୍ବ ଓ ରକୁଣା ରଥଯାତ୍ରାର ବିଧି ପାଳିଲେ। ଭୁବନେଶ୍ୱରରେ ଅନେକ ଶିବଭକ୍ତ ଆସ୍ଥାନ ଜମାଇଲେ। କିନ୍ତୁ ଅନେକ ପରମ ଶିବ ସାଧକମାନେ ବିଭିନ୍ନ ସ୍ଥାନରେ ସାଧନାରେ ଲିପ୍ତ ରହିଲେ। ସେହି ସମୟରେ ପାଣ୍ଡବ ଗୁମ୍ଫା ଶୈବସାଧନାର ପ୍ରମୁଖ କ୍ଷେତ୍ର ହୋଇଥିଲା, ଅନେକ ସାଧୁ ସେଠାରେ ସାଧନାରତ ଥିଲେ ବୋଲି ଲୋକମୁଖରୁ ଶୁଣିବାକୁ ମିଳେ। ତାହା ହିଁ ବଡ଼ଗଡ଼ରେ ନେତ୍ରୋତ୍ସବ ପାଳନର କାରଣ ହୋଇପାରେ। ଏହା ଭୁବନେଶ୍ୱରର ଗୋଟିଏ ସର୍ବପୁରାତନ ଜନବସତିର ଐତିହ୍ୟକୁ ସମର୍ଥନ କରେ।

ଇତିହାସର ତୋଷାଳି-କଳିଙ୍ଗନଗରୀ-ଶିଶୁପାଳଗଡ଼ କ୍ରମରେ ଏହି ଗ୍ରାମଟି ଅଶୋକ, ଖାରବେଳ କି ସୋମବଂଶୀ ଶାସନରେ ପ୍ରାଧାନ୍ୟ ସାବ୍ୟସ୍ତ କରି ବଡ଼ଗଡ଼ ହୋଇଛି, ତାହା ଆଜି ବି ପ୍ରଶ୍ନବାଚୀ। ଏହା ବି ସମ୍ଭବ ହୋଇପାରେ, ଖାରବେଳ ମଥୁରା ବିଜୟ ପରେ ଯେଉଁ ବିଜୟ ପ୍ରାସାଦ ନିର୍ମାଣ କରିଥିଲେ, ତାହା ଏହିଠାରେ ହେବାର ଆକଳନ କରାଯାଇପାରେ, କାରଣ ଏହା ଶିଶୁପାଳ ଗଡ ଉତ୍ତର ଦିଗର ଏକ ସମ୍ଭବ ଜନବସତି।

ସମାରୋହ, ୧୨୮, ଡୁମୁଡୁମା (କ),
ଖଣ୍ଡଗିରି, ଭୁବନେଶ୍ୱର-୩୦.
ମୋ - ୮୭୬୩୬୬୬୦୩୧

ବୁଦ୍ଧମୟ ଉତ୍କଳଭୂମି

ଡ. ଭାଗ୍ୟଲିପି ମଲ୍ଲ

ପରମ କାରୁଣିକ କାମନାମୁକ୍ତ ବୁଦ୍ଧ ନାନା ରୂପ, ନାନା ମୁଦ୍ରା ନାନା ଭାବରେ ଅଛନ୍ତି ଲଳିତଗିରି, ଉଦୟଗିରି, ରତ୍ନଗିରି, ଲାଙ୍ଗୁଡି ପାହାଡ଼ ପାଦଦେଶରେ; ପୁଣି ଅଛନ୍ତି ସାଧକ ସାଧିକା ଭକ୍ତମାନଙ୍କ ଗହଣରେ ପ୍ରାୟ ଷଷ୍ଠ ଶତାବ୍ଦୀରୁ ପଞ୍ଚଦଶ-ସପ୍ତଦଶ ଶତାବ୍ଦୀ ପର୍ଯ୍ୟନ୍ତ। ହୁଏନ୍‌ସାଂଙ୍କ ଭାବରେ ସେ ପୁଷ୍ପଗିରି ମହାଜ୍ୟୋତି ମନ୍ଦ୍ରନାଦ ଓ ମହୌଷଧି। ମାତ୍ର ସେ କେତୋଟି ବିହାର ଭିତରେ ବନ୍ଦୀ ଜୀବନ ବଞ୍ଚୁ ନାହାନ୍ତି। ଶହ ଶହ ବର୍ଷ ଧରି ନିକଟରୁ ସୁଦୂର ଭୂମିରେ ଆପଣା ଜୀବନ ଔଷଧିରେ ମଣିଷମାନଙ୍କୁ ମୃତ୍ୟୁଞ୍ଜୟୀ କରିଛନ୍ତି। ପାଖରେ ବ୍ରହ୍ମଣୀ ନଈର ଆର କୂଳରେ ବିରଜାକ୍ଷେତ୍ର ଶକ୍ତି ପୀଠ। ଦେବୀ ଦ୍ୱିଭୁଜା ମହାମାୟା। ମାତ୍ର ତାଙ୍କରି ଭୂମିରେ ଅଛନ୍ତି ପ୍ରାୟ ଷୋହଳ ଫୁଟରୁ ଅଧିକ ଉଚ୍ଚତା ବିଶିଷ୍ଟ ବୋଧିସତ୍ତ୍ୱ, ପଦ୍ମପାଣି ଏବଂ ଶାନ୍ତ ମାଧବ। ଉଭୟ ବିଶାଳାକାୟ। ସେମାନଙ୍କୁ ଦେଖି ଦିନେ ଚକିତ ପରମାନନ୍ଦ ଆଚାର୍ଯ୍ୟ ଏହା ଗୁପ୍ତ କଳାର ଉତ୍କ ରୂପାନ୍ତର ବୋଲି ଅନୁମାନ କରିଛନ୍ତି। ଯାଜପୁର ପାଖ ବୈତରଣୀ ନଈକୂଳରେ ରହିଛି ସୋଲଙ୍ଗପୁର ଗାଁ। ଏଠି ବି ଦିନେ ବିହାର ଥିଲା। ବିହାର ଭାଙ୍ଗିଯାଇଛି। ମାତ୍ର ମୂର୍ତ୍ତିଗୁଡିକ ପ୍ରାୟ ଅକ୍ଷତ ରହିଛନ୍ତି। ସ୍ଥାନୀୟ ଲୋକମାନେ ସମ୍ପାଦିଛନ୍ତି ରଘୁନାଥ ମନ୍ଦିରରେ। ଏଗୁଡିକ ମଧ୍ୟରେ ଯେଉଁ କେତୋଟି ଆମକୁ ବିମୁଗ୍ଧ କରେ, ତାହା ବୁଦ୍ଧଙ୍କ ଅଷ୍ଟାଚର୍ଯ୍ୟ ଚିତ୍ର। ଦିବ୍ୟ ଚେତନା ଯେପରି ସ୍ୱର୍ଗରୁ ଅବତରି ଆସିଛନ୍ତି ମର୍ତ୍ତ୍ୟକୁ। ରହିଛି ତାଙ୍କର ଜନ୍ମ, ଧର୍ମଚକ୍ରପ୍ରବର୍ତ୍ତନ, ମାଙ୍କଡ଼ ହାତରୁ ଖାଦ୍ୟ ସଂଗ୍ରହ ଓ ମହାପରିନିର୍ବାଣର ଦୃଶ୍ୟ। ପୀଠିକାରେ ରହିଛି ଅର୍ଦ୍ଧପର୍ଯ୍ୟଙ୍କ

ଆସନରେ ଖୋଦିତ ଛ' ଗୋଟି ମାନୁସୀ ଚିତ୍ର ଏବଂ ଅବଲୋକିତେଶ୍ୱର ଓ ତ୍ରିଭଙ୍ଗୀ ଠାଣିରେ ଠିଆ ତାରା। ଏଥିସହିତ ଅନ୍ୟ ବହୁ ଛୋଟ ଛୋଟ ମୂର୍ତ୍ତି। ଆଉ ଟିକିଏ ଦୂରକୁ ଗଲେ ବାଲେଶ୍ୱର। ଏଠାରେ ନୀଳଗିରି ସହର ପାଖରେ ଗୋଟିଏ ଗାଁ ଅଯୋଧ୍ୟା। ସୁନ୍ଦର ପ୍ରାକୃତିକ ପରିମଣ୍ଡଳ। ଚାରିପାଖରେ ପାହାଡ଼ ଓ ନଈ। ଗାଁରେ ବାରି ହୋଇ ପଡୁଛି ବୁଦ୍ଧ ଚେତନାର ଦୃଶ୍ୟ। ଏଠି ଇଷ୍ଟଦେବୀ ମାରିଚୀ। ଖଣ୍ଡଭାଡ଼ି ନାମକ ସ୍ଥାନରୁ ଏ ଗାଁକୁ ଆସିଛନ୍ତି। କଳାମୁଗୁନି ପଥରରେ ଗଢ଼ା ଦେହ। ଉଚ୍ଚତା ପ୍ରାୟ ସାଢେ ତିନିଫୁଟ। ଆଠଟି ହାତ, ତିନି ଦିଗକୁ ମୁହଁ। ରଥ ଉପରେ ଠିଆ ହୋଇଛନ୍ତି, ରଥକୁ ଟାଣୁଛନ୍ତି ଆଠଟି ବାରହା। ହାତରେ ବଜ୍ର, ଗଦା, ଧନୁ, ଶର, ଛୁଞ୍ଚି ଓ ସୂତା। ଆସନରେ ଧାରଣୀ ଚିହ୍ନ। ପାଖରେ ଚାରିଜଣ ସହଚରୀ। ଅନ୍ୟ ଦୁଇଟି ମୂର୍ତ୍ତି ରାଜକୀୟ ପୋଷାକରେ ଶୋଭାବନ୍ତ ମଞ୍ଜୁଶ୍ରୀ ଓ ଚାରିହାତ ଥିବା ଅବଲୋକିତେଶ୍ୱର। ଗାଁରେ ଶିବ ମନ୍ଦିରଟିଏ ଅଛି। ସେଠି ପୂଜା ପାଉଛନ୍ତି ତାରା। ଆଠଟି ହାତ, ଚାରି ମୁଣ୍ଡ, ଆୟୁଧ କହିଲେ - ଶଙ୍ଖ, ଶର, ଧନୁ, ବଜ୍ର ଇତ୍ୟାଦି। ମଥା ଉପରେ ଧ୍ୟାନୀ ବୁଦ୍ଧ। ଆଜିର ଶିବାଳୟ ଓ ଶକ୍ତିପୀଠଗୁଡିକ ଯେ ଏକଦା ବୌଦ୍ଧ ପୀଠ ଥିଲା ଅଯୋଧ୍ୟା ତାହାର ଉଦାହରଣ।

ଏକଦା ଦୁଇ ବିଖ୍ୟାତ ଐତିହାସିକ ପରମାନନ୍ଦ ଆଚାର୍ଯ୍ୟ ଓ ରମା ପ୍ରସାଦଙ୍କ ଆଖି ଭୌମକର ରାଜାମାନଙ୍କ କରଦ ରାଜ୍ୟ, ଭଞ୍ଜବଂଶୀ ମାନଙ୍କ ବିଚରଣ ଭୂମି ମୟୂରଭଞ୍ଜ କଳାକୀର୍ତ୍ତି ଉପରେ ପଡ଼ିଛି। ଖିଚିଂ ମନ୍ଦିର ଏବଂ ଆଖପାଖ ଅଞ୍ଚଳର ପୀଠଗୁଡିକୁ ସେମାନେ ଖନନ କରିଛନ୍ତି। ସେମାନଙ୍କ ଆଖି ଆଗରେ ସ୍ପଷ୍ଟ ହୋଇଯାଇଛି ଛୋଟ ଛୋଟ ବିହାର। ଶଙ୍ଖୁଆଗଡରୁ ମିଳିଛି ପୋଡ଼ା ମାଟିର ଧାରଣୀ ଚିହ୍ନ ଅଙ୍କିତ ପ୍ରତୀକ। ଭୂମିସ୍ପର୍ଶୀ ଧ୍ୟାନୀବୁଦ୍ଧ ଏବଂ ତାରା ବସୁଧାରା, ଜମ୍ଭାଳ, ମଞ୍ଜୁଶ୍ରୀ ଆଦିଙ୍କ ମୂର୍ତ୍ତି। ମୁଗୁନି ପଥରରେ ତିଆରି। ଟାଣ ପଥର ଖଣ୍ଡକୁ ନିହାଣ ମୁନରେ ହାଣି ହାଣି ଚିକ୍କଣ ଓ ଭାବ ଉଦ୍‌ଭାସନ ପରି ସୂକ୍ଷ୍ମ କଳାବୋଧର ଅଧିକାରୀ ଥିଲେ ସେକାଳର ସ୍ଥପତିମାନେ। ବହୁ ସଂଖ୍ୟକ ମୂର୍ତ୍ତି ଏବେ ଖିଚିଂ ସଂଗ୍ରହାଳୟର ସମ୍ପଦ।

ବୁଦ୍ଧ ଏବେ ମହାକୋଶଳରେ। କଳାହାଣ୍ଡିର ବେଲପଡ଼ାଠାରୁ ଆରମ୍ଭ କରି ସମ୍ବଲପୁର, ସୋନପୁର, ବୌଦ୍ଧ ପର୍ଯ୍ୟନ୍ତ ବିସ୍ତୃତ ଭୂଖଣ୍ଡରେ। ଏହି ଅଞ୍ଚଳ ଏକଦା ବୌଦ୍ଧ ସହଜଯାନୀ ମାନଙ୍କର ସାଧନାଭୂମି ଥିଲା। ଶକ୍ତି ଓ ବୁଦ୍ଧଙ୍କର ସମୀକରଣ ଓ ଉତ୍ତରଣ ତତ୍ତ୍ୱର କ୍ଷେତ୍ର। ବଉଦରେ ସମ୍ଭବତଃ ଏକ ବିହାର ଥିଲା। ରହିଛନ୍ତି ଭୂମିସ୍ପର୍ଶୀ ମୁଦ୍ରାବିଷ୍ଟ ବୁଦ୍ଧ। ସ୍ଥାନୀୟ ଲୋକଙ୍କର ପ୍ରିୟ ବୁଦ୍ଧରାଜା। ଗଢଣ ଅବଶ୍ୟ ସୂକ୍ଷ୍ମ ନୁହେଁ, ମାତ୍ର ତିନିଖଣ୍ଡ ପଥରର ଯୋଡ଼ଣ। ଅନ୍ୟତମ ପ୍ରତିମା ଚାରିବାହୁ ବିଶିଷ୍ଟ।

ଶଙ୍ଖନାଥ ଲୋକେଶ୍ୱର, ଲଳିତାସନ ଓ ବରଦମୁଦ୍ରା। ବଉଦ ପାଖ ମହାନଦୀ କୂଳରେ ରହିଛି ଅନ୍ୟ ଏକ ମୂର୍ତ୍ତି। ଖଣ୍ଡୋଲାଇଟ୍ ପଥରରେ ତିଆରି ଭୂମିସ୍ପର୍ଶୀ ମୁଦ୍ରାରେ ଉପବିଷ୍ଟ ମୂର୍ତ୍ତି ଚାରିପଟରେ ଅଛନ୍ତି ତାରା, ଗନ୍ଧର୍ବ ଓ ଯକ୍ଷ। ବଉଦରୁ ମହାନଦୀ କୂଳେ କୂଳେ ଆସିଲେ ପଡ଼ିବ ନରସିଂହପୁର। ସ୍ଥାନର ନାମ ବାଣେଶ୍ୱରନାସୀ। ଅବଲୋକିତେଶ୍ୱର, ପ୍ରଜ୍ଞାପାରମିତା ଆଦି ଅନେକ ମୂର୍ତ୍ତି ଏଠାରେ। ତାରା ଓ ଧ୍ୟାନୀ ବୁଦ୍ଧଙ୍କ ପ୍ରତିମା ସୂକ୍ଷ୍ମ କାରୁକାର୍ଯ୍ୟ ସମ୍ପନ୍ନ। ସେମାନେ ଏବେ ରୂପାନ୍ତରିତ ହୋଇ ଯାଇଛନ୍ତି ଶକ୍ତି ରୂପରେ। ଭୂମିଥିଲା। ପୂଜା ବି ପାଉଛନ୍ତି। ବରଗଡର ଗଣିଆପାଲିରେ ବି ବୁଦ୍ଧ ଅଛନ୍ତି। ଏକଦା ବ୍ରାହ୍ମଣୀ ନଈକୂଳରେ ତାଳଚେର ଏବଂ ଦୂରରେ ଥିବା ହିନ୍ଦୋଳ ଅଞ୍ଚଳ ମଧ୍ୟ ବୁଦ୍ଧଙ୍କ ଭୂମିଥିଲା। ତାଳଚେର ପାଖ ପଶ୍ଚମେଶ୍ୱର ମନ୍ଦିରରେ ରହିଛନ୍ତି ଧ୍ୟାନମୁଦ୍ରାରେ ଆସୀନ ବୁଦ୍ଧ ପ୍ରତିମା। ଖଣ୍ଡଖଣ୍ଡ ପଥରର ଯୋଡ଼ଣରେ ସୁଗଠିତ ତାଙ୍କ ଦେହ। ଲଳିତଗିରିର ବୁଦ୍ଧମୂର୍ତ୍ତି ଅନୁରୂପ।

ପଶ୍ଚିମ ଓ ମଧ୍ୟ ଓଡ଼ିଶାରୁ ଏବେ ଆସିବା ଉପକୂଳ ଅଞ୍ଚଳକୁ। ଚୌଦ୍ୱାର, ପୁରୀ, ବାଣପୁର -ସବୁଠି ବୁଦ୍ଧ। ମହାନଦୀ ବିରୂପା କୂଳର ଚୌଦ୍ୱାର ଗଡ଼ ପାଖରୁ ମିଳିଛନ୍ତି ଅବଲୋକିତେଶ୍ୱର ଓ ପ୍ରଜ୍ଞାପାରମିତା । ଦୁଇ ହାତ ଥିବା ତାରା ଠିଆ ହୋଇଛନ୍ତି। ଗୋଟିଏ ହାତରେ ପାନପତ୍ର ଓ ଅନ୍ୟ ହାତରେ କାଣ୍ଡ ବିନ୍ଧିଲା ପରି ମୁଦ୍ରା। ଏଗୁଡିକ ସୋମବଂଶୀ ଶାସନକାଳୀନ ପ୍ରତିମା। ପୁରୀ ଜିଲ୍ଲାର ବାଣପୁର ପାଖ ଅଚ୍ୟୁତରାଜପୁର ଅନ୍ୟତମ ବୌଦ୍ଧ କ୍ଷେତ୍ର। ଏଠାରେ ବହୁ ସଂଖ୍ୟକ ବ୍ରୋଞ୍ଜ ମୂର୍ତ୍ତି ସହିତ ମିଳିଛି ତିନୋଟି ପଥର ପ୍ରତିମା। ଗୋଟିଏ ଦୁଇ ହାତ ଥିବା ତାରା ବେଶ୍ କଳାତ୍ମକ। ସେ ଉତ୍ତରାୟଣୀ ନାମରେ ପୂଜିତା। ଦ୍ୱିତୀୟ ଲଳିତାସନା ତାରା। ଗୋଟିଏ ହାତରେ ପଦ୍ମ ଓ ଅନ୍ୟ ହାତ ବରଦମୁଦ୍ରା। ତାଙ୍କ କୀରିଟରେ ରହିଛନ୍ତି ତଥାଗତ। ପାଖରେ ମାରୀଚି ଓ ଏକଜଟା ପୀଠିକାରେ ଦୁଇଜଣ ନତଜାନୁ ଭକ୍ତ ଓ ଧାରିଣୀ ଚିହ୍ନ। ତୃତୀୟ ପ୍ରତିମା ରହିଛନ୍ତି ବାଲୁଙ୍କେଶ୍ୱର ମନ୍ଦିରରେ। ସେ ତ୍ରୟଂତିଶା। ଅଚ୍ୟୁତପୁରର ଅନ୍ୟ ଏକ ଶିବ ମନ୍ଦିରେ ଅଛନ୍ତି ଅବଲୋକିତେଶ୍ୱର ଓ ଆଠ ହାତ ବିଶିଷ୍ଟ ମାରିଚୀ। ମାରିଚୀଙ୍କର ତିନୋଟି ମୁହଁ। ରଥ ଉପରେ ବସିଛନ୍ତି, ରଥକୁ ଟାଣୁଛନ୍ତି ସାତଟି ଶୂକର। ଏହିପରି ଏକ ମୂର୍ତ୍ତି ରହିଛି ନୀଳଗିରିରେ। ଅନ୍ୟ ଏକ ମୂର୍ତ୍ତି ବଜ୍ରପର୍ଯ୍ୟଙ୍କ ବୁଦ୍ଧ। ଆକାରରେ ଛୋଟ।

ଦୟାନଦୀ କୂଳରେ ଆରାଗଡ଼, ହରିପୁର ଗ୍ରାମ ପଞ୍ଚାୟତର ଅନ୍ୟ ଏକ ଗାଁ। ଏଠି ଏକ ସ୍ତୂପ ରହିଛି। ରହିଛନ୍ତି ଚତୁର୍ଭୂଜ ଅବଲୋକିତେଶ୍ୱର, ତାରେ ଏବଂ ପୀଠିକାରେ ମହାବୈରୋଚନା, ହୟଗ୍ରୀବ ଓ ବଜ୍ରସତ୍ତ୍ୱଙ୍କ ପ୍ରତିମା। ପାହାଡ଼ର

ଚୂଡ଼ାରେ ରହିଛି ଏକ ସ୍ତୂପ। ଏହାର ଛାତ ସମତଳ। ଛାତକୁ ଟେକି ଧରିଛି ଖୁଣ୍ଟା। ଚାରିପାଖେ ଖୋଲା। ତଳେ ରହିଛି ଏକ କୋଠରି। ଏଥିରେ ଗୋଟିଏ କବାଟ। ଜଣାପଡୁଛି ଏହା ଏକ ପ୍ରାଚୀନ ସ୍ତୂପ। ଏବେ ସୁନ୍ଦରପଦା ପାଖ କପିଳପ୍ରସାଦ ଗାଁକୁ ଆସିବା। ଚକ୍ରଧର ମହାପାତ୍ର ଓ ଅନ୍ୟ କେତେକ ଗବେଷକ ଏହାକୁ ବୁଦ୍ଧଙ୍କର ଜନ୍ମଭୂମି ବୋଲି ଦାବି କରନ୍ତି। ଏଠାରେ ନାଗ ନାଗୁଣି ପ୍ରତିମା ସହିତ ମିଳିଛି ଧନଦା ତାରାଙ୍କ ମୂର୍ତ୍ତି। କୋଣାର୍କ ପାଖ କୁରୁମି ଗାଁରେ ମଧ୍ୟ ବୁଦ୍ଧ ପୂଜା ପାଉଛନ୍ତି। ବୁଦ୍ଧଙ୍କ ଗଢ଼ଣ ସ୍ୱତନ୍ତ୍ର। ସେ ବସିଛନ୍ତି ପଦ୍ମାସନରେ। ଡାହାଣ ହାତ ଭୂମି ଛୁଇଁଛି, ବାମ ହାତ ଜଂଘ ଉପରେ। ବେକରେ ଲମ୍ବା ହାର। ମଥାରେ ମୁକୁଟ। ବୁଦ୍ଧ ପୃଥିବୀର ସବୁ ମଣିଷଙ୍କ ପାଖରେ ଜଣେ ପରିଚିତ ସତ୍ତା। ଏକ ପ୍ରତିମାକୁ ଆମେ ସବୁ ଭୂମିରେ ବୁଦ୍ଧ ଭାବରେ ଚିହ୍ନୁଛୁ। ତାଙ୍କ ରୂପ କିପରି ଥିଲା, ଆମେ କେହି ଦେଖିନାହୁଁ। ସେ ପ୍ରଥମେ ଜଣେ ଶିଳ୍ପୀର ଚେତନାରେ ପ୍ରମୂର୍ତ୍ତ ହୋଇଛନ୍ତି ଏକ ନିର୍ଦ୍ଦିଷ୍ଟ କାଳରେ, ଏକ ନିର୍ଦ୍ଦିଷ୍ଟ ଭୂମିର ପ୍ରତୀକ ରୂପରେ ସକଳ ଭୂମିକୁ ଗତି କରିଛନ୍ତି। କାଳକ୍ରମେ ସେ ଭିନ୍ନ ଭିନ୍ନ ରୂପରେ ଆସିଛନ୍ତି - ଶୈଶବରୁ ମହାନିର୍ବାଣ ପର୍ଯ୍ୟନ୍ତ। ମଝିରେ ଯାହା ଯୁବରାଜର ସନ୍ନ୍ୟାସ, ସାଧନାରୁ ସିଦ୍ଧିଲାଭ। ତାଙ୍କ ଭିନ୍ନ ଭିନ୍ନ ଭାବ ରୂପକୁ ଆମେ ପଦାର୍ଥ ମାଧ୍ୟମରେ ପ୍ରମୂର୍ତ୍ତ କରୁଛୁ, ମାତ୍ର ଯେଉଁ ରୂପରେ ଗଢିଦେଲେ ବି ଗଢଣ ଭିତରେ ଏକ ନିର୍ଦ୍ଦିଷ୍ଟ ରୂପ ଉଦେହୋଇ ଯାଉଛି। ଅର୍ଥାତ୍ ରୂପ ଓ ଭାବ ଭିତରେ ଅଭେଦତ୍ୱ ଯେପରି ଅନୁବନ୍ଧିତ। ତାଙ୍କ ଭାବ ରୂପ ସୁସ୍ପଷ୍ଟ।

ଆମେ ଷଷ୍ଠ-ସପ୍ତମ ଶତାବ୍ଦୀରୁ ପଞ୍ଚଦଶ ଶତାବ୍ଦୀ ପର୍ଯ୍ୟନ୍ତ ଓଡ଼ିଶାରେ ବିଭିନ୍ନ ଅଞ୍ଚଳରେ ବୁଦ୍ଧଙ୍କୁ ନାନା ରୂପରେ ଦେଖୁଛୁ। ବୋଧିସତ୍ତ୍ୱ, ଅବଲୋକିତେଶ୍ୱର, ବଜ୍ରସତ୍ତ୍ୱ, ବଜ୍ରପାଣି, ପଦ୍ମପାଣି ଇତ୍ୟାଦି। ଅଙ୍ଗରେ ନାନା ମୁଦ୍ରା। କେତେବେଳେ ଦଣ୍ଡାୟମାନ ତ କେତେବେଳେ ଆସୀନ। ସକଳ ଭିତରେ ବୁଦ୍ଧତ୍ୱ ବାରି ହୋଇ ପଡୁଛି। ଏହା ହିଁ ସ୍ଥପତିମାନଙ୍କର ସୂକ୍ଷ୍ମ ଚେତନାର ପ୍ରତୀକ। ଏଠାରେ ପଦାର୍ଥ (କନ୍ଦା, ବଉଳମାଳିଆ ଓ କଳା ମୁଗୁନି ପଥର) ମାଧ୍ୟମ ମାତ୍ର। ଜଣେ ଭାବ ଜଗତରେ ସମାହିତ ସତ୍ତା ହିଁ ପଦାର୍ଥକୁ ପ୍ରତିମାୟିତ କରିପାରେ। ପ୍ରତ୍ୟେକ ମୂର୍ତ୍ତି ତାହାର ଉଦାହରଣ। ମୂର୍ତ୍ତି ଗଢ଼ଣରେ ଶାସ୍ତ୍ର / ବ୍ୟାକରଣ ଅବଶ୍ୟ କଥା କହୁଛି। ପାଦର ନଖ ପାଖରୁ କେଶ ପର୍ଯ୍ୟନ୍ତ ପ୍ରତ୍ୟେକ ଅଙ୍ଗ-ପ୍ରତ୍ୟଙ୍ଗ ଗଢ଼ଣରେ ଆନୁପାତିକତା ବିଦ୍ୟମାନ। ମାତ୍ର ଆନୁପାତିକତା ସବୁକିଛି ନୁହେଁ, ଗୁରୁତ୍ୱପୂର୍ଣ୍ଣ ହେଉଛି ଗଢ଼ଣ କାଳରେ ସେଗୁଡିକର ଭାବଧର୍ମୀ ରୂପାନ୍ତର। ସେ ନାରୀ ଅଥବା ପୁରୁଷ, ପଶୁ

ଅଥବା ପକ୍ଷୀ ବା ସରୀସୃପ। ଯେ କୌଣସି ପ୍ରତିମା ହେଉ, ସେମାନଙ୍କ ଭାବରୂପ ଦର୍ଶକକୁ ଗଭୀର ଭାବେ ଅଭିଭୂତ କରେ।

ପ୍ରତିମାମାନଙ୍କ ଗଢ଼ଣ କଳାକୁ ବିଚାର କରିବା। କିଏ ଯୋଡ଼ ହସ୍ତ, କିଏ ପାତ୍ର ହସ୍ତ କିଏ ଆୟୁଧ ହସ୍ତ, କିଏ ପଦ୍ମହସ୍ତ ତ କିଏ ଅସ୍ତ୍ରଧାରୀ; କିଏ ପଦ୍ମାସନା, କିଏ ନତଜାନୁ, କିଏ ଶାୟିତ, କିଏ ଅର୍ଦ୍ଧଶାୟିତ; କିଏ ଦ୍ୱିଭୁଜ, କିଏ ଚତୁର୍ଭୁଜ, କିଏ ଅଷ୍ଟଭୁଜ। ପ୍ରତ୍ୟେକ ଅଙ୍ଗଭଙ୍ଗୀ ଜୀବନ୍ତ। ପ୍ରତ୍ୟେକଙ୍କ ଦେହରେ ସ୍ୱତନ୍ତ୍ର ଅଳଙ୍କାର। ପଛରେ ଧର୍ମର ପ୍ରତୀକ ଓ ସୂକ୍ଷ୍ମ କାରୁକାର୍ଯ୍ୟ ସମ୍ପନ୍ନ ପ୍ରଭା। ଏଠାରେ ନାରୀ ମୂର୍ତ୍ତିମାନଙ୍କର ଗଢ଼ଣ ଗୋଟିଏ ଶବ୍ଦରେ କହିଲେ ଚମତ୍କାର। ସେମାନଙ୍କର ନାନା ନାମ। ତାରା, ଅଷ୍ଟମହାଭୟା ତାରା, ପ୍ରଜ୍ଞାପାରମିତା, ବସୁଧାରା, ଯମୁନା, ଚାମରଧାରିଣୀ, ପାତ୍ର ଧାରିଣୀ, ଦ୍ୱାରପାଳିକା ଓ ଦେହସୁଖ ବିଭୋର ପୁରୁଷ ଓ ନାରୀ ପ୍ରତ୍ୟେକ ସ୍ୱତନ୍ତ୍ର। ସେମାନେ ପୁଣି ସାଳଙ୍କୃତ। ଅଣ୍ଟାରେ ସରି ସରି ଅଣ୍ଟାସୂତା, ଗଳାରେ ଛୋଟ ଅଥବା ଅଣ୍ଟା ପର୍ଯ୍ୟନ୍ତ ଲମ୍ବିତ ହାର, ବାହୁ ଓ ମଣିବନ୍ଧ, ପାଦରେ ନାନା ଆକାର ଓ ପ୍ରକାର ଅଳଙ୍କାର, ନାନା ଭଙ୍ଗୀର କେଶ ସଜ୍ଜା। ସବୁ ସ୍ୱତନ୍ତ୍ର। ଅଣ୍ଟା ସରୁ, ନାଭି ଗଭୀର, ନିତମ୍ବ ଘନ, ବର୍ତ୍ତୁଳ ଓ ସୁଳମ୍ବ। ସ୍ତନ ଉନ୍ନତ ଓ ବର୍ତ୍ତୁଳ। ଆଖି, ଓଠ, କପାଳ - ସବୁ କଥା କୁହା। ଠାଣି ଭାବଧର୍ମୀ। ଦେହ ତ ନୁହେଁ, ସତେ ଯେପରି ସମ୍ମୋହନ ଓ ପରିନିର୍ବାଣର ମହାଧାରା।

ଦର୍ଶନ ଓ ବିଚାରକୁ ମୂର୍ତ୍ତି, ସ୍ତୂପ ଓ ଦେଉଳ ମାଧ୍ୟମରେ କିପରି ଏକୀଭୂତ କରାଯାଇ ପାରେ, ମୂର୍ତ୍ତିଗୁଡିକ ତାହାର ଉଦାହରଣ। ବହୁ ମୂର୍ତ୍ତିର ଗଢ଼ଣ ତ୍ରିସ୍ତରୀୟ। ତଳେ ପଦ୍ମ ପାଖଡ଼ାଯୁକ୍ତ ପାଠିକା, ରହିଛନ୍ତି ଭକ୍ତ, ସେବକ ; ମଝିରେ ବିଭିନ୍ନ ମୁଦ୍ରାଯୁକ୍ତ ସ୍ୱୟଂ ମୂର୍ତ୍ତି ଓ ଶୀର୍ଷରେ ଧ୍ୟାନୀବୁଦ୍ଧ। ଏଠାରେ ପାଠ ଯେପରି ପ୍ରପଞ୍ଚ, ସଂସାର - ବୈଚିତ୍ର୍ୟମଣ୍ଡିତ। ମଝିରେ ସାଧନାନିଷ୍ଠ ଜୀବନ ଓ ଶୀର୍ଷରେ ସିଦ୍ଧି। ମାତ୍ର ସିଦ୍ଧିରେ ଜୀବନର ପୂର୍ଣ୍ଣତା ନାହିଁ। ଶୀର୍ଷ ଅତିକ୍ରମଣରେ ହିଁ ପୂର୍ଣ୍ଣତା। ଉପରେ ଶୂନ୍ୟ, ମହାଶୂନ୍ୟ- ପରିନିର୍ବାଣ, ଯାହା ଏକ ଅତିକଳ୍ପନା-ଅଦୃଶ୍ୟ ମହାଦୃଶ୍ୟ।

ବୌଦ୍ଧ ସ୍ଥାପତ୍ୟର ଅନ୍ୟତମ ବୈଚିତ୍ର୍ୟ ଇଟା ତିଆରି ସ୍ତୂପ ଓ ମନ୍ଦିରଗୁଡିକର ପଥର ଖଚିତ ଦ୍ୱାରବନ୍ଧରେ ସୂକ୍ଷ୍ମ କାରୁକାର୍ଯ୍ୟ ସମ୍ପନ୍ନ ଲତା, ଫୁଲ, ଫଳର କଳାତ୍ମକ ସଂରଚନା, ମୋଟିଫ୍। ଏବଂ ପଶୁ, ପକ୍ଷୀ, ସରୀସୃପମାନଙ୍କର ଭାବରୂପ। ପରବର୍ତ୍ତୀ କାଳୀନ ମନ୍ଦିର ସ୍ଥାପତ୍ୟରେ ସମ କଳାବୋଧ ସୁସ୍ପଷ୍ଟ। ମୂର୍ତ୍ତି ଖଣ୍ଡିଏ ପଥର, କେତେ ଖଣ୍ଡ ପଥରର ଯୋଡ଼ଣ ଅଥବା ପାହାଡ଼ ଦେହରେ ପ୍ରମୂର୍ତ୍ତ।

ମାତ୍ର ପ୍ରତ୍ୟେକ ଯେପରି ଏକ ଭାବାଦର୍ଶର ଉଦ୍‌ଭାସନ । ଭାରତୀୟ ଦର୍ଶନ ଓ ସୂକ୍ଷ୍ମ କଳାବୋଧର ପ୍ରତୀକ, ପ୍ଲୁକ୍ତ ରୂପ ।

ମନେହୁଏ, ଖଣ୍ଡଗିରି, ଲଳିତଗିରି, ରତ୍ନଗିରି ଥିଲା ସେକାଳର ମୂର୍ତ୍ତି ଗଢ଼ଣର ଶାଳ । ବୁଦ୍ଧ ଓ ସହଜ ସାଧିକା ମାନଙ୍କ ଛୋଟ ଓ ବଡ଼ ମୂର୍ତ୍ତିଗୁଡ଼ିକ ନାନା ଭୂମିକୁ ସ୍ଥାନାନ୍ତରିତ ହୋଇଛି । କେତେକ ବୁଦ୍ଧ ଏବଂ ଅନ୍ୟ କେତେକ ଶକ୍ତି ଯାହା ଉତ୍କଳୀୟ ସ୍ଥାପତ୍ୟର ସ୍ମାରକୀ ।

ମୋବାଇଲ୍ - ୯୪୩୯୨୮୧୫୬୧

କିମ୍ବଦନ୍ତୀର ପୃଷ୍ଠଭୂମିରେ କେଦାରଗୌରୀ

ଡ. ଉର୍ମିମାଳା ଆଚାର୍ଯ୍ୟ

ମନ୍ଦିରମାଳିନୀ ଭୁବନେଶ୍ୱରର ପ୍ରାଚୀନ ନାମ ଏକାମ୍ରକାନନ ଥିଲା। କୁହାଯାଏ, ଏଠାରେ ଘଞ୍ଚ ଜଙ୍ଗଲ ତଥା ଲକ୍ଷେ ଶିବଲିଙ୍ଗ ସ୍ଥାପିତ ଥିଲେ। ତେଣୁ ଅନେକ ଛୋଟ ବଡ଼ ମନ୍ଦିର ଏଠାରେ ଉପଲବ୍ଧ। ତେବେ ଅଷ୍ଟଶମ୍ଭୁ ମନ୍ଦିରମାନଙ୍କ ମଧ୍ୟରେ ମୁକ୍ତେଶ୍ୱର ମନ୍ଦିରର ନିକଟରେ କେଦାରେଶ୍ୱର ମନ୍ଦିର ଅବସ୍ଥିତ। ଏହି ମନ୍ଦିରରେ ଭଗବାନ ଶିବଙ୍କର ତଥା ମାତା ଗୌରୀ ଦେବୀଙ୍କର ପୂଜା କରାଯାଏ। ଲୋକମାନେ ଏହି ଶିବଲିଙ୍ଗଙ୍କୁ କେଦାରେଶ୍ୱର ନାମରେ ଜାଣନ୍ତି। ଏହି ମନ୍ଦିରର ସମ୍ମୁଖଭାଗ ଦକ୍ଷିଣଦିଗକୁ ମୁହଁ କରି ରହିଛନ୍ତି। ମନ୍ଦିରରେ ଅବସ୍ଥିତ ଗୋଲାକାର ଯୋନିପୀଠ ବାଲୁକା ପ୍ରସ୍ତରରେ ନିର୍ମିତ ଅଟନ୍ତି। ଶକ୍ତି ମଧ୍ୟରେ ଥିବା ଲିଙ୍ଗ ଦୃଶ୍ୟମାନ ନୁହନ୍ତି। ଏହି ପବିତ୍ର ସ୍ଥାନ ୨.୫ ବର୍ଗ ମିଟର ଏବଂ ବର୍ତ୍ତମାନର ଚଟାଣର ୦.୮ ମିଟର ତଳେ ଅବସ୍ଥିତ। ଏହି ମନ୍ଦିରର ଚତୁଃପାର୍ଶ୍ୱରେ ବିଭିନ୍ନ ଜିନିଷ ଉପଲବ୍ଧ ଅଟେ। ପଶ୍ଚିମ ଭାଗରେ ଦ୍ୱିତୀୟ କେଦାରେଶ୍ୱର ୫୦୦ ମିଟର ଦୂରରେ ଅବସ୍ଥିତ। ପୂର୍ବଦିଗରେ କେଦାରକୁଣ୍ଡ ପ୍ରାୟ ୫୦ ମିଟର ଦୂରତାରେ ଅବସ୍ଥିତ। ଦକ୍ଷିଣ ଦିଗରେ ଗୌରୀ ମନ୍ଦିର ପ୍ରାୟ ୬ ମିଟର ଦୂରତାରେ ଅବସ୍ଥିତ। ଏହାର ଉତ୍ତର ଦିଗରେ ପଥର ପାଚିର ପ୍ରାୟ ୨୦ ମିଟର ଦୂରତାରେ ବେଢ଼ିକରି ରହିଅଛି।

ମନ୍ଦିର ଗଠନ ଅନୁସାରେ ମନ୍ଦିରର ଗୋଟିଏ ବିମାନ ତଥା ଜଗମୋହନ ଯାହାର ଲମ୍ବ ୨୦ - ୪୦ ମିଟର, ଓସାର ୯.୬୦ ମିଟର, ଗଣ୍ଡିଆଳ-୬୦ ମିଟର।

ମନ୍ଦିରର ଆକାର ପଞ୍ଚରଥ ପରି। ମନ୍ଦିର ନିମ୍ନଦେଶର ପ୍ରଭାଗରେ ପାଞ୍ଚଟି ଗୋଲାକାର ଖୁରା, ଖମ୍ଭ, ପଟ୍ଟା, କାଣି ଏବଂ ବସନ୍ତ ଯାହାର ଦୂରତା ୧.୨୪ ମିଟର ଅଟେ। ତଳଜଙ୍ଘ ୧.୧୮ ମିଟର ଦକ୍ଷିଣ -୫ ମିଟର, ଉପର ଜଙ୍ଘ ୧.୮ ମିଟର ଏବଂ ବାରଣ୍ଡା ୧.୩୦ ମିଟର ଉଚ୍ଚତା ଅଟେ। ମନ୍ଦିରଟି ସୁନ୍ଦର ସୁନ୍ଦର ଚିତ୍ରକଳାରେ ସଜ୍ଜିତ ହୋଇଅଛି। ମନ୍ଦିରର ଗଣ୍ଡି ୫.୩୦ ମିଟର। ଦେଉଳର ମସ୍ତକ ସ୍ୱାଭାବିକ ଭାବରେ ବେକି-ଅମ୍ଳକ-ଖପୁରୀ-କଳସ ଏବଂ ଆୟୁଧ ଯାହାକି ୩ ମିଟର ଅଟେ। ଆକାର ଦୃଷ୍ଟିରୁ ଜଗମୋହନ ପିଢା ଆକୃତିର ଅଟେ।

ସ୍କନ୍ଦ ପୁରାଣରେ କେଦାରଗୌରୀ ମନ୍ଦିର ବିଷୟରେ ବିଭିନ୍ନ କଥା ବର୍ଣ୍ଣନା କରାଯାଇଛି ଏକଦା ଶିବ ନିଜର ଶିବଗଣଙ୍କ ସହିତ ପ୍ରଥମ ଗାନ ଗାଇ ନୃତ୍ୟ କରୁଥିଲେ। ନୃତ୍ୟ କରୁକରୁ ସେ ପ୍ରଦକ୍ଷିଣ ମଧ୍ୟ କରୁଥିଲେ। ସାଥିରେ ଦେବୀ ପାର୍ବତୀ ନଥିଲେ। ପାର୍ବତୀ ଯେତେବେଳେ ଭଗବାନ ଶିବଙ୍କ ସହିତ ନଥିବାର କାରଣ ଜିଜ୍ଞାସା କଲେ, ଭଗବାନ ଶିବ ତାଙ୍କୁ କହିଲେ ଯେ, ଏହି ନୃତ୍ୟ କାର୍ଯ୍ୟକ୍ରମରେ ତାଙ୍କର କୌଣସି ଅବଦାନ ନାହିଁ। ତେଣୁ ତାଙ୍କୁ ପ୍ରଦକ୍ଷିଣରୁ ଅଲଗା କରାଯାଇଛି। ଏହା ଶୁଣି ଦେବୀ ପାର୍ବତୀ ଅତ୍ୟଧିକ କ୍ରୋଧିତ ହୋଇ ସେହି ସ୍ଥାନ ତ୍ୟାଗକରି କାନ୍ଦିକାନ୍ଦି ଘନ ଜଙ୍ଗଲକୁ ଚାଲିଗଲେ। କ୍ରୋଧିତା ଦେବୀ ନିଜର ବୈଶିଷ୍ଟ୍ୟ ପ୍ରତିପାଦନ କରିବାକୁ ଚାହୁଁଥିଲେ। ତେଣୁ ସେ ଋଷି ଗୌତମଙ୍କୁ ଭଗବାନ ଶିବଙ୍କର ଶରୀରର ଅର୍ଦ୍ଧଭାଗ ଆଣିବାକୁ କହିଲେ। ଋଷି ଗୌତମ ତାଙ୍କୁ କେଦାରେଶ୍ୱର ବ୍ରତ କରିବାପାଇଁ ଉପଦେଶ ଦେଲେ। ଦେବୀ ପାର୍ବତୀ ଭଗବାନ ଶିବଙ୍କର ଅର୍ଦ୍ଧେକ ଶରୀର ପ୍ରାପ୍ତ କରିବାପାଇଁ କେଦାର ପୂଜା ଆରମ୍ଭ କରିଥିଲେ। ଶିବଙ୍କର ଅର୍ଦ୍ଧେକ ଶରୀର ଦେବୀ ପାର୍ବତୀଙ୍କର ଶରୀରରେ ମିଶିଯିବାରୁ ଅର୍ଦ୍ଧନାରୀଶ୍ୱର ରୂପ ପ୍ରକାଶ ପାଇଲା। ଭଗବାନ ଶିବ ହିନ୍ଦୁ ଧର୍ମରେ ଅର୍ଦ୍ଧନାରୀଶ୍ୱର ରୂପରେ ପୂଜା ପାଇଥାନ୍ତି।

କେଦାରେଶ୍ୱର ବ୍ରତର ମାହାତ୍ମ୍ୟ ବିଷୟରେ ବିଭିନ୍ନ ପୁରାଣରେ ବିଭିନ୍ନ କଥା ବର୍ଣ୍ଣନା କରାଯାଇଛି। ବିଭିନ୍ନ ସ୍ଥାନରେ ଏହା ଆଶ୍ୱିନ ଅମାବାସ୍ୟା ଦିନ ପାଳନ କରାଯାଇଥାଏ। ଭକ୍ତମାନେ ସେମାନଙ୍କର ଉପବାସ କରିବା ସହିତ ଆଶ୍ୱିନ ଅଥବା କାର୍ତ୍ତିକ କୃଷ୍ଣପକ୍ଷର ଅଷ୍ଟମୀ ତିଥିରୁ ଆରମ୍ଭ କରିଥାନ୍ତି ଏବଂ ଅମାବାସ୍ୟା ଦିନ ସମ୍ପୂର୍ଣ୍ଣ କରନ୍ତି। କେବଳ ମନୁଷ୍ୟ ନୁହନ୍ତି, ପୁରାଣରେ ବର୍ଣ୍ଣନା କରାଯାଇଛି ଯେ ଅନେକ ଦେବାଦେବୀ ମଧ୍ୟ ସେମାନଙ୍କର ମନୋକାମନା ପୂରଣ କରିବା ପାଇଁ ଏହି ବ୍ରତ ପାଳନ କରିଥାନ୍ତି। କିମ୍ବଦନ୍ତୀ ଅନୁସାରେ ଭଗବାନ ବିଷ୍ଣୁ ଏହି ବ୍ରତ ପାଳନ କରି ବୈକୁଣ୍ଠପୁର ଲାଭ କରିଥିଲେ। ଭଗବାନ ବ୍ରହ୍ମା ମଧ୍ୟ ଏହି ବ୍ରତ ପାଳନ କରି ତାଙ୍କର

ହଂସବାହନ ଲାଭ କରିଥିଲେ। ଏହା ବିଶ୍ୱାସ କରାଯାଏ ଯେ, ଯେଉଁ ଭକ୍ତ କେଦାରଗୌରୀ ବ୍ରତ ୨୧ଥର ପୂର୍ଣ୍ଣ କରିଥାନ୍ତି, ସେମାନେ ସମସ୍ତ ପ୍ରକାର ଆନନ୍ଦ ଏବଂ ସୁଖ ପ୍ରାପ୍ତ ହୋଇଥାନ୍ତି। ବିବାହିତ ଦମ୍ପତି ତଥା ସ୍ତ୍ରୀ ଲୋକମାନେ କେଦାରେଶ୍ୱର ଶିବଙ୍କୁ ଉପାସନା କରି ସେମାନଙ୍କର ଜୀବନରେ ସୁଖ, ଆନନ୍ଦ ଓ ଐଶ୍ୱର୍ଯର ଅଧିକାରିଣୀ ହୋଇଥାନ୍ତି।

ଅନ୍ୟ ଏକ କିମ୍ବଦନ୍ତୀ ଅନୁସାରେ ଭୃଙ୍ଗି ଋଷି ଭଗବାନ ଶିବଙ୍କର ଅନନ୍ୟ ଭକ୍ତ ଥିଲେ। ମାତ୍ର ସେ ଶକ୍ତି ଦେବୀଙ୍କୁ ଘୃଣା କରୁଥିଲେ ତଥା ଅନ୍ୟ ସ୍ତ୍ରୀ ଜାତିକୁ ମଧ୍ୟ। ଏହି କଥା ଶକ୍ତି ଦେବୀଙ୍କୁ କ୍ରୋଧିତ କରିଥିଲା ଏବଂ ସେ କ୍ରୋଧରେ ଜର୍ଜରିତ ହୋଇ ଭୃଙ୍ଗି ଋଷିଙ୍କ ଶରୀରରୁ ସମସ୍ତ ମାଂସ ଏବଂ ଶକ୍ତି କାଢ଼ି ନେଇଥିଲେ। ଅଲଗା କରାଯାଇଥିବା ଶକ୍ତି କିଛି ନଥିଲା ମାତ୍ର ଦେବୀ ଗୌରୀଙ୍କର ପ୍ରତୀକ ଥିଲା। ଅଲଗା କରାଯାଇଥିବା ଶକ୍ତି ଅଂଶ ଭଗବାନ ଶିବଙ୍କ ସହିତ ମିଶିବାପାଇଁ ଚାହୁଁଥିଲା। ସେଥିପାଇଁ ମା ଶକ୍ତି ଶିବଙ୍କୁ ସନ୍ତୁଷ୍ଟ କରିବାପାଇଁ କେଦାର ବ୍ରତ ଆରମ୍ଭ କରିଥିଲେ। ଭଗବାନ ଶିବ ଅଲଗା କରାଯାଇଥିବା ଶକ୍ତିର ପବିତ୍ରତାରେ ଅତ୍ୟଧିକ ପ୍ରସନ୍ନ ହୋଇ ସେହି ଅଂଶକୁ ନିଜ ଶରୀରର ବାମ ପାର୍ଶ୍ୱରେ ସ୍ଥାନ ଦେଇଥିଲେ। ଏହି କଥାରୁ ହିଁ ଅର୍ଦ୍ଧନରୀଶ୍ୱର ମୂର୍ତ୍ତିର ସୃଷ୍ଟି ତଥା ଶିବଙ୍କର ଅର୍ଦ୍ଧନାରୀଶ୍ୱର ମୂର୍ତ୍ତି ସମଗ୍ର ବିଶ୍ୱରେ ପୂଜନୀୟ ଥିଲା।

କେଦାରଗୌରୀ ମନ୍ଦିର ବିଷୟରେ ବିଭିନ୍ନ ପ୍ରକାର ଲୋକକଥା ଶୁଣାଯାଏ। କବିବର ରାଧାନାଥ ରାୟ ତାଙ୍କର କେଦାରେଶ୍ୱର କାବ୍ୟରେ ଏହି ମନ୍ଦିର ସମ୍ବନ୍ଧିତ କାହାଣୀକୁ ଲେଖିଯାଇଛନ୍ତି। ଏକଦା କେଦାର ଏବଂ ଗୌରୀ ନାମରେ କିଶୋର କିଶୋରୀ ପରସ୍ପରକୁ ପ୍ରେମ କରୁଥିଲେ। ସେମାନେ ବିବାହ କରିବାକୁ ମନସ୍ଥ କରିଥିଲେ। କିନ୍ତୁ କୌଣସି କାରଣରୁ ସମାଜ ଏହି ବିବାହକୁ ଅନୁମତି ପ୍ରଦାନ କରୁ ନଥିଲା। ଉଭୟଙ୍କର ପିତାମାତା ତଥା ସମ୍ପର୍କୀୟମାନେ ସେମାନଙ୍କ ପ୍ରେମରେ ବାଧା ଉପୁଜାଇଲେ। ଜାତିଗତ ପ୍ରଥା ଏହି ବିବାହ ବନ୍ଧନ ପାଇଁ ସବୁଠାରୁ ବଡ ପ୍ରତିବନ୍ଧକ ଥିଲା। ଉଭୟେ ଘର ଛାଡି ଚାଲିଯିବାକୁ ମନସ୍ଥ କଲେ। ରାତିର ଘନଘୋର ଅନ୍ଧକାରରେ ସେମାନେ ଘରଛାଡି ପଳେଇଗଲେ। ଯାତ୍ରାପଥରେ ଯାଉଯାଉ ଗୌରୀକୁ ବହୁତ କ୍ଷୁଧା ଲାଗିଲା। କେଦାର ଖାଦ୍ୟ ଅନ୍ୱେଷଣରେ ଯାଉ ଯାଉ ଜଙ୍ଗଲ ପଥରେ ବାଘ ହାବୁଡ଼ରେ ପଡ଼ିଲା। ଭୟରେ କେଦାର ଦୌଡି ପଳାଇ ଯାଉଯାଉ ତାର ଉତ୍ତରୀୟ ଖସିପଡିଲା ତଥା ବାଘ ସେହି ଉତ୍ତରୀୟରେ ତାର ରକ୍ତରଞ୍ଜିତ ପଞ୍ଝାର ରକ୍ତଦାଗର ଛାପ ଛାଡ଼ିଦେଲା।

କେଦାରର ଫେରିବା ବିଳମ୍ବ ଦେଖି ଗୌରୀ ତାର ପଛେ ପଛେ ପାଗଳଙ୍କ ଭଳି ଖୋଜିବାକୁ ବାହାରିଲା। ଜଙ୍ଗଲୀ ରାସ୍ତାରେ ଯାଉ ଯାଉ କେଦାରର ରକ୍ତରଞ୍ଜିତ ଉତ୍ତରୀୟ ଦେଖି ଗୌରୀ ଭାବିଲା ଯେ ବାଘ କେଦାରକୁ ଖାଇ ଦେଇଛି। ତେଣୁ ସେ ପାଖରେ ଥିବା ଜଳାଶୟରେ ଡେଇଁ ପଡ଼ି ଆତ୍ମହତ୍ୟା କଲା। ଏହାର କିଛି ସମୟ ପରେ କେଦାର ଖାଦ୍ୟ ପୁଡ଼ିଆ ଧରି ଫେରିବା ପରେ ଗୌରୀର ମୃତ ଶରୀର ଜଳରେ ଭାସୁଥିବାର ଦେଖି ହତ୍‌ବାକ୍ ହୋଇଗଲା। ନିଜର ପ୍ରେମିକାର ଏମିତି ଦୁଃଖଦ ପରିସ୍ଥିତିରେ ସେ ନିଜର ଆତ୍ମରକ୍ଷା ପାଇଁ ରଖିଥିବା ଗୁପ୍ତ ଛୁରିକାରେ ନିଜକୁ ଶେଷ କରିଦେଲା। ଉଭୟଙ୍କ ଅନ୍ତିମ ପରିଣତି ଖୁବ୍ ମର୍ମନ୍ତୁଦ ଥିଲା। ସେମାନଙ୍କର ଅମର ପ୍ରେମ ବିଷୟତର ଜ୍ଞାତ ହେବାପରେ ଉତ୍କଳର ରାଜା ଲଲାଟେନ୍ଦୁ କେଶରୀ ଗୋଟିଏ ମନ୍ଦିର ନିର୍ମାଣ କରାଇଥିଲେ। ସେମାନଙ୍କ ନାମାନୁସାରେ ମନ୍ଦିରର ନାମ କେଦାରଗୌରୀ ରଖାଯାଇଛି। ପ୍ରେମିକ ପ୍ରେମିକାମାନେ କେଦାରଗୌରୀ ଆସି ନିଜର ପ୍ରେମ ସାର୍ଥକ ହେବାପାଇଁ ପ୍ରାର୍ଥନା କରି ତଥା ସେମାନଙ୍କ ଜୀବନରେ ଯେପରି କିଛି ପ୍ରତିବନ୍ଧକ ନ ଆସୁ ସେମାନେ ସେଥିପାଇଁ ଭଗବାନଙ୍କୁ ଆରାଧନା କରନ୍ତି।

କେଦାରଗୌରୀ ମନ୍ଦିରର ମୁଖ୍ୟ ଆକର୍ଷଣ ହେଉଛି ୮ଫୁଟ ଉଚ୍ଚର ହନୁମାନ ମୂର୍ତ୍ତି ଏବଂ ସିଂହ ଉପରେ ଅବସ୍ଥାପିତା ଦେବୀ ଦୁର୍ଗା ମୂର୍ତ୍ତି। ମନ୍ଦିର ପରିସରରେ ଦୁଇଟି କୁଣ୍ଡ (ପୋଖରୀ) ଅବସ୍ଥିତ, ଯାହାର ନାମ କ୍ଷୀରକୁଣ୍ଡ ଓ ମରିଚି କୁଣ୍ଡ। କୁହାଯାଏ ଏହି କୁଣ୍ଡର ଜଳ ଅତ୍ୟନ୍ତ ପବିତ୍ର ଶକ୍ତି ସମ୍ପନ୍ନ। କ୍ଷୀରକୁଣ୍ଡର ଜଳ ମଣିଷକୁ ମୋକ୍ଷ ପ୍ରଦାନ କରେ ତଥା ଜନ୍ମ-ମୃତ୍ୟୁର ବନ୍ଧନରୁ ମୁକ୍ତି ପ୍ରଦାନ କରିଥାଏ। ମରିଚି କୁଣ୍ଡର ଜଳ ସ୍ତ୍ରୀମାନଙ୍କର ବନ୍ଧ୍ୟାତ୍ୱ ନିରାକରଣ କରିଥାଏ। ଅକ୍ଷୟ ତୃତୀୟା ଦିନ ଏହି କୁଣ୍ଡର ପ୍ରଥମ ଉତ୍ତୋଳିତ ଜଳକୁ ନିଲାମ କରାଯାଏ ତଥା ନିଃସନ୍ତାନ ଦମ୍ପତ୍ତି ଏହାକୁ କିଣିକରି ନିଅନ୍ତି।

ଏହି ମନ୍ଦିର ଏଥିପାଇ ପ୍ରସିଦ୍ଧ ଯେ, ଭଗବାନ ଶିବପାର୍ବତୀଙ୍କର ବିବାହ ଶୋଭାଯାତ୍ରା ଅକ୍ଷୟ ତୃତୀୟା ଦିନ ଲିଙ୍ଗରାଜ ମନ୍ଦିରରୁ କେଦାରଗୌରୀ ମନ୍ଦିର ପର୍ଯ୍ୟନ୍ତ ବାହାରିଥାଏ। ମନ୍ଦିର ଭିତରକୁ ପ୍ରବେଶ ଦ୍ୱାରରେ ଯେଉଁ ମୁକ୍ତେଶ୍ୱର ତୋରଣ ଅଛି, ତାହାର କାରୁକାର୍ଯ୍ୟ, ଚିତ୍ରକଳା ଏତେ ସୁନ୍ଦର ଯେ, ତାହା ଓଡ଼ିଶାର ପର୍ଯ୍ୟଟନ ବିଭାଗର ପ୍ରତୀକ ରୂପେ ନିଆଯାଇଛି। କୋଣାର୍କ ରଥଚକ ସହିତ ଏହି ତୋରଣର ଚିତ୍ରକୁ ପର୍ଯ୍ୟଟନ ବିଭାଗ ପ୍ରଥମ ଆକର୍ଷକ ଭାବରେ ସ୍ଥାନିତ କରନ୍ତି।

କେଦାରଗୌରୀ ମନ୍ଦିର ପରିସରରେ ଏବେ ବୃହତ୍ ସୂର୍ଯ୍ୟଘଡ଼ି ଅବସ୍ଥିତ। ବୋଧହୁଏ ପ୍ରାଚୀନ କାଳରେ ନିକଟସ୍ଥ ଲୋକମାନେ ସେହି ଘଡ଼ି ସାହାଯ୍ୟରେ

ସମୟ ନିର୍ଘଣ୍ଟ କରୁଥିଲେ। ପୁରୁଣା ଭୁବନେଶ୍ୱରର ଅଧିବାସୀମାନଙ୍କର ମୁଖ୍ୟ ଇଷ୍ଟଦେବୀ ହେଉଛନ୍ତି ଗୌରୀ ଦେବୀ। ଗୌରୀ ମନ୍ଦିରଟି କେଦାରେଶ୍ୱର ମନ୍ଦିର ଠାରୁ ବୃହତ୍ ଅଟେ। ଗୌରୀ ମନ୍ଦିର ସାମନାରେ ଏକ ପ୍ରାକୃତିକ ଝରଣା ଅବସ୍ଥିତ। ଏହି ଝରଣାର ଜଳ ପୁଷ୍କରିଣୀରେ ପରିବର୍ତ୍ତିତ ହୋଇଛି। ଏହି ପୁଷ୍କରିଣୀର ଜଳ କେବେ ଶୁଖେନାହିଁ ବା କମିଯାଏ ନାହିଁ। ସ୍ଥାନୀୟ ଅଧିବାସୀ ବା ପର୍ଯ୍ୟଟକମାନେ ଏଠାରେ ସ୍ନାନ କରନ୍ତି ତଥା ଆନନ୍ଦ ଅନୁଭବ କରନ୍ତି।

ଅମୃତାୟନ,
୪୫୫, ଶକ୍ତିବିହାର, ଭୁବନେଶ୍ୱର-୧୭
ମୋ - ୯୪୩୭୦

ଉତ୍କଳର ନେତା ନିଜେ ନାରାୟଣ

ଡ. ଉଦ୍ଧବ ଚରଣ ନାୟକ

ଓଡ଼ିଶାର ଦ୍ୱିତୀୟ ଖାରବେଳ ମହାପରାକ୍ରମୀ କପିଳେନ୍ଦ୍ର ଦେବ (୧୪୩୪-୧୪୬୬) ଥିଲେ ଗଙ୍ଗାଠାରୁ ପାନ୍ନାର ପର୍ଯ୍ୟନ୍ତ ସୁବିଶାଳ ଉତ୍କଳ ସମ୍ରାଜ୍ୟର ପ୍ରତିଷ୍ଠାତା। ସେ ସୂର୍ଯ୍ୟବଂଶୀ କ୍ଷତ୍ରିୟ। ସୂର୍ଯ୍ୟବଂଶର ପ୍ରତିଷ୍ଠାତା। ତାଙ୍କର ରାଜଧାନୀ ଥିଲା ଅଭିନବ ବାରାଣସୀ କଟକ। ତାଙ୍କ ଶାସନକାଳର ଶେଷ ସମୟର ଏକ ଘଟଣା -

ସେଦିନ ବସିଛି ଗଜପତି ମହାରାଜା କପିଳେନ୍ଦ୍ରଦେବଙ୍କର ଦରବାର। ଉପସ୍ଥିତ ଅଛନ୍ତି ପାତ୍ର ମନ୍ତ୍ରୀଗଣ, ରାଜପରିଷଦବର୍ଗ, ମନ୍ତ୍ରୀ, ମହାମନ୍ତ୍ରୀ ଆଦି ରାଜନ୍ୟବର୍ଗ। ହେଲେ ମହାମନ୍ତ୍ରୀ କାଶୀନାଥ ସନ୍ଧିବିଗ୍ରହ ମହାପାତ୍ର ଅତ୍ୟନ୍ତ ବିଷଣ୍ଣ ବଦନରେ ମୌନ ହୋଇ ବସିଛନ୍ତି। ତାଙ୍କ ମୌନତାକୁ ଭଙ୍ଗକରି ମହାରାଜ କପିଳେନ୍ଦ୍ର ଦେବ ପଚାରିଲେ, "ମାନନୀୟ ମହାମନ୍ତ୍ରୀ! ବିଷାଦର କାରଣ?" "ବଡ଼ ଗମ୍ଭୀର" ବୋଲି ଗମ୍ଭୀର ସ୍ୱରରେ ଉତ୍ତର ଦେଲେ ମହାମନ୍ତ୍ରୀ। "ଗମ୍ଭୀର!!!" ଦୃଢ଼ ସ୍ୱରରେ ପଚାରିଲେ କପିଳେନ୍ଦ୍ର ଦେବ। "ହଁ ମଣିମା! ଅବସ୍ଥା ବଡ଼ ଗମ୍ଭୀର।" ଶୁଣନ୍ତୁ ବୋଲି କହି ବର୍ଣ୍ଣନା କଲେ ମହାମନ୍ତ୍ରୀ -

"ଗତବର୍ଷ ଭାଦ୍ରବମାସ ଗଣେଶ ଚତୁର୍ଥୀ ପରଠାରୁ ବର୍ଷା ବନ୍ଦହୋଇ ଏବେ ଶ୍ରାବଣ ସରି ଭାଦ୍ରବ ପ୍ରବେଶ କରିବାକୁ ବସିଲାଣି, ବୁନ୍ଦେମାତ୍ର ଜଳ ବର୍ଷା ନାହିଁ। ବିଲବାଡ଼ି ପଡ଼ିଆ। ହା ହା କରୁଛି ଜମିବାଡ଼ି! ଖାଲି ସେତିକି ନୁହେଁ, ନଈନାଳ, କୁଅପୋଖରୀ ଚାରିଆଡ଼ ଶୁଖିଲା। ଜଳର ଘୋର ଅଭାବ। କେଉଁଠି ହେଲେ ପାଣି

ଟୋପେ ନାହିଁ। ଯଦି ଏପରି ବର୍ଷାଭାବ ଘଟେ, ଲୋକେ ଖାଇବାକୁ ପାଇବା ତ ଦୂରର କଥା, ପାଣି ମୁନ୍ଦିଏ ନ ପାଇ ପୋକମାଛି ପରି ମରିଯିବେ। ବେପାର ବଣିଜ ପୂରାପୂରି ଠପ୍। ସମଗ୍ର ଓଡ଼ିଶାରେ ଏପରି ଦଶା। ଗଙ୍ଗାଠାରୁ ଗୋଦାବରୀ ଯାଏ ଏପରି ଭୟାନକ ପରିସ୍ଥିତି ମଣିମା! ଆପଣ ଏ ଦେଶର ରାଜା, ରାଷ୍ଟ୍ରାଧିପତି। ପ୍ରଜାପାଳକ। ଆପଣ ନବୁଝିଲେ ଆଉ ବୁଝିବ କିଏ?"

ଗଜପତି ମହାରାଜା ଦୃଢ଼କଣ୍ଠରେ ପଚାରିଲେ, ଦେବରାଜ ଏପରି ଅବିଚାର କରିବାର କାରଣ କ'ଣ ହୋଇପାରେ? ଏ ରାଷ୍ଟ୍ରର ରାଜା ମୁଁ ନୁହେଁ। ଜଗତର ନାଥ ସ୍ୱୟଂ ଜଗନ୍ନାଥ ହେଉଛନ୍ତି ଏହି ରାଷ୍ଟ୍ରର ମାଲିକ - ଶାସକ। ମୁଁ କେବଳ ତାଙ୍କର ରାଉତ, ସେବକ ମାତ୍ର। ମହାପ୍ରଭୁ ଜଗତରନାଥ ଶ୍ରୀଶ୍ରୀଶ୍ରୀଜଗନ୍ନାଥ ଯେଉଁ ରାଷ୍ଟ୍ରରେ ବିରାଜମାନ କରିଛନ୍ତି - ସେଠାରେ ପୁଣି ଇନ୍ଦ୍ରଙ୍କର ଏପରି ଅବିଚାର! ଏ ସବୁ କଥା ଆମେ ମହାପ୍ରଭୁଙ୍କୁ ଜଣାଇଦେବା ଉଚିତ। ଏଥି ସହିତ ଶ୍ରୀଜଗନ୍ନାଥ ମହାପ୍ରଭୁଙ୍କ ତରଫରୁ ଆମଆଡ୍ରୁ ଦେବରାଜ ଇନ୍ଦ୍ରଙ୍କୁ ଏ ସମ୍ପର୍କରେ ପତ୍ର ଲେଖି ଜଣାଇଦେବା ନିହାତି ଦରକାର। ଯଦି ଇନ୍ଦ୍ର ଆମ ପତ୍ର ପ୍ରତି କର୍ଣ୍ଣପାତ ନକରନ୍ତି, ତେବେ ମହାପ୍ରଭୁଙ୍କୁ ପ୍ରାର୍ଥନାକରି ତାଙ୍କୁ ଇନ୍ଦ୍ରପଦରୁ ହଟାଇ ଅନ୍ୟ ଦେବତାଙ୍କୁ ଇନ୍ଦ୍ରପଦରେ ଅଧିଷ୍ଠିତ କରିବାକୁ ପଡ଼ିବ। ଏବେ ବି ସମୟ ଅଛି, ବର୍ଷାହେଲେ ଲୋକେ ଶାନ୍ତିରେ ନିଃଶ୍ୱାସ ମାରି ଆଶ୍ୱସ୍ତିଲାଭ କରିବେ।

ଦରବାରରେ ଉପସ୍ଥିତ ରାଜନ୍ୟବର୍ଗ, ବିଦ୍ୱାନ ମଣ୍ଡଳୀ ଓ ଅନ୍ୟାନ୍ୟ ରାଜକର୍ମଚାରୀମାନେ ଗଜପତି ମହାରାଜାଙ୍କ ମୁହଁରୁ ଏମିତି କଥା ଶୁଣି ବିସ୍ମିତ ହୋଇଗଲେ। ଏ କ'ଣ କହୁଛନ୍ତି ଓଡ଼ିଶାର ଗଜପତି ମହାରାଜା କପିଳେନ୍ଦ୍ରଦେବ। ତାଙ୍କର କ'ଣ ମତିଭ୍ରମ ହେଲାଣି ବୋଲି ନିଜ ନିଜ ଭିତରେ କୁହାକୁହି ହେଲେ। ଦରବାର ନିସ୍ତବ୍ଧ, ନିରବ। ମହାମନ୍ତ୍ରୀ କାଶୀନାଥ ସନ୍ଧିବିଗ୍ରହ ମହାପାତ୍ର ମନେମନେ ଭାବିଲେ - ସମ୍ରାଟଙ୍କ ଆଦେଶରେ ଦେବରାଜ ଇନ୍ଦ୍ରଙ୍କୁ ପତ୍ର ଲେଖିଲେ କ'ଣ ସେ ବର୍ଷା କରିଦେବେ? ଯଦି ତାଙ୍କ ନିକଟକୁ ପତ୍ର ଲେଖାହେବ - ତେବେ ତାହା କେମିତ ତାଙ୍କ ପାଖରେ ଯାଇ ପହଞ୍ଚିବ? ଏମିତି ଅନେକ କଥା ଭାବିଭାବି ମହାମନ୍ତ୍ରୀ ଭାବନା ରାଜ୍ୟରେ ବୁଡିଗଲେ।

ମହାମନ୍ତ୍ରୀଙ୍କ ଭାବନାରେ ପୂର୍ଣ୍ଣଚ୍ଛେଦ ଟାଣି କପିଳେନ୍ଦ୍ରଦେବ ଆଦେଶ କଲେ, "ମହାମନ୍ତ୍ରୀ! କାଳ ବିଳମ୍ବ ନ କରି ଏହିକ୍ଷଣି ଦେବରାଜ ଇନ୍ଦ୍ରଙ୍କୁ ପତ୍ର ଲେଖନ୍ତୁ। ମହାପ୍ରଭୁ ଶ୍ରୀଜଗନ୍ନାଥଙ୍କ ତରଫରୁ ମୁଁ ସେହିପତ୍ରରେ ଦସ୍ତଖତ କରିବି। କାରଣ ମୁଁ ମହାପ୍ରଭୁଙ୍କ ରାଉତ। ପ୍ରଭୁ ନିଜେ ହେଉଛନ୍ତି ଗଙ୍ଗାରୁ ଗୋଦାବରୀ ଯାଏ ପ୍ରଶସ୍ତ

ହୋଇଥିବା ସମଗ୍ର ଭୂଖଣ୍ଡର ମାଲିକ। ଆଜି ମୋର ପ୍ରଭୁ ଜଗନ୍ନାଥ ମହାପ୍ରଭୁଙ୍କର ଶାସିତ ରାଜ୍ୟରେ ଜଳବର୍ଷା ନ ହୋଇ ଅପାଳକ ପଡିଛି। ଏକଥା ମୁଁ ବରଦାସ୍ତ କରିପାରିବି ନାହିଁ। ଏଇକ୍ଷଣି ଦେବରାଜ ଇନ୍ଦ୍ରଙ୍କୁ ପତ୍ର ଲେଖିବାକୁ ହେବ ହିଁ ହେବ।"

ମହାମନ୍ତ୍ରୀ କହିଲେ, "ମଣିମା ! କେଉଁ ଭାଷାରେ ଇନ୍ଦ୍ରଙ୍କୁ ପତ୍ର ଲେଖାଯିବ ?" କପିଳେନ୍ଦ୍ରଦେବ କହିଲେ, "ଦେବତାମାନଙ୍କର ଭାଷା ସଂସ୍କୃତ। ଲିପି ହେଉଛି ଦେବନାଗରୀ। ଆମ ଜଗନ୍ନାଥ ଦେଶର ଓଡ଼ିଆଭାଷାରେ ଦେବନାଗରୀ ଲିପିରେ ଚିଠିଟି ଲେଖାଯାଉ। ଶୁଣ, ବିଭିନ୍ନ ଅଞ୍ଚଳରେ ବିଭିନ୍ନ ଭାଷାଭାଷୀ ଭକ୍ତମାନେ କ'ଣ ସଂସ୍କୃତ ଭାଷାରେ ଦେବତାମାନଙ୍କୁ ସେମାନଙ୍କ ଦୁଃଖ ଜଣାଇ ପ୍ରାର୍ଥନା କରନ୍ତି ? ନା, ସମସ୍ତେ ନିଜ ନିଜ ମାତୃଭାଷାରେ ଦେବତାମାନଙ୍କୁ ଦୁଃଖ ଜଣାନ୍ତି। ଆମ ଓଡ଼ିଆ ଭାଷାରେ ପତ୍ରଟି ଲେଖାଯାଉ। ସେ ନିଶ୍ଚୟ ବୁଝିପାରିବେ। ଆମ ଦୁଃଖ ଶୁଣିବେ।" ପୁଣି ମହାମନ୍ତ୍ରୀଙ୍କ ମନରେ ଦ୍ୱନ୍ଦ୍ୱ - ପତ୍ର ସିନା ଲେଖାଯିବ, କେଲେ ତାହା ଦେବରାଜ ଇନ୍ଦ୍ରଙ୍କ ପାଖରେ ପହଞ୍ଚିବ କେମିତି ? ଏ ସମ୍ପର୍କରେ କୌଣସି ସିଦ୍ଧାନ୍ତରେ ଉପନୀତ ହେବାପୂର୍ବରୁ ଗଜପତିଙ୍କ ଆଦେଶରେ ଚିଠି ଲେଖିବସିଲେ। ହାତରେ ଲେଖନୀ ଓ ତାଳପତ୍ର। ସେ ଲେଖିଲେ -

"ଶ୍ରୀଶ୍ରୀଶ୍ରୀଜଗନ୍ନାଥ ମହାପ୍ରଭୁଙ୍କ ଚରଣତଳେ କୋଟି କୋଟି ଶରଣଃ

ବୀର ଶ୍ରୀ ଗୌଡ଼େଶ୍ୱର ନବକୋଟି କର୍ଣ୍ଣାଟୋତ୍କଳ ବର୍ଗେଶ୍ୱର ଅଭିରାଏ ଭୂତଭୈରବ ଦୁଃଶହ ଦୁଃଶାସନ ଅନିକରଣେ ରାଉତରାଏ ଅତୁଳବଳ ପରାକ୍ରମ ସଂଗ୍ରାମ ସହସ୍ରବାହୁ କ୍ଷତ୍ରିୟକୁଳ ଧୂମକେତୁ ବୀରାଧିବୀରବର ପ୍ରତାପୀ ଶ୍ରୀଶ୍ରୀଶ୍ରୀ ମହାରାଜ କପିଳେନ୍ଦ୍ରଦେବ ଯେକି ତ୍ରିଭୁବନର ଈଶ୍ୱର ଶ୍ରୀଶ୍ରୀଶ୍ରୀଜଗନ୍ନାଥ ଦେଶର ରକ୍ଷାପାଇଁ ନିୟୋଜିତ। ସେ ସ୍ୱର୍ଗର ଦେବତାଶ୍ରେଷ୍ଠ ଇନ୍ଦ୍ରଙ୍କୁ ଯଥାସମ୍ମାନ ପ୍ରଦାନକରି ଶ୍ରୀଶ୍ରୀଶ୍ରୀଜଗନ୍ନାଥ ରାଜ୍ୟର ମଙ୍ଗଳ ବିଧାନ ପାଇଁ ଏହି ପତ୍ର ଲେଖୁଛନ୍ତି।

ଲେଖିବାର କାରଣ ଏହିକି, ହେ ଦେବଶ୍ରେଷ୍ଠ ଇନ୍ଦ୍ର ! ଆପଣଙ୍କ ସଦୟ ଅବଗତି ନିମନ୍ତେ ଜଣାଉଅଛି କି, ଏକବର୍ଷ ହେବ ଜମ୍ବୁଦ୍ୱୀପ ଭାରତଖଣ୍ଡ ଓଡ୍ରରାଷ୍ଟ୍ରମଣ୍ଡଳ ଯାହାକି ଗଙ୍ଗାଠାରୁ ଦକ୍ଷିଣସାଗର ଯାଏ ବ୍ୟାପ୍ତ ସେହି ରାଜ୍ୟରେ ବର୍ଷା ନାହିଁ। ତୁରନ୍ତ ବର୍ଷା ନ ହେଲେ ଏ ଜଗନ୍ନାଥ ରାଜ୍ୟରେ ଅକାଳ ପଡ଼ିଯିବ। ପ୍ରଜାମାନେ ଦେଶାନ୍ତରୀ ହୋଇଯିବେ। ତେଣୁ ଶ୍ରୀଶ୍ରୀଶ୍ରୀଜଗନ୍ନାଥ ମହାପ୍ରଭୁଙ୍କର ତରଫରୁ ଆମ୍ଭେ ଜଣାଉଛୁ କି ଶୀଘ୍ର ଜଳବୃଷ୍ଟି ନିମନ୍ତେ ମେଘମାନଙ୍କୁ ଆଦେଶ ପ୍ରଦାନ କରନ୍ତୁ। ଆମ୍ଭେ ଶ୍ରୀଶ୍ରୀଶ୍ରୀଜଗନ୍ନାଥ ମହାପ୍ରଭୁଙ୍କର ରାଉତ ମାତ୍ର। କେବଳ ରାଜ୍ୟର ମଙ୍ଗଳ ନିମନ୍ତେ ଓ ଲୋକଙ୍କର କଲ୍ୟାଣ ପାଇଁ ଏହି ପତ୍ର ଲେଖିଲୁ। ଦୋଷାଦୋଷ କ୍ଷମା କରିବେ......"

ମହାମନ୍ତ୍ରୀ ପତ୍ରଟି ଲେଖି ଗଜପତି କପିଳେନ୍ଦ୍ର ଦେବଙ୍କଠାରୁ ଦସ୍ତଖତ କରାଇ ଆଣିଲେ। ପତ୍ରଟି ଦସ୍ତଖତ କରି ଗଜପତି ନଅର ଭିତରକୁ ଚାଲିଗଲେ। ଏବେ ପତ୍ରଟି ଇନ୍ଦ୍ରଙ୍କ ପାଖକୁ କେମିତି ଯିବ? ଏ ଦାୟିତ୍ୱ ମହାମନ୍ତ୍ରୀଙ୍କର। ଅନନ୍ୟୋପାୟ ହୋଇ ମହାମନ୍ତ୍ରୀ ଏବେ ପ୍ରାର୍ଥନା କଲେ ଶ୍ରୀଶ୍ରୀଶ୍ରୀଜଗନ୍ନାଥ ମହାପ୍ରଭୁଙ୍କୁ - "ହେ ଜଗତର ସାଇଁ, ଜଗନ୍ନାଥ କାଳିଆ ସାଆନ୍ତ! ତୁ ହିଁ ଏକା ମୋର ସାହା ଭରସା। ମୁଁ ବ୍ରାହ୍ମଣପିଲା। ମୋ ନାଁ ଥିଲା କାଶିଆ। ମୋର ବାଲ୍ୟବନ୍ଧୁ କପିଳା। ଚଷାଘରର ପିଲା। ଏବେ ତୋରି ଦୟାରୁ ସେ ଏବେ ହୋଇଛି ଗଜପତି ମହାରାଜା ମହାପ୍ରତାପୀ କପିଳେନ୍ଦ୍ର ଦେବ। ସେ ମୋତେ କାଶିଆରୁ କରିଦେଇଛି କାଶୀନାଥ ସନ୍ଧିବିଗ୍ରହ ମହାପାତ୍ର। ବାଲ୍ୟକାଳର ଶପଥ ଅନୁଯାୟୀ ସେ ମୋତେ ମହାମନ୍ତ୍ରୀ ଆସନରେ ବସାଇଛି। ଏବେ ମହାବିପଦରେ ମହାମନ୍ତ୍ରୀ। ଗଜପତି କପିଳେନ୍ଦ୍ରଦେବ ମୋର ପିଲାଦିନର ସାଙ୍ଗ କପିଳା ହେଲେ ବି ସେ ମୋତେ ଆଦୌ କ୍ଷମା ଦେବନାହିଁ ଯଦି ମୁଁ ଦେବରାଜ ଇନ୍ଦ୍ରଙ୍କ ପାଖକୁ ପତ୍ରଟି ପଠାଇ ନପାରିଲି। ତା ପ୍ରତାପରୁ ମୋତେ ରକ୍ଷାକର ହେ ମହାମେରୁ ଜଗନ୍ନାଥ ଗୋସେଇଁ!"

ହଠାତ୍ ମହାମନ୍ତ୍ରୀଙ୍କ ମୁଣ୍ଡକୁ ଗୋଟିଏ ବୁଦ୍ଧି ଢୁକିଗଲା। ତାକୁ କେମିତି କିଏ କହୁଛି, "ଆହେ ମହାମନ୍ତ୍ରୀ! ଏଇଥିପାଇଁ ଏତେ ବ୍ୟସ୍ତ? ଚିଠି ନେବା ଆଣିବା ହେଲା ଡଗରର କାମ।" ଆଜିକାଲି ଅଫିସ୍ କଚେରି, ଅଦାଲତରେ ଡାକ ପିଅନ ପଦବୀ ପରି ସେତେବେଳେ ସମ୍ବାଦ ପରିବହନ କରୁଥିଲେ ଡଗର। ମହାମନ୍ତ୍ରୀ ବହୁ ଖୁସି ହୋଇଗଲେ। ଚିନ୍ତାରାଜ୍ୟରୁ ଫେରିଆସିଲେ। ଟିକିଏ ମୁରୁକି ହସାଦେଇ ମନକୁ ମନ ସାନ୍ତ୍ୱନା ଦେଲେ। ଯାହା ହେଉ, ମୁଣ୍ଡରୁ ଚିନ୍ତା ଗଲା। 'ମାର ମାର ଭଣ୍ଡାରିଆକୁ ମାର' ନ୍ୟାୟରେ କଟୁଆଳକୁ ଆଦେଶ ଦେଲେ, "ଶୀଘ୍ର ଯାଇ ଡଗରକୁ କୁହ ମୋତେ ଏଇ ମୁହୂର୍ତ୍ତକ ମଧ୍ୟରେ ଆସି ଦେଖାଦେବ।" ଡଗର ତତକ୍ଷଣାତ୍ ଆସି ହାଜର ହୋଇଗଲା ମହାମନ୍ତ୍ରୀଙ୍କ ସମ୍ମୁଖରେ। ମହାମନ୍ତ୍ରୀ କଡ଼ା ହୁକୁମ୍ ଦେଇ କହିଲେ, "ଦେଖ ଡଗର! ଏଇ ପତ୍ରଟିକୁ ନେଇ ସ୍ୱର୍ଗର ଦେବରାଜ ଇନ୍ଦ୍ରଙ୍କୁ ଦେଇ ତହିଁର ଉତ୍ତର ତୁରନ୍ତ ନେଇ ଫେରିବ। ଏହା ହେଉଛି ବୀରାଧିବୀରବର ଗଜପତି କପିଳେନ୍ଦ୍ର ଦେବଙ୍କ ଆଦେଶ। ତୁମେ ତ ଜାଣ ତାଙ୍କ ହୁକୁମ୍ ଅମାନ୍ୟ କଲେ ମାଛି ବି ନବଖଣ୍ଡ ହୋଇଯାଏ। ଆଉ ତୁମେ ତ ହେଲ ଛାର ଡଗର। ଗଜପତିଙ୍କର ଆଦେଶ ପାଳନ ନ କଲେ କାନ୍ଧ ଉପରେ ମୁଣ୍ଡ ରହିବ ନାହିଁ। ଏମିତି କି ତୁମର ବଂଶ ନିପାତ ହୋଇଯାଇ ପାରେ। ଯମରାଜଙ୍କୁ ଠକିଦେଇ ହେବ, କିନ୍ତୁ ମହାପ୍ରତାପୀ ଗଜପତି କପିଳେନ୍ଦ୍ରଙ୍କୁ ନୁହେଁ। ଯାଅ, କାଳ ବିଳମ୍ବ ନ କରି ଶୀଘ୍ର ଯାଅ। କାର୍ଯ୍ୟ ସମ୍ପାଦନ କରି ଯେମିତି ଶୀଘ୍ର

ଫେରିଆସିବ ସେଥିପ୍ରତି ଦୃଷ୍ଟିଦେବ। ଆମ ରାଜ୍ୟରେ ବର୍ଷେହେଲା ଇନ୍ଦ୍ର ବର୍ଷା କରୁ ନ ଥିବାରୁ ତାଙ୍କ ପାଖକୁ ଗଜପତି ମହାରାଜା ଲେଖିଛନ୍ତି। ପୁଣି କହି ଦେଉଛି, ତୁମେ କାର୍ଯ୍ୟରେ ଟିକିଏ ହେଲେ ହେଳା କରିବନାହିଁ।"

ବିଚରା ଡଗର ଫସିଗଲା ବଡ଼ ବିପତ୍ତିରେ। କାହିଁ ସ୍ୱର୍ଗପୁରର ଇନ୍ଦ୍ରଭୁବନ ଆଉ କାହିଁ ବିଚରା ଏ ଛୋଟ ରାଜକର୍ମଚାରୀ ଡଗର!!! ଥର ଥର ହାତରେ ସେ ପତ୍ରଟିକୁ ମହାମନ୍ତ୍ରୀଙ୍କ ହାତରୁ ଗ୍ରହଣକଲା। ମନଦୁଃଖରେ ରାଜଦରବାର ଛାଡ଼ିଲା। ଯିବ କେଉଁଆଡେ, ସ୍ୱର୍ଗକୁ ବାଟ କାହିଁ? ଏହି ମହାବିପତ୍ତିରୁ ସେ ତ୍ରାହି ପାଇବ କେମିତି? ଆଖିରୁ ତାର ବୋହି ପଡୁଥାଏ ଥପଥପ ହୋଇ ଲୁହର ଧାର। ସେ ନିଜେ ମରିଗଲେ କିଛି ପରବାୟ ନାହିଁ, ହେଲେ ସେ ଏଇ କାମ କରିବାରେ ଅସଫଳ ହେଲେ ତାର ବଂଶ ନିବଂଶ ହୋଇଯିବ! ଠକ୍ ଠକ୍ କରି ମହାମନ୍ତ୍ରୀଙ୍କର ଏଇ କଥା କେଇପଦ ତା ଛାତିକି ଆଘାତ ଦେଉଥାଏ।

ତଥାପି ସେ ଚାଲିଛି। ରାଜଧାନୀ ବାରଣସୀ କଟକ ତ୍ୟାଗକରି ସେ ବଣବିଲ ନଈନାଳ ଅତିକ୍ରମକରି ଚାଲିଛି। ଆଉ ପ୍ରାର୍ଥନା କରୁଛି ମହାପ୍ରଭୁ ଜଗନ୍ନାଥଙ୍କୁ, "ହେ ମହାବାହୁ! ତୁ କାଳେ କାଳେ ତ ଅସହାୟର ସହାୟକ ସାଜିଛୁ। ଭକ୍ତମାନଙ୍କୁ ମହା ମହା ବିପତ୍ତିରୁ ରକ୍ଷାକରିଛୁ। ଦ୍ରୌପଦୀର ଲଜ୍ଜା ନିବାରଣ କରିଛୁ - ମୋ ପାଇଁ କ'ଣ ତୋ ମନରେ ଟିକିଏ ଦୟା ନାହିଁ? ହେ ଦୟାର ସାଗର! ମୁଁ ହେଲି ତୋ ରାଜ୍ୟର ସବୁଠାରୁ କ୍ଷୁଦ୍ର ରାଜକର୍ମଚାରୀ। ତୁ ମୋର ଗୁହାରି ନଶୁଣିଲେ ତୋତେ ନିନ୍ଦା ହେବ। ତୋର କିରୀଟୀ ଚନ୍ଦ୍ରମାରେ କଳଙ୍କ ଲାଗିଯିବ।" ଡଗର ପ୍ରାର୍ଥନା କରୁଥାଏ ଆର୍ତ୍ତକଣ୍ଠରେ - ଆଉ ଅଭିମାନଭରା ସ୍ୱରରେ ମନଖୋଲି ଶ୍ରୀଜଗନ୍ନାଥ ମହାପ୍ରଭୁଙ୍କୁ ତାର ବେଦନା ଜଣାଇ ବାଟ ଚାଲୁଥାଏ। ହଠାତ୍ ତା ଆଗରେ ଦେଖାଦେଲେ ଜଣେ ବାଟୋଇ ବ୍ରାହ୍ମଣ ଗୋସେଇଁ। ଦେଖିବାକୁ କଳା କିଟିକିଟି। କାନ୍ଧରେ ଗଣ୍ଠିଲି। ହାତରେ ବଙ୍କୁଲିବାଡି। ବୟସ୍କ, ଆଖିରୁ ଲେଞ୍ଜରା ବୋହିପଡୁଛି। ସେ ଦେଖିଲେ ରାଜାର ଡଗର କାନ୍ଦି କାନ୍ଦି ବାଟ ଚାଲୁଛି। କଅଁଳ ସ୍ୱରରେ କହିଲେ, "କିରେ ଡଗର ଭାଇ! ତୁ କାନ୍ଦି କାନ୍ଦି କୁଆଡ଼େ ଧପଡ଼ିଛୁ? ତୋର କ'ଣ ହୋଇଛି? ତୁ ପରା ମହାପ୍ରତାପୀ ଗଜପତି ରାଜା କପିଳେନ୍ଦ୍ର ଦେବଙ୍କର ଡଗର! ତାଙ୍କର ଖାସ୍ ଲୋକ! ତୋ ଆଖିରେ ପୁଣି ଲୁହ! ଅନ୍ୟମାନଙ୍କ କଥା ତେବେ ଆଉ କ'ଣ କହିବା?"

ଭକ୍ତି ସହକାରେ ଡଗର ଗୋସେଇଁଙ୍କୁ ମୁଣ୍ଡିଆଟିଏ ମାରିଲା। କାନ୍ଦିକାନ୍ଦି ସବୁକଥା ଏକା ରାହାରେ ବଖାଣି ଗଲା। ଗୋସେଇଁ ସବୁକଥା ଶୁଣି ହସିହସି କହିଲେ, "ଆରେ ପାଗଳା! ଇନ୍ଦ୍ରଙ୍କୁ ଚିଠିଦେବାପାଇଁ ତୁ ସ୍ୱର୍ଗକୁ ଯିବୁ କାହିଁକି? ଆରେ ଇନ୍ଦ୍ରପରା ନିତି

ଆମ ମର୍ତ୍ତ୍ୟପୁରକୁ ଆସୁଛନ୍ତି। କିଛି ସମୟ ରହି ପୁଣି ଫେରିଯାଉଛନ୍ତି। ସେତିକିବେଳେ ଓର ଉଣ୍ଡି ତାଙ୍କ ହାତକୁ ରାଜା ଦେଇଥିବା ପତ୍ରଟା ବଢ଼େଇଦେବୁ। ଆଉ ସିଏ ନିଶ୍ଚୟ ତୋ ଚିଠିର ଉତ୍ତର ଦେଇଦେବେ। ତୋର ମୁଣ୍ଡକାଟ ହେବନାହିଁକି ତୋ ବଂଶ ନିପାତ ହେବାର ପ୍ରଶ୍ନ ବି ଉଠୁନାହିଁ।" ଗୋସେଇଁଙ୍କ କଥାଶୁଣି ଡଗର ଖାଲି ବଲବଲ କରି ତାଙ୍କ ମୁହଁକୁ ଚାହିଁ ରହିଲା। ଗୋସେଇଁ ଠଉରେଇ ନେଲେ ଯେ, ଦୁଃଖରେ ମ୍ରିୟମାଣ ହୋଇପଡ଼ିଥିବା 'ଡଗର ବାପୁଡ଼ା' ତାଙ୍କ କଥାର ମର୍ମ ବୁଝିପାରୁ ନାହିଁ। ଡଗର ପୁଣି ବାଇଆଙ୍କ ପରି ପଚାରିଲା, "ହେ ଗୋସେଇଁ ମହାପ୍ରୁ! ଇନ୍ଦ୍ରରାଜା କେତେବେଳେ କୋଉଠିକି ଆସୁଛନ୍ତି ମୋତେ ଟିକିଏ ଭଲକରି ବୁଝେଇକରି କୁହନା! ଆଉ ତାଙ୍କସହ ମୋର ସାକ୍ଷାତ କେମିତି ହେବ, ଆଉ ମୋଠାରୁ କେମିତି ଚିଠି ନେଇ ତାର ଉତ୍ତର ଦେବେ। ତାପରେ ମୋର ମୁଣ୍ଡ ରହିଯିବ, ମୋ ବଂଶ ରକ୍ଷା ପାଇଯିବ - ଟିକିଏ ଭଲକରି ବୁଝାଇକରି କୁହନ୍ତୁ ନା।"

ଗୋସେଇଁ କହିଲେ, "ଆରେ ପାଗଳ! ପ୍ରଭୁ ଜଗନ୍ନାଥ ହେଉଛନ୍ତି ଜଗତର ନାଥ, ବିଶ୍ୱବ୍ରହ୍ମାଣ୍ଡର କର୍ତ୍ତା। ତାଙ୍କର ଦର୍ଶନପାଇଁ ସ୍ୱର୍ଗରୁ ତେତିଶକୋଟି ଦେବତା ପ୍ରତ୍ୟେକଦିନ ପାହାନ୍ତା ପହରରେ ଶ୍ରୀମନ୍ଦିରକୁ ଆସନ୍ତି। ଅନ୍ୟ କେହି ଠାକୁରଙ୍କୁ ଦର୍ଶନ କରିବା ପୂର୍ବରୁ ସେମାନେ ଜଗତର ନାଥ ଶ୍ରୀଶ୍ରୀଶ୍ରୀଜଗନ୍ନାଥ ମହାପ୍ରଭୁଙ୍କୁ ଦର୍ଶନକରି ସ୍ୱର୍ଗକୁ ଫେରିଯାଆନ୍ତି। ତୁ ଯେବେ ସେହି ସମୟରେ ଇନ୍ଦ୍ରଙ୍କୁ ତୋର ପତ୍ରଖଣ୍ଡିକ ଦେଇପାରିବୁ, ସେ ତାର ଉତ୍ତର ସଙ୍ଗେସଙ୍ଗେ ସେଇଠି ତୋତେ ଦେଇଦେବେ।"

ଡଗର କହିଲା, "ହଁ ଯେ ଗୋସେଇଁ ମହାପୁରୁ, ସେତେବେଳକୁ ତ ପହଡ଼ ଫିଟି ନ ଥିବ ମୁଁ ଶ୍ରୀମନ୍ଦିର ଭିତରକୁ ଯିବି କେମିତି ?"

ଗୋସେଇଁ କହିଲେ, "ଆରେ! ତୁ କି କଥା କହୁଛୁ ? ତୁ ପରା ମହାପ୍ରତାପୀ କପିଳେନ୍ଦ୍ର ଦେବଙ୍କର ଡଗର। ତୋତେ ପୁଣି ମନ୍ଦିର ଭିତରକୁ କିଏ ଛାଡ଼ିବ ନାହିଁ ? ଏଢ଼େ ବହପ ପଣ୍ଡାମାନଙ୍କର! ଆରେ ଶୁଣ! ସବୁ ସତକଥା ସେମାନଙ୍କ ଆଗରେ କହିଦେବୁ। ଆଉ ଯଦି ସେମାନେ ତୋତେ ନ ଛାଡ଼ନ୍ତି, ତ ସେଇକଥା ଯାଇ ତୋ ଗଜପତିଙ୍କୁ କହିଦେବୁ ବୋଲି କହିବୁ। ବେହିପୁଏ ଯିବେ କୁଆଡ଼େ ଗୋଟି ଗୋଟି କରି ହଣା ହେବେ ନାହିଁ!"

ଗୋସେଇଁଙ୍କ କଥା ଡଗର ମନକୁ ବେଶ୍ ପାଇଲା। ସେ ହେଣ୍ଡିଟାଏ ମାରିଦେଲା। ତା କାନ୍ଧ କୁଆଡ଼େ ଉଭେଇଗଲା। ସେ ତ ଗୋସେଇଁଙ୍କ ସହ କଥାବାର୍ତ୍ତା ହୋଇ ଆସୁଥିଲା। ହେଲେ ଗୋସେଇଁ କୁଆଡ଼େ ଉଭାନ୍ ହୋଇଗଲେ। ଇଏ ତ ବଡ଼ ଆଶ୍ଚର୍ଯ୍ୟ କଥା। ଟିକିଏ ଠିଆହୋଇ ଡଗର କ୍ଷଣମାତ୍ର ଭାବିଲା। କଥାଟା ସିଏ ଠିକ୍‌ରେ

ବୁଝିଗଲା । ଗୋସେଇଁ ଆଉ କେହି ନୁହନ୍ତି, ସେ ଯାହାକୁ ଦୁଃଖଭରା କଣ୍ଠରେ ପ୍ରାର୍ଥନା କରୁଥିଲା ସେ ହେଉଛନ୍ତି ସେଇ ଭକ୍ତର ଦୁଃଖହାରୀ ଦୀନବନ୍ଧୁ ଦଇତାରି, ଜଗତର ନାଥ ନୀଳାଦ୍ରୀବିହାରୀ ଶ୍ରୀଶ୍ରୀଶ୍ରୀଜଗନ୍ନାଥ । ଭକ୍ତ ସଙ୍କଟରେ ପଡ଼ିଲେ ସେ ରକ୍ଷା କରନ୍ତି । ତା ପାଟିରୁ ସ୍ୱତଃ ବାହାରି ପଡ଼ିଲା - 'ଜୟ ଜଗନ୍ନାଥ !'

ଗଜପତି ମହାରାଜା କପିଳେନ୍ଦ୍ର ଦେବଙ୍କର ପତ୍ର ଖଣ୍ଡିକ ହାତରେ ଧରି ଶ୍ରୀକ୍ଷେତ୍ର ଅଭିମୁଖେ ଯାତ୍ରାକଲା । ମନରେ ଅସୁମାରି ବଳ । ଯାଇ ପହଞ୍ଚିଲା ଶ୍ରୀକ୍ଷେତ୍ରରେ । ତାର ଆଉ "ଡର କାହାକୁ ନା ଭୟ କାହାକୁ, ଠାକୁରେ ଅଛନ୍ତି ଚଉବାହାକୁ ।" ସେ ଗୋଟିଏ କଥା ଖାଲି ବେଦର ଗାର ପରି ମନରେ ରଖିଲା । ଇନ୍ଦ୍ରଙ୍କୁ ପତ୍ର ଦେବାରେ ଯିଏ ବାଧା ସୃଷ୍ଟି କରିବ, ତା ବିରୁଦ୍ଧରେ ଗଜପତିଙ୍କ ପାଖରେ ଅଭିଯୋଗ କରିବ ।

ପ୍ରଥମେ ଡଗର ଭେଟିଲା ଦେଉଳକରଣଙ୍କୁ । ସାଷ୍ଟାଙ୍ଗ ପ୍ରଣିପାତ ଜଣାଇଲା । ଆଉ ଗଜପତିଙ୍କର ପତ୍ରଟି ଦେଖାଇଲା । ସବୁକଥା ଗୋଟି ଗୋଟି କରି କହିଲା ।

ଦେଉଳକରଣ କହିଲେ, "ହଁ ରେ ବାବୁ, ଆମେ ସମସ୍ତେ ଜାଣୁ ଯେ, ପ୍ରତିଦିନ ପାହାନ୍ତାରେ ସ୍ୱର୍ଗର ଦେବତାମାନେ ମହାପ୍ରଭୁ ଜଗନ୍ନାଥଙ୍କ ଦର୍ଶନ ପାଇଁ ଆସନ୍ତି । ହେଲେ ତୁମଠାରୁ ଇନ୍ଦ୍ର ଗଜପତିଙ୍କ ପତ୍ରଟି ନେଇ ତାର ଉତ୍ତର ଦେବେ କି ନାହିଁ । ସେକଥା ମୁଁ ତ କହିପାରିବି ନାହିଁ । ବଡ଼ଶିଙ୍ଗାର ବେଶପରେ ଦିଅଁମାନଙ୍କୁ ଶୁଆଇଦେଇ ମୁଦୁଲି କବାଟ ବନ୍ଦକରି ଚାଲିଯାଆନ୍ତି । ତା ଭିତରକୁ ତ କେହି ଯିବାର ପ୍ରଥା ନାହିଁ । ହଁ, ଏତିକି ଆମେ କରିପାରୁ, ଗଜପତି ମହାରାଜା ଦେଇଥିବା ଚିଠିଟିକୁ ରତ୍ନସିଂହାସନ ତଳେ ରଖି ଦେଇପାରୁ । ଆଉ ତାହା ଦେବରାଜ ଇନ୍ଦ୍ରଙ୍କ ଦୃଷ୍ଟିକୁ ଆସିଲେ ସେ ତାକୁ ପଢ଼ି ଉତ୍ତର ଦେଇପାରନ୍ତି ।"

"ନାଇଁ ନାଇଁ ସେକଥା ହେଇ ପାରିବ ନି । ଗଜପତି ରାଜାଙ୍କ ଆଦେଶ ପତ୍ରଟିକୁ ମୁଁ ନିଜେ ଇନ୍ଦ୍ରଙ୍କ ହାତରେ ଦେଇ ତାଙ୍କଠାରୁ ଉତ୍ତର ଆଣିବି । ରତ୍ନସିଂହାସନ ତଳେ ପତ୍ରଟିକୁ ରଖିଦେଲେ ଚଳିବନାହିଁ" ବୋଲି ଡଗର ଦେଉଳକରଣ ଆଗରେ ପ୍ରକାଶକଲା । ଆଉ କହିଲା, "ଯଦି ଆପଣ ମୋତେ ଏ କାମରେ ସହଯୋଗ ନ କରନ୍ତି, ମୁଁ ଯାଇ ଗଜପତିଙ୍କୁ ଜଣାଇଦେବି ।" ଡଗର କଥା ଆଉ ଗଜପତିଙ୍କ ନାଁ ଶୁଣୁ ଶୁଣୁ ଦେଉଳକରଣଙ୍କ ପିଳେହିପାଣି । ସେ ଡଗରକୁ ସାନ୍ତ୍ୱନା ଦେଇ କହିଲେ, "ତୁମେ ବ୍ୟସ୍ତ ହୁଅନାହିଁ । ପରିଚ୍ଛା ହେଉଛନ୍ତି ମନ୍ଦିର ପରିଚାଳନା ମୁଖ୍ୟ । ତୁମେ ତାଙ୍କୁ ଯାଇ ପଚାର କଣ କରିବାକୁ ହେବ । ମୁଁ ବି ତାଙ୍କୁ ସବୁକଥା ବୁଝେଇ କହିଦେବି ।"

ଡଗର ଯାଇ ପହଞ୍ଚିଲା ପରିଚ୍ଛାଙ୍କ ପାଖରେ । ସବୁକଥା କହିଲା । ହେଲେ ସେଇକଥା ପରିଚ୍ଛା କହିଲେ, "ବଡ଼ଶିଙ୍ଗାର ବେଶପରେ ମନ୍ଦିର ଭିତରେ ତ କେହି

ରହିବାର ନିୟମ ନାହିଁ । ତୁମେ ଇନ୍ଦ୍ରଙ୍କୁ ପତ୍ର ଦେବାପାଇଁ ବାହାରେ ଅପେକ୍ଷା କରିପାର ।" ଡଗର କହିଲା, "ମୁଁ ବାହାରେ ଅପେକ୍ଷାକଲେ ଇନ୍ଦ୍ରଙ୍କୁ ପତ୍ର ଦେବି କେମିତି, କେଉଁ ଦେବତା କେଉଁ ବାଟ ଦେଇ ଯାଉଥିବେ, ମୁଁ ଜାଣିବି କେମିତି ? ଏଣୁ ଯଦି ମୁଁ ରତ୍ନସିଂହାସନ ପାଖରେ ଚିଠିଟି ଧରି ଠିଆ ହୋଇ ରହିବି - ଇନ୍ଦ୍ର ମୋଠାରୁ ପତ୍ରଟି ନେଇ ନିଶ୍ଚୟ ଉତ୍ତର ଲେଖିଦେବେ । ଏଥିରେ ତିଳେମାତ୍ର ସନ୍ଦେହ ନାହିଁ । ଯଦି ଆପଣ ଦେଉଳ ପରିଚାଳନାର ମୁଖ୍ୟ ହୋଇ ମୋତେ ସହଯୋଗ କରି ପାରିବେ ନାହିଁ - ତେବେ ମୁଁ ଯାଉଛି ଗଜପତି ମହାରାଜା କପିଳେନ୍ଦ୍ର ଦେବଙ୍କୁ ସବୁକଥା କହିଦେବି ।" ଡଗରର ଏମିତିକା କଥା ଶୁଣି ପରିଛାଙ୍କର ହାଲକ ଶୁଖିଗଲା । 'ଏଣୁ ମାଇଲେ ଗୋହତ୍ୟା, ତେଣୁ ମାଇଲେ ବ୍ରହ୍ମହତ୍ୟା ।' ଠାକୁରେ ଅଶାନ୍ତି ହେଲେ ବିପଦ, ଗଜପତି ମହାରାଜା ଅଶାନ୍ତି ହେଲେ ମହାବିପଦ । ଦୀର୍ଘ ନିଶ୍ୱାସଟିଏ ଛାଡ଼ିଲେ । କ'ଣ କରିବାକୁ ହେବ ବୋଲି ସେ ବଡ଼ ଦ୍ୱନ୍ଦ୍ୱରେ ପଡ଼ିଗଲେ ।

କହିଲେ, ଡଗରା, "ଠିକ୍ ଅଛି । କ'ଣ କରିବାକୁ ହେବ ସନ୍ଧ୍ୟା ଆଳତି ପରେ ଦେଖିବା । ନହେଲେ, ଏଥିପାଇଁ ଶ୍ରୀଶ୍ରୀଶ୍ରୀଜଗନ୍ନାଥ ମହାପ୍ରଭୁଙ୍କର ଆଜ୍ଞା ନେବା ।" ପରିଛାଙ୍କଠାରୁ ଆଶ୍ୱାସନା ପାଇ ଡଗର ମହାପ୍ରଭୁଙ୍କୁ ପ୍ରାର୍ଥନା କରିବାରେ ଲାଗିଲା । ଠାକୁରଙ୍କର ସନ୍ଧ୍ୟା ଆଳତି ଆରମ୍ଭ ହେଲା । ଡଗର ସେହି ଆଳତି ସମୟରେ ପ୍ରାର୍ଥନା କରୁଛି, ଆଖିରୁ ତାର ବୋହିଯାଉଛି ଧାରଧାର ଲୁହ । ବିପଦରୁ ରକ୍ଷାକରିବା ପାଇଁ ସେ ଏକଲୟରେ ମନଧ୍ୟାନ ଦେଇ ପ୍ରାର୍ଥନା କରିବାରେ ରତ । ତା ଆଖି ଦିଓଟି ମିଶି ଯାଇଛି ପ୍ରଭୁ ଜଗନ୍ନାଥଙ୍କ ଚକାଚକା ଦୁଇ ଆଖିରେ । ହଠାତ୍ ମହାପ୍ରଭୁଙ୍କ ମଥାରୁ ଖସିପଡୁଛି ଫୁଲଟିଏ । ଡଗରର ମନର ଆନନ୍ଦ କହିଲେ ନ ସରେ । ସେ ଆନନ୍ଦରେ ଅଧୀର ହୋଇପଡ଼ିଲା । ଅନୁଭବ କଲା ମହାପ୍ରଭୁ ତା ଗୁହାରି ଶୁଣିଛନ୍ତି ।

ସନ୍ଧ୍ୟା ଆଳତି ପରେ ଡଗର ଯାଇ ପହଞ୍ଚିଲା ପରିଛାଙ୍କ ପାଖରେ । ପରିଛାଏ କହିଲେ, ତୁମେ ଯେତେବେଳେ ଜଗନ୍ନାଥ ମହାପ୍ରଭୁଙ୍କ ଦେଶର ପ୍ରଜାମାନଙ୍କର ମଙ୍ଗଳ ନିମନ୍ତେ ଗଜପତିଙ୍କ ପତ୍ର ବହନ କରି ଆସିଛ, ଆମେ ତୁମକୁ ଗମ୍ଭୀରା ଭିତରେ ନିଶ୍ଚୟ ରଖିବୁ । ମହାପ୍ରଭୁ ମଧ୍ୟ ଏଥିପାଇଁ ସମ୍ମତି ପ୍ରଦାନ କରିସାରିଲେଣି । ସନ୍ଧ୍ୟା ଆଳତିପରେ ସଂଜଧୂପ ଅନୁଷ୍ଠିତ ହେଲା । ସଂଜଧୂପ ପରେ ଠାକୁରମାନଙ୍କର ବଡ଼ଶିଙ୍ଗାର ବେଶ ହେଲା । ବିଧି ଅନୁସାରେ ମହାପ୍ରଭୁ ପରିଧାନ କଲେ ଗୀତ ଗୋବିନ୍ଦ ଖଣ୍ଡୁଆ । ଶ୍ରୀଗୀତଗୋବିନ୍ଦ ଗାୟନ ହେଲା । ଭିତର ଗାଏଣୀର ସୁଲଳିତ ମୂର୍ଚ୍ଛନାରେ ଶ୍ରୀମନ୍ଦିରରେ ହିଲ୍ଲୋଳ ସୃଷ୍ଟି ହେଲା । ଏହି ସମୟରେ ଡଗର ନିର୍ଭୟରେ ଚାଲିଗଲା ରତ୍ନସିଂହାସନ

ପାଖକୁ। ହଠାତ୍ ଦୀପ ଲିଭିଗଲା। ତାପରେ ସବୁ ଶୁନ୍‌ଶାନ୍। ମୁଦୁଲି କବାଟ ତାଲାମୁଦ କରି ଚାଲିଗଲେ। ସକାଳୁ ପରୀକ୍ଷା କରିସାରିବା ପରେ ଯାଇ ମୁଦ ଖୋଲିବ।

ଗମ୍ଭୀରା ଭିତରଟା କିଟି କିଟି ଅନ୍ଧାର। ଡଗର ରତ୍ନସିଂହାସନ ପାଖରେ ବସିଛି। ଧରିଛି ଖଣ୍ଡିଏ ବାଉଁଶ କଣି। ତା'ର ଅଗଟା ଦୁଇଫାଳ କରି ଚିରିଦେଇ ସେଇଠି ଖୋସି ଦେଇଛି ଗଜପତି କପିଳେନ୍ଦ୍ର ଦେବଙ୍କ ପତ୍ରଟିକୁ। ଜଗତର ନାଥ ଶ୍ରୀଜଗନ୍ନାଥଙ୍କୁ ପ୍ରାର୍ଥନା କରି କହୁଛି - ହେ ଜଗତେଶ୍ୱର, ସତେ କ'ଣ ଦେବରାଜ ଇନ୍ଦ୍ର ପତ୍ରଟି ନେଇ ଉତ୍ତର ଲେଖିଦେବେ? ଯଦି ଏହା ସମ୍ଭବ ହେବ, ତେବେ ପ୍ରମାଣିତ ହୋଇଯିବ ଯେ, ଜଗନ୍ନାଥ ହେଉଛନ୍ତି ଜଗତର କର୍ତ୍ତା, ସ୍ରଷ୍ଟା ଓ ବିଶ୍ୱର ଆରାଧ୍ୟ ଠାକୁର। ସେ ଶୁଣିବାକୁ ପାଉଛି ଠାକୁରମାନଙ୍କର ଘୁଙ୍ଗୁଡ଼ି ଆଉ କଡ଼ ଲେଉଟାଇବାର ଶବ୍ଦ। ତା ଭିତରେ ସେ ମନର କଥା କହି ଠାକୁରଙ୍କୁ ପ୍ରାର୍ଥନା କରିବାରେ ଲାଗିଛି। ସେ କହୁଛି, ହେ ଜଗନ୍ନାଥେ! ତୁ ହିଁ ମୋର ସାହା ଭରସା। ଯଦି ଜଗନ୍ନାଥ ଦେଶର ଲୋକେ ଅନାହାର ଦୁର୍ଭିକ୍ଷରେ ପଡ଼ି ମରିବେ, ତେବେ ଏ ନିନ୍ଦା କାହାକୁ ହେବ? "ତୋ ରାଷ୍ଟ୍ରକୁ ତୁହି ରକ୍ଷାକର। ମୁଁ ଛାର ମଣିଷ ମାତର!!"

କିଛି ସମୟ ପରେ ଶୁଣାଗଲା ବୀଣାର ଝଙ୍କାର। କିଛି ବ୍ୟକ୍ତି କଥାଭାଷା ହୋଇ ଆସୁଥିବାର ଫିସ୍‌ଫିସ୍ ଆବାଜ୍। ଶଙ୍ଖ, ଗିନି, ବୀଣାର ଶବ୍ଦ ସବୁ ଆସ୍ତେଆସ୍ତେ ନିକଟତର ହେବାକୁ ଲାଗିଲା। ରତ୍ନ ସିଂହାସନ ଆଡ଼କୁ ଯେମିତି ଗହଳି ମାଡ଼ି ଆସୁଛି ବୋଲି ଡଗର ଜାଣିପାରିଲା। ହଠାତ୍ ସେ ଧରିଥିବା ବାଉଁଶ କଣି ଅଗରୁ ଯେମିତି କିଏ ପତ୍ରଟାକୁ ଟାଣିନେଲା। ସେ ଅନ୍ଧାରରେ ଅଣ୍ଡାଳି ଅଣ୍ଡାଳି ବାଉଁଶକଣି ଅଗରେ ହାତ ମାରିଲା। ହେଲେ ଚିଠିଟି ନାହିଁ। ପୁଣି ସେ ବାଉଁଶକଣିଟି ଟେକିଧରି ବସିଲା। ସେ ଜାଣିଲା ପତ୍ରଟି ଦେବରାଜ ଇନ୍ଦ୍ର ନେଇଯାଇଛନ୍ତି। ଦେବତାମାନେ ଫେରିଯିବାର ସିଏ ଯେମିତି ଅନୁଭବ କଲା। ସେ ବାଉଁଶକଣିର ହଲଚଲରୁ ଜାଣିପାରିଲା କିଏ ତା ଅଗରେ କିଛି ଗୋଟାଏ ଗୁଞ୍ଜି ଦେଉଛି ଆଉ ତାକୁ ଠେଲି ଦେଉଛି।

ତାକୁ କିଏ ପୁଣି ଅଭୟବାଣୀ ଶୁଣାଇ କହୁଛି - "ଡଗର! ଭୟ କରନା! ତୋ କାମ ହୋଇଯାଇଛି। ତୋ ରାଜାର ପତ୍ରର ଉତ୍ତର ତୋତେ ମିଳିଯାଇଛି। ତାକୁ ତୁ ନେଇ ତୋର ମହାପ୍ରତାପୀ ଗଜପତି ରାଜା କପିଳେନ୍ଦ୍ରଦେବଙ୍କୁ ଦେବୁ।" ତାପରେ ମନ୍ଦିର ଶୁନ୍‌ଶାନ୍। ଯେଉଁ ଗହଳି ଜମିଥିଲା ତାହା ଯେମିତି କୁଆଡ଼େ ଅପସରିଗଲା।

ସକାଳ ହେଲା। ମନ୍ଦିର ଦ୍ୱାର ନିୟମ ଅନୁସାରେ ଖୋଲାହେଲା। ଡଗର ତାର ବାଉଁଶକଣି ଖଣ୍ଡିକ ସହ ପତ୍ରଟିକୁ ନେଇ ବାହାରକୁ ବାହାରି ଆସିଲା। ସେବକମାନେ ଦେଖିଲେ ଡଗର ହାତରେ ସେ ନେଇଥିବା ବାଉଁଶ କଣି ବ୍ୟତୀତ ଆଉ କିଛି ନାହିଁ।

ଡଗର ବାହାରକୁ ଆସିଲା। ସେ ଦେଖିଲା ସେ ଆଣିଥିବା ପତ୍ରଟି ଏହା ନୁହେଁ। ସେ ଆଣିଥିଲା ତାଳପତ୍ରରେ ନାଲି ଅକ୍ଷରରେ ଲେଖାଥିବା ପତ୍ର। ହେଲେ ଏହି ପତ୍ରଟି ଲେଖାହୋଇଛି ସେହିପରି ତାଳପତ୍ରରେ ନୀଳବର୍ଣ୍ଣର ଅକ୍ଷରରେ। ପତ୍ରଟି ପୂରା ମୁଦା ହୋଇଛି। ଉପରେ ଠିକଣା ଲେଖା ହୋଇଛି - ଗଜପତି ରାଜା ବୀର କପିଳେନ୍ଦ୍ରଦେବ, ଶ୍ରୀଶ୍ରୀଶ୍ରୀ ଜଗନ୍ନାଥ ମହାପ୍ରଭୁଙ୍କର ରାଉତ ଏହି ପତ୍ରଟି ପ୍ରାପ୍ତ ହେବେ। ପ୍ରେରକ - ଦେବରାଜ ଇନ୍ଦ୍ର। ଡଗର ମନଖୁସି କହିଲେ ନ ସରେ। ସେ ଏ ଖବର ଛାମୁକରଣ ଓ ପରିଛାଙ୍କୁ ଜଣାଇଦେଲା। ଛାମୁକରଣ ଡଗରର ପ୍ରତ୍ୟାବର୍ତ୍ତନ ପାଇଁ ଯୋଗାଡ଼ କରିଦେଲେ ଗୋଟାଏ ଟଟ୍ଟୁ ଘୋଡା।

ଘୋଡ଼ାରେ ବସି ଆନନ୍ଦ ମନରେ ଡଗର ଯାଇ ପହଞ୍ଚିଲା ରାଜଧାନୀ ଅଭିନବ ବାରଣାସୀ କଟକ ନଗରୀରେ। ସିଂହଦ୍ୱାରରେ ଉପଗତ ହୋଇ ମହାମନ୍ତ୍ରୀଙ୍କୁ କଟୁଆଳ ହାତରେ ଖବର ଦେଲା - "ମୁଁ ଇନ୍ଦ୍ରଙ୍କୁ ପତ୍ରଟି ଦେଇ ତାର ଉତ୍ତର ଆଣି ଆସିଛି।"

ବସିଛି ଦରବାର। ଗଜପତି ମହାରାଜା କପିଳେନ୍ଦ୍ର ଦେବ ଉପସ୍ଥିତ ଅଛନ୍ତି। ଏହି ସମୟରେ ଦ୍ୱାରପାଳ ଖବର ଦେଲା, "ମଣିମା ! ଡଗର ଇନ୍ଦ୍ରଙ୍କ ଠାରୁ ପତ୍ର ନେଇ ଫେରି ଆସିଛି।" ସଙ୍ଗେସଙ୍ଗେ ମହାମନ୍ତ୍ରୀ ସିଂହଦ୍ୱାରକୁ ଯାଇ ଡଗରକୁ ଦରବାରକୁ ପାଛୋଟି ଆଣିଲେ। ଡଗର ଚିଠିଟି ଦେଲା ମହାମନ୍ତ୍ରୀଙ୍କ ହସ୍ତରେ। ମହାମନ୍ତ୍ରୀ କାଶୀନାଥ ସନ୍ଧିବିଗ୍ରହ ମହାପାତ୍ର ଚିଠିଟି ଗଜପତି କପିଳେନ୍ଦ୍ର ଦେବଙ୍କୁ ବଢ଼ାଇଦେଇ କହିଲେ, "ମଣିମା ! ଏ ପତ୍ର ଆପଣଙ୍କ ପାଖକୁ ଆସିଛି।"

ଗଜପତି କପିଳେନ୍ଦ୍ର ଦେବ ପତ୍ରଟିକୁ ମହାମନ୍ତ୍ରୀଙ୍କ ହାତକୁ ପୁଣି ବଢ଼ାଇଦେଇ କହିଲେ, "ବନ୍ଧୁ ମହାମନ୍ତ୍ରୀ ଅବିଳମ୍ବେ ପତ୍ରଟି ଖୋଲି ପାଠ କର ଦେବରାଜ ଇନ୍ଦ୍ର କଅଣ ଲେଖି ପଠାଇଛନ୍ତି।"

ମହାମନ୍ତ୍ରୀ ଖୋଲିଲେ ସେହି ପତ୍ରଟିକୁ। ସେଥିରେ ଓଡ଼ିଆ ଅକ୍ଷର ଆଉ ଓଡ଼ିଆ ଭାଷାରେ ଲେଖା ହୋଇଥିଲା -

"ମହାପ୍ରଭୁ ଶ୍ରୀଶ୍ରୀଶ୍ରୀଜଗନ୍ନାଥଙ୍କ ଚରଣ ସେବକ ରାଉତ ବୀର ଶ୍ରୀ ଗଜପତି ଗୌଡ଼େଶ୍ୱର ନବକୋଟି କର୍ଣ୍ଣାଟକଳବର୍ଗେଶ୍ୱର ରାଉତରାଏ ଶ୍ରୀକପିଳେନ୍ଦ୍ର ଦେବ ଜାଣିବେ- ମୋ ଅଧୀନରେ ଥିବା ମେଘମାନେ ଜଗନ୍ନାଥ ମହାପ୍ରଭୁଙ୍କ ରାଜ୍ୟରେ ଜଳବର୍ଷା କରିନାହାନ୍ତି ଜାଣି ଅତ୍ୟନ୍ତ ମର୍ମାହତ ହେଲି। ଖୁବ୍ ଶୀଘ୍ର ଦିନକ ପରେ ମେଘବର୍ଷା ହେବ, ଏ ପ୍ରତିଶ୍ରୁତି ମୁଁ ଦେଉଛି।

॥ ଇତି ॥

ଆପଣଙ୍କର ସ୍ନେହଭାଜନ ଦେବରାଜ ଇନ୍ଦ୍ର"

ଏତିକିବେଳେ ଜଣେ ପାଇକ ଆସି କହିଲା, "ମଣିମା ! ସାରା ଆକାଶରେ ମେଘ ଘୋଟି ଆସିଲାଣି।" କପିଳେନ୍ଦ୍ର ଦେବ ଆଶ୍ଚର୍ଯ୍ୟ ହୋଇଗଲେ। ଆଉ ଜଣେ ଆସି କହିଲା, "ମଣିମା ! ବାହାରେ ମୂଷଳଧାରାରେ ବର୍ଷା ଆରମ୍ଭ ହୋଇଗଲାଣି।" ସମସ୍ତଙ୍କ ମଥା ଆପେ ଆପେ ନଇଁଗଲା ସେଇ ଜଗତର ନାଥ ଜଗନ୍ନାଥ ମହାପ୍ରଭୁଙ୍କ ଉଦ୍ଦେଶ୍ୟରେ। ଏକସ୍ୱରରେ ସମସ୍ତେ କହି ଉଠିଲେ - "ଜୟ ଜଗନ୍ନାଥ....ଜୟ ଜଗନ୍ନାଥ।"

ସେଇଥିପାଇଁ ଉତ୍କଳମଣି ଗୋପବନ୍ଧୁ ପରା ଲେଖିଛନ୍ତି -

ବିଶେଷେ ଉତ୍କଳେ ନାହିଁ ପ୍ରୟୋଜନ
ଉତ୍କଳର ରାଜା ନିଜେ ନାରାୟଣ।
ଇତିହାସ ଶୁଣିଅଛ ଜନଶ୍ରୁତି
କାଞ୍ଚିଯୁଦ୍ଧ କାଳେ ଉତ୍କଳ ବିଭୂତି,
ଶୁଣିଛ ତ ପ୍ରଭୁ ନୀଳାଦ୍ରି ନାୟକ
ବିଜେ ଧରି ହାତେ କୃପାଣ ଶାୟକ
ଉତ୍କଳ ପ୍ରଧାନ ସେନାପତି ପଣେ
ହୋଇଥିଲେ ବିଜେ ସମର ପ୍ରାଙ୍ଗଣେ !

ପ୍ରକୃତରେ ଉତ୍କଳର ନେତା ନିଜେ ସ୍ୱୟଂ ନାରାୟଣ ବା ଶ୍ରୀଶ୍ରୀଶ୍ରୀଜଗନ୍ନାଥ।

ସାଇ ଦିଗବଳୟ,
ଇ-୧୯୨, ହାଉସିଂବୋର୍ଡ କଲୋନି, ବରମୁଣ୍ଡା, ଭୁବନେଶ୍ୱର-୩
ମୋ - ୯୪୩୮୨୯୯୧୭୪

ରୋଗ ଭୟର ମାଳିକା

ଡ. ସୁଶୀଲ କୁମାର ପଟ୍ଟନାୟକ

ଭବିଷ୍ୟବାଣୀ ଶୁଣାଇ ମଣିଷ ଜାତିକୁ ସତର୍କ କରିବା ଆବହମାନ କାଳରୁ ରହିଛି। ଆମ ଓଡ଼ିଶା ରାଜ୍ୟରେ କୌଣସି ବିପତ୍ତିର ଭୟ ରହିଥିଲେ ଅନେକ ଅଚ୍ୟୁତାନନ୍ଦଙ୍କ ମାଳିକାକୁ ଖୋଜି ତନଖି ଥାଆନ୍ତି। ଏମିତି ମଣିଷ ଜାତିର ଭବିଷ୍ୟତ ଏହି ମାଳିକାରେ ଉଲ୍ଲିଖିତ ବୋଲି ଆମ ରାଜ୍ୟର ବହୁ ଲୋକଙ୍କର ଦୃଢ଼ ବିଶ୍ୱାସ ରହିଛି। ମାଳିକାର ଲେଖକ ଅଚ୍ୟୁତାନନ୍ଦ ଦାସ ଷୋଡ଼ଶ ଶତାବ୍ଦୀର। ଅଚ୍ୟୁତ ଗଜପତି ପ୍ରତାପରୁଦ୍ରଦେବଙ୍କ ଅମଳର ଏବଂ ସିଏ ପଞ୍ଚସଖାଙ୍କ ମଧ୍ୟରୁ ଜଣେ ଅଟନ୍ତି। ସିଏ ତାଙ୍କ ଶେଷ ଜୀବନ ନେମାଳରେ କଟାଇଥିଲେ। ସେଠିକାର ମଠର ବଟବୃକ୍ଷ ତଳେ ବହୁ ସାଧନା କରି ସିଏ ତାଙ୍କର ଦୁର୍ମୂଲ୍ୟ ମାଳିକା ରଚନା କରିଛନ୍ତି। ଜଣଙ୍କର ଦିବ୍ୟଦୃଷ୍ଟି ନରହିଲେ ଦୂର ଭବିଷ୍ୟତ ମନରେ ସଂଚାର ହୋଇପାରିବ ନାହିଁ। ଏହିପରି ଜ୍ଞାନ ସମ୍ପନ୍ନ ଅଚ୍ୟୁତଙ୍କ ମାଳିକା ଓଡ଼ିଶାର ଗୋଟିଏ ଲୋକପ୍ରିୟ ରଚନା।

ଏହି ଅବସରରେ କୁହାଯାଇ ପାରେ ଯେ, ପାଶ୍ଚାତ୍ ଜଗତରେ ବି ଏମିତି ଭବିଷ୍ୟବାଣୀ ଦେଖିବାକୁ ମିଳେ। ୧୭୦୪ ମସିହାରେ ଆଇଜାକ୍ ନିୟୁଟନ୍ ମଧ୍ୟ କିଛି ଭବିଷ୍ୟବାଣୀ କରିଛନ୍ତି। ତାଙ୍କର ମତରେ ପୃଥିବୀରୁ ମାନବ ସମାଜ ୨୦୬୦ ମସିହାରେ ଶେଷ ହୋଇଯିବ। ସେ ଜଣେ ବିଜ୍ଞ ପଦାର୍ଥ ବିଜ୍ଞାନୀ। ପୃଥିବୀର ମାଧ୍ୟାକର୍ଷଣ ଶକ୍ତି ଅଛି ବୋଲି ପ୍ରମାଣ କରିଥିଲେ। ଏବେ କୌଣସି ଦିବ୍ୟଦୃଷ୍ଟିରେ ଦେଖିଛନ୍ତି, ତାଙ୍କ ଆକଳନର ୩୫୪ ବର୍ଷ ପରେ ଅର୍ଥାତ୍ ୧୭୦୪ ମସିହାର ୩୫୪ ବର୍ଷ ପରେ ୨୦୬୦ ମସିହାରେ ପୃଥିବୀ ଧ୍ୱଂସ ହେବ।

ବିଶ୍ୱର ବିଶିଷ୍ଟ ପଦାର୍ଥ ବିଜ୍ଞାନୀ ଷ୍ଟିଫେନ୍ ହକିଂସ୍ ମଧ୍ୟ କହିଛନ୍ତି, ମଣିଷ ଦିନେ ନିଶ୍ଚିହ୍ନ ହେବା ଭଳି ଅବସ୍ଥାର ଶିକାର ହେବ। ପୃଥିବୀ ସହିତ ଗୋଟିଏ ବିରାଟ ଅନ୍ତରୀକ୍ଷ ବସ୍ତୁ ସହିତ ଧକା ହୋଇପାରେ ଅବା କୃତ୍ରିମ ବୁଦ୍ଧି, ଜଳବାୟୁ ପରିବର୍ତ୍ତନ, ଭୂତାଣୁ ଅବା ଆଣବିକ ଯୁଦ୍ଧ ଏପରି ପରିସ୍ଥିତି ସୃଷ୍ଟି କରିବ। ସେହିପରି ନୋଷ୍ଟ୍ରାଡ଼ାମସ୍ (Nostradamus) ଷୋଡ଼ଶ ଶତାବ୍ଦୀର ଜଣେ ଭବିଷ୍ୟଦ୍ ବକ୍ତା ଆକଳନ କରିଥିଲେ ଯେ, ୨୦୨୦ ମସିହା ବିଶ୍ୱପାଇଁ ଏକ ବିପର୍ଯ୍ୟୟର ବର୍ଷ। ସେହି ବର୍ଷ ବିଶ୍ୱର ଉତ୍ତାପ ବୃଦ୍ଧିହେବା ସହିତ ଅର୍ଥନୈତିକ ପତନ ଏବଂ ପ୍ରାକୃତିକ ବିପର୍ଯ୍ୟୟ ଘଟିବ। ଏଇଟା ବଡ଼ ଆଶ୍ଚର୍ଯ୍ୟର କଥା ନୋଷ୍ଟ୍ରାଡ଼ାମସ୍ କିପରି ୨୦୨୦ ମସିହାକୁ ଗୁରୁତ୍ୱ ଦେଲେ? ଚାରି ଶହ ବର୍ଷ ପରେ ଗୋଟିଏ ନିର୍ଦ୍ଦିଷ୍ଟ ବର୍ଷରେ କଅଣ ଘଟିବ, ଏହା ତାଙ୍କର ଭାବନା ବା ଆକଳନକୁ କିପରି ଆସିଛି, ତାହା ଆଶ୍ଚର୍ଯ୍ୟର କଥା।

ଏମିତି ଅନେକ ବୈଜ୍ଞାନିକ ବିଭିନ୍ନ ଦିଗରୁ ଆମର ସ୍ଥିତି ଦିନକୁ ଦିନ ତଳରୁ ଆହୁରି ତଳକୁ ଗତିକରୁଛି ବୋଲି ମତ ଦେଉଛନ୍ତି। ଏମିତିକି ୧୯୭୩ର ଗୋଟିଏ ଏମ୍.ଆଇ.ଟି କମ୍ପ୍ୟୁଟର ଭବିଷ୍ୟବାଣୀ କରିଥିଲା କି ଯଦି ବିଶ୍ୱରେ ଜନସଂଖ୍ୟା ଆଉ ଯାନ୍ତ୍ରିକ ବିପ୍ଳବର ନିୟନ୍ତ୍ରଣ ନହୋଇ ତାହା ଆଜିପରି ବୃଦ୍ଧିପାଉଥାଏ, ତେବେ ଆଜିର ସଭ୍ୟତା ୨୦୪୦ ମସିହାକୁ ବିଲୟ ଘଟିସାରିଥିବ। ଅଷ୍ଟ୍ରେଲିଆ, ଆମେରିକା ତଥା ବହୁ ପାଶ୍ଚାତ୍ୟ ବୈଜ୍ଞାନିକ ଆଜିର ଧ୍ୱଂସମୁଖୀ ପରିବେଶ ଏବଂ ଜନସଂଖ୍ୟା ବୃଦ୍ଧି ସହିତ ମାନବ କର୍ତ୍ତୃକ ସୃଷ୍ଟି ହୋଇଥିବା ରୋବୋଟ୍ ଏବଂ ବାୟୋଟେକ୍ନୋଲଜି କିପରି ଆମକୁ ମୃତ୍ୟୁର ବିଶାଳ ଗର୍ତ୍ତ ଆଡ଼କୁ ଟାଣି ନେଉଛି, ସେଥିପାଇଁ ସତର୍କବାଣୀ ଶୁଣାଇ ଦେଇଛନ୍ତି।

ପାଶ୍ଚାତ୍ୟ ଦେଶ ଗୁଡ଼ିକରେ ବିଜ୍ଞାନର ଆଧାର ନିଶ୍ଚିତ ଆମ ଦେଶ ଆଉ ଆମ ପ୍ରଦେଶ ଅପେକ୍ଷା ବହୁ ଅଧିକ। କିନ୍ତୁ ଆମ ଦେଶର ଧର୍ମ, ଦର୍ଶନ ଆଉ ମାନବିକତା ବହୁ ପୁରାତନ ଏବଂ ଅଭିଜ୍ଞତା ସାହାଯ୍ୟରେ ପୁର୍ବଅନୁମାନ କରିବା କଳା ଭାବରେ ରହିଛି। ଅନେକ ସାଧକ ସମାଜରେ ଭବିଷ୍ୟତ ନିର୍ଣ୍ଣୟ କରିବାରେ ପ୍ରବୀଣ ବୋଲି ସମାଜରେ ସେମାନଙ୍କର ମର୍ଯ୍ୟାଦା ରହିଛି। ଷୋଡ଼ଶ ଶତାବ୍ଦୀର ପଞ୍ଚସଖାଙ୍କ ମଧ୍ୟରୁ ମହାପୁରୁଷ ଅଚ୍ୟୁତାନନ୍ଦ ନିଜ ସାଧନା ଆଉ କଳ୍ପନା ବଳରେ ବହୁ ଭବିଷ୍ୟବାଣୀ ତାଙ୍କ ରଚିତ ମାଳିକାରେ ଉଲ୍ଲେଖ କରିଛନ୍ତି। ସେଗୁଡ଼ିକୁ ପଢ଼ିଲେ, ଆମ ରାଜ୍ୟର ସେ ସମୟର ଭାବନା ଆଉ ଭୟର ପରିପ୍ରକାଶ ସହିତ ଭବିଷ୍ୟତ ପାଇଁ ବିପଦର ବିଶେଷ ବିବରଣୀ ରହିଛି। ଆମ ରାଜ୍ୟରେ ବଢ଼ି, ମହାବାତ୍ୟା ବା କୌଣସି ବିପର୍ଯ୍ୟୟ ଆସିଲେ ଅଚ୍ୟୁତାନନ୍ଦଙ୍କ ମାଳିକା ଆଲୋଚନାକୁ ଆସେ। ଅଚ୍ୟୁତାନନ୍ଦଙ୍କର ବିଶାଳ ଚେତନା

ରହିଥିଲା ଏବଂ ସିଏ ପ୍ରକୃତିକୁ ଶିରା ପ୍ରଶିରାରୁ ଚିହ୍ନିଥିଲେ। ପରିବେଶରେ କେତେ ପ୍ରକାର ବିପତ୍ତି ଜନ୍ମିପାରେ, ତାହାର ପୁଙ୍ଖାନୁପୁଙ୍ଖ ଆଲୋଚନା କରି ସମ୍ଭାବ୍ୟ ସତ୍ୟାସତ୍ୟ ନିଜ ମାଳିକାରେ ଆଖିଦେଖା ବିବରଣୀ ପରି ପ୍ରକାଶ କରିଛନ୍ତି।

ସେହି ମାଳିକାର କେତେକ ଭବିଷ୍ୟ ବାଣୀ ଆଜିର ବିପର୍ଯ୍ୟୟ ସମ୍ବନ୍ଧୀୟ ବୋଲି ମନେହୁଏ।

ଚକଡ଼ା ମଡ଼ାଣ

ପକ୍ଷେ ଅରଜିଲେ ପକ୍ଷେ ନ ଅଣ୍ଟିବ ଦୟା ଧର୍ମ ନରହିବ
ଉତ୍ତର ଦିଗରୁ ହେମାଳ ବହିବ ମାଂସ ଝଡ଼ି ପଡୁଥିବ ।୪।
ଅଚିହ୍ନା ବ୍ୟାଧି ଯେ ଜଗତ ଘୋଟିବ, ବଇଦ ବଣା ହୋଇବେ
ରୋଗ ନଚିହ୍ନିଣ ବଣା ହେଉଥିବା, ଅନେକ ପ୍ରାଣୀ ମରିବେ ।୫।
ଏତିକି ବେଳକୁ ଏକାକ୍ଷର ସାର ଗୁରୁ ଆଜ୍ଞା ମୂଳ
ନେମାଳ ବଟକୁ ଲକ୍ଷ ଲଗାଇଣ କହେ ଅଚ୍ୟୁତ ପାମର ।୬।

ଶିବକଳ୍ପ

ଗଦ ମହୌଷଧି କରିବନି କାର୍ଯ୍ୟ, ମାଡ଼ି ଆସିବଟି ରୋଗ
ସେକାଳେ ଜାଣିବ ଅଳପ ଦିନରେ ପୃଥିବୀକୁ ପ୍ରଳୟ ଯୋଗ।
ହେବ ଅତିଶୟ ରୋଗବ୍ୟାଧିଭୟ, କେ କାହା ଘର ନଯିବେ।
ଶମଶାନ ସମ ଗୃହ ଯେ ହୋଇବ, ଶବ ପଡ଼ି ଠାବେ ଠାବେ।

ବ୍ରହ୍ମକଳ୍ପ ଟୀକା

ଚଣ୍ଡୀଗଣ ରୋଗ ରୂପରେ, ଜଗତରେ ବ୍ୟାପିବେ
ଜ୍ୱରଝାଡ଼ା ପେଟ ବେଦନା, ରୋଗ ହୋଇ ଗ୍ରାସିବେ।
ଅଚିହ୍ନା ରୋଗରେ ମରିବେ, ବୈଦ୍ୟ ଚିହ୍ନିବେ ନାହିଁ
ଅଚ୍ୟୁତାନନ୍ଦ ଯେ କହିଲେ, ରାମ ଦାସେ ବୁଝାଇ।

ପୁରାତନ ସମୟରେ ସମାଜରେ ହେଉଥିବା ରୋଗ ବ୍ୟାଧିର ଚିହ୍ନଟ ଆମ ରାଜ୍ୟରେ ପ୍ରତିଷ୍ଠିତ ବୈଦ୍ୟମାନେ କରୁଥିଲେ। ସେମାନେ ପରିଚିତ ଥିବା ବହୁରୋଗ ବାହାରୁ ବି ସାମଜରେ କେତେ ରୋଗ ନୂଆ ଭାବେ ଆସି ଜୀବନ ସଂହାର କରୁଥିଲା, ଏହା ଉପରୋକ୍ତ ଭବିଷ୍ୟବାଣୀରୁ ପ୍ରମାଣିତ ହୁଏ। ଯେଉଁ ସମୟରେ ସାଧକ ଅଚ୍ୟୁତାନନ୍ଦ ଦେଶ ତଥା ପୃଥିବୀର ଭବିଷ୍ୟତ ବିଷୟରେ କଳ୍ପନା କରୁଥିଲେ, ସେ ସମୟରେ ଇଉରୋପ କି ପାଶ୍ଚାତ୍ୟ ଦେଶ ଗୁଡ଼ିକରେ ସ୍ୱାସ୍ଥ୍ୟ ଗବେଷଣା ଆରମ୍ଭ ହୋଇ ନଥିଲା। କିନ୍ତୁ ବିଶ୍ୱରେ ରୋଗବ୍ୟାଧିର ବ୍ୟାପକତା ଏତେ ଥିଲା ଯେ, କେଉଁ କେଉଁ ସମୟରେ

ବହୁ ଅଞ୍ଚଳ ଦୁରାରୋଗରେ ଗ୍ରାସିତ ହେଉଥିଲା। ସେ ସମୟର ଦୁଇଟି ସାଧାରଣ ବିପତ୍ତି ହେଉଛି ମରୁଡ଼ି, ନଈବଢ଼ି ଏବଂ ହଇଜା ବସନ୍ତ ପରି ରୋଗ। ଓଡ଼ିଶାରେ ପ୍ଲେଗ୍ ରୋଗର ବିଭୀଷିକା ହୋଇ ଥିବାର ନଜିର ନାହିଁ।

ତେବେ ସାଧକ ଅଚ୍ୟୁତାନନ୍ଦ କାହିଁକି ଅଚିହ୍ନା ରୋଗ ଆଉ ଜ୍ୱର ଝାଡ଼ା ପେଟ ବେଦନା ହେଉଥିବା ବ୍ୟାଧି ବିଷୟରେ ବିସ୍ତୃତ ରଚନା କରିଛନ୍ତି ? ସେ ନିଜର ସାମାଜିକ ଅନୁଭୂତି ନେଇ ଏହା ଜାଣିଛନ୍ତି କି ସେ ସମୟର ଗାଁ ଗଣ୍ଡାରେ ଲୋକମାନଙ୍କର ଖାଦ୍ୟ ଏବଂ ପାନୀୟ ସଂକ୍ରମଣ ହେତୁ ଝାଡ଼ାବାନ୍ତି ଜ୍ୱର ପେଟବେଦନା ଲୋକମାନଙ୍କର ପ୍ରଧାନ ଲକ୍ଷଣ ବିଶିଷ୍ଟ ରୋଗଥିଲା ଏବଂ ଏହା ବୈଦ୍ୟମାନଙ୍କ ଚିକିତ୍ସାରେ ଭଲ ହୋଇପାରୁଥିଲା। ବୈଦ୍ୟ ମାନେ ଠିକ୍‌ରେ ସାମାଜିକ କ୍ଷେତ୍ରରେ ପ୍ରାଦୁର୍ଭାବ ରହିଥିବା ରୋଗ ଗୁଡ଼ିକୁ ଜାଣିଥିଲେ। କୌଣସି ବ୍ୟକ୍ତି ସେହି ସୀମିତ ରୋଗ ସମଷ୍ଟି ମଧ୍ୟରୁ ହୋଇଥିଲା, ତାହାର ଉପଚାର କରୁଥିଲେ। ମାତ୍ର ମଝିରେ ମଝିରେ ଏମିତି ରୋଗ ଦେଖାଦେଉଥିଲା, ଯାହାକୁ ଚିହ୍ନିବା ବୈଦ୍ୟ ମାନଙ୍କ ଅଭିଜ୍ଞତା ନଥିଲା। ସେହି ରୋଗ ଗୁଡ଼ିକ ସମାଜକୁ ସଂକ୍ରମଣ କରି ଗାଁ ଗାଁର ଲୋକମାନଙ୍କୁ ପୋଛି ନେଉଥିଲା।

ଅଚ୍ୟୁତାନନ୍ଦ ଏମିତି ଦୂରଦୃଷ୍ଟିରେ ସମାଜରେ କି କି ପ୍ରାକୃତିକ ବିପତ୍ତି ଆସିବ, ତାହାର ଭବିଷ୍ୟବାଣୀ ଲେଖିଦେଇ ଯାଇଛନ୍ତି। ଓଡ଼ିଶାରେ ବଡ଼ ଦୁର୍ବିପାକ ଆସିଲେ, ଅନେକ ସେହି ଭବିଷ୍ୟବାଣୀକୁ ସଂକେତ ଭାବରେ ଉଲ୍ଲେଖ କରିଛନ୍ତି ବୋଲି ଅନେକ ଅନୁମାନ କରନ୍ତି। ଓଡ଼ିଶାରେ ମରୁଡି ପଡ଼ିଲା କିମ୍ବା ନଈବଢ଼ି ହେଲେ, ଅଧିକ ଲୋକ ମୃତାହତ ହେଲେ, ଲୋକମାନେ ତାଙ୍କର ମାଳିକା ପାଠକରି ରୋଗଟିର ଗୁରୁତ୍ୱ ବହନ କରନ୍ତି ଏବଂ ଦ୍ରୁତ ବେଗରେ ମଣିଷ ସଂକ୍ରମିତ ହୋଇ ବା ଖାଦ୍ୟାଭାବରୁ ମୃତ୍ୟୁବରଣ କରୁଛନ୍ତି ତାହା ଲୋକମାନଙ୍କର ଅନୁମାନ ହୋଇପାରେ।

ଆଜିର କରୋନା ରୋଗ ବା କୋଭିଡ୍-୨୦୧୯ ରୋଗକୁ ଦେଖିଲେ, ଏଥିରେ ଷୋଡ଼ଶ ଶତାବ୍ଦୀର ଜଣେ ଓଡ଼ିଆ ସାଧକଙ୍କର କେତୋଟି ଭବିଷ୍ୟବାଣୀ ଆଲୋଚନା ପରିସରକୁ ଆସିଥାଏ। ତାଙ୍କ ସମୟରେ ମହାମାରୀ ଶବ୍ଦର ବ୍ୟବହାର ଆସି ନଥିଲା କି ଜୀବାଣୁ, ଭୂତାଣୁ ଆଦି ଭାବନାର ପରିସରକୁ ଆସି ନଥିଲେ। ସେପରି ସ୍ଥଳେ, ଅଚ୍ୟୁତାନନ୍ଦ ସାଧାରଣ ଶବ୍ଦରେ କିପରି ମହାମାରୀ ଆଉ ରୋଗର ସ୍ପଷ୍ଟ ଚିତ୍ର ସୃଷ୍ଟି କରିଛନ୍ତି ?

ପକ୍ଷେ ଅରଜିଲେ ପକ୍ଷେ ନ ଅଣ୍ଟିବ ଦୟା ଧର୍ମ ନରହିବ

ସତ କଥା ସମାଜରେ ବିରାଟ ଆର୍ଥିକ ଅନାଟନ ଦେଖାଦେବ ଏବଂ

ରୋଜଗାରକ୍ଷମ ମଣିଷ ମାସକର ସମୁଦାୟ ସମୟ କାମ କରିବାକୁ ପାଇବେନି। ସେମାନେ ଉପାସ ରହିବେ, ସମାଜରେ ନାନାଦି ଅସାମାଜିକ ଆଚରଣ ଦେଖିବାକୁ ମିଳିବ। ଲୋକମାନଙ୍କର ଦାରିଦ୍ର୍ୟ କାରଣରୁ ଦୟା, ଧର୍ମ, ନୈତିକତା ଲୋପ ପାଇବ। ମଣିଷ ଅମାନବିକ ହୋଇଯିବ।

ଉତ୍ତର ଦିଗରୁ ହେମାଳ ବହିବ ମାଂସ ଝଡ଼ିପଡୁଥିବ

ଉତ୍ତର ଦିଗଟି ହିମାଳୟର ବରଫାବୃତ୍ତ ଅଞ୍ଚଳ। ସେଠାରୁ ଥଣ୍ଡା ପବନ ବହିବ ଯାହାକି ସବୁଆଡ଼େ ଏପରି ଘୋଟିଯିବ, ମଣିଷର ଅଂଗପ୍ରତ୍ୟଙ୍ଗରୁ ମାଂସ ଝଡ଼ାଇ ଦେବ। ଏଇଟାତ ଗୋଟିଏ ପ୍ରକାର କଥା। ଆଜି କିନ୍ତୁ ଏଇଟି ନଘଟି ଆହୁର ବିପଜ୍ଜନକ ଘଟଣା ଘଟିଛି। ଉତ୍ତର ଦିଗରୁ ଗୋଟିଏ ଥଣ୍ଡା ଭୂତାଣୁ ଆସିଛି। ଏହା ଶରୀର ମାଂସ ନଝଡ଼ାଇଲେ ବି ତା ଠାରୁ ହଜାର ଗୁଣର ବିପଜ୍ଜନକ ଭୂତାଣୁ ନିମନ୍ତ୍ରିତ ହୋଇ ଆସିଛି। କେବଳ ମାଂସ କାହିଁକି ଝଡ଼ାଇବ, ଶରୀରର ଯାବତୀୟ କ୍ଷତି ଘଟାଇଛି।

ଅଚିହ୍ନା ବ୍ୟାଧି ଯେ ଜଗତ ଘୋଟିବ

ଯେଉଁ ବ୍ୟାଧି ଦେଖାଦେବ, ତାହା କିଛି ପୁରୁଣା ରୋଗ ନୁହେଁ। ନୂଆ ରୋଗ ଭାବରେ ଆବିର୍ଭାବ ହେବ। ଏହା ଗୋଟିଏ ସ୍ଥାନରେ ସୀମିତ ନରହି ସାରା ବିଶ୍ୱରେ ବ୍ୟାପିଯିବ। ସତକୁ ସତ ଏଇ କୋଭିଡ୍ ରୋଗ ଗୋଟିଏ ଅଚିହ୍ନା ରୋଗ ଭାବରେ ଉଭା ହେଲା। ଏହାର ବ୍ୟାପକତା ଆଉ ଉତ୍ପତ୍ତିସ୍ଥଳ ଚୀନର ଉହାନରେ କେତେ କ୍ଷିପ୍ର ଗତିରେ ବ୍ୟାପିବାକୁ ଲାଗିଲା, ତାହା ଆଶ୍ଚର୍ଯ୍ୟଜନକ ମନେହୁଏ। ଭୟରେ ରୋଗ ଚିହ୍ନା ହେବା ପୂର୍ବରୁ ଉହାନରେ ଏମିତି ଆତଙ୍କ ସୃଷ୍ଟି ହେଲା, ସେଠିକାର ଲୋକମାନେ ବିଶେଷତଃ ବାହାର ଦେଶର ନାଗରିକ ମାନେ ସେ ସ୍ଥାନ ତ୍ୟାଗକରି ସ୍ୱ ସ୍ୱ ଦେଶକୁ ଆକାଶ ପଥରେ ଆଗେଇ ଚାଲିଲେ। ସେତେବେଳକୁ ନା ଚୀନରେ ନା ନିଜ ଦେଶରେ ନାଗରିକ ମାନଙ୍କର ଆଗମନ ବା ପ୍ରସ୍ଥାନର ରୋଗ ସଂକ୍ରମଣର କିଛି ନିଷେଧାଦେଶ ଥିଲା। ଏମିତି ରୋଗକୁ ବିଶ୍ୱବ୍ୟାପୀ ମହାମାରୀ ବା ପାଣ୍ଡେମିକ୍ ଭାବରେ ବିଶ୍ୱ ସଂଗଠନ ଘୋଷଣା କଲାବେଳକୁ ଅନେକ ରାଷ୍ଟ୍ରକୁ ବ୍ୟାପିସାରିଥିଲା।

ବଇଦ ବଣା ହୋଇବେ

ଏଇଟା ନିହାତି ସତକଥା। ବଇଦ ତ ଆଜିକାଲି ନାହାନ୍ତି, ତାଙ୍କ ସ୍ଥାନରେ ଡାକ୍ତରମାନେ ରୋଗୀଙ୍କୁ ନିୟମିତ ସୂତ୍ର ଅନୁସାରେ ଚିକିତ୍ସିତ ହେଉଛନ୍ତି। ଏହି କୋଭିଡ୍ ରୋଗ ସଂକ୍ରମଣ ସମୟରେ ଶଲ୍ୟ ଚିକିତ୍ସା ସବୁଠାରୁ ବିପଜ୍ଜନକ ମନେହେଲା। ଅନେକ ରାଷ୍ଟ୍ରରେ ଦେଖିବାକୁ ମିଳିଲା, ଶହ ଶହ ଡାକ୍ତର ଓ ଡାକ୍ତରଖାନା କର୍ମୀ ଅସମୟରେ

ମୃତ୍ୟୁବରଣ କରୁଛନ୍ତି। ରୋଗ ଚିହ୍ନିବାରେ ବହୁତ ସମୟ ଚାଲିଗଲା। ଯଦ୍ୱାରା ସରକାରୀ ନିର୍ଦ୍ଦେଶନାମା ଦିନକୁ ଦିନ ବଦଳିବାକୁ ଲାଗିଲା।

ସତକୁ ସତ ଡାକ୍ତରମାନେ କୋଭିଡ୍ ସାମନାରେ ପରାସ୍ତ ହୋଇଗଲେ। ବୃତ୍ତିଗତ କାରଣରୁ ସେମାନେ ଏହି ରୋଗକୁ ସହଜରେ ଚିହ୍ନି ନପାରି ଡାକ୍ତରଖାନା ବନ୍ଦ କରିଦେଲେ। ତଥାପି ଏହି ରୋଗ ସକାଶେ ଚିକିତ୍ସା କ୍ଷେତ୍ରରେ ସଂକ୍ରମିତ ହୋଇ ହଜାର ହଜାର ଡାକ୍ତର ଓ ସ୍ୱାସ୍ଥ୍ୟକର୍ମୀ ଜୀବନ ହରାଇଛନ୍ତି।

ଗଦ ମହୌଷଧି କରିବନି କାର୍ଯ୍ୟ,

ସେକାଳର ସୀମିତ ଆୟୁର୍ବେଦୀୟ ଔଷଧ ସମାଜରେ ପ୍ରଚଳିତ ଥିଲା। ଗଦ, ହରଡ଼ା, ବାହାଡ଼ା, ଅଂଳା ଆଉ ବିଶଲ୍ୟକରଣୀ ପରି ମହୌଷଧି ନେଇ ସମାଜ ଚଳୁଥିଲା। ସାଧକ ଅଚ୍ୟୁତାନନ୍ଦଙ୍କ ମନରେ ସେ ସମୟରେ ଯାହା କଳ୍ପନା ରହିଥିଲା, ଆଜି ଦିନରେ କୋଭିଡ୍-୧୯ ଆସି ବି ଆଧୁନିକ ଚିକିତ୍ସା ବିଜ୍ଞାନ ହତ୍‌ଚକିତ ହୋଇପଡିଛି। ଲକ୍ଷ ଲକ୍ଷ ପ୍ରକାର ଭେଦର ଔଷଧ ବ୍ୟବହାର ପାଇଁ ଯୋଗ୍ୟ ହୋଇ ରହିଛି, କିନ୍ତୁ ନୂଆ ରୋଗରେ କିଛି ଭୁକୁନାହିଁ। କୋଭିଡ୍ ରୋଗୀ ଚିକିତ୍ସା ପାଇଁ ସତରେ କିଛି ଫଳପ୍ରଦ ଔଷଧ ଉପଲବ୍ଧ ହୋଇପାରିନାହିଁ। ବିଭିନ୍ନ ଦେଶର ଡାକ୍ତର ତଥା ଗବେଷକ ମାନେ ଦିନକୁ ଦିନ ନୂଆ ନୂଆ ଫଳପ୍ରଦ ଔଷଧର ବ୍ୟବହାର ଉପଯୋଗୀ ବୋଲି ମତ ପ୍ରଦାନ କରି ବ୍ୟବହାର କଲାବେଳେ ବିଶ୍ୱ ସଂଗଠନ କିଛିଦିନ ପରେ ଏହାକୁ ବୃଥା ବୋଲି ଘୋଷଣା କରୁଛନ୍ତି।

ହେବ ଅତିଶୟ ରୋଗବ୍ୟାଧିଭୟ, କେ କାହା ଘର ନଯିବେ।

ଅଚ୍ୟୁତଙ୍କର ଏହି ଆକଳନ ଆଜି କୋଭିଡ୍-୨୦୧୯ ସଂକ୍ରମଣ କାଳରେ ସଂପୂର୍ଣ୍ଣ ସତ୍ୟରେ ପରିଣତ ହୋଇଛି। କୋଭିଡ୍ ଏମିତି ମାରାତ୍ମକ ଭାବରେ ସଂକ୍ରମଣକ୍ଷମ, କୌଣସି କୋଭଡ୍ ରୋଗୀ ସମ୍ମୁଖରେ ୧୫ ମିନିଟ୍ ବସିଗଲେ, ଶତ ପ୍ରତିଶତ ଲୋକ ରୋଗାକ୍ରାନ୍ତ ହୋଇଯିବେ। ଏହି ଭୟରୁ ଜ୍ଞାନ ଓ ଶିକ୍ଷାଥିବା ବ୍ୟକ୍ତି କଦାପି ମୃତ୍ୟୁର ଦିଗ ଆଦରିବେ ନାହିଁ। ଏହା ଏତେ ବିପଜ୍ଜନକ ହୋଇଛି କି, ସରକାର ବି ଖୋଲପଣେ ରୋଗ ନିୟନ୍ତ୍ରଣ ପାଇ ମୁଖା, ଦୂରତା ଆଉ ବାରମ୍ବାର ହାତ ଧୋଇବା ସହିତ ଆହୁରି ଅନେକ ଗଡ଼ିଏ ଉପଦେଶାବଳୀ ଦେଇଚାଲିଛନ୍ତି।

ତେଣୁ କେହି କାହା ଘରକୁ ଯିବାକୁ ମନେ କରିବେ ନାହିଁ। ବିପରୀତ ଦୃଷ୍ଟିରୁ କେହି ଜଣେ ଆଗନ୍ତୁକଙ୍କୁ ଘରେ ପ୍ରବେଶ କରିବାକୁ ଦେବେନି। ସତକୁ ସତ ଏହା ଘଟୁଛି। ଗାଁ ଛାଡ଼ି ଦୂରରେ କାମଧନ୍ଦା କରି ଅର୍ଥ ଉପାର୍ଜନ କରୁଥିବା ଶ୍ରମିକ ଆଉ ନିଜ

ଘରକୁ ବି ଫେରିବାକୁ ବହୁ ଅନ୍ତରାୟ ରହିଛି। ଗାଡ଼ି ମୋଟର, ରାଜ୍ୟ ପାରିହେବା ଆଉ ଗାଁକୁ ଆସିଲେ ସରକାରୀ ନିୟମ ୧୪ ଦିନର ସଂଗରୋଧ।

ଶମଶାନ ସମ ଗୃହ ଯେ ହୋଇବ, ଶବ ପଡ଼ି ଠାବେ ଠାବେ।

ଏହି ପଦଟି ସତରେ ଘଟୁଛି ମହାମାରୀ କୋଭିଡ୍ ରୋଗରେ। ଲକ୍ଷ ଲକ୍ଷ ଲୋକ ରୋଗରେ ଆକ୍ରାନ୍ତ, ହଜାର ହଜାର ମୃତ୍ୟୁବରଣ କରୁଛନ୍ତି। କୋଭଡ୍ ମୃତ୍ୟୁହାର ଯେତେ କମ୍ ହେଲେବି, (୧% ବା ୨%) ସଂକ୍ରମଣ ପ୍ରାଦୁର୍ଭାବ ଅତି ବେଶି ହୋଇଥିବାରୁ ପ୍ରତ୍ୟହ ବିଶ୍ୱରେ ହଜାର ହଜାର ଲୋକ ନିଧନ ହେଉଛନ୍ତି। ଶବ ସତ୍କାର ନିମନ୍ତେ ସରକାର ଯେତେ ଚେଷ୍ଟା କଲେ ବି ତାହା ଶବ ସତ୍କାରର ସାମାଜିକ ପ୍ରଥାରୁ ବହୁ ଅନ୍ତର। ଶବ ପାଖକୁ ଆସିବାକୁ ସମସ୍ତଙ୍କର ଭୟ ରହିଛି। ପିତା କି ମାତା ହେଲେ ବି କୋଭିଡ୍ ରୋଗରେ ମୃତ ଶବ ନେଇ ଯେତେ ପ୍ରକାର ବିଭତ୍ସ ଘଟଣା ଶୁଣିବାକୁ ବା ଦେଖିବାକୁ ମିଳୁଛି, ତାହା ଗତାନୁଗତିକ ସାମାଜିକ ପ୍ରଥା ଠାରୁ ପୃଥକ୍। କେଉଁଠି ଗଙ୍ଗାନଦୀ ଶବମୟ ତ କେଉଁଠି ଶ୍ମଶାନରେ ସ୍ଥାନାଭାବ। ଶବପାଇଁ ଆଉ ସତ୍କାର ନାହିଁ।

ଅଚ୍ୟୁତାନନ୍ଦ ଏହି ମାଟିର ମଣିଷ ନିଜ ସାଧନା ବଳରେ ନିଜ ଦୃଢ଼ମନାର ପରିଚୟ ଦିଅନ୍ତି। ଭବିଷ୍ୟତକୁ ଦୃଷ୍ଟିରେ ରଖି ରୋଗ ହେଲେ ସମାଜ ଆଉ ବ୍ୟକ୍ତି କିପରି ପନ୍ଥା ପରିବର୍ତ୍ତନ କରନ୍ତି, ତାହା ନିଜ ମାଳିକାରେ ଉପସ୍ଥାପନ କରି ନିଜର ବୁଦ୍ଧିମତ୍ତାର ପରିଚୟ ଦେଇଛନ୍ତି।

ସଂଗୀତ ବିଭାଗ,
ରମାଦେବୀ ମହିଳା ବିଶ୍ୱବିଦ୍ୟାଳୟ
ମୋ - ୯୪୩୭୪୯୬୭୪୮

ଧବଳ ଟଗର

ନାରାୟଣ ଚୌଧୁରୀ

ଭାରତବର୍ଷ ଏକ ମହାନ୍ ଦେଶ। ଏ' ଦେଶରେ ଅନେକ ପର୍ବତ, ଅରଣ୍ୟ, ନଦୀ, ହ୍ରଦ, ଝରଣା, ଶାଖାନଦୀ, ଉପନଦୀ ବ୍ୟତୀତ ମାଇଲ ମାଇଲ ବ୍ୟାପୀ ରହିଛି ସମୁଦ୍ର। ସମୁଦ୍ରର ସୀମାହୀନ ଜଳରାଶି ଓ ଉତ୍ତୁଙ୍ଗ ଲହରି ମଣିଷକୁ ଯୁଗ ଯୁଗ ଧରି ଆନନ୍ଦ ଓ ଭୟ ଦେଇଆସିଛି। ଏ' ସବୁ ଭିତରେ ଗ୍ରାମର ସଂଖ୍ୟା ବେଶି ଓ ବେଶି ଲୋକ ଗ୍ରାମମାନଙ୍କରେ ବାସକରନ୍ତି। ଗ୍ରାମର ଭାଇଚାରା ଓ ତା'ର ନୈସର୍ଗିକ ଶୋଭା ଲୋକମାନଙ୍କୁ ପରସ୍ପର ଭିତରେ ବାନ୍ଧିରଖିବାକୁ ଚେଷ୍ଟା କରିଛି।

ସଭ୍ୟତାର ପରିବର୍ତ୍ତନରେ ବାଣିଜ୍ୟିକ ତଥା ପ୍ରଶାସନର ସୁବିଧା ପାଇଁ କେଉଁଠି କେଉଁଠି ଗଢ଼ି ଉଠିଛି ଛୋଟ ଛୋଟ ସହର। ସହର କହିଲେ ପକ୍କାରାସ୍ତା, ରାସ୍ତାରେ ବିଜୁଳିବତୀ, ପିଇବା ପାଇଁ ପାଣି, ସ୍କୁଲ୍, କଲେଜ, ସ୍ୱାସ୍ଥ୍ୟ ପାଇଁ ଡାକ୍ତରଖାନା। ଏଇଥିପାଇଁ ସହର। ଏଠାରେ ଗାଁ ଅପେକ୍ଷା ଜୀବନଶୈଳୀ କିଛି ଅଲଗା ଓ ସହଜ। ଏହି ସହଜ ଜୀବନଯାତ୍ରା ଯୋଗୁ କିଛି ଲୋକ ସହରମୁହାଁ ହୋଇ ବସବାସ ପାଇଁ ଘରଦ୍ୱାର କରି ସହରର ସଂଖ୍ୟା ଓ କ୍ଷେତ୍ରଫଳ ବଢ଼ାଇ ଦେଇଛନ୍ତି। ଫଳରେ ପ୍ରଶାସନିକ କାର୍ଯ୍ୟ ପାଇଁ ହେଉ ବା ବ୍ୟବସାୟିକ ଉପଯୋଗ ପାଇଁ ପ୍ରତିଦିନ ଗାଁର ଲୋକ ସହରକୁ ଆସିଥାଆନ୍ତି। ଏଣୁ ସହରର ଗହଳି ଚହଳି ଅଧିକ ଅନୁଭୂତ ହୋଇଥାଏ। କିନ୍ତୁ ଅଧିକାଂଶ ଲୋକ କାମ ପାଇଁ ଦିନେ ଦୁଇଦିନ ସକାଶେ ସହରକୁ ଆସି ଫେରିଯାଆନ୍ତି ଗାଁକୁ। ଗାଁ ସେମାନଙ୍କ ପାଇଁ ଅତି ଆପଣାର।

ଏବକାର କଥା ନୁହେଁ। ଏହା ପୂର୍ବରୁ ଗାଁରେ କେବଳ ଚାଳଘର ହିଁ ଥିଲା।

ମାଟିର କାନ୍ଥ ଚାଳ ଛପର। ପ୍ରତିବର୍ଷ ଘରକୁ ଛପର କରିବାକୁ ପଡ଼େ। ଧାନକଟାରୁ ମିଳୁଥିବା ଛଣ ବା ନଡ଼ାରେ ଘର ଛପର ହୁଏ। ତା' ଉପରେ ବାଉଁଶ ବତା ଭିଡ଼ିକରି ବନ୍ଧାଯାଏ। କୋରଟରେ (ତାଳ ବାହୁଙ୍ଗା ସରୁ ସରୁ ଚିରି ଦିଆଯାଏ) ଶକ୍ତକରି ବାନ୍ଧିବା ଦ୍ୱାରା ଏହା ବହୁଦିନ ଖରାବର୍ଷାରେ ରହିପାରେ।

ଘରର କାନ୍ଥ ତ ହୁଏ ମାଟିରେ। ତାକୁ ଗୋବରରେ ଲିପିଦେଲେ ସେ ଆହୁରି ସୁନ୍ଦର ହୁଏ। ସେଇଠି ବିଭିନ୍ନ ପ୍ରକାରର ପୂଜା ହୁଏ। ମାଣବସା ହୁଏ, ବିବାହ ବ୍ରତ ପରି ପବିତ୍ର କାର୍ଯ୍ୟ ସେଇ ଘରେ ହୁଏ। କାହାଘରେ କିଛି ଉତ୍ସବ ହେଲେ ଗାଁର କିଛିଲୋକ ମନକୁମନ ଆସି କାମରେ ସାହାଯ୍ୟ କରନ୍ତି। ପରସ୍ପର ଭିତରେ ସାହାଯ୍ୟ ସହଯୋଗର ଉପଲବ୍ଧି ଗାଁରେ ହିଁ ମିଳିଥାଏ। ବର୍ଷାଦିନେ ଗାଁଦାଣ୍ଡ କାଦୁଅରେ ପଚର ପଚର ହେଲେ ବି ଗାଁ କିନ୍ତୁ ଭଲଲାଗେ। ସକାଳ ହେଲେ ଘରର ସ୍ତ୍ରୀଲୋକମାନେ ଘରଦାଣ୍ଡ, ଅଗଣାରେ ଗୋବର ପାଣି ଛିଞ୍ଚି ଝୁଣ୍ଟୁକାରେ ଅଳିଆ ସଫା କରନ୍ତି। ସଂଜହେଲେ ଚଉରା ଓ ପ୍ରତ୍ୟେକ ଘର ସାମନାରେ ସଂଜବତୀ ଜଳାହୁଏ। ଗୋଟିଏ ଦୁଇଟା କିରୋସିନିରେ ଜଳୁଥିବା ଡ଼ିବି (ଡ଼ିବିରି) ଘରଭିତରେ ଜଳେ। ରୋଷଇ ଘରେ ମଧ୍ୟ ଡ଼ିବିଟିଏ ଜାଳି ସ୍ତ୍ରୀଲୋକମାନେ ରୋଷେଇ କରନ୍ତି ରାତିପାଇଁ। ଏବେ ସିନା ରୁଟି ତିଆରି କରୁଛନ୍ତି ହେଲେ ସେତେବେଳେ ରୁଟି ମିଳୁନଥିଲା। ତେଣୁ ସମସ୍ତେ ରାତିରେ ବି ଭାତ ଖାଉଥିଲେ।

କେହି କେହି ପିଲା ଡ଼ିବି ଆଲୁଅରେ ପାଠ ପଢୁଥିଲେ ଆଉ କିଛି ପିଲା ଲଣ୍ଠନ ଲଗାଇ ପାଠ ପଢୁଥିଲେ। ଖାଇସାରି ଶୋଇବାକୁ ଗଲେ ଡ଼ିବି, ଲଣ୍ଠନକୁ ଲିଭାଇବାକୁ ପଡ଼େ। କେହି କେହି ଲଣ୍ଠନକୁ କମାଇଦେଇ ଅଳ୍ପ ଆଲୁଅରେ ଶୋଇପଡ଼ନ୍ତି କିନ୍ତୁ ଡ଼ିବିକୁ କମାଇହୁଏ ନାହିଁ। ସେ ଜଳିବ ବା ଲିଭିବ। ତେଣୁ ସେ ଲିଭା ହୁଏ।

ବର୍ଷାଦିନେ ଝଡ଼ି ଲାଗେ ଯେ ପାଞ୍ଚ ଛ' ଦିନ ଧରି ବର୍ଷା ହେଉଥାଏ। କାହାର କାହାର ଶୁଖିଲା କାଠ, ଘଷି, ଗୁଣ୍ଡା ସରିଯାଏ ଚାଉଳ ସରିଯାଏ। ସେତେବେଳେ ପଡ଼ିଶା ଘରୁ ଧାର ଆସେ। ଏସବୁ କାର୍ଯ୍ୟରେ କେହି ମନା କରନ୍ତି ନାହିଁ। ଗାଁର ଜୀବନ ତେଣୁ ନିଆରା। ଯାହାଘରେ ଯାହା ରନ୍ଧାହେଲା ସେ ପାଖ ପଡ଼ିଶା ଘରେ ଟିକେ ଦେଇଆସେ ଓ ପଡ଼ିଶା ଘର ମଧ୍ୟ ତାଙ୍କ ଘରେ ଦେଇଯାଏ। ମେଘ ହେଉଥିଲେ ଅନ୍ୟ ଘରର ପିଲା ଯଦି ନିଜ ପିଲାଙ୍କ ପାଖରେ ପାଠ ପଢୁଥାଏ, ତେବେ ସେ ଘରକୁ ନଯାଇପାରି ସେଇଠି ଖାଇ ଶୋଇପଡେ। ସମସ୍ତେ ଯେମିତି ନିଜର।

ଗାଁରେ ଭାଗବତ ଘର ଥାଏ। ସଂଜବୁଢ଼େ ବ୍ରାହ୍ମଣ ଆସି ପୂଜା କରନ୍ତି ଓ ଭାଗବତ ଅଧ୍ୟାୟେ ପାଠ କରନ୍ତି। ସେଠାରେ ନଡ଼ିଆ ବାହୁଙ୍ଗା ଛପାରେ କରିଥିବା

କତିପୟ ବରିଷ୍ଠ ଲୋକମାନେ ଭାଗବତ ଶୁଣିସାରି ଘର ଚାବି ପକାଇ ନିଜ ଘରକୁ ଯାଆନ୍ତି।

ବର୍ଷାଦିନେ ଗାଁଟା ବେଶି କଦର୍ଯ୍ୟ ହୁଏ ସିନା କିନ୍ତୁ ଭଲ ଲାଗେ। ପ୍ରତ୍ୟେକ ଲୋକଙ୍କ ଚାଳରେ କଖାରୁ ଲତା ମାଡ଼ିଥାଏ ଗୋଛା ଗୋଛା ଫୁଲ ଫୁଟିଥାଏ। ଦୂରକୁ ଭଲ ଦିଶେ। ଯାହାର ଇଚ୍ଛା ସେ ଫୁଲ ଛିଣ୍ଡେଇ ତା'ଘରକୁ ନିଏ ଆଉ କାହାର ନଥିଲେ ତା'ଘରେ କିଛି ଦେଇଯାଏ। କଖାରୁ ଫଳିଲେ ବି ସେଇଆ। ଘରବାଲା କଖାରୁ କାଟିଲେ ଖଣ୍ଡେ ଖଣ୍ଡେ ପଡ଼ିଶା ଘରକୁ ପଠାଏ। ଜହ୍ନି, କାକୁଡ଼ି, ଛଚିନ୍ଦ୍ରା ତୋଳିଲେ ବଣ୍ଟାହୁଏ। ସଜନା ଶାଗ ଓ ଛୁଇଁ ମଧ୍ୟ ବଣ୍ଟାଯାଏ। କଦଳୀ, ପାଣିକଖାରୁ, ଅମୃତଭଣ୍ଡା ସେମିତି ବଣ୍ଟାହୁଏ। ସେଇ ବାଣ୍ଟିବାର ଆନନ୍ଦ ଥାଏ।

ଗାଁରେ ଅନେକ ପର୍ବପର୍ବାଣି ପାଳିତ ହୁଏ। ଭାଗବତ ବଢ଼ା, ରଜ, ସାବିତ୍ରୀ, ପୋଡୁଆଁ ଅଷ୍ଟମୀ, ମହାଷ୍ଟମୀ, ଚିତାଲାଗି ଅମାବାସ୍ୟା, ଦୋଳ, ଅଗିଜଳା, ମାଣବସା (ଲକ୍ଷ୍ମୀପୂଜା) ଇତ୍ୟାଦି। ଏହିସବୁ କାମରେ ସମସ୍ତେ ସହଯୋଗ କରନ୍ତି। ଯଦି କୌଣସି କାରଣରୁ କାହାର କାହାର ଅମେଳ ହେଲେ ଗାଁ ମୁରବି ସେମାନଙ୍କୁ ଡ଼ାକି ମନାନ୍ତର ଭାଙ୍ଗିଦିଅନ୍ତି।

ସେତେବେଳେ କାହାର ଘଣ୍ଟା ନଥିଲା। ତେଣୁ ସମୟ ଜାଣିପାରୁ ନଥିଲେ। କେଉଟ ଘର ଚୁଡ଼ାକୁଟା ଆରମ୍ଭ ହେଲେ ଢିଙ୍କି ଶବ୍ଦହୁଏ ଓ ଲୋକମାନେ ଭାବନ୍ତି ରାତି ପାହିଆସିଲାଣି। ଏତିକିବେଳକୁ ଗୁଡ଼ିଆ ଘରେ ଚାଉଳ ଉବୁଜା ହେଉଥାଏ ମୁଢ଼ି ଭଜା ହେବ। ରାତି ପାହିଲେ ପିଲାମାନେ ଚୁଡ଼ା, ମୁଢ଼ି କିଣିଆଣି ଖାଇ ସ୍କୁଲକୁ ଯିବେ। ବହୁତ ଲୋକଙ୍କ ଘରେ ଚୁଡ଼ା ନଥାଏ ସେମାନେ ପଖିଆଟାଏ ମୁଣ୍ଡରେ ଦେଇ ଚୁଡ଼ାମୁଢ଼ି ପାଇଁ ଧାଇଁଆସନ୍ତି। ଏଇ ପଖିଆ ସବୁ ଚାଷୀଙ୍କ ଘରେ ଥାଏ। ତାକୁହିଁ ପିନ୍ଧି ଚାଷୀ ବିଲକୁ ଯାଏ। ଧାନ ରୁଏ, ବାଲୁଙ୍ଗା ବାଛେ। ଆଣ୍ଠେଇ ଥାଏ ବିଲରେ। ମୁଣ୍ଡ ଓ ଦେହ ଓଦାହୁଏ ନାହି ଏ' ପଖିଆରେ। ଛତାକୁ ଗୋଟାଏ ହାତରେ ନ ଧରିଲେ ନହୁଏ। ଗୋଟାଏ ହାତରେ କାମ କେତେ କରିବ?

ପାଚିଲା ଧାନ ଅମଳ ହେଲେ ଖଳାବାରି ସଫାକରି ଲିପାପୋଛାକରି ମକର ସଂକ୍ରାନ୍ତିରେ ଭୋଗ ଲଗେଇ ଗୋଟାଏ କାଠର ମେରି ପୋତାଯାଏ। ତା'ର କିଛିଦିନ ପରେ ବେଙ୍ଗଳା ପଡ଼େ। ଧାନ ହଳସବୁ ମେରି ଚାରିପଟେ ରଖାଯାଏ। ଚାରି ପାଞ୍ଚଟି ବଳଦ ଦରକାର। ଚାଷୀର ଦୁଇଟା ବଳଦ ଥିବେ ତେଣୁ ସେ ଆଉ କାହାର ଦୁଇ ତିନିଟା ବଳଦ ଫିଟେଇଆଣି ମେରିରେ ବାନ୍ଧିଦିଏ। ଯିଏ ସବୁଠାରୁ ଅଳସୁଆ ବଳଦ ତାକୁ ବାଁ ବଳଦ ଭାବରେ ମେରି ପାଖରେ ବନ୍ଧାଯାଏ କାରଣ ସେ ଅଳସୁଆ ବଳଦ

ପାଞ୍ଚଫୁଟ ଚାଲିଲେ ଶେଷ ଡାହାଣ ବଳଦ ପଚିଶ ଫୁଟ ବୁଲେ। ବଳଦର ଖୁରାରେ ଧାନ କେଣ୍ଡାରୁ ଛିଣ୍ଡିଯାଏ। କୁଟାକୁ ଝାଡ଼ିଦେଲେ ତଳକୁ ଧାନ ରହିଯାଏ।

ପୁଣି ସେ ଧାନକୁ ଚାଉଳ କରିବାକୁ ହେଲେ ପ୍ରଥମେ ଧାନକୁ ବଣ୍ଚାଯାଏ। ତା'ର ଦୁଇ ତିନିଦିନପରେ ଧାନକୁ ଉଷୁଆଁ ଯାଏ। ଧାନ ଫାଟିଯାଏ। ତା'ପରେ ତାକୁ ଖରାରେ ଶୁଖାଯାଏ। ଶୁଖିଗଲା ପରେ ତାକୁ ଢିଙ୍କିରେ କୁଟାଯାଏ। ଢିଙ୍କିରେ କୁଟିଲାବେଳେ ତିନିଜଣ ସ୍ତ୍ରୀଲୋକ ଆବଶ୍ୟକ। ଦୁଇଜଣ ଢିଙ୍କି କୁଟିବେ। ଯୋଉଠି ଧାନ କୁଟାହେବ ସେଠାରେ ଗୋଟାଏ ଭରାଣ୍ଡି ନାମକ ଛୋଟ ଗାତ ଥାଏ। ସେଠାରେ ଜଣେ ସ୍ତ୍ରୀଲୋକ ଭରାଣ୍ଡି ଧାନକୁ ସୁଙ୍ଗଉଥାଏ। ଟିକିଏ ବେହୁସିଆର ହେଲେ ତା'ହାତରେ ଢିଙ୍କି ପଡ଼ି ଯାଇପାରେ। ତା'ପରେ ସେ କୁଟା ଧାନକୁ ପାଛୁଡ଼ିବା କାର୍ଯ୍ୟ ଚାଲେ। କୁଣ୍ଡା ଅଲଗା ହୋଇଯାଏ ଓ ଚାଉଳ ଅଲଗା ହୋଇଯାଏ। ଏବେ ଖାଇବାପାଇଁ ଚାଉଳ ତିଆରି ହୋଇଗଲା। କେତେ କଷ୍ଟ କରିବାକୁ ପଡୁଥିଲା। ଏବେ ଗାଁରେ ଧାନକଳ ହେଇଗଲାଣି ବିଜୁଳି ଆସିଗଲାଣି। ଚାଉଳ କରିବାକୁ କଷ୍ଟ ନାହିଁ। ଗାଁରେ ଢିଙ୍କି ନାହିଁ କି ବେଙ୍ଗଳା ନାହିଁ। ଆଜିକାଲିକା ପିଲା ଏ'ଜିନିଷ ସବୁ ଦେଖିନାହାନ୍ତି।

ଆମ ଓଡ଼ିଶାରେ ସହର କହିଲେ କଟକକୁ ବୁଝାଏ। କଟକ ସହର ମହାନଦୀ ଓ କାଠଯୋଡ଼ି ନଦୀର ତ୍ରିକୋଣ ଭୂମିରେ ଅବସ୍ଥିତ। ଦକ୍ଷିଣକୁ ବା ଉତ୍ତରକୁ କଟକ ବଢ଼ିପାରିବ ନାହିଁ, କାରଣ ନଦୀ ରହିଛି। ଯାହା ବଢ଼ିବ ପୂର୍ବ ଦିଗକୁ। କଟକରେ ଥାଏ କୋର୍ଟ କଚେରୀ, ହାଇକୋର୍ଟ ଓ ମାଲଗୋଦାମ। ବ୍ୟବସାୟୀମାନେ ଆସନ୍ତି ଆବଶ୍ୟକୀୟ ପଦାର୍ଥ କିଣିବାକୁ। ଏଠୁ କିଣିଲେ ଗାଁରେ ଥବା ତାଙ୍କ ଦୋକାନରେ ବିକ୍ରି କରିବେ। ମାଲଗୋଦାମରୁ କିଣିଥିବା ଜିନିଷପତ୍ର ଗାଁକୁ ନେବାକୁ ମଟରଗାଡ଼ି ନଥିଲା। ପାଖ ବ୍ୟବସାୟୀ ଶଗଡ଼ରେ ନିଅନ୍ତି। ଦୂର ବ୍ୟବସାୟୀ ଡ଼ଙ୍ଗାରେ ନିଅନ୍ତି। ତାଳଦଣ୍ଡା କେନାଲକୁ ଇଂରେଜମାନେ ତିଆରି କରିଥିଲେ ଏଇଥିପାଇଁ। ଡ଼ଙ୍ଗାରେ ଗୋଟାଏ ଛପରଘର ଥାଏ। ତାହାରି ଭିତରେ ରୋଷେଇ ହୁଏ। ଦୁଇ ତିନିଜଣ ଲୋକ ଦଉଡ଼ିରେ ଡ଼ଙ୍ଗାକୁ ଟାଣି ଟାଣି ନେଇଥାଆନ୍ତି। ସେମାନେ କ୍ଳାନ୍ତ ହୋଇଗଲେ ଡ଼ଙ୍ଗା ଭିତରେ ରୋଷେଇ କରୁଥିବା ଲୋକମାନେ ବାହାରକୁ ଆସି ଡ଼ଙ୍ଗାକୁ ଟାଣନ୍ତି ଓ କ୍ଳାନ୍ତ ହୋଇଥିବା ମଣିଷମାନେ ଡ଼ଙ୍ଗା ଭିତରକୁ ଯାଇ ରୋଷେଇ କରନ୍ତି। ଯୋଉ ଘାଟରେ ଜିନିଷ କାଢ଼ିବାକୁ ଥାଏ ସେଠରେ ଡ଼ଙ୍ଗାକୁ ଅଟକାଇ ସେ ବ୍ୟବସାୟୀକୁ ଖବର ଦିଅନ୍ତି। ସେ ଶଗଡ଼ ନେଇଆସେ ଓ ତା'ଜିନିଷସବୁ ଶଗଡ଼ରେ ଲଦି ତା'ଗାଁକୁ ଯାଏ। ଏଣୁ ଦୂର ବ୍ୟବସାୟୀଙ୍କ ଜିନିଷ ପହଞ୍ଚୁ ପହଞ୍ଚୁ ଆଠଦିନ ଦଶଦିନ ଲାଗିଯାଏ।

ଏଇ କଟକ ସହରକୁ ଲୋକମାନେ କହନ୍ତି "କଟକ ସହରରେ ବହୁତ ଟଗର,

ବାଉନବଜାର ତେପନ ଗଳି।” କାରଣ କଟକ ସହରରେ ବହୁତ କୋଠାଘର। ସେସବୁ ଧବଳ ଟଗର। କଟକସାରା ବିଭିନ୍ନ ବଜାରର ନାଁ, ମନେ ରହିବ ନାହିଁ। ତେଣୁ ତାକୁ ବାଉନ ବଜାର ତେପନ ଗଳି ବୋଲି କହିଦିଅନ୍ତି।

କଟକର ଶେଷଆଡ଼କୁ କାଠଯୋଡ଼ି ନଦୀ କୂଳରେ କିଲଟରୀ ଅଫିସ୍। କଟକ ଜିଲ୍ଲା ସାରା ଜମିଜମା ଓ ଅନ୍ୟାନ୍ୟ କାର୍ଯ୍ୟ ଏଇଠି ହୁଏ। ତା' ପାଖକୁ ହାଇକୋର୍ଟ। ତା' ପାଖକୁ ତଳ କୋର୍ଟ। ପୁଳାପୁଳା କଳାକୋର୍ଟ ପିନ୍ଧା ଓକିଲବାବୁ ଭଣଭଣ। ତେଣୁ ଏଠାରେ ବେଶି ଲୋକ।

ଚାରିଆଡ଼େ ହୋଟେଲ, ଜଳଖିଆ ଦୋକାନ, ପାନବିଡ଼ି ଦୋକାନ, ଚା'ସରବତ ଦୋକାନ, ଜୋତା ପାଲିସ୍ ଦୋକାନ, କାନରୁ ଗଇକାଢ଼ିବାପାଇଁ ଲୋକ ଅଛନ୍ତି। ଦାନ୍ତ ଠିକ୍ କରିବାପାଇଁ ଲୋକ ଅଛନ୍ତି। ଆଶ୍ଚର୍ଯ୍ୟ ବିଜୁଳି ମଲମ, କଟାଘା, ପୋଡ଼ାଘା'ର ଅବ୍ୟର୍ଥ ଔଷଧ ଏଠାରେ ମିଳେ।

ସବୁଥାଇ ମଧ୍ୟ କିଛି ନଥିଲା ପରି ଲାଗେ। ପ୍ରତ୍ୟେକ ଲୋକ କାମସାରି ଘରକୁ ଫେରିଯାଆନ୍ତି। କାହା ସାଙ୍ଗରେ ଦୁଃଖସୁଖ ଟିକେବି ହୁଅନ୍ତି ନାହିଁ। ଜୀବନଟା, ଏଠି ଆବଶ୍ୟକତା ଭିତ୍ତିକ। କେହି କାହାକୁ ଚିହ୍ନିବାକୁ ଚେଷ୍ଟା କରନ୍ତି ନାହିଁ। ପଇସାର ମୂଲ୍ୟ ଅନୁସାରେ ସଂପର୍କ। ତେଣୁ ପଇସା ରୋଜଗାର କରିବା ପାଇଁ ଲୋକ ସହରମୁହାଁ ହୁଅନ୍ତି। ଗାଁଗଣ୍ଡାରୁ କିଛି ପଇସାଲୋଭୀ ଲୋକ ସହରକୁ ଆସି ବ୍ୟବସାୟ ଆରମ୍ଭ କରନ୍ତି। କିଛି ପଇସା ହେଇଗଲେ ସହରରେ ଖଣ୍ଡେ ଜାଗାକିଣି ଘର କରନ୍ତି। ଏମିତି ଏମିତି ସହରର କ୍ଷେତ୍ରଫଳ ବଢ଼ି ଚାଲିଛି। ଓଡ଼ିଶାରେ କଟକକୁ ଛାଡ଼ିଦେଲେ ଆହୁରି ଅନେକ ସହର ଗଢ଼ିଉଠିଲାଣି। ଲୋକସଂଖ୍ୟା ସହରରେ ଦିନକୁ ଦିନ ବଢ଼ି ବଢ଼ିଯାଉଛି। ପାଠପଢ଼ା, ଡାକ୍ତରଖାନା, ବ୍ୟବସାୟ, ସରକାରୀ ଦପ୍ତରର କାମ ଏତେ ବଢ଼ିଯାଉଛି ଯେ ଲୋକସଂଖ୍ୟା ବଢ଼ିଯାଉଛି। ଗାଁ ଗଣ୍ଡାରୁ କିଛି ବ୍ୟବସାୟୀ, ଚାକିରିଆ, ଗାଁ ଘରେ ତାଲା ପକେଇ ସହରରେ ଘରଦ୍ୱାର କରି ରହିଗଲେଣି। ଗାଁର ଲୋକସଂଖ୍ୟା କମିଯାଉଛି। ଅଧେ ଘର ତାଲା ପଡ଼ି ରହିଛି। କାହାଘର ଭାଙ୍ଗିଗଲାଣି ତ କାହାର ଗଛସବୁ ଝାମ୍ପୁଲିଆ ହୋଇ ଭୟ ସୃଷ୍ଟି କରୁଛି। ବେଳେବେଳେ ସହରରୁ ସେମାନେ ଗାଁକୁ ଆସି ମାସେ ଦୁଇମାସ ରହି ପୁଣି ଫେରିଯାଉଛନ୍ତି ସହର। ଏହାର କାରଣ ବୁଝିଲେ ଜଣାପଡ଼େ କାହାଘରେ ଡ୍ରେନ୍‌ପାଣି ପଶିଛି ତ କାହାର ପାଇପ୍ ଫାଟି ପାଇଖାନା ପାଣି ପଶିଛି। କାହା ଘର ପାଖରେ ଡ୍ରେନ୍, ହଉଛିତ, କାହାଦାଣ୍ଡ ଖୋଳା ହୋଇ ରାସ୍ତା ହେଉଛି।

ଏସବୁକୁ ବିଚାର କଲେ ଜଣାପଡ଼େ ଯେ ସହରଠାରୁ ଗାଁରେ ଲୋକମାନେ ଭଲରେ ଅଛନ୍ତି। ଗାଁରେ ଆଉ କାଦୁଅ ରାସ୍ତା ନାହିଁ। ରାସ୍ତା ସବୁ ପକ୍କା ହୋଇଗଲାଣି।

ଘରେ ଘରେ ବିଜୁଳିବତି ଜଳୁଛି । ଅନେକ ଗାଁରେ ବିଶୁଦ୍ଧ ପିଇବାପାଣି ପ୍ରତିଘରକୁ ଆସୁଛି । ସହରରେ ଥିବା ସରକାରୀ ଅଫିସ ସବୁ ଗାଁକୁ ଚାଲି ଆସିଲାଣି । ଗାଁ ଘର ସବୁ ବି ପକ୍କା ହୋଇଗଲାଣି । ଆଉ ଚାଳଘର ନାହିଁ କି ନାଉ, କଖାରୁ ଲଟା ସେ ଚାଳ ଉପରେ ଛନ୍ନ ଛନ୍ନ ହୋଇ ମାଡ଼ିନି । ବଡ଼ ବଡ଼ ସ୍କୁଲ୍ କଲେଜ ଗାଁରେ ହୋଇଗଲାଣି, ବଡ଼ ବଡ଼ ଡାକ୍ତରଖାନା ବି ଗାଁରେ ହୋଇଗଲାଣି । ଧାନ କୁଟିବାକୁ ଆଉ ଢିଙ୍କି ନାହିଁ, କଳ ଆସିଗଲାଣି । ମାଛ, ମାଂସ, କୁକୁଡ଼ା ଆଉ ଅଣ୍ଡା ଦୋକାନ ପ୍ରତି ଗାଁରେ ହୋଇଗଲାଣି । ସହର ସାଙ୍ଗରେ ସମାନ ।

ହେଲେ ଜୀବନ ଏଠି ଭିନ୍ନ । ଗାଁ ଲୋକଙ୍କର ସରଳ ମନ, ଅଭାବୀ ସଂସାର ଧୀରେ ସୁସ୍ଥେ ଗୁଞ୍ଜରିତ ହେଉଛି । ଭାଇଚାରାର ପ୍ରତିଷ୍ଠା ଯେମିତି ଥିଲା ସେମିତି ଅଛି । ସନ୍ଧ୍ୟା ହେଲେ ଭାଗବତ ଟୁଙ୍ଗିରେ ବ୍ରାହ୍ମଣ ଭାଗବତ ପାଠ କରୁଛି । କାର୍ତ୍ତିକ ମାସରେ କାର୍ତ୍ତିକ ମାହାତ୍ମ୍ୟ ପାଠ ହେଉଛି, ଅଗିଜଳା ହେଉଛି, ସେଥିରେ ଆଳୁ, ବାଇଗଣ ପୋଡ଼ା ହେଉଛି । ଦୋଳ ଯାତରାରେ ଠାକୁରଙ୍କୁ କାନ୍ଧେଇ ଘର ଘର ବୁଲା ଚାଲୁଛି, ରଜରେ ବାଗୁଡ଼ି ଖେଳ ହେଉଛି, କୁଆଁର ପୂନେଇରେ ଝିଅମାନେ ପୁଚି ଖେଳୁଛନ୍ତି, ସମସ୍ତଙ୍କ ଭିତରେ ସୌହାର୍ଦ୍ଦ୍ୟ ପୂର୍ବପରି ରହିଛି । ଗଛଗହଳି ଭିତରୁ ଜହ୍ନ ଆଲୁଅ ଜାଙ୍ଗୁଲୁ ଜାଙ୍ଗୁଲୁ ହୋଇ ପଡୁଛି । ମେଘର ଝର୍ ଝର୍ ଶବ୍ଦ ଓ ଇନ୍ଦ୍ରଧନୁ ଗାଁରେ ଆବାଳବୃଦ୍ଧବନିତାଙ୍କୁ ବିମୁଗ୍ଧ କରୁଛି । ଚଢ଼େଇମାନଙ୍କର କିଚିରି ମିଚିରି ସ୍ୱର ପ୍ରତ୍ୟେକ ଲୋକଙ୍କ ଭିତରେ ଜୀଇବାର ଆଶା ଢାଳିଦେଉଛି । ଗାଁ ଦାଣ୍ଡରେ ରାମନାମୀ, ଘୋଡ଼ାନାଚ, ପାଲା, ଦାଶକାଠିଆ ସବୁ କିଛି ଗାଁ ଲୋକଙ୍କ ମନୋରଞ୍ଜନ କରୁଛି ।

ଗାଁରେ ଚାଲୁଥିବା ମନୋରଞ୍ଜନ ଏବେ ପୁରୁଣା ହୋଇଗଲାଣି । ସହରମୁହାଁ ହୋଇଥିବା ଗାଁ ଟୋକା ଆଉ ପୁରୁଣାକୁ ଭଲ ପାଉନାହାନ୍ତି । ଘରେ ଘରେ ଟିଭି ଲାଗିଯାଇଛି । ସେଥିରେ ନାଚ, ଗୀତ ଦେଖି ଦେଖି ଛୋଟ ପିଲା ଠାରୁ ଯୁବକ ଯୁବତୀ ପର୍ଯ୍ୟନ୍ତ ଚାଲିଛି ଡିଆଁ ଡେଇଁ, ଅଣ୍ଟାହଲା । ସିନେମାରେ ଚାଲୁଥିବା ଅଣ୍ଟାହଲାଠାରୁ ଏମାନଙ୍କ ନାଚ କୌଣସି ଗୁଣରେ କମ୍ ନୁହେଁ । ହେଲେ ବହୁ ପୁରାତନ ସଂସ୍କୃତି ଯାହା ଲୋକ ସମାଜରେ ବଞ୍ଚି ରହିଥିଲା ତାହାର ହିଁ ଅବକ୍ଷୟ ହେଉଛି । ପଲ୍ଲୀ ମଧ୍ୟରେ ସରଳତା, କାର୍ପଣ୍ୟହୀନତା, ବିଶ୍ୱାସ ନିୟନ୍ତା ଇତ୍ୟାଦି କ୍ରମେ କ୍ରମେ ଅପସରି ଯାଉଛି । ସହରୀ ସଭ୍ୟତାର ଧୃଷ୍ଟତା କ୍ରମେ ପଲ୍ଲୀଜୀବନକୁ କଳୁଷିତ କରିବାକୁ ବସିଲାଣି ।

କିନ୍ତୁ ପ୍ରକୃତରେ ପଲ୍ଲୀକୁ ଭଲପାଇବା ମଣିଷମାନେ ଗଛଟିକୁ ଦେଖିଲେ ତାକୁ ଆଉଁଷିଦେବା, ଫୁଲଟିକୁ ଦେଖିଲେ ତାକୁ ଆଦର କରିବା, ଆକାଶରେ ଭାସିଯାଉଥିବା ବାଦଲକୁ ଚାହିଁ କେତେ କଅଣ ଭାବୁଥିବା ମଣିଷ ଆକାଶର ନୀଳିମାରେ ହଜିଯିବା

ବା ନଈର ସ୍ରୋତ ଓ ଛୋଟ ଛୋଟ ତରଙ୍ଗ ଭିତରେ ବୁଡ଼ି ରହୁଥିବା ଭାବନାର ଆଖି ଦୁଇଟା କେତେବେଳେ ନିଦରେ ବୁଜି ହୋଇ ଯାଇଥାଏ ଜଣା ପଡ଼େନି କାହାକୁ। ଦଲକାଏ ଥଣ୍ଡା ପବନ ଓ ତାରକା ଖଚିତ ନୀଳ ଆକାଶକୁ ଚାହିଁ ରହି ମଣିଷ ମନରେ ନିଜର ଅସ୍ତିତ୍ୱକୁ ଉପଲବ୍ଧି କରି ପ୍ରକୃତିର ବିଶାଳ ଗହ୍ୱରରେ ହଜି ଯିବାର ଚେଷ୍ଟାରେ ନିମଗ୍ନ।

ଭାଗବତଟୁଙ୍ଗି ଉପରେ ଛିଡ଼ା ହୋଇଥିବା ପୁରୁଣା ବଉଳଗଛରେ ମାଡିଥିବା ମାଳତୀଲତା ଏଇ ବର୍ଷାଦିନେ ବାସରେ ମହକୁଥାଏ। ରାସ୍ତା ଉପରେ ଝଡ଼ି ପଡ଼ିଥାଏ ଟୋକେଇ ଟୋକେଇ ମାଳତୀଫୁଲ। ପଲ୍ଲୀବାସୀଙ୍କ ପରିଷ୍କାର ହୃଦୟ ପରି ସଫା ଧଳା ଫୁଲ ମାଳତୀ ରୂପ ଓ ବାସରେ ଗାଁକୁ ମହକାଇ ଦିଏ।

ସହରର ଆଲୁଅ ତୋଫା। ତୋଫା ଆଲୁଅ ଦିନ ପରି ଲାଗେ। କିନ୍ତୁ ଗାଁରେ ଅନ୍ଧାର ନହେଲେ ଅଧା ଆଲୁଅ ଅଧା ଅନ୍ଧାର। ଜହ୍ନ ଯେତିକି ସମୟ ଥାଏ ତା' ଆଲୁଅରେ ଗଛପତ୍ର ଦେଇ ମାଟିରେ ପଡ଼ିଲା ବେଳକୁ ତାହା ଅନ୍ଧାର ଓ ଆଲୋକ ମିଶି ଛାଇଛାଇଆ ହୋଇ ପଡ଼ିଥାଏ। ତାହା କିନ୍ତୁ ସହରୀ ଆଲୁଅ ଠାରୁ ଆହୁରି ସୁନ୍ଦର ଲାଗେ। ଅଧା ଆଲୁଅ ଅଧାଛାଇ ପଲ୍ଲୀ ମଣିଷର ଆଦର। ପହଡ଼କୁ ପହଡ଼ ବିଲୁଆର ହୁକେ ହୋ ରାତି ଅନ୍ଧାରକୁ ଆହୁରି ମଧୁମୟ କରିଦିଏ। ପଲ୍ଲୀର ମଣିଷମାନେ ପ୍ରକୃତିକୁ ଯେତେ ଭଲପାଆନ୍ତି ସହରର ମଣିଷମାନେ ତାହା ଅନୁଭବ କରିପାରନ୍ତିନି।

ଜୀବନ ସବୁବେଳେ ଦଉଡ଼ିବାକୁ ଭଲପାଏ। କୋଉଠି ଅଟକି ଯିବାକୁ ଇଚ୍ଛା କରେନାହିଁ। ପରିବର୍ତ୍ତନ, ପ୍ରଭାବ, ପ୍ରସନ୍ନତା, ପରିତୋଷ ଇତ୍ୟାଦି ଜୀବନର ସବୁ ପରିପୂରକ ଗ୍ରାମ୍ୟଜୀବନରେ ଭରପୂର ହୋଇଥାଏ। ତେଣୁ ଜୀବନକୁ ପରିବେଶକୁ, ପ୍ରକୃତିକୁ ଗ୍ରାମ୍ୟଲୋକେ ଭଲପାଇବା ଶିଖିଥାଆନ୍ତି। ଏହରର ଚିରାଚରିତ ଜୀବନଧାରା ଭିତରେ କିଛି ନୂତନତ୍ୱ ନାହିଁ। କେବଳ କିଛି ପାର୍ଥିବ ସୁବିଧା। ସେଠାରେ ବି ରହି ରହି ସହରୀ ମଣିଷ ବର୍ଷକୁ ଥରେ ଥରେ ପଲ୍ଲୀର ଗଛପତ୍ର ଘେରା ନଈ, ସମୁଦ୍ରକୂଳକୁ ବୁଲିବାକୁ ଯାଏ। ଯେତେ ଯାହା ପରିବର୍ତ୍ତନ ହେଲେ ମଣିଷର ଆତ୍ମା ପଲ୍ଲୀର ଅଧା ଅନ୍ଧାର ଅଧା ଆଲୁଅ, ମାଟି କାଦୁଅ ଭିତରକୁ ଚାଲିଯାଏ ସେ ନିଜେ ଜାଣିପାରେନାହିଁ।

ଭୁବନେଶ୍ୱର
ମୋ-୯୪୩୭୩୦୮୭୬୯

କୋରାପୁଟିଆ ଚଳଣି...

ସୁଧାଂଶୁ ଶେଖର ଧଡା

ବର୍ତ୍ତମାନ ସହରାଞ୍ଚଳରୁ ଆରମ୍ଭକରି ଗ୍ରାମାଞ୍ଚଳ ପର୍ଯ୍ୟନ୍ତ ସବୁଠି ବ୍ରଏଲର କୁକୁଡ଼ା ମିଳୁଛି । ପ୍ରାୟ ଦୁଇ ତିନି ଦଶନ୍ଧି ପୂର୍ବେ କୁକୁଡ଼ା ମାଂସ ମିଳିବା ସ୍ଥାନରେ ଦେଶୀ କୁକୁଡ଼ାର ପ୍ରାଚୁର୍ଯ୍ୟ ଥିଲା । ଖୁବ୍ କମ୍ ସ୍ଥାନରେ କେବଳ ସହରମାନଙ୍କରେ ବ୍ରଏଲର କୁକୁଡ଼ା ମାଂସ ମିଳୁଥିଲା । ମୋ ଭଳି ଜଣେ ଆଦୌ ଆମିଷପ୍ରିୟ ନଥିବା ବ୍ୟକ୍ତି ପାଖରେ କୁକୁଡ଼ାମାଂସକୁ ନେଇ ଏକ ବାସ୍ତବ ଘଟଣାର ବର୍ଣ୍ଣନା ଦେଖି ଅନେକ ବନ୍ଧୁ ଆଶ୍ଚର୍ଯ୍ୟ ହେବେ । କିନ୍ତୁ ଘଟଣାଟି କୁକୁଡ଼ା ମାଂସରେ ନୁହେଁ ବରଂ ଅଛି ଗଞ୍ଜା-କୁକୁଡ଼ାରେ ।

ଅନ୍ତତଃ କୋଡ଼ିଏ ବର୍ଷ ତଳର କଥା । ମୋ ଚାକିରି ଜୀବନର ଅନେକ ରୋଚକ ତଥା ହାସ୍ୟାତ୍ମକ ଘଟଣା ଗୁଡ଼ିକ ମଧ୍ୟରୁ ଏହା ଗୋଟିଏ । ଅଫିସ୍ କର୍ମଚାରୀମାନଙ୍କ ସହିତ ମୁଁ ଅବିଭକ୍ତ କୋରାପୁଟ ଜିଲ୍ଲାର ନାରାୟଣପାଟଣା କଲେଜରେ ପ୍ରଦର୍ଶନୀଟିଏ ଆୟୋଜନ କରିଥାଏ । ସେତେବେଳେ ଏହି ନାରାୟଣପାଟଣା ଗାଆଁଟିଏ ପରି ଥିଲା । କଲେଜଟି ବଜାର ଠାରୁ ଅନ୍ୟୁନ ଦେଢ଼ କିଲୋମିଟର ଦୂରରେ ଅର୍ଦ୍ଧନିର୍ମିତ ଅବସ୍ଥାରେ ଚାଲୁଥିଲା । ଗୋଟିଏ ବଡ଼ କୋଠରିରେ ଆମର ପ୍ରଦର୍ଶନୀର ଆୟୋଜନ ହୋଇଥିଲା । ଖରାଦିନ ହୋଇଥିବାରୁ କଲେଜ ଛୁଟି ଥିଲା । କଲେଜ ପଛପଟେ କିଛି ସମତଳ ପଡ଼ିଆ ପରେ ହଠାତ୍ ଶହେଫୁଟ ଗଭୀରରେ ଜଳପ୍ରପାତପୂର୍ଣ୍ଣ ଝଞ୍ଜାବତୀ ନଦୀ । କଲେଜ ସମ୍ମୁଖରେ ପାଚେରି ଥିଲା, କିନ୍ତୁ ପଛପଟ ବିନା ପାଚେରିରେ ଖୋଲାଥିଲା । ଏଭଳି ଏକ ସୁରମ୍ୟ

ଭୌଗୋଳିକସ୍ଥିତି ଭିତରେ ଝଞ୍ଜାବତୀର ପ୍ରପାତପୂର୍ଣ୍ଣ ଦୃଶ୍ୟ ଉପଭୋଗ କରିବାପାଇଁ ଆମେ ଦିନରେ ବାରମ୍ବାର ନଦୀ ପାଖକୁ ଯାଉଥିଲୁ। ନଦୀର ଉପରମୁଣ୍ଡରେ ଛୋଟ ଆଦିବାସୀ ସାହିଟିଏ ଥିଲା। ସେଇ ଆଦିବାସୀ ମାନଙ୍କର କୁକୁଡ଼ା ଆଉ ଗଞ୍ଜା କଲେଜ ପଛ ପଡ଼ିଆ ପର୍ଯ୍ୟନ୍ତ ଆସିଯାନ୍ତି। ସ୍ଥାନଟି ଖୁବ୍ ଜଙ୍ଗଲିଆ ହୋଇଥାଏ। ନାଗଅଇରି ଗଛର ବୁଦୁବୁଦିଆ ଜଙ୍ଗଲ ଭିତରେ କୁକୁଡ଼ାସବୁ ଚରିବୁଲନ୍ତି। ଝଞ୍ଜାବତୀ ନଦୀ, ଜଳପ୍ରପାତ, ଜଙ୍ଗଲ, ବଜାରଠାରୁ ଦୂରତାରେ କଲେଜ ଏକ ମନୋରମ ପରିବେଶ ସୃଷ୍ଟି କରୁଥିଲା।

ପ୍ରଦର୍ଶନୀ ଆୟୋଜନର ପରଦିନ ଆମର ସାଥୀଗଣ ସେଠିକାର ଦେଶୀ କୁକୁଡ଼ାମାଂସ ଖାଇବାକୁ ଇଚ୍ଛା ପ୍ରକାଶକଲେ। ଆମ ଭିତରୁ ଜଣେ ଗୋଟିଏ ସାହିକୁ ଯାଇ ଗଞ୍ଜାଟିଏ କିଣିବାକୁ ଚାହୁଁଛନ୍ତି ବୋଲି କହିବାରୁ ପାଖ ପଡିଆରେ ବୁଲୁଥିବା ଗୋଟିଏ ଗଞ୍ଜାକୁ ଦେଖାଇ ତା ମାଲିକ ବିକ୍ରି କରିବେ ବୋଲି କହିଲେ। ଦର ଛିଡ଼ିଲା ଶହେ କୋଡ଼ିଏ ଟଙ୍କାରେ। ଦର ଛିଡ଼ିବା ପରେ ଗଞ୍ଜାର ମାଲିକ ଡାକିବା ମାତ୍ରକେ ଗଞ୍ଜା ପାଖକୁ ଧାଇଁ ଆସିଲା। ବାହାରେ ବୁଲୁଥିବା କୁକୁଡ଼ାଟିଏ ଧରିବା କେତେ କଷ୍ଟ କି ସହଜ ଆମ ବନ୍ଧୁଙ୍କର ଆଦୌ ଧାରଣା ନଥିଲା। ଗଞ୍ଜାମାଲିକ ଗଞ୍ଜାକୁ ଧରି ତା ଗୋଡ଼ରେ ଗୋଟିଏ ଛୋଟ ସୁତୁଲି ଦୁଇଘେରା ଗୁଡ଼ାଇଦେଲେ। ଟଙ୍କା ଗଣି ନେବାପରେ ଗଞ୍ଜାଟିକୁ ଧରି ଆମ କ୍ୟାମ୍ପଥିବା କଲେଜ ପର୍ଯ୍ୟନ୍ତ ଦେଢ଼କିଲୋମିଟର ବାଟ ଚାଲି ଆସି ବନ୍ଧୁଜଣଙ୍କୁ ଗଞ୍ଜାକୁ ଧରାଇଦେଇ ଫେରିଗଲେ। କିଛି ସମୟ ଗଞ୍ଜାକୁ ହାତରେ ଧରିବାପରେ ବନ୍ଧୁ ଆମର ଗଞ୍ଜାର ଗୋଡ଼ ବନ୍ଧାହୋଇଛି ଭାବି ତଳେ ଛିଡ଼ା କରାଇବା ମାତ୍ରେ ଗଞ୍ଜା ପ୍ରଦର୍ଶନୀ ହଲ ଭିତରକୁ ଉଡ଼ିଗଲା। ଗୋଡ଼ରେ ସୁତୁଲି ବନ୍ଧାହୋଇ ଥିବାରୁ ତାକୁ ଧରିବା ସହଜ ବୋଲି ଆମର ଧାରଣା ଥିଲା। କିନ୍ତୁ ସେଇ ସୁତୁଲି ଫୁଟେ ଲମ୍ବରୁ ଅଧିକ ନଥିଲା। ତେଣୁ ହଲ୍ ଭିତରେ ତଳ ଉପର ହୋଇ ଉଡ଼ି, ଦୌଡ଼ି ଆମ ସମସ୍ତଙ୍କୁ ହାଲିଆ କରିଦେଲା। ଶେଷରେ କବାଟ ଖୋଲାଥିବାରୁ ବାହାରକୁ ଉଡ଼ିଗଲା।

କଲେଜ ବାରଣ୍ଡାରୁ ବାହାରକୁ ଯିବା ମାତ୍ରେ କଲେଜ ଚାରିପାଖରେ ଆମକୁ ପାଞ୍ଚ ଛଅ ଘେରା ଦୌଡ଼ାଇଦେଲା। ତାପରେ ଛାତ ଉପରକୁ ଉଡ଼ିଗଲା। ଆମେ ପାଞ୍ଚଜଣ ତା ପଛରେ ଗୋଡ଼ାଇ ଗୋଡ଼ାଇ ପାଟିତୁଣ୍ଡ କରିବା ଫଳରେ ସାହିର ଲୋକମାନେ କିଛି ଗୋଟାଏ ଅଘଟଣ ଘଟିଗଲା ଭାବି କଲେଜକୁ ଧାଇଁଆସିଲେ। ଘଟଣା ଜାଣିବା ପରେ ସମସ୍ତେ ମିଶି ତାକୁ ଧରିବାକୁ ଚେଷ୍ଟାକଲେ। ଗଞ୍ଜାକୁ ଧରିହେଲାନାହିଁ ସତ, କିନ୍ତୁ ତାକୁ ଧରିବାର ନିଷ୍ଫଳ ଚେଷ୍ଟାକୁ ଆମୋଦଦାୟକ ଘଟଣା ଭାବରେ ଆମେ ଥକିଯାଇଥିବା ସତ୍ତ୍ୱେ ପଚିଶ ତିରିଶଜଣ ଗ୍ରାମବାସୀଙ୍କ ସହିତ ଧାଁ, ଧପଡ଼, ଟେକା

ପଥର ଫିଙ୍ଗା କାମରେ ମାତିଯାଇଥିଲୁ। ଏତିକି ଭିତରେ ବିଚରା ଗଞ୍ଜା କଲେଜ ପଛପଟ ଜଙ୍ଗଲ, ଜଞ୍ଜାବତୀ ନଦୀ, ଆମ୍ବଗଛ ଆଦି ବିଭିନ୍ନ ସ୍ଥାନକୁ ଉଡ଼ିବୁଲିଲା। ତା ପଛେ ପଛେ ସମ୍ମୁଖ ଯୁଦ୍ଧରେ ବନ୍ଧୁକରୁ ଗୁଳି ବାହାରିବା ଭଳି ଟେକାପଥର ବୃଷ୍ଟିହେବାରେ ଲାଗିଥାଏ। କିନ୍ତୁ ଗୋଟାଏ ବି ଟେକା ତା ଦେହରେ ବାଜୁ ନଥାଏ। ପ୍ରାୟ ଦେଢ଼ ଘଣ୍ଟା କାଳ ଗଞ୍ଜାର ଆତ୍ମରକ୍ଷା ଏବଂ ଆମପକ୍ଷରୁ ଟେକା ଆକ୍ରମଣ ପରେ ସମସ୍ତେ ହାଲିଆ ହୋଇ ନିରୁପାୟ ହୋଇପଡ଼ିଲେ। ଘଟଣାର ପ୍ରଥମ ଦୃଶ୍ୟ ଶେଷହେଲା। ଗଞ୍ଜା ସ୍ଥିର ହୋଇ ଏକ ପ୍ରକାଣ୍ଡାକାୟ ଆମ୍ବଗଛର ଶିଖରରେ ବସିଗଲା।

ଏତିକିବେଳେ ଦୁଇଜଣ ସଲପ ମଦ ପିଇ ଟଳିଟଳି ସେଇ ବାଟ ଦେଇ ଚାଲିଯାଉଥିଲେ। ସେମାନଙ୍କ ମଧ୍ୟରୁ ଜଣେ ଏତେ ଲୋକଙ୍କୁ ଗାଆଁ ବାହାରର କଲେଜ ନିକଟରେ ଠିଆ ହୋଇଥିବା ଦେଖି କଅଣ ହେଲା ବୋଲି ପ୍ରଶ୍ନକଲେ। ଘଟଣା ଏଇଠୁ ମୋଡ଼ ବଦଳାଇ ଦ୍ୱିତୀୟ ଦୃଶ୍ୟ ଆରମ୍ଭହେଲା।

ଉଡ଼ିଯାଇଥିବା ଗଞ୍ଜାକୁ ଧରିବାପାଇଁ ଏତେ ଲୋକଙ୍କର ବିଫଳ ଉଦ୍ୟମ କଥା ଶୁଣି ସେମାନେ ହସିହସି ଗଡ଼ିଗଲେ। ସେମାନଙ୍କ ମାତାଲ ଅବସ୍ଥା ଦେଖି ଗଞ୍ଜାକୁ ଗୋଡ଼ାଇ ହାଲିଆ ହୋଇଯାଇଥିବା ଆମେ ସମସ୍ତେ ସେ ଦୁହିଁଙ୍କୁ ଅଣଦେଖା କରିବାକୁ ଚେଷ୍ଟାକଲୁ। କିନ୍ତୁ ସେମାନେ ଆମଙ୍କୁ ଗୁଡ଼େଇତୁଡ଼େଇ ପ୍ରଶ୍ନ କରିବାରେ ଲାଗିଲେ।

ଆଜ୍ଞା, କେଉଁଠୁ ଗଞ୍ଜା କିଣିଲେ ?

ଟିକିଏ ଦୂରରେ ଥିବାଗୋଟିଏ ଗାଆଁରୁ।

କେତେ ଟଙ୍କାରେ କିଣିଲେ ?

୧୨୦ ଟଙ୍କାରେ।

ଆମକୁ ୧୨୦ ଟଙ୍କା ଦେବେକି ? ଆମେ ଗଞ୍ଜା ଧରିଦେବୁ।

ତୁମକୁ ୧୨୦ ଟଙ୍କା କାହିଁକି ଦେବୁ ? ସେତିକି ଟଙ୍କାରେ ଆମେ ଆଉ ଗୋଟେ କିଣିଆଣିବୁ।

ହଉ, ୧୨୦ ନହେଲା, ୧୦୦ ଦେବେ କି ?

ନା ।

୭୦ ଦେବେ କି ?

ନା।

୫୦ ଦେବେ କି ?

ନା।

ଶେଷ ପଦେ କଥା କହି ଦେଉଛୁ, ୨୫ ଟଙ୍କା ଦିଅନ୍ତୁ, ଗଞ୍ଜା ଧରିଦେବୁ।

ଏହି ପ୍ରଶ୍ନ ଆଉ ଉତ୍ତରଗୁଡିକ ମୋତେ ୟୁ.ପି.ଏସ୍.ସି.ର ମୌଖିକ ପରୀକ୍ଷା ଦେଉଥିବା ଭଳି ଲାଗୁଥାଏ।

କିଛି ସମୟ ପର୍ଯ୍ୟନ୍ତ ଉଭୟପକ୍ଷ ନୀରବ ରହିଲେ। କିଛି ସମୟ ନୀରବ ରହି ପୁଣି ସେମାନେ କହିଲେ,

ବାବୁ, କଅଣ ଆପଣମାନେ ୨୫ରେ ରାଜି ତ ?

ଏତିକିବେଳେ ଆମଭିତରୁ କିଏ ଜଣେ ହଁ କହିଦେଲେ। ଆମ ଉତ୍ତର ଶୁଣି ପୁଣି ସେମାନେ ସର୍ତ୍ତ ରଖିବା ଆରମ୍ଭ କରିଦେଲେ। ଗଞ୍ଜା ଧରିଦେଲେ ତାର ଗୋଡ଼, ଡେଣା ଅଗ, ମୁଣ୍ଡ ଓ ପୁଟି ନେବେ ବୋଲି କହିଲେ। ସେତେବେଳକୁ ଆମର ଧୈର୍ଯ୍ୟଚ୍ୟୁତି ଘଟିସାରିଥାଏ। ତେଣୁ ହଁ କହିବା ବ୍ୟତୀତ ଆଉ କିଛି ଚାରା ନଥାଏ। ଦର ତୁଟିଲା, ସର୍ତ୍ତ ମାନି ନିଆଗଲା। ସବୁ ଛିଡ଼ିଲା। ଏଥର ଗଞ୍ଜାକୁ ଆମେ ଧରିବାକୁ କହିଲୁ। ହଁ ଧରୁଛୁ କହି ଦୁହେଁଯାକ ଟଳିଟଳି ସେଠାରୁ ଚାଲିଗଲେ। ସେମାନଙ୍କ ନିଶାଗ୍ରସ୍ତ ରୂପ ଦେଖି ଆମେ ମୋଟାମୋଟି ଏହି ଦ୍ୱିତୀୟ ଦୃଶ୍ୟଟିକୁ ସିନେମାର ଏକ କମେଡ଼ିଦୃଶ୍ୟ ଭାବରେ ଧରିନେଲୁ।

ପ୍ରାୟ ଅଧଘଣ୍ଟାଏ ପରେ ତୃତୀୟ ଦୃଶ୍ୟ ଆରମ୍ଭ ହେଲା। ଦୀର୍ଘ ସମୟ ପରେ ସେ ଦୁଇଜଣ ଟଳିଟଳି ଆମ ଆଡକୁ ଆସୁଥିବାର ଦୂରରୁ ଦେଖିଲୁ। ଆଉ କିଛି କମେଡ଼ି ନୂଆ ରୂପରେ ଦେଖିବାପାଇଁ ଆମେ ପ୍ରସ୍ତୁତ ହୋଇଗଲୁ। ଏମିତି ଘଟଣାଟିରେ ଆମକୁ ଗଞ୍ଜା ଉଡ଼ିଯାଇଥିବାର ଅନୁଶୋଚନା ନଥିଲା। ଅପେରା ଦେଖୁଥିବା ଭଳି ଏକ ଉପଭୋଗ୍ୟ ଦୃଶ୍ୟ। ଗଞ୍ଜା ଧରିବାର ସର୍ତ୍ତ ରଖି ସେମାନେ ଚାଲିଯିବା ପରେ ଗହଳି ମଧ୍ୟ ଆଉ ରହିଲାନାହିଁ। ଏଥର ଦୁହେଁ ଗଞ୍ଜା ଗୋଟିଏ ଧରି ଆସି ପହଞ୍ଚିଲେ। ପୁଣି ଥରେ ଚାଲିଲା ପ୍ରଶ୍ନ-ଉତ୍ତର, ସର୍ତ୍ତ ଆଉ ଦାବି -

ବାବୁ, ଆମକୁ ୨୫ ଟଙ୍କା ଦେବେ ତ ?

ହଁ

ଡେଣା, ଗୋଡ଼, ପୁଟି, ମୁଣ୍ଡ ଆମେ ନେବୁତ ?

ହଁ, କିନ୍ତୁ ତୁମେ ଆଉ ଗୋଟିଏ ଗଞ୍ଜା ଧରି ଆସିଛ କାହିଁକି ?

ଗଞ୍ଜା ଧରିବାକୁ କହି ସେମାନେ କଲେଜ ପଛପଟକୁ ଗଲେ। ନାଟକର ଚତୁର୍ଥ ଏବଂ କ୍ଲାଇମାକ୍ସ ଆରମ୍ଭ ହୋଇଗଲା। କାଖତଳେ ଜାକି ଧରିଥିବା ଗଞ୍ଜାଟି ସେମାନଙ୍କର ପୋଷା ଗଞ୍ଜା ଥିଲା। ତା ଗୋଡ଼ରେ ଲମ୍ବା ସୁତୁଲି ବାନ୍ଧି ଗଛ ଡାଳରେ ବସିଥିବା ଗଞ୍ଜାକୁ ଦେଖାଇ ସେମାନେ ତଳେ ଛାଡ଼ିଦେଲେ। ଏଇ ଗଞ୍ଜାକୁ ଦେଖି ଆମକୁ ନାକେଦମ୍ କରିଥିବା ଗଞ୍ଜା ଆମ୍ବଗଛ ଡାଳରୁ ଉଡ଼ିଆସି ଲଢ଼େଇ କରିବା

ଆରମ୍ଭ କରିଦେଲା। ଏଇ ସୁଯୋଗରେ ମହୁଆଙ୍କ ଭିତରୁ ଜଣେ ଗୋଟାଏ ଛୋଟ ବାଡ଼ିରେ ଆମ କିଣା ଗଞ୍ଜାକୁ ଏକ ଶକ୍ତ ପାହାର ଦେଲା। ସେତିକିରେ ଦୃଶ୍ୟଶେଷ। ସର୍ବରକ୍ଷା କରିବାକୁ ଯାଇ ସେଇମାନଙ୍କ ହାତରେ ମାଂସ କଟେଇ ପଚିଶଟଙ୍କା ଦେଲୁ। ଦୁହେଁ ତାଙ୍କ ନିଜ ଗଞ୍ଜାଟିକୁ ଧରି ଆନନ୍ଦରେ ଚାଲିଗଲେ।

ମୋ ବାରବୁଲା ଚାକିରି ଜୀବନରେ ଏମିତି ଅନେକ ଗାଉଁଲି ଘଟଣା ଘଟିଛି। ସେ ସବୁ ମନେ ପଡ଼ିଗଲେ, ଖୁବ୍ କୌତୂହଳ ଆସେ। ବିଭିନ୍ନ ଅଞ୍ଚଳରେ ଲୋକମାନଙ୍କର ଅଭିଜ୍ଞତା-ଭିତ୍ତିକ କୌଶଳ ସବୁ ରହିଛି। ସେ ସବୁର ପ୍ରୟୋଗ ଦେଖିଲେ ଯେତିକି ଆଶ୍ଚର୍ଯ୍ୟ ଲାଗିବ, ଗାଆଁବାଲାମାନେ ବୁଦ୍ଧିପ୍ରୟୋଗରେ ଊଣାନୁହଁନ୍ତି, ସ୍ପଷ୍ଟ ପ୍ରତୀୟମାନ ହେବ।

ଜାଗମରା, ଖଣ୍ଡଗିରି, ଭୁବନେଶ୍ୱର-୩୦
ମୋ - ୯୩୩୭୦୧୫୮୮୨

ଗର୍ବରେ କହେ, ମୁଁ ଭୁବନେଶ୍ୱରିଆ

ସୟଦ୍ ମକ୍‌ବୁଲ୍ ଅଲ୍ଲୀ

ଆଃ ! ମୁଁ ସେତେବେଳେ ଗୁଡ଼ିକୁ ଉପରକୁ ଉପରକୁ ଉଡେଇ ଚାଲିଥିଲି, ମୃଦୁ ମଳୟ ମୋ ଗୁଡ଼ିକୁ ଆହୁରି ଉଚ୍ଚକୁ ନେଇ ଚାଲିଥିଲା। କିନ୍ତୁ ହଠାତ୍ ଗୁଡ଼ିର ସୁତା ଛିଣ୍ଡିଗଲା ଆଉ ମୋଠୁ ଦୂରେଇ ଗୁଡ଼ି ମାଡ଼ି ଚାଲିଲା ଘନ ଜଙ୍ଗଲ ଭିତରକୁ, ମୋ ହାତ ପାଆନ୍ତାରୁ ଆହୁରି ଦୂରକୁ।

ପଚାଶ ଦଶକରେ ଭୁବନେଶ୍ୱର ଏମିତି ହିଁ ଥିଲା। ସାରା ଦିନର ଖୋଲା ପବନ ସନ୍ଧ୍ୟା ହେଲେ ଆହୁରି ଥଣ୍ଡା ହେବାକୁ ଲାଗୁଥିଲା। ଯୁବସୁଲଭ ଶକ୍ତି ସଞ୍ଚରିତ ପିଲାଳିଆମି, ଆନନ୍ଦମୟ ପରିବେଶ ସହି ଦିଗନ୍ତବିସ୍ତାରୀ ଖୋଲା ଜାଗା ଓ ସବୁଜିମାର ପ୍ରାକୃତିକ ମିଶ୍ରଣ। ମୋ ଭୁବନେଶ୍ୱର।

ପ୍ରଥମ ସ୍ମୃତି ଏକ ଉଜ୍ଜ୍ୱଳ ଖରାବେଳ ନଈପଠା ଦେଇ କଟକ ଯିବାର। ଘଞ୍ଚ ଜଙ୍ଗଲ ଭିତରେ ଅସ୍ଥାୟୀ ରାସ୍ତାରେ ଚନ୍ଦକାର ସବୁଜିମା ଆଉ ଖଣ୍ଡଗିରି ଦେଇ ୟୁନିଟ ୬ରେ ଆମେ ନୂଆକରି ରହୁଥିବା ସରକାରୀ କ୍ୱାଟର୍ସକୁ ଫେରୁ। ସମୟ ପଚାଶ ଦଶକର ପ୍ରାରମ୍ଭ।

ଆଦ୍ୟ ଗ୍ରୀଷ୍ମର ଫୁଲରେ ସୁସଜ୍ଜିତ ଆମ୍ବଗଛ ଆଉ ପବନରେ ଆମ୍ବ ଆଉ ନିମ୍ବ ବାସନାର ମହକ। ଚଢ଼େଇମାନଙ୍କର କିଚିରି ମିଚିରି। ଘରଚଟିଆ ଆଉ ଶୁଆମାନଙ୍କର ଆମ ପାଖରେ ଖେଳ ସୂଚାଉଥିଲା ସେମାନେ ପ୍ରଫୁଲ୍ଲିତ, ଏହା ଥିଲା ଆମର ଆନନ୍ଦ। କେତେବେଳ ଆମ ଉପର ଦେଇ ଚାଲିଯାଉଥିଲେ ତ ଆଉ କେତେବେଳେ ଧୀର ଗତିରେ ମାଡି ଚାଲୁଥିବା ଆମ କଳା ରଙ୍ଗର ଓଜନଦାର ଫୋର୍ଡ଼ କାର ପାଖଦେଇ

ଫୁର୍ କିନା ଉଡିଯାଉଥିଲେ। ଆଉ ଗୁଣ୍ଡୁଚି ମୂଷାଙ୍କ ପାଖରେ ପହଞ୍ଚିବା ଆଗରୁ ହିଁ ନିମିଷକରେ ଛତ୍ରଭଙ୍ଗ ଦେଉଥିଲେ। ଜଙ୍ଗଲୀ କୁକଡ଼ା ଉଡ଼ିଯାଉଥିବେ, ସକାଳୁ ବାଟ ଭୁଲିଯାଇଥିବା ଗଧିଆ ଲୁଚିବାକୁ ବୁଦା ଖୋଜୁଥିବେ। ମୁଖ୍ୟତଃ କିଛି ଘରୋଇ କିଣାକିଣି ପାଇଁ କଟକକୁ କେତେଥର ଯିବା ଆସିବା। ଆଜି ବି ସେ ସ୍ମୃତି ସତେଜ ରହିଛି। ଫେରିଲା ବେଳକୁ କେବେକେବେ ସଂଧ୍ୟା ହୋଇଗଲେ, ହାତୀପଲ ରାସ୍ତା ପାରିହେବା ଦେଖିବାକୁ ମିଳେ, ଚିତ୍ତାଳ ହରିଣ ଓ ଅଣ୍ଡିରା ହରିଣ ରାସ୍ତାକୁ ମାଡ଼ି ଆସନ୍ତି, ଆମ ଫୋର୍ଡ଼ ଆଲୁଅରେ ଥରେ ଚିତାବାଘ ବି ଦେଖିଛୁ। ଥରେ ଗୋଟିଏ ଡରକୁଳା ଗଧିଆ ସବୁଜ ବୁଦବୁଦିଆ ଜଙ୍ଗଲରେ ଲୁଚିବାର ଦେଖିଲୁ, ଆଉଥରେ ଜଙ୍ଗଲରୁ ମହାବଳ ଗର୍ଜନ ଶୁଣିବାକୁ ପାଇଛୁ। ସେ ରାସ୍ତାରେ ସକାଳୁଆ କେବେ ଗଲେ, ନୀଳଗାଈ, ଗୟଳ, ବାରହା, ହରିଣ, ଚଢ଼େଇ, ସାପ, ଗୋଧି ଓ କେବେ କେମିତି ଗଧିଆଟେ ଭେଟ ହୋଇଯାଏ।

ପଚାଶ ଦଶକର ଶେଷ ଆଡକୁ ମୋର ୟୁନିଟ-୬, ୟୁନିଟ୍-୧ ଓ ୟୁନିଟ୍-୨ ଆଡ଼କୁ ବେଶି ଆତଯାତ ଥିଲା। ଜୀବନ ସେତେବେଳେ ପଡ଼ୋଶୀ ପିଲାଙ୍କ ସହିତ ଖେଳାବୁଲାରେ ହି କଟିଯାଉଥିଲା। ଛୋଟ ଗୋଟେ ଦୋକାନରୁ ପିପରମେଣ୍ଟ ଭଳିକି ଭଳି ସ୍ୱାଦର ସୋଡ଼ା କିଣିବା ଏବେ ବି ମୋର ମନେଅଛି। ସେତେବେଳେ ୟୁନିଟ-୧ର ତିନି ବଖୁରିଆ କ୍ୱାର୍ଟରରେ ଚାଲୁଥିବା ଏକ କନଭେଣ୍ଟ ସ୍କୁଲ୍ ଯାଉଥିଲି। ସନ୍ଧ୍ୟାହେଲେ ରାଜୁ ସାହୁଙ୍କ ପ୍ରସିଦ୍ଧ ଛପର ଛାତ ଜଳଖିଆ ଦୋକାନରେ ବରା, ସିଙ୍ଗଡ଼ା ଆଉ ଗୁଲୁଗୁଲା ପାଇଁ ହାଜର ହୋଇଯାଉଥିଲୁ। ସେବେଳେ ହିଁ ଭୁବନେଶ୍ୱରରେ ପ୍ରମୁଖ ପରିବର୍ତ୍ତନ ସ୍ୱରୂପ ଗଢ଼ା ହୋଇଥିଲା ରାଜମହଲ ହୋଟେଲ, ସେତେବେଳର ଦେଖିଲାଭଳି ଜାଗାଟିଏ।

ବୁଲାବୁଲି ପାଇଁ ଆଉ ଏକ ଆକର୍ଷଣ ଥିଲା ରେଲୱେ ଷ୍ଟେସନ ପାଖ ମାଷ୍ଟର କ୍ୟାଣ୍ଟିନ୍। ଫୋର୍ଡ କାରରେ ଜଣେ ଡ୍ରାଇଭର ଆଉ ଅଜାଙ୍କ ସହିତ ମାଡ଼ି ଯାଉଥିଲୁ ମାସିକିଆ ସଉଦାପାଇଁ। ବେଲୁଚିସ୍ଥାନରୁ ଅକସ୍ମାତ୍‌ଭାବେ ନୂଆ ରାଜଧାନୀ ଭୁବନେଶ୍ୱର ଚାଲିଆସିଥିବା ହଂସ ପରିବାର ଏଇଠି ଗୋଟିଏ ଟେଲର୍ ଦୋକାନ ଏବଂ ଗୋଟିଏ ଧାନ ଚାଉଳ ଦୋକାନ କରିଥିଲେ। ଟେଲର ଦୋକାନର ମୁଖ୍ୟଙ୍କୁ ହିନ୍ଦିରେ 'ମାଷ୍ଟର' ସମ୍ୱୋଧନ କରନ୍ତି। ହଂସ ପରିବାର ମୁଖିଆ ମାଷ୍ଟର ନାଁ ସହିତ କ୍ୟାଣ୍ଟିନ ଯୋଡ଼ା ହୋଇ ସେ ଅଞ୍ଚଳ 'ମାଷ୍ଟର କ୍ୟାଣ୍ଟିନ' ନାମରେ ପ୍ରସିଦ୍ଧ ହୋଇଯାଇଥିଲା। ବର୍ତ୍ତମାନର ପ୍ରସିଦ୍ଧ ଲାଲଚାନ୍ଦ ଜୁଏଲର୍ସ ଚଳାଉଥିବା ସଞ୍ଜୟ ହଂସ ସେଇ ହଂସ ପରିବାରର ଦ୍ୱିତୀୟ ପଢ଼ି। ଷ୍ଟେସନ ଛକର ପ୍ରାୟ ସମ୍ପୂର୍ଣ୍ଣ ଅଞ୍ଚଳ ପରିବର୍ଦ୍ଧିତ ହଂସ ପରିବାର

ମାଲିକାନାରେ ଅଛି। ସେମାନେ ଆଜି ଯେଉଁ ସ୍ଥାନରେ ପହଞ୍ଚିଛନ୍ତି, ସେଥିପାଇଁ ବହୁତ ପରିଶ୍ରମ କରିଛନ୍ତି। ଭୁବନେଶ୍ୱରର ବ୍ୟବସାୟିକ ଅଭିବୃଦ୍ଧିରେ ଅବଦାନ ଥିବାରୁ ହଂସ ପରିବାରର ପ୍ରତ୍ୟେକ ସଦସ୍ୟ ପ୍ରଶଂସା ଓ ସମ୍ମାନର ପାତ୍ର।

ବର୍ମା ଜେନେରାଲ ଷ୍ଟୋର ସିଂହ ବଂଶଜ ବର୍ମାରୁ ଶରଣାର୍ଥୀ ଭାବେ ଆସିଥିଲେ। ପ୍ରଥମେ ତେଜରାତି ଦୋକାନ ଖୋଲିଥିବା ଏହି ପରିବାର ପରେ ଅନ୍ୟ ସାମଗ୍ରୀ ଏବଂ ଜେନେରାଲ ଷ୍ଟୋର ଖୋଲିଥିଲେ। ସେହି ଅଞ୍ଚଳ ଆଜିର ଅଶୋକନଗର। ସେତେବେଳେ ଷ୍ଟେସନ ଅଞ୍ଚଳରେ ଏହା ଏକ ପରିବର୍ଦ୍ଧିତ ଅଞ୍ଚଳ ଥିଲା। ଆଜି ସେହି ପରିବାରର ପୋଷାକ ଦୋକାନ କଳାମନ୍ଦିର ସାରା ରାଜ୍ୟରେ ପ୍ରସିଦ୍ଧ। ଛୋଟ ସହର ଭୁବନେଶ୍ୱରରୁ ସ୍ମାର୍ଟ ସହର ଭୁବନେଶ୍ୱରରେ ପହଞ୍ଚିବାର ସ୍ୱର୍ଣ୍ଣିମ କାହାଣୀରେ ସିଂହ ପରିବାରର ଭୂମିକା ଗୁରୁତ୍ୱପୂର୍ଣ୍ଣ। ଉଭୟ ହଂସ ପରିବାର ଏବଂ ସିଂହ ପରିବାର ସହିତ ମୋର ସମ୍ପର୍କ ଅତି ପୁରୁଣା, ଭୁବନେଶ୍ୱର ଆରମ୍ଭ ସମୟରୁ। ଆମ ଭାଇଚାରା ଏବେ ବି ଦୃଢ଼ ଅଛି, ଆଗକୁ ମଧ୍ୟ ସେମିତି ରହିଥିବ।

ଆମେରିକାର କାଲିଫର୍ଣ୍ଣିଆ ବିଶ୍ୱବିଦ୍ୟାଳୟରୁ ପାସ୍ କରିଥିବା ଯୁବ ଇଞ୍ଜିନିୟର ମୋ ଜେଜେ ସ୍ୱର୍ଗତଃ ସୟଦ ମୁମତାଜ ଅଲ୍ଲୀ ୪୦ ଦଶକରେ ବିଦେଶରେ ପଢି ସାରିବାପରେ ଏଇଠି ଓଡ଼ିଶା ସରକାରଙ୍କ ଅଧୀନରେ ଚାକିରୀ କରିଥିଲେ। ସେତେବେଳେ ଆମଦେଶ ସ୍ୱାଧୀନତା ଲାଭର ପରବର୍ତ୍ତୀ କାଳ। ସେ ଆମକୁ ଭୁବନେଶ୍ୱରର ଆରମ୍ଭ ହେବାର କାହାଣୀ କୁହନ୍ତି। ସେତେବେଳେ ତାଙ୍କର ଛୋଟିଆ ଇଞ୍ଜିନିୟରିଂ ସବ୍‌ଡିଭିଜନାଲ୍ ଅଫିସ୍ ଥିଲା ଏବେର ୟୁନିଟ୍ ୬ ଅଧୀନସ୍ଥ ଗଙ୍ଗନଗରରେ। ସେ ସେଇଠି ହିଁ ରହୁଥିଲେ। ସେ କହୁଥିବା କାହାଣୀ ଭିତରେ ଥାଏ ସେ ମଫସଲ ଅଞ୍ଚଳରେ କାମ କରୁଥିବା ସମୟରେ ମହାବଳ ବାଘ ଓଭରସିଅରଙ୍କ ବାଟ ଓଗାଳିବାରୁ ତାଙ୍କ ଫେରିବାରେ ଡେରି ହେବାର କାହାଣୀ, ହରିଣ କେମିତି ତାଙ୍କ ବସାର ବାରଣ୍ଡା ଉପରକୁ ଚାଲିଆସନ୍ତି, ଜନ୍ତୁ ଭୟରେ ଘରଠାରୁ ଶହେ ଫୁଟ ଦୂର ପାଇଖାନା ଯିବାକୁ କେମିତି ସିଏ କାର୍ ଲାଇଟ୍‌ର ସାହାଯ୍ୟ ନିଅନ୍ତି ଆଉ ବଣୁଆ ଜନ୍ତୁଙ୍କ ଆକ୍ରମଣର ଅସରନ୍ତି କଥା। ୧୯୫୦ ଦଶକ ଆରମ୍ଭରେ, ଯେତେବେଳେ ଜେଜେ 'ଏକ୍‌ଜିକ୍ୟୁଟିଭ୍ ଇଞ୍ଜିନିୟର୍ ଇନ୍ ଚାର୍ଯ ଅଫ୍ କ୍ୟାପିଟାଲ୍ କନ୍‌ଷ୍ଟ୍ରକସନ୍' ପଦବୀରେ ନିଯୁକ୍ତ ହେଲେ, ଆମେ ଆଉଥରେ ଭୁବନେଶ୍ୱର ଫେରିଲୁ।

କଟକରୁ ରାଜଧାନୀ ଭୁବନେଶ୍ୱରକୁ ଉଠାଇ ଆଣିବା ଦିନକରେ ସମ୍ଭବ ହୋଇ ନଥିଲା, ବରଂ କିଛି ମାସ ଧରି ଏହି ପ୍ରକ୍ରିୟା ଚାଲିଥିଲା।ଏଥିପାଇଁ ପ୍ରମୁଖ ଅଫିସ୍ ସବୁ ରାଜ୍ୟ ସଚିବାଳୟ ଏବଂ ତା' ପାଖାପାଖି ଅଞ୍ଚଳରେ ହିଁ ପ୍ରତିଷ୍ଠା

ହୋଇଥିଲା। ୧୯୬୧-୬୨ ବେଳକୁ ରାଜ୍ୟ ସଚିବାଳୟର ଶୁଭାରମ୍ଭ ସମୟରେ ଆମେ ଯାଇଥିଲୁ। ମୋର ମନେ ପଡୁଛି, ସଚିବାଳୟ ଆଲୋକରେ ସଜ୍ଜିତ ହୋଇଥିଲା ଆଉ ବଗିଚାର ଘାସ ବେଶ୍ ଜୀବନ୍ତ ହୋଇ ଚମକୁଥିଲା। ପାଖରୁ ଦେଖିଲେ ଜଣାଯାଉଥିଲଏ ଯେମିତି ସଚିବାଳୟ ଶୋଭାବର୍ଦ୍ଧନ କରିବାପାଇଁ ସତେ ଯେମିତି ସ୍ୱଚ୍ଛ ସବୁଜ ରଙ୍ଗର କାଗଜ କୋଠା ସାମନାରେ ବିଛେଇ ଦିଆଯାଇଛି !

ଲିଙ୍ଗରାଜ ମନ୍ଦିର, ରାଜରାଣୀ ମନ୍ଦିର, କେଦାରଗୌରୀ ଆଉ ଛୋଟ ଛୋଟ ମନ୍ଦିର ଗଡ଼ିକର ଛାଉଣି ନେଇ ଭୁବନେଶ୍ୱରର ପୁରୁଣା ସହର। କେତେବେଳେ ମନୋହରି ଦୋକାନ, ପରିବା ଦୋକାନ, ଗୁଡ଼, ଦେଶୀ ଚାଉଳ ଏବଂ ଗହମ ବଜାରର ରୂପ ନେଇଥରଲା। ଆମ ପରିବାର ସହିତ ଜଡିତ ଦରଜୀ ବା ଟେଲରଙ୍କର ଛୋଟ ଦୋକାନଟିଏ ସେଇଠି ଥିଲା। ମୋ ଇଦ୍ ପୋଷାକ ପାଇଁ ପାଇଜାମା ଆଉ କୁର୍ତ୍ତା ସେ ହିଁ ସିଲାଇ କରନ୍ତି। ଡ. ହରେକୃଷ୍ଣ ମହତାବ ମଧ୍ୟ ସେଇ ପୁରୁଣା ସହରରେ ରହୁଥିଲେ। ଜଣେ ଗଣ୍ୟମାନ୍ୟ ବ୍ୟକ୍ତି ଭାବେ ଭୁବନେଶ୍ୱରର ପ୍ରାୟ ସମସ୍ତେ ତାଙ୍କୁ ଜାଣିଥିଲେ ଓ ସମ୍ମାନ ଜଣାଉଥିଲେ।

୧୯୬୦ ମସିହାରେ ଭାରତର ପ୍ରଥମ ପ୍ରଧାନମନ୍ତ୍ରୀ ଜବାହରଲାଲ ନେହେରୁଙ୍କ ଭୁବନେଶ୍ୱର ଗସ୍ତ ଏମିତି ଏକ ଅବସର, ତାହା କେବେ ବି ଭୁଲି ହେବନି। ଆମ ୟୁନିଟ-୬ ପିଲା ଘର ତିଆରି କିଛି ଫୁଲ ତୋଡ଼ା ଧରି ତାଙ୍କ କାରକୁ ଅପେକ୍ଷା କରିଥିଲୁ। ଆମ ବିସ୍ମୟ ଓ ଆନନ୍ଦର ସୀମା ପାରକରି ଅଚାନକ ତାଙ୍କ କାର ଆମ ପାଖରେ ଅଟକିଲା ଆଉ ଚାଚା ନେହେରୁ ଗାଡିରୁ ଓହ୍ଲାଇ ଆମ ହାତରୁ ଫୁଲତୋଡା ନେଲେ। ନେହେରୁ ମୋତେ ଆଲିଙ୍ଗନ କରିବା ସହିତ ମୋତେ ଗେଲ କରିବାର ମୁହୂର୍ତ୍ତ ସବୁବେଳ ପାଇଁ ଅଭୁଲା। ପରେ ମୁଁ ଆଉ ମୋ ବଡ଼ଭାଇ ନୂଆକରି ତିଆରି କରାଯାଇଥିବା ରାଜଭବନରେ ତାଙ୍କ ସହ ଫଟୋ ଉଠାଇଥିଲୁ।

ଭୁବନେଶ୍ୱରରେ ରହିବା ଏବଂ ବର୍ଷସାରା ବୁଲିବା ଆନନ୍ଦର ବିଷୟ ପାଲଟିଥିଲା, କାହିଁକି ନା ପଶ୍ଚିମବଙ୍ଗ ପରି ଅନ୍ୟ ରାଜ୍ୟ ଅପେକ୍ଷା ଆମର ଏଠି ଖରାଦିନେ ଟିକେ କମ୍ ଗରମ ହୁଏ। ପରିଦର୍ଶକ ଆଉ ନୂଆ କରି ଆସୁଥିବା ଲୋକେ ନୂଆ ରାଜଧାନୀକୁ ଭଲରେ ଜାଣିବା, ଖଣ୍ଡଗିରି ବୁଲିବା, ସହର ସାରା ପୂରି ରହିଥିବା ସ୍ଥାପତ୍ୟଭରା ମନ୍ଦିର ସବୁ ଦେଖିବା, ସହର ତଳି ଗାଁ ଓ ସାପ୍ତାହିକି ହାଟ ବୁଲିବା, ଆଖୁଶାଳକୁ ଯାଇ ଆଖୁରସ ଆଉ ଗୁଡ଼ ଚାଖିବାରେ ମଜା ଆସେ। ଏଥିପାଇଁ ସାଇକେଲ କି ଟାଉନ୍ ବସ୍‌ରେ ଯିବାକୁ ପଡେ। ଏ ସବୁ ଆଉ ଅବାଧ୍ୟ ଫାଙ୍କା ପରିବେଶର ମୁକ୍ତ ଜୀବନ ପରି ଖୁସି ହେବାର ଏକମାତ୍ର କାରଣ ପାଲଟିଥିଲା, ନୂଆ

ରାଜଧାନୀ ଭୁବନେଶ୍ୱର। କେହି କେହି ସପ୍ତାହ ଶେଷରେ ମହାପ୍ରଭୁ ଶ୍ରୀଜଗନ୍ନାଥଙ୍କ ଦର୍ଶନ ସାଙ୍ଗକୁ ବେଳାଭୂମିରେ ଚଲାବୁଲା ଉଦ୍ଦେଶ୍ୟରେ ପୁରୀ ବୁଲାର ଛୋଟିଆ ଆୟୋଜନଟିଏ ମଧ୍ୟ କରୁଥିଲେ।

ରାଜଧାନୀବାସୀ ଦ୍ୱିପ୍ରହର ସମୟରେ ପଡ଼ୋଶୀଙ୍କ ଘରକୁ ରୀତିମତ ଯାଉଥିଲେ, ଚଟ୍‌ପଟା କିଛି ଖିଆପିଆ ହେଉ କି ଖଟି କରିବା ଛଳରେ ପୁରୁଣା ସମ୍ପର୍କ ନିବିଡ଼ କରିବା ଏବଂ ଅଜଣା ଲୋକଙ୍କ ସହ ବନ୍ଧୁବାନ୍ଧିବା ଦ୍ୱିପ୍ରହର ତମାମ ଚାଲିଥାଏ। ନୂଆ ଜାଗା, ନୂଆ ବନ୍ଧୁ, ନୂଆ ଆବଶ୍ୟକତା, ନୂଆ ସମସ୍ୟା ଆଉ ତା'ର ସମାଧାନ। ପାଣିପାଗ, ବିସ୍ତୀର୍ଣ୍ଣ ରାଜଧାନୀ ଓ ସବୁଜିମା ସେମାନଙ୍କୁ ସ୍ୱାଗତ କରିବାପାଇଁ ଅପେକ୍ଷାରତ ଥାଏ। ବିଭିନ୍ନ ବାଟରେ ଏ ରାଜଧାନୀ ସତେ ଯେମିତି ବୃନ୍ଦାବନ ପାଲଟି ଯାଇଥିଲା। ନୂଆ ରାଜଧାନୀ ଭୁବନେଶ୍ୱର ଆଶ୍ୱାସନା ଯୋଗାଉଥିଲା, ଅଳସୁଆ ମନକୁ ଭାବନାପୂର୍ଣ୍ଣ ଏବଂ ପ୍ରସଙ୍ଗଭିତ୍ତିକ କରି ଦେଉଥିଲା। ଛୋଟ ଚା' ଦୋକାନରେ ବସି ଛୋଟ ଛୋଟ ଅପ୍ରସଙ୍ଗ କଥାକୁ ନେଇ ଗପିବା ଏବେ କାହିଁକି ସ୍ୱତନ୍ତ୍ର ମନେ ହେଉଛି। ନା ଗହଳି ଚହଳି, ନା ଟ୍ରାଫିକ୍ ସମସ୍ୟା, ନା ପ୍ରଦୂଷଣ, ନା କାପୁରୁଷ, ନା ନକାରାତ୍ମକ ଚିନ୍ତା - ସତେ ଭୁବନେଶ୍ୱର ଯେମିତି ବନ୍ଧୁତ୍ୱପୂର୍ଣ୍ଣ ଗାଁଟିଏ ଥିଲା, ଯେଉଁଠି ଭରି ରହିଥିଲା ଶାନ୍ତିର ପ୍ରାଚୁର୍ଯ୍ୟ। ମୋ ସ୍କୁଲ ସେଣ୍ଟ୍ ଜୋଶେଫ୍ କନଭେଣ୍ଟ ମୁଖ୍ୟ ସହରର ଟିକେ ବାହାରକୁ ଚାଲିଯାଇଥିଲା, ଯାହାକି ଏବେର ରାମମନ୍ଦିର ଅଞ୍ଚଳ। ୧୯୬୧ ମସିହା ଜାନୁଆରୀ ମାସରେ ମୋ ନୂଆ ସ୍କୁଲ୍ ଷ୍ଟୁଆର୍ଟ ସ୍କୁଲ୍ ଆରମ୍ଭ ହେବା ଦିନ ହିଁ ମୁଁ ସ୍କୁଲ ଯାଇଥିଲି। ତାହା ବି ସେ ସମୟ ସହରଠାରୁ ଟିକିଏ ଦୂରରେ ଥିଲା, ଆଜି ତାହା ସିଆର୍‌ପି ଅଞ୍ଚଳ ଭାବେ ବେଶ୍ ପରିଚିତ। ୧୯୬୩ ମସିହାରେ ବାପାଙ୍କ ସମ୍ବଲପୁରରେ ପିଡ଼ବ୍ଲ୍ୟୁଡ଼ି ବିଭାଗରେ ସୁପରିଟେଣ୍ଡେଣ୍ଟ ଇଞ୍ଜିନିୟରଭାବେ ବଦଳି ହେବାପରେ ମୋତେ ସ୍କୁଲ ହଷ୍ଟେଲରେ ରହିବାକୁ ହେଲା। ଗୋଟିଏ ଶୀତ ରାତିର ୯ଟା ସମୟ ହେବ ବୋଧେ, ଲାଇନ୍ କଟିଯିବାରୁ ଆମେ ଦେଖିଲୁ ଆମ ହଷ୍ଟେଲ ଝରକା ପାଖ ଦେଇ ବଡ଼ବଡ଼ ଛାଇ ଚାଲିଛନ୍ତି। ବୋଧହୁଏ, ହାତୀପଲ ଆମ ସ୍କୁଲକୁ ଟହଲ ମାରିବାକୁ ଆସିଥିଲେ। ଆମେ ସେହି ସମୟର ଅଳ୍ପଦିନ ପରେ ନବନିର୍ମିତ ରାଜଭବନ ଆରପଟକୁ ଥିବା ସୂର୍ଯ୍ୟନଗର ଅଞ୍ଚଳରେ ଆମର ନୂଆ ଘରକୁ ଗଲୁ। ଥରେ ରାତିରେ ଦେଖିଲି, ବିଲୁଆ ପରି ଜନ୍ତୁଟିଏ ଛୋଟେଇ ଛୋଟେଇ ଚାଲୁଛି। ପରେ ଜାଣି ଉଲ୍ଲସିତ ହେଲି, ସେଇଟା ଗୋଟିଏ ହେଟା ଥିଲା। ଆମେ ବାରମ୍ବାର ବଣ ଠେକୁଆ, ବିଲୁଆ, ଗଧିଆ, ହରିଣ ଭୁବନେଶ୍ୱର ଭିତରେ ଓ ବାହାରେ ଦେଖି ଆନନ୍ଦିତ ହୋଇଛୁ।

ଷାଠିଏ ଶତକ ଶେଷ ଓ ସତୁରି ଦଶକ ଆରମ୍ଭ ସମୟ। ସ୍ଥାନୀୟ ବିଜେବି କଲେଜରେ ମୋ ପଢ଼ାପଢ଼ି ଆରମ୍ଭ ହେଲା ବେଳକୁ ନୂଆ ରାଜଧାନୀ ଯୋଜନା ଅନୁସାରେ ନବଢ଼ି ଲକ୍ଷ୍ୟହୀନ ଭାବରେ ବଢିବାକୁ ଆରମ୍ଭ କରିଥିଲା। ଅଜଣା ଅନାହୂତ ଲୋକଙ୍କ ସଂଖ୍ୟା କ୍ରମାଗତ ଭାବରେ ବଢ଼ି ଚାଲିଥିଲା, ଅପରାଧ ଘଟଣା ବଢିବାରେ ଲାଗିଥିଲା, ସହଜ ରୋଜଗାରର ଲୋଭ ଲୋକଙ୍କୁ ବଶ କରିଥିଲା, ବସ୍ତିର ପରିସୀମା ଅନେକଟା ବଢିବାରେ ଲାଗିଥିଲା, ଛିନତାଇ, ଚୋରି ଆଦି ନଦେଖିବା ନଶୁଣିବା ଘଟଣା ଘଟିବାକୁ ଆରମ୍ଭ ହୋଇଥିଲା। ତା ସାଙ୍ଗକୁ ଜାନବାହାନ, ରାସ୍ତାଘାଟ ଓ ଟ୍ରାଫିକ୍ ସମସ୍ୟା ନୂଆ ରାଜଧାନୀ ଭୁବନେଶ୍ୱରରେ ଶାନ୍ତିକୁ ଅସ୍ତବ୍ୟସ୍ତ ହୋଇ ଓଟାରିବାକୁ ଲାଗିଲା।

ଅନ୍ତତଃ ପ୍ରତି ଭୁବନେଶ୍ୱର ବାସିନ୍ଦାଙ୍କର ଦୁଇଟି ଠିକଣା ଥିଲା - ଗୋଟିଏ ଭୁବନେଶ୍ୱରରେ ଆଉ ଗୋଟିଏ ନିଜର ଜନ୍ମିତ ଗାଁରେ। ଏଠିକାର ଠିକଣାକୁ ଏତେ ନିଜର ଭାବୁ ନଥିବା କାରଣରୁ ସେମାନଙ୍କର ଆନୁଗତ୍ୟ ରହିଲାନି, ଫଳତଃ ନୂଆ ରାଜଧାନୀ ପ୍ରତି ସେମାନଙ୍କର ଆନ୍ତରିକତା ଭାଙ୍ଗି ଚୂନା ହୋଇଗଲା ଏବଂ ଭୁବନେଶ୍ୱରକୁ ଗଢ଼ି ତୋଳିବା ପାଇଁ ଆବଶ୍ୟକୀୟ ନୀତି ନିୟମ ପ୍ରତି କ୍ୱଚିତ ସମର୍ଥନ ମିଳିଲା। ଯାହି ଭିତରେ ଭୁବନେଶ୍ୱର ସହିତ ଯୋଡ଼ି ହୋଇଯାଉଥିଲା ବସ୍ତି। କିଛି କନିଷ୍ଠ ଅଧିକାରୀ ସହରତଳି ଅଞ୍ଚଳର ଲୋକଙ୍କୁ କିମ୍ବା ଦୂରଦୂରାନ୍ତରୁ ଲୋକଙ୍କୁ ଆଣି ବସା ପାଖରେ ଅସ୍ଥାୟୀ ଘର କରି ରହିବାକୁ ପ୍ରଶୟ ଦେଲେ। ଏହି ବସ୍ତିବାସିନ୍ଦା ସେମାନଙ୍କ ବ୍ୟକ୍ତିଗତ କାମରେ ସହାୟକ ଥିଲେ, ବଦଳରେ ସେମାନଙ୍କୁ ସର୍ତ୍ତମୂଳକ ପ୍ରାପ୍ୟ ମିଳୁଥିଲା। ବସ୍ତି ବଢ଼ିଚାଲିଥିଲା, କିନ୍ତୁ ପ୍ରଶାସକଙ୍କର ଏଥିପ୍ରତି ନିଘା ନଥିଲା। ନିଘା ଥିଲେ ବି ବିକାଶମୂଳକ କାର୍ଯ୍ୟକୁ ମନଯୋଗ ଦେଲେନି ପ୍ରଶାସକ। ଯୋଜନା ଭିତ୍ତିକ ସ୍ଥାନରେ ବସ୍ତି ଓ କଢ଼ିଆ ବଢ଼ିବାରେ ଏମାନଙ୍କର ଭୂମିକା ଓ କାରସାଦି ରହିଲା, ପରିଶେଷରେ ବସ୍ତିବାସିନ୍ଦା ପ୍ରଶାସନ ସହିତ ସଂଶ୍ଳିଷ୍ଟ ହୋଇ ରୋଜଗାରର ଉତ୍ସ ପାଲଟିଗଲେ। ଘରୋଇ ଲୋକ ଏହାର ସମର୍ଥକ ନଥିଲେ ବି ସେମାନେ ଏହି ସହଜ ବାଟକୁ ବି ଆଦରିଲେ।

ଅଶୀ ଆଉ ନବେ ଶତକରେ କ୍ରମବର୍ଦ୍ଧିଷ୍ଣୁ ସହର ଅଧିକ ମାତ୍ରାରେ ବଢ଼ିବାକୁ ଲାଗିଲା। ଟ୍ରାଫିକ୍ ଗହଳି, ପ୍ରଦୂଷଣ, ଅଳିଆ, ବିନା ଯୋଜନାରେ ଘର ଓ ଅନଧିକାର ପ୍ରବେଶର ମାତ୍ରା ବଢିବାରେ ଲାଗିଲା। ଏହାର ପରିମାଣ ଏତେ ବିଶାଳ ଆକାରର ଯେ, ପ୍ରଶାସନର ନିଜ ହଜାଇଦେଲା।

ଟ୍ରାଫିକ୍ ବ୍ୟବସ୍ଥାରେ ଗଳାବାଟ ଏବଂ ପରିବହନ ବ୍ୟବସ୍ଥାରେ ପରିଚାଳନାଗତ

ତ୍ରୁଟିକୁ ଆଖି ଆଗରେ ରଖି, ମୁଁ ଗୋଟିଏ ଉତ୍ସାହୀ ଗୋଷ୍ଠୀ ସହିତ ମିଶି ଆରମ୍ଭ କରିଥିଲି ସ୍ୱେଚ୍ଛାସେବୀ ସଂଗଠନ ପ୍ରିଭେନ୍‌ସନ୍ ଅଫ ଆକ୍ସିଡେଣ୍ଟ ସୋସାଇଟି (ପାଶୋ) ଯାହାକି ଛାତ୍ର ଛାତ୍ରୀ ଏବଂ ଜନସାଧାରଣଙ୍କୁ ସୁରକ୍ଷିତ ଯାତ୍ରା ଏବଂ ସଡ଼କ ସୁରକ୍ଷା ବାବଦରେ ସଚେତନ କରୁଥିଲା। ଆମେ ସ୍ୱେଚ୍ଛାସେବୀ କାମ କରୁଥିଲୁ, ଏଥିରେ ବିଭିନ୍ନ ଅନୁଷ୍ଠାନର ଛାତ୍ରଛାତ୍ରୀ, ସାଧାରଣ ଲୋକେ, ଛୋଟ ଦୋକାନୀମାନେ, ସ୍ଥାନୀୟ ପୋଲିସ ଓ ପ୍ରଶାସନିକ ଅଧିକାରୀମାନେ ମଧ୍ୟ ସାହାଯ୍ୟ କରୁଥିଲେ। ଛାତ୍ରଛାତ୍ରୀ ଏବଂ ସାଧାରଣଲୋକଙ୍କ ସହିତ ସଡ଼କ ସୁରକ୍ଷାର ବିଭିନ୍ନ ଦିଗ ବିଷୟରେ ଜ୍ଞାନ ବାଣ୍ଟିବା ସତରେ ବିସ୍ମୟକର ଥିଲା। ମୋର ସିଙ୍ଗାପୁର ରହଣି କାଳରେ ମୁଁ ଏ ଜ୍ଞାନ ଆୟତ୍ତ କରିଥିଲି।

ଥରେ ଏଜି ଛକରେ ଏମିତି କାର୍ଯ୍ୟକ୍ରମରେ ଓଡ଼ିଶାର ବିଶିଷ୍ଟ ରାଜନେତା ସ୍ୱର୍ଗତଃ ବିଜୁ ପଟ୍ଟନାୟକ (ପାରିବାରିକ ସମ୍ପର୍କ ହେତୁ ସ୍ନେହରେ ବିଜୁ ଅଙ୍କଲ୍ ବୋଲି ଡାକୁଥିଲି)ଙ୍କ ସହିତ ଦେଖା ହୋଇଥିଲା। ସେ ଗୋଟେ ରିକ୍ସାରେ ବସି ସଚିବାଳୟ ଯାଉଥିଲେ। ଟ୍ରାଫିକ୍ ପୋଲିସ୍ ତାଙ୍କୁ ଅଗ୍ରାଧିକାର ଦେଇ ତୁରନ୍ତ ଛକ ପାର ହେବାକୁ ସିଟି ବଜାଇଲେ। ସେ କିନ୍ତୁ ନିଜ ରିକ୍‌ସା ଅଟକାଇ ଅନ୍ୟମାନଙ୍କୁ ସୁରକ୍ଷିତ ଭାବରେ ଯିବାକୁ ଦେଇଥିଲେ। ମୁଁ ତାଙ୍କ ପାଖକୁ ଯାଇ ଅଭିବାଦନ ଜଣାଇବାରୁ ସେ ମୋତେ ଚିହ୍ନି ପକାଇଲେ। ତାଙ୍କ ଚିରାଚରିତ ଭଙ୍ଗୀରେ ମୋତେ ପଚାରିଲେ, 'କ'ଣ ଚାଲିଛି ମକବୁଲ୍?' ଏଇ ଘଟଣା ଆଉ ଏମିତି ଅନେକ ସ୍ମୃତି ମୋ ଭୁବନେଶ୍ୱର ରହଣିକୁ ଆହୁରି ଜଡ଼ସଡ଼ କରି ଦେଇଛି।

ଭୁବନେଶ୍ୱର
ମୋ-୯୪୩୭୦୦୭୭୯୯

ଓଡ଼ିଆ ପର୍ବପର୍ବାଣିରେ ଅନୁପ୍ରବେଶ

ମନୋଜ କୁମାର ମହାପାତ୍ର

ଭାଷା ଓ ସଂସ୍କୃତିକୁ ନେଇ ଗୋଟିଏ ଜାତିର ପରିଚୟ। ଭାଷା ଓ ସଂସ୍କୃତି କ୍ଷୀଣ ହେଲେ, ଜାତିର ଅସ୍ତିତ୍ୱ ଟଳମଳ ହୁଏ। ଆମର ପୂର୍ବସୁରୀମାନେ ଏହି କଥାଟିକୁ ହେଜି ଥିବାରୁ ଭାଷାକୁ ବଂଚାଇବାକୁ ଅଂଟା ଭିଡ଼ିଥିଲେ। ଆମକୁ ତାହାର ସୁଫଳ ମିଳିଛି। ଠିକ୍ ସେହିପରି ପର୍ବ ପର୍ବାଣିକୁ ନେଇ ପରମ୍ପରା ଓ ସଂସ୍କୃତି ଯାହା ଦ୍ୱାରା ଭାଷା ପରିପୁଷ୍ଟ ହୋଇଥାଏ। ଭାଷା ଓ ପରମ୍ପରାକୁ ଜାଣିଶୁଣି କେହି ତିଆରି କରିନାହାଁନ୍ତି। ବରଂ ସ୍ୱତଃସ୍ଫୂର୍ତ୍ତ ଭାବେ ପରମ୍ପରା ଓ ସଂସ୍କୃତି ସୃଷ୍ଟି ହୋଇଥାଏ। ପ୍ରତ୍ୟେକ ପର୍ବପର୍ବାଣିର ଗାଟିଏ ଲେଖାଏଁ ବୈଶିଷ୍ଟ୍ୟ ରହିଛି। ଗୋଟିଏ ପର୍ବ ଗୋଟିଏ ଜାତି ସହିତ ଓତପ୍ରୋତ ଭାବରେ ଜଡ଼ିତ। ଗୋଟିଏ ଗୋଟିଏ ପର୍ବପର୍ବାଣି ଭିତରେ ରହିଛି ସେହି ଜାତିର ଇତିହାସ, ସଂସ୍କୃତି, ଚେତନା, ଭାବାବେଗ, ଚଳଣି ଇତ୍ୟାଦି। ସେହି ଦୃଷ୍ଟିରୁ ଓଡ଼ିଆ ଏକ ପ୍ରାଚୀନ ଭାଷା ଯାହା ଏକ ଜୀବନ୍ତ ଗଦ୍ୟାତ୍ମକ ପରମ୍ପରା ଓ ସଂସ୍କୃତିରୁ ଜନ୍ମ। ପ୍ରକୃତିର ବୈଶିଷ୍ଟ୍ୟ ହେଲା ବିବିଧତା। 'ଦେଶ୍‌କୋ ଫାଙ୍କ୍, ନଈକୋ ବାଙ୍କ୍' ନ୍ୟାୟରେ ସବୁ ପର୍ବପର୍ବାଣିର ସୃଷ୍ଟି। ଯେଉଁ ପରମ୍ପରାରେ ଲୋକେ ନିଜର ପର୍ବପର୍ବାଣିକୁ ହେୟ ଜ୍ଞାନ କରନ୍ତି, ସେହି ପର୍ବଟି ସମୟ ଚକ୍ରରେ ବିଲୁପ୍ତ ହୋଇଯାଏ।

ଓଡ଼ିଶାରେ ଗୋଟିଏ ଢଗ ଅଛି ବାରମାସରେ ତେର ଯାତ୍ରା ଯାହା ଆମର ଜଗନ୍ନାଥ ସଂସ୍କୃତି ସହ ଓତପ୍ରୋତ ଭାବେ ଜଡ଼ିତ। ସବୁମାସରେ କିଛି ନା କିଛି ବ୍ରତ କିମ୍ବା ଓଷା ଓଡ଼ିଆ ଘରେ ପାଳିତ ହୁଏ। ଆମର ଓଡ଼ିଆ ପର୍ବ ପର୍ବାଣି ଭାରତର ଅନ୍ୟ ରାଜ୍ୟ ତୁଳନାରେ ନିଆରା, ଯାହାର ବୈଶିଷ୍ଟ୍ୟ ରହିଛି। କିନ୍ତୁ ବର୍ତ୍ତମାନ ଲକ୍ଷ୍ୟ କରାଯାଏ

ଯେ ଆବହମାନ କାଳରୁ ପ୍ରଚଳିତ ଆମର କେତେକ ମୁଖ୍ୟ ପରମ୍ପରା ନିଜର ମହତ୍ତ୍ୱ ହରାଇ ବସିଲାଣି ଏବଂ ତା ଜାଗାରେ ଆଉ କିଛି ଆମଦାନୀ ହୋଇଥିବା ପରମ୍ପରା ସମାଜ ଉପରେ କର୍ତ୍ତୃତ୍ୱ ଜାହିର କରି ବସିଛି । କିଛି ପରମ୍ପରାଠାରୁ ଲୋକ ଦୂରେଇଯିବାକୁ ଉଚିତ ମଣିବାବେଳେ ଆଉ କିଛି ପରମ୍ପରାକୁ ଅତି ଆଡ଼ମ୍ବର ସହକାରେ ପାଳନ କରିବା ନଜରକୁ ଆସୁଛି । କିନ୍ତୁ ଯେଉଁ ପରମ୍ପରା ସହିତ କିଛି ଫେସନ୍ ଯୋଡ଼ି ହୋଇ ଯାଉଛି ତାହାର ଆଦର ଏବେ ବହୁତ ଅଧିକ ବଢ଼ିଯାଇଛି । ଉତ୍ତର ଭାରତର ସେଇ ଧନତେରାସ୍ ପରମ୍ପରା ଆମର କେବଳ ସହର ନୁହେଁ ଗାଁ ଗହଳିକୁ ଆଜି ପ୍ରଚଣ୍ଡ ଭାବେ ଆକ୍ରାନ୍ତ କରିଛି । ଧନୀ ଗରିବ ଏକାକାର ହେଇ ସେଇ ଦିନ ସୁନା କିଣନ୍ତି କଣ ନା ଲକ୍ଷ୍ମୀ ଘରକୁ ଆସିବେ । ଏମିତି ଅନେକ ବାହାର ଦେଶ ଓ ରାଜ୍ୟର ପରବ ଆମ ଓଡ଼ିଆ ସଂସ୍କୃତିକୁ ପାଣିଚିଆ କରି ପଙ୍ଗୁ କରି ସାରିଲେଣି । ଯେତିକି ଓଡ଼ିଶା ବାହାରର ବାବାଜୀ ଓ ସାଧୁ ସନ୍ନ୍ୟାସୀଙ୍କର ଭକ୍ତ ଆମ ଓଡ଼ିଶାରେ ବେଶି, ଆଉ ଆମର ପଂଚସଖା ଏବଂ ସାଧୁ, ସନ୍ନ୍ୟାସୀଙ୍କର ଯେତେ ମଠ ଅଛି ସେଗୁଡ଼ିକ ଶୂନଶାନ । ଶ୍ରାବଣ ମାସରେ ଆମ ଓଡ଼ିଶାରେ ହଜାର ହଜାର ସଂଖ୍ୟାରେ ବାଉଙ୍ଗି କାନ୍ଧେଇ ଭକ୍ତମାନେ ନଦୀରୁ ଜଳ ନେଇ ଶିବ ମନ୍ଦିର ଆଡକୁ ଧାଇଁବା ଭଳି ପରମ୍ପରା ପୂର୍ବରୁ ଓଡ଼ିଶାରେ ଦେଖା ନଥିଲା ଯାହା ଆଜି ରାସ୍ତା ଘାଟ ସେମାନଙ୍କର ଧ୍ୱନି ଓ ଠାଣିରେ ପ୍ରକମ୍ପିତ ହେଉଛି ।

ଅତୀତରେ ଓଡ଼ିଶାର ପୁରପଲ୍ଲୀରେ ରାମନବମୀ ପାଳନ କରାଯାଏ । ସଜା ହେଇଥିବା ସୁନ୍ଦର ମେଢ଼ରେ ରାମ, ଲକ୍ଷ୍ମଣ, ସୀତା, ଭରତ, ଶତ୍ରୁଘ୍ନ ଓ ହନୁମାନଙ୍କର ମୂର୍ତ୍ତି ଶୋଭାପାଏ । ନଅ ଦିନଯାକ ବାଲ୍ମୀକି ରାମାୟଣ ପଢ଼ାଯାଏ । ରାମ ଲୀଳା ସହିତ ଯାତ୍ରା ଓ ପାଲା ପରିବେଷିତ ହୁଏ । ବିସର୍ଜନ ପରେ ମେଢ଼କୁ ଶୋଭାଯାତ୍ରାରେ ନେଇ ନଦୀ ଓ ପୋଖରୀରେ ବିସର୍ଜନ କରାଯାଏ । କା ଭାଁ କଉଁଠି ରାମ ମନ୍ଦିର ଅବା ହନୁମାନ ମନ୍ଦିର ଥାଏ । ଲୋକେ ସେଠାକୁ ଯାଇ ପୂଜାର୍ଚ୍ଚନା କରନ୍ତି । କିନ୍ତୁ ଆଜି ଯାହା ସବୁ ଦେଖୁଛୁ ମହାପୁରୁଷ ଓ ଦେବଦେବୀମାନଙ୍କୁ ଯଥା ସ୍ଥାନରେ ସ୍ଥାପିତ କରି ସମ୍ମାନ ଦେବା କଥା ତାହା ଆଜି ହେଉନି । ତେବେ ଆମ ଓଡ଼ିଶାରେ ରାମଭକ୍ତ ହନୁମାନ ଯାହାଙ୍କୁ ଆମେ ଖଟୁଲି ବା ଗୋଟିଏ ଆସ୍ଥାନରେ ରଖି କେଉଁ କାଳରୁ ପୂଜା ଉପାସନା କରନ୍ତି,ଆଜି ରାସ୍ତା ଘାଟ ଏମିତିକି ଅପରାନ୍ତ ଜାଗାମାନଙ୍କରେ ବିରାଟ ହନୁମନ୍ତ ମୂର୍ତ୍ତି ଠିଆ କରାଯାଇଛି ? ଭୋଗ ରାଗ ତ ଦୂରର କଥା, ଫୁଲଟିଏ ବି ଏହି ମୂର୍ତ୍ତିମାନଙ୍କରେ ଚଢ଼ାଯାଉନି । କୁଆ, ଚଢେଇ ଏହା ଉପରେ ମଳତ୍ୟାଗ କରନ୍ତି, ବୁଲା କୁକୁର ଓ ଷଣ୍ଢ ପ୍ରଭୃତି ସେଠି ମୂତନ୍ତି, ଅରମା ବଣ ଭିତରୁ ଦୁର୍ଗନ୍ଧ ମାଡ଼ିଆସେ । କାହିଁକି କାହାର ଆଖି ତ ସେଗୁଡିକ ଉପରେ ପଡ଼େନି । ଆଉ ରାମ ନବମୀ ଦିନ କାର, ବାଇକ୍, ସାଇକେଲ,

ହାତରେ ଜୟ ଶ୍ରୀରାମ ପତାକା ଓ ମୁଣ୍ଡରେ ଗେରୁଆ ପଟି ବାନ୍ଧି ଜୟ ଶ୍ରୀରାମ ନାରାରେ ଗଗନ ପବନ ହୁଲୁସ୍ଥୁଲ କରନ୍ତି, ସେମାନଙ୍କର ନିଘା ବି ଏ ମୂର୍ତ୍ତିମାନଙ୍କ ଉପରେ ପଡ଼େନି ? ଯେଉଁ ପବନପୁତ୍ର ହନୁମାନଙ୍କ ନାଁ ଉଚ୍ଚାରଣରେ ଶନିଙ୍କର କୋପ ଦୃଷ୍ଟିରୁ ତ୍ରାହି ମିଳେ ଓ ଯିଏ ସର୍ବରିଷ୍ଟ ଖଣ୍ଡନ କରନ୍ତି ବୋଲି ଲୋକଙ୍କର ବିଶ୍ୱାସ ତାଙ୍କୁ ଏମିତି ଅବସ୍ଥାରେ ଯେଉଁ ଲୋକ ଓ ଦଳମାନେ ରଖିଛନ୍ତି, ସେମାନଙ୍କ ବିରୋଧରେ କାହିଁ ତ କେହି ପଦଟିଏ କଥା କହୁନାହାନ୍ତି ?

ଉତର ଭାରତର ପରମ୍ପରା ଆମର ପର୍ବପର୍ବାଣି ଓ ସଂସ୍କୃତିକୁ କ୍ରମଶଃ ମାଡ଼ି ବସୁଛି। ଯେମିତି ରାକ୍ଷୀ ପୂର୍ଣ୍ଣିମା ଭଳି କିଛି ପରବ ଆମ ଗାଁ ମାନଙ୍କରେ ନଥିଲା । ସେଇ ପୂନେଇକି ଆମେ ଗହ୍ମା ପୂନେଇ କହୁ। ଏଣ୍ଡୁରି ପିଠା ତିଆରି ହୁଏ, ଗୋରୁମାନଙ୍କୁ ପରିଷ୍କାର ପରଛନ୍ନ କରି ଗାଧୋଇ ଦିଆଯାଏ, ପେଟଭରି ସେମାନଙ୍କୁ ଏଣ୍ଡୁରି ଖାଇବାକୁ ଦିଆଯାଏ। ବ୍ରାହ୍ମଣମାନେ ସେଦିନ ପଇତା ସଙ୍ଗାଡ଼ି ଯଜମାନଙ୍କୁ ଦେଇ ଭିକ୍ଷା ନିଅନ୍ତି। ଆଜିକାଲି ଯେମିତି ଯୁବକ ଯୁବତୀ ରାକ୍ଷୀ ବାନ୍ଧି ରାସ୍ତାଘାଟରେ ବୁଲୁଛନ୍ତି, ସେମିତି ଆଗକାଳରେ ଓଡ଼ିଶାରେ ପରିଲକ୍ଷିତ ହେଉ ନଥିଲା। କେଉଁ କାଳରୁ ଚଳି ଆସୁଥିବା ଗହ୍ମା ପୂର୍ଣ୍ଣିମାର ପ୍ରକୃତ ମହତ୍ୱକୁ ଆଜି ରାକ୍ଷୀ ପୂର୍ଣ୍ଣିମା ପ୍ରାୟ ଗର୍ଭସାତ କରିସାରିଲାଣି।

ଏହି କାଉଡ଼ିଆ ପରମ୍ପରା ପ୍ରଥମେ ଗଙ୍ଗାର ପ୍ରମୁଖ ଧାର୍ମିକସ୍ଥଳୀ ହରିଦ୍ୱାର, ଗୋମୁଖ, ଗଙ୍ଗୋତ୍ରୀ, ଉତ୍ତରାଖଣ୍ଡ ଅଞ୍ଚଳରେ ପ୍ରଥମେ ଦେଖିବାକୁ ମିଳୁଥିଲା। ଏହି ସ୍ଥାନରୁ ଶିବଭକ୍ତମାନେ ପାଣିଭାର ନେଇ ନିଜ ଅଞ୍ଚଳରେ ଥିବା ଶୈବପୀଠରେ ନିଜର ମାନସିକ ପୂରଣ ପାଇଁ ପାଣି ଢାଳନ୍ତି। ଏହାକୁ କନୱାର ଯାତ୍ରା ବୋଲି କୁହାଯାଏ ଯାହା କନୱାରିସ (ଯାହାକୁ କାଉଡ଼ିଆ ବୋଲି ଦେବନାଗରୀ ଭାଷାରେ କୁହାଯାଉଥିଲା), ମାନେ ଭଗବାନ ଶିବଙ୍କୁ ଜଳଲାଗି କରିବାକୁ ଯାଉଥିଲେ। ନିଜର ମନସ୍କାମନା ପୂରଣ କରିବାକୁ ସେମାନେ ଶ୍ରାବଣମାସ ସାରା ନିଷ୍ଠାର ସହ ରହି ସୋମବାରରେ ଜଳାଭିଷେକ କରନ୍ତି। ଏହି ପରମ୍ପରା ବିଶେଷତଃ ଗଙ୍ଗାନଦୀ ପ୍ରବାହିତ ଅଞ୍ଚଳର ଅବବାହିକାର ଥିବା ଲୋକମାନେ ଶ୍ରାବଣମାସକୁ ଶିବଙ୍କର ମାସ ବୋଲି ମାନି ପାଳନ କରନ୍ତି। ଏହି କାଉଡ଼ିଆମାନେ ମଧ୍ୟ ବୋଲବମ୍ ନାମରେ ଅଭିହିତ।

ତାହା ଆଜି କ୍ରମଶଃ ଭାରତବର୍ଷରେ ବିଭିନ୍ନ ରାଜ୍ୟକୁ ବ୍ୟାପିଥିବା ବେଳେ ଓଡ଼ିଶା ମଧ୍ୟ ସେଥିରୁ ବାଦ୍ ପଡ଼ିନାହିଁ। ଏହା ଧାର୍ମିକ ଭାବାବେଗ ସହ ଜଡ଼ିତ ଥିବାରୁ ହୁଏତ କେହି ପ୍ରତିରୋଧ କରୁନାହାଁନ୍ତି,ବରଂ ତା ବଦଳରେ ସହଯୋଗ ଅଧିକ ମିଳୁଛି। ବିଭିନ୍ନ ସ୍ଥାନରେ କାଉଡ଼ିଆ ଶ୍ରଦ୍ଧାଳୁଙ୍କ ପାଇଁ ରାତ୍ରିଯାପନ କରିବା ସହ ବିଭିନ୍ନ ସୁବିଧାସୁଯୋଗ ମଧ୍ୟ ଯୋଗାଇ ଦିଆଯାଉଛି। କାଉଡ଼ିଆ ଏକ ଭାକ୍ତିକ ପରମ୍ପରା

ଏଥିରେ ସନ୍ଦେହ ନାହିଁ ଯେଉଁଠି ଶିବଙ୍କର ପୂଜାର୍ଚ୍ଚନା କରାଯାଏ। ଏହାର ନକରାତ୍ମକ ଦିଗକୁ ଆଲୋଚନା କଲେ ମନରେ କ୍ଷୋଭ ଉପୁଜେ। ଆଜିକାଲି ଯାନବାହାନ ଓ ଦୁର୍ଘଟଣାର ମାତ୍ରା ଏତେ ବଢ଼ିଗଲାଣି ଯେ ପ୍ରତ୍ୟେକ ଦିନ ଅକାଳରେ କେତେ ଲୋକଙ୍କ ଜୀବନ ଚାଲିଯାଉଛି। ଏହି ପରିପ୍ରେକ୍ଷୀରେ ଶ୍ରାବଣ ମାସ ଉପଲକ୍ଷେ ପାଣିଭାର ନେଇ ଯାଉଥିବା କାଉଡ଼ିଆଙ୍କ ପାଇଁ ମଧ୍ୟ ସମସ୍ୟା ଆହୁରି ବଢ଼ିଯାଇଛି। ସେମାନେ ରାସ୍ତାରେ ଯେଭଳି ଭାବରେ ଯିବାଆସିବା କରୁଛନ୍ତି, ତାହା ମଧ୍ୟ ବିପଦ ପାଲଟିଛି ସମସ୍ତଙ୍କ ପାଇଁ । ଏଇକିଛି ଦିନ ହେବ ଦୁର୍ଘଟଣାରେ କେତେକ କାଉଡ଼ିଆ ଭକ୍ତଙ୍କର ଜୀବନ ହାନି ହୋଇଥିବାର ଦେଖାଯାଇଛି। ଏଇଠି ଗୋଟେ ପ୍ରଶ୍ନବାଚୀ ଉଠିପାରେ, ଯେଉଁମାନେ କାଉଡ଼ିଆଙ୍କ ପାଇଁ ଏତେ ବ୍ୟବସ୍ଥା କରୁଛନ୍ତି, ସେମାନଙ୍କର ସୁରକ୍ଷା ବାବଦରେ କଣ କିଛି ପ୍ରତିକାର କରିପାରନ୍ତେ ନାହିଁ। କେବଳ ସେତିକି ନୁହେଁ କାଉଡ଼ିଆ ମାନେ ଧାର୍ମିକ ବାତାବରଣ ସୃଷ୍ଟିକରିବା ବଦଳରେ ବଡ଼ ଅସ୍ବସ୍ତିକର ତଥା ଅପ୍ରୀତିକର ପରିସ୍ଥିତି ମଧ୍ୟ ସୃଷ୍ଟି କରୁଥିବାର ପରିଲକ୍ଷିତ ହେଉଛି। ଉଚ୍ଚଶବ୍ଦରେ ଲାଉଡ୍‌ସ୍ପିକର ଦେଇ ଶୋଭାଯାତ୍ରାରେ ଯିବା, ରାସ୍ତାରେ ବିଶୃଙ୍ଖଳିତ ଭାବେ ଯାତାୟତ କରିବା, ଦ୍ୱିଅର୍ଥକବୋଧ ଗୀତର ତାଳେତାଳେ ନାଚିବା, ନିଶା ଖାଇବା ସହିତ ମହିଳାମାନଙ୍କର ଭାଗନେବାରେ ବହୁ ଗୁରୁତର ଅଭିଯୋଗ ମଧ୍ୟ ଅନେକ ସମୟରେ ଦେଖିବାକୁ ମିଳୁଛି । ଏହାଦ୍ୱାରା କାହାରି କ୍ଷତି କି ଲାଭ ବିଚାର କରିବାର ସମୟ ଯଦିଓ ଏବେ ନୁହେଁ କିନ୍ତୁ ଏତିକି ଗୁରୁତ୍ୱ ଦିଆ ଯାଇପାରେ ଯେ, ଧାର୍ମିକ ଭାବନାରେ ଚାଲୁଥିବା ଏହି ପରମ୍ପରା ପାଇଁ ଯେଉଁ ଆବିଳତା କିମ୍ବା କୁସଂସ୍କାରର ଏକ ମାନସିକତା ପରୋକ୍ଷରେ ବୃଦ୍ଧି ପାଉଛି ତାହାର ପରିଣତି କଣ ହେବ ଓ ଏଥିପାଇଁ କିଏ ଉତ୍ତରଦାୟୀ ରହିବେ ସେଥିପାଇଁ ଟିକେ ଚିନ୍ତା କରିବା ନିହାତି ଦରକାର ।

ଆମର ଓଡ଼ିଆ ସାମାଜିକ ପରମ୍ପରା ବ୍ୟବସ୍ଥାରେ ଏହା ଏମିତି ଏକ ଫେସନ ଭାବେ ଲେସି ହେଇ ଗଲାଣି ଯେ ତାହାର କୁପରିଣାମକୁ ଆମର ଏଇ ଆଖି ଦିନେ ବି ଦେଖିବ। କାଉଡ଼ିଆ ପରମ୍ପରା ଉତ୍ତର ଭାରତରୁ ଆରମ୍ଭ ହୋଇ ଓଡ଼ିଶାକୁ କବଳିତ କରିବା ପଛରେ ଯେଉଁ କାରଣ ବି ଥାଉ, ତାହା ଆମର ପାରମ୍ପରିକ ଧାର୍ମିକ ଭାବନାକୁ ପରିପୁଷ୍ଟ କରିପାରିଛି ବୋଲି କହିପାରିବା ନାହିଁ। ଅବଶ୍ୟ କାହାର କିପରି ଭକ୍ତି ତାହା ଏକ ବ୍ୟକ୍ତିଗତ ସ୍ତରର ବିଷୟ, ସେଥିରେ କାହାର ହସ୍ତକ୍ଷେପ କରିବାର ଆବଶ୍ୟକତା ନାହିଁ। କିନ୍ତୁ ସେଇ ଭାକ୍ତିକ କାର୍ଯ୍ୟକଳାପ ଯଦି ଅନ୍ୟ ପାଇଁ ସମସ୍ୟା ସୃଷ୍ଟି କରେ ବା ବିପଦର କାରଣ ପାଲଟେ, ତାହା ନିଶ୍ଚିତ ଭାବରେ ଚିନ୍ତାର କାରଣ। ସେ ଯାହା ବି ହେଉ କାଉଡ଼ିଆ ପରମ୍ପରାକୁ ଧାର୍ମିକ ଭାବନାରୁ ବାଦ୍‌ଦେଇ ସାମାଜିକ ଦୃଷ୍ଟିକୋଣରୁ

ଦେଖିବାକୁ ଗଲେ ଏହା ଏକ ସୁସ୍ଥ ପରମ୍ପରା ବୋଲି ଆଶା କରା ଯାଇପାରିବନି। ମଣିଷ ନିଜର ବିଚାରବୁଦ୍ଧିକୁ ଆଧୁନିକ କାଳରେ ଧର୍ମକୁ ଫେସନ ପଛରେ ଉଡ଼େଇ ଦେବାର ମାନେ କିଛି ଥାଇ ନପାରେ। କାହାର ମତବାଦ କିମ୍ବା ଧାର୍ମିକ ଭାବନା ଉପରେ ଆଘାତ ଦେବାର ଉପକ୍ରମ ଏହା ନୁହେଁ ବରଂ ଆମ ଓଡ଼ିଆ ସଂସ୍କୃତି ଓ ପରମ୍ପରା ଦିନକୁ ଦିନ ଯେପରି ଭାବେ କଣଠେସା ହୋଇଯାଉଛି ଏବଂ ଅନ୍ୟ ରାଜ୍ୟର ପର୍ବପର୍ବାଣି ଆମ ଓଡ଼ିଆ ସାମାଜିକ ଚେତନାରେ ଦ୍ରୁତଗତିରେ ଆସନ ଜମାଇ ଚାଲିଛି ତାହା ହିଁ ପରିତାପର ବିଷୟ। ଏଭଳି ପରିସ୍ଥିତିରେ ଆମର କହିବାର କଥା ଯେ ଯିଏ ଯାହାର ପରମ୍ପରା କି ସଂସ୍କୃତିକୁ ଅନୁସରଣ କରି ଚାଲିବା କଥା ଚାଲନ୍ତୁ କିନ୍ତୁ ଏମିତି କିଛି ଘଟଣା ନଘଟୁ ଯାହା ଆମର ଓଡ଼ିଆ ପାରମ୍ପରିକ ପର୍ବପର୍ବାଣିର ମାନସିକତାକୁ ଖର୍ବ କରିବା ସହ ଆଉ କାହାର ଧାର୍ମିକ ଭାବନାକୁ ଆଘାତ ନଦେଉ ।

ବର୍ତ୍ତମାନ ସମୟ ଆସିଛି, ଆମେ ଯେପରି ଭାଷାର ଉନ୍ନତି ପାଇଁ ଚେଷ୍ଟା କରୁଛୁ, ସେପରି ଆମର ପର୍ବପର୍ବାଣିକୁ ବାହାର ପରମ୍ପରାରୁ ମୁକ୍ତ କରିବା ପାଇଁ ଜନ ସଚେତନାର ଆବଶ୍ୟକ ରହିଛି। ଆମର ଭାଷା ସହିତ ପର୍ବପର୍ବାଣି ଅକ୍ଷୁଣ୍ଣ ରହିଲେ, ବିଶ୍ୱ ଦରବାରରେ ଆମର ପରିଚିତି ବଳିଷ୍ଠ ହେବ ଏଥିରେ ସନ୍ଦେହ ନାହିଁ।

ପ୍ଲଟ ନମ୍ବର- ୩୭୧/୨୪୭୬, ଶିଶୁ ବିହାର,
ଭୁବନେଶ୍ୱର, ମୋ : ୯୯୩୭୨୯୭୦୩୯

ପ୍ରବହମାନ ସଂସ୍କାର ସ୍ରୋତରେ ଓଡ଼ିଆ ସଂସ୍କୃତି

ଡ. ନବନୀତା ରଥ

ସଂସ୍କୃତି ଗୋଟିଏ ଜାତିର ପ୍ରାଣବିନ୍ଦୁ। ଜାତିର ସ୍ଥିତି ଆଉ ପ୍ରଗତିର ପରିମାପକ। ଐତିହ୍ୟ, ଗର୍ବ ଓ ଗୌରବର ବାର୍ତ୍ତାବହ। ପ୍ରସିଦ୍ଧ ସମାଜ ବିଜ୍ଞାନୀ ଇ.ବି. ଟେଲରଙ୍କ ମତରେ ଜ୍ଞାନ, ବିଶ୍ୱାସ, ଆଇନ, ପ୍ରଥା ବା ଅନ୍ୟ ଯେ କୌଣସି ଅଭ୍ୟାସ ଯାହାକୁ କି ମନୁଷ୍ୟ ସମାଜର ଏକ ସଭ୍ୟତା ଭାବରେ ଗ୍ରହଣ କରିଥାଏ, ସେଇ ଜଟିଳ ସମଷ୍ଟି ହେଉଛି ସଂସ୍କୃତି। ସରଳ ଭାଷାରେ ସମାଜରେ ମଣିଷର ଜୀବନଧାରା ହିଁ ସଂସ୍କୃତି। ଭାଷା, ଚଳଣି, ନୃତ୍ୟ, ଗୀତ, ପରମ୍ପରା, ଲୋକକଥା, ଖାଦ୍ୟ, ପୋଷାକ, ପରିଧାନ, କଳା ଭାସ୍କର୍ଯ୍ୟ, ହସ୍ତଶିଳ୍ପ ମାଧ୍ୟମରେ ସଂସ୍କୃତି ଆତ୍ମପ୍ରକାଶ କରିଥାଏ।

ସଂସ୍କୃତିର ବିବିଧ ରୂପ ରହିଛି ଏବଂ ଏହା ପ୍ରତ୍ୟେକ ସମାଜ ସହିତ ସଂଶ୍ଳିଷ୍ଟ। ସାର୍ବଜନୀନ ହେଲେ ବି ସଂସ୍କୃତିର ବିଶିଷ୍ଟ ଗୁଣ ହେଉଛି ଭିନ୍ନତା। କୌଣସି ଜାତିର ଜଣେ ସଭ୍ୟ ଭାବରେ ମଣିଷ ସେଇ ଜାତିର ପାରମ୍ପରିକ ସଂସ୍କୃତି ଅଜାଣତରେ ବା ଶିକ୍ଷା ମାଧ୍ୟମରେ ଶିଖିଥାଏ। ଗୋଟିଏ ପୁରୁଷରୁ ପରପୁରୁଷ ସ୍ତରକୁ ସଂସ୍କୃତି ଗୋଟିଏ ଭିତ୍ତିଭୂମି ଭାବରେ ତିଷ୍ଠି ରହିଥାଏ। ମାତ୍ର ଏହାର ବିଶେଷତ୍ୱ ହେଉଛି ଏହା ପ୍ରବହମାନ ଏବଂ ପରିବର୍ତ୍ତନୀୟ। ଏହାର ମୌଳିକତା ବଜାୟ ରହିବା ସହିତ ସମୟ ଓ ପରିବେଶ ସହିତ ନୂତନ ଉପାଦାନ ମିଶିପାରେ। ମୌଳିକ ଭାବଧାରାରେ ସଂସ୍କୃତି ଅକ୍ଷୁଣ୍ଣ ରହିପାରେ ଅବା ସଂସ୍କୃତିର ମୌଳିକତା ଅବକ୍ଷୟ ହୋଇ ମୂଳ ସଂସ୍କୃତି ଧ୍ୱଂସମୁଖୀ ହୋଇଯିବାର ବି ଦେଖାଯାଏ।

ଆଜିର ଯୁଗରେ ଜଗତୀକରଣ ପ୍ରକ୍ରିୟାର କୌଣସି ସମାଜ, ସରକାର, ରାଜନୀତି ଅବା ଅର୍ଥନୀତି ଲୁଚି ରହିଯିବା ବା ଦୂରେଇ ହୋଇ ରହିବା ଅସମ୍ଭବ। ସେଇ ପରିପ୍ରେକ୍ଷୀରେ ଓଡ଼ିଆ ସଂସ୍କୃତିର ପ୍ରସ୍ଥିତି ଓ ଭବିଷ୍ୟତ ଜଗତୀକରଣ ପଦ୍ଧତିରେ ଦୋଳାୟମାନ ହେବା ସ୍ୱାଭାବିକ। ଏହି ପ୍ରବନ୍ଧଟିର ଜଗତୀକରଣ ପ୍ରଭାବରେ ମୌଳିକ ଓଡ଼ିଆ ସଂସ୍କୃତିର ସମ୍ଭାବ୍ୟ ଚ୍ୟୁତି ବିଚ୍ୟୁତି ସମ୍ପର୍କରେ ଆଲୋକପାତ କରିବା ଉଦ୍ଦେଶ୍ୟ ରହିଛି।

ଓଡ଼ିଶାର ପ୍ରଚଳିତ ସଂସ୍କୃତିକୁ ଓଡ଼ିଆ ସଂସ୍କୃତି କୁହାଯାଏ। ବହୁ ପୁରାତନ ସଂସ୍କୃତି। ଓଡ଼ିଶା ଇତିହାସର ବିସ୍ତାରରେ ବହୁ ଶତାବ୍ଦୀର ସ୍ୱାଧୀନ ଶାସନ ସହିତ ଏହାକୁ ଅନେକ ବିଦେଶୀ ରାଜତନ୍ତ୍ର ପ୍ରଭାବିତ କରିବାର ପ୍ରୟାସ କରିଛନ୍ତି। କିନ୍ତୁ କେହି ଏହାର ମୌଳିକତାକୁ ଦୂର କରିପାରି ନାହାନ୍ତି। ମନେ ହୁଏ ଓଡ଼ିଆ ସଂସ୍କୃତି ଏହାର ଗାଁଗଣ୍ଡା, ଜନରାଶି, ଶିଳାଶିଳ୍ପ, ଭାଷା, ପରମ୍ପରା, ଲୋକକଥା, ମନ୍ଦିର, ଦେବତା ମଧ୍ୟରେ ଜୀବନ୍ତ ରହିବା ସମୟରେ ଅନେକ ସମର, ସାମରିକ ଘାତ ପ୍ରତିଘାତ କ୍ଷଣସ୍ଥାୟୀ ଭାବରେ ଆସି ବିଦାୟ ନେଇଛି। ମାତ୍ର ଓଡ଼ିଆ ସଂସ୍କୃତି ମୌଳିକତାରୁ ତିଳେମାତ୍ର ବିଚ୍ୟୁତ ହୋଇନି। ପଡ଼ୋଶୀ ବଙ୍ଗଳା ରାଜ୍ୟ ହେଉ କି ଅନ୍ୟ କୌଣସି ପଡ଼ୋଶୀ, ଆଫଗାନ ଶାସନକୁ ବହୁ ବର୍ଷ ପ୍ରତିରୋଧ କରିଛି ଓଡ଼ିଶା। ଭାରତରେ ହିନ୍ଦୁ ରାଜ୍ୟ ଭାବରେ ବହୁବର୍ଷ ନିରବଚ୍ଛିନ୍ନ ଭାବରେ ଜଗନ୍ନାଥ ସଂସ୍କୃତି ଓ ଓଡ଼ିଆ ଭାଷା ପରି ଦୁଇଟି ଶିରିସ ଅଠା ଅଦୃଶ୍ୟରେ ସମଗ୍ର ଓଡ଼ିଆଜାତିକୁ ଜାବୁଡ଼ି ଧରିଛି।

ଭାରତର ଧର୍ମ-ବଳୟ ମଧ୍ୟରେ ପୁରୀରେ ଶ୍ରୀଜଗନ୍ନାଥ-ଧର୍ମର ପ୍ରତିଷ୍ଠା ଓ ଗଜପତିଙ୍କ ଉଦ୍ୟମରେ ସାମନ୍ତ ରାଜାମାନଙ୍କର ଜନଜୀବନରେ ସମ୍ପୃକ୍ତି ଓ ସମ୍ପ୍ରସାରଣ ଓଡ଼ିଆ ଜୀବନରେ ଏମିତି ପାଣିରେ ଲୁଣ ପରି ମିଳାଇଗଲା ପରି ଦ୍ରବଣ, ତାହାର କେବେ ବି ବିଚ୍ୟୁତି ଘଟି ପାରିବ ନାହିଁ। ସମତାଳରେ ଓଡ଼ିଆ ଜୀବନରେ ତାଳ ଦେଇ ବିବର୍ତ୍ତନ ଧର୍ମୀ ଓଡ଼ିଆ ଭାଷାର ମାଧୁର୍ଯ୍ୟ, ସରଳ ଜୀବନ ଜୀବିକା, ଓଡ଼ିଶୀ ନୃତ୍ୟର ମାଦକତା, ଓଡ଼ିଶୀ ସଂଗୀତର ଛନ୍ଦ, ଗ୍ରାମ୍ୟ ପରମ୍ପରାର ବଳିଷ୍ଠତା, ଓଡ଼ିଆ ଖାଦ୍ୟର ସ୍ୱାଦ, କଳା-ଭାସ୍କର୍ଯ୍ୟର ସ୍ୱତନ୍ତ୍ର ଶୈଳୀ, ହସ୍ତ ଶିଳ୍ପର ନିଖୁଣତା ଓଡ଼ିଆ ସଂସ୍କୃତିକୁ ରଚିମନ୍ତ ଓ ଋଦ୍ଧିମନ୍ତ କରି ରଖିଛି। ଓଡ଼ିଶାର ପର୍ବ ପର୍ବାଣୀର ଆଡ଼ମ୍ବର, ଓଡ଼ିଆ ବେଶ ପୋଷାକ, ଓଡ଼ିଆଣୀର ଘରକରଣା ମନୋବୃତ୍ତି, ଅଳ୍ପରେ ସନ୍ତୁଷ୍ଟ ସରଳ ଜୀବନ ନିର୍ବାହ ହେଉଛି ଓଡ଼ିଆ ସ୍ୱଭାବ ଓ ଚରିତ। ମନ୍ଦିର ସଂସ୍କୃତି ହିଁ ଓଡ଼ିଆ ଆଦର ଏବଂ ସଂସ୍କୃତିର ପ୍ରତିଟି ଉପାଦାନକୁ ଆରାଧ୍ୟ ଶ୍ରୀଜଗନ୍ନାଥଙ୍କୁ ଉତ୍ସର୍ଗ କେବଳ ଓଡ଼ିଆ ପ୍ରାଣକୁ ପୁଲକିତ କରେନି, ବରଂ ଓଡ଼ିଆ ସଂସ୍କୃତିର ସେତୁବନ୍ଧ।

ଆଜି ଦିନରେ ସାରା ବିଶ୍ୱ ଜଗତୀକରଣ ପ୍ରକ୍ରିୟାରେ ଉବୁଟୁବୁ ହେଉଛି। ବିଂଶ ଶତାବ୍ଦୀର ଅଶୀ ଦଶକର ଶେଷ ଭାଗରୁ ବିଶ୍ୱରେ ଦେଶ ଦେଶ ମଧ୍ୟରେ ରହିଥିବା ଭୌଗୋଳିକ ସୀମାର ଅନ୍ତ ଘଟିଛି, ରାଷ୍ଟ୍ରର ସାର୍ବଭୌମତ୍ୱ କ୍ଷୁଣ୍ଣ ହୋଇପଡିଛି, ବିଶ୍ୱର ବଜାର ବିକାଶର ସୁଅ ଛୁଟିଛି, ବିଭିନ୍ନ ଦେଶ ନିଜ ମାଟିରେ ବଜାର ଖୋଲିବାକୁ ସୀମା ଉନ୍ମୁକ୍ତ କରି ଅର୍ଥନୀତିର ଉଦାରୀକରଣ କରିଛନ୍ତି। ଆମ ଭାରତରେ ଗତ ଶତାବ୍ଦୀର ଶେଷ ଦଶନ୍ଧିରେ ଜଗତୀକରଣ ଆପଣେଇଛି। ଜଗତୀକରଣ ମୁହଁ ଦେଖାଇଥିଲା ଗୋଟିଏ ଅର୍ଥନୈତିକ ପଦ୍ଧତିରେ, ମାତ୍ର ଏହାର ସୁଦୂରପ୍ରସାରୀ ପ୍ରଭାବ ଆଜି ସବୁ ବର୍ଗ, ସବୁ ଅନୁଷ୍ଠାନ ଠାରେ ପ୍ରତିଫଳିତ। ସଂସ୍କୃତି ଏହି ପଦ୍ଧତିରୁ କୌଣସି ମତେ ଓହରି ଯିବାର ବାଟ ନାହିଁ।

ଆଜି ଓଡ଼ିଆ ସଂସ୍କୃତିକୁ ଅନୁଧ୍ୟାନ କଲେ ପ୍ରତୀୟମାନ ହୁଏ ଯେ, ଏହା ଜଗତୀକରଣ ପଦ୍ଧତି ସହ ପୂର୍ଣ୍ଣ ମାତ୍ରାରେ ଜଡ଼ିତ, ଖସିଯିବାର କୌଣସି ଉପାୟ ରହିନି। ଅନେକ ସମୟରେ ଦେଖାଯାଏ, ଓଡ଼ିଆ ସଂସ୍କୃତିକ ପରମ୍ପରାକୁ ଦ୍ୱାହି ଦେଇ ଅନେକ ପାଶ୍ଚାତ୍ୟ ସଭ୍ୟତାରେ ଆଶ୍ରିତ। ଆଜିର ଯୁବବର୍ଗ ଓ ନୂତନ ପିଢି ଓଡ଼ିଆର ସଂସ୍କୃତି ଓ ଐତିହ୍ୟକୁ ନିମ୍ନ ମାନର ମନେକରି ପାଶ୍ଚାତ୍ୟ ସଂସ୍କୃତି ଦ୍ୱାରା ଅନୁପ୍ରାଣିତ। ଅନୁଭୂତ ହୁଏ, ଓଡ଼ିଆ ସଂସ୍କୃତି ଆଜି ପ୍ରବହମାନ ହେବା ବଦଳରେ ପରିବର୍ତ୍ତନଶୀଳ ହୋଇଛି

ସ୍ୱତଃ ମନରେ ପ୍ରଶ୍ନ ଉଠିବା ନିଶ୍ଚିତ, ଓଡ଼ିଆ ସଂସ୍କୃତିର ଗତି କୁଆଡ଼କୁ? ଜଗତୀକରଣ ପଦ୍ଧତି ଆରମ୍ଭ ବେଳକୁ ବୁଦ୍ଧିଜୀବୀ, ସଂସ୍କୃତିବିତ୍‌ମାନେ ଆଶାବାନ ଥିଲେ କି ଅନ୍ୟ ସଂସ୍କୃତିର ପ୍ରଭାବରେ ଓଡ଼ିଆ ସଂସ୍କୃତି ଅଧିକ ଋଦ୍ଧିମନ୍ତ, ସମୟୋଚିତ ଓ ସୁଦୂରପ୍ରସାରୀ ହେବାର ସୁଯୋଗ ଲାଭ କରିବ। ମାତ୍ର ଏହା କେତେ ଦୂର ରୂପାୟିତ ହୋଇଛି, ତାହା ଆଜିର ପ୍ରଶ୍ନବାଚୀ।

ଅନ୍ୟୂନ ପାଞ୍ଚଗୋଟି ମୁଖ୍ୟ ବିଷୟ ଉପରେ ଆଲୋଚନା ସୀମିତ କରାଯାଉଛି, ଯଥା – ହସ୍ତଶିଳ୍ପ, ଭାଷା, ପୋଷାକ, ଚଳଣି ଓ ଚରିତ୍ର।

ଓଡ଼ିଶାର ଅନ୍ୟ ନାମ ଉତ୍କଳ, ଉତ୍କୃଷ୍ଟ କଳାର ଦେଶ ବୋଲି ଏହି ଭୂଖଣ୍ଡର ନାମ ଉତ୍କଳ। ଏହି ଉତ୍କର୍ଷତା ପରିଲକ୍ଷିତ ହୁଏ ତାର ହସ୍ତଶିଳ୍ପର ପ୍ରସିଦ୍ଧି ପାଇଁ, ଚାନ୍ଦୁଆ ପରି ହସ୍ତଶିଳ୍ପ ପାଇଁ, ପଟ୍ଟଚିତ୍ର ବା ତାଳପତ୍ର ଚିତ୍ର ପାଇଁ, କଂସାବାସନ ଓ ପଥର ବାସନ ପାଇଁ, ମନ୍ଦିରମୟୀ କଳାଭାସ୍କର୍ଯ୍ୟ ପାଇଁ, ମନ୍ଦିର ରୀତି ନୀତି ଓ ପରମ୍ପରା ପାଇଁ, ସାମାଜିକ କ୍ଷେତ୍ରରେ ନୃତ୍ୟ, ସଂଗୀତ ଓ ପ୍ରଚଳିତ ବିବିଧ ଲୋକ ନୃତ୍ୟ ଓ ଲୋକକଥା ପାଇଁ, ଆହୁରି ଅସୁମାରି ବିଷୟ ନେଇ। ଏ ସମସ୍ତ କାରିଗରୀ ଓ କୌଶଳ ମନ୍ଦିର ନୀତି ସହିତ ଜଡ଼ିତ। ଏମିତି କି, ମାଣିଆବନ୍ଧ, ନୂଆପାଟଣାର ପାଟବୁଣା ପରିଚ୍ଛଦରେ

ଶ୍ରୀଜଗନ୍ନାଥ ଭୂଷିତ ହୁଅନ୍ତି। ଏହି ଶିଳ୍ପକଳାରେ ନିଯୁକ୍ତ ଓଡ଼ିଆ ଶିଳ୍ପୀଙ୍କୁ ରୋଜଗାର ଯୋଗାଇବା ସହିତ ପ୍ରୋତ୍ସାହନ ମିଳେ ମନ୍ଦିର ପ୍ରଶାସନରୁ। ମାତ୍ର ଜଗତୀକରଣ ପଟ୍ଟଭୂମିରେ ଆମର ପରମ୍ପରା ବଦଳି ଯାଉଛି। ଚାରୁକଳା ଆଉ ହସ୍ତଶିଳ୍ପ ଜଗତୀକରଣର ତୀବ୍ର ପ୍ରତିଦ୍ୱନ୍ଦ୍ୱିତା ସମ୍ମୁଖରେ ନିଜର ଅସ୍ତିତ୍ୱ ହରାଇବାକୁ ବସିଲାଣି। ଏହା ଜଗତୀକରଣ ବ୍ୟବସ୍ଥାର ଓଡ଼ିଆ ସଂସ୍କୃତି ଉପରେ କୁଠାରାଘାତ। ଓଡ଼ିଆ ଶିଳ୍ପୀ ଆଜିର ଜଗତୀକରଣ ଯୁଗରେ ବଜାର ଚାହିଦାକୁ ଆଖିରେ ରଖି ହସ୍ତଶିଳ୍ପ ଓ କଳାର ଢାଞ୍ଚା ବଦଳାଇବାରେ ବ୍ୟସ୍ତ। ପାଶ୍ଚାତ୍ୟ ଗରାଖଙ୍କୁ ସୁହାଇବା ନିମନ୍ତେ, ଅତିଥି ଭବନ ଓ ହୋଟେଲଗୁଡିକର ଶୋଭା ବୃଦ୍ଧି ପାଇଁ ଓଡ଼ିଶାର ପାରମ୍ପରିକ କଳାର ବର୍ଣ୍ଣ ଓ ବିନ୍ୟାସ ପରିବର୍ତ୍ତିତ। ମନ୍ଦିର ପରମ୍ପରାରୁ ଜାତ ଉତ୍କଳୀୟ ସୃଜନଶୀଳ ହସ୍ତଶିଳ୍ପ ଆଜି ଅତିଥିଶାଳାର ସାଜସଜା ସାମଗ୍ରୀରେ ସୀମିତ ହୋଇଯାଇଛି। ହସ୍ତଶିଳ୍ପୀମାନଙ୍କର ପାରମ୍ପରିକ ଓ ଉତ୍କଳ ଭିତ୍ତିଭୂମିର ଶିଳ୍ପକଳା ଆଧୁନିକତା ସ୍ରୋତରେ ହଜିଗଲାଣି। ବହୁ ପ୍ରତିଦ୍ୱନ୍ଦ୍ୱୀ ନକଲ କରିବାର ସୁଯୋଗ ନେଇ ଜଗତୀକରଣ କ୍ଷେତ୍ରରେ ଅସଲି ଶିଳ୍ପର ବଇରୀ ସାଜୁଛନ୍ତି।

ଏଠାରେ ମଧ୍ୟ ଆଲୋଚନା କରାଯାଇପାରେ, କୋଣାର୍କର ସୂର୍ଯ୍ୟମନ୍ଦିର ଓ ପୁରୀର ଶ୍ରୀଜଗନ୍ନାଥ ମନ୍ଦିର କାଳର ଦଂଶନରେ ଆଜି ଅବକ୍ଷୟର ଶିକାର ହୋଇଛନ୍ତି। ସରକାର ଏହାର ପୁନରୁଦ୍ଧାର କାର୍ଯ୍ୟରେ ଚେଷ୍ଟିତ, ମାତ୍ର ମରାମତି ନିମ୍ନ ମାନର ଓ ପାରମ୍ପରିକ ଶୈଳୀ ବ୍ୟତିରେକ। ଦେଖିବାକୁ ଗଲେ, ସାଦା ପଥରରେ ମରାମତି, ଆଜିର ଦିନରେ ଶିଳାଶିଳ୍ପଭରା ମରାମତି କରିବାରେ କୌଣସି ଅଭାବ ନାହିଁ। ଏହି ପ୍ରବନ୍ଧର ଲେଖିକା ତାଙ୍କର ଗବେଷଣା ସମୟରେ ଅନେକ ହସ୍ତଶିଳ୍ପୀ କାରିଗରଙ୍କୁ ପ୍ରଶ୍ନ କରିଥିଲେ, ସେମାନେ ତାଙ୍କର ପର ପଢ଼ିକୁ ଏହି କାରିଗରୀ କୌଶଳ ଶିଖାଇବାକୁ କେତେ ପରିମାଣରେ ଆଗ୍ରହୀ ? ଏହାର ଉତ୍ତର ଥିଲା ନୈରାଶ୍ୟଜନକ। ଶିଳ୍ପୀମାନଙ୍କର ଆଶଙ୍କା ରହିଛି, ଏହି ଶିଳ୍ପର ଭବିଷ୍ୟତ ଉଜ୍ଜ୍ୱଳ ନୁହେଁ, ଏହା ଶିଳ୍ପୀକୁ ସ୍ଥିର ରୋଜଗାର ଦେବାକୁ ସକ୍ଷମ ହୋଇ ପାରିବନାହିଁ। ତେଣୁ ଆଜି ଓଡ଼ିଆ ସଂସ୍କୃତିର ବାହକ ଆଖିରେ ଦେଖୁଛି, ନିଜର ହସ୍ତଶିଳ୍ପ, କଳା କାରିଗରୀ ଅବକ୍ଷୟଗାମୀ। ଏହି ଅବକ୍ଷୟ କେତେଦୂର ଗ୍ରହଣୀୟ ତାହା ଚିନ୍ତାର ବିଷୟ।

ସତରେ ପୁରୁଖା ଲୋକମାନେ ଦେଖନ୍ତି ଆଗକାଳର ବେତବୁଣା ଟୋକେଇ, ଗଉଣୀ, ମାଣ, କୁଞ୍ଚା, ଭୋଗେଇ, ଡାଲିଆ, କୁଲା, ବାଉଁଶିଆ, ହାଣ୍ଡି, ମାଠିଆ, ପିତ୍ତଳ ବାସନ ଆଜି ଦେଖିବାକୁ ବିରଳ। ଯୁବକ ଓ ପିଲାମାନେ ଏହି ନାମ ସହିତ ଆଦୌ ପରିଚିତ ନୁହନ୍ତି। ଏହା ଆମ ଓଡ଼ିଆ ଗାଁଗଣ୍ଡାରେ ଚାଲି ଚଳନରେ ପ୍ଲାଷ୍ଟିକ ଓ ବିକଳ୍ପ ଝାଡୁରୁ ଆରମ୍ଭ କରି ହାଣ୍ଡିକୁଣ୍ଡେଇ ପର୍ଯ୍ୟନ୍ତ କୃତ୍ରିମ ବସ୍ତୁରେ ପରିପୂର୍ଣ୍ଣ। ଏହା

ଗାଁ ଗଣ୍ଡାର କୁମ୍ଭକାର, ବୁଣାକାର, କୌଳିକ ବୃତ୍ତିରେ ପେଟ ପୋଷୁଥିବା ପରିବାର ଗଡ଼ିକୁ ବୃତ୍ତିବିହୀନ କରିଦେଇଛି ।

ଏହି ପରିପ୍ରେକ୍ଷୀରେ କୁହାଯାଇପାରେ ଯେ, ହସ୍ତଶିଳ୍ପର ପୁନରୁଦ୍ଧାର ନ ହେଲେ, ଓଡ଼ିଆ ସଂସ୍କୃତି ତାର ସତ୍ତା ହରାଇ ବସିବ । ସେଥିପାଇଁ ନୀତିସ୍ରଷ୍ଟା, ବୁଦ୍ଧିଜୀବୀ, ସମାଜସେବୀ ଆଉ ବେସରକାରୀ ଅନୁଷ୍ଠାନଗୁଡିକ ପାରମ୍ପରିକ ହସ୍ତଶିଳ୍ପର ପ୍ରୋତ୍ସାହକ ଓ ପୃଷ୍ଠପୋଷକ ନହେଲେ, ଏହି ଓଡ଼ିଆ ଜାତିର ଉତ୍କର୍ଷତା ସମୟ ସ୍ରୋତରେ ଆମର କଳିଙ୍ଗର ପୁରାତନ ନୌବାଣିଜ୍ୟ ବ୍ୟବସ୍ଥା ସଦୃଶ ଭାସି ନିଶ୍ଚିହ୍ନ ହୋଇଯିବ, ସ୍ମରଣରୁ ଚାଲିଯିବ ଆଉ ଯାହାକୁ ପ୍ରତ୍ନତତ୍ତ୍ୱବିତ୍ ମାନେ ବି ହିସାବ ପାଇବେନି ।

ଜଗତୀକରଣ ଆଜି ସୂଚନା ଓ ପ୍ରଯୁକ୍ତିକରଣ ପ୍ରସାରରେ ଯଥେଷ୍ଟ ସହାୟକ ହୋଇଛି । ଗଣମାଧ୍ୟମ ଘରେ ଘରେ ପହଞ୍ଚି ପାରିଛି । ପାଶ୍ଚାତ୍ୟ ଗଣମାଧ୍ୟମର ବେଶ୍ ଅନୁକରଣପ୍ରିୟ ଭାରତୀୟ ଓ ଓଡ଼ିଶା ଗଣମାଧ୍ୟମ । ଟେଲିଭିଜନ୍ ଓ ସବୁ ଗଣମାଧ୍ୟମ ବିଭିନ୍ନ ବାସ୍ତବ କାର୍ଯ୍ୟକ୍ରମ ହାତକୁ ନେଇ କୁନିପିଲା ଓ ଅଭିଭାବକ ମାନଙ୍କୁ ଭାଗନେଇଥିବା ପାଶ୍ଚାତ୍ୟ ଶୈଳୀ ନୃତ୍ୟ, ଗୀତ, ବାଜା ଗୁଡିକର ପ୍ରୋଗ୍ରାମ ପ୍ରସ୍ତୁତ କରିବାରେ ବ୍ୟସ୍ତ । ଶିଶୁମାନେ ସେଇ ପାଶ୍ଚାତ ନୃତ୍ୟ, ଗୀତ ଶିଖିବାରେ ସମୟ କଟାନ୍ତି, ଆମର ପାରମ୍ପରିକ ଓଡ଼ିଶୀ, ଓଡ଼ିଆ ସଂଗୀତ ସଂପୂର୍ଣ୍ଣ ଅବହେଳିତ ମନେହୁଏ । ପାଶ୍ଚାତ୍ୟ ନୃତ୍ୟର ଚାହିଦା, ପାଶ୍ଚାତ୍ୟ ଗୀତ ଓ ବାଜାର ଚାହିଦା ଆଜି ଆମ ପରମ୍ପରାକୁ ହଜାଇ ଦେବାକୁ ବସିଲାଣି । ମନେ ରଖିବାକୁ ହେବ, ଯେଉଁ ଓଡ଼ିଶୀ ଦିନେ ବହୁ ବିଦେଶିନୀଙ୍କୁ ଆକର୍ଷିତ କରିଥିଲା, ଆଜି ଓଡ଼ିଶା ଦେଖୁଛି ସମାଜରେ ଓଡ଼ିଶୀର ଚାହିଦା ଓ ପୃଷ୍ଠପୋଷକତା କିପରି ସ୍ତରରେ ରହିଛି ।

ଭାଷା ସଂସ୍କୃତିର ଏକ ଦିଗନ୍ତ । ଓଡ଼ିଆ ଭାଷାର ପ୍ରାଚୀନତା ସବୁଠାରେ ଉପଲବ୍ଧ । ମହାମୁନି ସାରଳା ଦାସଙ୍କ ଠାରୁ ଆରମ୍ଭ କରି ଜଗନ୍ନାଥ ଦାସଙ୍କ ପର୍ଯ୍ୟନ୍ତ, ମଧୁବାବୁଙ୍କ ଠାରୁ ଗୋଦାବରୀଶଙ୍କ ପର୍ଯ୍ୟନ୍ତ ମହାମନିଷୀମାନେ ନିଜ ନିଜ ଲେଖନୀ ବଳରେ ଏହି ଭାଷାକୁ ପରିପୁଷ୍ଟ କରିଛନ୍ତି । ଏକ ସମୟରେ ଓଡ଼ିଆ ଭାଷା ଅସ୍ତିତ୍ୱ ହରାଇବାକୁ ବସିଥିବା ବେଳେ, ଅନେକ ଉତ୍କଳ ସନ୍ତାନ ଏହି ଭାଷାର ଉଦ୍ଧାର କରିବାକୁ ସକ୍ଷମ ହୋଇଥିଲେ । ଲେଖନୀ ସହିତ ଉତ୍କଳ ସମ୍ମିଳନୀ ମାଧ୍ୟରେ ଓଡ଼ିଆ ଭାଷାର ଉଦ୍‌ଘୋଷଣ କରାଯାଇଥିଲା । ଓଡ଼ିଆ ଭାଷା ଏକନିଷ୍ଠ ହୋଇ ସୃଷ୍ଟି କରିବାକୁ ସମର୍ଥ ହୋଇପାରିଥିଲା ସ୍ୱତନ୍ତ୍ର ଓଡ଼ିଶା । ତା ପରେ ବି ଚାଲୁ ରହିଛି ବିଚ୍ଛିନ୍ନ ଓଡ଼ିଆଭାଷୀଙ୍କ ସମ୍ମିଶ୍ରଣ । ବାସ୍ତବରେ ଏହି ପ୍ରାଚୀନ ଓଡ଼ିଆ ଭାଷା ଏକ ରୁଚିମନ୍ତ ଓ ଋଦ୍ଧିମନ୍ତ ଭାଷା । ଏହାର ଶବ୍ଦ ବିନ୍ୟାସ, ଭାବର ପରିପ୍ରକାଶ, ପ୍ରକୃତିର ସମୀକରଣ ଓ ମାଧୁର୍ଯ୍ୟରେ ଏହାର ତୁଳନା ନାହିଁ ।

ଆଜିର ଜଗତୀକରଣ କି ପ୍ରଭାବ ପକାଇଛି ଓଡ଼ିଆ ମାତୃଭାଷା ଉପରେ ?

ବିଶ୍ୱ ବଜାରନୀତି ଆଜି ଦାବି କରେ ଭାଷାଗତ କୌଶଳ ! ଇଂରାଜୀ ଭାଷା ଆଜିର ବିଶ୍ୱର ପ୍ରମୁଖ ଭାଷା। ଆମର ଉଦ୍ୟମ ନିଜ ସନ୍ତାନ ସନ୍ତତିଙ୍କୁ ଇଂରାଜୀ ଭାଷାରେ ପୋଖତ କରିବାକୁ। ଓଡ଼ିଆ ମାଧ୍ୟମ ବିଦ୍ୟାଳୟରେ ପିଲାଙ୍କୁ ପଢାଇବାକୁ ଅମଙ୍ଗ। ପିଲାମାନେ ଚାକିରି ପାଇବେନି, ବାହାରକୁ ଯାଇ ପାରିବେନି। ଏଥିପାଇଁ ଆମ ଘର ମାନଙ୍କରେ ଓଡ଼ିଆ ଅନେକାଂଶରେ ବଦଳି ଗଲାଣି। ବାର୍ତ୍ତାଳାପରେ ଅଧା ଇଂରାଜୀ, କେତେକାଂଶରେ ହିନ୍ଦୀ। ଆଜିର ଜୀବନ ମୂଳ ଓଡ଼ିଆ ଭାଷାର ପରିପନ୍ଥୀ ହୋଇ ପଡିଛି। ଆମର କୁଶଳୀ ଟେଲିଭିଜନ୍ ଘୋଷକ ବା ଘୋଷିକା ବହୁ ହିନ୍ଦୀ ବା ଇଂରାଜୀ ଶବ୍ଦକୁ ଓଡ଼ିଆ ଭାବରେ କହନ୍ତି, ଏହି ଉପସ୍ଥାପନା ଓଡ଼ିଆ ଭାଷାର ଅଜସ୍ର କ୍ଷତି କରୁଛି, ଏଥିରେ ତିଳେମାତ୍ର ସନ୍ଦେହ ନାହିଁ। ଓଡ଼ିଆ ଭାଷାକୁ କିମ୍ଭୂତକିମାକାର କରିବାକୁ ଗଣମାଧ୍ୟମର ଏହି ନିନ୍ଦନୀୟ ଭୂମିକାକୁ ଜଗତୀକରଣର ପ୍ରଭାବ ନ କହିବା କିପରି ?

ଆହୁରି ଉଦାହରଣ ସ୍ୱରୂପ କୁହାଯାଇ ପାରେ କି ଆଜିର ସଂସ୍କୃତି ସମ୍ପନ୍ନ ପିତାମାତା କି ଅଭିଭାବକମାନେ ଗର୍ବର ସହ ଘୋଷଣା କରନ୍ତି, ତାଙ୍କ ପିଲା ଓଡ଼ିଆ ମାଧ୍ୟମରେ ପଢ଼ି ନାହାନ୍ତି କି ଓଡ଼ିଆ ବୁଝନ୍ତି ନାହିଁ। ଲେଖିକା ଥରେ ଗୋଆରେ ଗୋଟିଏ ହୋଟେଲରେ ଦୁଇଜଣ ଓଡ଼ିଆ ଲୋକଙ୍କ ସହ ମିଶିବାର ସୁଯୋଗ ପାଇଥିଲେ। କିନ୍ତୁ ସେମାନଙ୍କର କଥା କହିବାର ଠାଣିରୁ ସେମାନଙ୍କର ହିନ୍ଦୀ କହିବାର ମାନସିକତା ଆଉ ଓଡ଼ିଆ ବୋଲି ଚିନ୍ତା କରିବାର ଅନାଗ୍ରହ ମନରେ କୌତୂହଳ ସୃଷ୍ଟି କରିଥିଲା। ସତରେ ଅନେକ ଓଡ଼ିଶା ସୀମା ଟପିଗଲେ ମାତୃଭାଷା ଛାଡ଼ି କୁନ୍ଥେଇ କୁନ୍ଥେଇ ଖଣ୍ଡି ହିନ୍ଦୀ କି ଖଣ୍ଡି ଇଂରାଜି କହନ୍ତି। ଏଇଟା କି ମାନସିକତା ବୁଝା ପଡ଼େନି। ଓଡ଼ିଆ ବୋଲି ଆମ ମନର ଗର୍ବ ପରିବର୍ତ୍ତେ ଲଜ୍ଜାବୋଧ କରିବା ହୀନମନତା ଛଡ଼ା ଆଉ କଅଣ ହୋଇପାରେ ?

ଆମ ପୋଷାକ ପରିଚ୍ଛଦରେ ଓଡ଼ିଆ ସଂସ୍କୃତି ଆଜି ସ୍ମୃତିରେ ରହିବାକୁ ଗଲାଣି। ଓଡ଼ିଶାରେ ସମ୍ବଲପୁରୀ ଶାଢ଼ି, ଅଳଙ୍କାର, ଧୋତି କୁର୍ତ୍ତାର ଆଉ କେହି ଧାର ମାଡୁ ନାହାନ୍ତି। ହାଟ ବଜାରରେ ବି ମିଳୁନି। ଏମିତି କି ଆମର ଜେଜେ ବା ଅଜା ଚାହିଲେ, ତାଙ୍କ ଲାଗି କମିଜ ବା କୁରୁତାଟିଏ କିଣିବାକୁ ବିରଳ। ଏମିତିକି ଓଡ଼ିଆ ଝିଅ ବୋହୂମାନେ ପୂଜାପଣାରେ, ବିବାହ ବ୍ରତରେ କି ମନ୍ଦିରରେ ଆଉ ଶାଢି ନ ପିନ୍ଧି କାମ ଚଳାଇ ନେଉଛନ୍ତି। ପାଶ୍ଚାତ୍ୟ କ୍ଷୁଦ୍ର ଓ ପ୍ରଦର୍ଶନକାରୀ ପୋଷାକ ସମସ୍ତଙ୍କର ପ୍ରିୟ ହୋଇଛି। ଯେଉଁ ଓଡ଼ିଆ ମହିଳା ବିଦେଶ ଗଲେ ସେଠିକା ସମାଜ ଘୂରି ଘୂରି ଶାଢ଼ି

ପିନ୍ଧା ଶୈଳୀ କୌତୂହଳ ସହିତ ଦେଖନ୍ତି କିମ୍ବା ଭୁବନେଶ୍ୱର ଆସିଲେ ମେହେର୍ସ ଶାଢ଼ି ଦୋକାନରୁ ଖଣ୍ଡେ ସମ୍ବଲପୁରୀ ଶାଢ଼ି କିଣି ଯେନତେଣ ପ୍ରକାରେଣ ଦେହରେ ଗୁଡ଼ାଇ ମନରେ ଅପୂର୍ବ ତୃପ୍ତି ପାଆନ୍ତି, ଆଜି ସେମାନେ ଆସିଲେ ଦେଖିବେ ଓଡ଼ିଆଣୀ ସେମାନଙ୍କ ଚିପା ଛୋଟ ପୋଷାକରେ ବିଦେଶିନୀ ପାଲଟି ଗଲେଣି !

ପରିଶେଷରେ ଓଡ଼ିଆ ଚଳଣି ଆଉ ଓଡ଼ିଆ ଚରିତକୁ ଦେଖିବା। କେତେ ଦୂର ଆମର ଏ ଦିଗରେ ପୁରୁଣା ସଂସ୍କୃତି ବଜାୟ ରଖି ପାରିଛେ ? ଆମେ ଚିରାଚରିତ ଆଦର୍ଶ ଓଡ଼ିଆ ବ୍ୟକ୍ତିତ୍ୱ କେଉଁ ସ୍ତରରେ ରଖିପାରିଛେ ? ଆବହମାନ କାଳରୁ ଓଡ଼ିଆ ବ୍ୟକ୍ତିତ୍ୱ ହେଉଛି ସାଧରଣ, ଆଡମ୍ବର ଶୂନ୍ୟ, ସରଳ ଏବଂ ସତ୍ୟବନ୍ତ। ଓଡ଼ିଆ ବାକ୍ୟ ଗର୍ବର ବହୁ ନୀଚରେ, ବାହାସ୍ଫୋଟ ମାରିବା ବା ଉଦ୍ଧତ ବ୍ୟବହାର ଅସହ୍ୟ ହୁଏ ଏ ଜାତିକୁ। କମ୍ କଥା ଆଉ ବେଶି କାମ ଏମାନଙ୍କର ଆଦର୍ଶ। ଆଜି ଏମିତି ଆଦର୍ଶ ଯଦି ଗାଁ ଗଣ୍ଡାରେ ଲୁଚି ରହି ପାରିଥିବ, ସହର ବଜାର କି ଦେଖା ଶୁଣାରେ ମିଳେନି। ଜଗତୀକରଣ ଶିଖାଇଛି ଆତ୍ମ ଗାରିମା ଆଉ ଆତ୍ମପ୍ରଚାର। ଲୋପ ପାଇଗଲାଣି ଓଡ଼ିଆ ଆତ୍ମ-ସତ୍ତା। ଦୁନିଆରେ ବଞ୍ଚି ରହିବାକୁ ହେଲେ, ବଣିଜ ବ୍ୟବସାୟରେ ତିଷ୍ଠି ରହିବାକୁ ହେଲେ ପ୍ରଚାର ହିଁ ସାର। ଅଳ୍ପକୁ ବହୁତ ଓ ବହୁତକୁ କମ୍ କହିବାର ଅଭ୍ୟାସ ଜଗତୀକରଣ ଶିଖାଉଛି। ଓଡ଼ିଆ ଚରିତ ଏହାଠାରୁ ତ୍ରାହି ପାଇବ କିପରି ?

ଟିକିଏ ଦେଖିବା ଆମର ଶତକଡା ଅଶି ଭାଗ ଗ୍ରାମବାସୀ ଓଡ଼ିଆ ଜୀବନକୁ। କୁହାଯାଏ, ଶାସନ ପରେ ଶାସନ ଗଲାଣି, ଗଲେଣି ଆଫଗାନ, ମୋଗଲ, ମରହଟ୍ଟା ଆଉ ଇଂରେଜ - ମାତ୍ର ଓଡ଼ିଆ ଗାଁ ଏମାନଙ୍କ ପ୍ରଭାବରୁ ମୁକ୍ତ। ଗୋଷ୍ଠୀଗତ ଜୀବନ, ଦିଆ ନିଆର ସଂସାର। ଅଭାବରେ ଭାବ ଆଉ ଦାରିଦ୍ର୍ୟରେ ବି ପ୍ରାଚୁର୍ଯ୍ୟ। କିନ୍ତୁ ସେହି ସାମୂହିକ ଗ୍ରାମ୍ୟ ଜୀବନ ଆଉ ଯୌଥ ପରିବାର ଆଜି କିପରି ରହିଛି ? ଅତିଥି ପରାୟଣ ପରକୁ ମୁକ୍ତ ଭାବରେ ସହାୟକ ହେଉଥିବା ଓଡ଼ିଆ ଆଜି ପରଶ୍ରୀକାତର, ସ୍ୱାର୍ଥୀ ଆଉ ବସ୍ତୁବାଦୀ ଦୁନିଆର ଦାବିଦାର।

ଜଗତୀକରଣ ବିଶ୍ୱର ବଜାର ବ୍ୟବସ୍ଥାରେ ବୃହତ୍ ରାଷ୍ଟ୍ର ଏବଂ ବହୁରାଷ୍ଟ୍ରୀୟ କମ୍ପାନୀ ଗୁଡ଼ିକର ତୁଷ୍ଟିକରଣ ସହିତ ସେମାନଙ୍କର ସଂସ୍କୃତିର ବିତରଣ କରି କ୍ଷୁଦ୍ରାତିକ୍ଷୁଦ୍ର ରାଷ୍ଟ୍ରଗୁଡିକର ଅର୍ଥନୀତି ଓ ସଂସ୍କୃତିର ଅବକ୍ଷୟର ଜ୍ୱଳନ୍ତ ଉଦାହରଣ। ଯେଉଁ ଓଡ଼ିଆ ସଂସ୍କୃତି ଯୁଗେ ଯୁଗେ ସହନଶୀଳ, ଈଶ୍ୱରବିଶ୍ୱାସୀ ଆଉ ବିଭୁସତ୍ତାରେ ନିଜକୁ ମଜ୍ଜାଇ ଆନନ୍ଦ ଲାଭ କରୁଥିଲା, ସହନଶୀଳ ଆଉ ବିଶ୍ୱକଲ୍ୟାଣକର ବସୁଧୈବ କୁଟୁମ୍ବକମ୍ ଏବଂ ସର୍ବେ ଭବନ୍ତୁ ସୁଖୀନଃ ନୀତିରେ ବିଶ୍ୱାସ ରଖିଥିଲା, ଆଜି କିନ୍ତୁ ବଦଳି ଯାଇଛି। ଅପର ପକ୍ଷରେ ସିଏ ଆଜି ଅସହିଷ୍ଣୁ, ଜଟିଳ ଆଉ ବସ୍ତୁତନ୍ତ୍ରରେ ବିଶ୍ୱାସ କରେ।

ଯୌତୁକ ପ୍ରଥାରେ ବିଶ୍ୱାସ କରି ଯୌତୁକ ଜନିତ ହିଂସାକାଣ୍ଡ, ରକ୍ତ ସମ୍ପର୍କୀୟ ହତ୍ୟା ଓ ଗୋଷ୍ଠୀକନ୍ଦଳ ଘଟାଇବାକୁ ଦ୍ୱିଧା କରୁନାହିଁ। ଚୋରି, ରାହାଜାନୀ, ଠକାମି ଆଜିକାର ଯୁବ ଓଡ଼ିଆ ମାନଙ୍କର ଆଉ ଲଜ୍ଜାଜନକ ବା ଅସାମାଜିକ ବୋଲି ମନରେ ଘୃଣାଭାବ ନାହିଁ।

ଏହି ସବୁ ପର୍ଯ୍ୟାଲୋଚନା ପରେ ଏତିକି କୁହାଯାଇ ପାରେ ଯେ, ଜଗତୀକରଣ ଦ୍ୱାରା ଓଡ଼ିଆ ସଂସ୍କୃତି ଆଜି କ୍ଷତବିକ୍ଷତ। ପ୍ରଶ୍ନ ଉଠିବା ସ୍ୱାଭାବିକ - ଏଥିପାଇଁ ଜଗତୀକରଣ ଦାୟୀ ନା ଓଡ଼ିଶାର ଜନତା ଦାୟୀ। କୌଣସି ପ୍ରକ୍ରିୟାର ପ୍ରଭାବକୁ ଉପଯୁକ୍ତ ଭାବରେ ବ୍ୟବହାର କରିବା ମନୁଷ୍ୟର ମାନସିକତା ଉପରେ ନିର୍ଭର କରେ। ଓଡ଼ିଆ ଜନମାନସର ପରିବର୍ତ୍ତନ ପାଇଁ ନିଜେ ଜନତା ହିଁ ଦାୟୀ। ତେଣୁ ବର୍ତ୍ତମାନ ପରିପ୍ରେକ୍ଷୀରେ ଆମକୁ ଆତ୍ମସମୀକ୍ଷା କରିବାର ବେଳ ଆସିଛି। ଆମର ଗତାନୁଗତିକ ଓଡ଼ିଆ ସଂସ୍କୃତିରେ ଆମେ ଥିଲୁ କଅଣ ଆଉ ଆଜି କଅଣ ହୋଇଛୁ। ଏଥିପାଇଁ ସମାଜରେ ଚେତନା ଜାଗରଣ କରିବାର ସମୟ ଆସିଛି ବୁଦ୍ଧିଜୀବୀ ଆଉ ସମାଜସେବୀ ଲୋକମାନଙ୍କର। ଜନ-ସଚେତନତା ବୃଦ୍ଧିକରି ଜନ-ଜାଗରଣ ସୃଷ୍ଟି କରାଯିବାର ଆବଶ୍ୟକତା ରହିଛି। ପାରମ୍ପରିକ ସଂସ୍କୃତିରେ ତିଷ୍ଠି ରହିବାର ଅବକାଶ ନାହିଁ, ବରଂ ପ୍ରବହମାନ ପ୍ରଯୁକ୍ତି ବିଜ୍ଞାନ ଯୁଗରେ ନିଜକୁ, ନିଜ ସଂସ୍କୃତିକୁ ଆଉ ନିଜ ଭାଷାକୁ ସଜାଇନେବା, ଅବକ୍ଷୟକାରୀ ବେଦେଶୀ ପ୍ରଭାବକୁ ସମାଲୋଚନା କରି ସେଗୁଡ଼ିକୁ ଆମ ଦୈନନ୍ଦିନ ଜୀବନରୁ ବିଯୁକ୍ତ କରିଦେବାର ଶପଥ ନେବା। ଏମିତି ଏକ ସୁପୁଷ୍ଟ ସଂସ୍କୃତିର ସାମାଜିକ ସ୍ରୋତ ଆମର ସ୍ୱାଭିମାନ ଓ ଅସ୍ମିତାକୁ ସ୍ୱତନ୍ତ୍ର ଏବଂ ଅତୁଟ କରି ଗଢ଼ି ତୋଳିବ। ବିଶ୍ୱ ଦରବାରରେ ଓଡ଼ିଆ ଜାତିର ମାନ ବଢ଼ାଇବ।

ଏହା ହିଁ ଜଗତୀକରଣ ଯୁଗରେ ଆମ ସଂସ୍କୃତିର ସଂରକ୍ଷଣ, ପୁନରୁଦ୍ଧାର ଏବଂ ହୀନମନ୍ୟତା ପରିବର୍ତ୍ତେ ଉଚ୍ଚମନ୍ୟତା।

ପ୍ରଫେସର ଓ ମୁଖ୍ୟ, ସୋସିଓଲଜି ଡିପାର୍ଟମେଣ୍ଟ,
ଉତ୍କଳ ବିଶ୍ୱ ବିଦ୍ୟାଳୟ, ବାଣୀ ବିହାର, ଭୁବନେଶ୍ୱର,
ମୋ - ୯୪୩୭୨୧୧୫୮୮

ପାଲା: ଓଡ଼ିଆ ସଂସ୍କୃତିର ବିଭବ

ଡ. ବିଷ୍ଣୁପ୍ରିୟା ଓତା

ଲୋକ ସଂସ୍କୃତିହିଁ ସଂସ୍କୃତିର ଜନ୍ମଦାତ୍ରୀ। **Folk Literature is the mother of culture**. ଲୋକସଂସ୍କୃତି ମଣିଷର ଜୀବନ ସହ ଓତପ୍ରୋତ ଭାବରେ ଜଡ଼ିତ। ଏଥିରେ ଲୋକମାନଙ୍କ ଚଳଣି, ଜୀବନଶୈଳୀ ପରମ୍ପରା ସବୁକିଛି ନିହିତ ଥାଏ। ସାଧାରଣ ଲୋକ ଜୀବନସହ ଏହା ଏକାତ୍ମ ଭାବରେ ଜଡ଼ିତ ଥାଏ। ଲୋକ ଜୀବନର ପ୍ରାଣାସ୍ପନ୍ଦନ ଏଥିରେ ପ୍ରକାଶ ପାଇଥାଏ। 'ପାଲା' ବା 'ଷୋଳପାଲା' ଆମ ଲୋକସଂସ୍କୃତିର ଏକ ବିଭବ, ଏକ ଗୁରୁତ୍ୱପୂର୍ଣ୍ଣ ବିଭବ ଭାବରେ ଓଡ଼ିଶା ଘରେ ଘରେ ଜନପ୍ରିୟ।

ଯେ କୌଣସି ଦେଶ ଓ ଜାତିର ଉନ୍ନତି ତଥା ପ୍ରଗତି ସଂସ୍କୃତିର ଦର୍ପଣରେ ପ୍ରତିଫଳିତ ହୋଇଥାଏ। ଜାତି ତା'ର ଅତୀତର ପ୍ରତିଛବି ଏହି ସଂସ୍କୃତି ମଧ୍ୟରେ ଦେଖେ ଓ ଅତୀତକୁ ଦେଖି ବର୍ତ୍ତମାନ ପାଇଁ କର୍ତ୍ତବ୍ୟରତ ହୁଏ ଆଉ ଭବିଷ୍ୟତ ପାଇଁ ସ୍ୱପ୍ନ ଦେଖେ। ଉନ୍ନତ ତଥା ସଂସ୍କୃତିସମ୍ପନ୍ନ ଅତୀତ ଯେ କୌଣସି ଦେଶ ଓ ଜାତି ପାଇଁ ଗର୍ବ ଓ ଗୌରବର ବିଷୟ, ଏଥିରେ ସନ୍ଦେହ ନାହିଁ। ତେଣୁ ଅତୀତ ସଂସ୍କୃତିର ଭିତ୍ତିଭୂମି ଉପରେ ମନୁଷ୍ୟ ତାର ସୁନ୍ଦର ଭବିଷ୍ୟତର ସ୍ୱପ୍ନ ଦେଖିବା ଓ ବର୍ତ୍ତମାନର ସୌଧ ନିର୍ମାଣ କରିବା ସମ୍ଭବ ହୁଏ। ସାହିତ୍ୟ ସଂସ୍କୃତିର ପ୍ରଧାନ ଅଙ୍ଗ; କାବ୍ୟ, କବିତା, ନାଟକ, ସଙ୍ଗୀତ, କଳା ଆଦି ସାହିତ୍ୟର ଗୋଟିଏ ଗୋଟିଏ ବଶିଷ୍ଟ ଅଙ୍ଗ। ସମଗ୍ର ବିଶ୍ୱସାହିତ୍ୟର ବିଶ୍ଳେଷଣରୁ ଜଣାଯାଏ ଯେ, ପ୍ରାଥମିକ ସ୍ତରରେ ସଂଗୀତରୁ ସାହିତ୍ୟର

ସୃଷ୍ଟି । ସଙ୍ଗୀତ କେବଳ ମଣିଷ କାହିଁକି ପଶୁପକ୍ଷୀ, ଜୀବଜଗତ ସମସ୍ତଙ୍କୁ ବିପୁଳ ଆନନ୍ଦ ପ୍ରଦାନ କରେ । ସଙ୍ଗୀତର ମଧୁର ମୂର୍ଚ୍ଛନା ବିଷଧର ସାପକୁ ମଧ୍ୟ ବଶୀଭୂତ କରିପାରେ ।

ଶରାହତ କ୍ରୌଞ୍ଚ ଦମ୍ପତିଙ୍କୁ ଅବଲୋକନ କରି ଋଷିଙ୍କ ପ୍ରାଣରେ ଯେଉଁ କରୁଣ ଭାବର ସଂଜାତି ହେଲା, ତାହା ରୂପନେଲା ସଙ୍ଗୀତ ମାଧ୍ୟମରେ, ଜନଜୀବନ ଓ ଜନମାନସରେ । ତେଣୁ ସଙ୍ଗୀତରେ ରହିଛି ଗୁରୁତ୍ୱପୂର୍ଣ୍ଣ ଭୂମିକା । ସଙ୍ଗୀତରେ ଉତ୍ପତ୍ତି ମନୋରଞ୍ଜନ ନିମିତ୍ତ । ସଙ୍ଗୀତର ମଧୁର ମୂର୍ଚ୍ଛନା ପ୍ରାଣର ମର୍ମସ୍ପର୍ଶ କରିଥାଏ । କୁଶଳୀ ଉତ୍କଳୀୟ କେବଳ ପଥର ଦେହରେ ତା'ର ଶିଳ୍ପ ନୈପୁଣ୍ୟର ପରିଚୟ ଦେଇନାହଁ, ସେ ମଧ୍ୟ ଭରି ଦେଇଛି ସାହିତ୍ୟ ଓ ସଙ୍ଗୀତର ଅଖଣ୍ଡ ପ୍ରଭାବ ।

ଓଡ଼ିଶାର 'ପାଲା' ସେହି ସଙ୍ଗୀତର ଅମୂର୍ତ୍ତ ପରିପ୍ରକାଶ । ଏହା ଏକ ସାରସ୍ୱତ କଳା । ଯୁଗ ଯୁଗ ଧରି ଓଡ଼ିଶାର ଜନଜୀବନରେ । ଗୁରୁତ୍ୱପୂର୍ଣ୍ଣ ପ୍ରଭାବ ବିସ୍ତାର କରି ଜନସାଧାରଣଙ୍କ ସହ ନିବିଡ଼ ସମ୍ପର୍କ ରକ୍ଷା କରିପାରିଛି । ଉତ୍କଳ ସଂସ୍କୃତିର ବିଶିଷ୍ଟ ବିଭବ 'ପାଲା' ଛନ୍ଦ, ସ୍ୱର, ଲୟ ଓ ତାଳର ମଧୁର ମୂର୍ଚ୍ଛନାରେ ଅନୁରଣିତ ହୋଇ ଗଭୀର ଭାବରେ ପ୍ରଭାବ ବିସ୍ତାର କରିଛି ଓଡ଼ିଶୀ ସମାଜରେ । ପାଲାର ମଧୁର ସ୍ୱର ଓ ଭାବ ସବୁରି ପ୍ରାଣରେ ଭରିଦିଏ ନିର୍ମଳ ଆନନ୍ଦ ।

'ପାଲା' ମାଧ୍ୟମରେ ସାଂସ୍କୃତିକ ଆଧ୍ୟାତ୍ମିକ ଓ ବୌଦ୍ଧିକ ଚେତନା ବିସ୍ତାର ଲାଭକରେ ଜନ ମାନସରେ ଜୀବନର ସାରସ୍ୱତ ମୂଲ୍ୟବୋଧ ପ୍ରଚାରିତ ହୁଏ । ପୁରାଣବର୍ଣ୍ଣିତ କାହାଣୀ ବିଷୟବସ୍ତୁ ଓ ଚରିତ୍ର ସବୁକୁ ଉପଜୀବ୍ୟ କରି ପାଲା ଗାୟକମାନେ ପାଲା କରିଥାନ୍ତି । ପଣ୍ଡିତ କବିଗଣଙ୍କର କାବ୍ୟ କବିତାକୁ ନିଜେ ପଢ଼ି ତା'ର ରସ ଉପଲବ୍ଧି କରିବା ସମସ୍ତ ସାଧାରଣ ପାଠକଙ୍କ ନିକଟରେ ସମ୍ଭବ ତଥା ସହଜସାଧ ହୋଇଥାଏ । ପାଲାଗାୟକଙ୍କ ଭଳି ଉତ୍ସାହୀ ରସଗ୍ରାହୀ ବ୍ୟକ୍ତିମାନେ ନିଜ କଣ୍ଠର ସୁଲଳିତ ସ୍ୱରରେ ଧିଶକ୍ତି ଓ ବାକ୍‌ପଟୁତାର ପରିଚୟ ଦିଅନ୍ତି । ଅନେକ ବିଷୟବସ୍ତୁ ଜନସାଧାରଣଙ୍କ ନିକଟରେ ପାଲା ଜରିଆରେ ସହଜରେ ପହଞ୍ଚାଇ ହୁଏ । ତେଣୁ ଉତ୍କଳୀୟ ସମାଜରେ ଶିକ୍ଷାର ପ୍ରସାର ଘଟିନଥିବା ସମୟରେ ଓ ବହୁଲୋକ ନିରକ୍ଷର ତଥା ଅଶିକ୍ଷିତ ଥିବା ଅବସ୍ଥାରେ କବି ସମ୍ରାଟ ଉପେନ୍ଦ୍ରଭଞ୍ଜ, ବିଦଗ୍ଧକବି ଅଭିମନ୍ୟୁ ଓ ଚମ୍ପୂକାର କବିସୂର୍ଯ୍ୟ ବଳଦେବ ରଥଙ୍କ ରଚିତ ବହୁକାବ୍ୟର ମଧୁର ଛନ୍ଦସବୁ ଗ୍ରାମୀଣ ପରିବେଶରୁ ସରଳ, ସୁନ୍ଦର ଓ ସୁଲଳିତ କରି ଓଡ଼ିଆ ମନରେ ଝଙ୍କାର ତୋଳିଥିଲା । ସେତେବେଳେ ପୁରାଣ ଓ ଧର୍ମଗ୍ରନ୍ଥ ସବୁ ସଂସ୍କୃତ ଭାଷାରେ ରଚନା କରାଯାଉଥିଲା, ସାଧାରଣ ମଣିଷଙ୍କ ପାଇଁ ତାହା ପାଠ କରିବା ଓ ତା ରସ ଆସ୍ୱାଦନ କରିବା ଅସମ୍ଭବ ଥିଲା । ସମସାମୟିକ ଓଡ଼ିଶାର ସୁସାହିତ୍ୟିକ କବି ଜଗନ୍ନାଥ ଦାସ ଓ କବି ବଳରାମ ଦାସ ଭାଗବତ ଓ

ବେଦାନ୍ତକୁ ପ୍ରାକୃତ ଭାଷାରେ ପରିବେଷଣ କଲେ। ତାହା ଅଶିକ୍ଷିତ ଅର୍ଦ୍ଧଶିକ୍ଷିତ ଓ ସଂସ୍କୃତ ପଢ଼ି ବୁଝି ପାରୁନଥିବା ଜନସାଧାରଣଙ୍କର ଅନେକ ହିତ ସାଧନ କରିପାରିଥିଲା। ଓଡ଼ିଶାର ପାଲା ଗାୟକମାନଙ୍କର ସୁଲଳିତ ଗାୟନ ମାଧ୍ୟମରେ ଓ ଗଭୀର ତତ୍ତ୍ୱ ସମୀକରଣରେ ପୁରାଣ, ଦର୍ଶନ ଆଦି ଶାସ୍ତ୍ର ଗଣମାନସରେ ଏକ ସାରସ୍ୱତ ଚେତନା ସୃଷ୍ଟି କରିବାରେ ସହାୟକ ହୋଇପାରିଥିଲା। ଏହା ଗୋଷ୍ଠୀର ଲୋକଙ୍କୁ ପାଲାକାର କୁହାଯାଉଥିଲେ ମଧ୍ୟ ବ୍ୟାଖ୍ୟାକାର ଭଳି ଏମାନେ ଖୁବ୍ କଠିନ ବିଷୟକୁ ସହଜ, ସରଳ ଓ ଲାଳିତ୍ୟପୂର୍ଣ୍ଣ ଭାବରେ ସାଧାରଣ ଜନତାଙ୍କ ନିକଟରେ ପହଞ୍ଚାଇ ଦେଉଥିଲେ।

ପାଲା ଅଭିନୟ ଶ୍ରେଣୀର ଅର୍ନ୍ତଭୁକ୍ତ ସାହିତ୍ୟ-ଦର୍ପଣାକାର ବିଶ୍ୱନାଥ କବିରାଜ କହନ୍ତି 'ତତ୍ରାଭିନେୟଂ ଦୃଶ୍ୟମ୍' ପାଲାରେ ବିଷୟବସ୍ତୁ ଉପସ୍ଥାପନ କାଳରେ ଗାୟକ ଓ ପାଳିଆ ବା ସହକର୍ମୀ ଗାୟକମାନେ ଅଭିନୟାତ୍ମକ ଶୈଳୀରେ ଗାନକରି ଲୋକମାନସରେ ଆନ୍ତରିକ ପ୍ରଭାବ ବିସ୍ତାର କରି ପାରି ଥାଆନ୍ତି। ପାଲାରେ ଈଶ୍ୱର ବିଶ୍ୱାସ ସହିତ ଧର୍ମ ପ୍ରତି ବିଶ୍ୱାସ ଓ ଈଶ୍ୱରପ୍ରେମ ସମ୍ପର୍କରେ ଉପଦେଶ ପ୍ରଦାନ କରାଯାଉଥାଏ ଯାହା ଫଳରେ ସମାଜରେ ଗୋଟିଏ ନିର୍ଦ୍ଦିଷ୍ଟ ଧାର୍ମିକ, ସାତ୍ତ୍ୱିକ ଓ ନ୍ୟାୟର ପରିବେଶ ସୃଷ୍ଟି ହୋଇଥାଏ। ଯୁଗ ଯୁଗ ଧରି ଉତ୍କଳୀୟମାନେ ଧର୍ମପ୍ରାଣ, ତେଣୁ ସେମାନଙ୍କ ଆରାଧ୍ୟ ଦେବାଦେବୀଙ୍କର କଥା ବର୍ଣ୍ଣନା ସମୟରେ ବିଧର୍ମୀ, ଦୋଷୀ କିଭଳି ଦଣ୍ଡିତ ହୁଏ, ଧାର୍ମିକ ଲୋକର ପକ୍ଷ କିପରି ଭଗବାନ ନିଅନ୍ତି - ଏହି ସବୁ ବିଷୟ ପାଲାରେ ପରିବେଷିତ ହୋଇଥାଏ।

ପାଲା ଉଦ୍ଦେଶ୍ୟରେ ଯେଉଁ ଦେବତାଙ୍କର ଆସ୍ଥାନ ସ୍ଥାପନ କରାଯାଏ, ସେଥିରେ ଏକକାଳୀନ ପଞ୍ଚ ଦେବତାଙ୍କ ପୂଜା କରାଯାଏ। ହିନ୍ଦୁଦର୍ଶନର ମୂଖ୍ୟ ପାଞ୍ଚଜଣ ଦେବତାଙ୍କ ଉଦ୍ଦେଶ୍ୟରୁ ଅର୍ପିତ ହୋଇ ଥିବାରୁ ଏହାକୁ ନାମିତ କରାଯାଇଛି ବୋଲି କେହି କେହି କହିଥାନ୍ତି। ବହୁବିଦଗ୍ଧ ସାହିତ୍ୟିକ ପାଲାକୁ ଲୋକସାହିତ୍ୟ ଓ ଲୋକନାଟ୍ୟ ଭାବରେ ଚିତ୍ରଣ କରିଛନ୍ତି। ବିଷୟବସ୍ତୁ ଉପସ୍ଥାପନା କାଳରେ ପାଲାଗାୟକ ବହୁ ବାଗ୍ମୀ ତଥା ପଣ୍ଡିତମାନଙ୍କ କଥା, ନୀତି ଉପଦେଶ ଓ ଉଦାହରଣ ଦେଇଥାନ୍ତି। ପାଲାରେ ପରିପୂର୍ଣ୍ଣ ବିଷୟବସ୍ତୁ ବିଦଗ୍ଧତାରେ ପରିପୂର୍ଣ୍ଣ। ଏହାକୁ ବିଦଗ୍ଧସାହିତ୍ୟ ଓ ଲୋକ ସାହିତ୍ୟର ମିଶ୍ରଣ କଳା ବୋଲି କୁହାଯାଏ। ଏଥିରେ ଗାୟକ ଏକକ ଅଭିନୟ କରିଥାନ୍ତି, ରାଜା, ରାଣୀଠାରୁ ଆରମ୍ଭ କରି କଟୁଆଳ ଦାସୀ ସମସ୍ତ ଚରିତ୍ରର ବକ୍ତବ୍ୟ ସେ ଗାନ କରନ୍ତି ଓ ଅଭିନୟ କରି ବୁଝାନ୍ତି। ସଙ୍ଗୀତ ଶାସ୍ତ୍ରରେ ସଫଳତା ହାସଲ କଲେହେଁ ଜଣେ ଉନ୍ନତ ପାଲାଗାୟକ ହୋଇପାରିବ। ତେଣୁ ଦେଖାଯାଏ କେହି କେହି ଶାସ୍ତ୍ର ଅଧ୍ୟୟନ କରନ୍ତି। କେହି କେହି ଦୈବୀକୃପା ନିମିତ୍ତ ଆରାଧନା ବି କରନ୍ତି। ସତ୍ୟନାରାୟଣ ହେଉଛନ୍ତି

ଷୋଳପାଲାର ଆରାଧ୍ୟ ଦେବତା। 'ସତ୍ୟ' ହିନ୍ଦୁର 'ନାରାୟଣ' ଓ 'ପୀର' ପାରସ୍ୟଭାଷାରେ ଧର୍ମସମ୍ପ୍ରଦାୟର ପ୍ରତିଷ୍ଠାତା। ଏହି ସତ୍ୟପୀରଙ୍କର ଗୁଣ କୀର୍ତ୍ତନ କରିବା ପାଇଁ କବିକର୍ଣ୍ଣଙ୍କ ରଚିତ ଗୁଣାବଳୀ ପୁରୋହିତ ଗାନ କରିଥାଆନ୍ତି।

ବଙ୍ଗଳାଭାଷାରେ 'ପାଞ୍ଚାଲୀ' କହିଲେ ଏହି 'ପାଲା'କୁ ବୁଝାଏ। ଏହାର ଅର୍ଥ ପାଳି ବା ପର୍ଯ୍ୟାୟ। ଓଡ଼ିଶାରେ ଏହି 'ପାଲା'ର କଳାପାଟବତାର ଉତ୍କର୍ଷ ବେଶ୍ ଉପଲବ୍ଧି କରିହୁଏ। ଭଙ୍ଗଳା ଭାଷାରେ 'ଠିଆପାଲା' ନାହିଁ। ସତ୍ୟନାରାୟଣ ପୂଜାରେ ପୁରୋହିତ ପ୍ରଥମେ ଗାଇ ଗାୟକ ସାଜନ୍ତି ଅନ୍ୟ କେତେଜଣ ପାଳି ଧରି ସତ୍ୟନାରାୟଣଙ୍କ ନାମ ସଂକୀର୍ତ୍ତନ କରଥାନ୍ତି। ଅଳ୍ପଲୋକଙ୍କ ମିଳିତ ଆନୁକୁଲ୍ୟରେ ଏହି ସଙ୍ଗୀତ ଅନୁଷ୍ଠାନଟି ହୋଇଥାଏ। ଏହାକୁ 'ବୈଠକୀ ପାଲା' କୁହାଯାଇଥାଏ। କାରଣ ପ୍ରାରମ୍ଭିକ କାଳରେ ଗାହାଣ ବା ଯିଏ ପ୍ରଥମେ ଗାଇବେ ସେ ବସିକରି ଗାଇବା ଆରମ୍ଭ କରୁଥିଲେ ଓ ଅଳ୍ପଶ୍ରୋତା ହେତୁ ତାହା ଅସୁବିଧା ସୃଷ୍ଟିକରୁନଥିବ। ମାତ୍ର ଧୀରେ ଧୀରେ ପରବର୍ତ୍ତୀ ସମୟରେ ବହୁଲୋକଙ୍କର ସମାଗମ ହେତୁ ଗାୟକ ବସିରହି ବୋଲିବା ସମ୍ଭବ ହେଲାନାହିଁ। ଦୂରସ୍ଥାନରେ ବସିଥିବା ଲୋକମାନେ ତାଙ୍କୁ ଭଲଭାବରେ ଦେଖିପାରିଲେ ନାହିଁ କି ଶୁଣି ପାରିଲେ ନାହିଁ। ସେତେବେଳେ ପୁରୋହିତ ଗାୟକ ଓ ପାଳିଆମାନେ ଠିଆ ହୋଇ ଗାଇଲେ ପରବର୍ତ୍ତୀ ପର୍ଯ୍ୟାୟରେ ସୁନ୍ଦର ସୁନ୍ଦର ପୋଷାକ ପରିଧାନ କଲେ। ସେମାନଙ୍କ ସୁଦୃଶ୍ୟ ଦର୍ଶକମାନଙ୍କୁ ବିମୋହିତ କରିପାରିଲା। ଏହି ଭଳି ସମୟ ସହ ତାଳ ଦେଇ ଠିଆପାଲାର କ୍ରମୋନ୍ନତି ଘଟିଲା। କେବଳ କବିକର୍ଣ୍ଣଙ୍କ ରଚିତ ଷୋହଳ ପ୍ରକାର ବିଷୟଗାନ କରାନଯାଇ ମହାଭାରତ ଓ ରାମାୟଣ ପରି ପୁରାଣର ବିଷୟବସ୍ତୁକୁ ରଚନା କରି ବିଭିନ୍ନ ସ୍ୱରରେ ପ୍ରୟୋଗ ମାଧ୍ୟମରେ ଗାନ କରାଗଲା। ଓଡ଼ିଶାରେ ପାଲାସଂସ୍କୃତିର ପରିବର୍ତ୍ତନ ଘଟିଲା।

ଓଡ଼ିଶାର ପୁରପଲ୍ଲୀରେ ପାଲାହିଁ ଥିଲା ଓଡ଼ିଶୀ ସଂସ୍କୃତିର ପ୍ରାଣକେନ୍ଦ୍ର। ସଂଧ୍ୟାରେ ପାଲା ଆରମ୍ଭ ହେବ ବୋଲି ଗାଁର ପୁରୁଷମାନେ ବିଲବାଡ଼ି, ହାଟ ସଉଦା, ଗାଈଗୋରୁ କାମ ସହଳ ସାରି ଦେଉଥିଲେ। ଗ୍ରାମ୍ୟ ଲଳନାମାନେ ବେଶ୍ ଫୂର୍ତ୍ତି ଓ ଉନ୍ମାଦନାର ସହ ସଂଧ୍ୟାରୁ ପାଣି ଆଣିବା ରୋଷଇକରିବା ସାନ ପିଲାଟିଏ ଥିଲେ ତାକୁ ଖୁଆଇ ପିଆଇ ବୋଧକରି ଶୁଆଇ ପକାଇବା ଆଦି ସାରିଦେଉଥିଲେ। ତେଣୁ ଓଡ଼ିଶୀ ଗ୍ରାମ୍ୟ ସଂସ୍କୃତି ସହିତ ପାଲା ଓତପ୍ରୋତ ଭାବରେ ଜଡ଼ିତ ଥିବାରୁ କେହି କେହି ସମାଲୋଚକ କବିକର୍ଣ୍ଣଙ୍କ ବହୁପୂର୍ବରୁ ଆମ ରାଜ୍ୟରେ 'ପାଲା' ବା 'ପୂଜା'ର ପରମ୍ପରା ରହିଥିଲା ବୋଲି କହିଥାନ୍ତି। ଏହି ଲୋକପ୍ରିୟ ବିଭବକୁ ମାଧ୍ୟମ ଭାବି ହିନ୍ଦୁ ଓ ମୁସଲମାନ ଦୁଇ ସଂସ୍କୃତିର ସମନ୍ୱୟ ପାଇଁ ହୁଏତ ଏଭଳି ପାଲା ରଚନା କରିଥିଲେ ଓ ଏହା ମିଶ୍ର

ସଂସ୍କୃତିର ପ୍ରତୀକ ଭାବରେ ପରିଚିତ ହେଲା । ଠିଆପାଲାର ଗାୟକ ବା ଗାହାଣ ଓ ପାଳିଆମାନଙ୍କର ପରମ୍ପାରିକ ପୋଷାକ ବେଶ ବୈଚିତ୍ର୍ୟପୂର୍ଣ୍ଣ । ସେମାନେ ଦେହରେ ରୂପା ଅଳଙ୍କାର, ନିତମ୍ବ ଦେଶରେ ରୁପାର ଚନ୍ଦ୍ରହାର ଲମ୍ବିଥାଏ । କାନରେ ସୁନାର କୁଣ୍ଡଳ, ପାଦରେ ଘୁଙ୍ଗୁର, ଆଖିରେ କଜଳ, କପାଳ ଓ ଗଳାଦେଶରେ ସାରଳା ଠାକୁରାଣୀଙ୍କର ସିନ୍ଦୂର, ଗାହାଣଙ୍କ ହାତରେ ଗିନି ଓ ଚାମର ଏବଂ ପାଳିଆମାନଙ୍କ ହାତରେ କରତାଳ ସ୍ଥାନ ପାଇଥାଏ ।

ସତ୍ୟନରାୟଣ ପାଲାର ସୃଷ୍ଟି ମୂଳରେ ଯଦିଓ ହିନ୍ଦୁ ଓ ମୁସଲମାନ ଧର୍ମର ସଂହତି ଉଦ୍ଦେଶ୍ୟ ରହିଛି, ଏହାର ପରବର୍ତ୍ତୀ କାଳରେ ସତ୍ୟନାରାୟଣ ମଧ୍ୟ ପାଲାର ଅଧିଷ୍ଠାତ୍ରୀ ଦେବୀ ବୋଲି ଗୃହୀତ ହୋଇଛନ୍ତି । କାରଣ ମା ସାରଳା ଓଡ଼ିଶାର ବାଗ୍‌ଦେବୀ । ସେ ଗଳାରେ ବସିଲେ ପଦ ପଲଟିବ ବୋଲି ଗାହଣ ବୋଲନ୍ତି; ଓଡ଼ିଆ ଲୋକଗୀତିର ବିଭିନ୍ନ ସ୍ଥାନରେ ମଧ୍ୟ ଶୁଣିବାକୁ ମିଳେ । ଗାହାଣ ଓ ପାଳିଆମାନେ ଦେହରେ ଘାଗରା ଅଳଙ୍କାର ଏବଂ ପାଦରେ ଅଳଙ୍କାର ମଧ୍ୟରେ ନିଜକୁ ନାରୀ ରୂପରେ ସଜ୍ଜିତ କରିଥାନ୍ତି । ସାରଳାଙ୍କ ସେବିକା ଭାବରେ ସେମାନେ ନିଜକୁ ପରିଚିତ କରାଇବା ପାଇଁ ସେ ଚାହାନ୍ତି । ପଶ୍ଚିମ ଓଡ଼ିଶାର 'ସମ୍ପ୍ରଦା' ଓ 'ଦିଗ୍‌ସଞ୍ଚାରୀ' ମଧ୍ୟ ଠିକ୍ ଏହି ଠିଆପାଲା ପରି ।

ସତ୍ୟନାରାୟଣ ପାଲା ସମ୍ପର୍କରେ ଆଲୋଚନା କାଳରେ ଏହାର ପୂଜାପଦ୍ଧତି ସମ୍ପର୍କରେ ବିଶେଷ ଆଲୋଚନା ଆବଶ୍ୟକ । ସତ୍ୟ ନାରାୟଣ ପାଲାର ଗାୟକ ହେଉଛନ୍ତି- ପୁରୋହିତ । ସେ ଅରୁଆ ଚାଉଳ ଗୁଣ୍ଡରେ ଘର ଅଙ୍କନ କରି କଳସ ସ୍ଥାପନ କରି ଖଟୁଲିରେ ପାନ ଦଶଟା ଓ ତା ଉପରେ ଛଡ଼ା କଦଳୀ ଓ ଗୋଟାଗୁଆ ଦେଇ ପୂଜାକରିଥାନ୍ତି । ପାଞ୍ଚଟି ବେତରେ ମୟୂରଚନ୍ଦ୍ରିକା ବନ୍ଧାଯାଇ ଏହି କାଣ୍ଡ ପ୍ରସ୍ତୁତ କରାଯାଏ ।

"ଚାରିକୋଳେ ଚାରି ତୀର ଯତନେ ପୋତିଲେ
ନୂତନ ବସନ ଦିୟା ଗାହାଡ଼ା ଫେରିଲେ ।"

ପୁଣି ଶେଷରେ କବିକର୍ଣ୍ଣଙ୍କ ଯାହା ରଚିତ, ସେ ପାଲା କରାଯାଏ ଏହା କିପରି ଶେଷରେ କବିକର୍ଣ୍ଣଙ୍କର ରଚିତ ଯାହା ପାଲା କରାଯାଏ, ଏହା କିପରି ପୂଜା କରାଯିବ ତାହା ଷୋଳଖଣ୍ଡି ପାଲାରେ ବାରମ୍ବାର ଉଲ୍ଲେଖ ରହିଛି । ଏହାର କିଛି ପଂକ୍ତିରୁ ତାହା ଜାଣିହେବ ।

"ଚାରିତୀରେ ଚାରିଦିଗେ ପୁତିଲ ନିଶାନ
ଉପରେ କରିଲ ଖାଡ଼ା ତାମ୍ବସାହେବାନ
ବ୍ରାହ୍ମନ୍ କରେନ୍ ପୂଜା ସତ୍ୟନାରାୟନ ।
ଶୁକ୍ଳପାଟ ଦିୟା ତଥା କରିଲ ଆସ୍ଥାନ

ସଓ୍ୱା ହଜାର ପାନ ସଓ୍ୱାହଜାର ସୁପାରି,

ସଓ୍ୱା ହଜାର ପାକାକଲ ନିବେଦନ କରି।”

ସତ୍ୟନାରାୟଣ ପୂଜାରେ ଶିରିଣି ଭୋଗ ଲାଗିଥାଏ। କଦଳୀ, ଅଟା ଓ ଚିନିରୁ ଏହା ତିଆରି ହୋଇଥାଏ। ସେଥିପାଇଁ ମର୍ଜଗାଜୀ ଜନ୍ମପାଲାରେ ରାଜା ପଚାରିଛନ୍ତି ଏବଂ ଫକୀର ଉତ୍ତର ଦେଇଛନ୍ତି।

"ରାଜାବଲେ ମହାପ୍ରଭୁ ଶିରିନି କେମନେ ଦିବୁ

କହପ୍ରଭୁ ଏଥିର ପ୍ରକାରେ,

ସଓ୍ୱାସେର ଅଟା ଆନିତାଏ ସଓ୍ୱାସେର ଚିନି

ସଓ୍ୱା ସେର ଶିତା ଦିବେ ମୋରେ।”

ସ୍କନ୍ଧ ପୁରାଣରେ ରହିଛି-ପାଚିଲା କଦଳୀ ଚକଟା ଶିରିଣି କ୍ଷୀର ଆଦି ଭୋଗ କରାଯାଏ।

"ରମ୍ଭା ଫଳଂ ଘୃତଂ କ୍ଷୀରଂ ଗୋଧୂମସ୍ୟ ଚ ଚୁର୍ଣ୍ଣକମ୍,

ଅଭାବେ ଶାଳୀ ଚୂର୍ଣ୍ଣ ବା ଶର୍କରାଂ ବା ଗୁଡ଼ସ୍ତଥା।”

ଅନେକ ସ୍ଥାନରେ ଅଟା ଓ ଗୁଡ଼ରେ ତିଆରି ଲଡ୍ଡୁ ତିଆରି କରି ଶିରିଣି ପରିବର୍ତ୍ତେ ଭୋଗ କରାଯାଏ। ଏଥିରେ ପାଞ୍ଚଦେବତା ଗଣେଶ, ନାରାୟଣ, ରୁଦ୍ର, ଅମ୍ବିକା ଓ ସୂର୍ଯ୍ୟଙ୍କୁ ଷୋଡ଼ଶ ଉପଚାର କରାଯାଏ।

ବାଲେଶ୍ୱରର ଉତ୍ତରାଞ୍ଚଳରେ ଓ କାନ୍ଥି (ମେଦିନୀପୁର) ଅଞ୍ଚଳରେ ଯେଉଁ 'ଷଷ୍ଠୀମଙ୍ଗଳ' ପ୍ରଚଳିତ ତାହା ଓଡ଼ିଶାର ପାଲାପରି। ଏହି ଷଷ୍ଠୀ ହେଉଛନ୍ତି ବ୍ରହ୍ମାଙ୍କ କନ୍ୟା। ତାଙ୍କୁ ବ୍ରହ୍ମା ଗଣେଶଙ୍କ ପାଇଁ ସୃଷ୍ଟି କରିଥିଲେ। କିନ୍ତୁ ଗଣେଷ ବିବାହ କଲେନାହିଁ। ସେହି ଦିନଠାରୁ ସେ ନରନାରୀଙ୍କର ସନ୍ତାନ କାମନା ପୂର୍ଣ୍ଣକରି ପୂଜା ପାଉଛନ୍ତି। ଗାୟକ ଷଷ୍ଠୀ ମଙ୍ଗଳର ଗୋଟିଏ ଗୋଟିଏ ଗାଥା ଗାନ କରାଯାଇଥାଏ, ଜଣେ ପଖଉଜ ବଜାଏ ଓ ଅନ୍ୟଜଣେ ନୃତ୍ୟ କରିଥାଏ।

ପାଲାର ମାହାତ୍ମ୍ୟ ପ୍ରକ୍ଷାପନ ପୂର୍ବକ କୁହାଯାଏ ଯେ ଓଡ଼ିଶାର ବ୍ରତ ଓ ଓଷାର ସତ୍ୟନାରାୟଣ ପୂଜାକରି ପାଲା ଶୁଣିଲେ ସଙ୍କଟ ମୁକ୍ତ ହେବ, ମନସ୍କାମନା ପୂର୍ଣ୍ଣ ହେବ। ଅପୁତ୍ରିକ ପୁତ୍ର ଲାଭ କରିବ, ନିର୍ଦ୍ଧନ ଧନୀ ହେବ, ମର୍ଦ୍ଦରାଜୀ-ଜନ୍ମପାଲାରେ ଶେଷ ଆଡ଼କୁ ଏହାର ଉଲ୍ଲେଖ ରହିଛି।

"ଅନ୍ଧ ଶୁଣିଲେ ଭାଇରେ ପ୍ରାୟ ଚକ୍ଷୁଦାନ,

ନର୍ଦ୍ଧନୀ ଶୁଣିଲେ ହୟ ସେହୁ ଧନବାନ

ଅପୁତ୍ରିକ ଶୁଣିଲେ ଯେ ହୟ ପୁତ୍ରତାର

ସଙ୍କଟ ହଇତେ ରଖେ ବାବା ସତ୍ୟପୀର
ସତ୍ୟନାରାୟଣ ପଦେ କରିୟା ପ୍ରନାମ
ଦାତାର ଯେ ମନୋରଥ ଫତେ ସେବେ କାମ।"

ଏହିପରି ବିଦ୍ୟାଧର-ପାଲା, ସ୍ୱର୍ଗାରୋହଣ-ପାଲା ଆଦିରେ ବିଭିନ୍ନ ବିଷୟରେ ରଚନା କରାଯାଇଛି ଯେପରିକି-ସ୍ୱର୍ଗାରୋହଣ ପର୍ବରେ

"ରାଜସୂୟ ନରମେଧ ଅଶ୍ୱମେଧ ସମ,
ଯାତେ ଚତୁର୍ଗୁଣ ଫଳ ଲଭନ୍ତି ଯେ ଜନ।
ଜ୍ଞାନଦାନ, ଦୟା ସେବା ଉଦ୍ୟାପନ କରେ,
ଅନ୍ତକାଳେ ବୈକୁଣ୍ଠତେ ଗମନ ସେ କରେ।"

କବିକର୍ଣ୍ଣ ପଶ୍ଚିମବଙ୍ଗଳାର ମେଦିନୀପୁରରେ ଜନ୍ମଗ୍ରହଣ କରିଛନ୍ତି। ତାଙ୍କ ରଚିତ ଷୋଳପାଲାରେ ବଙ୍ଗଳା, ଓଡ଼ିଆ ଓ ଉର୍ଦ୍ଦୁ ଭାଷାର ପ୍ରୟୋଗ ରହିଛି। ଏହି ଷୋଳପାଲା ରଚନା ମୂଳରେ ରହିଛି ଭଗବାନ ଶ୍ରୀକୃଷ୍ଣଙ୍କର "ଷୋହଳ କଳାର ତତ୍ତ୍ୱ"।

ଏହି ଷୋହଳ ପାଲାରେ ଓଡ଼ିଆ, ବଙ୍ଗଳା ଓ ଉର୍ଦ୍ଦୁ ଭାଷା ସହିତ ହିନ୍ଦୀ, ଇଂରେଜୀ ଓ ଅପଭ୍ରଂଶ ଓଡ଼ିଆ ଶବ୍ଦମାନ ସ୍ଥାନିତ ହୋଇଛି। ଓଡ଼ିଆରେ ଡୁହା, ଚୌପଦୀ, ନବାକ୍ଷର ବୃତ୍ତର ରଚନା ଏହାର ଉଦାହରଣ। ବାକ୍ୟମଧ୍ୟରେ ବଙ୍ଗଳାଶବ୍ଦ ସ୍ଥାନ ପାଇଛି। ଯଥା- ବସିୟା ବରିତେଛିଲ ଛେଡ଼େଗେଲ୍, କାଛେ ପ୍ରଭୃତି ହିନ୍ଦୀ ଓ ଉର୍ଦ୍ଦୁ ଭାଷାରେ ଶବ୍ଦ ହମେସା, ବିତେ, ଆପନା, ଉଜିର, ସଲାମତ୍, କବୁଲ୍, ସଫର, ରେଜା ଇଂରେଜୀର କୋରଲ, ସାହେବ ଇତ୍ୟାଦି। ଏଥିରେ ପ୍ରସଙ୍ଗ କ୍ରମେ ମହାଭାରତ, ରାମାୟଣ ଓ ଭାଗବତରେ ବିଭିନ୍ନ ଉପାଖ୍ୟାନ ଖୁବ୍ ସଂକ୍ଷେପରେ ସ୍ଥାନ ପାଇଛି। ପାଲାର ପଦ ରଚନା ସଂପର୍କରେ ସେ ନିଜେ କହନ୍ତି-

ଶୁନ ତୁମି ସଭାଜନ, ଷୋଳପାଲାର ବିଧାନ,
ଛାନ୍ଦ ପଦି କହେ ଦିବ୍ୟ ହୃଷ୍ଟେ।
ଦୁଇ ଏକୋଇଶ ଛାନ୍ଦ, ପୟାର, ତ୍ରିପଦବନ୍ଧ,
ଆବର ଆଛେୟେ ନାନାମତ

ଧର୍ମସଂହତି ପାଲାରେ ଦେଖା ଦେଇଛି ଅର୍ଥାତ୍ ହିନ୍ଦୁ ଓ ମୁସଲମାନ୍ ଧର୍ମ ସମ୍ପ୍ରଦାୟ ମଧ୍ୟରେ ଏକ ବନ୍ଧୁତ୍ୱପୂର୍ଣ୍ଣ ପରିବେଶ ସୃଷ୍ଟି ନିମନ୍ତେ ସତ୍ୟନାରାୟଣ ପାଲାର ଲକ୍ଷ୍ୟ ଓ ଉଦ୍ଦେଶ୍ୟ ବୋଲି ଆଲୋଚିତ ହୋଇଛି। ଗୋଟିଏ ଦୃଷ୍ଟାନ୍ତରୁ ଏହା ଉପଲବ୍ଧ କରିହେବ।

"ଅତଶୁନି ମହାରାଜା କର୍ଣ୍ଣେଦିଲ ହାତ,
ହିନ୍ଦୁ ହୟା ମୁଖେ ନିନ୍ଦ ମୁସଲମାନ ବାତ୍।

ନାରାୟଣ ବଲେ ଶୁନ ଆମାର ବଚନ
ରାମ ଯେହ୍ନୁ ଭଜେ ସେଇ ହିନ୍ଦୁ ଭଗବାନ,
ରହୀମକ ଯେ ପୂଜାକରେ ସିଦ୍ଧହୟାଁ କାମ।"

ବୌଦ୍ଧଧର୍ମ, ଅଲେଖଧର୍ମ ଆଦିର ବିଶେଷତ୍ୱ ପାଲାରେ ରହିଛି।

ଷୋଳପାଲାରେ ଉତ୍କଳୀୟ ଭାବ ଉପଲବ୍ଧ ହୋଇଥାଏ। ଓଡ଼ିଶାର ଧର୍ମ ସଂସ୍କୃତି ତଥା ସାମାଜିକ ଜୀବନର ପ୍ରାଣକେନ୍ଦ୍ର ହେଉଛନ୍ତି ଶ୍ରୀ ଜଗନ୍ନାଥ। କବିକର୍ଣ୍ଣ ପଶ୍ଚିମବଙ୍ଗର ହୋଇ ମଧ୍ୟ ଓଡ଼ିଆ ସଂସ୍କୃତିର ପ୍ରାଣକେନ୍ଦ୍ର ଓଡ଼ିଆର ପ୍ରଥମ ବଡ଼ଠାକୁର ଶ୍ରୀଜଗନ୍ନାଥଙ୍କୁ ବେଶ୍ ଗୁରୁତ୍ୱ ପ୍ରଦାନ କରି ରଚନା କରିଛନ୍ତି-

"ଫକୀର ହଇୟା ଆମି ଦୁନିୟା ଭିତରେ
ଅକିଦା ବାନ୍ଧିୟା ଦୀନଜନ ଉପକାରେ
ଜଗନ୍ନାଥ ରୂପେ ଆମି ଓଡ଼ିଶାତେ ଆର
ହିନ୍ଦୁ, ମୁସଲମାନ ସର୍ବ କରି ଏକାକାର।"

'ଓଡ଼ିଶା' ବା 'କଳିଙ୍ଗ' ଶବ୍ଦକୁ କବିକର୍ଣ୍ଣ ବହୁବାର ବ୍ୟବହାର କରିଛନ୍ତି ପାଲାରେ। ଓଡ଼ିଶା ପ୍ରତି ତାଙ୍କର ଶ୍ରଦ୍ଧା ଓ ଆନ୍ତରିକତାର ସୂଚନାଦିଏ ତାଙ୍କର ଜନ୍ମପାଲାର ପ୍ରଥମାଂଶ। ଅର୍ଥାତ୍- ଜଗନ୍ନାଥ ରୂପେ ଆମି ଓଡ଼ିଶାରେ... ଇତ୍ୟାଦି ମଧ୍ୟରେ ଓଡ଼ିଶାର ନାମକୁ ପ୍ରଥମେ ବର୍ଣ୍ଣନା କରିଛନ୍ତି। ଓଡ଼ିଶା, ବଙ୍ଗଳା, ବିହାର ଏକତ୍ର ମିଶି ରହିଥିବାର ସୂଚନା ତାଙ୍କର "ସଦାନନ୍ଦ ସୌଦାଗର" ପାଲାରେ ରହିଛି। ସଦାନନ୍ଦ ଜାହାଜରେ ବିଦେଶ ଯାତ୍ରା କାଳରେ ଅଙ୍ଗବଙ୍ଗ ଓ କଳିଙ୍ଗ ଦେଶ ଯାତ୍ରା କରିଛି।

"ଅଙ୍ଗବଙ୍ଗ ବିରାଟ କଲିଙ୍ଗ ଦେଶ ଜିନି
ମଗଧ କୋଶଲ ଦେଶେ ଗେଲ ଯାଦୁମନି।"

ମର୍ଦ୍ଦରାଜୀ କନ୍ୟାର ଅନ୍ୱେଷଣରେ କର୍ଣ୍ଣାଟ ଗଲାବେଳେ ଓଡ଼ିଶା ଭିତରେ ଯାଉଛି ଯାହାକି ମର୍ଦ୍ଦରାଜୀ ପାଲାରେ ଅଛି-

"ମଘ ମସ୍ୟ ଦେଶେ ଜିନି ବିରାଟ ନଗର
କଲିଙ୍ଗ ଉତ୍କଳ ଜିନି ଚନ୍ଦ୍ରଭାଗାତୀର।"

କେବଳ ଉତ୍କଳ ନୁହେଁ ଅର୍କକ୍ଷେତ୍ର ଚନ୍ଦ୍ରଭାଗା ସ୍ଥାନର ନାମ ମଧ୍ୟ ଉଲ୍ଲେଖ ରହିଛି। ଓଡ଼ିଶାର ପୁରପଲ୍ଲୀରେ ପ୍ରଚଳିତ ଲୋକବାଣୀ ଏଥିରେ ସ୍ଥାନ ପାଇଛି। କଥା କହିବାର ଭଙ୍ଗୀ ସଂପୂର୍ଣ୍ଣ ଭାବରେ ଓଡ଼ିଆ। ଅର୍ଥାତ୍-

"ମାଆବୋଲେ ପୁତ୍ର ତୁମି କି ଲାଗି ଶୋଇଁଆ
ନାଦା ଓ ଉତ୍ତର କେନ ମୋର ମାଆ ଖାଆ"

ଢୋଲ, ଶଙ୍ଖ, ମହୁରୀ, ହୁଳହୁଳି ଓଡ଼ିଶାର ସୁପରିଚିତ ଲୋକବାଦ୍ୟ ବିଭିନ୍ନ ଉତ୍ସବ ଅଥବା ଆନନ୍ଦ ମୁଖରିତ ପରିବେଶ ଉପଲକ୍ଷେ ଏହା ବାଦନ କରାଯାଏ। ବିଭିନ୍ନ ପାଲାରେ ବିଶେଷ କରି ବିବାହ, ଶିଶୁଜନ୍ମ ପ୍ରଭୃତିରେ ଏହି ବାଦ୍ୟ ସବୁ ବାଦନ କରାଯାଉଛି। ଉଦାହରଣ ସ୍ୱରୂପ-

ଶଙ୍ଖ, ଘଣ୍ଟା, ହୁଳହୁଳି ଦିବେ କୁତୁହଳେ,
ସବେ ମିଳି ହରିଶବ୍ଦ କରି କୋଳାହଳେ।

'ପାଲା' ଓଡ଼ିଶାର ଜନଜୀବନ ଓ ସଂସ୍କୃତି ସହ ବେଶ ନିବିଡ଼ ଭାବେ ଜଡ଼ିତ। ଏହା ଏକ ସୂକ୍ଷ୍ମକଳା ଓ ଓଡ଼ିଶୀ ସଂସ୍କୃତିର -ଏକ ପ୍ରାଚୀନ ବିଭବ। ଆଧାତ୍ମିକତା ଓ ଧର୍ମପ୍ରାଣତାର ଆଦର୍ଶ ମଧ୍ୟରେ ରହି ପାଲା ଆଜି ମଧ୍ୟ ବେଶ୍ ଜନପ୍ରିୟ। ଯୁଗେ ଯୁଗେ ସାହିତ୍ୟ ଓ ସଂସ୍କୃତି ସମାଜକୁ ସମୃଦ୍ଧ କରେ। ଯେଉଁ ଦେଶର ସଂସ୍କୃତି ଯେତେ ଉନ୍ନତ, ସେହି ଦେଶ ସେତିକି ଉନ୍ନତି ଓ ପ୍ରଗତି ହାସଲ କରିପାରିଛି। "ପାଲା" ଓଡ଼ିଶୀ ସଂସ୍କୃତି ତଥା ସାହିତ୍ୟର ଏକ ଗୁରୁତ୍ୱପୂର୍ଣ୍ଣ ଅଙ୍ଗ, ଏହା ଓଡ଼ିଶୀ ସଂସ୍କୃତିର ସୂକ୍ଷ୍ମ ଅବବୋଧକୁ ବଜାୟ ରଖିପାରିଛି।

ତେବେ ପ୍ରବନ୍ଧଟିରେ କେତୋଟି ବିଶିଷ୍ଟ ଦିଗ ବେଶ୍ ଗୁରୁତ୍ୱପୂର୍ଣ୍ଣ।

୧. ଓଡ଼ିଶାର ଲୋକସଂସ୍କୃତିରେ ଷୋଳପାଲା ଏକ ଗୁରୁତ୍ୱପୂର୍ଣ୍ଣ ଭୂମିକା ଗ୍ରହଣ କରିଛି।
୨. ଏହି ପାଲାମାନଙ୍କରେ ଓଡ଼ିଶାର ପ୍ରଥା ପରମ୍ପରା ସାମାଜିକ ଚଳଣି ପ୍ରତିଫଳିତ।
୩. ଓଡ଼ିଆଣୀଟିଏର ଅଳଙ୍କାର ବର୍ଣ୍ଣନା ମଧ୍ୟ ଏହି ପାଲାରୁ ମିଳିଥାଏ।
୪. ଏହି ପାଲାରେ ହିନ୍ଦୁ ମୁସଲମାନଙ୍କ ମଧ୍ୟରେ ମଧୁର ସମନ୍ୱୟ ଘଟିଥାଏ।
୫. ଓଡ଼ିଶାର ପ୍ରାଚୀନ କାବ୍ୟରୀତି, ଚୌପଦୀ, ତ୍ରିପଦୀ, ଦୁହା, ପହଲି ପୟାର ଓ ନବାକ୍ଷରୀ ବୃତ୍ତର ପ୍ରଚଳନ ଏଥିରେ ରହିଛି।
୬. ଓଡ଼ିଆ, ବଙ୍ଗଳା, ଉର୍ଦ୍ଦୁ, ଇଂରାଜୀ ଓ ଅପଭ୍ରଂଶ ବା କଥିତ ଶବ୍ଦ ଏଥିରେ ରହିଛି।
୭. ଏହି ପାଲାଗୁଡ଼ିକରେ ଉତ୍କଳୀୟ ସ୍ଥାନ, ଦେବାଦେବୀ ଭାଷା ସଂପର୍କରେ ରହିଛି।
୮. ଓଡ଼ିଆ ଲୋକବାଣୀ ଓ ଲୋକବାଦ୍ୟର ପ୍ରଚଳନ ପାଲାଗୁଡ଼ିକରେ ଦେଖାଯାଏ।

ପ୍ରଫେସର, ପୂର୍ବତନ ମୁଖ୍ୟ,
ଓଡ଼ିଆ ଭାଷା ସାହିତ୍ୟ ବିଭାଗ, ଉତ୍କଳ ବିଶ୍ୱବିଦ୍ୟାଳୟ,
ମୋ-୯୪୩୭୩୫୩୭୧୭

ଓଡ଼ିଆଙ୍କ ଭାଷା ମାନସିକତା: ଓଡ଼ିଆ ଭାଷା ଓ ଭବିଷ୍ୟତ

ଡ. ଅଜିତ ମହାନ୍ତି

କେତେ ସୁରକ୍ଷିତ ଆମ ଭାଷାମାନେ ? କେତେ ସୁରକ୍ଷିତ ଆମ ଓଡ଼ିଆ ଭାଷା ? ବିଶ୍ୱରେ ବର୍ତ୍ତମାନ ୬୯୦୦ଟି ଭାଷା। ତହିଁରୁ ଅନ୍ୟୂନ ୩୦୦୦ ଭାଷାକୁ ଅସୁରକ୍ଷିତ ମନେକରାଯାଏ, କାରଣ ନିକଟ ଭବିଷ୍ୟତରେ ଏଗୁଡ଼ିକ ବିଲୁପ୍ତ ହୋଇଯିବାର ଆଶଙ୍କା ରହିଛି। ଏମିତି ତ ପ୍ରତି ଦୁଇ ତିନି ସପ୍ତାହରେ ପୃଥିବୀର କୌଣସି ନା କୌଣସି କୋଣରେ ଏମିତି ଜଣେ ବ୍ୟକ୍ତି ନିଜର ଶେଷ ନିଶ୍ୱାସ ନେଉଛି, ଯିଏ ଥିଲା ତା ଭାଷାର ଶେଷ ଭାଷା ଭାଷ୍ୟ। ତା ଅନ୍ତେ ଭାଷାଟି ଶେଷ ହୋଇଗଲା। ହୁଏତ ଭାଷାର ନାଆଁଟିଏ ଥିବ ଇତିହାସ ପୃଷ୍ଠାରେ। ଭାଷା ସହିତ ହଜିଯିବ ସେ ଭାଷାରେ ସାଇତା ହୋଇଥିବା ଯୁଗ ଯୁଗର ଜ୍ଞାନର ଭଣ୍ଡାର; ପରିବେଶ, ପ୍ରାଣୀ ଓ ଉଦ୍ଭିଦ ଜଗତକୁ ବଞ୍ଚାଇ ରଖିବାର, ପରିବେଶକୁ ପୁଷ୍ଟ କରିବାର ନିଜସ୍ୱ ଜ୍ଞାନ; ଆଉ ଚିହ୍ନି ହେବନାହିଁ ସେ ଭାଷା ପରିବେଶରେ ଥିବା ଗଛ, ଲଟା, ଚେରମୂଳୀ ଆଦିକୁ ଏବଂ ହଜିଯିବ ସେ ଭାଷାର ଶହ ଶହ ବର୍ଷର ପେଡ଼ିରେ ସାଇତା ହୋଇଥିବା ସଂସ୍କୃତି, ଲୋକକଥା ଆଉ ବିଜ୍ଞତା। ଭାଷା ହଜିଗଲେ ପୃଥିବୀ କେବଳ ଦରିଦ୍ର ହୋଇଯାଏ ନାହିଁ, ବିପନ୍ନ ମଧ୍ୟ ହୋଇଯାଏ କାରଣ ସାଂସ୍କୃତିକ ବିବିଧତା ସହିତ ଜୈବ ବିବିଧତା ମଧ୍ୟ ହ୍ରାସ ହୁଏ ଯାହା ମାନବ ଜାତି ପାଇଁ ଅଶୁଭ ସଂକେତ। ଗଲା ସାତ ଆଠ ଦଶନ୍ଧି ମଧ୍ୟରେ ପୃଥିବୀ ହରାଇଛି ଅନ୍ୟୂନ ୫୦୦ଟି ଭାଷା। ଆଜିର ସମୟରେ ପ୍ରାୟ ଅଠରଟି ଭାଷାରେ ଅଛନ୍ତି ମାତ୍ର ଜଣେ ଜଣେ ବ୍ୟକ୍ତି ଯିଏକି ସେହି ଭାଷା କହିପାରନ୍ତି। ପୁଣି ୧୪୪ଟି ଭାଷାରେ ଭାଷାଭାଷୀଙ୍କ ସଂଖ୍ୟା ୧୦ରୁ କମ୍, ୪୩୭ଟି ଭାଷାରେ ୧୦୦ରୁ କମ୍

ଏବଂ ୧୫୩୭ଟି ଭାଷାରେ ୧୦୦୦ରୁ କମ୍। ଖୁବ୍ ଅଳ୍ପଦିନ ମଧ୍ୟରେ ଏ ଭାଷାମାନେ ମରିଯିବେ। ମରିଯିବେ ସ୍ୱାଭାବିକ ଭାବରେ ନା ସେମାନଙ୍କୁ ହତ୍ୟା କରାଯାଉଛି ? ଭାଷାର ମୃତ୍ୟୁ ଜୀବଜଗତ ପରି ସ୍ୱାଭାବିକ ମୃତ୍ୟୁ ନୁହେଁ, କାରଣ ଭାଷାର ସ୍ଥିତି ଜୈବିକ ନୁହେଁ, ଏହା ସାମାଜିକ ଆଉ ସାଂସ୍କୃତିକ। ବିଶିଷ୍ଟ ଭାଷାବିତ୍ ଓ ଗବେଷକଙ୍କ ମତରେ ଭାଷା ଅବହେଳାରୁ ମରେ। ସାମାଜିକ ଓ ରାଷ୍ଟ୍ରୀୟ ନୀତିରେ କେତେକ ଭାଷାକୁ ଅଗ୍ରାଧିକାର ଦେଇ ଅନ୍ୟାନ୍ୟ ଭାଷାକୁ ଉପେକ୍ଷା କରିବା ଫଳରେ ଏବଂ ଶିକ୍ଷା, ଶାସନ ଓ ଗୁରୁତ୍ୱପୂର୍ଣ୍ଣ ସାମାଜିକ କ୍ଷେତ୍ରରୁ ଭାଷାଗୁଡିକୁ ଦୂରେଇ ରଖିବା ଫଳରେ ବ୍ୟବହାର ବିନା ଭାଷା କ୍ରମଶଃ ଦୁର୍ବଳ ହୋଇପଡ଼େ। ଭାଷା ଉପେକ୍ଷାର ଏହା ଏକ କାଳଚକ୍ର - ବିଭିନ୍ନ ସାମାଜିକ କ୍ଷେତ୍ରରେ କେତେକ ଭାଷା କୌଣସି ବ୍ୟବହାର ବା ସ୍ଥାନ ନ ପାଇ ଦୁର୍ବଳ ହୋଇଯାଆନ୍ତି ଏବଂ ଦେଶର ନୀତି-ନିର୍ଦ୍ଧାରକମାନେ ସେହି ଦୁର୍ବଳତାର ଆଳରେ ଭାଷାମାନଙ୍କୁ ଆହୁରି ଉପେକ୍ଷିତ କରନ୍ତି। ଆମ ଦେଶରେ ଏବଂ ରାଜ୍ୟରେ ଅନେକ ଆଦିବାସୀ ଓ ସଂଖ୍ୟାଲଘୁମାନଙ୍କ ଭାଷା ଅବସ୍ଥା ଏଇଆ। ଯୁଗ ଯୁଗ ଧରି ଜନଜୀବନର ସମସ୍ତ ଗୁରୁତ୍ୱପୂର୍ଣ୍ଣ କ୍ଷେତ୍ରରେ, ବିଶେଷ କରି ଶିକ୍ଷାରେ ଏ ଭାଷାଗୁଡ଼ିକ ସ୍ଥାନ ନପାଇ ସବୁମନ୍ତେ ଉପେକ୍ଷିତ ହୋଇ ଦୁର୍ବଳ ହେବା ଛଡା ଅନ୍ୟ ଗତି ନାହିଁ। ଆମର ନୀତି ନିର୍ଦ୍ଧାରକମାନେ ସାଧାରଣତଃ ଏହି ଭାଷାଗତ ଦୁର୍ବଳତାକୁ ଆଳ କରି ସ୍ଥିର କରନ୍ତି ଯେ, ଶିକ୍ଷାପାଇଁ ବ୍ୟବହୃତ ହେବାକୁ ଏହି ଭାଷା ଗୁଡ଼ିକ ଅନୁପଯୁକ୍ତ। ଯିଏ ଆଖି ଫୁଟାଇଲା ସେ ହିଁ କହୁଛି ଅନ୍ଧ ! ପଚାଶ ବର୍ଷ ତଳେ ଓଡ଼ିଶାରେ ଥିଲା ୩୮ଟି ଜନଜାତି ଭାଷା। ବର୍ତ୍ତମାନର ଗଣନାରେ ମାତ୍ର ୨୨ଟି। ବ୍ୟବହାର ପାଇଁ ସୁଯୋଗ ନପାଇ, ଦେଶର ଓ ରାଜ୍ୟର ପ୍ରଶାସନରେ ଉପେକ୍ଷିତ ହୋଇ ତଥା ଏଇ ଭାଷାଭାଷୀ ପିଲାମାନଙ୍କର ଶିକ୍ଷାରେ ବ୍ୟବହାର ନହୋଇ ଏ ୧୬ଟି ଭାଷା ଚିରକାଳ ପାଇଁ ହଜି ଯାଇଛନ୍ତି। ବହୁ ପ୍ରଭାବଶାଳୀ ଓ ପାଠୁଆ ଲୋକ ବାରମ୍ବାର କହୁଥିବାର ମୁଁ ଶୁଣିଛି ଯେ, ଆଦିବାସୀ ଭାଷାଗୁଡିକର ଲେଖିବା ପଦ୍ଧତି ନାହିଁ। ତେଣୁ ସେଗୁଡିକ ଭାଷା ପଦବାଚ୍ୟ ନୁହଁନ୍ତି, ବରଂ ଉପଭାଷା। ତେଣୁ ସେଗୁଡିକ ଭାଷା ଭାବରେ ନାମିତ ହେବାକୁ ଅନୁପଯୁକ୍ତ। ଇଂରାଜୀ ଭାଷା ଭଳି ପୃଥିବୀ ସାରା ମାଡ଼ିଚାଲିଥିବା ଭାଷାର ଯେ ନିଜସ୍ୱ ଲିପି ନାହିଁ, ତାହା ଉଧାର ଆଣିଥିବା ଲିପିରେ ଲେଖାଯାଏ (ପୃଥିବୀର ଆହୁରି ଅନେକ ବଡ ବଡ ଭାଷା ମଧ୍ୟ ସେଇ ଲିପିରେ ଲିଖିତ) - ଏ କଥା ମୁଁ ଯେତେବେଳେ କହେ, ସେମାନଙ୍କର ଉତ୍ତର ନଥାଏ। ତଥାପି ଅନେକ କହନ୍ତି, "ଇଂରାଜୀ କଥା ଭିନ୍ନ"। ରାଷ୍ଟ୍ର ଏବଂ ରାଜ୍ୟ ସ୍ତରୀୟ ନୀତି, ଯାହା ଫଳରେ କେତେକ ଭାଷା ଗୁରୁତ୍ୱ ଲାଭ କରି ଅନ୍ୟ ଭାଷାଗୁଡିକ ତୁଳନାରେ ଅଧିକ କ୍ଷମତାସମ୍ପନ୍ନ ହେଉଛନ୍ତି,

ଅଥଚ ଉପେକ୍ଷିତ ଭାଷାମାନେ ଶିକ୍ଷାକ୍ଷେତ୍ରରେ ବଞ୍ଚିତ ଏବଂ ମହତ୍ତ୍ୱପୂର୍ଣ୍ଣ ସାମାଜିକ କ୍ଷେତ୍ରରେ ବିନା ବ୍ୟବହାରରେ ଦୁର୍ବଳ ହୋଇପଡନ୍ତି। କାଳକ୍ରମେ ବିପନ୍ନ ହୋଇ ଅବଶେଷରେ ବିଲୁପ୍ତ ହୋଇଯାଆନ୍ତି। ଏହି ପ୍ରକ୍ରିୟାରେ ଅହରହ ବିଶ୍ୱର ଅନେକ ଭାଷାର ପରମାୟୁ ପ୍ରାୟ ସରିଆସୁଛି।

ଓଡ଼ିଆମାନେ ହୁଏତ ଭାବିପାରନ୍ତି ଯେ ଅସ୍ତ ହୋଇଯାଉଥିବା ଏ ସବୁ ଭାଷା ତ ଖୁବ୍ ଛୋଟ ଛୋଟ ଭାଷା। ନିଜର ଐତିହ୍ୟ ଯୋଗେ ଶାସ୍ତ୍ରୀୟ ମାନ୍ୟତା ପାଇଥିବା ସାଢେ ଚାରି କୋଟି ଭାଷାଭାଷୀଙ୍କ ଓଡ଼ିଆ କଣ ଏତେ ସହଜରେ ଲୁପ୍ତ ହୋଇପାରିବ ? ତେବେ ମନେ ରଖିବାକୁ ହେବ ଯେ ପରିସଂଖ୍ୟାନ ଓ ଐତିହ୍ୟ ବଳ ଥାଇ ମଧ୍ୟ ଅନେକ ଭାଷା ଲୁପ୍ତ ହୋଇଗଲେଣି, ଲାଟିନ୍ ଭାଷା ଭଳି ଅବା ଖୁବ୍ ବିପନ୍ନ ଅବସ୍ଥାରେ ଅଛି ଇରାନ୍‌ର ଫାର୍ସି ଭାଷା ଭଳି। ଭାଷାଭାଷୀଙ୍କ ସଂଖ୍ୟା ନିଶ୍ଚୟ ଭାଷାର ବଳ ହୋଇପାରେ। ତେବେ ଭାଷାର ଜୀବନଶକ୍ତି ଓ ବିକାଶ ସମ୍ଭାବନା କେବଳ ସଂଖ୍ୟାରେ ନୁହେଁ, ଏଥିପାଇଁ ଲୋଡ଼ା ଅନେକ କିଛି ଯାହା ଉପରେ ଭାଷାର ଭବିଷ୍ୟତ ନିର୍ଭର କରେ। ପ୍ରତ୍ୟେକ ଭାଷାର ଜୀବନଶକ୍ତି ନିର୍ଭର କରେ ଭାଷାଭାଷୀ ମାନଙ୍କର ଭାଷାପ୍ରାଣ ମାନସିକତା, ସେମାନଙ୍କର ଭାଷାପ୍ରତି ପ୍ରତିବଦ୍ଧତା। ତେବେ ଏକଥା ମଧ୍ୟ ସତ ଯେ ଭାଷା ମାନସିକତା କେବଳ ଭାଷାଭାଷୀମାନଙ୍କର ଅନ୍ତର୍ନିହିତ ନିଷ୍ଠା ବା ଭକ୍ତି ନୁହେଁ। ଭାଷାଭାଷୀଙ୍କ ଜୀବନରେ ସ୍ୱାଭାବିକ ଚଳଣି ଓ ପ୍ରଗତି ପାଇଁ ଭାଷାର ମୂଲ୍ୟ ବା ଗୁରୁତ୍ୱ ଦ୍ୱାରା ପ୍ରଭାବିତ ହୁଏ ଭାଷା ପ୍ରତିବଦ୍ଧତା ଓ ଭାଷା ମାନସିକତା। ମୋଟାମୋଟି ଭାବରେ ପ୍ରତ୍ୟେକ ବ୍ୟକ୍ତି ପାଇଁ ବା ସାମୂହିକ ଭାବରେ କୌଣସି ଏକ ଭାଷାଭାଷୀ ଗୋଷ୍ଠୀ ପାଇଁ ଭାଷାର ମୂଲ୍ୟ ଦୁଇ ପ୍ରକାର। ପ୍ରଥମଟି ହେଲା ଭାଷା ପ୍ରତି ଆତ୍ମୀୟତାଭାବ, ନିଜର ଭାଷା ପରିଚୟ ନେଇ ଗର୍ବ। ସାଧାରଣତଃ ପ୍ରତ୍ୟେକ ମଣିଷର ପରିଚୟରେ ଧର୍ମ, ଜାତି ଇତ୍ୟାଦି ପରି ଭାଷା ମଧ୍ୟ ଗୋଟିଏ ଗୁରୁତ୍ୱପୂର୍ଣ୍ଣ ଉପାଦାନ। "ମୁଁ ଜଣେ ଓଡ଼ିଆ" - ଏ ପ୍ରକାରର ଭାବନା ହିଁ ଭାଷା ମାନସିକତାର ଗୋଟିଏ ମୁଖ୍ୟ ଦିଗ। ତେବେ ସେତିକିରୁ ବ୍ୟକ୍ତିର ଆତ୍ମ-ପରିଚୟ ନିଶ୍ଚୟ ଆସେ, କିନ୍ତୁ ପୂର୍ଣ୍ଣ ପ୍ରତିବଦ୍ଧତା ଆସେନାହିଁ। ପ୍ରତ୍ୟେକ ମଣିଷର ବର୍ତ୍ତମାନ ଓ ଭବିଷ୍ୟତ ପାଇଁ ଭାଷାର ଉପାଦେୟତା ରହିଛି। ବ୍ୟକ୍ତିର, ପରିବାରର ଓ ଭାଷାଭାଷୀ ଗୋଷ୍ଠୀର ସାମାଜିକ, ଅର୍ଥନୈତିକ, ସାମୂହିକ ପ୍ରଗତି ପାଇଁ ଭାଷା କେତେ ମୂଲ୍ୟବାନ - ଏହାର ବାସ୍ତବ ମୂଲ୍ୟାୟନ ଉପରେ ନିର୍ଭର କରେ ଭାଷାର ଉପାଦେୟତା। ଯଦି ଭାଷା ଶିକ୍ଷାରେ, ପ୍ରଶାସନରେ ତଥା ଅନ୍ୟାନ୍ୟ ବ୍ୟବହାରିକ କ୍ଷେତ୍ରରେ ପ୍ରୟୋଗ କରାଯାଉଛି, ଏବଂ ଭାଷା ଯୋଗେ ଅର୍ଥନୈତିକ ସୁଫଳ ମିଳିବାର ସମ୍ଭାବନା ରହିଛି, ତେବେ ଭାଷା ପ୍ରତି ଅଧିକ ଆଗ୍ରହ

ଓ ପ୍ରତିବଦ୍ଧତା ଜାତ ହେବା ନିଶ୍ଚିତ। ଅଧିକାଂଶ ଜନଜାତି ଭାଷା ସେମାନଙ୍କର ଆତ୍ମପରିଚୟର ଓ ଗୋଷ୍ଠୀ-ସଂହତିର ଭାଷା। ଏହା ସେମାନଙ୍କର ସାମୂହିକ ପରିଚୟ ଓ ଆତ୍ମସତ୍ତା ବ୍ୟକ୍ତ କରେ। କନ୍ଧ ଲୋକମାନେ କୁଇଭାଷୀ। ଏହା ସେମାନଙ୍କର ଆତ୍ମ-ପରିଚୟ ଓ ଗୋଷ୍ଠୀ ପରିଚୟ ସହିତ ଗଭୀର ଭାବରେ ଜଡିତ। ଏପରିକି, ଯେଉଁ ଅଞ୍ଚଳରେ କନ୍ଧଲୋକମାନେ କୁଇ ଭାଷା କହିବା ଛାଡି ଓଡ଼ିଆ ଭାଷୀ ହେଲେଣି ସେମାନେ ମଧ୍ୟ ନିଜକୁ କୁଇ ଲୋକ ବୋଲି କହନ୍ତି । ତେଣୁ କୁଇ ସେମାନଙ୍କର ପରିଚୟର ଭାଷା, ଆତ୍ମୀୟତାର ଭାଷା, ଗୋଷ୍ଠୀ ସଂହତିର ଭାଷା। ମାତ୍ର କନ୍ଧ ଲୋକମାନଙ୍କର ଶିକ୍ଷା, କର୍ମଜୀବନ ଓ ଅର୍ଥନୈତିକ ପ୍ରଗତି ପାଇଁ କୁଇର ଉପାଦେୟତା ପ୍ରାୟ ନଥିବାରୁ କୁଇ ସେମାନଙ୍କର ପରିଚୟର ଭାଷା ହୋଇପାରେ, କିନ୍ତୁ ଆଉ ଉପାଦେୟ ଭାଷା ହୋଇନାହିଁ। କୁଇ ଲୋକମାନଙ୍କର ପିଲାଙ୍କ ଶିକ୍ଷା, ଚାକିରୀ ଓ ଅର୍ଥନୈତିକ ବିକାଶ ପାଇଁ ନିଜର କୁଇଭାଷା ବିଶେଷ କାମରେ ଆସେନାହିଁ। ତେଣୁ ନିଜର, ନିଜ ବଂଶଧରମାନଙ୍କର ପ୍ରଗତି ଓ ବିକାଶ ନିମନ୍ତେ ଯଦି କୁଇଭାଷୀମାନେ ଭବିଷ୍ୟତକୁ ଅଧିକ ଗୁରୁତ୍ୱ ଦିଅନ୍ତି, ସେଥିରେ କିଛି ଆଶ୍ଚର୍ଯ୍ୟ ହେବାର ନାହିଁ। ସେଥିପାଇଁ ପ୍ରତ୍ୟେକ ଭାଷାଭାଷୀଙ୍କ ଭାଷା-ମାନସିକତା, ମାତୃଭାଷା ପ୍ରତି ନିଷ୍ଠା ଓ ଭକ୍ତିଭାବ ଏକତରଫା ନୁହେଁ। ଏହା ଭାଷା ନେଇ ସେମାନଙ୍କର ଆତ୍ମ-ପରିଚୟ ଓ ଗୌରବ ସହିତ ସେମାନଙ୍କର ଜୀବନ, ଜୀବିକା ଓ ଭବିଷ୍ୟତ ପାଇଁ ଭାଷାର ଉପାଦେୟତା ଉପରେ ନିର୍ଭର କରେ।

ଏକଥା ମଧ୍ୟ ବୁଝିବା ଆବଶ୍ୟକ ଯେ, ପୃଥିବୀ ସାରା ଭାଷାଗୁଡିକ ମଧ୍ୟରେ କ୍ଷମତା ଦ୍ୱନ୍ଦ୍ୱ ଏବଂ ସାମାଜିକ ଗୁରୁତ୍ୱ ପାଇଁ ଅଦୃଶ୍ୟ ଠେଲାପେଲା ଲାଗି ରହିଛି। ବାସ୍ତବରେ ଦେଖିଲେ, ଯେ କୌଣସି ଅଞ୍ଚଳରେ ତିଷ୍ଠି ରହିଥିବା ଭାଷାଗୁଡିକ ମଧ୍ୟରେ ସ୍ଥିତି, ଶକ୍ତି ଓ ପ୍ରଭାବ ଭିତ୍ତିରେ ଶ୍ରେଣୀ ବିଭାଜନ ପରିଦୃଷ୍ଟ ହୁଏ। ଏହା ତିନୋଟି ଥାକରେ ବିଭାଜିତ ହେବାର ଦେଖାଯାଏ। ଉପର ଥାକରେ କେତୋଟି ଅତି ପ୍ରଭାବଶାଳୀ ଆନ୍ତର୍ଜାତୀୟ ବା ଜାତୀୟ ସ୍ତରର ଭାଷା, ଦ୍ୱିତୀୟ ସ୍ତରରେ ଜାତୀୟ ଓ ଆଞ୍ଚଳିକ ମୁଖ୍ୟ ଭାଷା ଏବଂ ସର୍ବନିମ୍ନ ସ୍ତରରେ ଜନଜାତି ଓ ସଂଖ୍ୟାଲଘୁ ସମ୍ପ୍ରଦାୟଗୁଡିକର ଭାଷା। ଆମ ଦେଶରେ କ୍ଷମତା ଓ ମାନ୍ୟତା ଦୃଷ୍ଟିରୁ ଇଂରାଜୀ ନିଶ୍ଚିତ ସବୁଠାରୁ ଅଧିକ ପ୍ରଭାବଶାଳୀ ଏବଂ ସର୍ବୋଚ୍ଚ ସ୍ତରର ଭାଷା ଏବଂ ତାହା ତଳେ ଆମ ଜାତୀୟ ସ୍ତରର ଭାଷା ହିନ୍ଦୀ। ଭାରତୀୟ ସମ୍ବିଧାନ ଅନୁଯାୟୀ ହିନ୍ଦୀ ଭାରତର ସରକାରୀ ପ୍ରଶାସନର ଭାଷା (ଏହା ସହିତ ଇଂରାଜୀ ମଧ୍ୟ ପ୍ରାରମ୍ଭରୁ ୧୫ ବର୍ଷ ପାଇଁ ଏବଂ ପରେ ଅନିର୍ଦ୍ଦିଷ୍ଟ କାଳ ପାଇଁ ଅନ୍ୟ ଏକ ସହଯୋଗୀ ଭାଷା), ମାତ୍ର ହିନ୍ଦୀକୁ ଜାତୀୟ

ଭାଷାର ମାନ୍ୟତା ବିଷୟ ଆମ ସମ୍ବିଧାନରେ ଉଲ୍ଲେଖ ନାହିଁ। ହିନ୍ଦୀ ସହିତ ବଙ୍ଗଳା, ଓଡ଼ିଆ, ତାମିଲ୍, ମରାଠୀ, ତେଲୁଗୁ ଇତ୍ୟାଦି ମୁଖ୍ୟ ଆଞ୍ଚଳିକ ଭାଷାଗୁଡ଼ିକ ଦେଶର ଭାଷା ସୋପାନରେ ଦ୍ୱିତୀୟ ସ୍ତରର ଭାଷା। ସଢ଼ିର ତଳ ସୋପାନରେ ଆଦିବାସୀ ଓ ଅନ୍ୟାନ୍ୟ ସଂଖ୍ୟାଲଘୁ ଭାଷା। ଭାଷା ଗୁଡିକ ତିନି ସ୍ତରରେ ଦେଖାଯାଏ କାରଣ ସାମଗ୍ରିକ କ୍ଷମତା ଦୃଷ୍ଟିରୁ ଏଇ ତିନି ସ୍ତର ମଧ୍ୟରେ ରହିଥିବା ଦୁଇଟି ଫାଙ୍କ। ହିନ୍ଦୀ ଓ ଅନ୍ୟାନ୍ୟ ଆଞ୍ଚଳିକ ମୁଖ୍ୟ ଭାଷାଗୁଡିକ ମଧ୍ୟରେ ହୁଏତ ହିନ୍ଦୀ ଓ ଅନ୍ୟ କେତୋଟି ଭାଷା ସାମାନ୍ୟ ଅଧିକ ପ୍ରଭାବଶାଳୀ। ସେଇ ଭାଷାଭାଷୀମାନଙ୍କର କେତେକ କ୍ଷେତ୍ରରେ ଅଗ୍ରାଧିକାର ରହିଛି। ତେବେ ମୋଟାମୋଟି ଭାବରେ ଏହି ଦ୍ୱିତୀୟ ସ୍ତରର ଭାଷାଭାଷୀମାନେ ନିଜ ନିଜ ଭାଷାର କ୍ଷମତା ଓ ପ୍ରଭାବ ବଳରେ ଯେଉଁ ସୁବିଧା ହାସଲ କରନ୍ତି, ତାହା ଉପର ସ୍ତରରେ ଥିବା ଇଂରାଜୀ ତୁଳନାରେ ବହୁତ କମ୍। ଠିକ୍ ସେହିପରି ଆଞ୍ଚଳିକ ବା ରାଜ୍ୟ ସ୍ତରରେ ଦ୍ୱିତୀୟ ଥାକର ମୁଖ୍ୟ ଭାଷା ତୁଳନାରେ ଜନଜାତି ଓ ସଂଖ୍ୟାଲଘୁ ଭାଷାଗୁଡିକର ସ୍ଥାନ ଓ ପ୍ରଭାବ ଅନେକ କମ୍। ଆମ ଦେଶରେ ୧୯୭ଟି ଭାଷା ବିପନ୍ନ ଅବସ୍ଥାରେ ଥିବା କଥା ୟୁନେସ୍କୋର ବିପନ୍ନ ଭାଷା ମାନଚିତ୍ରରେ ଦର୍ଶାଯାଇଛି। ଏ ସମସ୍ତ ଭାଷା ତୃତୀୟ ସୋପାନର ଅବହେଳିତ ଭାଷା ଗୋଷ୍ଠୀରେ ଅଛନ୍ତି। ସେ ଦୃଷ୍ଟିରୁ ମଝି ବରଡାର ଅବସ୍ଥା ପରି ଓଡ଼ିଆ ଭାଷା ହୁଏତ ବର୍ତ୍ତମାନ ସୁରକ୍ଷିତ। ତେବେ, ଆମର ଚିନ୍ତା କରିବା କଥା ଏହା ଯେ, କୌଣସି ଭାଷା ଏବଂ ଆମ ଓଡ଼ିଆ ଭାଷା ସ୍ୱତଃସିଦ୍ଧ ଭାବରେ ସୁରକ୍ଷିତ ନୁହେଁ। ଦେଶର ଭାଷା ସୋପାନରେ ମଝି ଥାକରେ ଥିବା ଆଞ୍ଚଳିକ ମୁଖ୍ୟ ଭାଷାଗୁଡିକ ମଧ୍ୟରେ ବିଭିନ୍ନ କାରଣରୁ ଭାଷା-ମାନସିକତା ଓ ନିଜ ଭାଷା ନେଇ ଗର୍ବ ଅଲଗା ଅଲଗା ସ୍ତରର। ତେଣୁ ଆମର ଚିନ୍ତା କରିବା କଥା ଯେ ଭାଷା ଗୁଡିକର ଠେଲାପେଲାରେ ଓ ତା ସହିତ ଅଧିକ ପ୍ରଭାବଶାଳୀ ଭାଷା ଗୁଡିକର ଉପସ୍ଥିତ ପ୍ରଭାବର ଫଳ ସ୍ୱରୂପ ଓଡ଼ିଆମାନଙ୍କର ନିଜ ମାତୃଭାଷା ପ୍ରତି ନିଷ୍ଠା ଓ ଆନୁଗତ୍ୟ ହ୍ରାସ ପାଉଛି କି ?

ଓଡ଼ିଆ ମାନସିକତା ଓ ଓଡ଼ିଆ ଭାଷା ପ୍ରତି ଓଡ଼ିଆମାନଙ୍କର ନିଷ୍ଠା ନିଶ୍ଚୟ ପ୍ରତିଫଳିତ ଓଡ଼ିଆମାନଙ୍କର ବ୍ୟବହାରରେ - ଓଡ଼ିଆ ଲେଖିବା ପଢ଼ିବା ଏବଂ ବିଭିନ୍ନ କ୍ଷେତ୍ରରେ ଓଡ଼ିଆର ପ୍ରୟୋଗରେ। ଆମ ପିଲାଏ ଓଡ଼ିଆ କହିବା ଶିଖୁଛନ୍ତି କି ? ଓଡ଼ିଆ ପଢୁଛନ୍ତି କି ? ଏବଂ ବୟସ୍କ ଲୋକମାନେ ଦୈନନ୍ଦିନ ଜୀବନରେ ଓଡ଼ିଆର କେତେ ବ୍ୟବହାର କରୁଛନ୍ତି ? ଘର ଆଗରେ ନିଜର ନାମଫଳକଟିଏ ଲେଖାଇବା ବେଳେ, ନିମନ୍ତ୍ରଣ ପତ୍ରଟିଏ ଛାପିବାବେଳେ କି ଖବରକାଗଜଟିଏ ଖରିଦ କଲାବେଳକୁ ଆମେ ଓଡ଼ିଆ ଭାଷାକୁ ଅଗ୍ରାଧିକାର ଦେଉଛୁ କି ? ଏମିତି ଅନେକ ବ୍ୟବହାରିକ ପ୍ରଶ୍ନ ଆସିବ

ଓଡ଼ିଆ ଭାଷା ପ୍ରତି ନିଷ୍ଠା ଓ ଓଡ଼ିଆ ମାନସିକତା କଥା ଚିନ୍ତା କଲାବେଳେ, କାରଣ "ମୁଁ ମୋ ଭାଷାକୁ ଭଲପାଏ", ଏକଥା କେବଳ ଘୋଷଣାର କଥା ନୁହେଁ। ଭାଷା ପ୍ରତି ପ୍ରତିବଦ୍ଧତା ପ୍ରକାଶିତ ହୁଏ ଭାଷାର ବ୍ୟବହାରରେ ଏବଂ ଗୋଟିଏ ପିଢିରୁ ଆଉ ଗୋଟିଏ ପିଢିକୁ ଭାଷାର ସମ୍ପ୍ରସାରଣରେ।

ବର୍ତ୍ତମାନ ଆମ ରାଜ୍ୟର ପ୍ରାୟ ୪୯ ଲକ୍ଷ ପିଲା ଇଂରାଜୀ ମାଧ୍ୟମ ବିଦ୍ୟାଳୟ ଗୁଡିକରେ। ଏମାନଙ୍କର ବୟସ ଛଅରୁ ଅଠର ବର୍ଷ। ଏମାନଙ୍କ ବ୍ୟତୀତ ଲକ୍ଷ ଲକ୍ଷ ଛଅ ବର୍ଷରୁ କମ୍ କୁନି ପିଲା ବିଭିନ୍ନ କିସମର ନର୍ସରୀ ସ୍କୁଲ, ଖେଳ ନଥିବା "ପ୍ଲେ ସ୍କୁଲ" ଆଦିରେ ଅବୋଧ ଇଂରାଜୀ ନର୍ସରୀ ରାଇମ୍ ଘୋଷୁଛନ୍ତି। ଗଲା ୧୦ - ୧୫ ବର୍ଷ ଭିତରେ ଇଂରାଜୀ ମିଡ଼ିୟମ୍ ସ୍କୁଲମାନଙ୍କରୁ ପାସ୍ କରି ରାଜ୍ୟ ଓ ରାଜ୍ୟ ବାହାରେ କାମ କରୁଥିବା ବୟସ୍କ ଓଡ଼ିଆମାନଙ୍କ ମଧ୍ୟରୁ ଅନ୍ୟୁନ ୨୨ ଲକ୍ଷ ହୁଏତ ଓଡ଼ିଆ କହି ଜାଣନ୍ତି, କିନ୍ତୁ ଓଡ଼ିଆରେ ଲେଖାପଢ଼ା ଜାଣନ୍ତି ନାହିଁ। ଏମାନେ ଓଡ଼ିଆରେ ଛପା ହୋଇଥିବା ନିମନ୍ତ୍ରଣ ପତ୍ରଟିଏ ମଧ୍ୟ ପଢ଼ି ପାରନ୍ତିନି। ତେଣୁ ଦୃଢ଼ ଭାବରେ ଏହି ଅନୁମାନ କରିହେବ କି ବର୍ତ୍ତମାନର ଓଡ଼ିଆ ଲୋକଙ୍କ ମଧ୍ୟରୁ ନିରକ୍ଷର ମାନଙ୍କୁ ବାଦ୍ ଦେଲେ, ସାତ ବର୍ଷରୁ ଊର୍ଦ୍ଧ୍ୱଙ୍କ ଭିତରେ ୭୧ ଲକ୍ଷରୁ ଅଧିକ ପାଠୁଆ ଓଡ଼ିଆ ପଢ଼ିବାକୁ ଅସମର୍ଥ।

୧୯୩୬ ମସିହା ସ୍ୱତନ୍ତ୍ର ଓଡ଼ିଶା ପ୍ରଦେଶ ଗଠନ ସମୟରେ ରାଜ୍ୟର ଜନସଂଖ୍ୟା ଥିଲା ଏକ କୋଟି ୩୧ ଲକ୍ଷ। ଏହା ବର୍ତ୍ତମାନ ଚାରି କୋଟି ଷାଠିଏ ଲକ୍ଷ। ସ୍ୱତନ୍ତ୍ର ଓଡ଼ିଶାର ଶହେ ବର୍ଷ ପୂର୍ତ୍ତି ବେଳକୁ ଜନସଂଖ୍ୟା ଆକଳିତ ପାଞ୍ଚକୋଟି ସତସ୍ତରୀ ଲକ୍ଷ। ଜନସଂଖ୍ୟା ବୃଦ୍ଧି ଅନୁପାତରେ ଇଂରାଜୀ ମାଧ୍ୟମ ସ୍କୁଲ ଏବଂ ତହିଁରେ ପିଲାମାନଙ୍କ ସଂଖ୍ୟାବୃଦ୍ଧି ଘଟିବ। ସେହି ୨୦୩୬ ମସିହାରେ ଓଡ଼ିଶା ରାଜ୍ୟରେ ସ୍କୁଲ ଯିବା ବୟସର ପିଲା ଥିବେ ଏକ କୋଟି ଛପନ ଲକ୍ଷରୁ ଅଧିକ। ବର୍ତ୍ତମାନ ଇଂରାଜୀ ମିଡିୟମ୍ ସ୍କୁଲମାନଙ୍କରେ ଆନୁମାନିକ ୪୦ ପ୍ରତିଶତ ପିଲା ପଢୁଛନ୍ତି ଏବଂ ଏହା ବାର୍ଷିକ ୧୦ ପ୍ରତିଶତ ହାରରେ ବୃଦ୍ଧି ପାଉଛି। ଏବେ ରାଜ୍ୟର ଗାଁଗଣ୍ଡା ଓ ସହରତଳି ଅଞ୍ଚଳମାନଙ୍କରେ ବ୍ୟବସାୟିକ ବେସରକାରୀ ଇଂରାଜୀ ମାଧ୍ୟମର ବିଦ୍ୟାଳୟମାନ ଛତୁ ଫୁଟିଲା ଭଳି ମାଡ଼ିଚାଲିଛନ୍ତି ଏବଂ ବାପା-ମାଆମାନଙ୍କର ସାମର୍ଥ୍ୟକୁ ଚାହିଁ ଅଳ୍ପ ଦେୟର ମାତ୍ର ଅନେକ କ୍ଷେତ୍ରରେ ନିମ୍ନମାନର ଇଂରାଜୀ ସ୍କୁଲଗୁଡ଼ିକ ଖୋଲା ଚାଲିଛି। ଶସ୍ତା ଇଂରାଜୀ ମାଧ୍ୟମ ସ୍କୁଲ ଉପଲବ୍ଧ ହେବା ସଙ୍ଗେସଙ୍ଗେ ସାଧାରଣ ଜନତାଙ୍କ ଆର୍ଥିକ ଅବସ୍ଥାର ଆଶାନୁରୂପ ଉନ୍ନତି ହେଲେ, ନିଃସନ୍ଦେହରେ ଅଧିକରୁ ଅଧିକ ପିଲା ଇଂରାଜୀ-ମାଧ୍ୟମ ସ୍କୁଲ ଗୁଡ଼ିକରେ ଭର୍ତ୍ତି ହେବେ। ଏବେ ମଧ୍ୟ ବେସରକାରୀ ଇଂରାଜୀ-ମିଡିୟମ ସ୍କୁଲ

ମୁହାଁଇବା ସ୍ରୋତରେ ସରକାରୀ ଓଡ଼ିଆ-ମାଧ୍ୟମ ବିଦ୍ୟାଳୟଗୁଡିକ ଖାଲି ହେବାରେ ଲାଗିଲେଣି। ଜନସଂଖ୍ୟା, ସ୍କୁଲ ବୟସର ପିଲାଙ୍କ ସଂଖ୍ୟା ଓ ଇଂରାଜୀ-ମାଧ୍ୟମ ସ୍କୁଲ ପିଲାଙ୍କ ସଂଖ୍ୟାର ବୃଦ୍ଧି ହାର ଅନୁପାତରେ ହିସାବ କଲେ ଜଣାଯାଏ ଯେ, ୨୦୩୧-୩୨ ମସିହା ବେଳକୁ ପ୍ରାୟ ସମସ୍ତ ଓଡ଼ିଆ ପିଲା ଥିବେ ଇଂରାଜୀ-ମାଧ୍ୟମ ବିଦ୍ୟାଳୟଗୁଡିକରେ। ଏହି ଧାରାକୁ ଯଦି ଅବ୍ୟାହତ ଭାବରେ ଛାଡ଼ି ଦିଆଯାଏ ଏବଂ ଓଡ଼ିଆ-ମାଧ୍ୟମ ସରକାରୀ ବିଦ୍ୟାଳୟ ଗୁଡିକର ଗୁଣାତ୍ମକ ମାନରେ ପରିବର୍ତ୍ତନ ଅଣା ନଯାଏ, ତେବେ କେବଳ ଇଂରାଜୀ ମାଧ୍ୟମ ଖୋଲି ନଥିବା ଅଳ୍ପ କେତେକ ଦୁରନ୍ତ ମଫସଲ ଅଞ୍ଚଳର ସରକାରୀ ବିଦ୍ୟାଳୟଗୁଡିକୁ ଛାଡ଼ିଦେଲେ ସ୍ୱତନ୍ତ୍ର ଓଡ଼ିଶାର ଶହେ ବର୍ଷ ପୂର୍ତ୍ତି ବେଳକୁ ଓଡ଼ିଆ ମାଧ୍ୟମ ବିଦ୍ୟାଳୟଗୁଡିକରେ କେହି ପିଲା ପଢୁ ନଥିବେ। ଏକ ଦୁଃସ୍ୱପ୍ନ ପରି ମନେ ହେଲେ ମଧ୍ୟ, ଏହା ଏକ ତଥ୍ୟ ପର୍ଯ୍ୟବସିତ ପୂର୍ବାନୁମାନ। ଇଂରାଜୀ-ମାଧ୍ୟମ ଶିକ୍ଷାର ସ୍ରୋତରେ ଓଡ଼ିଆ ଭାଷାର ପଢ଼ାଲେଖା ମଧ୍ୟ ଦ୍ରୁତ ଗତିରେ ହ୍ରାସ ପାଇବ।

ଏହି ଇଂରାଜୀ-ମାଧ୍ୟମ ସ୍କୁଲ ସ୍ରୋତ ମଧ୍ୟ କଥିତ ଓଡ଼ିଆ ଭାଷାର ସମ୍ପ୍ରସାରଣକୁ ହ୍ରାସ କରିବ। ଇଂରାଜୀ ମାଧ୍ୟମ ଶିକ୍ଷାର ଆକର୍ଷଣ ଫଳରେ ବର୍ତ୍ତମାନ ଲକ୍ଷ ଲକ୍ଷ ପରିବାରରେ ଓଡ଼ିଆ ପିଲାଙ୍କର ପ୍ରାରମ୍ଭିକ ସାମାଜିକ ବିକାଶରେ ଓଡ଼ିଆ ଭାଷାର ବ୍ୟବହାର ସଂକୁଚିତ। ପିଲାଙ୍କୁ ଇଂରାଜୀ-ମାଧ୍ୟମରେ ପଢ଼ାଇବା ଲକ୍ଷ୍ୟରେ ଇଂରାଜୀ ଜାଣିଥିବା ଶିକ୍ଷିତ ଓଡ଼ିଆ ବାପାମା ପିଲାଙ୍କ ସହିତ ଓଡ଼ିଆରେ କଥାହେବା ବନ୍ଦ କଲେଣି। ପିଲାଙ୍କର ଗପ-ଗୀତ, ଟିଭି ଦେଖା, ଛପାବହି ଇତ୍ୟାଦି ପ୍ରାୟତଃ ଇଂରାଜୀରେ। ପିଲାଙ୍କ ପାଇଁ ଗୀତମାନ ମଧ୍ୟ "ଆ ଜହ୍ନମାମୁ ସରଗ ଶଶୀ" ଛାଡ଼ି "ଟ୍ୱିଙ୍କଲ୍ ଟ୍ୱିଙ୍କଲ୍ ଲିଟ୍‌ଲ ଷ୍ଟାର୍" ହେଲାଣି। ଆଧୁନିକ ପରିବାର ଗଢ଼ିକରେ ମଧ୍ୟ ଜେଜେ ମା, ଜେଜେ ବାପାମାନେ ଅଦୃଶ୍ୟ ହୋଇଗଲେଣି। ଫଳରେ ଓଡ଼ିଆ କାହାଣୀ, ଢଗ ଢମାଳି, ପୁରାଣ କଥାମାନ ପିଲାଙ୍କ ପାଇଁ ଦୁର୍ଲଭ। ନିତ୍ୟ ବ୍ୟବହୃତ ସାମଗ୍ରୀ, ପନି ପରିବା, ପରିବେଶର ଗଛଲତାର ନାମଗୁଡ଼ିକ ମଧ୍ୟ ପିଲାମାନେ ଓଡ଼ିଆରେ କହିବା-ବୁଝିବା ଶିଖୁ ନାହାନ୍ତି। ଇଂରାଜୀ-ମାଧ୍ୟମ ଶିକ୍ଷାର ଉଚ୍ଚାକାଂକ୍ଷା ଆଗରେ ଏବଂ ଉନ୍ନତ ଭବିଷ୍ୟତର ସମ୍ଭାବନା ସମ୍ମୁଖରେ ଓଡ଼ିଆ-ପ୍ରୀତି ହାର ମାନିଲାଣି। ଭାଷା ବଞ୍ଚେ ଗୋଟିଏ ପିଢ଼ିରୁ ତଳ ପଢ଼ିକୁ ଶତ ପ୍ରତିଶତ ସମ୍ପ୍ରସାରଣ ବଳରେ। ଯଦି ପରିବାର ଓ ବାପାମାଆଙ୍କ ଗହଣରେ ପିଲାଏ ଓଡ଼ିଆ ନ ଶିଖିଲେ, ତେବେ ଭାଷାର ଭବିଷ୍ୟତ ବିପନ୍ନ। ଯେଉଁ ଗତିରେ ପର ପିଢ଼ିକୁ ଓଡ଼ିଆ ଭାଷାର ସମ୍ପ୍ରସାରଣ ହ୍ରାସ ପାଉଛି, ତାହା ନିଶ୍ଚୟ ଉଦ୍‌ବେଗଜନକ।

ଓଡ଼ିଆ ପଢ଼ିବାର ଶିକ୍ଷା ଓ ଜନ-ଅନୁରାଗ ମଧ୍ୟ ଅନେକ କମିଛି ଏବଂ କମିବାରେ

ଲାଗିଛି। ଓଡ଼ିଆ ପାଠକଙ୍କ ସଂଖ୍ୟା ଦ୍ରୁତ ଗତିରେ ହ୍ରାସ ପାଉଛି। ଓଡ଼ିଶାରେ ବଡ଼, ମଧ୍ୟମ ଓ ସାନ ଧରଣର ରାଜ୍ୟ ଓ ଆଞ୍ଚଳିକ ସ୍ତରର ସମ୍ବାଦପତ୍ରଗୁଡିକର ଘୋଷିତ ପ୍ରକାଶନ ସଂଖ୍ୟା ପ୍ରାୟ ୪୪ ଲକ୍ଷ ପଚାଶ ହଜାର। ଏ କଥା ସତ ଯେ, ପ୍ରକୃତ ପ୍ରକାଶନର ସଂଖ୍ୟା ଯାହା ଘର ଗୁଡିକରେ ପହଞ୍ଚେ ତାହା ଏହି ସଂଖ୍ୟାରୁ ବେଶ୍ କମ୍। ତଥାପି ଘୋଷିତ ହାରରେ ଏବଂ ଖଣ୍ଡେ ଖବର କାଗଜର ହାରାହାରି ପାଠକ ସଂଖ୍ୟା ଅନୁପାତରେ ଏହା ସ୍ପଷ୍ଟ ଯେ, ଓଡ଼ିଶାରେ ପ୍ରାୟ ୬୦ ଲକ୍ଷରୁ ୮୦ ଲକ୍ଷ ଲୋକ ଦୈନନ୍ଦିନ ଓଡ଼ିଆ ଖବରକାଗଜ ପଢ଼ନ୍ତି। ଜନସଂଖ୍ୟାରୁ ସାତବର୍ଷରୁ ଅଧିକ ସାକ୍ଷରମାନଙ୍କ ମଧ୍ୟରେ ଓଡ଼ିଆ ଖବରକାଗଜ ପାଠକଙ୍କ ହାର ମାତ୍ର ୨୭ ପ୍ରତିଶତରୁ ବି କମ୍। ଖବରକାଗଜ ବ୍ୟତୀତ ଅନ୍ୟାନ୍ୟ ଓଡ଼ିଆ ବହି ଇତ୍ୟାଦିର ପାଠକ ସଂଖ୍ୟା ମଧ୍ୟ ବିଶେଷ ଉତ୍ସାହଜନକ ନୁହେଁ।

ତେଣୁ ମୋଟାମୋଟି ଭାବରେ ଦେଖିଲେ, ଓଡ଼ିଆ ଭାଷାର ବ୍ୟବହାର ଉଦ୍‌ବେଗଜନକ ଭାବରେ କମି କମି ଯାଉଛି ଏବଂ ଏହି ଧାରାରେ ଚାଲିଲେ, ଓଡ଼ିଆ ଭାଷାର ଭବିଷ୍ୟତ ବିଶେଷ ଉଜ୍ଜ୍ୱଳ ଦେଖା ଯାଉନାହିଁ। ଆଉ ବର୍ଷ କେତୋଟିରେ ଶିକ୍ଷିତ ଓଡ଼ିଆ ଯୁବକ ଯୁବତୀ ଓଡ଼ିଆରେ ଖବରକାଗଜ, ନିମନ୍ତ୍ରଣ ପତ୍ର ଆଦି ପଢ଼ି ପାରିବେ ନାହିଁ। ଓଡ଼ିଆରେ ମୁଦ୍ରିତ ଲେଖା ଓ ସାହିତ୍ୟରେ ଜନ-ଅନୁରାଗ ରହିବ ନାହିଁ। ସ୍ୱତନ୍ତ୍ର ଓଡ଼ିଶାର ଶତକ ଜୟନ୍ତୀରେ ଯୁବ ପିଢ଼ିର ବାପାମାଆମାନଙ୍କ ପିଲାଏ ଆଉ ଓଡ଼ିଆ କହି ଶିଖିବେ ନାହିଁ। କେବଳ ମୁଖ୍ୟତଃ ନିମ୍ନ ବର୍ଗ ଓ ଗ୍ରାମୀଣ ପରିବେଶରେ କିଛିଟା କଥିତ ଓଡ଼ିଆର ସମ୍ପ୍ରସାରଣ ହେଉଥିବ ଉପରୁ ତଳ ପିଢ଼ିକୁ। ଫଳରେ ଲିଖିତ ଓଡ଼ିଆ ଭାଷା ଓ କଥିତ ଓଡ଼ିଆ ଭାଷା ଆସ୍ତେ ଆସ୍ତେ ପରସ୍ପରଠାରୁ ବିଚ୍ଛିନ୍ନ ହେବାକୁ ଲାଗିବେ। ଏହା କୌଣସି ବିପନ୍ନ ଓ ଲୁପ୍ତ ହେବାକୁ ବସିଥିବା ଭାଷାର ପ୍ରଥମ ପର୍ଯ୍ୟାୟ। ଯଦି ଓଡ଼ିଆ ଶିକ୍ଷାର ସରକାରୀ ବିଦ୍ୟାଳୟଗୁଡ଼ିକରେ ଗୁଣାତ୍ମକ ମାନର ଦ୍ରୁତ ଅଭିବୃଦ୍ଧି ନ ଘଟେ ଏବଂ ସରକାରୀ ସ୍ତରରେ ପ୍ରଶାସନରେ, ଆଇନ ବ୍ୟବସ୍ଥାରେ ଏବଂ ଜନଜୀବନର ବିଭିନ୍ନ କ୍ଷେତ୍ରରେ ଓଡ଼ିଆ ଭାଷାର ଶତ ପ୍ରତିଶତ ବ୍ୟବହାର ନହୁଏ, ତେବେ ଭାଷାଭାଷୀମାନଙ୍କ ପାଇଁ, ଓଡ଼ିଆ ଲୋକଙ୍କ ପାଇଁ ଓଡ଼ିଆ ଭାଷା ତାର ଉପାଦେୟତା ହରାଇବ। ଶାସ୍ତ୍ରୀୟ ମାନ୍ୟତା ପାଇବା ପରେ ମଧ୍ୟ ଯଦି ସାମଗ୍ରିକ ଭାବରେ ଓଡ଼ିଆ ଭାଷାର ବ୍ୟବହାର, ପ୍ରୟୋଜନ ଓ ଶିକ୍ଷା ବ୍ୟବସ୍ଥାର ବିପ୍ଳବାତ୍ମକ ପରିବର୍ତ୍ତନ କରା ନଯାଏ, ତେବେ ଆଜିର ସ୍ଥିତିରେ ଗତି କରି ଆଉ କିଛି ବର୍ଷ ପରେ ଓଡ଼ିଆ କେବଳ ଏକ କଥିତ ଭାଷା ହୋଇ ଯାଇପାରେ - ଏ ସମ୍ଭାବନା ଓଡ଼ିଆ ଭାଷାପ୍ରେମୀ ମାନଙ୍କ ପାଇଁ ଏକ ଅପ୍ରୀତିକର ବାସ୍ତବତା। ଭାଷାର ବ୍ୟବହାରିକ ସଂକୁଚନ ଅବ୍ୟାହତ

ରହିଲେ ଏବଂ ସାମ୍ପ୍ରତିକ ଓଡ଼ିଆ ଭାଷା ଶିକ୍ଷା ଓ ଅବକ୍ଷୟ ଲାଗି ରହିଲେ ହୁଏତ ସ୍ୱତନ୍ତ୍ର ଓଡ଼ିଶାର ଦ୍ୱିତୀୟ ଶତାବ୍ଦୀ ହେବ ଓଡ଼ିଆ ଭାଷାର ଅନ୍ତିମ ଶତାବ୍ଦୀ !

ଇଂରାଜୀ ଭଳି ପ୍ରଭାବଶାଳୀ ଭାଷାଗୁଡ଼ିକର ସମ୍ରାଜ୍ୟବାଦୀ ପ୍ରସାର ଓ ଆଞ୍ଚଳିକ ଭାଷାମାନଙ୍କ ଉପରେ ଏହାର ବିନାଶକାରୀ ପ୍ରଭାବ ଫଳରେ ଭାଷାମାନ ବିପନ୍ନ। ସେଥିପାଇଁ ଇଂରାଜୀ ସମେତ ସାମ୍ରାଜ୍ୟ ସମ୍ପ୍ରସାରଣ କରିଚାଲିଥିବା ବିଶ୍ୱର କ୍ଷମତା ସମ୍ପନ୍ନ ଭାଷାମାନଙ୍କୁ "ଖୁନୀ ଭାଷା" ବା "କିଲର ଲାଙ୍ଗୁଏଜ୍" ବୋଲି ନାମିତ କରାଯାଏ; ଏ ଭାଷାଗୁଡ଼ିକ ବିଶ୍ୱର ଯେଉଁ ଯେଉଁ ଅଞ୍ଚଳକୁ ବ୍ୟାପିଛନ୍ତି, ସେହି ଅଞ୍ଚଳଗୁଡ଼ିକରେ ଭାଷାମାନ ବିପନ୍ନ ତଥା ଲୁପ୍ତ ହୋଇ ଯାଇଛନ୍ତି ଏବଂ ଅଞ୍ଚଳର ଭାଷାଗତ ବିବିଧତା ହ୍ରାସ ପାଇଛି। ଭାରତ ଭଳି ଏକ ବହୁଭାଷୀ ରାଷ୍ଟ୍ରରେ ଏବଂ ସାମ୍ପ୍ରତିକ ବିଶ୍ୱରେ ଏକାଧିକ ଭାଷା ଶିକ୍ଷା ମୂଲ୍ୟବାନ। ଇଂରାଜୀ ଶିକ୍ଷାର ଆବଶ୍ୟକତା ରହିଛି ନିଶ୍ଚୟ, ମାତ୍ର ଏଥିପାଇଁ ଓଡ଼ିଆ ବା ଅନ୍ୟାନ୍ୟ ମାତୃଭାଷାକୁ ଉପେକ୍ଷା କରିବା ଅନାବଶ୍ୟକ। ଉତ୍କୃଷ୍ଟ ମାନର ଇଂରାଜୀ ଓ ବହୁଭାଷୀ ଶିକ୍ଷାପାଇଁ ମାତୃଭାଷା ମାଧ୍ୟମରେ ପ୍ରାଥମିକ ଶିକ୍ଷା ହିଁ ବିଜ୍ଞାନ ସମ୍ମତ ମାର୍ଗ। ପୃଥିବୀ ସାରା ବିଭିନ୍ନ ବହୁଭାଷୀ କ୍ଷେତ୍ରରେ ଗବେଷଣା ଓ ପ୍ରୟୋଗ ବଳରେ ଏହା ସିଦ୍ଧ ହୋଇ ସାରିଛି ଯେ ମାତୃଭାଷାରେ ପିଲାମାନଙ୍କର ପ୍ରାରମ୍ଭିକ ସାମାଜିକ ଦକ୍ଷତା ଭିତ୍ତିରେ ସେମାନଙ୍କର ପ୍ରାଥମିକ ଶିକ୍ଷାସ୍ତରରେ ମାତୃଭାଷାର ବୌଦ୍ଧିକ ଓ ଶିକ୍ଷାଗତ ପ୍ରୟୋଗ ଉନ୍ନତ ହେଲେ ହିଁ ପିଲାଏ ଅନ୍ୟ ଭାଷା ଓ ଇଂରାଜୀ ଭଲରେ ଶିଖିବେ, ପାଠ୍ୟ ବିଷୟରେ ଅଧିକ ବୁଝାମଣା ରଖିବେ ଏବଂ ସାମଗ୍ରିକ ଭାବରେ ଶିକ୍ଷା ଉନ୍ନତ ମାନର ହୋଇପାରିବ। ଅଧିକାଂଶ ପରିଣତ ବୟସର ପ୍ରତିଷ୍ଠିତ ଓଡ଼ିଆ ମାତୃଭାଷା ମାଧ୍ୟମରେ ପାଠ ପଢ଼ି ପରେ ଇଂରାଜୀ ଭାଷାରେ ଓ ଶିକ୍ଷାରେ ଦକ୍ଷତା ହାସଲ କରିଛନ୍ତି। ତେଣୁ ବର୍ତ୍ତମାନର ଇଂରାଜୀ ଶିକ୍ଷା ପାଇଁ ଓଡ଼ିଆ ଭାଷା ଓ ତାର ବ୍ୟବହାରକୁ ଗୌଣ କରିଦେବାର ମାନସିକତା ବିଷୟରେ ଚିନ୍ତା କରାଯାଉ। ମାତୃଭାଷାରେ ଦକ୍ଷତା ଏବଂ ଦୃଢ଼ ମୂଳଦୁଆ ଶିକ୍ଷାକୁ ଏବଂ ଇଂରାଜୀ ଭାଷା ଶିକ୍ଷାକୁ ଉନ୍ନତ କରେ। ଭାରତରେ ଏବଂ ବିଶ୍ୱସାରା ଇଂରାଜୀର ପ୍ରସାର କରୁଥିବା ବ୍ରିଟିଶ୍ କାଉନ୍‌ସିଲ୍ ମଧ୍ୟ ସ୍ୱୀକାର କରନ୍ତି ଯେ ଭାରତ ଭଳି ଯେ କୌଣସି ବହୁଭାଷୀ ରାଷ୍ଟ୍ରରେ ଭଲ ଇଂରାଜୀ ଶିକ୍ଷା ମାତୃଭାଷାର ପ୍ରାଥମିକ ଶିକ୍ଷା ଓ ଦକ୍ଷତା ବଳରେ ହିଁ ସମ୍ଭବ। ତେଣୁ ଆମର ଇଂରାଜୀ-ପ୍ରଧାନ ଶିକ୍ଷା ବ୍ୟବସ୍ଥାରେ ସଂକଳ୍ପବଦ୍ଧ ଗୋଟିଏ ବିପ୍ଳବ ଲୋଡ଼ା ଏବଂ ସାମାଜିକ ଓ ସରକାରୀ ସ୍ତରରେ ବିଜ୍ଞାନସମ୍ମତ ପରିବର୍ତ୍ତନ ଆବଶ୍ୟକ। ଓଡ଼ିଆମାନଙ୍କର ଭାଷା ମାନସିକତାରେ କେତେକ ମୌଳିକ ବୁଝାମଣାର ମୂଲ୍ୟାୟନ ମଧ୍ୟ ଜରୁରୀ।

ଓଡ଼ିଆ ଭାଷାର ଜୀବନଶକ୍ତି ଦୃଢ଼ କରିବାକୁ ଓ ଭାଷାର ବ୍ୟବହାର ଓ ଐତିହ୍ୟକୁ ଆଗେଇ ନେବାକୁ ଇଚ୍ଛାଶକ୍ତିର ଅଭାବ ନାହିଁ। କିଛିଟା ପ୍ରୟାସ ମଧ୍ୟ ଅଛି। ଯେ କୌଣସି ଭାଷାଭାଷୀଙ୍କ ସାମୂହିକ ଚେତନାରେ ଭାଷାର ଅଗ୍ରାଧିକାର ରହିଛି ନିଶ୍ଚୟ, କିନ୍ତୁ ଏହି ଚେତନାକୁ ବ୍ୟବହାରିକ ସ୍ତରରେ ଓ ଭାଷାର ସମ୍ପ୍ରସାରଣ ସ୍ତରରେ ଏକ ପ୍ରତିବଦ୍ଧତାରେ ପରିବର୍ତ୍ତନ କରିବା ଜରୁରୀ। ଓଡ଼ିଆ ଭାଷା-ମାନସିକତାକୁ ଅଧିକ ସକ୍ରିୟ ଓ ଭାଷା ଚେତନାକୁ ଉଦ୍‌ବୁଦ୍ଧ କରିବାର ବେଳ ଆସିଛି। ସମୟ ଉପନୀତ ଆମ ଶିକ୍ଷା ଓ ପ୍ରଶାସନିକ ସ୍ତରରେ ଭାଷାର ବ୍ୟବହାରକୁ ସମ୍ପ୍ରସାରଣ କରିବାପାଇଁ, ଭାଷାଭିତ୍ତିକ ଶିକ୍ଷାର ଗୁଣାତ୍ମକ ବିକାଶ ପାଇଁ। ତା ନହେଲେ, ଆଜି ହୁଏ ତ ଓଡ଼ିଆ ଭାଷା-ପ୍ରେମୀମାନଙ୍କୁ ଭାଷା-ମୃତ୍ୟୁ ଚିନ୍ତା ଘାରି ନପାରେ, ମାତ୍ର ଯେଉଁ ସଙ୍କେତଗୁଡିକ ଆଜିର ଭାଷା ବ୍ୟବହାର ଓ ଇଂରାଜୀମୁହାଁ ଶିକ୍ଷା ବ୍ୟବସ୍ଥାରେ ସ୍ପଷ୍ଟ ବାରି ହୋଇପଡୁଛି, ସେ ଦୃଷ୍ଟିରୁ ମନେହୁଏ କିଛି ବର୍ଷ ପରେ ହୁଏ ତ ସମୟ ଆସିଯିବ ପଚାରିବାକୁ, "ଓଡ଼ିଆ ଭାଷାର ପାଳି କେବେ? କିଏ ହେବ ଶେଷ ଓଡ଼ିଆଭାଷୀ?"

ପ୍ରାକ୍ତନ ପ୍ରଫେସର,
ଜବାହାରଲାଲ ନେହେରୁ ବିଶ୍ୱବିଦ୍ୟାଳୟ
ମୋ - ୯୪୩୮୩୬୦୦୦୩

(ବି.ଦ୍ର. ଏହି ପ୍ରବନ୍ଧଟି ଲେଖକଙ୍କ ଦ୍ୱାରା ପ୍ରଦତ୍ତ ପ୍ରଫେସର ଅବନୀ ବରାଳ ସ୍ମାରକୀ ବକ୍ତୃତା ଆଧାରରେ ଲିଖିତ।)

ଆମ ଗାଁ-ଗଣ୍ଡାର ଚିତ୍ର ଓ ଚରିତ୍ର : କଥା-କାବ୍ୟ, କବିତାରେ

ଡ. ଅଭିନ୍ନ ସାହୁ

ପଲ୍ଲୀମାଳିନୀ ଓଡ଼ିଶା । ଓଡ଼ିଶାର ପୁରପଲ୍ଲୀ, ଗାଁ ଗଣ୍ଡାହିଁ ଓଡ଼ିଆ ଭାଷା-ସାହିତ୍ୟ, ସଭ୍ୟତା, ସଂସ୍କୃତି, ପରଂପରା-ଐତିହ୍ୟର ପ୍ରାଣସ୍ପନ୍ଦନ, ପ୍ରାଣକେନ୍ଦ୍ର । ଓଡ଼ିଆ-ଭାଷା ଓ ସାହିତ୍ୟ ପଲ୍ଲୀମୁଖୀ ଓ ଗ୍ରାମୀଣ । ଆମ କଥା-କାବ୍ୟକବିତାର ପ୍ରାୟ ସମସ୍ତ ସ୍ରଷ୍ଟା ଓ ଯୁଗପ୍ରବକ୍ତାଙ୍କ ଷଠୀଘର, ଶିକ୍ଷା-ଦୀକ୍ଷା ଗାଁ ଗଣ୍ଡାରେ ମାଟିର ମହାକବି ସାରଳା ଦାସ, ସାରଳା ଯୁଗର ପ୍ରବକ୍ତା, ଆଦିକବି । ତାଙ୍କର ଜନ୍ମ ଜଗତ୍‌ସିଂହପୁରର ଝଙ୍କଡ଼ ଗ୍ରାମରେ । ଗାଉଁଲୀ ଗୀତ, ଗ୍ରାମୀଣ ଲୋକଗୀତିହିଁ ଓଡ଼ିଆ ସାହିତ୍ୟର ଆଦ୍ୟ ଓଁକାର, ଆଦ୍ୟ ପ୍ରଣବ । ସାରଳା ଦାସ ଗାଁ ମାଟିର ସାଧାରଣ କୃଷକ, ହଳିଆ, ଲୋକ ସଂସ୍କୃତିର ଯଥାର୍ଥ ପ୍ରତିନିଧି । ଲୋକଗୀତ ଛାଞ୍ଚରେ ଓଡ଼ିଆ ସାହିତ୍ୟକୁ ଗଢ଼ିବା ପାଇଁ, ସେ ପହିଲେ ଉଦ୍ୟମ କଲେ । ତାଙ୍କର ପ୍ରଥମ ନାଁ ଥିଲା, ସିଦ୍ଧେଶ୍ୱର ପରିଡ଼ା । ଜମିରେ ହଳ କରୁ କରୁ ତାଙ୍କ ମଧୁର ହଳିଆ ଗୀତରେ ମୁଗ୍ଧ ହୋଇ, ସେଇ ଲୋକଗୀତର ମଧୁର ଛନ୍ଦରେ ମହାଭାରତ ରଚନା ପାଇଁ, ମା' ସାରଳା ଆଦେଶ ଦେଲେ । ମା'ସାରଳାଙ୍କ କୃପାରୁ, ହଳିଆ ସିଦ୍ଧେଶ୍ୱର ପରିଡ଼ା ହେଲେ, ଶୂଦ୍ରମୁନି ସାରଳା ଦାସ । ତାଙ୍କ ରଚିତ ସାରଳା ମହାଭାରତ ମୁଷ୍ଟିମେୟ ବିଦଗ୍ଧ ପଣ୍ଡିତଙ୍କ ପାଇଁ ନୁହେଁ, ଅଗଣିତ ଜନସାଧାରଣଙ୍କ ପାଇଁ । ରାଜ ଦରବାର ନୁହେଁ, ଅଗଣିତ ଜନଦରବାରରେ ହିଁ ଏହା ସ୍ୱୀକୃତି ପାଇଲା; ସମଗ୍ର ଓଡ଼ିଆ ଜାତିର ଗଣ୍ଠିଧନ ରୂପେ ପ୍ରତିଷ୍ଠା ମିଳିଲା ।

ଓଡ଼ିଆ ଭାଷାର ପ୍ରଚଳିତ କିମ୍ବଦନ୍ତୀ, କାହାଣୀ, ଢଗ-ଢମାଳି, ପ୍ରବାଦ-ପ୍ରବଚନ, ଲୋକୋକ୍ତିକୁ ମହାଭାରତରେ ସେ ସଂକଳିତ କଲେ। ସାରଳା ଦାସଙ୍କର ମହାଭାରତ ଦାଣ୍ଡି ବୃତ୍ତରେ ରଚିତ ହେଲା। ଏହା ଯଥାର୍ଥରେ ଲୋକ ପ୍ରଚଳିତ ବାକ୍‌ଛନ୍ଦ। କେବଳ ଶୈଳୀରେ ନୁହେଁ, କଥାବସ୍ତୁ ବା ଗଳ୍ପାଂଶରେ ମଧ୍ୟ ସେ ବୈପ୍ଳବିକ ପରିବର୍ତ୍ତନ ଆଣିଲେ। ଏହା ସଂସ୍କୃତ ମହାଭାରତର ଅନୁବାଦ ନୁହେଁ, ବରଂ ଆପଣା ସୃଷ୍ଟି, ମୌଳିକତା ଓ ଜାତୀୟତା-ପୁଷ୍ଟ,ଏକ ମୌଳିକ ଅନୁସୃଜନ। ସାରଳା ଦାସଙ୍କ ମହାଭାରତର ପଞ୍ଚୁ ପାଣ୍ଡବ, ଓଡ଼ିଆ ଲୋକ ସଂସ୍କୃତିରେ ବର୍ଦ୍ଧିତ ଓ ପରିପାଳିତ। ତାଙ୍କର ଭୀମ ଏକ ଗ୍ରାମୀଣ ହୁଣ୍ଡା-ଗୁଣ୍ଡା ପହିଲିମାନ୍, ଅଥଚ ତାଙ୍କ ଭିତରେ କାନ୍ତକୋମଳ ଦେବାବତରଣ ମଧ୍ୟ ହୋଇଛି। ନାୟିକା ଦ୍ରୌପଦୀ ସ୍ୱର୍ଗାରୋହଣ ପର୍ବରେ, ଯେତେବେଳେ ଧରାଶାୟିନୀ, ଭୀମ ତାଙ୍କୁ କୋଳରେ ତୋଳି ନେଇଛନ୍ତି। ଧର୍ମ ଯୁଜେଷ୍ଠି, ଜ୍ୟେଷ୍ଠ ଭ୍ରାତା ସ୍ୱର୍ଗ ଲାଳସାରେ ପଛକୁ ଫେରି ଚାହିଁ ନାହାନ୍ତି। ଭୀମ ତାଙ୍କୁ ଧିକ୍କାର କରି କହିଛନ୍ତି "ହେ ରାଜନ, ଯେଉଁ ଦ୍ରୁପଦ ରାଜନନ୍ଦିନୀ ନିଜର ସୁଖସ୍ୱାଚ୍ଛନ୍ଦ୍ୟ ଛାଡ଼ି, ମାତା କୁନ୍ତୀଙ୍କ ଆଦେଶରେ ପଞ୍ଚୁପାଣ୍ଡବଙ୍କୁ, ପାଞ୍ଚ ପତି ରୂପେ ବରଣ କରିଥିଲେ, ସେମାନଙ୍କ ଅଳି-ଅର୍ଦ୍ଦଳି ତଥା ମନର ଓରମାନ ମେଣ୍ଟାଇବା ପାଇଁ ନିଜକୁ ତିଳ ତିଳ କରି ଉତ୍ସର୍ଗ କଲେ; ତାଙ୍କୁ ଥରେବି ଆପଣ ପଛକୁ ଫେରି ଚାହୁଁ ନାହାଁନ୍ତି।" ଧର୍ମରାଜ, ଧର୍ମ ଯୁଜେଷ୍ଠି ଚରିତ୍ର, ହୁଣ୍ଡା-ଗୁଣ୍ଡା ଭୀମଙ୍କ ପାଖରେ କେତେ ନିଷ୍ପ୍ରଭ, ମ୍ଳାନ!! ଏହି ମାନବିକତା ହିଁ ଓଡ଼ିଆ ଜାତିର ବୈଶିଷ୍ଟ୍ୟ, ଯାହାର ନିଖୁଣ ରୂପରେଖ, ସାରଳା ଦାସ ଆଙ୍କି ପାରିଛନ୍ତି। ସେଭଳି ଶକୁନି, କୂଟ ରାଜନୀତି ବିଶାରଦ ନୁହେଁ, ଗାଁ ଗଣ୍ଡାର କଳହ ପ୍ରିୟ ସାଧାରଣ ମାମଲତକାର। ଭୀମଙ୍କର ସ୍ତ୍ରୀ ହିଡ଼ମ୍ବିକା ଓ ଦ୍ରୌପଦୀଙ୍କ ମଧ୍ୟରେ କଳି, ଓଡ଼ିଆ ପୁରପଲ୍ଲୀର ଦି' ସଉତୁଣୀ କଳି। ସାରଳା ଦାସଙ୍କର କୁନ୍ତୀ ଓ ଗାନ୍ଧାରୀଙ୍କ ଚରିତ୍ରରେ ଜା'-ଜେଉଳା ପ୍ରତିଦ୍ୱନ୍ଦୀ ଭାବ ଦେଖାଇ, ସେମାନଙ୍କୁ ସାଧାରଣ ଓଡ଼ିଆ ପରିବାର ପରିସରଭୁକ୍ତ କରିଛନ୍ତି। ଓଡ଼ିଆ ନାରୀର ପାରମ୍ପରିକ ଓଷାବ୍ରତ, ବିବାହରେ ଗୁଆପକାଇବା, ଲବଣଚଉଁରୀ, ଦିଅଁ ମଙ୍ଗୁଳା, ପାଣିତୋଳା, ଶ୍ୱଶୁର ଜାମାତାଙ୍କୁ କନ୍ୟା ନିମିତ୍ତ ଦଶଦୋଷ ପାଇଁ କ୍ଷମା ମାଗିବା, ପଞ୍ଚଗ୍ରାସ କଉଡ଼ି ଖେଳ, ହାତଗଣ୍ଠି, ଗଇଁଠାଳ ବନ୍ଧା, ଶିଳ ଉପରେ ବରକନ୍ୟାଙ୍କୁ ବସାଇ ମଙ୍ଗୁଳିବା ସମେତ କୋଣାର୍କ ତୀର୍ଥ ମାହାତ୍ମ୍ୟ ଆଦି ମୂଳ ସଂସ୍କୃତ ମହାଭାରତ ଠାରୁ ନିଶ୍ଚିତ ବ୍ୟତିକ୍ରମ ସାମାଜିକ ରୀତିନୀତି, ଆଚାର ବ୍ୟବହାର, ଧର୍ମଧାରାକୁ ସେ ପ୍ରାଧାନ୍ୟ ଦେଇଛନ୍ତି। ଏତେ ବଡ଼ ମହାଭାରତ ଯୁଦ୍ଧ ପୁରପଲ୍ଲୀରେ ପ୍ରଚଳିତ, ଝିମଟି ଖେଳରୁ ଗଣ୍ଡଗୋଳ ଆରମ୍ଭ ହୋଇଥିବା କଥା,

ସାରଳା ଦାସଙ୍କ ମୌଳିକ କଳ୍ପନା । ପରବର୍ତ୍ତୀ କାଳରେ, ଏହା ଏକ ଲୋକପ୍ରିୟ, ଲୋକୋକ୍ତି 'ଝିମିଟି ଖେଳରୁ ମହାଭାରତ'ରେ ପରିଣତ ହୋଇଛି । ସେଭଳି ସାରଳା ମହାଭାରତର 'କଜଳପାତିଆ ଭଦ୍ରଲୋକ' 'କର୍ଣ୍ଣ ମଲେ ପାଞ୍ଚ, ଅର୍ଜ୍ଜୁନ ମଲେ ପାଞ୍ଚ', 'ଗଙ୍ଗା କହିଲେ ଥିବି, ଗାଙ୍ଗୀ ବୋଇଲେ ଯିବି' ଭଳି ଉକ୍ତି, ସୂକ୍ତିରେ ରୂପାନ୍ତରିତ ହୋଇଛି । ଏହାହିଁ ସାରଳା ମହାଭାରତରେ ଆଦୃତି ଓ ସର୍ବଜନପ୍ରିୟତାର ପ୍ରକୃଷ୍ଟ ଦୃଷ୍ଟାନ୍ତ ।

ପଞ୍ଚସଖା ଯୁଗରେ, ବଳରାମଙ୍କ 'ଦାଣ୍ଡି ରାମାୟଣ', ଜଗନ୍ନାଥ ଦାସଙ୍କ 'ଭାଗବତ'କୁ, ସଂସ୍କୃତର ଦୁର୍ଗମ ଦୁର୍ଗରୁ ଲୋକ ସାଧାରଣଙ୍କ ପାଇଁ ମୁକ୍ତ କରିଦେଲେ ବୋଲି ନିର୍ଦ୍ଵନ୍ଦ୍ୱରେ ଓ ସ୍ୱଚ୍ଛନ୍ଦରେ କୁହାଯାଇପାରେ । ବଳରାମ ଦାସଙ୍କର ଦାଣ୍ଡି ରାମାୟଣ ଲୋକପରମ୍ପରା, ଲୋକାଚାର ଏକ କୋଷଗ୍ରନ୍ଥ କହିଲେ ଅତ୍ୟୁକ୍ତି ହେବନାହିଁ । ବଳରାମ ଦାସ ରଚିତ ଲକ୍ଷ୍ମୀପୁରାଣରେ ଜଗନ୍ନାଥ ସଂସ୍କୃତିର ସାମ୍ୟମୈତ୍ରୀ, ସୌଭ୍ରାତୃତ୍ୱ, ପୁରୁଷ ଅଧ୍ୟୁଷିତ ସମାଜରେ ନାରୀ ପ୍ରତି ମର୍ଯ୍ୟାଦାବୋଧ, ସ୍ପୃଶ୍ୟ-ଅସ୍ପୃଶ୍ୟ ନିର୍ବିଶେଷରେ ଆଚାଣ୍ଡାଳ ବ୍ରାହ୍ମଣଙ୍କ ସମତ୍ୱ ପ୍ରତିପାଦିତ । ରକ୍ଷଣଶୀଳ ସମାଜର ବଡ଼ପଣ୍ଡାଙ୍କ ପ୍ରତିନିଧିତ୍ୱ କରିଛନ୍ତି ଜଗନ୍ନାଥଙ୍କ ବଡ଼ଭାଇ ବଳଦେବ । ତାଙ୍କ ଦୃଷ୍ଟିରେ ଭାର୍ଯ୍ୟା ଅର୍ଦ୍ଧାଙ୍ଗିନୀ ନୁହେଁ, 'ପାଦର ପାଣ୍ଡୋଇ' ବା ପାଦୁକା ଭଳି ହୀନ, ତୁଚ୍ଛ । ଜଗନ୍ନାଥ ବିଶ୍ୱସ୍ତ ଅନୁଗତ ଭାଇଭାବରେ, ତାଙ୍କ କଥାନୁଯାୟୀ, ମହାଲକ୍ଷ୍ମୀଙ୍କୁ ଶ୍ରୀମନ୍ଦିରରୁ ନିର୍ବାସିତ କରିଛନ୍ତି । କିନ୍ତୁ ଏଥିପାଇଁ ତାଙ୍କୁ ଦୁର୍ମୂଲ୍ୟ ଦେବାକୁ ପଡ଼ିଛି । ବାରବର୍ଷ କାଳ ଅନ୍ନଜଳ ବିନା ଲକ୍ଷ୍ମୀଛଡ଼ା ବାରବୁଲା ହୋଇ, ପରିଶେଷରେ 'ଲକ୍ଷ୍ମୀ ଚାଣ୍ଡାଲୁଣୀ' ଭାବେ ଅଭିହିତା ମା' ମହାଲକ୍ଷ୍ମୀଙ୍କ ଶରଣାପନ୍ନ ହୋଇଛନ୍ତି । ଜଗତ୍ ଜନନୀ ମହାଲକ୍ଷ୍ମୀଙ୍କ ସର୍ତ୍ତାନୁଯାୟୀ, ଶ୍ରୀମନ୍ଦିରରେ ମହାପ୍ରସାଦ ଚଣ୍ଡାଳ-ବ୍ରାହ୍ମଣ ନିର୍ବିଶେଷରେ ସମସ୍ତଙ୍କର ସମାନ ଅଧିକାର ରହିବ ଓ ନାରୀ-ପୁରୁଷ ସମଭାବରେ ସ୍ୱାଧିକାର ପାଇବେ, ଏ ପ୍ରତିଶ୍ରୁତି ପାଇ, ଶ୍ରୀମନ୍ଦିରକୁ ମହାଲକ୍ଷ୍ମୀ ଫେରି ଆସିଛନ୍ତି । ମାର୍ଗଶିର ମାଣବସା ଗୁରୁବାରରେ ପଠିତ, ଲକ୍ଷ୍ମୀପୁରାଣ ଏକ ସାର୍ବଜନୀନ ମହାକାବ୍ୟ, ଯାହା ପ୍ରତି ଓଡ଼ିଆଙ୍କ ଘରେ ଘରେ ପଠିତ ଓ ଆଦୃତ । ଏହି ଅନୁପମ କ୍ରାନ୍ତିକାରୀ ଗ୍ରନ୍ଥ, ବଳରାମ ଦାସଙ୍କୁ ଏକ ବିପ୍ଳବୀ ମହାକବି ରୂପେ ପ୍ରତିପାଦିତ କରିପାରିଛି ।

ପଞ୍ଚସଖା ସାହିତ୍ୟରେ ଅନୁସୃତ ଲୋକମୁଖୀ, ସହଜ-ସାବଲୀଳ ଗ୍ରାମୀଣ ପଲ୍ଲୀମୁଖୀ ଭାଷା, ଏହାକୁ ଗଣସାହିତ୍ୟ ଓ ଗଣଧର୍ମୀ କରିପାରିଛି । ପଞ୍ଚସଖା ଯୁଗର ଅନ୍ୟତମ ସଖା ଅଚ୍ୟୁତାନନ୍ଦ ସମାଜର ଅବହେଳିତ ଓ ଉପେକ୍ଷିତ, ଦଳିତ ପଛୁଆବର୍ଗଙ୍କୁ ଆଭିଜାତ୍ୟ ଦେବା ପାଇଁ 'ଗୋପାଳଙ୍କ ଓଗାଳ', 'କୈବର୍ତ୍ତ ଗୀତା

ରଚନା କରିଛନ୍ତି । ସଖା ଯଶୋବନ୍ତ ଦାସଙ୍କ 'ଟୀକା ଗୋବିନ୍ଦ ଚନ୍ଦ୍ର' ଏକ ଆଦର୍ଶ ଜନସାହିତ୍ୟର ପ୍ରତିନିଧିତ୍ୱ କରେ ।

ରୀତିଯୁଗ ଏକ ରୀତି-ସର୍ବସ୍ୱ ଦରବାରୀ ସାହିତ୍ୟ । କିନ୍ତୁ ଯୁଗର ଶେଷ ପର୍ଯ୍ୟାୟର କବି, କବିସୂର୍ଯ୍ୟ ବଳଦେବଙ୍କ କିଶୋର ଚନ୍ଦ୍ରାନନ ଚମ୍ପୂ ଭଳି ଲୋକମୁଖୀ, ଲୋକପ୍ରିୟ ରଚନା ତାଙ୍କୁ ଯଶସ୍ୱୀ କରିପାରିଛି । 'ଗଲାଣିତ ଗଲା କଥାରେ ସଙ୍ଗାତ ଗଲାଣିତ ଗଲା କଥା' ଭଳି ସହଜ ସ୍ୱାଭାବିକ ଗୀତିମୟ ଭାଷା, ଏହାକୁ ସୁପାଠ୍ୟ ଓ ସୁଗେୟ କରି ପାରିଛି । ତାଙ୍କର ଗୀତି କବିତା କ୍ଲିଷ୍ଟତା ମୁକ୍ତ, ଓ ସର୍ବଜନପ୍ରିୟ । ଅଭିମନ୍ୟୁ ରୀତିଯୁଗ ପରିଧି ମଧ୍ୟରେ ଅନ୍ୟତମ ବ୍ୟତିକ୍ରମ । ଲୋକଗୀତ 'ବୋଲେ ହୁଁ'ଟି', 'କଳାମାଣିକ', 'ଉଠିଲୁ ଏଡ଼େ ବେଗେ କାହିଁକି' ମଧ୍ୟରେ ଏଇ ଲୋକଗୀତର ସ୍ୱର ଆମେ ଶୁଣୁ । ପଲ୍ଲୀକବି ନନ୍ଦକିଶୋର ବଳ ଲୋକଗୀତର ଭାବ-ଭାଷା ଏଭଳି କି ଅବିକଳ ପଙ୍‌କ୍ତିମାନ ନିଜ କବିତାରେ ଉଦ୍ଧାର କରିଛନ୍ତି । ଦୃଷ୍ଟାନ୍ତ ସ୍ୱରୂପ, "ମେଘ ବରଷିଲା ଟୁପୁରୁ ଟୁପୁରୁ କେଶୁର ମାରିଲା ଗଜା, କେଉଁ ରାଇଜରେ ରହିଲେ ମୋ ରାଜା ତେଲିଙ୍ଗି ବାଇଦ ବଜା" । ଏହା କିନ୍ତୁ ସାରସ୍ୱତ ପ୍ଲାଗାରିଜିମ୍ (Plagarisim) ବା ଚୌର୍ଯ୍ୟବୃତ୍ତି ନୁହେଁ । କାରଣ ଡକ୍ଟର କୁଞ୍ଜବିହାରୀ ଦାଶଙ୍କ ଭାଷାରେ ଲୋକଗୀତ କାନନର ପୁଷ୍ପ । ଏହା କୌଣସି ବ୍ୟକ୍ତି ବିଶେଷର ଉଦ୍ୟାନ ସଂରଚନା-ସମ୍ପତ୍ତି ସର୍ଜନା ନୁହେଁ ।

ଶଂସିତ ଲୋକଗୀତ ଓ ଲୋକଶୈଳୀର ଅନୁବର୍ତ୍ତନ ପାଇଁ, ସ୍ରଷ୍ଟା ନନ୍ଦକିଶୋର ବଳ ଯଶସ୍ୱୀ 'ପଲ୍ଲୀକବି ନନ୍ଦକିଶୋର' ଭାବେ ଆଖ୍ୟାୟିତ ହେଲେ । କିନ୍ତୁ ନନ୍ଦକିଶୋରଙ୍କ ବହୁ ପୂର୍ବରୁ ବାଲେଶ୍ୱର ସହର ଉପାନ୍ତ, ମଲ୍ଲୀକାଶପୁରର ଗାଉଁଲୀ କବି ଫକୀର ମୋହନ, ରାଧାନାଥ ଯୁଗୀୟ ତତ୍‌ସମ-ତଦ୍‌ଭବ-ବହୁଳ, କାବ୍ୟିକ ପୋଷାକୀ ଭାଷା ପରିବର୍ତ୍ତେ, ଲୋକ କଥିତ ଗ୍ରାମୀଣ ଭାଷାର ସଫଳ ପ୍ରୟୋଗ କରି ସାରିଥିଲେ । ଗାଁ ମାଟିର ମାୟାମମତା, ଆକର୍ଷଣ ତାଙ୍କ ପାଇଁ ଚିର ଅଭୁଲା, ଅବିସ୍ମରଣୀୟ । ବୃତ୍ତିର ଦାୟରେ, ଗାଁ ଛାଡ଼ି ତାଙ୍କୁ ବିଭିନ୍ନ ଗଡ଼ଜାତ ଓ ପ୍ରବାସରେ କଟାଇବାକୁ ବାଧ୍ୟ କରିଛି । ସେ ଓଡ଼ିଶାର ତତ୍‌କାଳୀନ ରାଜଧାନୀ ଓ ଏକମାତ୍ର ସହର କଟକରେ ବହୁ ବର୍ଷ କଟାଇଛନ୍ତି । କିନ୍ତୁ ତାଙ୍କ ଅସ୍ମିତାର ପ୍ରକୃତ ଆତ୍ମପରିଚୟ ହେଉଛି, ମଲ୍ଲୀକାଶପୁର ଗାଁ । ତା'ର ସୁମଧୁର ଆହ୍ୱାନୀ ଡାକ ସର୍ବଦା ତାଙ୍କ ମାନସପଟରେ ଅନୁରଣିତ ହୁଏ । କବି ଫକୀର ମୋହନଙ୍କ ଭାଷାରେ "ମୋ' କାନକୁ ଶୁଭେ ତା'ର ନାମ ସୁମଧୁର, ମୋ'ର କ୍ଷୁଦ୍ର ଗ୍ରାମର ନାମ ମଲ୍ଲୀକାଶପୁର ।" ମଲ୍ଲୀକାଶପୁରର ଫୁଟନ୍ତ ମଲ୍ଲୀଫୁଲର ମହମହ ବାସ୍ନା, କାଶତଣ୍ଡୀ ଫୁଲର କାଶହାସ,

ତାଙ୍କୁ ଶେଷ ନିଃଶ୍ୱାସ ପର୍ଯ୍ୟନ୍ତ ବିହ୍ୱଳିତ-ବିଭୋରିତ କରି ରଖିଥିଲା। ଖୁବ୍ ସମ୍ଭବ ସଚ୍ଚି ରାଉତରାୟଙ୍କ 'ଛୋଟ ମୋ'ର ଗାଁଟି'ର ପ୍ରେରଣାର ଆଦି ଉତ୍ସ ମଧ୍ୟ ଫକୀର ମୋହନଙ୍କ ଏହି 'କ୍ଷୁଦ୍ରଗ୍ରାମ'ଉପରେ ଆଧାରିତ କବିତା। କେବଳ ଭାଷା ବିଭବରେ ନୁହେଁ, କଥାବସ୍ତୁ (ଥିମ୍) ସଂଯୋଜନାରେ ମଧ୍ୟ ରାଧାନାଥ ଯୁଗ ଅପେକ୍ଷା ବ୍ୟାସକବି ଫକୀର ମୋହନ ସଂପୂର୍ଣ୍ଣ ଭିନ୍ନ, ନିଆରା। ରାଧାନାଥ ଯୁଗୀୟ ରାଜପୁତ୍ର, ରାଜକନ୍ୟା ଓ ଅଭିଜାତବର୍ଗଙ୍କୁ ପରିହାର କରି ଅବତରଣ କରାଇଥିଲେ କୃଷକଙ୍କୁ କାବ୍ୟନାୟକ ଭାବେ। ତା'ର ସୁଖଦୁଃଖ, ଦୁର୍ଦ୍ଦିନ, ଦୁର୍ବିପାକକୁ କାବ୍ୟାୟିତ କରିବାକୁ ଯାଇ, ବାସ୍ତବବାଦୀ ସଂବେଦନଶୀଳ କବି ଲେଖିଛନ୍ତି:

"ସବୁଦିନେ ଟାଣଟୁଣ ଘରେ ନାହିଁ ଭାତ,
ଜମିଖଣ୍ଡ ବିକିବାକୁ ବଢ଼ାଇଲା ହାତ।
ଗଲା ଅଙ୍କ ପୁଅ ବାହା, ବିକିଥିଲା ମାଣେ
ବାପ ଶୁଦ୍ଧି ବେଳେ କେତେ ବିକିଲା କେ ଜାଣେ।
ବାକି ଖଣ୍ଡକରେ ହେଲା ଭାରି ଟାଣଟୁଣ
ମାଘ ଫଗୁଣରେ ନାହିଁ ଲେମ୍ବୁ ଲୁଣ।
ଭାଗରେ ଲଗାଇ ଦେଲା ଜମି ଦେଢ଼ମାଣ
ହଡ଼ା ହଳକର ହାଲ୍ ଏଥୁଁ ସବୁ ଜାଣ।
ବାହାରିଲା ଘର ଛାଡ଼ି ଲାଗିବାକୁ ମୂଲ
ଜୟ, ଜୟ, ପ୍ରଜାସ୍ୱତ୍ୱ, ହରି, ହରି, ବୋଲ"।

ଏଥିରେ ଦରଦୀ କବିର ସଂବେଦନଭରା ଉଚ୍ଛ୍ୱାସ ରୂପାୟିତ ହୋଇଛି। ସାମାଜିକ ବିଧିବିଧାନ-ପିଷ୍ଟ ଓଡ଼ିଆ ଚାଷୀର ଦୁଃସ୍ଥିତିକୁ ସୁଦକ୍ଷ ପ୍ରଶାସକ ଫକୀରମୋହନ ଅନୁଧ୍ୟାନ ପୂର୍ବକ ପୁଙ୍ଖାନୁପୁଙ୍ଖ ବିଶ୍ଳେଷଣ କରିଛନ୍ତି। ତତ୍‌କାଳୀନ ପ୍ରଜାସ୍ୱତ୍ୱ ଆଇନ ବ୍ୟବସ୍ଥା ନିପୀଡ଼ିତ କୃଷକଙ୍କୁ ଚିତ୍ରିତ କରି ଅନୁରୂପ ଶ୍ଳେଷ-ଶାଣିତ କଟାକ୍ଷପାତ କରିଛନ୍ତି। 'ଉତ୍କଳ ଭ୍ରମଣ', ରାଧାନାଥଙ୍କ ସାଟାୟାରଧର୍ମୀ ଦରବାର'ର ବହୁ ପୂର୍ବରୁ ରଚିତ। ଏହା ଆଧୁନିକ ଓଡ଼ିଆ ସାହିତ୍ୟର ପ୍ରଥମ ସାଟାୟାରଧର୍ମୀ ଖଣ୍ଡକାବ୍ୟ ବୋଲି କୁହାଯାଇପାରେ। ଫକୀର ମୋହନଙ୍କ 'ଉତ୍କଳ ଭ୍ରମଣ' କେବଳ "ଗଲି-ଅଇଲି, ଯାହା ଦେଖିଲି, ତାହା କହିଲି" ଭଳି ମାମୁଲି ପର୍ଯ୍ୟଟନ ବିବରଣୀ ନୁହେଁ। ଓଡ଼ିଶା ଓ ଓଡ଼ିଆଙ୍କ ପ୍ରତି ପ୍ରଶାସକ ବ୍ରିଟିଶ୍ ସରକାରଙ୍କ ଉଦାସୀନତା ଓ ଅବିଚାର ବିରୋଧରେ, ତୀବ୍ର ପ୍ରତିବାଦ। "ଓଡ଼ିଆ କାଟିବେ ଧାନ ଚଷି ଚଷି ମାଟି", ଅଥଚ ଏଥିରୁ ଫାଇଦା ଉଠାଇଲେ ବଙ୍ଗୀୟ ଜମିଦାର। କିନ୍ତୁ ଏ ପ୍ରତିବାଦର ସ୍ୱର ବ୍ରିଟିଶ୍ ସିଭିଲିୟାନ୍ ଶାସକଙ୍କ ପାଖେ ପହଞ୍ଚିପାରୁ ନଥିଲା। କାରଣ

ପ୍ରଶାସନର ଅଧସ୍ତନ "ହାକିମ ଓକିଲ ସବୁ ଅଟନ୍ତି ବିଦେଶୀ, ଡ଼ାକଘର କିରାଣୀଟି ନୁହେଁ ମଧ୍ୟ ଦେଶୀ"।

'ଉତ୍କଳ ଭ୍ରମଣ' ନେପଥ୍ୟରେ ଯେଉଁ ଫକୀର ମୋହନଙ୍କ ଅକୁତୋଭୟ, ଶାଣିତ ପ୍ରତିବାଦର ସ୍ୱର ରହିଛି, ତାହା ଏକାନ୍ତ ଭାବେ ପ୍ରଶଂସନୀୟ। ଫକୀର ମୋହନ ଯଥାର୍ଥରେ ଥିଲେ ଓଡ଼ିଆ ଜାତି ପାଇଁ ଦେବଦୂତ, ନେତୃତ୍ୱ ନେବାରେ ଅଗ୍ରଣୀ ଜନନାୟକ, ସେଥିପାଇଁ ଶାଲା ରିଂ ଲିଡ଼ର୍' ଭାବେ ଉପହସିତ ହେଉଥିଲେ ମଧ୍ୟ, ସେଥିପ୍ରତି ତାଙ୍କର ତିଳେମାତ୍ର ଭ୍ରୂକ୍ଷେପ ନଥିଲା।

ବ୍ୟାସକବି ଫକୀର ମୋହନ କଥା ସାହିତ୍ୟକୁ ଏକ ନିର୍ଣ୍ଣୟାତ୍ମକ ମୋଡ଼ ଦେଇ, ଅଭିଷିକ୍ତ ହେଲେ କଥାସମ୍ରାଟ ଭାବେ। କଥାସାହିତ୍ୟର ଉପନ୍ୟାସ ଓ ଗଳ୍ପରେ ସେ ହେଲେ ଯଥାର୍ଥରେ ଯୁଗପ୍ରବର୍ତ୍ତକ। ଆଧୁନିକ ଯୁଗ ଗଦ୍ୟର ଯୁଗ। ଅନ୍ୟାନ୍ୟ ଆଙ୍ଗିକ ଭଳି କଥାସାହିତ୍ୟର ପ୍ରକାଶନ ମାଧ୍ୟମ ମଧ୍ୟ ଗଦ୍ୟ। ଫକୀରମୋହନଙ୍କ ପୂର୍ବରୁ କଥା ସାହିତ୍ୟର ଗଦ୍ୟ କିଭଳି ତତ୍‌ସମବହୁଳ ସଂସ୍କୃତ ପ୍ରଭାବିତ, ତାହାର ଦୃଷ୍ଟାନ୍ତ ରାମଶଙ୍କର ରାୟଙ୍କ 'ବିବାସିନୀ' ଉପନ୍ୟାସରୁ ଦିଆଯାଇ ପାରେ।

"X X X X ନିଶାକର ଆକାଶ ମାର୍ଗର ପ୍ରାୟ ଷଷ୍ଠାଂଶ ପଥ ଅତିକ୍ରମ କରି ଅତି ଧୀର ଭାବରେ ଶୀତ କିରଣ ଚତୁର୍ଦ୍ଦିଗରେ ସଞ୍ଚାର କରୁଅଛନ୍ତି। ତେଣେ ଶୀତକାଳ ଯୋଗୁ ସ୍ୱାଭାବିକ ଶୈତ୍ୟମୟୀ ପ୍ରକୃତିକୁ ଅଭିଭୁତ କରି ଯେଉଁ ଜାଡ଼୍ୟ ସଂପାଦନ କରିଅଛି, ତହିଁରେ ତ ଚତୁର୍ଦ୍ଦିଗ ଗମ୍ଭୀର ମୂର୍ତ୍ତି ଧରି ରହିଥିବାର କଥା; ମାତ୍ର ତହିଁରେ ଶୀତାଂଶୁଙ୍କ ସୁଶୀତଳ କିରଣଜାଲ ନିପତିତ ହୋଇ ସୌମ୍ୟଭାବ ଜନ୍ମାଇ ଥିବାରୁ ଶୋଭାଟି ବିଚିତ୍ର ହୋଇଅଛି।"

ଫକୀରମୋହନଙ୍କ ପୂର୍ବସୂରୀ ତଥା ସମସାମୟିକ ଉପନ୍ୟାସକାରଙ୍କ ଗଦ୍ୟଶୈଳୀ ଊଣାଅଧିକେ ଏଭଳି ସଂସ୍କୃତ-ପ୍ରଭାବିତ କିମ୍ଭୂତକିମାକାର ଥିଲା। ଓଡ଼ିଆ ଗଦ୍ୟର ଏଇ ସଙ୍କଟ କାଳରେ ଫକୀରମୋହନଙ୍କ ସହଜ-ସାବଲୀଳ ଆଦର୍ଶ ଗଦ୍ୟରୀତି ପ୍ରବର୍ତ୍ତନ କଲେ। ଫକୀର ମୋହନଙ୍କ ଚରିତ୍ର ସବୁ ଯେଭଳି ଜୀବନ୍ତ, ସେଭଳି ବାସ୍ତବନିଷ୍ଠ। ତାଙ୍କ କଥିତ ଭାଷା ମଧ୍ୟ ରକ୍ଷଣଶୀଳ ନହୋଇ, ଚଳଚଞ୍ଚଳ ହେଲେ କ୍ଷିପ୍ର, ବେଗଗାମୀ। ତାଙ୍କ ସୃଷ୍ଟ ପ୍ରବର୍ତ୍ତକ ଚରିତ୍ରଗୁଡ଼ିକୁ ସେ ଗାଁ ଗଣ୍ଡା, ପୁରପଲ୍ଲୀରୁ ଆହରଣ କରିଛନ୍ତି। ବିଶାଳ ଓଡ଼ିଶାର ସମଗ୍ର ଜନସାଧାରଣଙ୍କ ଦ୍ୱାରା ଏହା କଥିତ, ବ୍ୟବହୃତ। ଏହାହିଁ ଲୋକଭାଷା ଗଣଭାଷା। ପ୍ରାୟ ୪୦୦ ବର୍ଷ ପୂର୍ବେ, ପଦ୍ୟକ୍ଷେତ୍ରରେ ଅନୁରୂପ କୌଶଳ ପ୍ରୟୋଗ କରି ଓଡ଼ିଆ ଭାଗବତକାର ଜଗନ୍ନାଥ ଦାସ ଷ୍ଟାଣ୍ଡାର୍ଡ଼ ଓଡ଼ିଆ ବା ମାନକ ଓଡ଼ିଆ ଭାଷା ପ୍ରବର୍ତ୍ତନ କରିଥିଲେ। ସେ ଓଡ଼ିଆ

ଭାଷାକୁ ସଂସ୍କୃତ ଭାଷାର ନିଗଡ଼ ବନ୍ଧନରୁ ଉଦ୍ଧାର କରି, ଲୋକଭାଷାରେ ପରିଣତ କଲେ । ଏବେ ମଧ୍ୟ ସେଇ ଭାଗବତର ଭାଷା, ବିସ୍ମୟକର ଭାବେ, ଆମ ସାଂପ୍ରତିକ ଷ୍ଟାଣ୍ଡାର୍ଡ଼ ଓଡ଼ିଆ ଭାଷା । ସେଭଳି କଥାକାର ଫକୀର ମୋହନ ଗଦ୍ୟରୀତିରେ ଅନୁରୂପ ବିସ୍ମୟକର ଚମକ ସୃଷ୍ଟି କରି, ଆଧୁନିକ ଗଦ୍ୟ ଯୁଗର ନିର୍ମାତା ତଥା ପ୍ରବକ୍ତା ହୋଇପାରିଛନ୍ତି । ତାଙ୍କ ଗଦ୍ୟ ରୀତିରେ ତତ୍‌ସମ, ତଦ୍‌ଭବ ଓ କଥିତ ପ୍ରାକୃତ ଓଡ଼ିଆ ଭାଷାର ଏକ ଅଭୂତପୂର୍ବ, ଅପୂର୍ବ ସମନ୍ୱୟ । ଏଭଳିକି ଆବଶ୍ୟକତା ଅନୁଯାୟୀ ଆରବୀ, ପାର୍ଶୀ ଭଳି ଯାବନିକ ଭାଷାରୁ ଚଳନ୍ତିକା ଶବ୍ଦ ଭଣ୍ଡାର ଆହରଣ କରିବା ପାଇଁ ସେ ପଶ୍ଚାତ୍‌ପଦ ହୋଇନାହାଁନ୍ତି । ଫଳରେ ତାଙ୍କର ଭାଷା ସଂସ୍କୃତାନୁସାରୀ, କିତାବୀ ନ ହୋଇ ପ୍ରାୟୋଗିକ, ବାସ୍ତବଧର୍ମୀ ଗଣଭାଷା, ଲୋକକଥିତ ଭାଷାରେ ରୂପାନ୍ତରିତ ହୋଇଛି । ୧୮୯୮ ଖ୍ରୀଷ୍ଟାବ୍ଦରେ ରାମଶଙ୍କର ରାୟଙ୍କ 'ବିବାସିନୀ' ଉପନ୍ୟାସ ରଚିତ ଓ ପାଖାପାଖି ସେଇ ୧୮୯୭-୧୮୯୮ ମସିହା ବେଳକୁ ଫକୀର ମୋହନଙ୍କ "ଛ'ମାଣ ଆଠଗୁଣ୍ଠ' ଉପନ୍ୟାସ ରଚିତ ଓ ପ୍ରକାଶିତ । ଉଭୟର ତୁଳନାତ୍ମକ ଆଲୋଚନା ପାଇଁ 'ବିବାସିନୀ'ର ଉଦ୍ଧୃତି ଦିଆଯାଇଛି । ଏବେ ଫକୀର ମୋହନଙ୍କ 'ଛ' ମାଣ ଆଠଗୁଣ୍ଠ' ବ୍ୟବହୃତ ଚତୁର୍ଥ ପରିଚ୍ଛେଦରୁ ଦୃଷ୍ଟାନ୍ତ ଦେଖନ୍ତୁ; "ଚାଷ ତଦାରଖ" ପ୍ରସଙ୍ଗରେ ଉଲ୍ଲେଖ କରିବାକୁ ଯାଇ ଲେଖକ କୁହନ୍ତି: "ମଙ୍ଗରାଜ ନିଜ-ପର ଚାଷ ବୁଝନ୍ତି ନାହିଁ । ସାଆନ୍ତଙ୍କ ଆପଣା ଚାଷ ପ୍ରତି ଯେପରି ନଜର, ପରଚାଷ ପ୍ରତି ମଧ୍ୟ ସେହିପରି ଦୃଷ୍ଟି । ଆମେମାନେ ଦିନକର କଥା କହିଲେ ବିଜ୍ଞ ପାଠକମାନେ ସେଥିରୁ ସବୁ ଜାଣିପାରିବେ । ଭାତହାଣ୍ଡିରୁ ଗୋଟିଏ ଚିପିଲେ ସବୁ ଜଣାପଡ଼େ । ସର୍ଦାର ହଳିଆ, ଗୋବିନ୍ଦ ପୁହାଣ ସକାଳେ ଆସି ଜଣାଇଲା, "ଆଜ୍ଞା, ଦେଢ଼ମାଣ ବିଲ ଅରୁଆ ରହିଲା, ତଳି ନିଅଣ୍ଟ ।" ସାଆନ୍ତେ 'ହୁଁ' କହି ତୁନି ହେଲେ । ହଳିଆ ହାତ ଯୋଡ଼ି ଦୁଆରେ ଛିଡ଼ା ହେଲା ।

ସାଆନ୍ତେ ବିଲ ବୁଲି ବାହାରିଲେ, ପରିଧାନ ଖଣ୍ଡିକ ତେଲ ଚିକିଟା ମଠାଲୁଗା, ଅଣ୍ଟାରେ ଗେରୁରଙ୍ଗିଆ ଗାମୁଛାଭିଡ଼ା; କାନ୍ଧରେ ବିଶାଳ ତାଳପତ୍ର ଛତା X X X X ସାଆନ୍ତଙ୍କର କେଣିକି ଦୃଷ୍ଟି ନାହିଁ, ଏକମୁହାଁ ହୋଇ ଚାଲିଛନ୍ତି ।

ଶାମ ଗୋଛାୟତ ଜାତିରେ ବାଉରି । ବିଲ ଗାଁ ତଳେ । ବିଲଗୁଡ଼ିକ ଆଗ ରୁଆ । ଶୁଆପଖିଆ ବୁଲିଗଲାଣି । ଶାମ ନଇଁପଡ଼ି ହିଡ଼ ବାନ୍ଧୁଛି । ସାଆନ୍ତେ ପାଖରେ ଛିଡ଼ା ହୋଇଯାଇ କଅଁଳ ଭାଷାରେ କହିଲେ, "କିରେ ବାପ ଶାମ" । ଶାମ ହଠାତ୍ ସାଆନ୍ତଙ୍କୁ ଦେଖି ଚମକି ପଡ଼ିଲା । ପାଞ୍ଚହାତ ଦୂରକୁ କୋଡ଼ିଟା ଫୋପାଡି ଦେଇ ଲଟ୍‌କରି କାଦୁଅରେ ଶୋଇପଡ଼ି ଓଳଗି ହେଲା । "ଆରେ ଉଠ୍, ଆରେ ଉଠ୍,"ବୋଲି ସ୍ନେହରେ ସାଆନ୍ତେ

ସମ୍ବୋଧନ କଲେ। X X X X ଇତ୍ୟବସରରେ ବିଲ ଉପରେ ସାଆନ୍ତଙ୍କ ନଜର ଅକସ୍ମାତ୍ ପଡ଼ିଲା। ଚମକି ପଡ଼ିଲା ପରି ମୁରବିପଣିଆ କରି କହିଲେ, "ଆରେ ଶାମ! ତୁ' କ'ଣ କରୁଛୁ? ତୁ'ଟାତ ନିହାତି ଓଲୁ! ଚାଷ କରି ଜାଣୁ ନାହିଁ।' ଆରେ ଏତେ ନିଘଞ୍ଚ କରି ରୋଇଲେ କ'ଣ ଧାନ ଫଳେ? ଗଛ ନିଶ୍ୱାସ ମାରିବାକୁ ତ ବାଟ ରଖିନାହୁଁ। ଉପାଡ଼, ଉପାଡ଼, ଅଧେ ଉପାଡ଼ି ପକା।" ଶାମ ଥରି ଥରି ହାତ ଯୋଡ଼ି କହିଲା, "ଆଜ୍ଞା ମୁଁ ତ ସବୁ ବରଷ ଏପରି ରୁଏ, ସମସ୍ତେ ରୁଅନ୍ତି।" ସାଆନ୍ତେ ବିରକ୍ତ ହୋଇ କହିଲେ "ଆରେ ଓଲୁ, ଭଲ କହିଲେ ଶୁଣୁ ନାହୁଁ।" "ଆରେ ଗୋବିନ୍ଦା, ଦେଖାଇଦେ ତ!" ଶାମ ଡକା ପାରି ସାଆନ୍ତଙ୍କ ଗୋଡ଼ତଳେ ପଡୁଥାଏ। ସାଆନ୍ତେ ରାଗିଯାଇ ସାଆନ୍ତାଣୀଙ୍କ ସହିତ ଶାମର ଭାଇ ଲେଖା ସମ୍ବୋଧନ କରି କହିଲେ, "ତୁ ବିଲ କରି ଜାଣ, ନ ଜାଣ, କରଜ ଧାନର ମୂଳ କଳଂତର ବିଶ୍ୱାଏ ରଖିଲେ ଜାଣିବୁ।" ଶାମ ଭୟରେ କାଠପିତୁଳାଟି ପରି ଛିଡ଼ା ହୋଇଥାଏ।

ପାଠକମାନେ, 'ବିବାସିନୀ'ର ଉଦ୍ଧୃତ ଭାଷା ଓ ଶଂସିତ ଛ'ମାଣ ଆଠଗୁଣ୍ଠ'ର ଉଦ୍ଧୃତିକୁ ବିଶ୍ଳେଷଣ କଲେ ସ୍ପଷ୍ଟ ଜାଣିପାରିବେ, କେଉଁ ଭାଷା ଆଧୁନିକ ଷ୍ଟାଣ୍ଡାର୍ଡ଼ ଓଡ଼ିଆ ଭାଷା। ଫକୀର ମୋହନଙ୍କ ବ୍ୟବହୃତ ଭାଷାରେ ବାକ୍ୟ କ୍ଷୁଦ୍ର, ଅଧିକ ଭାବ ବ୍ୟଞ୍ଜକ, ଏକାନ୍ତ ସରଳ, ସହଜ, ସାବଲୀଳ କଥିତ ମାନକ ଓଡ଼ିଆ। ଏଥିପାଇଁ ଫକୀର ମୋହନ ଆଧୁନିକ ଗଦ୍ୟ ଯୁଗର ପ୍ରବର୍ତ୍ତା, ଓ ପ୍ରତିଷ୍ଠାତାର ସମ୍ମାନ ଦାବି କରନ୍ତି। ଯଥାର୍ଥରେ ଆଧୁନିକ ଗଦ୍ୟ ଯୁଗର ଅନ୍ୟ ନାମ ହିଁ ଫକୀର ମୋହନ ଯୁଗ।

ଏହି ଯୁଗର ସଫଳ ଅନୁସରଣକାରୀ ଦାୟାଦ ହେଉଛନ୍ତି କାନ୍ତକବି ଲକ୍ଷ୍ମୀକାନ୍ତ, ଓଡ଼ିଆ ଭାଷାକୋଷକାର ଗୋପାଳ ଚନ୍ଦ୍ର ପ୍ରହରାଜ, ପ୍ରବନ୍ଧକାର ଗୋବିନ୍ଦ ଚନ୍ଦ୍ର ତ୍ରିପାଠୀ, ସର୍ବୋପରି ସତ୍ୟବାଦୀ ଯୁଗର ପ୍ରମୁଖ ସ୍ରଷ୍ଟା ପଣ୍ଡିତ ଗୋପବନ୍ଧୁ, ନୀଳକଣ୍ଠ ଓ ଗୋଦାବରୀଶ ମିଶ୍ର ପ୍ରମୁଖ। ଏମାନଙ୍କ ସୃଷ୍ଟି, ଫକୀର ମୋହନଙ୍କ ଦ୍ୱାରା ସର୍ବତୋଭାବେ ପ୍ରଭାବିତ। ସାଂପ୍ରତିକ ଆଦର୍ଶ ଗଦ୍ୟଭାଷା ପ୍ରବର୍ତ୍ତନ କରି ଫକୀର ମୋହନ କଥା ସାହିତ୍ୟ ସମ୍ରାଟ ଓ ଆଧୁନିକ ଗଦ୍ୟସାହିତ୍ୟର ଜନକ ରୂପେ କାଳଜୟୀ ହୋଇ ରହିବେ।

୯୬୬ ବି, ପ୍ରକୃତି ବିହାର, ବରମୁଣ୍ଡା ଭୁବନେଶ୍ୱର-୩
ମୋ-୯୪୩୭୫୭୭୫୦୦

ଓଡ଼ିଆ ମଧୁର : ଓଡ଼ିଶା ମଧୁର

କିଶୋର ମହାନ୍ତି

ମଧୁର ସବୁବେଳେ ମଧୁର, ସ୍ୱାଦମୟ, ଅନୁଭବପ୍ରତିମ ଆଉ ମନପ୍ରାଣରେ ଶାନ୍ତି ଆଉ ପ୍ରଶାନ୍ତି ଉଦ୍ରେକକରେ। ଏହି ମଧୁର ଅନୁଭବର ଗୁଣବତ୍ତା କି ତା ବିଶେଷତା ଉପରେ କେହି ଟିପ୍ପଣୀ ଦେଇ ପାରବେ ନାହିଁ। ମଣିଷ ଏହି ସବୁଜ ସୃଷ୍ଟିରେ ଯେବେ ପ୍ରଥମ ସ୍ୱାଦିଷ୍ଟ ପଦାର୍ଥର ରସାନୁଭବ କଲା, ତାହା ବୋଧହୁଏ ମହୁ ବା ମଧୁ। ମଧୁ ହିଁ ଅନେକ ଉପାଦାନରେ ମନବୋଧିଆ ଆବେଶକୁ ମଧୁର ବା ମଧୁମୟ କରି ଦିଏ। ଆମର ଜୀବନଶୈଳୀରେ ସବୁଠାରୁ ରଚିଶୀଳ ଓ ଆନନ୍ଦଦାୟକ ବସ୍ତୁ ବା ଅନୁଭବକୁ ଆମେ ଏମିତି ମଧୁର ଶବ୍ଦରେ ପରିପ୍ରକାଶ କରୁ। ମିଠା ସମସ୍ତଙ୍କର ଆକର୍ଷଣର ଚିଜ। ବିଶ୍ୱର ସର୍ବଶ୍ରେଷ୍ଠ ବସ୍ତୁ ହିଁ ମଧୁର। ସେହି ପରି ଚଇତ ମଧୁର, ବସନ୍ତ ମଧୁର, କାକଳି ମଧୁର, କଥା ମଧୁର, ଗୀତ ମଧୁର, ସ୍ୱର ମଧୁର, ସ୍ୱଭାବ ମଧୁର, ଚରିତ୍ର ମଧୁର ଆଉ ଜଗତ ମଧୁର। ଦେଖିବା ଆମକୁ ଆଉ ଆମ ରାଇଜକୁ। ଆମେ କେତେ ମଧୁର !

ଆମ ଚଳଣି, ଆମ ପରମ୍ପରା, ଆମ ଧର୍ମ ଆଉ ଆମ ସଂସ୍କୃତି ମଧୁର ଆଉ ମଧୁମୟ। ଆମର କର୍ଣ୍ଣଯୁଗଳ ଯୁଗଯୁଗରୁ ତଟିନୀର କୁଳୁକୁଳୁ ନାଦ ଆଉ ପକ୍ଷୀକୁଳର କାକଳିର ମଧୁର ସ୍ୱରରେ ପୁଲକିତ। ଆମ ଓଡ଼ିଶୀ ତାନ ଆଉ ଆମ ଦେଶୀୟ ବାଦ୍ୟର ତାଳରେ ସ୍ପନ୍ଦିତ। ପର୍ବପର୍ବାଣି ଆଉ ଧରିତ୍ରୀ ଆକାଶର ରୂପଭେଦ ତାଳମେଳରେ ଆମର ଗାଁ ଗଣ୍ଡାର ପିଠାପଣା ଆମର ସ୍ୱାଦର ନିର୍ଣ୍ଣାୟକ ହୋଇରହିଛି। ଶକ୍ତ ପରମ୍ପରାର ଓଡ଼ିଆ ଜୀବନ। ବିଭାଘର ପରେ ବାପଘରୁ ଶାଶୂଘରକୁ ପଥମେ ପ୍ରବେଶ କରୁଥିବା ନବବଧୂଟି ପରିବାରକୁ ଭବ୍ୟ ସମ୍ବର୍ଦ୍ଧନା କରେ ଗୁଡ଼ ପରି ମଧୁର ପଦାର୍ଥରେ। ଏଇଠି ପ୍ରତୀୟମାନ

ହେଉଛି, ଏହି ମୁହଁ ମିଠାର ସମ୍ପର୍କ ଯୋଡ଼ି ବ୍ୟଞ୍ଜନ ଓ ଜୀବନକୁ ମଧୁର କରିଦେବାର ପ୍ରତିଶ୍ରୁତି ଧରି ଆସିଛି ଓଡ଼ିଆ ଘରର କୁଳବଧୂ। ଏମିତି ସୁଦୂର ପ୍ରସାରୀ ଅନୁଚିନ୍ତନ ଆଉ କେଉଁ ଜଗତରେ ଥିବା ମନେହୁଏନି। ସତରେ ଓଡ଼ିଆ ମନପ୍ରାଣ ମଧୁର !

ମଣିଷ ମନଟି ସକାରାତ୍ମକ ଧାରାରେ ପ୍ରସ୍ତୁତ। ଆସନ୍ତା କାଲିଟିକୁ କାହିଁକି ଗଲାଦିନ ଗୁଡିକଠାରୁ ଅନୁଜ୍ଜଳ ହେବ ? ଶିଶୁଟି ବିଦ୍ୟାରମ୍ଭ କଲାବେଳେ ଶିକ୍ଷାପାଏ - ମଧୁର ବିନୟ ବଚନ, କହି ତୋଷିବ ଜନମନ। ଏମିତି ବ୍ୟକ୍ତି ନିଜର ଚାଲିଚଳଣି, କଥାଭାଷା ଆଉ ପରର ସମ୍ମାନ ଉଚ୍ଚାରଣ କର୍ତ୍ତୃକ ପରକୁ ତୃପ୍ତିଦିଏ, ସମାଜକୁ ମଧୁରମୟ କରିପାରେ। ସହନଶୀଳତା, ନମ୍ରତା ଆଉ ସମ୍ବେଦନଶୀଳତାରେ ପରକୁ ନିଜର କରିପାରେ। କେତେ କେତେ ବ୍ୟବହାରିକ ଉପଦେଶ ରହିଛି ସଂସ୍କୃତ ଭାଷାରେ - ନମ୍ରନ୍ତି ଫଳିନ ବୃକ୍ଷାଃ ନମ୍ରନ୍ତି ଗୁଣିନ ଜନାଃ। ବଚନେ କି ବା ଦରିଦ୍ରତା ? ଆମ ବ୍ୟବହାରର ମଧୁରତା !

ଏମିତି ଆମ ଓଡ଼ିଶାରେ ପରିବାର ଭିତରେ ରାମାୟଣ ପରିବାର ଦେଖିବାକୁ ମିଳେ। ଭାଇ ଭାଇ ସମ୍ପର୍କ, ପିତାମାତଙ୍କ ଯତ୍ନର ଆଦର୍ଶ ରାମାୟଣର ଶ୍ରବଣ କୁମାର। ବାପା ମାଆ ପୁଅ ଝିଅମାନଙ୍କର ଯେତିକି ଶୁଭ ମନାସନ୍ତି, ପିଲାମାନେ ତଦୃପ ସେମାନଙ୍କର ଯତ୍ନ ନିଅନ୍ତି। ପରିବାରରେ ବୁଢା ବାପାମାଆଙ୍କ ସ୍ୱାସ୍ଥ୍ୟ ନେଇ ବା ବାଲୁତପିଲାଙ୍କ ଯତ୍ନ ବିଷୟକୁ ପ୍ରାଧାନ୍ୟ ଦେବା ଆମ ଓଡ଼ିଆ ପରିବାରର ଆଦର୍ଶ। ଏମିତି ମଧୁରମୟ ସାମାଜିକ ସୁରକ୍ଷା ଅକଳ୍ପନୀୟ।

ସେମିତି ଆମର ଓଡ଼ିଆ ସମାଜ। ଓଡ଼ିଆ ସତେ ଜୀବନ ବିତାଏ ଗ୍ରାମାଞ୍ଚଳରେ। ନିପଟ ମଫସଲରେ। ଆଉ ବି ବଣଜଙ୍ଗଲଭରା ପର୍ବତାଞ୍ଚଳରେ। ଦେଶ ଯେତେବେଳେ ସହର ଗଢିଚାଲିଛି, ଆମେ ଓଡ଼ିଆ ସହରକୁ ଗ୍ରାମପରି କରି ଭାଇଚାରା ଓ ମାନବିକ ମୂଲ୍ୟବୋଧର ବସତି କରିଛୁ। ଏକ ତୃତୀୟାଂଶ ବନଜାତିକୁ ନିଜର କରି ଓଡ଼ିଆ ପରମ୍ପରା ଆଉ ଧର୍ମ ପରିଚୟ ସୃଷ୍ଟି କରିଛୁ। ଏଇଟା ପ୍ରତି ଓଡ଼ିଆ ହୃଦୟରେ ଉଦିତ। ଏମିତି ଆଚରଣ ଆଉ ଜୀବନଧାରଣରେ ଆମେ ନିଶ୍ଚିତ ମଧୁରିଆ ଜନଜୀବନ ଧାରଣ କରିଛୁ। ଅମେ ନୁହେଁ, ଦୁନିଆ କହେ ଏହି ଓଡ଼ିଆ ମନୋଭାବର କାହାଣୀ। ନିଜତ୍ୱକୁ ଜାତିରେ ହଜାଇଥିବା ଓଡ଼ିଆ !

ଅଳ୍ପରେ ପୂରିଯାଏ ଓଡ଼ିଆ ମନ, ଅଳପ ଚର୍ଚ୍ଚାରେ ଭରିଯାଏ ଓଡ଼ିଆ ପ୍ରାଣ। ଅଳପ ଦାନରେ ଭରିଯାଏ ଓଡ଼ିଆ କାନି। ଆଉ କିଞ୍ଚିତ୍ ସମ୍ମାନରେ ସମ୍ମୋହିତ ହୋଇଯାଏ ଓଡ଼ିଆ ସ୍ୱାଭିମାନ। ତିଳେମାତ୍ର ଅସମ୍ମାନରେ ଓଡ଼ିଆ ରାଜକୁମାରୀକୁ କରିପାରେ ଚଣ୍ଡାଲୁଣୀ, ପୁଣି କର୍ମ ଆଉ ଗୃହ ପରିଚାଳନାରେ ଚଣ୍ଡାଲୁଣୀକୁ କରିପାରେ ଲକ୍ଷ୍ମୀ ସାଆନ୍ତାଣୀ। ଓଡ଼ିଆ

ମାନସିକତା। ବେଦପରି କଠୋର ନହୋଇ ବ୍ୟବହାରଯୋଗ୍ୟ ଚଳନଶୀଳତା। ଏଇଟା ଓଡ଼ିଆ ଜୀବନର ସିଦ୍ଧାନ୍ତଶୀଳତା। ମଧୁରମୟତା।

ସମୟ ଆଉ ସକାଳ କେବେ ଅପେକ୍ଷା କରେନି। ଚଳଚଞ୍ଚଳ ଓଡ଼ିଆ ଜୀବନ କଟିଛି କୃଷିରେ, ପ୍ରାଚୀନ ଶିଳ୍ପରେ, ସାଗରଯାତ୍ରାରେ କି ସମର କ୍ଷେତ୍ରରେ। ବିଶ୍ୱର କେଉଁ କୋଣରେ ବିଜ୍ଞାନର କୃତ୍ରିମତା ଭୀମରୂପ ଧାରଣ କରିବା ବେଳକୁ ଓଡ଼ିଆ ଅର୍ଥନୀତି ମୁଦ୍ରାକୁ ରୂପାନ୍ତରିତ ହୋଇନି, ଚାଲିଛି କଉଡ଼ିରେ। କଉଡ଼ିଆ ଓଡ଼ିଆ ଜୀବନ ! ସତରେ କେତେ ଆଦର୍ଶର, କେତେ ମାନବିକତାର। ଏଇଠି ନାହିଁ ମୁଦ୍ରାର ମନକୁ ଲାଞ୍ଜୁଆ କରିଦେବାର ମୋହିନୀ ଶକ୍ତି। ଓଡ଼ିଆ ଦିଆନିଆ ବଦଳ-ଉଦଳରେ। ଗାଁରେ କାହାର ବାଡ଼ିରେ ଶାଗ କଅଁଳିଲେ, ମୁଠେ ମୁଠେ ସମସ୍ତେ ଖାଆନ୍ତି। ବୋହୂକାନି ବନ୍ଧା ଭାରଟି ଗାଁର ସବୁ ମୁହଁରେ ପଡ଼େ।

ଶୁଣିବାକୁ ଭଲ ଲାଗୁଛି। ଅକଳ୍ପନୀୟ ସରଳ ଓଡ଼ିଆ ଜୀବନ।

ବଦଳି ଗଲାଣି ଓଡ଼ିଆ ଜୀବନ। ମଧୁମୟ ନୁହେଁ ବୋଲି ଚିତ୍କାର କରନ୍ତି ବୟୋଜ୍ୟେଷ୍ଠ ମାନେ। ଓଡ଼ିଆ ସହରିଆ ହେଲା। କଟକିଆ ହେଲା। କଲିକତିଆ ବି ହେଲା। ଏବେ ହୋଇଗଲା ବିଦେଶିଆ କହନ୍ତୁ ଆମେରିକା, ଅଷ୍ଟ୍ରେଲିଆ କି ବିଲାତି ପ୍ରବାସୀ ଓଡ଼ିଆ। ସତରେ ଆମର ମାନ୍ଧାତା ଅମଳର ଘର ଆଉ ଗାଁ ପଡ଼ିଗଲା ବିଦେଶୀ ପାଠ, ବିଦେଶୀ ଶିକ୍ଷା, ଶାସନଗତ ଜୁଲମ ଆଉ ରାଜନୀତିର ପଶାପାଲିରେ।

ବିଜ୍ଞାନର ଗାଡ଼ି ଗଡ଼ି ଚାଲିଛି। ଗୋଦରା କୋଡ଼େ ଯେତେ ମାଡ଼େ ସେତେ ପରି ବିଶ୍ୱ ପରିବେଶର କୂଳ ଖାଇ ଖାଇ ଚାଲିଛି। ତଥାପି ବିଜ୍ଞାନ ଗ୍ରହଣୀୟ। ଆଜି ଆମେରିକାରେ ପଲିଥିନି ତ କାଲି ଦିଲ୍ଲୀରେ। ଆଜି ଦିଲ୍ଲୀରେ ତ କାଲି ଓଡ଼ିଶାରେ। ଏମିତି ଆମ ପରିବାର ଆଜି ବିଦେଶୀ ଡାଞ୍ଚାରେ। ପିଲାମାନେ ପଇସା ଗଣି ଗଣି ବେଦମ୍। କିନ୍ତୁ ନିଜପାଇଁ। ବାପା ମାଆଙ୍କ ପାଇଁ କାଣି କଉଡ଼ିଟିଏ ନାହିଁ। ଆସ୍ତେ ଆସ୍ତେ ସବୁର ନିଃଶେଷ ହେଉଛି। ବାପା ଶୁଦ୍ଧ ଘରକୁ ପୁଅ ନ ଆସି ଚଳେଇ ନେଉଛି।

ଏବେ ଲେଖକ କୋଉ ମଧୁରିମାର ଉପାଖ୍ୟାନ କରିବ ? ଅଛି କି ସେ ମଧୁର ଓଡ଼ିଆ ଜୀବନ ?

ଏହି ଓଡ଼ିଆ ବହୁବାର ସ୍ଖଳିତ ହୋଇଛି ନିଜର ମଧୁର ଚରିତରୁ। ଇତିହାସରେ ବହୁ ସମୟରେ ଲାଞ୍ଛିତ ହୋଇଛି ବିଦେଶୀ ପରାଭବରୁ। ସନ୍ତୁଳନ ରଖି ପୁନଶ୍ଚ ମୁଣ୍ଡଟେକି ନିଜର ଶିରି ପୁନଃ ଉତ୍ଥାପନ କରିପାରିଛି କି ନା, ସେଇଟି ଆମର ଅନ୍ତର୍ନିହିତ ଶକ୍ତି। କେଉଁ ମତେ ଆମ ଭିତରେ ରହି ପାରିଛି, ସେଇଟା ଗୋପନ ରହିଛି। ମାତ୍ର ସେ ଶକ୍ତିର ଗୁମର ଗୋପନୀୟ ନୁହେଁ। ପ୍ରତି ପାଠକ ଅନୁଭବ କରନ୍ତି ସେ ଶକ୍ତିକୁ।

ଆମକୁ ଆଜି ନିଜକୁ ମୂଲ୍ୟାୟନ କରିବାର ସମୟ ଆସନ୍ନ। ଯଦି ଆମର ବହୁ ସନ୍ତାନସନ୍ତତି ଓଡ଼ିଶା ବାହାରେ, ସେମାନଙ୍କ ସମ୍ପୃକ୍ତି ବିନା ଓଡ଼ିଆ ଜୀବନର ଓ ଓଡ଼ିଶା ରାଇଜର ବିକାଶ ଅଧୁରା ରହିଯିବ। ସେମାନେ ବିଦେଶରେ ଆମର ଧର୍ମଧ୍ୱଜ। ଓଡ଼ିଆ ଗୋଟିଏ ଜାତି ଏହା ବିଶ୍ୱର କୋଣ ଅନୁକୋଣରେ ପ୍ରତିଫଳିତ ହେବା ଆବଶ୍ୟକ। ଆମର ଦୃଢ଼ ବିଶ୍ୱାସ, ବିଶ୍ୱ ଭରିଯିବ ଜଗନ୍ନାଥ ରୂପରେ, ଗୁଣରେ ଆଉ ମାନବିକତାର ଆକଳନ ଜଗନ୍ନାଥ ଧର୍ମର ସାମାଜିକତାରେ।

ପ୍ରତିଟି ଓଡ଼ିଆ ଆଜି ନିଜକୁ ଯେଉଁ ସ୍ତରକୁ ନେଇଥାଇ ପାର, ଫେରିଆସ ନିଜର ମୂଳ ଚରିତକୁ। ଆଉ ଚରିତ୍ରହୀନ ହୁଅନି। ଥିଲେ ଥାଉ ପଛେ ଗୁଣ ହଜାର... ମୂଳ ଚାରିତ୍ରିକ ଓଡ଼ିଆ ଗୁଣ ପୁଣି ଥରେ ଆଗକୁ ଆଣ। କିଏ କହେ ଓଡ଼ିଆ ଈର୍ଷାପର? ଏଇ ସ୍ୱାଭିମାନୀ ଜାତି କଅଣ ଈର୍ଷାରେ ବଞ୍ଚିବ? ଆଦୌ ନୁହେଁ। ଉପରକୁ ଉଠୁଥିବା ଓଡ଼ିଆ ଭାଇକୁ ଟେକିଦିଅ। ସେ କାଲିକୁ ତୁମ ଆତ୍ମୀୟଙ୍କ ଯତ୍ନ ନେବ।

ସତ କଥା, ଓଡ଼ିଶାକୁ ଟଙ୍କା ପଇସାର ଆକର୍ଷଣ ବହୁତ ପଛରେ ଆସିଛି। ଏହାର ସଦ୍‌ବ୍ୟବହାର କର। ଚିଟ୍ ଫଣ୍ଡ ବେଳକୁ ଏତେ ବିନିଯୋଗ କରିପାରୁଛ, ନିଜର ଆଉ ନିଜ ପଇସାର ସଠିକ୍ ବିନିଯୋଗ କର। ଚିଟ୍ ଫଣ୍ଡରେ ହରାଇବା ସରଳତା ନୁହେଁ, ଅତିରିକ୍ତ ମୂର୍ଖାମୀ। ଲୋଭର ପରିଚୟ, ଓଡ଼ିଆ ସରଳ ଚରିତ୍ରର ଉଦାହରଣ ଆଦୌ ନୁହେଁ।

ଓଡ଼ିଆ ଜୀବନକୁ ଆଜିର ଯୁଗରେ ମଧୁର କରିବାର ଆଉ ଗୋଟିଏ ଦିଗ ଅଛି। ଆମର କର୍ମମୟ ଜୀବନ। ଓଡ଼ିଆ ଜୀବନ ଯୁଗେ ଯୁଗେ କର୍ମମୟ। ଦୁଇଟଙ୍କିଆ ଚାଉଳ ତୁମକୁ ବେକାର କରିଦେବ, ଏଇଟା ତୁମ ଓଡ଼ିଆ ଜୀବନକୁ ଉପହାସ। ନିଜ ଗାଁ ପରିବେଶ, କୃଷି ଉତ୍ପାଦନ ଆଉ କାମୁକା ଜୀବନର ସରଳ ସମ୍ପାଦନ କରିପାରିଲେ, ବ୍ୟକ୍ତିଗତ, ସାମାଜିକ ଆଉ ଅର୍ଥନୈତିକ ଜୀବନର ମୂଲ୍ୟବୋଧ ଆସିବ।

ଆଉ ଗୋଟିଏ ସଚେତନତା। ଟଙ୍କିକିଆ ଚାଉଳ, ସାଇକେଲ, କାଳିଆ ଯୋଜନା ଆଦି ତୁମ ନିଜ ଟିକସ ପଇସାର ସଦୁପଯୋଗ କରନ୍ତି ସରକାର। ଏହାର ଅର୍ଥ ନୁହେଁ ଏହାର ମୂଲ ଫେରାଇବ କୌଣସି ପ୍ରତିଦାନରେ। ଗଣତନ୍ତ୍ରର ସୁଯୋଗ୍ୟ ସନ୍ତାନ ଭାବରେ ନିଜର ନିର୍ଭୀକ ମତଦାନ କର। ପ୍ରତି ନାଗରିକ ମତଦାନ କର, ଜଣେ ବି ମତଦାନରୁ ବିରତ ହୁଅନି। ଏହା ନକରି ପାରିଲେ, ଗଣତନ୍ତ୍ର ଚିତ୍‌ପଟାଙ୍ଗ ମାରିବ। ତୁମର ନିଜ ବ୍ୟକ୍ତିଗତ ଜୀବନ ଆଉ ସାମାଜିକ ଜୀବନ ବିପନ୍ନ ହେବ।

ସୁତରାଂ ଏହା କୁହାଯାଇ ପାରେ ଅସନ୍ତାକାଲିକୁ ପ୍ରତି ଓଡ଼ିଆ ନିଜକୁ ସୁଧାରିବାକୁ ନିଶ୍ଚୟ ଚାହିବେ। ନିଜର ଭାଷା ରଖିବେ, ଯେତେ ନୂଆ ବ୍ୟବହାର ଯୋଗ୍ୟ ଯାନ୍ତ୍ରିକ

ବା ଆବଶ୍ୟକ ବିଦେଶୀ ଶବ୍ଦ ଦରକାର ତାକୁ ଆମର ବିଶାଳ ପ୍ରାଚୀନ ଓଡ଼ିଆ ଭାଷାକୁ ସମୃଦ୍ଧ କରିବାରେ ମନପ୍ରାଣ ଦେଇ ଗ୍ରହଣ କରିବେ। ଆମର ସଂସ୍କୃତିକୁ ବଞ୍ଚାଇ ରଖିବାକୁ ସଂକଳ୍ପବଦ୍ଧ ହେବେ। ଓଡ଼ିଆ ରହି ଦୁନିଆ ଦେଖିବେ।

ଏହି ଅନୁଚିନ୍ତନରୁ କାଲିକୁ ସୁମଧୁର ହେବ ଓଡ଼ିଆ ଆଉ ଓଡ଼ିଶା।

ସି.ଡି.ଏ., କଟକ.

ମୋ - ୯୪୩୭୭୨୮୪୭୫

ଉପସଂହାର

ଇନ୍ଦ୍ରମଣି ଜେନା

ଓଡ଼ିଶାର ଭୌଗୋଳିକ ପରିସୀମା ମଧ୍ୟରେ ବସବାସ କରୁଥିବା ଓଡ଼ିଆ ଜାତି ଇତିହାସରେ କଳିଙ୍ଗାଧିବାସୀ, ଉତ୍କଳୀୟ, ଓଡ଼ିଆ ଏପରି ଅନେକ ନାମ ଧାରଣ କରିପାଛି। ଦୀର୍ଘ ସାତ ସହସ୍ର ବର୍ଷର ନିରବଚ୍ଛିନ୍ନ ସଭ୍ୟତା ନିଜର ଆଞ୍ଚଳିକ ସୀମା ମଧ୍ୟରେ ପ୍ରକୃତି ମାଆର ପଣତକାନି ତଳେ ମାତୃଭାଷାରେ ଭାବ ଆଦାନ ଭିତରେ ଏକକ ଆତ୍ମାରେ ନିଜକୁ ସମର୍ପଣ କରି ତିଷ୍ଠି ରହିଛି। ପ୍ରକାଣ୍ଡ ସାଗରିକ ଝଡ଼ବତାସ ପରି ଅନେକ ଦୈବିଦୁର୍ବିପାକ ଶାରୀରିକ ଆଉ ମାନସିକ ଭାବରେ ଜାତିଟିକୁ ନିର୍ମୂଳ କରିପାରିନି, ବରଂ ଏହି ବିପଦ ଗୁଡ଼ିକ ଓଡ଼ିଆ ଜାତିର ବିବର୍ତ୍ତନର ଉତ୍ସ ହୋଇପାରିଛି ବୋଲି ଆଜି ପ୍ରମାଣସିଦ୍ଧ।

ଏଥିପାଇଁ ଠାକୁର ତା'ର ଚାରି ବାହାକୁ ଶକ୍ତ କରିବାକୁ ଓଡ଼ିଶାରେ ଅଛନ୍ତି। ସିଏ ଠାକୁର ହେଲେ ବି ମଣିଷ, ଡାକିଲେ ଜବାବ ଦିଅନ୍ତି। ଆଧ୍ୟାତ୍ମିକତାରେ ତାଙ୍କର ଦୃଷ୍ଟି ଓଡ଼ିଆ ପ୍ରାଣକୁ ଦୃଢ଼ ରଖେ। ଦୀର୍ଘ ସହସ୍ରାବ୍ଦର ସମୟ ସୀମାରେ ଏହି ଜାତି ପାଏ ଭାଷା, ପର୍ବପର୍ବାଣି, ସମାଜ ଆଉ ସାମାଜିକତା। ଘରେ ଘରେ ବିରାଜମାନ କରନ୍ତି ସେଇ ଏକକ ମାଧ୍ୟମ, ସମସ୍ତଙ୍କର ଆରାଧ୍ୟ ଏବଂ ଅନୁକରଣୀୟ। ପ୍ରତି ଓଡ଼ିଆ ଜାଣେ କେଉଁ ସ୍ଥଳରେ କଅଣ କର୍ତ୍ତବ୍ୟ ଆଉ ନିଜର ଦାୟିତ୍ୱ କେତେ। ବାରମାସରେ ତେର ପର୍ବ, ପୁଣି ସବୁ ପର୍ବପର୍ବାଣି ଲୋକ ଚଳଣି ଭାବରେ ଅନୁଷ୍ଠିତ ହୁଏ। ଏହି ଜାତି କୃଷି ଉପରେ ନିର୍ଭର କରେ, କେବେ ସାମୁଦ୍ରିକ ପଥରେ ସୁଦୂର ପୂର୍ବ ପ୍ରାଚ୍ୟ ଦ୍ୱୀପଗୁଡିକରେ ସାଧବ ବଣିକ ଭାବରେ ବଣିଜ କରିଛି। ତା ଜୀବନର ସ୍ୱର ସେଇ ବିଲମାଟିରୁ

ସାଗର ପାଣି ପର୍ଯ୍ୟନ୍ତ ବ୍ୟାପ୍ତ। ସେଇ ମୂଳ ଜୀବନର ସ୍ୱତନ୍ତ୍ରତା ଏବଂ ନିଜସ୍ୱ ଭାଷା, ସଂସ୍କୃତି, ଐତିହ୍ୟ, ପରମ୍ପରା ଆଜିର ଦୁନିଆରେ ପ୍ରତିଯୋଗିତାର ସମ୍ମୁଖୀନ। ଏକଦା ପଡ଼ୋଶୀମାନେ ଏହି ରାଜ୍ୟ ସହିତ ତାର ଭାଷା ଓ ସଂସ୍କୃତିକୁ ଷଡଯନ୍ତ୍ର ଦ୍ୱାରା ବିଲୀନ କରିବାର ପ୍ରବଳ ପ୍ରୟାସ କରିଛନ୍ତି। ଶୋଇରହିଥିବା ଓଡ଼ିଆ ଜାତିର ନିଦ କିୟତ୍ ଭାଙ୍ଗିଛି। 'ଓଡ଼ିଆ ଗୋଟିଏ ସ୍ୱତନ୍ତ୍ର ଭାଷା ନୁହେଁ' ବାକ୍ୟଟି କେବଳ ଗଭୀର ଆଲୋଡ଼ନ ସୃଷ୍ଟି କରିନି, ଆମର ଲେଖକ ଏବଂ କବିଙ୍କୁ ସାହିତ୍ୟ ସର୍ଜନା କରି ପ୍ରମାଣ କରିବାକୁ ପ୍ରୋତ୍ସାହିତ କରି ଖୋଲିଛି ଏଇ ଭାଷାର ସ୍ଥିତି ଓ ଖ୍ୟାତିର ଅଭ୍ୟନ୍ତର। ସ୍ୱତନ୍ତ୍ର ଭାଷା ହୋଇଛି ଓଡ଼ିଆ, ସ୍ୱତନ୍ତ୍ର ରାଜ୍ୟ ହୋଇଛି ଓଡ଼ିଶା ଏହି ଓଡ଼ିଆ ଭାଷା କର୍ତ୍ତୃକ। ପୁଣି ଭାଷାର ମହକ ଆଣିଛି ତାହାର ଶାସ୍ତ୍ରୀୟତା ମାନ୍ୟତା।

ଏଇ ଓଡ଼ିଆ ଜାତି ସମଗ୍ର ଦେଶରେ ନିଜର ସ୍ୱାଧୀନଚେତା ଏବଂ ପାରମ୍ପରିକ ଜୀବନ ପାଇଁ ଆଲୋଚିତ। ପ୍ରାଚୀନ କାଳରୁ ଏହାର ଆଚାର, ବ୍ୟବହାର, ନୌପରମ୍ପରା, ଶିଳାଶିଳ୍ପ ଓ ମନ୍ଦିର ପରମ୍ପରା, ନୃତ୍ୟକଳା, ସାମରିକ ପରମ୍ପରା, ସାମାଜିକ ଜୀବନ, କୃଷିଭିତ୍ତିକ ଗ୍ରାମ୍ୟଜୀବନ ଗୋଟିଏ ଜାତିର ଚଳଣି ଭାବରେ ବିବର୍ତ୍ତିତ ହୋଇଛି। ଏହା ଯୁଗ ଯୁଗ ଧରି ବିଦେଶୀ ଶକ୍ତିର ପ୍ରବେଶ ପଥରୋଧ କରିପାରିଛି ଏବଂ ଭାରତବର୍ଷର ଗୋଟିଏ ପ୍ରମୁଖ ହିନ୍ଦୁ ସ୍ୱାଧୀନ ରାଜ୍ୟ ହୋଇ ରହିପାରିଛି। ତାହାର ଭାଷା, ଧର୍ମ ଏବଂ ପରମ୍ପରା ଉପରେ ବାହ୍ୟ ପ୍ରଭାବ ନାହିଁ କହିଲେ ଚଳେ। ଏବେ ଜନଗଣନାରେ ଓଡ଼ିଶାରେ ଧର୍ମଭିତ୍ତିରେ ଧର୍ମାନ୍ତରୀକରଣ ଅବା ଭାଷା ଆକଳନରେ ବିଦେଶୀ ଭାଷା ଓଡ଼ିଆ ବ୍ୟାକରଣରେ ସ୍ଥାନ ପାଇବାର ପ୍ରମାଣ କ୍ୱଚିତ ପରିଲକ୍ଷିତ ହୁଏ। ଏହା ଓଡ଼ିଆ ଜାତିର ରକ୍ଷଣଶୀଳତା ନୁହେଁ, ବରଂ ଓଡ଼ିଆ ସ୍ୱାଭିମାନ ଏବଂ ଓଡ଼ିଆ ଅସ୍ମିତା। ଏହା ଏକ ଚାରିତ୍ରିକ ବୈଶିଷ୍ଟ୍ୟ।

ଆଜିର ଏକବିଂଶ ଶତାବ୍ଦୀରେ ଭାଷା, ସଂସ୍କୃତି, ପରମ୍ପରା ସବୁ ଜଗତୀକରଣ ଭୂମିକମ୍ପ ଦ୍ୱାରା କବଳିତ, ସବୁ ନିଜ ନିଜର ସତ୍ତା ହଜାଇବାକୁ ବସିଲେଣି। କିନ୍ତୁ ପ୍ରତି କ୍ଷେତ୍ରରେ କୌଣସି ବିଷୟରେ ମାଟି, ପାଣି ଆଉ ପବନକୁ ବାଦ୍ ଦେଇ କିଛି ସିଦ୍ଧ ହୋଇପାରିବ ନାହିଁ। ଅର୍ଥାତ୍ ଆମ ଚଳଣି, ଚରିତ୍ର ଏବଂ ଚମକ ଏତେ ଦୃଢ଼ ଆଉ ଅନମନୀୟ, ସେଗୁଡ଼ିକ ଜଗତୀକରଣ ସହିତ ରହିଲେ ହିଁ ଜଗତୀକରଣ ସଫଳ ହେବ। ଓଡ଼ିଶାର ସଂସ୍କୃତି ଆଉ ପରମ୍ପରା ଅନେକ ଉପାଦାନ ଭରିଦେବ ଜଗତୀକରଣ ଦୁନିଆକୁ। ଏହା ଆମର ସ୍ୱାଭିମାନ କି ଅସ୍ମିତାକୁ କୁଠାରାଘାତ ହେବନି, ବରଂ ସମଗ୍ର ବିଶ୍ୱକୁ ଓଡ଼ିଆ ଖ୍ୟାତିରେ ଭରିଦେବ। ତାହାର ନିଛକ ଉଦାହରଣ ପ୍ରଭୁ ଜଗନ୍ନାଥଙ୍କର ବିଶ୍ୱାୟନ, ସିଏ ପ୍ରତି ଘରେ ଘରେ ମାନବ ଜାତିର ଆଧ୍ୟାତ୍ମିକତା ପରିପୋଷଣ କରିବେ।

ସେଇ ଜାତିର ସ୍ୱାଭିମାନର ଯେତେ ପ୍ରବନ୍ଧ ବାର୍ଷିକ ମାଗାଜିନ୍ ବିଜୟିନୀ-୧୪ ରୁ ବିଜୟିନୀ-୨୨ ମଧ୍ୟରେ ପ୍ରକାଶିତ ହୋଇଅଛି ସେଗୁଡିକ ଏହି ପୁସ୍ତକଟିରେ ସଂକଳିତ ହୋଇଅଛି ।

– **ସମ୍ପାଦକ**

BLACK EAGLE BOOKS

www.blackeaglebooks.org
info@blackeaglebooks.org

Black Eagle Books, an independent publisher, was founded as a nonprofit organization in April, 2019. It is our mission to connect and engage the Indian diaspora and the world at large with the best of works of world literature published on a collaborative platform, with special emphasis on foregrounding Contemporary Classics and New Writing.

www.ingramcontent.com/pod-product-compliance
Lightning Source LLC
Chambersburg PA
CBHW020133120726
47903CB00007B/2235